विष्णुकान्त शास्त्री

विष्णुकान्त शास्त्री का जन्म 2 मई, 1929 को कलकत्ता में हुआ था। उन्होंने एम.ए., एल-एल.बी. की उपाधि प्राप्त की। 1953 से कलकत्ता विश्वविद्यालय के हिन्दी विभाग में प्राध्यापक रहे। आचार्य के पद से 1994 में अवकाश ग्रहण किया।

उनकी प्रमुख कृतियाँ हैं—'कवि निराला की वेदना तथा अन्य निबन्ध', 'कुछ चन्दन की कुछ कपूर की', 'चिन्तन मुद्रा', 'अनुचिन्तन' (साहित्य समीक्षा); 'तुलसी के हिय हेरि' (तुलसी केन्द्रित निबन्ध); 'बांग्लादेश के सन्दर्भ में' (रिपोर्ताज); 'स्मरण को पाथेय बनने दो', 'सुधियाँ उस चन्दन के वन की' (संस्मरण एवं यात्रा वृत्तान्त); 'अनन्त पथ के यात्री : धर्मवीर भारती', 'भक्ति और शरणागति' (विवेचन); 'शान और कर्म' (ईशावास्य प्रवचन); 'जीवन पथ पर चलते-चलते' (काव्य)।

देश-विदेश की विविध साहित्यिक संस्थाओं में व्याख्यान, विविध साहित्यिक सम्मानों एवं पुरस्कारों से समादृत। 1977 से सक्रिय राजनीति में प्रवेश। 'जनता पार्टी' के सदस्य के रूप में पश्चिम बंगाल विधानसभा में विधायक (1977-1982); प. बंगाल प्रदेश भाजपा के दो बार अध्यक्ष, भाजपा के राष्ट्रीय उपाध्यक्ष (1988-1993); संसद सदस्य, राज्यसभा (1992 से 1998) पदों पर आसीन रहे। हिमाचल प्रदेश और उत्तर प्रदेश के राज्यपाल रहे।

17 अप्रैल, 2005 को उनका निधन।

ज्ञान और कर्म

(ईशावास्य-अनुवचन)

विष्णुकान्त शास्त्री

लोकभारती पेपरबैक्स

पहला पुस्तकालय संस्करण
लोकभारती प्रकाशन द्वारा
1997 में प्रकाशित

लोकभारती पेपरबैक्स में
पहला संस्करण : 2024

लोकभारती पेपरबैक्स : उत्कृष्ट साहित्य के लोकप्रिय संस्करण

लोकभारती प्रकाशन
पहली मंजिल, दरबारी बिल्डिंग, महात्मा गांधी मार्ग,
प्रयागराज-211 001
द्वारा प्रकाशित

वेबसाइट : www.lokbhartiprakashan.com
ईमेल : info@lokbhartiprakashan.com

शाखाएँ : 1-बी, नेताजी सुभाष मार्ग, दरियागंज, नई दिल्ली-110 002
अशोक राजपथ, साइंस कॉलेज के सामने, पटना-800 006
1, अनमोल सोराबजी संतुक लेन, धोबी तलाव, मरीन लाइंस, मुम्बई-400 002

बी.के. ऑफसेट
नवीन शाहदरा, दिल्ली-110 032
द्वारा मुद्रित

मूल्य : ₹299

GYAN AUR KARMA
by Vishnukant Shastri

ISBN :978-81-19996-44-5

समर्पण

जिस

बड़ाबाजार कुमारसभा पुस्तकालय, कलकत्ता की कौस्तुभ जयन्ती योजना के

अन्तर्गत

ईशावास्योपनिषद् का यह प्रवचन क्रम चला उसके संस्थापक

स्व० श्री राधाकृष्ण नेवटिया

की पावन स्मृति को

तथा

उनके सुयोग्य उत्तराधिकारी एवं कर्मयोग के पथ पर अग्रसर

पुस्तकालय के वर्तमान अध्यक्ष

श्री जुगलकिशोर जैथलिया

की कर्मठता को

सादर, सस्नेह समर्पित

भूमिका

"आकाश का विस्तार, आमंत्रण है,
बाधा नहीं है।
कोई भी बड़ा छोटा पंछी,
आधा नहीं है।"

भवानी भाई ने ये पंक्तियाँ किस सन्दर्भ में लिखी थीं, मुझे नहीं मालूम! पर ईशावास्योपनिषद् पर बोलने की धृष्टता कर लेने के बाद अपने दुःसाहस के आंशिक समर्थन में इन्हें उद्धृत करने का लोभ संवरण नहीं कर पाया। माना कि ईशावास्योपनिषद् अपने लघु कलेवर में अर्थ का विस्तृत आकाश समेटे हुए है, किन्तु प्रवचन के बहाने उसे समझने के क्रम में मुझ जैसा छोटा पंछी यदि उस आकाश में उड़ान भरे तो क्या उसका यह प्रयास इस आमंत्रण की विनम्र स्वीकृति नहीं माना जायेगा? सन्तों का आश्वासन है कि गुरु कृपा से पिपीलिका भी विहंगम मार्ग की अधिकारिणी हो जाती है। ईशावास्य की प्रवचन-यात्रा के प्रति पद में मुझे अपने गुरु ब्रह्मीभूत स्वामी अखंडानन्द सरस्वती की कृपा के सम्बल का अनुभव होता रहा, तभी तो यह वाचिक परिक्रमा पूरी हो सकी! इसमें मेरा अपना वैशिष्ट्य कुछ भी नहीं है। जो है, वह गुरुजी की तथा शंकर, रामानुज, विनोबा सदृश अन्य पूर्वाचार्यों की कृपा का सुफल है। हाँ, विकृतियाँ अवश्य मेरी हैं। बहुत संभव है कि उनके भावों-विचारों को समझने-समझाने में मुझसे अनेक स्थलों पर त्रुटियाँ हुई होंगी। कृपालु विज्ञजन यदि उनकी सूचना देंगे तो अगले संस्करण में उन्हें सुधारने की चेष्टा करूँगा। क्योंकि इन प्रवचनों में मैंने प्रायः गुरुजनों की बातें ही दुहरायी हैं, अतः इस कृति का नाम सहज ही मन में उभरा 'ईशावास्य अनुवचन।' सच बात यही है कि 'हौं पंडितन्ह केर पछिलगा', पिछलग्गू की बातें तो अनुवचन ही हो सकती हैं।

रामजी की कृपा का चमत्कार ही है कि घनघोर राजनीतिक घमासान के दौरान प्रभु ने ईशावास्य पर मासिक प्रवचन करने के निमित्त के रूप में मेरा चयन कर लिया। कहाँ सांसद की सर्वग्रासी व्यस्त भूमिका, कहाँ ईशावास्योपनिषद् जैसे गहन ग्रन्थ के मर्मोद्घाटन का बाल-प्रयास। मैं तो इतना ही जानता हूँ, जिसने यह काम दिया, उसी ने इसे निभाया भी। ऐसी ही कृपा प्रभु ने तब भी की थी जब मैं विधायक था। तब उन्होंने 'भक्ति और शरणागति' के लेख लिखवा लिये थे। उस समय प्रेरक बने थे मेरे दिवंगत मित्र रामनिवास ढंढारिया। जैसे उनके हठ के आगे मेरी एक न चली, वैसे ही इस बार रीता, वसुमती, कमलेश, उषा, सुधा जैसी मेरी विदुषी छात्राओं ने मुझे लाचार कर दिया ईशावास्य पर प्रतिमास बोलने के लिए। जब

'मानधन' हठी हो उठते हैं तब हारना ही पड़ता है।

प्रवचन की व्यवस्था का उत्तरदायित्व सम्हाला श्री बड़ाबाजार कुमारसभा पुस्तकालय के अध्यक्ष जुगल किशोर जैथलिया और साहित्य मंत्री प्रेमशंकर त्रिपाठी ने। उन जिज्ञासु श्रोताओं को भी सस्नेह स्मरण करना अपना कर्त्तव्य समझता हूँ, जिनकी नियमित उपस्थिति मुझे आश्वस्त करती रही कि प्रभु मेरी सेवा स्वीकार कर रहे हैं। पुस्तकालय के उपाध्यक्ष कृष्ण स्वरूप दीक्षित एवं मंत्री महावीर बजाज का उद्योग भी प्रशंसनीय रहा है। प्रवचन पुस्तकालय कक्ष में ही हुए अत: पुस्तकाध्यक्ष त्रिभुवन तिवारी के प्रबन्ध कौशल को भी नहीं भूल सकता। हृदय से आशीर्वाद देता हूँ उषा द्विवेदी को जिसने इन प्रवचनों को टेप से कागज पर उतारा। प्रेस की स्वच्छ प्रतिलिपि तैयार करने में प्रीतिभाजन प्रेमशंकर त्रिपाठी ने बहुत परिश्रम किया है, उसे भी स्नेहाशीर्वाद। लोकभारती के यशस्वी अधिकारीद्वय रमेशचन्द्रजी और दिनेशचन्द्रजी मेरे पुराने पृष्ठपोषक रहे हैं, अत: उन्होंने ही इसके प्रकाशन का दायित्व सम्हाला। मैं इन सबका ऋणी हूँ।

पाठकीय सम्मति का मैंने सदा सम्मान किया है। क्या आप मुझे ऐसा अवसर देंगे?

विजयादशमी —**विष्णुकान्त शास्त्री**

श्री शुभ सं०२०५४ वि०

कलकत्ता

विषय-सूची

प्रवचन क्रम—१

ईशावास्य उपनिषद् पर प्रवचन मैं करूँ यह नितान्त दु:साहस है फिर भी मैंने इस अनुरोध को स्वीकार कर लिया, क्योंकि इस क्षेत्र में मुझे अपने गुरु स्वामी अखंडानन्दजी सरस्वती का संबल प्राप्त है। कबीरदास का एक दोहा है—

कबीर मारग कठिन है, मुनिवर बैठे थाकि।
तहाँ कबीरा चलि गया, गहि सत् गुरु की साखि॥

यह बड़ा कठिन मार्ग है, बड़े-बड़े मुनि थक कर बैठ गए, लेकिन निर्भय कबीरदास अपने सद्‌गुरु की साखी को अवलम्ब बनाकर वहाँ पहुँच गया। वही अवलम्ब मेरा है। प्रज्ञा मेरे गुरु की है, श्रद्धा मेरी है। वाणी मेरी है, बातें उनकी हैं और उनकी बातों को अपनी असमर्थ वाणी में ठीक-ठीक प्रस्तुत कर सकूँगा कि नहीं मैं नहीं जानता। फिर भी चेष्टा कर रहा हूँ।

ईशावास्योपनिषद् के ऊपर विचार करने के पहले यह आवश्यक है कि उपनिषद् का अर्थ समझ लिया जाए। उपनिषद् शब्द की व्युत्पत्ति उप और नि इन दो उपसर्गों के साथ सद् धातु में क्विप प्रत्यय लगाने से होती है। सद् धातु के तीन अर्थ होते हैं। एक अर्थ है विशीर्ण करना, विशरण यानी विनाश। दूसरा अर्थ है गति या ज्ञान। तीसरा अर्थ है अवसादन करना—शिथिलीकरण और इन तीनों अर्थों में उपनिषद् की व्याख्या या उपनिषद् की अर्थ व्याप्ति को स्वीकार करके विद्वानों और आचार्यों ने बताया है कि जिससे अज्ञान का नाश हो; ज्ञान, ब्रह्म या मोक्ष की प्राप्ति हो और संसार के बन्धन का शिथिलीकरण हो वह उपनिषद् है। इसमें जो उप उपसर्ग है उसका अर्थ है व्यवधान रहित। बीच में कोई अन्तराय, कोई बाधा, कोई व्यवधान न हो। यह उप शब्द एक तरफ गुरु के प्रति और दूसरी तरफ ब्रह्म के प्रति प्रयुक्त है। गुरु और ब्रह्म में हम लोग अन्तर नहीं मानते। क्योंकि गुरु की कृपा से ही ब्रह्म का साक्षात्कार, ब्रह्म का अनुभव हो सकता है और इसलिए उप का मतलब हुआ व्यवधानरहित अत्यन्त निकट। नि का मतलब होता है नितराम् नि:शेष, सम्पूर्णरूपेण। यदि सद् का मूल अर्थ ज्ञान लिया जाये तो उपनिषद् का अर्थ होगा वह व्यवधानरहित सम्पूर्ण ज्ञान, जो किसी भी देश, काल, वस्तु के परिच्छेद को स्वीकार नहीं करता। अब इस बात पर ध्यान दीजिये कि ज्ञान स्वत: प्रमाण है। ज्ञान को कोई बनाता नहीं है। ईश्वर भी ज्ञान को नहीं बनाता। ईश्वर अगर ज्ञान को बनाने वाला मान लिया जाये तो ज्ञान बनाने के पहले वह ज्ञानी था कि अज्ञानी था? अगर ज्ञानी था तो ज्ञान था तभी न ज्ञानी था। और यदि अज्ञानी था तो वह ज्ञान बना ही नहीं सकता। हम लोग ईश्वर के लिए ज्ञानी शब्द का प्रयोग नहीं करते, ज्ञानस्वरूप का प्रयोग करते हैं। ईश्वर को जब हम सत्यं ज्ञानमनन्तं ब्रह्म कहते हैं तो संकेतित करते हैं कि ईश्वर यानी ब्रह्म ही ज्ञान है और ज्ञान ही ब्रह्म है। इस बात पर ध्यान दीजिए कि जो वृत्ति विशेष ज्ञान है यहाँ उस ज्ञान से तात्पर्य

नहीं है। घड़े का या माइक्रोफोन का या टेबुल का ज्ञान होना यह एक सीमित वस्तु का सीमित वृत्ति के द्वारा ज्ञान होना है यह अलग बात है। उपनिषद् में जिस ज्ञान का संकेत है वह अखण्ड ज्ञान है। वह ज्ञाता, ज्ञेय और ज्ञान की त्रिपुटी का लय करने वाला ज्ञान है। वह ज्ञाता और ज्ञेय को अभिन्न बना देने वाला ज्ञान है। फिर ज्ञान ही रह जाता है न ज्ञेय की अलग सत्ता रहती है न ज्ञाता की। उस ज्ञान को उपनिषद् ज्ञान कहा जाता है। आप लोगों को यह मालूम है कि भारतीय दृष्टि में चार पुरुषार्थ माने जाते हैं। उनमें जो चरम पुरुषार्थ है उसको मोक्ष कहते हैं। उस मोक्ष की या ब्रह्म की प्राप्ति उपनिषद् के द्वारा सम्भव है यह श्रद्धा रखकर हम आगे बढ़ते हैं।

उपनिषदों का सामूहिक नाम वेदान्त है। उपनिषद् शब्द की जैसे व्याख्या की गयी वैसे ही वेदान्त शब्द की व्याख्या भी अपेक्षित है। वेदान्त का एक सीधा अर्थ है जो वेद का अन्तिम भाग है जो वेद के अन्त में आये। ईशावास्योपनिषद् के लिए तो यह अक्षरश: सत्य है। अच्छा देखिये एक बात और, संस्कृत में उपनिषद् स्त्रीलिंग है। हिन्दी में उपनिषद् पुल्लिंग है। इसलिए कभी-कभी गड़बड़ी हो जाएगी मुझसे बोलने में भी। संस्कृत में उपनिषदें कहेंगे, हिन्दी में उपनिषद् कहेंगें। चूँकि मैं हिन्दी में बोल रहा हूँ, इसलिए हिन्दी की परम्परा का पालन करूँगा। उपनिषदों का जो सामूहिक नाम है, वह है वेदान्त। वेदान्त का मतलब क्या हुआ? वेद कहते हैं ज्ञान को। और वेद का भी जो अन्त है, वह वेदान्त है। अन्त का एक अर्थ है आखिरी हिस्सा। अन्त का और एक अर्थ होता है—चरम तात्पर्य। जब हम सिद्धान्त शब्द का प्रयोग करते हैं तो सिद्धान्त का मतलब क्या होता है? किसी तर्क या विवाद के ऊपर सम्यक् विचार करने के अनन्तर पूर्व पक्ष का निरसन कर देने के बाद जो सर्वसम्मत स्वीकृत तत्त्व होता है उसको सिद्धान्त कहते हैं। सिद्धान्त में यह जो अन्त शब्द है यह न केवल उस तर्क का उपसंहार सूचित करता है, बल्कि उस सारे विचार का मर्म भी सूचित करता है, उस सारे विचार का रहस्य भी सूचित करता है। ठीक उसी तरह वेदान्त शब्द का शाब्दिक अर्थ तो यह हुआ कि वह वेदों का अन्तिम भाग है। लेकिन उससे महत्त्वपूर्ण अर्थ यह हुआ कि वेदों का जो रहस्य है, वेदों का जो मर्म है, वेदों का जो चरम तात्पर्य है वह वेदान्त में यानी उपनिषदों में संकलित है। वेद शब्द का अर्थ भी ज्ञान होता है और अन्त शब्द का दूसरा अर्थ स्वीकृत हुआ चरम तात्पर्य या रहस्य। तो जो वेदों का भी, ज्ञान का भी परम ज्ञान है ज्ञान का जो चरम तात्पर्य है वह उपनिषद् के रूप में, वेदान्त के रूप में हमें अपनी पूर्व परम्परा से प्राप्त हुआ है। यह कितना बड़ा अनुग्रह है परम्परा का। उपनिषद् किसी ग्रन्थ विशेष का नाम नहीं है। उपनिषद् ब्रह्म विद्या का नाम है। उपनिषद् को यह संज्ञा प्राप्त होती है व्यवधानरहित रूप से परम ज्ञान का बोध करा देने के कारण, और इसलिए उपनिषद् उन तमाम कृतियों को कह सकते हैं जिनके द्वारा ब्रह्म विद्या का बोध होता है। जिस बात की विद्या का उदय होता है उसके अज्ञान का लोप होता है, नाश होता है। जैसे हमने अगर माइक्रोफोन का ज्ञान प्राप्त किया तो माइक्रोफोन के संबंध में हमारा जो अज्ञान था, वह दूर हो गया। इसी तरह ब्रह्म के संबंध में जो हमारा अज्ञान था उस अज्ञान को दूर कर जो ब्रह्म का साक्षात् बोध करा देने में समर्थ है उस विद्या का नाम ब्रह्म विद्या है। आप लोगों ने श्रीमद्भगवद्गीता का अध्ययन किया होगा।

श्रीमद्भगवद्गीता के प्रत्येक अध्याय की पुष्पिका पर ध्यान दीजिए—

श्रीमद्भगवद्गीतासु उपनिषत्सु ब्रह्मविद्यायां योगशास्त्रे
श्रीकृष्णार्जुन संवादे..।

श्रीमद्भगवद्गीता भी उपनिषद् है। जैसे हम लोग ईशावास्योपनिषद् को उपनिषद् कहते हैं वैसे सामान्यत: गीता को अलग से उपनिषद् नहीं कहते, कभी-कभी गीतोपनिषद् कह देते हैं, लेकिन उसका जो सामान्य नाम है वह है श्रीमद्भगवद्गीता। भगवान के द्वारा गायी हुई गीता। लेकिन वह भी उपनिषद् है, क्यों उपनिषद् है? क्योंकि उसमें ब्रह्मविद्या का निरूपण है। जिस विद्या में ब्रह्मैक्य का, ब्रह्म का साक्षात् अपरोक्ष अनुभव कराने का सामर्थ्य हो, उसको ब्रह्मविद्या कहते हैं। जो इन्द्रियों के द्वारा ग्राह्य होता है उसको हम कहते हैं प्रत्यक्ष। जैसे हमारे सामने यह टेबुल है, यह माइक है, आप सब लोग हैं, यह प्रत्यक्ष हैं। अक्ष माने आँख। लेकिन अक्ष का मतलब व्यापक अर्थ में इन्द्रिय होता है। जो कुछ इन्द्रियों के द्वारा ग्राह्य होता है उसको कहते हैं प्रत्यक्ष। जो इन्द्रियों के द्वारा ग्राह्य न हो उसको कहते हैं परोक्ष, जो आँखों से ओझल हो। जैसे हम लोग स्वर्ग-नरक की बात कहते हैं, देवी-देवताओं की बात कहते हैं तो वे सब परोक्ष हैं। लेकिन कुछ और ऐसी आभ्यन्तर स्थितियाँ या तत्त्व हैं जो कमरे की तरह, मकान की तरह, घड़ी की तरह न तो प्रत्यक्ष हैं और न स्वर्ग की तरह, नरक की तरह, देवी देवताओं की तरह परोक्ष हैं, वे अपरोक्ष हैं। अपरोक्ष किसको कहते हैं? जो प्रत्यक्ष भी न हो और परोक्ष भी न हो। अपरोक्ष माने जो परोक्ष नहीं है। जो अपने भीतर होता है वह अपरोक्ष होता है। सुख-दु:ख भी अपरोक्ष है। सुख-दु:ख वस्तु-भास्य नहीं है। सुख-दु:ख साक्षी-भास्य है। जिन परिस्थितियों में किसी व्यक्ति को सुख का अनुभव होता है उन्हीं परिस्थितियों में किसी व्यक्ति को दु:ख का अनुभव हो सकता है। इसलिए न एक ही स्थिति सबके लिए सुखद है, न एक ही स्थिति सबके लिए दु:खद है। यह सम्भव है कि औरों की दृष्टि में जो सुख की स्थितियाँ हैं उनमें कोई दु:खी हो। यह भी सम्भव है कि औरों के लिए जो दु:ख की स्थितियाँ है उनमें कोई दु:खी न हो। ये सुख और दु:ख अपरोक्ष अनुभव हैं जो हमारी स्वीकृति के द्वारा हम पर लागू होते हैं। लेकिन ये भी वर्तनशील हैं, परिवर्तनशील हैं, बदल जाते हैं। सुख-दु:ख, काम-क्रोध, लोभ-मोह, मद-मत्सर, शान्ति, उल्लास, विवेक, वैराग्य ये सब अपरोक्ष अनुभूतियाँ हैं। ब्रह्म को साक्षात् अपरोक्ष कहते हैं। इसमें एक और विशेषता है। जो कभी अनुपस्थित न हो, जो बराबर बना रहे और जो अद्वय हो उस तत्त्व को साक्षात् अपरोक्ष कहते हैं। सुख-दु:ख, काम-क्रोध, लोभ-मोह आदि वृत्तियाँ हमारी जानकारी के बिना नहीं रहतीं, लेकिन ब्रह्म को हम जानें न जानें, वह है। उसका साक्षात् अपरोक्ष अनुभव कराने में जो विद्या समर्थ होती है, उसे ब्रह्म-विद्या कहते हैं। यह ब्रह्म-विद्या ब्रह्म के सम्बन्ध में अज्ञान का नाश करती है और ब्रह्म की उपलब्धि अर्थात ब्रह्मत्व प्राप्ति का एकमात्र कारण है। इसीलिए ब्रह्म-विद्या की इतनी महिमा है। यह भी समझ रखना चाहिए कि उपनिषदों में कुछ तरतमता की बात भी की जाती है। वैसे तो मुक्तकोपनिषद् में एक सौ आठ उपनिषदों के नाम दिये गये हैं, लेकिन मद्रास में जो अडियार पुस्तकालय है उसने एक सौ सत्तर से अधिक उपनिषद् प्रकाशित किए हैं। जिन उपनिषदों के ऊपर शंकराचार्यजी का भाष्य प्राप्त है या जिन

उपनिषदों को परम्परा से अधिक सम्मान प्राप्त है उनमें ग्यारह उपनिषद् वरेण्य हैं। ईश, केन, कठ, मण्डूक, माण्डूक्य, श्वेताश्वतर, ऐतरेय, प्रश्न, तैत्तिरीय, वृहदारण्यक, छांदोग्य आदि ग्यारह प्रधान उपनिषद् हैं। इन ग्यारह उपनिषदों में भी ईशावास्योपनिषद् सबसे महत्वपूर्ण उपनिषद् है, क्योंकि और तमाम उपनिषद् वेदों के ब्राह्मण-भाग में हैं या आरण्यक-भाग में हैं। वेद की मंत्र-संहिता जब समाप्त हो जाती है तो उसके बाद उसके कुछ पूरक अंश हैं जिन्हें ब्राह्मण या आरण्यक ग्रंथ कहते हैं। आर्यसमाजी भाई ब्राह्मणों और आरण्यकों को महत्त्वपूर्ण तो मानते हैं लेकिन साक्षात वेद का अंग नहीं मानते। इसलिए उनकी दृष्टि में अन्य उपनिषद् गौण हैं। अकेला ईशावास्योपनिषद् ऐसा उपनिषद् है जो यजुर्वेद संहिता का चालीसवाँ अध्याय है। यानी ईशावास्योपनिषद् वेद-संहिता का अभिन्न अंश है और सचमुच यजुर्वेद का समापन अंश है। तो दोनों अर्थों में वह वेदान्त है। वेद के अंतिम अंश के अर्थ में भी और वेद के सारे रहस्य को, उसके मर्म को उजागर करने वाले अर्थ में भी। वेद को समग्र रूप से ज्ञानमय स्वीकार करने पर भी उसके मूलतः तीन काण्ड बताये जाते हैं। कर्मकाण्ड, उपासना-काण्ड और ज्ञान-काण्ड। जो इस संसार में कुछ पाना चाहते हैं उनके लिए कर्मकाण्ड है। अनेक प्रकार के यज्ञों का विधि विधान है। किस यज्ञ के द्वारा किस फल की प्राप्ति होगी, यह वेदों में बताया गया है। इसी तरह कुछ वैदिक मंत्रों में देवी-देवताओं की स्तुतियाँ हैं, देवी-देवताओं की उपासना है। वेद के इस पक्ष को उपासना-काण्ड कहते हैं। उपनिषदों को, वेदान्त को वेद का ज्ञान-काण्ड कहते हैं। ज्ञान-काण्ड कहने का अर्थ यह नहीं है कि इस ज्ञान-काण्ड में कर्म या उपासना का कोई योग नहीं है, ऐसा नहीं है। वेद के ज्ञान-काण्ड के रूप में जो उपनिषद् हैं उनमें भी कर्म का, उपासना का कहीं-कहीं संकेत है, प्रयोजन है, निरूपण है लेकिन वे तमाम निरूपण, वे तमाम मंत्र या वे तमाम उक्तियाँ ज्ञान के सहायक के रूप में हैं। उपनिषदों में जो कर्म या उपासना की उक्तियाँ आई हैं वे ज्ञान के अंश के रूप में हैं। ज्ञान प्राप्त करने की क्षमता हममें आये इसके लिए हैं। यह बात समझ में आनी चाहिए कि वेद के मर्म को, वेद के रहस्य को, वेद के ज्ञान-काण्ड को केवल तर्क से, केवल पढ़कर, केवल सुनकर हृदयंगम नहीं किया जा सकता। उसे हृदयंगम कर पाने के लिए आप में कुछ अन्तर्निहित आवश्यक गुण होने चाहिए। कठोपनिषद् की उक्ति है—

नाविरतो दुश्चरितान्नाशान्तो नासमाहितः।
नाशान्तमानसो वापि प्रज्ञानेनैनमाप्नुयात्॥ *(कठोपनिषद्-१/२/२४)*

उपनिषद् का मर्म, उपनिषद् का रहस्य दुश्चरित्र से विरत हुए बिना—'**नाविरतो दुश्चरितात्**' नहीं समझा जा सकता। हम दुष्कर्म भी करते रहेंगे, दुश्चरित्र भी रहेंगे और उपनिषद् का मर्म भी समझ जायेंगे, यह नहीं हो सकता।

हम अशान्त बने रहेंगे, हमारे मन में समाधान नहीं होगा और हम उपनिषद् का मर्म समझ जायेंगे, यह नहीं हो सकता। हमारे हृदय में अनेक प्रकार की इच्छाएँ कुलबुलाती रहेंगी और हम उपनिषद् का मर्म समझ जायेंगे, यह भी नहीं हो सकता।

केवल जानकारी से, केवल पढ़ लेने से, केवल सुन लेने से उपनिषद् का मर्म समझ में नही आयेगा। उपनिषद् के मर्म को समझने के लिए जिन चार आवश्यक गुणों का निरूपण

किया गया है वे हैं विवेक, वैराग्य, षट्सम्पत्ति और मुमुक्षा। विवेक का अर्थ होता है नित्य और अनित्य में अन्तर करना। जो नित्य है सदा रहने वाला तत्त्व है उसे ग्रहण करने के लिए; जो अनित्य है, नश्वर है, परिवर्तमान है, उसके प्रति आसक्ति छोड़ने के लिए यह जरूरी है कि हम समझें कि क्या नित्य है और क्या अनित्य। मिली हुई चीजों को अलग-अलग करने को विवेक कहते हैं। जैसे, सूखी खिचड़ी में दाल और चावल मिल जाए तो चावल-चावल अलग कर लिया, दाल-दाल अलग कर ली तो चावल या दाल का विवेक हो गया, वैसे ही संसार में नित्य और अनित्य दोनों मिश्रित हैं। नित्य को अलग कर लेना, अनित्य को अलग कर लेना—विवेक इसी को कहते हैं। विवेक होने के बाद भी जिसको हम अनित्य मानते हैं, जिसको हम बुरा मानते हैं जिसको हम गलत मानते हैं उसको हम छोड़ नहीं पाते। क्यों नहीं छोड़ पाते? क्योंकि हमें उससे होने वाले लाभों की स्पृहा होने लगती है। झूठ बोलना बुरी बात है, लेकिन फिर भी झूठ बोलते हैं, क्यों? क्योंकि हम मानते हैं कि झूठ बोलने से हमको तात्कालिक कोई लाभ हो जाएगा या झूठ बोलने से हम किसी कष्ट से बच जायेंगे। यह मानना आसक्ति के कारण है। इसलिए विवेक के बाद जो दूसरा बड़ा गुण उपनिषदों के मर्म ज्ञान के लिए आवश्यक है—वह वैराग्य है। बिना वैराग्य के विवेक लँगड़ा होता है। विवेक करने के बाद त्याज्य अंश का त्याग हम तभी कर सकते हैं जब हमारे हृदय में वैराग्य की पुष्टि हो। उसके बाद शम, दम, उपरति, तितिक्षा, शान्ति और समाधान हमारे अन्तःकरण में आयें, यह भी आवश्यक है। इनको सामूहिक रूप से षट्सम्पत्ति कहते हैं। जो अकरणीय है, अकर्त्तव्य है उसका त्याग शम है। जो न्यायोचित प्राप्य है, लेकिन उसका भी भोग अधिक न करना दम है। कुछ लोग मन की शान्ति को शम, कुछ लोग इन्द्रियों के निग्रह को दम कहते हैं। उपरति—बहुत से काम नहीं करने चाहिए। जितना ज्यादा हम अपने को बाँधेंगे उतना ज्यादा दुःख पायेंगे। तो फालतू कामों से बचने को उपरति कहते हैं। हमारे जीवन में यदि दुःख आयें, कष्ट आयें तो, उनको सह लेने को तितिक्षा कहते हैं। मन के प्रतिकूल होने पर भी मन में व्याकुलता न आए उसको कहते हैं शान्ति और हमारा मन समाहित रहे, एकाग्र रहे, उसको कहते हैं समाधान। और अन्तिम बात—चौथा बड़ा गुण जो वेदान्त श्रवण के अधिकारियों के लिए आवश्यक है वह है मुमुक्षा—मुमुक्षा माने मोक्तुम् इच्छा, मुक्ति पाने की इच्छा। हम किससे बँधे हुए हैं, क्यों बँधे हुए हैं ये बहुत गम्भीर प्रश्न हैं, लेकिन हम लोगों को लगता है कि हम बँधे हुए हैं, कुछ लोग कहते हैं कर्म से बँधे हुए, कुछ लोग कहते हैं राग-द्वेष से बँधे हुए हैं। उपनिषदों का कहना है कि हम सिर्फ अज्ञान से बँधे हुए हैं। हमने गलत बात को सही मान रखा है, सही बात को जानने की चेष्टा नहीं करते, यह जो हमारा अज्ञान है, यही बन्धन का हेतु है। नहीं तो हम तो शुद्ध-बुद्ध-मुक्त हैं। अपने शुद्ध-बुद्ध-मुक्त स्वरूप को न जानने के कारण अपने अज्ञान के कारण ही हम बँधे हुए हैं उसको ठीक से समझ लेने की इच्छा होनी चाहिए, मुक्ति पाने की इच्छा को कहते हैं मुमुक्षा। जिनमें ये चार गुण होंगे (मुझमें तो नहीं हैं) वे ही उपनिषदों के मर्म को समझ सकेंगे। अच्छा यदि ये गुण हममें आज नहीं हैं तो भी इन्हें जानकर इन्हें अर्जित करने का प्रयास तो हमें करना चाहिए। हममें ये गुण आज नहीं हैं तो कल होंगे, परसों होंगे यह श्रद्धा रखकर हमें उन्हें अर्जित करने की साधना करनी चाहिए।

मुंडकोपनिषद् में यह भी बताया गया है कि कोई उपनिषद् की ओर कब और क्यों जाता है उसका सुप्रसिद्ध मंत्र है—

परीक्ष्य लोकान्कर्मचितान् ब्राह्मणो निर्वेदमायान्नास्त्यकृतः कृतेन।
तद्विज्ञानार्थं स गुरुमेवाभिगच्छेत् समित्पाणिः श्रोत्रियं ब्रह्मनिष्ठम्॥

(मुण्डकोपनिषद् १/२/१२)

पहली बात कि '**परीक्ष्य लोकान् कर्मचितान् ब्राह्मणो**' जो ब्रह्म को प्राप्त करने की इच्छा रखने वाला है वह इन लोकों को जो कर्म के द्वारा प्राप्त हुए हैं—अच्छी तरह से परीक्षा कर के देख ले।

जब वह इन लोकों की भली-भाँति परीक्षा करेगा, इन्हें ठोक-बजाकर देख लेगा तो उसको अनुभव होगा कि ये लोक हमें कर्मों के द्वारा प्राप्त होते हैं। हम कुछ करके कुछ पाना चाहते हैं। सारे कर्मों के पीछे कोई प्रयोजन होता है। कर्मों के द्वारा हम या तो अप्राप्त को प्राप्त करना चाहते हैं या जो विकृत है उसको सुधारना चाहते हैं, या जो निकट प्राप्त है उसे दूर ठेलना चाहते हैं आदि, आदि। कर्म के द्वारा जो कुछ है उसे हम बदलना चाहते हैं या कुछ पाना चाहते हैं। अगर फल हमारी इच्छा के अनुकूल हो तो हम सुखी होते हैं, इच्छा के अनुकूल न हो तो हम दुखी होते हैं। उपनिषत्कार का कहना है, ऋषियों का कहना है कि इन कर्मों के द्वारा उस परम ज्ञान को, उस परम तत्त्व को नहीं प्राप्त किया जा सकता जो अकृत है—**नास्त्यकृतः कृतेन।** कृतेन-किए हुए कर्म के द्वारा जो अकृत है हम उसको नहीं पा सकते। जो सहज सिद्ध है, स्वयं सिद्ध है उसको हम किसी कर्म के द्वारा प्राप्त कर लें और हमको पूर्ण संतोष, पूर्ण शान्ति, पूर्ण ज्ञान का अनुभव हो यह सम्भव ही नहीं है। जब इस प्रकार का बोध होगा, हृदय में तब निर्वेद की उत्पत्ति होगी, हृदय में वैराग्य उत्पन्न होगा। **तदविज्ञानार्थ स गुरुमेवाभिगच्छेत्** (मुण्डक १/२/१२) तब इसकी जानकारी के लिए कि, वह अकृत तत्त्व कौन सा है, कैसा है, उस अकृत तत्त्व की उपलब्धि कैसे होगी, कर्मों के द्वारा, कृति के द्वारा अगर अकृत का बोध नहीं हो सकता तो कैसे होगा—इन सब प्रश्नों का तद्विज्ञानार्थ—उत्तर जानने के लिए 'स गुरुमेवाभिगच्छेत्'—वह साधक गुरु के पास जाए।

विवेक, वैराग्य, षट्सम्पत्ति और मुमुक्षा से सम्पन्न साधक लोकों की भली-भाँति परीक्षा कर लेने के बाद उनके खोखलेपन को समझकर क्षणिक सुख और उसके बाद फिर दुःख, फिर दुःख, फिर दुःख—इन दुःखों की परम्परा से जर्जर होकर सहज संतोष, सहज शान्तिपूर्ण ज्ञान की प्राप्ति के लिए, अकृत को प्राप्त करने के लिए कृति व्यर्थ है यह मान लेने के बाद उस अकृत तत्त्व को, उस परम तत्त्व को जानने की इच्छा लेकर वह साधक श्रोत्रिय ब्रह्मनिष्ठ गुरु के पास जाये। जो वेद वेदान्त में पारंगत होता है, उसे श्रोत्रिय कहते हैं। ब्रह्मनिष्ठ होने के लिए केवल शास्त्र का बोध पर्याप्त नहीं है, क्योंकि शास्त्र ज्ञानी भी तत्त्व के अनुभव से रहित हो सकते हैं। रामकृष्ण परमहंस देव कहते थे जो केवल पुस्तकी ज्ञानी है, जिसने तोते की तरह शास्त्रों को रट लिया है वह तो गिद्ध है, गिद्ध। गिद्ध क्यों है भाई? बोले देखो गिद्ध, आकाश में कितने ऊँचे उड़ता है, किन्तु उस ऊँचाई से भी खोजता है मुर्दे को। जहाँ पड़ी हुई लाश देखता है; उस ऊँचाई से उतरकर उस लाश को खाता है। अतः केवल वेद का अध्ययन

कर लेना वेद को रट लेना, वेद को दोहरा देना काफी नहीं है। ब्रह्मनिष्ठ होना चाहिए, ब्रह्म का साक्षात्कार होना चाहिए, ब्रह्म का अपरोक्ष अनुभव होना चाहिए। निष्ठा कहते हैं नितराम् स्थिति को, जो स्थिति विचलित न हो। ब्रह्मनिष्ठ का मतलब हुआ जो सम्पूर्ण रूपेण ब्रह्म में स्थित है ऐसे ब्रह्म-निष्ठ, श्रोत्रिय गुरु के पास साधक श्रद्धापूर्वक समित्पाणि होकर (यज्ञ के लिए समिधा हाथ में लेकर) जाये। और गुरु के लिए भी कहा गया है कि वह—

तस्मै स विद्वानुपसन्नाय सम्यक् प्रशान्तचित्ताय शमान्विताय।
येनाक्षरं पुरुषं वेद सत्यं प्रोवाच तां तत्त्वतो ब्रह्मविद्याम्॥

(मुण्डकोपनिषद् १/२/१३)

सम्यक् रूप से उपसन्न होने का अर्थ है उचित पद्धति से गुरु के निकट आना। उपनिषद् का अर्थ स्पष्ट करते हुए मैंने बताया था कि उप शब्द व्यवधानरहित निकटता का बोध कराता है। यह व्यवधानरहित निकटता एक तरफ ब्रह्म के प्रति है दूसरी तरफ गुरु के प्रति। उस उपसन्न प्रशान्तचित्त, शमान्वित शिष्य को, श्रोता को गुरु **येनाक्षरं पुरुषं वेदसत्यं प्रोवाच तां तत्त्वतो ब्रह्मविद्याम्** उस ब्रह्मविद्या का उपदेश करे, जिसका तत्त्वतः उपदेश करने के कारण सम्यक् रूप से ब्रह्म की उपलब्धि हो जाती है। तत्त्व सबसे ऊँची भूमिका है बुद्धि की। देखिये, बुद्धि के सात गुण बताये गये हैं—

शुश्रूषा श्रवणं चैव, ग्रहणं धारणं तथा।
ऊहापोहार्थविज्ञानं, तत्त्वज्ञानं च धीगुणाः॥

धी माने बुद्धि। बुद्धि के सात गुण हैं, बुद्धि की सात भूमिकाएँ हैं। हम लोग अपने जीवन में इन भूमिकाओं में कहाँ हैं, इसकी जाँच-पड़ताल कर सकते हैं। बुद्धि की पहली भूमिका है—शुश्रूषा। शुश्रूषा माने श्रोतुम् इच्छा। सुनने की इच्छा, जानने की इच्छा। देखिए आजकल तो पुस्तकालय हैं, छपी हुई किताबें हैं जो आप पढ़ना चाहें, किताबों को उलट-पुलट कर देख लें विश्वकोश को देख लें। पुराने समय में हस्तलिखित ग्रन्थ होते थे—वे साधारण जनों के लिए दुर्लभ थे। इसलिए किसी को जब किसी विषय का ज्ञान प्राप्त करने की इच्छा होती थी तो वह किसी गुरु के पास जाता था और गुरु से अपनी शंका निवेदित करके उनका प्रवचन सुनता था। इसलिए कहा गया शुश्रूषा। सुनने की इच्छा यानी जानने की इच्छा। अगर हममें आपमें जानने की इच्छा है तो हममें बुद्धि का पहला गुण है। आप लोगों में स्पष्टतः है, नहीं तो आप लोग प्रवचन सुनने आते ही क्यों? स्पष्ट है कि आपमें सुनने की इच्छा है। तो सुनने की इच्छा यानी बुद्धि का पहला गुण तो हम सब में है।

बुद्धि की दूसरी भूमिका, दूसरा गुण है—श्रवणं चैव। श्रवण का मतलब है सुनना। सुनना मतलब जानने की चेष्टा करना। अगर श्रोतुं इच्छा बुद्धि का पहला गुण है तो बुद्धि का दूसरा गुण है जानने की चेष्टा करना। हम लोगों में वह भी है, हम लोग जानने की चेष्टा कर रहे हैं।

बुद्धि का तीसरा गुण या तीसरी भूमिका है ग्रहणम्। जो कुछ कहा जा रहा है उसको हम समझ रहे हैं कि नहीं। सुन तो रहे हैं, लेकिन क्या वह हमारे माथे के ऊपर से निकल जा रहा है। कुछ लोग मानते हैं कि रामजी ने दो कान दिये हैं—एक कान सुनने के लिए, दूसरा कान

निकाल देने के लिए। ऐसी बात नहीं है। नहीं, नहीं। हम दोनों कानों से सुनकर उस सुने हुए को हृदय में ग्रहण कर रहे हैं। यह बुद्धि की तीसरी भूमिका, तीसरा गुण है। आपने कोई बात जानने की इच्छा प्रकट की, उसे जानने की चेष्टा की। जानने की प्रक्रिया में आपने उसको समझा। समझने का आग्रह किया। सुना। सुनने के बाद घर गये। कहा कि आज बहुत ही अच्छा व्याख्यान था, वाह! वाह! बहुत अच्छा व्याख्यान था। छोटे भाई ने पूछा, वक्ता ने व्याख्यान में कहा क्या? बोले यह तो याद नहीं। सुना। सुनते समय बहुत ही मजा आया। बहुत अच्छा बोले वक्ता आज। पर बोले क्या? इसे याद रखना बुद्धि का चौथा गुण है। बुद्धि की चौथी भूमिका है। आपने जो कुछ ग्रहण किया, जो कुछ सुना, समझा, उसको आपने याद रखा कि नहीं। अगर आप सुने हुए को धारण नहीं कर पा रहे हैं तो आप अभी बुद्धि की चौथी भूमिका पर नहीं हैं। बुद्धि की चौथी भूमिका पर जाने के लिए यह आवश्यक है कि सुना हुआ विषय भले अक्षरश: कंठस्थ न हो, लेकिन उस विषय के बारे में जो सुना, समझा उसकी जानकारी पक्की हो, खोटी नहीं। **'ग्रहणं धारणं तथा'** जाने हुए को धारण करना यह बुद्धि की चौथी भूमिका है। जो सुना, उसको धारण भी कर लिया। बहुत अच्छा लगा। किन्तु गंगा गये गंगादास, यमुना गये यमुनादास। यह नहीं होना चाहिए। जो सुना वही सही लगा, अपने पूर्व मत को त्याग दिया। फिर नया सुना तो उस मत को ग्रहण कर लिया यह स्थिति बुद्धि की पाँचवीं भूमिका नहीं है। बुद्धि की पाँचवीं भूमिका, बुद्धि का पाँचवाँ गुण है ऊहापोह। ऊहापोह का मतलब समझना चाहिए। ऊह दूरारूढ़ कल्पना को कहते हैं। नयी बात को सुना उसके बारे में विचार करना। और अपोह कहते हैं छोड़ने को। जो हमने सुना, जिसको हमने समझा, जिसको हमने धारण किया वह सही है कि गलत? वह सही है तो क्यों सही है? गलत है तो क्यों गलत है? इसके बारे में विचार होना चाहिए। इसको कहते हैं ऊहापोह। किन्तु केवल ऊहापोह में नहीं पड़े रहना चाहिए। जो खाली ऊहापोह करता रहता है कि यह सही है कि गलत, उसे अच्छा नहीं माना जाता। ऊहापोह करके किसी संगत निष्कर्ष पर पहुँचना चाहिए। गलत को छोड़कर सही को ग्रहण करना चाहिए। जो कुछ हमने सुना, समझा, ग्रहण किया वह सही है कि नहीं। सही है तो क्यों सही है, इसका निर्णय होना चाहिए। अर्थविज्ञानम्—बुद्धि की छठी भूमिका, बुद्धि का छठा गुण है—अर्थविज्ञान। जो कुछ हमने सुना, समझा, सीखा वह काम में आना चाहिए। **सर्वमपि ज्ञानं कर्मपरम्** यह पूर्व मीमांसा का सूत्र है। इसमें वेदान्तियों द्वारा एक अपवाद किया गया है, **'ऋते आत्मज्ञानात्'** आत्मज्ञान को छोड़कर। आत्मज्ञान हमें कर्म करने में प्रवृत्त (अनिवार्यत:) नहीं करता। पर अभी व्यवहार की बात चल रही है। हम जो कुछ जानते हैं वह अगर हम काम में नहीं लाये तो हमारा सारा समझना, सारा जानना बेकार है। हमारी सारी की सारी जानकारी हमारे काम में उतरनी चाहिए। जो हमारा ज्ञान है, उसके अनुरूप हमारा कर्म होना चाहिए। व्यावहारिक ज्ञान हमको कर्म के लिए प्रेरित करता है। ज्ञान हमको बताता है यह उचित है, इसको करना चाहिए, यह अनुचित है इससे बचना चाहिए। और जो हमारा ज्ञान है, उसके अनुकूल यदि हमारा आचरण नहीं है तो हम बेईमान हैं। इसलिए अर्थविज्ञान सीखे हुए ज्ञान को काम में लाने की विद्या है। ज्ञान काम में कैसे लाया जाए यह है अर्थविज्ञान। यह बुद्धि की छठी भूमिका है।

बुद्धि का सातवाँ गुण या बुद्धि की सातवीं भूमिका है तत्त्वज्ञान हो जाना। तत्त्वत: जान लेना। तत्त्व किसको कहते हैं। तत्त्व कहते हैं—**अनारोपिताकारं तत्त्वम्** जिस पर कोई आकार आरोपित न हो, वह तत्त्व है। छोटी बात बताते हैं। किसी ने सोना देखा है? सब कहेंगे सोना देखा है। कैसे देखा है भाई। आपने चूड़ी देखी है, हार देखा है, आपने अँगूठी देखी है। आपने सोने का टुकड़ा देखा है, आपने सोने का चूरा देखा है, सोना कहाँ देखा? याद रखिये, हम लोग जो कुछ देखते हैं, उसको किसी आकार में देखते हैं। शुद्ध सुवर्णत्व यानी स्वर्ण का तत्त्व जो है वह आकार के आरोप के परे है। किसी बात को उसके तत्त्व से समझ लेने का मतलब है उसके बारे में वह समझ लेना जिससे उससे बनी हुई सब चीजों को समझ लिया जाये। हमने किसी का यदि तत्त्व समझ लिया तो यह समझ लिया कि उस चीज से जो कुछ भी बना होगा, उसके नाम अलग होंगे, उसके रूप अलग होंगे किन्तु उन भिन्न-भिन्न नाम रूपों में उसका आधारभूत गुण वही होगा। जैसे अगर हमने सुवर्णत्व का ज्ञान प्राप्त कर लिया तो सुवर्णत्व का ज्ञान प्राप्त कर लेने के बाद सोने के बने हुए जितने गहने हैं चाहे उनका नाम कुछ भी हो, चाहे उनका रूप कुछ भी हो, उन नाम रूपों का आधार यदि सुवर्ण है तो उनके ये-ये गुण होने चाहिए। अलग-अलग वस्तुओं के अलग-अलग तत्त्व होते हैं। और जो सबका तत्त्व है वह ब्रह्म है। ब्रह्म-विद्या से सर्व के तत्त्व का ज्ञान हो जाता है।

उस प्रशान्तचित्त, उस शमान्वित उपसन्न शिष्य को श्रोत्रिय ब्रह्मनिष्ठ गुरु उस ब्रह्मविद्या का तत्त्वत: उपदेश करे जिसके ज्ञान से सबका ज्ञान हो जाता है। सुवर्ण सोने के गहनों का अधिष्ठान हो सकता है। मृत्तिका मिट्टी से बनी हुई चीजों का अधिष्ठान हो सकती है। ब्रह्म परम तत्त्व है, सबका अधिष्ठान है। इसलिए जिसको ब्रह्म का तत्त्वत: ज्ञान हो जाता है उसको एक के विज्ञान से सबका विज्ञान हो जाता है। इसलिए ब्रह्मविद्या सर्वविद्या प्रतिष्ठा है। समस्त विद्याएँ ब्रह्मविद्या में प्रतिष्ठित हैं। उस ब्रह्मविद्या का ज्ञान हमको कैसे हो? उपनिषद् में यह कहा गया है कि कोई भी बड़ा काम **'तप:प्रभावात् देवप्रसादाच्च'**—तपस्या के प्रभाव से और प्रभु के अनुग्रह से होता है। हम सब जो श्रोता-वक्ता यहाँ बैठे हुए हैं हम सब की सामूहिक श्रद्धा पर हमारे श्रद्धापूत तप पर प्रभु की कृपा हो और हमको ईशावास्योपनिषद् का सम्यक् ज्ञान प्राप्त हो। उपनिषद् वेदों का ज्ञान काण्ड है लेकिन उसमें उपासना का निषेध नहीं है। उपनिषदों का वास्तविक ज्ञान केवल अपनी बुद्धि से हो जाएगा, यह अहंकार नहीं करना चाहिए। इसीलिए उपनिषद् में कहा गया है, **मुमुक्षुर्वै शरणमहं प्रपद्ये**—मैं मुमुक्षु, मोक्ष की इच्छा रखने वाला, अपने अज्ञान के बन्धन से छूटना चाहने वाला आपकी शरण में आ रहा हूँ। अपनी तरफ से शरण लेना—यही काफी नहीं है। कभी आपने मेले-ठेले में देखा होगा कि बच्चा अपने पिता की उँगली पकड़कर चलता है, धक्के का रेला आता है, बच्चे के हाथ से पिता की उँगली छूट जाती है। बच्चा खो जाता है। हमने अपनी तरफ से शरण ले ली, यह काफी नहीं है। जब पिता बच्चे का हाथ पकड़ लेता है तो धक्का आने पर भी उसका हाथ छूटता नहीं है। उपनिषद् की श्रद्धा है—

नायमात्मा प्रवचनेन लभ्यो न मेधया न बहुना श्रुतेन।
यमेवैष वृणुते तेन लभ्यस्तस्यैष आत्मा विवृणुते तनूं स्वाम्॥

(मुण्डकोपनिषद् ३/२/३)

नायमात्मा प्रवचनेन लभ्यः—यह आत्म तत्त्व जो उपनिषद् का मर्म है—वह केवल प्रवचन करने से या प्रवचन सुनने से प्राप्त नहीं होता—**न मेधया**—केवल तीक्ष्ण बुद्धि से यह तत्त्व प्राप्त हो जायेगा—यह अहंकार भी नहीं करना चाहिए—**न बहुना श्रुतेन**—मैंने बहुत ज्ञान अर्जित कर लिया, बड़े-बड़े विद्वानों के साथ सत्संग कर लिया इसलिए मुझको आत्म-तत्त्व का बोध हो गया—यह अहंकार भी नहीं करना चाहिए।

यमेवैष वृणुते तेन लभ्यः—मैंने अपनी तरफ से आपकी शरण ग्रहण कर ली, हे प्रभु अब आप भी मुझको स्वीकार कर लीजिए। यह आत्म तत्त्व जिसका वरण कर लेता है, जिसको अपना लेता है—तेन लभ्यः—उसी को यह प्राप्त होता है।

तस्यैष आत्मा विवृणुते तनूं स्वाम्—उसी के निकट यह आत्म तत्त्व अपने को उद्घाटित कर देता है। आत्म तत्त्व कहीं और से प्राप्त नहीं करना है। अगर कहीं दूर हो तो उसे प्राप्त करना हो तो कुछ करना पड़ेगा। जो सहज प्राप्त है, जो साक्षात् अपरोक्ष तत्त्व है उस साक्षात् अपरोक्ष ब्रह्म तत्त्व को प्राप्त कर लेने का अर्थ है केवल अपने अज्ञान के आवरण को भंग कर देना। 'आवरण पर आवरण पर आवरण है।' हमारे आपके सहज स्वरूप के ऊपर कितने आवरण हैं। एक होता है रूप, एक होता है स्वरूप। हम लोग अपने रूप से तो परिचित हैं। रोज शीशे के सामने खड़े होकर देखते हैं। हमारे गुरुजी कहते थे कि शीशे का एक नाम दर्पण है। दर्पण का मतलब—जिसके सामने खड़े होने से मन में दर्प आ जाए कि मैं बहुत सुन्दर हूँ। भला कोई ऐसा है जो अपने को किसी से कम सुन्दर मानता हो। महिलाएँ खास करके। दर्पण शब्द का मतलब हुआ जो दर्प करा दे। इस दर्पण में हम अपना रूप तो देख लेते हैं लेकिन हमारा स्वरूप क्या है? क्या हम यही हैं यही चमड़े के, हड्डी के, यही नाम रूप, यही मैं हूँ? तुलसीदास राम के रूप की महिमा अनेक बार गाते हैं। जितनी बार उनको प्रसंग प्राप्त होता है, उतनी बार वे राम का मनोहर रूप-चित्रण करते हैं। बालक राम से लेकर दूल्हा राम और उसके बाद तलक। जहाँ-जहाँ प्रसंग आया है वहाँ-वहाँ उन्होंने श्रीराम के रूप का अत्यन्त मर्म मधुर चित्रण किया है। लेकिन वे ही तुलसीदास कहते हैं—

राम स्वरूप तुम्हार बचन अगोचर बुद्धि पर।
अविगत, अकथ, अपार, नेति-नेति नित निगम कह॥

राम के रूप का चित्रण करना जिसके मन का सबसे बड़ा उल्लासपूर्ण कार्य है वही कह रहा है कि हे राम तुम्हारा स्वरूप वाणी, इन्द्रिय, मन, बुद्धि के परे अविगत, अकथ, अपार है। वेद भी उसकी व्यंजना ऐसा नहीं, ऐसा नहीं—नेति नेति कहकर ही कर पाते हैं। व्यासजी ने एक बार कहा—प्रभु हमसे तीन बड़े अपराध हो गए। अरे! भगवान वेदव्यास से अपराध हो गए! क्या अपराध हो गए?

रूपं रूपविवर्जितस्य भवतो ध्यानेन यत् कल्पितं
स्तुत्याऽनिर्वचनीयताऽखिलगुरो दूरीकृता यन्मया।
व्यापित्वं च निराकृतं भगवतो यत् तीर्थयात्रादिना
क्षन्तव्यं जगदीश तद् विकलता दोषत्रयं मत्कृतम्।

मेरी विकलता, मेरी कमी, मेरी अपूर्णता के कारण तीन बड़े-बड़े दोष हो गये, क्षमा कीजिए। क्या दोष हो गए भाई? रूपं रूप विवर्जितस्य........आप तो रूप विवर्जित हैं, आपका कोई रूप नहीं है। लेकिन आपके रूप विवर्जित होने पर भी मैंने ध्यान से आपके रूप की कल्पना की।

स्तुत्या.............यन्मया और आप तो अनिर्वचनीय हैं, आप तो वाणी के विषय नहीं हैं—अवाङ्मनसगोचर हैं। वाणी, मन और इन्द्रियों के परे हैं लेकिन अपनी स्तुतियों के द्वारा मैंने आपकी अनिर्वचनीयता को भी दूर करने का दुराग्रह किया—स्तुति—यह भी दोष है। भगवान के रूप की कल्पना, यह भी दोष है।

व्यापित्वं............तीर्थयात्रादि—और जो मैंने तीर्थयात्राएँ कीं। हे नारायण, कितना बड़ा दोष कर दिया। आप तो सर्वव्यापी हैं, सर्वत्र हैं। यहाँ, इसी समय, इसी में अगर प्रभु नहीं हैं तो कहीं, कभी, किसी में प्रभु नहीं हैं। लेकिन मैंने आपके दर्शनार्थ बार-बार तीर्थयात्राएँ कीं।

मैंने ये तीन बड़े-बड़े अपराध किए। रामजी मुझे क्षमा करना। बात यह है कि जो रूप से अरूप की ओर जाने का कठिन, करीब-करीब असम्भव कार्य है, वह कैसे किया जाए? हम सब जो दुर्बल हैं, जो अपात्र हैं हम सब उससे जुड़ने के लिए कोई एक माध्यम, कोई एक साधन, कोई एक प्रतीक चाहते हैं। उसके बिना हमारा काम नहीं चल सकता। हम उस प्रतीक या अनेकानेक प्रतीकों का उपयोग करके उसकी ओर उन्मुख हों तो ठीक है लेकिन उन्हीं प्रतीकों को चरम और परम मान लें तो ठीक नहीं है। इसलिए उन प्रतीकों के माध्यम से यदि हम उससे जुड़ रहे हैं तो इस प्रक्रिया में रूप कल्पना ठीक है, इसमें गुण-कल्पना ठीक है, इसमें लीला कल्पना ठीक है लेकिन स्वरूप बोध की दृष्टि से ये सब भी दोष ही हैं। उपनिषद् आपको अपने स्वरूप का बोध कराने वाली दृष्टि है। मैं कौन हूँ? मेरा नाम विष्णु कान्त शास्त्री क्यों है? क्योंकि पिताजी ने मेरा यह नाम रख दिया। यदि वे दूसरा नाम रख देते तो मेरा नाम दूसरा होता। फिर मेरा नाम क्या है? क्या वही जो मुझसे चिपक गया है? मेरा रूप? कौन सा रूप? आज ६ फरवरी १९९४ को जब मैं आपके सामने बैठा हूँ वह रूप कि २ मई १९२९ को जब यह शरीर जन्मा था वह रूप? कि जब एम०ए० में पढ़ता था, कि जब नया-नया अध्यापक हुआ था उस समय का रूप रंग। कौन सा रूप? मेरा कौन सा रूप है? सब बदल रहा है। नाम चिपक सा गया है। यह शरीर भी बदल रहा है। क्या मैं यह शरीर ही हूँ? यह अस्थि, मांस, यह रक्त, मज्जा.....इन सबका पिंड, क्या यही मैं हूँ? यह मर जाने वाला शरीर। मेरी मृत्यु होती है? जन्म और मृत्यु—ये अनुभव के क्षेत्र के बाहर की बातें हैं। बड़े-बड़े तार्किक लोग बहस करते हैं कि आप लोग केवल सुनी-सुनाई, रटी-रटाई बातें, पोंगापंथी बातें, सुनाते हैं। हम लोग बुद्धिवादी हैं, हम तो बिना अनुभव के नहीं मानेंगे। आपको अपने जन्म का अनुभव होता है? किसी को अपने जन्म का अनुभव हुआ है? किसी को अपनी मृत्यु का अनुभव होता है। न जन्म अनुभव से सिद्ध है, न मृत्यु अनुभव से सिद्ध है। हम दूसरों के शरीरों का जन्म होते हुए देखते हैं, हम दूसरों के शरीरों को मरते हुए देखते हैं। कौन जन्मा, कौन मर गया। एक शरीर का जन्म देखते हैं, एक शरीर को निश्चेष्ट, निस्पंद होते देखते हैं। हममें से किसी के अनुभव में यह बात आती है क्या कि मैं जन्मा, मेरी मृत्यु हुई? मैं अगर जीवित हूँ तो मरा नहीं और मर गया तो कौन अनुभव करेगा? जन्म और मरण

जिसका होता है क्या मैं वही हूँ? मैं कौन हूँ? इस बात की जानकारी की इच्छा जब आपको मथने लगे, तब आप उपनिषद् का अध्ययन करें, श्रवण, मनन, निदिध्यासन करें। क्यों हम उपनिषद् पढ़ें? उपनिषद् हमारा क्या करेगा? सुनिये उपनिषद् इस सम्बन्ध में क्या कहता है—

इह चेदवेदीदथ सत्यमस्ति न चेदिहावेदीन्महती विनष्टिः।
भूतेषु भूतेषु विचित्य धीराः प्रेत्यास्माल्लोकादमृता भवन्ति॥ *(केनोपनिषद् २/५)*

अगर आपने इसी जीवन में सत्य को जान लिया तो आपका कल्याण हो गया। अगर आपने इस उपनिषद्-तत्त्व को नहीं जाना तो आपका महान् विनाश हो गया। इसलिए हर भूत का, हर वस्तु का विचार करके जो उससे निवृत्त होते हैं, जो उस परम सत्य को उपलब्ध करते हैं वे अमृत हो जाते हैं।

उपनिषद् की विद्या हमको आपको अमृतत्व देगी। उस अमृतत्व की विद्या को आयत्त करने के लिए कितनी श्रद्धा, कितनी निष्ठा होनी चाहिए, अपने जीवन में कितना परिवर्तन होना चाहिए इसका हम और आप विचार करें। मैं जानता हूँ मैं यह सब कहने का अधिकारी नहीं हूँ। न मैं श्रोत्रिय हूँ, न मैं ब्रह्मनिष्ठ हूँ किन्तु श्रोत्रिय ब्रह्मनिष्ठ का शिष्य अवश्य हूँ। और उन्हीं की बात आप सबको सुना रहा हूँ। श्री राम जय राम जय-जय राम।

□□

प्रवचन क्रम—२

ईशावस्योपनिषद् यजुर्वेदीय संहिता का अभिन्न अंग है। इसलिए समस्त उपनिषदों में सबसे अधिक सम्मानित है। पिछले प्रवचन में मैंने संक्षेप में यह बतलाया था कि उपनिषद् का अर्थ ब्रह्म विद्या होता है। वेदान्त यानी वेद का चरम रहस्य, वेद का मर्मज्ञान वस्तुतः ब्रह्म विद्या है जिसके द्वारा ब्रह्म के संबंध में अज्ञान का नाश होता है और ब्रह्म का पूर्ण बोध होता है और ऐसा बोधवान् ब्रह्म ही हो जाता है। यह बहुत ही विलक्षण बात है। उपनिषदों के माध्यम से हम जीवन को शोक से, मोह से मुक्त कर सकते हैं। हम अपने को दुखी क्यों मानते हैं? हम अपने को सीमित क्यों मानते हैं? इसका मूल कारण यह है कि हम अपने को नाम रूप से सीमित मानते हैं। अपने नाम के प्रति और अपने रूप के प्रति हमारा जो अतिरिक्त ममत्व है उस ममत्व के कारण हमको बराबर यह बोध होता है कि हम तो साढ़े तीन हाथ के छोटे से शरीर हैं हमारा एक छोटा सा नाम है। इस नाम और इस रूप के ऊपर जब कोई आक्रमण करता है तो हमको क्षोभ होता है, दुःख होता है। जब कोई उस नाम और रूप के प्रति स्नेह और सद्भाव प्रकट करता है तो हमारे मन में उसके प्रति आकर्षण होता है, राग होता है। राग और द्वेष हमारे दुःख के मूल कारण हो जाते हैं। यह नाम और रूप की विचित्रता है कि हम अपने स्वरूप को भूल जाते हैं। रूप और स्वरूप का अन्तर बार-बार प्रतिपादित किया गया है। नाम रूप के बन्धन को तोड़ देने के बाद कैसे राग-द्वेष से मुक्ति होती है? कैसे हम अपने स्वरूप की ओर अभिमुख होते हैं? इसका एक बहुत अच्छा उदाहरण मुण्डकोपनिषद् में दिया गया है। उसमें एक अद्भुत मंत्र है—

यथा नद्यः स्यन्दमानाः समुद्रेऽस्तं गच्छन्ति नामरूपे विहाय।
तथा विद्वान्नामरूपाद्विमुक्तः परात्परं पुरुषमुपैति दिव्यम्॥

(मुण्डकोपनिषद् ३/२/८)

यथा नद्यः स्यन्दमानाः समुद्रे—जैसे नदियाँ समुद्र की ओर प्रवाहित होते हुए जब समुद्र में मिलती हैं तो समुद्र में मिलने के बाद उनके नाम और रूप का अस्त हो जाता है। **अस्तंगच्छन्ति नामरूपे विहाय**—अपने नामरूप को छोड़कर, वे समुद्र में मिलकर समुद्र हो जाती हैं। तथा विद्वान नामरूपाद् विमुक्तो—वैसे ही जो विद्वान अपने नामरूप के बंधन से मुक्त होता है, नाम और रूप की उपाधि से विमुक्त हो जाता है, **परात्परं पुरुषमुपैति दिव्यम्**—वह परात्पर दिव्य पुरुष ब्रह्म को प्राप्त कर लेता है। और उससे क्या होता है?

स यो ह वै तत्परमं ब्रह्म वेद ब्रह्मैव भवति नास्याब्रह्मवित्कुले भवति।
तरति शोकं तरति पाप्मानं गुहाग्रन्थिभ्यो विमुक्तोऽमृतो भवति॥

(मुण्डकोपनिषद् ३/२/९)

वह शोक को तर जाता है, वह मोह को तर जाता है। वह नाम रूप से विमुक्त परम ब्रह्म को जानने वाला स्वयं परम ब्रह्म हो जाता है। नाम रूप की सीमाओं से बँधे हुए हम चारों तरफ जहाँ देखते हैं, जो कुछ देखते हैं, दुःखमय देखते हैं। दुःखमयता का जो कारण है, उस कारण का निवारण कर देने पर, वास्तविक स्वरूप के साथ अपने को जोड़ देने पर हम अपने में ही उस स्वरूप का अनुसंधान करते हैं, उस स्वरूप के अनुसंधान के द्वारा हम वही हो जाते हैं। वही हो जाते हैं—इसमें भी एक बहुत ही रहस्य की बात है। आप इस बात पर ध्यान दीजिएगा कि ईशावास्योपनिषद् के इन तमाम मंत्रों के लिए किसी कर्म में विनियोग का निर्देश नहीं किया गया है। वैदिक संहिताओं में जो मंत्र कर्मकाण्ड के हैं उन मंत्रों के अनुशीलन के लिए किसी न किसी कर्म में उनका विनियोग बताया गया है। यह मंत्र पापमोचन के लिए है, यह राजसूय यज्ञ के लिए है, यह स्वर्ग प्राप्ति के लिए है। उसमें कर्त्ता, भोक्ता, संसारी आत्मा के लिए संसार का सुख और स्वर्ग का सुख प्राप्त कराने का विधान किया जाता है। साधारणतः वैदिक मंत्रों का किसी न किसी कर्म में विनियोग होता है। लेकिन आश्चर्य की बात है कि ईशावास्योपनिषद् के मंत्रों का विनियोग किसी कर्म में नहीं बताया गया। इन मंत्रों का व्यावहारिक उपयोग कोई कर्म करना, कराना नहीं है। पहली बात समझने की है कि ईशावास्योपनिषद् या उपनिषद् मात्र में जिस तत्त्व का विवेचन किया गया है, जिस तत्त्व का बोध कराया गया है वह तत्त्व कर्त्ता, भोक्ता, परिच्छिन संसारी जीव नहीं है। और जब वह कर्त्ता, भोक्ता परिच्छिन्न संसारी जीव नहीं है, जब वह अपापविद्ध है, जब वह अशरीरी है, जब वह नित्य है,विभु है, सर्वगत है, सबमें समाया हुआ है, तो न तो वह कोई काम करता है न वह कोई फल भोगता है, न वह कुछ पाना चाहता है, न उसके लिए कुछ पाने को बाकी रह गया है। उस तत्त्व का बोध कराने वाले मंत्र किसी दूसरे लौकिक कर्म के लिए व्यवहृत नहीं होते और इसीलिए ईशावास्योपनिषद् या उपनिषदों के मंत्रों का विनियोग उनका प्रयोग, उनका उपयोग किसी लौकिक कर्म या फल की प्राप्ति के लिए नहीं है। समस्त कर्म चार वर्गों में बाँटे जा सकते हैं। जीवन के जितने कर्म हैं वे या तो उत्पाद्य हैं या संस्कार्य हैं या विकार्य हैं या आप्य हैं। मतलब क्या हुआ? उत्पाद्य का मतलब हुआ जिनसे कुछ उत्पन्न किया जाये। जैसे मिट्टी से हमने घड़ा बनाया तो मिट्टी से घड़ा बनाने का काम—यह उत्पाद्य कर्म है। इसी तरह से मकान बनाया, इसी तरह से फैक्ट्री बनाई, इसी तरह से यंत्र बनाये, जब हमने पुरानी चीजों से कोई नई चीज बनाई, कोई नया पदार्थ उत्पन्न किया, तब उस कर्म को कहते हैं उत्पाद्य कर्म। और दूसरे प्रकार के कर्म होते हैं संस्कार्य, जो है उसको झाड़-पोंछ कर साफ कर लिया, उसको रंग-रोगन लगा दिया, उसको सुन्दर बना दिया, उसमें संस्कार उत्पन्न कर दिया, जो मैला है उसको चमकीला बना दिया, जो सादा है उसको रंगीन बना दिया उसमें नया आकर्षण, नया सौन्दर्य उत्पन्न कर दिया—यह जो कार्य का दूसरा पक्ष है इसको कहते हैं—संस्कार्य कर्म।

यदि हमने विद्यमान वस्तु में कोई परिवर्तन कर दिया जैसे दूध को जमा दिया तो दही बन गया, चावल को पका दिया तो भात बन गया तो कर्म का यह तीसरा भेद हुआ। इसको कहते हैं विकार्य। जो था उसी का रूप विकृत करके, बदल कर कुछ और बना दिया। चौथे

प्रकार के जो कार्य हैं उनको कहते हैं आप्य। आप्य माने प्राप्त करना। जो चीज यहाँ नहीं है, कहीं और है, वहाँ गए, वहाँ से उसको प्राप्त कर लिया या वहाँ से उसको मंगवा लिया। तो वह चीज हमको मिल गयी। तो चार ही प्रकार के कार्य होते हैं। जो असंख्य कार्य व्यापार हैं—उन असंख्य कार्य-व्यापारों को चार वर्गों में ऋषियों ने बाँट दिया। कुछ कार्य ऐसे हैं जो उत्पाद्य की कोटि में आएँगे, कुछ संस्कार्य की कोटि में आएँगे, कुछ विकार्य की कोटि में आएँगे और कुछ आप्य की कोटि में आएँगे। अब जिस तत्त्व का वर्णन उपनिषद् ग्रंथ करते हैं उस तत्त्व के लिए क्या कुछ उत्पन्न होना उत्पन्न करना बाकी है? उस तत्त्व को बताते हुए कहा गया है कठोपनिषद् में—कि वह तत्त्व तो,

न जायते म्रियते वा विपश्चिन्नायं कुतश्चिन्न बभूव कश्चित्।
अजो नित्यः शाश्वतोऽयं पुराणो न हन्यते हन्यमाने शरीरे॥

(कठोपनिषद् १/२/१८)

गीता में इसी को थोड़ा सा बदल कर प्रयुक्त किया गया है लेकिन मूल उपनिषद् में जो श्लोक आया है वह इस दृष्टि से और महत्वपूर्ण है।

न जायते म्रियते वा विपश्चित्—विपश्चित् अर्थात् चैतन्य स्वरूप आत्मा न तो वह पैदा होता है, न मरता है।

नायं कुतश्चिन् न बभूव कश्चित्—न तो वह किसी से पैदा होता है, न किसी को पैदा करता है। जो पैदा नहीं होता, पैदा नहीं करता—उत्पाद्य श्रेणी के सारे कार्य उसके लिए कुछ अर्थ नहीं रखते। उसके लिए न तो कुछ संस्कार्य है, न विकार्य है न आप्य है। उसको कुछ पाना नहीं है, बदलना नहीं है, उसको कुछ करना नहीं है और इसलिए वह तत्त्व चूँकि इन तमाम कर्मों की श्रेणियों के परे है उस तत्त्व को समझने वाला, उस तत्त्व को समझाने वाला जो शास्त्र है वह किसी भी प्रकार के लौकिक कार्यों के द्वारा बँधा नहीं है। पुराने ग्रंथों में समझने-समझाने की एक परिपाटी होती थी और वह आज भी सभी ग्रंथों पर लागू है उसे कहते हैं अनुबन्ध चतुष्टय।

अनुबन्ध चतुष्टय का क्या मतलब है? यही कि जो कृति है उसका अधिकारी कौन है? जो कृति है उसका विषय क्या है? उस विषय से उसका सम्बन्ध क्या है? और उसका प्रयोजन क्या है? अधिकारी, विषय, सम्बन्ध और प्रयोजन। इसको कहते हैं अनुबन्ध-चतुष्टय। जब हम कोई काम करना शुरू करते हैं तो उसका एक अनुबन्ध होता है। उसकी एक योजना बनाते हैं, उसके सम्बन्ध में हम विवेचन करते हैं। इसी तरह उपन्षिदों का विचार करते समय विद्वज्जन यह निर्णय करते हैं—कि इन उपनिषद् ग्रंथों को कौन समझ सकता है? इनका अधिकारी कौन है? मैंने अपने पिछले प्रवचन में बताया था कि उपनिषदों के अनुशीलन का अधिकारी वही होता है जो विवेक, वैराग्य, षट्सम्पत्ति और मुमुक्षा—इन चारों से (साधन-चतुष्टय से) युक्त होता है। हरेक आदमी उपनिषद् को समझ नहीं सकता।

केवल बुद्धि विलास के द्वारा हम उपनिषद् के तत्त्व को प्राप्त नहीं कर सकते। हिन्दी भाषा में यह व्याख्यान दिया जा रहा है और हम हिन्दी भाषा जानते हैं, इसलिए इस विषय को हम समझ लेंगे, यह नहीं होगा। इस विषय को समझने की पात्रता हममें तब आएगी जब हम

इसके अधिकारी होंगे। जब हममें नित्य और अनित्य को अलग करने का विवेक होगा, और अनित्य के प्रति वैराग्य होगा, जब हममें शम, दम, तितिक्षा, उपरति, शान्ति और समाधान के गुण होंगे जब हममें नामरूप से जन्म-मरण के बंधन से, कर्म के बंधन से मोक्ष पाने की इच्छा होगी तभी हम उपनिषदों के मर्मार्थ को समझने के अधिकारी होंगे। अतः अनुबन्ध-चतुष्टय में पहली बात है अधिकारी का स्पष्ट निर्देश।

दूसरी बात है विषय। क्या बात उपनिषदों में बतायी गयी है? उपनिषदों में मूलतः आत्मा का ब्रह्म से अद्वैत बताया गया है। मूलतः यह बात बताई गयी है कि जो आत्मा है, वही ब्रह्म है। बिना इस बात को समझे, हम शोक से, दुःख से मुक्त नहीं हो सकते। अद्वैत शब्द का प्रयोग क्यों किया जाता है? इस बात पर ध्यान दीजिए आप। एकेश्वरवाद और अद्वैतवाद का मौलिक अन्तर क्या है? एकेश्वरवाद और अद्वैतवाद दोनों एक नहीं हैं। एकेश्वरवाद का मतलब होता है एक ईश्वर को मानना। ईसाई एक ईश्वर को मानते हैं। इस्लाम धर्मावलम्बी एक ईश्वर को मानते हैं। आर्यसमाजी भाई भी एक ईश्वर को मानते हैं। और भी बहुत से लोग एक ईश्वर को मान सकते हैं। लेकिन एक ईश्वर को मानने वाले ईश्वर के अलावा जीवों को मानते हैं, बन्दे को मानते हैं। ईश्वर के अलावा प्रकृति को मानते हैं। ईश्वर के अलावा सूर्य, चन्द्र, नक्षत्र ग्रह तारों को मानते हैं। ईश्वर एक है लेकिन ईश्वर सबसे अलग, सबका शासक, सबका स्वामी है और उस ईश्वर के अलावा और बहुत से तत्त्व हैं यह हुआ एकेश्वरवाद। चाहे वह यहूदी एकेश्वरवाद हो, या वह ईसाई एकेश्वरवाद हो, या इस्लामी एकेश्वरवाद हो, इन तमाम एकेश्वरवादों में ईश्वर को एक मानने के बाद भी ईश्वर से अलग अनेक सत्ताओं की स्वीकृति है और इस्लाम तो यह कहता है कि सबसे बड़ा पाप शिरकत है यानी अल्लाह से साझेदारी है। कोई अल्लाह से अपनी साझेदारी करे तो उसका सिर कलम कर देना चाहिए। मंसूर हल्लाज ने कहा 'अनहलहक' कि मैं ही परम सत्य हूँ तो उसका सिर काट दिया गया। इस एकेश्वरवाद और औपनिषदिक अद्वैतवाद में जमीन-आसमान का फर्क है। अद्वैतवाद कहता है कि ब्रह्म के अलावा कोई दूसरा तत्त्व ही नहीं है। ब्रह्म के अलावा और किसी की सत्ता ही नहीं है। जो कुछ दृश्यमान है, जो कुछ अनुभूयमान है वह सब ब्रह्म ही है। अद्वैतवाद संख्या से भी नहीं बँधता, इसलिए ब्रह्म को एक नहीं कहा, कहा ब्रह्म अद्वैत है। उसको तात्त्विक दृष्टि से एक नहीं कहा। यह ठीक है कि कई जगहों पर—एको देवः सर्वभूतेषु गूढः सर्वव्यापी, सर्वभूतान्तरात्मा भी कहा गया है। यह कथन तात्त्विक नहीं व्यावहारिक है। कभी-कभी समझाने के लिए, बोध के लिए उसे एक भी कह दिया है। एक में और अद्वैत में मौलिक अन्तर क्या है?

एक और एक मिलकर दो हो जाएगा। एक और एक और एक मिलकर तीन हो जाएगा। एक का आधा होगा, एक का चौथाई होगा, एक के टुकड़े होंगे। जो अद्वैत है उसके अलावा कोई दूसरा है ही नहीं। एक और एक मिलकर दो होगा, लेकिन अद्वैत और अद्वैत मिलकर अद्वैत ही होगा। अद्वैत का आधा नहीं होता, अद्वैत का चौथाई नहीं होता, अद्वैत का अंश नहीं होता, टुकड़ा नहीं होता। वह निष्कल है, निरवयव है और इसलिए वह अद्वैत है। जो हमारी आत्मा है, वही ब्रह्म है, यह अद्वैतवाद है। आत्मा ब्रह्म और जगत् तीनों को अभेद बता

देना—**सर्व खल्विदं ब्रह्म, नेह नानास्ति किंचन, जीवो ब्रह्मैव नापरः**—ब्रह्म के अतिरिक्त और कोई दूसरी सत्ता ही नहीं है। अन्य समस्त सत्ताओं का निषेध करते हुए अद्वैत ही परम सत्ता है, यह अद्वैतवाद है। उपनिषदों का जो विषय है, वह आत्मा और ब्रह्म का अद्वैत है। इस विषय से उपनिषद् का सम्बन्ध क्या है? क्या वे उत्पन्न कर देंगे अद्वैत को? नहीं-नहीं ईशावास्य आदि उपनिषदों का इससे प्रतिपाद्य-प्रतिपादक सम्बन्ध है। अद्वैत-तत्त्व प्रतिपाद्य है। उपनिषदों द्वारा उसका प्रतिपादन किया गया है। वही सत्य है। उसी सत्य का प्रतिपादक ग्रंथ है उपनिषद्। याद रखें कि उपनिषद् कुछ बनाता नहीं है। उपनिषद् कहीं दूर से किसी को निकट नहीं ले आता। उपनिषद् करता क्या है?

तदपश्यत् तदभवत् तदासीत्—उसको देखा, वह हो गया क्योंकि वह वही था। उसको देखा, वह हो गया, वही था। जो था और अपने को वह जानता नहीं था, उसको ज्ञान करा दिया कि वह वही है। उसका प्रतिपादन करके उसका बोध करा दिया। कुछ नया बनाया नहीं। एक बात बताइये। कर्ण कुन्ती का पुत्र था। अपने को राधा का पुत्र मानता था। अपने को राधेय कहता था। राधेय को कौन्तेय होने के लिए क्या करना पड़ा? वह कुन्ती का ही पुत्र था, जानता नहीं था। जानता था कि वह राधा का पुत्र है। उसको केवल जानना पड़ा कि मैं कुन्ती का पुत्र हूँ और कुन्ती का पुत्र हूँ—यह जानते ही वह कौन्तेय हो गया। हम अपने को जिस नाम रूप में सीमित मानते हैं उस नाम-रूप में सीमित हम ब्रह्म हो जाएँ, इसके लिए हमको क्या करना होगा? कुछ नहीं करना होगा। कोई तीर्थयात्रा नहीं करनी होगी। कोई यज्ञ नहीं करना होगा। कोई ऐसा साधन नहीं करना होगा जिससे हम ब्रह्म हो जाएँ। केवल जान लेना होगा सही-सही। और जान लेने का अर्थ केवल बुद्धि-वृत्ति से जानना नहीं है। ज्ञान दो प्रकार के होते हैं। एक ज्ञान जो हम लोगों के जीवन में उपयोगी होता है, कर्म में सहयोगी होता है वह ऐन्द्रियक ज्ञान है, वह इन्द्रियों के द्वारा प्राप्त ज्ञान होता है। जो जो इन्द्रियों के द्वारा प्राप्त ज्ञान है, उसको कर्म सहायता देता है। अपने जीवन को देखिये। एक बार अपने शरीर की ओर देखिये। हम लोगों को भगवान ने दो प्रकार के करण दिये हैं। करण माने औजार, करण माने काम करने वाला हमारा उपकरण, औजार। एक बाह्यकरण है, एक अन्तःकरण है। बाह्यकरण दो प्रकार के हैं। जो बाहर की वस्तुओं को भीतर ले आते हैं, जानकारी के द्वारा, उनको कहते हैं ज्ञानेन्द्रिय। और जो करण भीतर के निश्चय को बाहर क्रियान्वित करते हैं उनको कहते हैं कर्मेन्द्रिय। जब हम बाहर का रूप देखते हैं आँख के द्वारा तब उस रूप का बोध हमारे अंतःकरण को यानी हमारे भीतरी औजार को होता है—मन को होता है, बुद्धि को होता है, चित्त को होता है, अहंकार को होता है। मन, बुद्धि, चित्त, अहंकार ये हमारे भीतरी औजार हैं। इसलिए इनको कहा गया अन्तःकरण। अन्तः माने भीतरी। करण माने औजार। हमको चौदह औजार दिये गये हैं। चार औजार भीतरी है—मन, बुद्धि, चित्त, अहंकार। हम यह करें कि वह करें? यह संकल्प विकल्प करना मन का काम है। यह भी प्रीतिकर है, वह भी प्रीतिकर है। बुद्धि निश्चय करती है कि क्या करना उचित और आवश्यक है। चित्त बचपन से अभी तक के सारे संस्कारों का कोश है। मैं वही विष्णुकान्त शास्त्री हूँ जिसने **१९४५ में मैट्रिक्यूलेशन** पास किया था—**यह बोध** चित्त **में है**। और मैं दूसरों से अलग **हूँ** यह अहंकार है। तो मन,

बुद्धि, चित्त, अहंकार—इनका समष्टिगत नाम है अन्तःकरण।

बाहर की वस्तुओं को भीतर यानी अन्तःकरण तक पहुँचाने के जो औजार हैं वे पाँच हैं। उनको ज्ञानेन्द्रिय कहते हैं। आँख है जो रूप का ज्ञान देती है। कान हैं जो शब्द का ज्ञान देते हैं। नासिका है जो गन्ध का ज्ञान देती है। त्वचा है जो स्पर्श का ज्ञान देती है और रसना है जो स्वाद का ज्ञान देती है—खट्टा-मीठा। बाहर की वस्तुओं को भीतर लाना ऐन्द्रियक ज्ञान है। मन, बुद्धि, चित्त, अहंकार से किसी चीज को समझना ऐन्द्रियक ज्ञान है। यह ऐन्द्रियक ज्ञान पहले नहीं था, हो गया। और इस ऐन्द्रियक ज्ञान के द्वारा हम जो निर्णय करते हैं, कर्म करने वाले करण उसको क्रियान्वित करते हैं। भीतर के निर्णय को बाहर क्रियान्वित जो औजार करते हैं उनको कहते हैं कर्मेन्द्रियां। हाथ है, पाँव है, वाणी है जिससे मैं बोल रहा हूँ और मल-मूत्र त्याग करने के स्थान हैं। ये भीतरी निर्णयों को बाहर क्रियान्वित करने वाले औजार कर्मेन्द्रिय है, बाहर की जानकारी को भीतर पहुँचाने वाले औजार ज्ञानेन्द्रिय हैं। ये कर्मेन्द्रियाँ ज्ञानेन्द्रियाँ कर्म व्यापार का समुच्चय करके ऐन्द्रियक व्यापार करती हैं। जो इन्द्रियजन्य ज्ञान हैं उनमें कर्म सहायक होता है। कर्म के द्वारा इन्द्रियजन्य ज्ञान भी होता है। इन्द्रियजन्य ज्ञान के द्वारा हम अपने निर्णय को क्रियान्वित भी करते हैं। ब्रह्म का ज्ञान क्या इन्द्रियजन्य ज्ञान है? ब्रह्म के लिए कहा गया है—

न तत्र चक्षुर्गच्छति न वाग्गच्छति नो मनो न विद्मो न विजानीमो।
यथैतदनुशिष्यादन्यदेव तद्विदितादथो अविदितादधि इति शुश्रुम पूर्वेषां ये नस्तद्व्याचचक्षिरे॥
(केनोपनिषद् १/३)

वहाँ आँख नहीं जाती **न तत्र चक्षुर्गच्छति। न वाक् गच्छति नो मनो**—वाणी नहीं जाती, मन नहीं जाता। किसी तरह से समझ में नहीं आता। वह ऐन्द्रियक ज्ञान नहीं है, वह ज्ञानस्वरूप है। इस बात पर ध्यान दीजिए। ऐन्द्रियक ज्ञान हमको होता है संस्कार के द्वारा। ब्रह्म है—इसका ज्ञान संस्कार के द्वारा नहीं होता। ब्रह्म के ऊपर जो अविद्या का आवरण है, वह भग्न करना होता है। और फिर हम हैं ही। मैंने अपने पिछले प्रवचन में बताया था कि यह जो सहज ज्ञान है, वह किसी के द्वारा निर्मित नहीं होता। यहाँ तक कि ईश्वर के द्वारा भी निर्मित नहीं होता। हम लोग यह नहीं कहते कि ईश्वर ने ज्ञान बनाया। हम कहते हैं ईश्वर ज्ञानस्वरूप है। ज्ञान ही उसका स्वरूप है। हम जब ऐन्द्रियक ज्ञान के ऊपर की बात कहते हैं, तब अपने स्वरूप की बात कहते हैं। वह हम हैं। केवल हमको वह जान लेना है। और उस सत्य को इन्द्रियों के द्वारा नहीं जान लेना है अनुभव के द्वारा जान लेना है। साक्षात् अपरोक्ष अनुभव के द्वारा जान लेना है। बिना इन्द्रियों की सहायता के अपने आपको, अपने स्वरूप को समझ लेना, पा लेना, उपलब्ध कर लेना, जान लेना, अनुभव कर लेना है। यह जो अनुभव की स्थिति है, यहाँ अद्वैत आता है। और इसी की उपलब्धि, इसी के बोध को अपने प्रतिपादन द्वारा उपनिषद् ग्रंथ संभव करते हैं। उपनिषदों के ज्ञान का अधिकारी वह है जो साधन चतुष्टय युक्त हो। उनका विषय है—ब्रह्म और आत्मा के अद्वैत का, और इस विषय से उनका प्रतिपाद्य प्रतिपादक सम्बन्ध है। उत्पाद्य-उत्पादक सम्बन्ध नहीं है। ब्रह्म को उत्पन्न करना नहीं है। केवल उसको प्रतिपादित करना है। इस प्रतिपादन का प्रयोजन क्या है? कई बार लोग कहते हैं

कि निष्काम कर्म करेंगे। निष्काम कर्म करना चाहिए सुनकर यदि कोई हाथ में लाठी लेकर तालाब को पीटना शुरू कर दे और पूछने पर बोले कि निष्काम कर्म कर रहा हूँ तो विद्वान उससे कहेंगे तुम मूर्खता कर रहे हो। तालाब के पानी को लाठी से पीटना—यह निष्काम कर्म नहीं हैं। निष्काम कर्म का मतलब है कि कर्म के पीछे कोई कामना नहीं है, लेकिन उसे करने का प्रयोजन तो होना चाहिए। **प्रयोजनं बिना मन्दो ऽ पि न प्रवर्तते।** निष्काम कर्म के पीछे भी प्रयोजन होता है। व्यक्तिगत हमको कोई कामना नहीं है, लेकिन भगवान की प्रीति या समष्टि का सुख जैसा कोई प्रयोजन सत्कर्म के पीछे होता ही है। इसीलिए यह प्रश्न संगत है कि उपनिषद् का प्रयोजन क्या है? प्रयोजन है—सम्पूर्ण दुःखों की निवृत्ति और परमानन्द की प्राप्ति। यह एक ही बात है। जैसे ही दुःख की निवृत्ति होगी, वैसे ही परमानन्द की प्राप्ति होगी या परमानन्द की प्राप्ति होगी तो दुःख अपने आप झर जायेंगे। लेकिन हम लोगों को समझने-समझाने के लिए उपनिषदों का और ईशावास्योपनिषद् का भी प्रयोजन क्या है? प्रयोजन है—

स तरति शोकं स तरति पाप्मानम्

समस्त शोकों को, मोहों को, पापों को पार कर जाना—

यस्तु सर्वाणि भूतानि आत्मन्येवानुपश्यति।
सर्वभूतेषु चात्मानं ततो न विजुगुप्सते॥
यस्मिन् सर्वाणि भूतानि आत्मैवाभूद्विजानतः।
तत्र को मोहः, कः शोकः एकत्वं अनुपश्यतः॥

सम्पूर्ण मोह, शोक को निरस्त कर देना और आनन्द स्वरूप अपने को समझ लेना **आनन्दं विजानात्**—उसने जान लिया कि वह आनन्द स्वरूप है—यह इसका प्रयोजन है। इसलिए इस बड़े प्रयोजन की सिद्धि के लिए हम उपनिषदों का अनुशीलन, पारायण करते हैं। उपनिषदों के आरम्भ में आप लोग देखेंगे कि शान्ति-पाठ का विधान किया जाता है। ईशावास्य-उपनिषद् का शान्ति-पाठ है—

ॐ पूर्णमदः पूर्णमिदं पूर्णात् पूर्णमुदच्यते
पूर्णस्य पूर्णमादाय पूर्णमेवावशिष्यते।
ॐ शान्तिः शान्तिः शान्तिः।

उपनिषदों के पाठ के आरम्भ में शान्ति-पाठ क्यों किया जाता है? हम लोगों के मन की पाँच स्थितियाँ हैं, पाँच अवस्थाएँ हैं—मूढ़, क्षिप्त, विक्षिप्त, एकाग्र और निरुद्ध।

चित्त की मूढ़ स्थिति कब होती है?—जब हम मोहग्रस्त होते हैं। जब तमोगुण हम पर हावी रहता है। जब हम प्रमाद, आलस्य, निद्रा से जकड़ जाते हैं जब हमको किसी काम में रस नहीं मिलता। आज का काम कल करेंगे। कल का काम परसों करेंगे—काम करने में गलती होती है, नींद आती है, तो हमारे चित्त का जो रूप है, हमारे चित्त की जो स्थिति है, वह मूढ़ स्थिति है। तमोगुण-बहुल मूढ़ स्थिति। क्षिप्त का अर्थ होता है—दूर फेंक दिया गया। बैठे हैं यहाँ और मनीराम चले गये हैं लखनऊ, दिल्ली, लन्दन, न्यूयार्क। बैठे हैं यहाँ

सुन वहाँ की बात रहे हैं, सोच कुछ और रहे हैं। तमोगुण में जब रजोगुण की बहुलता होती है तो वह क्षिप्त स्थिति है। क्षिप् माने फेंक देना। क्षिप्त माने फेंका हुआ। अपने विषय, अपनी स्थिति से दूर फेंका हुआ मन क्षिप्त है। विक्षिप्त का मतलब होता है—विभिन्न दिशाओं में फेंका हुआ। उसमें रजोगुण के साथ-साथ सत्वगुण का कुछ योग होता है लेकिन किसी एक विषय पर चित्त ठहरता नहीं है। एक बात पर विचार करने लगे तो दूसरी बात मन में आती है। दूसरी के साथ ही तीसरी बात आती है। स्मृति तो क्षुब्ध रहती है और धारणा शक्ति दुर्बल रहती है। ये जो तीन स्थितियाँ हैं चित्त की मूढ़, क्षिप्त, विक्षिप्त इनमें आप उपनिषद् को नहीं समझ सकते। हमारा चित्त मूढ़, क्षिप्त, विक्षिप्त स्थितियों से अलग होकर शान्त हो, हमारा चित्त एकाग्र हो, हमारे ऊपर जो बोझ हैं उनको हम छोड़ दें, छोड़कर हम अपने मन में शान्ति का अनुभव करें, हम इस बात का अनुभव करें कि हम एक बड़े काम में अपने को लगा रहे हैं। उस काम को, उस विद्या को समझने के लिए हमारे मन में उत्साह हो, उसमें हमारा मन एकाग्र हो जाए। एकाग्र चित्त सत्त्व-गुण बहुल होता है और संस्कार शेष मात्र जब चित्त रह जाता है तब निरुद्ध होता है। निरुद्ध चित्त का रूप अपने ही स्वरूप में अवस्थान करता है। पातंजल योग सूत्र में कहा गया है—

योगश्चित्तवृत्ति निरोधः।

चित्त की वृत्तियों के निरोध को योग कहते हैं।

तदा द्रष्टुः स्वरूपेऽवस्थानम्।

जब चित्त निरुद्ध हो जाता है, निरोध की स्थिति में हो जाता है तो द्रष्टा आत्मा अपने स्वरूप में अवस्थान करती है। अपने को शुद्ध, बुद्ध सच्चिदानन्द मानती है।

वृत्तिसारूप्यमितरत्र

जब चित्त निरुद्ध नहीं होता, जब द्रष्टा अपने स्वरूप में अवस्थान नहीं करता तब चित्त अपनी वृत्ति से एकरूप हो जाता है। हमारे चित्त में यदि काम की वृत्ति आएगी तो हमारा द्रष्टा काम से अपने को एक कर देगा और हम कामी हो जाएँगे। हमारे चित्त में क्रोध की वृत्ति आएगी तो हम क्रोधी हो जाएँगे। लोभ की वृत्ति आयेगी तो लोभी हो जाएँगे। ईर्ष्या की वृत्ति आएगी तो ईर्ष्यालु हो जाएँगे। उत्साह की वृत्ति आएगी तो उत्साही हो जाएँगे। दान की वृत्ति आएगी तो दानी हो जाएँगे। ज्ञान की वृत्ति आएगी तो ज्ञानी हो जाएँगे। वृत्ति माने वर्तनशील, जो बदल रही हो। क्षण-क्षण में हमारी चित्तवृत्तियाँ परिवर्तित होती रहती हैं। परिवर्तनशील मन:स्थिति में उपनिषदों के अर्थ समझ में नहीं आ सकते। इसलिए शान्तिपाठ आवश्यक है। शान्तिपाठ के द्वारा अपने चित्त में शम की स्थिति हम लाते हैं।

पूर्णमदः—वह पूर्ण है। **अदः** माने वह।

पूर्णमिदं माने यह पूर्ण है। वह पूर्ण है, यह पूर्ण है। मानो कोई पूर्ण से अलग है और वह जो परोक्ष है, अज्ञात है उसको पूर्ण बता रहा है फिर वही जो प्रत्यक्ष है जो यह जगत है इसको भी पूर्ण बता रहा है। पूर्ण में क्या वह, यह होता है?

उपनिषदों को समझने के लिए अध्यारोप और अपवाद को समझना अनिवार्य है। अध्यारोप और अपवाद ये उपनिषदों की विशिष्ट प्रक्रियाएँ हैं। अध्यारोप किसको कहते हैं?

वस्तु में अवस्तु का आरोपण करना—यह अध्यारोप है। जैसे रस्सी में भ्रान्ति के कारण अंधेरे में साँप का बोध हो। तो रस्सी में सर्प की भ्रान्ति यह रस्सी में सर्प का अध्यारोप है। जब वहाँ प्रकाश हुआ और जो सर्प रूपी विवर्त उस रज्जु में था उसका निरसन हो गया तो रस्सी, रस्सी दिखने लगी। यह अपवाद है। अवस्तु का वस्तु पर आरोपण करना—यह अध्यारोप है और समस्त अवस्तुओं को बाधित कर देना, हटा देना और केवल वस्तु मात्र का बोध करा देना—यह अपवाद है। हम लोग अध्यारोप और अपवाद के द्वारा वस्तु को समझ सकें इसके लिए उपनिषद् तदनुरूप प्रतिपादन करते हैं। अध्यारोप और अपवाद—ये उपनिषदों की अपनी विशिष्ट प्रक्रियाएँ हैं। ईशावास्योपनिषद् का यह जो शान्ति-पाठ है यह स्वयं वृहदारण्यक उपनिषद् का अंश है। यह इसकी दूसरी विशेषता है—

ॐ पूर्णमदः पूर्णमिदं पूर्णात् पूर्णमुदच्यते।

यह वृहदारण्यक उपनिषद् का मंत्र है। यानी एक उपनिषद् के मंत्र को ईशावास्य-उपनिषद का शान्ति पाठ बनाया गया है। ईशावास्य-उपनिषद् की महिमा इससे भी प्रमाणित होती है।

वह पूर्ण है। पूर्ण क्या बहु होता है? पूर्ण को समझाने के लिए उस पूर्ण पर वह का अध्यारोप कर दिया गया है। कारण रूपी ब्रह्म जो अज्ञान के कारण परोक्ष है, जो अज्ञान के कारण हमको प्रतीत नहीं होता, जो अज्ञान के कारण हमको अनुभूत नहीं होता, हमारा अनुभव नहीं बनता, उसको समझाने के लिए कह दिया गया कि वह पूर्ण है। वह यानी कारण रूपी ब्रह्म। वह जो अपरोक्ष है। निर्गुण, निराकार, निष्क्रिय वह ब्रह्म पूर्ण है। वह पूर्ण है।

पूर्णमिदं और यह प्रत्यक्ष दृष्टिगोचर होने वाला जगत भी पूर्ण है। यह पूर्ण है क्या? आप अनुभव क्या करते हैं? अनुभव तो यही होता है कि जो कुछ है—सब अपूर्ण है। हमारा इस जगत का अनुभव क्या है? हम जो कुछ देखते हैं वह अपूर्ण दिखाई पड़ता है। लगता तो यह है कि दुनिया की हर वस्तु अपूर्ण है। कहाँ-कहाँ अपूर्ण है? देश में अपूर्ण है। अब यह माइक्रोफोन यहाँ है, तो वहाँ नहीं है। यह माइक्रोफोन यहाँ है तो बड़ाबाजार लाइब्रेरी में नहीं है। कलकत्ते में है तो यह माइक्रोफोनं बम्बई में नहीं है। यानी यह वस्तु एक देश से बँधी हुई है। देश में अपूर्ण है। काल में अपूर्ण है। आज है आगामी पाँच साल बाद रहेगा कि टूट जाएगा यह कौन जाने? पिछले पचास साल पहले था कि नहीं था? मालूम नहीं। शायद नहीं था। काल में अपूर्ण है। वस्तु में अपूर्ण है। यह माइक है लेकिन उस माइक में तो यह माइक नहीं है। इस माला में तो यह माइक नहीं है। इस कागज में तो यह माइक नहीं है। यह देश में अपूर्ण है। यह काल में अपूर्ण है। यह वस्तु में अपूर्ण है। यह क्रिया में अपूर्ण है। यह तो अपूर्ण ही अपूर्ण है। और हम सब अपने को अपूर्ण मानते हैं कि नहीं मानते हैं। अपूर्ण हैं तभी कुछ और पाने की इच्छा होती है। जिसके मन में कुछ पाने की इच्छा है, वह पूरा नहीं है। जो उसमें कमी है, उसे ही वह पाना चाहता है। इसलिए अपूर्ण है। तो हमारा व्यक्तिगत अनुभव तो यह है कि यह सारा संसार अपूर्णताओं का आगार है। हम अपूर्णताओं का आगार हैं तभी तो कुछ पाना चाहते हैं। अच्छा सोचिए कि हम लोग सचमुच पाना क्या चाहते हैं। छाती पर हाथ रखकर अगर ईमानदारी से बोलें तो हम यही बोलेंगे कि हम सुख पाना चाहते हैं। अच्छा सुख कितना पाना चाहते हैं...थोड़ा कि बहुत। जितना अधिक मिले उतना। कोई सीमा उसकी

रखना चाहते हैं? असीम सुख पाना चाहते हैं। सुख कहाँ पाना चाहते हैं? केवल इसी कमरें के भीतर कि बाहर भी, कि सर्वत्र पाना चाहते हैं। एक काल में, एक देश में कि सभी कालों में, सभी देशों में? सुख किससे पाना चाहते हैं? केवल किसी एक व्यक्ति से? दूसरे से दु:ख पाना चाहते हैं? कि सबसे सुख पाना चाहते हैं? अच्छा सुख ज्ञान में पाना चाहते हैं कि अज्ञान में पाना चाहते हैं? नशे का सुख पाना चाहते हैं कि चैतन्य का सुख पाना चाहते हैं? नशा तो उतर जाएगा। खुमारी और दु:ख देगी। अज्ञान का सुख नहीं पाना चाहते, ज्ञान का सुख पाना चाहते हैं। यानी हम क्या चाहते हैं? विचार करें तो हम ब्रह्म को पाना चाहते हैं। यानी हम ब्रह्म होना चाहते हैं। यानी हम पूर्ण की ललक का अनुभव करते हैं अपने भीतर। जानें चाहे न जानें, कुछ लोग जानकर, कुछ लोग अज्ञान से ही सही, लेकिन चाहते किसको हैं? चाहते हैं पूर्ण सुख, चाहते हैं सब देशों में सुख, चाहते हैं सब कालों में सुख, चाहते हैं सब से सुख। चाहते हैं चैतन्य सुख, चाहते हैं सारा सुख। बिना कुछ किये सारा सुख होना चाहिए। यानी हम ब्रह्म को चाहते हैं। हम पूर्ण को चाहते हैं। यह पृर्ण की ललक हममें क्यों है? क्या इसलिए कि हम अपूर्ण हैं? नहीं। इसलिए कि हम वास्तव में पूर्ण हैं और उस पूर्णता के ऊपर अपूर्णता का आवरण आ गया है। अन्यथा हम इस पूर्णता को क्यों चाहते?

वह कारण रूप ब्रह्म पूर्ण है और यह कार्य रूप ब्रह्म भी पूर्ण है। कैसे पूर्ण है? क्योंकि वह यही है। अच्छा, कोई चीज बनाते कैसे हैं? एक होता है उपादान कारण और एक होता है निमित्त कारण। जैसे मिट्टी से घड़ा बनाया। तो मिट्टी उस घड़े का उपादान है। घड़े के भीतर, बाहर, ऊपर, नीचे मिट्टी है। और उसको बनाया कुम्हार ने, बनाया चाक के द्वारा। फिर उसको सूते से काटा। फिर उसको आग में पकाया। तो कुम्हार, चाक—ये सब हैं निमित्त कारण घड़े के और मिट्टी है उपादान कारण। जगत का उपादान कारण कौन है? जगत का निमित्त कारण कौन है? जगत का अभिन्न निमित्तोपादान कारण ब्रह्म है। इस जगत का उपादान भी ब्रह्म है और इस जगत का निमित्त भी ब्रह्म है। और वह अभिन्न निमित्तोपादान कारण इस जगत के रूप में अपने को बदल लेता है।

सोऽकामयत्, एकोऽहं बहुस्याम्, प्रजायेति स तपोऽतप्यत।

उसने तप तपा। और तप करके उसने सृष्टि की रचना की। और वह अपनी सृष्टि में स्वयं प्रविष्ट हो गया। यह अद्‌भुत उक्ति है। सृष्टि में वही समाया हुआ है, वही प्रविष्ट है। इस जगत का, हमारा, आपका, सबका उपादान कारण ब्रह्म है। हमारा, आपका, सबका निमित्त कारण ब्रह्म है। अभिन्न निमित्तोपादान कारण से जो बना, वह पूर्ण ही है। पूर्ण जो है, वह अपूर्णों का समूह नहीं है। अपूर्ण+अपूर्ण+अपूर्ण+अपूर्ण=पूर्ण नहीं होता। अपूर्णों के समूह का नाम पूर्ण नहीं है। पूर्ण के टुकड़े पूर्ण नहीं होते। पूर्ण के टुकड़े ही नहीं होते। पूर्ण अपनी किसी भी स्थिति में पूर्ण ही रहता है। वह ब्रह्म ही इस कार्य के रूप में बदल गया है। हम लोगों को लगता है कि हम सीमित हैं, हम लोगों को लगता है कि हम नाम रूप से बँधे हुए हैं। बार-बार बताया जाता है कि इस नाम रूप का बन्धन ही तोड़ देना है। और फिर हम पूर्ण ही हैं। कबीरदास ने इसको बहुत अच्छी तरह से समझाया है।

जल में कुम्भ, कुम्भ में जल है, बाहर भीतर पानी।
फूटा कुम्भ, जल जलहि समाना, यह तत कथौ गियानी॥

पानी में पानी से भरा हुआ घड़ा तैर रहा है। यह घड़ा-ब्रह्म हमारे भीतर है। यानी ब्रह्म क्या है? इस चमड़े की थैली में रखे जाने वाला कोई लड्डू। क्या ब्रह्म हमारे भीतर है, जो इस चमड़े की थैली से बँधा हुआ है? वह भीतर भी है बाहर भी है। उपनिषद् का कहना है—

अग्निर्यथैको भुवनं प्रविष्टो, रूपं रूपं प्रतिरूपो बभूव।
एकस्तथा सर्वभूतान्तरात्मा रूपं रूपं प्रतिरूपो बहिश्च॥ *(कठोपनिषद् ५/९)*

वह भीतर भी है, प्रतिरूप में है और इसके बाहर भी है। और इसलिए हमको जो अपूर्णता की यह भ्रांति होती है इस भ्रांति का ही निरसन करना है। पूर्ण को अपूर्णता की भ्रांति हो रही है। इस भ्रांति का निरसन करना है। यही उपनिषद् का कार्य है, यही उपनिषद् करता है।

पूर्णमिदं—यह पूर्ण है, यह टुकड़ा नहीं है—

हेरत-हेरत हे सखी, रहा कबीर हेराइ।
बूँद समानी समुद में, सो कत हेरी जाइ॥

यह बात तो सबकी समझ में आएगी कि बूँद समुद्र में समा गई, तो लगता है कि हम बूँद हैं, हम अंश हैं और हम समुंद्र में यानी ब्रह्म में समा गये। यही नहीं कहा कबीर ने। उनका एक और दोहा है—

हेरत-हेरत हे सखी, रहा कबीर हेराइ।
समुद समाना बूँद में, सो कत हेरा जाइ॥

पूरा का पूरा समुद्र बूँद में समाया हुआ है। पूर्णता की स्थिति में अपूर्णता की भ्रान्ति हो रही है। इसलिए उपनिषद् का शान्ति-पाठ कहता है कि वह कारण रूपी ब्रह्म पूर्ण है, यह कार्य रूपी जगत पूर्ण है—

पूर्णमदः पूर्णमिदं पूर्णात् पूर्णमुदच्यते।

पूर्ण से पूर्ण ही उद्‌गत होता है। पूर्ण से पूर्ण उत्पन्न होता है? क्या मतलब? क्या दो पूर्ण होते हैं? दो पूर्ण नहीं होते। उपनिषद् ने पूर्ण की भाषा का प्रयोग किया। गणित-शास्त्र अनन्त की भाषा का प्रयोग करता है।

अनन्त में अनन्त जोड़ दो तो अनन्त ही रहेगा। अनन्त से अनन्त निकाल दो, तो अनन्त ही रहेगा। तो क्या दो अनन्त होते हैं? यानी कि अनन्त से अनन्त निकालने की क्रिया भ्रान्ति है। उस पूर्ण कारण रूपी ब्रह्म से उत्पन्न हुआ यह कार्य रूपी ब्रह्म जगत विवर्त है। कुछ न होते हुए भी हो गया लगता है। हम सब अपने में पूर्ण होते हुए अपने को अपूर्ण अनुभव कर रहे हैं।

पूर्णस्य पूर्णमादाय—आदाय शब्द के दो अर्थ किये गये हैं। आदाय शब्द का जो शंकराचार्य का किया हुआ अर्थ है—विद्या के द्वारा ज्ञान प्राप्त कर लेने पर, जान लेने पर।

पूर्णस्य पूर्णमादाय—पूर्ण का विद्या के सहारे ज्ञान प्राप्त कर लेने पर पूर्णमेवावशिष्यते—पूर्ण ही बचता है। पूर्ण से पूर्ण को निकाल देने पर पूर्ण बचता है, यह अभी बताया गया था।

पूर्ण से पूर्ण को निकाल देना—यह भी एक भ्रांति है, यह भी एक प्रतीति है। यह भी एक विवर्त है और इसलिए उपनिषद् का यह शान्ति-पाठ हमको बताता है कि हम सब अपनी वर्तमान स्थिति में ही पूर्ण ही हैं केवल हमारे ऊपर अपूर्णता की भ्रांति का आवरण है। इसलिए विद्या के सहारे जब हम अपनी अपूर्णता की भ्रांति का निरसन कर देंगे, उसके पर्दे को फाड़ देंगे तो अपनी पूर्णता का अनुभव करेंगे। साक्षात् अपरोक्ष अनुभव करेंगे। कहने की बात नहीं है। यह दिखाने की बात नहीं है। यह मन को बहलाने की बात नहीं है। यह साक्षात् अपरोक्ष अनुभव की बात है और इसलिए यह सत्य है।

बात तुरन्त अभी समझ में आ जाए, यह कठिन है। लेकिन ऋषि की वाणी पर श्रद्धा रखें कि उस पूर्ण से जो कुछ उद्‌गत होता है, वह पूर्ण ही होता है। एक छोटी बात समझायें। तस्वीर आप उतरवाते हैं। तस्वीर में जो निगेटिव होता है उससे आप छोटी तस्वीर बना सकते हैं और उसको बहुत बड़ा भी कर सकते हैं। तो जो छोटी तस्वीर है वह उस बड़ी तस्वीर का अंश है कि वह अपने में पूर्ण है। बात वही है। आरोप कर रहे हैं,अध्यारोप कर रहे हैं। तस्वीर वाला सारा उदाहरण अध्यारोप है। फिर इसका अपवाद कर देंगे। लेकिन बिना अध्यारोप के बिना अपवाद के बात समझ में नहीं आती। यह बात समझ में आई कि नहीं कि छोटी तस्वीर में भी हमारा पूर्ण रूप है और उसी का बड़ा विराट रूप ले लेने पर वह भी पूर्ण ही है। छोटी तस्वीर भी पूर्ण है, बड़ी तस्वीर भी पूर्ण है। पूर्ण ही पूर्ण है। पूर्ण से पूर्ण ही होता है। यह बात समझ में आते-आते आएगी लेकिन इसके लिए श्रद्धा आवश्यक है। शान्ति-पाठ उपनिषदों में दो बार किया जाता है। एक बार उपनिषद् का अध्ययन आरम्भ करते समय और एक बार उपनिषद् का अध्ययन समाप्त करने पर। आरम्भ में जो शान्ति-पाठ होता है, वह श्रद्धा से होता है। उपनिषद् के तत्त्व का अनुभव नहीं हुआ, न सही। लेकिन उपनिषद् के प्रति श्रद्धा रखकर हम उस शान्ति पाठ को दोहरा रहे हैं। हम आज उसका साक्षात् अपरोक्ष अनुभव नहीं कर पा रहे हैं, न सही। लेकिन हम उस पर श्रद्धा रखते हैं। आरम्भ में शान्ति-पाठ श्रद्धा के द्वारा करते हैं और जब उसका बोध हो जाए, उसका साक्षात् अपरोक्ष अनुभव हो जाए तो समाधान की सूचना के लिए करते हैं। जिस पर श्रद्धा थी, वह तत्त्व हमको प्राप्त हो गया। अतः समाधान के साथ उपनिषदों के अन्त में फिर शान्ति पाठ को दोहराया जाता है। इस शान्ति-पाठ में यह बताया गया कि वह तत्त्व पूर्ण है, यह तत्त्व पूर्ण है, पूर्ण से पूर्ण ही उत्पन्न होता है, पूर्ण को विद्या के सहारे समझ लेने पर पूर्ण ही शेष रहता है। ये सारी अपूर्णताएँ, ये सारी न्यूनताएँ, ये सारे अभाव, ये सारे दुःख हमारी नासमझी के कारण हैं। अविद्या के कारण हैं। अविद्या माने नासमझी। अज्ञान के कारण हैं। ये दुःख नासमझी के कारण हैं। जिस दिन सच्ची समझ आ जाएगी, जिस दिन पक्का ज्ञान हो जाएगा, जिस दिन उसका अनुभव हमको हो जाएगा, उस दिन अपनी पूर्णता का अनुभव हम कर लेंगे, उपलब्धि कर लेंगे—

ॐ शान्तिः शान्तिः शान्तिः

तीन बार शान्ति क्यों? आध्यात्मिक तापों की शान्ति हो। आधिदैविक तापों की शान्ति हो। आधिभौतिक तापों की शान्ति हो।

अध्यात्म शब्द का अर्थ अंग्रेजी के दुष्प्रभाव के कारण बहुत बार लोग गलत समझते हैं। आजकल स्पिरिचुअलिज्म शब्द का अर्थ किया गया है अध्यात्मवाद और स्पिरिचुअलिज्म को मेटीरियलिज्म के मुकाबले में लाया जाता है। मेटीरियलिज्म माने भौतिकवाद और स्पिरिचुअलिज्म माने अध्यात्मवाद जो भौतिकवाद का विरोधी है। हमारे यहाँ अध्यात्म इसको नहीं कहते। हमारे यहाँ अध्यात्म कहते हैं आत्मनि अधि। जो अपने भीतर है। आत्मनि अधि—अपने इस शरीर के जो भीतर है जो कुछ है सब अध्यात्म है। इस शरीर के भीतर उत्तरोत्तर सूक्ष्म क्या-क्या है? गीता के श्लोक हैं—

इन्द्रियाणि पराण्याहुः इन्द्रियेभ्यः परं मनः। मनसस्तु परा बुद्धिः, यो बुद्धेः परतस्तु सः॥
एवं बुद्धेः परं बुद्ध्वा, संस्तभ्यात्मानमात्मना। जहि शत्रुं महाबाहो, कामरूपं दुरासदम्॥

शरीर से सूक्ष्म इन्द्रियाँ, इंद्रियों से सूक्ष्म मन, मन से सूक्ष्म बुद्धि, बुद्धि से भी सूक्ष्म है आत्मा। ये सब हमारे भीतर होने के कारण आध्यात्मिक हैं। इनकी वृत्तियाँ भी हमारे यहाँ आध्यात्मिक मानी जाती हैं। काम को भी, क्रोध को भी, लोभ को भी, उत्साह को भी, श्रद्धा-भक्ति को भी हम आध्यात्मिक मानते हैं। तुलसी बाबा हम लोगों से अध्यात्म को ज्यादा जानते थे कि कम जानते थे? हम लोगों से तो बहुत ज्यादा जानते थे। तुलसी बाबा ने कहा है—

दैहिक, दैविक, भौतिक तापा, राम राज नहिं काहुहिं व्यापा।

दैविक माने आधिदैविक, भौतिक माने आधिभौतिक, दैहिक माने आध्यात्मिक। कितनी बड़ी सच्चाई की बात है। दैहिक माने आध्यात्मिक। जब तुलसी बाबा कहते हैं कि दैहिक ताप नहीं होगा तो दैहिक ताप दो प्रकार का होता है। एक देह का बाहरी ताप, जो रोग आदि है यानी व्याधियाँ। दूसरा ताप है जो मानसिक है, मन की आधि है—जो काम, क्रोध, लोभ, मोह, मद-मत्सर आदि हैं। दैहिक ताप-आध्यात्मिक ताप का मतलब हुआ कि हमको किसी प्रकार का रोग-कष्ट न हो, न हमको बुखार हो, न डायबिटीज हो, न हार्ट-अटैक हो। ये सब आध्यात्मिक ताप हैं। न हमारे मन में काम जागे, न क्रोध जागे, न लोभ जागे, न मोह जागे, न मद जागे, न मत्सर जागे। हमारे आध्यात्मिक तापों की शान्ति हो।

आधिदैविक तापों की शान्ति हो। आधिदैविक ताप किसको कहते हैं? जब बिजली गिर जाए, जब सूखा पड़ जाए, जब बाढ़ आ जाए, जब भूकम्प हो जाए तब आधिदैविक ताप होता है। लातूर वालों ने क्या पाप किया था, महाराष्ट्र में इतना बड़ा भूकम्प आ गया। यह सब क्या है? यह आधिदैविक ताप है। और आधिभौतिक ताप क्या है? जब कोई दूसरा व्यक्ति समूह या पशु किसी दूसरे को कष्ट दे।

तीनों प्रकार के तापों की शान्ति हो। हमारे भीतर शान्ति हो, हमारे बाहर शान्ति हो, पूरे ब्रह्मांड में शान्ति हो और शान्ति की मनःस्थिति में हम उपनिषदों का अध्ययन करें—

ॐ शान्तिः शान्तिः शान्तिः

❑❑

प्रवचन क्रम—३

उपनिषद् का अर्थ ग्रहण हो सके, इसके लिए मन में शान्ति होनी चाहिए। जब कामनाएँ, आकांक्षाएँ मनुष्य को आहत करती हैं तो वह चंचल होता है। उस चंचलता की स्थिति में किसी गंभीर सत्य को धारण करने की क्षमता बुद्धि में नहीं रहती। इसलिए हम और आप शान्तिपूर्वक अपनी चित्तवृत्ति को एकाग्र कर, समाहित कर उपनिषदों का श्रवण करें, इसके लिए शान्ति-पाठ का विधान है। ईशावास्योपनिषद् के शान्ति-पाठ का बहुत बड़ा महत्त्व यह है कि इस शान्ति-पाठ में ही पूरे उपनिषद् का मर्मार्थ आ गया है—

ॐ ईशावास्यमिदं सर्वं यत्किंच जगत्यां जगत्।

तेन त्यक्तेन भुंजीथाः मा गृधः कस्यस्विद्धनम्॥

इस तथ्य पर ध्यान जाना चाहिए कि शान्ति-पाठ का आरम्भ भी ॐ से होता है और ईशावास्योपनिषद् के अनेक ऐसे पाठ हैं जिनके अनुसार उसका आरम्भ भी ॐ से ही होता है। अतः थोड़ी सी चर्चा इस ॐ के महत्त्व की, ॐ के गौरव की, की जानी चाहिए। ॐ सम्पूर्ण वेदों का सार सर्वस्व है। कठोपनिषद् में बताया गया है—

सर्वे वेदा यत्पदमामनन्ति तपांसि सर्वाणि च यद्वदन्ति।

यदिच्छन्तो ब्रह्मचर्यं चरन्ति तत्ते पदं संग्रहेण ब्रवीम्योमित्येतत्॥

(कठोपनिषद् १/२/१५)

सारे वेद जिस पद की महिमा गाते हैं—**सर्वे वेदा यत् पदमामनन्ति—तपांसि सर्वाणि च यत् वदन्ति**—बड़े-बड़े तप जिसका निरूपण करते हैं, जिसके बारे में कहते हैं।

यदिच्छन्तो ब्रह्मचर्य चरन्ति—जिसको प्राप्त करने के लिए बड़े-बड़े ऋषि महर्षि ब्रह्मचर्य का पालन करते हैं। **तत् ते पदं**—उस पद को संग्रहेण—संक्षेप में ब्रवीमि कहता हूँ। वह सारा पद संक्षेप में कहा जा रहा है। और वह पद है—**ॐ इत्येतत्**—ॐ यही है वह। और इसके बाद कठोपनिषद् कहता है—

एतद्ध्येवाक्षरं ब्रह्म एतद्ध्येवाक्षरं परम्।

एतद्ध्येवाक्षरं ज्ञात्वा यो यदिच्छति तस्य तत्॥ *(कठोपनिषद् १/२/१६)*

यही एक मात्र अक्षर ब्रह्म है, यही एक अक्षर परम आलम्बन है। इस अक्षर को जानकर, इस ॐ को जान कर जो-जो इच्छा करता है, उसकी वह इच्छा पूरी होती है—

एतदालम्बनं श्रेष्ठमेतदालम्बनं परम्

एतदालम्बनं ज्ञात्वा ब्रह्मलोके महीयते॥ *(कठोपनिषद् १/२/१७)*

इस आलम्बन को अच्छी तरह से जान लेने पर वह ब्रह्म लोक में महीयान् होता है। श्रेष्ठ होता है। यह जो ॐ है, यह नाद ब्रह्म, यह अपने स्वरूप में परब्रह्म का वाचक है। पातंजल योगसूत्र के अनुसार **तस्य वाचकः प्रणवः** उसका वाचक प्रणव यानी ॐ है।

ओमित्येकाक्षरं ब्रह्म गीता में कहा गया है, ॐ यही अक्षर ब्रह्म है। इसलिए ॐ के द्वारा उपनिषद् को आरंभ करने का अर्थ हुआ कि प्रभु को स्मरण करके आरंभ करना। इस उपनिषद् में परम तत्त्व का जो निरूपण होगा, वह मंगलमय हो, वह परिपूर्णता को प्राप्त करे, इसलिए ॐ का स्मरण, इसलिए प्रभु का स्मरण, इसलिए मन के सारे विकल्पों का शमन करने वाले उस परम आलम्बन का ग्रहण।

अपने विवेचन को आगे बढ़ाने के पूर्व मैं वेदान्त में स्वीकृत तीन सत्ताओं की संक्षिप्त चर्चा करना उचित समझता हूँ। वे हैं प्रातिभासिक सत्ता, व्यावहारिक सत्ता और पारमार्थिक सत्ता। इनमें प्रातिभासिक सत्ता और व्यावहारिक सत्ता तो हरेक के अनुभव में आती है। पारमार्थिक सत्ता का अनुभव करना हमारा लक्ष्य है। भगवत्-कृपा से, अपनी साधना की पूर्णता से हम उस सत्ता को अनुभव कर सकें यह हमारा लक्ष्य है, अभीष्ट है। प्रातिभासिक सत्ता क्या है? भास का मतलब होता है बोध, भान। प्रतिभास का मतलब होता है प्रतिकूल, भास उलटा बोध, उलटा भान। जो चीज जहाँ जैसी नहीं है, उस चीज को वहाँ वैसा समझ लेना यह हमारी समझदारी का दोष है। यह हमारी समझ की गलती है। वेदान्त कहता है कि सारा दुःख नासमझी से है। सारा दुःख हमारी अविद्या से है। अविद्या का मतलब अज्ञान, अविद्या का मतलब नादानी—अविद्या का मतलब नासमझी—

प्रज्ञापराध एव एष दुःखमिति यत्।

जो कुछ भी दुःख है, वह प्रज्ञा का अपराध ही है। जो जहाँ जैसा है, उसको वहाँ, वैसा न समझने के कारण दुःख होता है। प्रातिभासिक सत्ता का अर्थ ही है वह सत्ता जिस सत्ता का अनुभव प्रतिभास के द्वारा, उलटे ज्ञान के द्वारा होता है। आप सबको मालूम है कि रेगिस्तान में, मरुस्थल में जल नहीं है। आप सबको मालूम है और विज्ञान ने बतलाया है कि धूप के ताप से वायु पतली होकर ऊपर उठती चली जाती है और प्रतिबिम्ब उलटा हो जाता है। अज्ञानी पथिक या हरिण को लगता है कि वहाँ धूप में पानी है। कैलाश वाजपेयी की पंक्तियाँ याद आती हैं—

यह अनुर्वरा पितृ-भूमि है, धूप झलकती है पानी।
खोज रही खोखली सीपियों में, चाँदी हर नादानी॥

है धूप और धूप के प्रखर रूप को मृग-उलटा समझने के कारण जल समझता है। वह दौड़कर जाता है पानी पीने के लिए वहाँ, जहाँ पानी नहीं है। उसको दूर दूसरी जगह मृगजल दिखता है। वहाँ दौड़कर जाता है, वहाँ भी पानी नहीं है। तीसरी जगह दिखता है, दौड़कर जाता है, वहाँ भी पानी नहीं है। और वह दौड़ दौड़कर थककर मर जाता है। अगर चमकदार सीपी हो और उस पर धूप की रोशनी पड़े तो भ्रम होता है, चाँदी है। सीपी को चाँदी समझ लेना, धूप को पानी समझ लेना—प्रातिभासिक सत्ता है। गलत ढंग से समझ लेने के कारण व्यवहार में जो वस्तु जैसी है, उस वस्तु को उलटी समझ लेने के कारण, दूसरा कुछ समझ लेने के कारण

प्रातिभासिक सत्ता का अनुभव होता है। प्रातिभासिक सत्ता सहज ही में निरस्त हो जा सकती है। सीप में चाँदी का भ्रम हुआ, निकट जाकर देखा तो सीप, सीप है, चाँदी नहीं है। प्रातिभासिक सत्ता का निरस्त होना अपेक्षाकृत सुगम है।

दूसरी सत्ता है व्यावहारिक सत्ता अर्थात् व्यवहार में हम जिस सत्ता का अनुभव कर रहे हैं। व्यावहारिक सत्ता वेदान्त के अनुसार परमार्थ सत्ता में अध्यस्त है। पारमार्थिक सत्ता को ढाँक लेने का काम अविद्या करती है। अविद्या का मतलब होता है—आच्छादकत्व। अविद्या का धर्म है ढाँक देना। जो कुछ हमको गलत समझ में आता है, उसके लिए जिम्मेदार हैं, हमारे तीन मूलभूत दोष। वे हैं—मल, विक्षेप और आवरण। मल क्या है? मल है कर्मों का दोष। अगर हम चोरी करेंगे, बेईमानी करेंगे, व्यभिचार करेंगे तो हमारे मन पर गलत संस्कार पड़ेंगे, ये कर्मजन्य मल हैं। किसी को हम अपना समझेंगे तो उसके प्रति राग रखेंगे। किसी को विरोधी समझेंगे तो उसके प्रति द्वेष रखेंगे—ये वासनाजन्य मल हैं। कर्मजन्य मल और वासनाजन्य मल हमारी बुद्धि को भ्रान्त करते हैं। दूसरा बाधक तत्व है—विक्षेप। विक्षेप है चित्त की चंचलता। वि माने विपरीत दिशाओं में, क्षेप माने फेंक दिया जाना। मन जो काम करना चाहता है, उस काम में एकाग्र नहीं होता। अभी जैसा हम लोग चाहते हैं, मैं चाहता हूँ कि मैं ईशावास्य उपनिषद् के प्रथम मंत्र का अर्थ आपको बताऊँ। आप चाहते हैं कि आप उपनिषद् के उस बताए गए अर्थ को ग्रहण करें किन्तु मन अगर यहाँ से बम्बई चला गया, मन अगर यहाँ से बनारस चला गया, मन अगर आपको किसी दूसरे काम की ओर खींचकर ले गया तो यह विक्षेप वस्तु स्थिति का बोध करने में उसे ठीक-ठाक समझने में बाधा की सृष्टि करेगा। यह दूसरा बड़ा अवरोध है। मल और विक्षेप दोनों आवरण के कारण हैं। आवरण ही असल है। आवरण माने ढाँक देना। आवरण माने जो चीज जैसी है, वह वैसी दिखाई न पड़े इसके लिए उस पर एक आच्छादन डाल देना। सबसे बड़ा आवरण अज्ञान का आवरण है। यह अज्ञान का आवरण सारे संसार को ढाँके हुए है। व्यवहार की दृष्टि से दो स्थितियाँ बहुत साफ हैं। एक है कि यह जो कुछ आँख के सामने दिखायी पड़ रहा है यह माइक, यह टेबुल, यह कमरा, यह परदा, यह पंखा आदि आदि इन सबका अनुभव विषय के रूप में होता है और अपना अनुभव विषयी के रूप में होता है। अहं प्रत्यय से मैं हूँ—इस प्रकार की प्रतीति से अपना अनुभव होता है, विषयी का अनुभव होता है और इदं प्रत्यय से वह, यह, उसका, इसका अनुभव विषय के रूप में होता है। विषय का अनुभव, विषयी का अनुभव हमको, आपको सबको होता है। अब विषय तो अनेक हैं! यह, वह, सब कुछ जो कुछ है सबका सब तो है विषय और विषयी एक है। विषय जो है वह दृश्य है और विषयी जो है, वह द्रष्टा है। विषय परिवर्तनशील है, बदल रहा है। विषयी के बारे में, मैं वही हूँ यही बोध रहता है। विषयी अपरिवर्तनशील है। विषय के भाव का बोध होता है, विषय के अभाव का बोध होता है। यह माइक यहाँ पर है, इस माइक के अस्तित्व का बोध हो रहा है। यह माइक यहाँ से हटा कर उस कमरे में रख दिया जाय तो यहाँ इस माइक के अभाव का बोध होगा। विषयी के अभाव का बोध कभी किसी को नहीं हो सकता। विषय के भाव का बोध होता है, विषय के अभाव का बोध होता है। मैं नहीं हूँ—ऐसा बोध कभी किसी को नहीं होता। विषय बना,

विषय बिगड़ा—इसका बोध होता है। यह काठ था। इस काठ को काटकर जोड़कर, इसका रूप बदल कर बढ़ई ने हमारे सामने टेबुल बनाकर रख दिया। इसको बनते हुए हमने देखा। कौन जाने कल दो विद्यार्थी नाराज हो जाएँ, कुल्हाड़ी मारकर इसको काट-काट कर टुकड़े-टुकड़े कर दें। इसको बिगड़ते हुए हम देखेंगे। विषय को बनते-बिगड़ते देखते हैं। विषयी का किसी ने जन्म नहीं देखा, विषयी का किसी ने मरण नहीं देखा। है कोई ऐसा, जो कहे कि मैं मर गया—ऐसा मुझको अनुभव होता है। किसी को भी आज तक न तो मरने का अनुभव हुआ है, न कभी किसी को हो सकता है। हम मर गये, यह अनुभव यदि हो रहा है, तो हम मरे कैसे? हम जीवित हैं, तभी तो यह अनुभव हो रहा है। और किसी को यह अनुभव भी नहीं हुआ आज तक कि मेरा जन्म हुआ। हमने शरीर को पैदा होते हुए देखा, हमने शरीर को मरते हुए देखा। हमने शरीर के जन्म-मरण को अपने ऊपर आरोपित कर लिया। यही अध्यास है। विषय और विषयी दोनों में अन्धकार और प्रकाश के समान पार्थक्य हैं। विषय और विषयी में अन्तर है। विषय अनेक हैं, विषयी एक है। विषय परिवर्तनशील है, विषय जड़ है। विषयी द्रष्टा है, विषयी चेतन है, विषयी अपरिवर्तनशील है। विषय के भाव-अभाव का बोध होता है, विषयी के अभाव का बोध कभी नहीं होता। विषय और विषयी इन दोनों में, इदं और अहं इन दोनों में जमीन-आसमान का फर्क है। लेकिन अविद्या का चमत्कार देखिये कि इन दोनों का अध्यास होता है। ये दोनों एक दूसरे के साथ मिलते हैं। इन दोनों की गाँठ जुड़ जाती है। असम्भव सम्भव हो जाता है।

जड़ चेतनहिं ग्रंथि परि गई, जदपि मृषा छूटत कठिनई—प्रतीत होता है कि जड़ और चेतन की गाँठ पड़ गयी। यह झूठ है। जड़ की गाँठ जड़ से पड़ सकती है। जड़ चेतन को कैसे बाँधेगा। चेतन जड़ को कैसे बाँधेगा। जड़ और चेतन आपस में बँध नहीं सकते। लेकिन जड़ और चेतन की गाँठ अज्ञान के कारण बँधी सी लगती है। अहं प्रत्यय से हमको किसका-किसका अनुभव होता है—इस पर जरा हम सोचें। विषयी के रूप में हम अपने मैं पन का निर्णय क्या करते हैं। यह ठीक है कि कई बार अपने शरीर को थोड़ा सा अलग करके मेरा शरीर भी कहते हैं। लेकिन बहुत बार ऐसा क्या नहीं होता कि शरीर को भी मैं मान लेते हैं। इस नाम और रूप को मैं मान लेते हैं। साधारणत: मैं अपने मैं पन का बोध करता हूँ अपने नाम के द्वारा, मैं अपने मैं पन का बोध करता हूँ इस शरीर के द्वारा और इस नाम रूप वाले शरीर को मैं अपना आपा मान लेता हूँ। यह जो अपने शरीर को अपना आपा मान लेना है, यही अज्ञान है। मैं जो चैतन्य स्वरूप हूँ, मैं जो द्रष्टा हूँ, मैं जो ज्ञाता हूँ, मैं अपने को जड़ के साथ, शरीर के साथ एक करके उसको अपना रूप मान लेता हूँ। इनके साथ मम प्रत्यय तो हो सकता है। इदं के साथ यह मेरा विश्वविद्यालय, यह मेरा पुस्तकालय, यह मेरा घर, यह मेरा देश, यह मेरा भाई, यह मेरी बहन यह धारणा तो हो सकती है अर्थात् मम प्रत्यय तो हो सकता है इदं के साथ किन्तु अहं प्रत्यय नहीं हो सकता। यह पदार्थ मैं हूँ ऐसा बोध नहीं होता। यह मेरा पदार्थ है ऐसा बोध तो हो सकता है। केवल अपने शरीर के और अपने नाम के साथ मैं का बोध होता है। नाम रूप में हम अपने को बाँधते हैं। ये नाम रूप क्या हैं? तुलसी बाबा ने एक पंक्ति कही है—

नाम रूप दोउ ईस उपाधी

कि नाम और रूप दोनों ईश की उपाधियाँ हैं। ईश्वर किसको कहते हैं? ईश्वर उसको कहते हैं जो किसी भी प्रकार की उपाधि से असंश्लिष्ट है। जो किसी भी प्रकार की उपाधि से जुड़ नहीं सकता। उपाधि किसको कहते हैं क्या एम०ए०, बी०ए० को उपाधि कहते हैं? वह तो व्यवहार की बात है। उपाधि का अर्थ क्या है? उप माने समीप, आधि माने अवस्थान। अधिष्ठान से अलग रहकर भी जो समीप रहकर दूसरे में दूसरे की भ्रांति करा दे, वह उपाधि है। जैसे एक स्फटिक मणि है और उसके पीछे एक लाल फूल रखा हुआ है। स्फटिक मणि में कोई रंग नहीं होता लेकिन उसके पीछे रखे जवा पुष्प का लाल रंग उसमें आ जाता है। जिस स्फटिक मणि में कोई रंग नहीं है उसमें पीछे रखे हुए जवा फूल का लाल रंग आ जाना यह उपाधि के कारण ही संभव है। स्फटिक मणि में लालिमा का आ जाना है उपाधि। जो वस्तु निकट है, लेकिन अधिष्ठान नहीं है, वह निकट रहकर अपनी विशेषता को उस निकट रहने वाली दूसरी वस्तु में प्रक्षेपित कर देती है। और वह दूसरी वस्तु वैसी लगने लगती है। हम दुनिया की जो वस्तुएँ देखते हैं उन सारी की सारी वस्तुओं की पांच बातें हम देखते हैं—

अस्ति, भाति, प्रियं, रूपं, नामचेत्यंशपंचकम्।
आद्यत्रयं ब्रह्मरूपं जगद्रूपं ततोद्वयम्॥

किसी भी वस्तु के बारे में पहली बात क्या दिखाई पड़ती है, कि वह है। अस्ति—उसका अस्तित्व है। यह सद् रूप स्थिति है ब्रह्म की। जब कुछ नहीं था, तो भी ब्रह्म था। अब भी ब्रह्म है, अन्त में भी ब्रह्म रहेगा। नानक बाबा ने बहुत सरल ढंग से कहा-है—

आदि सचु, जुगादि सचु, है भी सचु, नानक होसी भी सचु।

जब युग का विभाजन नहीं हुआ था, उस आदि काल में भी वह सत्य था आदि सच। जब युग का विभाजन हुआ, काल का विभाजन हुआ, उस युग के विभाजन काल में भी वह सत्य था, आज भी सच है और आगे भी सच रहेगा। तो यह जो सत्ता का अनुभव है, अस्तित्व का अनुभव है, यह ब्रह्म का सन्मात्र रूप है। भाति-भाति का मतलब क्या हुआ? वस्तु का उदभासित होना, जानने में आना। यह ब्रह्म के चित् अंश का आभास है। ब्रह्म का सार अंश है ज्ञान। वह ज्ञानस्वरूप है। ज्ञान ही परमात्मा है। भाति का मतलब हुआ वस्तु का ज्ञान होना। अनुभव में आना। यह भी ब्रह्म का रूप है। अस्ति, भाति। प्रियम् हमको कोई वस्तु सच्ची मालूम पड़ती है और रमणीय भी लगती है। दो बातें हैं—सत्यत्व का बोध होना चाहिए और रमणीयत्व का बोध होना चाहिए। तो उसमें प्रियता आती है। कोई व्यक्ति, वस्तु आप को प्रिय लगी यानी क्या हुआ? आपने उसके अस्तित्व को स्वीकारा, उसकी ज्ञातता को स्वीकारा और उसकी सत्ता में रमणीयता को स्वीकारा। उसकी सत्ता में आनन्द को स्वीकारा। और इसलिए वह आपको प्रिय लगा। आप कह सकते हैं कि बहुत से लोग हमको अप्रिय लगते हैं। अप्रिय कुछ नहीं है भाई। आपको जो प्रिय लगता है, उस प्रिय को प्राप्त करने में जो बाधक लगता है वह अप्रिय है। भगवान ने अर्जुन से पूछा—

अथ केन प्रयुक्तोऽयं, पापं चरति पूरुषः।
अनिच्छन्नपि वार्ष्णेय बलादिव नियोजितः॥ *(श्रीमद्भगवद्गीता ३/३६)*

कोई पाप करना नहीं चाहता। कोई पाप करना चाहता है? हम तो नहीं करना चाहते हैं। लेकिन हम तो पाप करते हैं हमने बहुत से पाप किए हैं। ऐसा क्यों? न चाहते हुए बलपूर्वक प्रेरित कर दिये गये के समान मनुष्य पाप क्यों करता है? भगवान ने उत्तर दिया—

काम एष क्रोध एष रजोगुण समुद्भवः।

महाशनो महापाप्मा विद्धयेनमिह वैरिणम्॥ *(श्रीमद्भगवद्गीता ३/३७)*

बड़ा अद्भुत श्लोक है। यह काम है, यह क्रोध है—'काम एष क्रोध एष'। देखिए दो बातें होती हैं जो प्रिय है उसको प्राप्त करने की इच्छा है काम। जो अप्रिय है उसको दूर रखने की इच्छा होती है और यदि वह बाधा दे तो क्रोध होता है। काम-क्रोध एक हैं या दो हैं? जितना व्याकरण हमको आपको आता है उतना कृष्णजी को आता था कि नहीं? जरूर आता था। तो उन्होंने क्या द्विवचन का प्रयोग किया है? नहीं, एकवचन का प्रयोग किया है—**काम एष क्रोध एष रजोगुण समुद्भवः।**

समुद्भवः या समुद्भवौ—अगर दो होते तो समुद्भवौ होता। क्रोध और कुछ नहीं है भाई, काम का विपरीत रूप है। लोभ और कुछ नहीं है—काम का प्रवर्धित रूप है। इस बात को हम समझें। जो आपको प्रिय लगा, उसको प्राप्त करने में जो सहायक है वह अनुकूल है और अगर वह प्राप्त हुआ तो और ज्यादा वह मिले इसका लोभ होता है। वह काम का प्रवर्धित रूप है। और जो प्रिय लगा, उसको प्राप्त करने में अगर किसी ने बाधा डाली तो उस पर क्रोध आता है। तो वास्तव में क्रोध काम का ही प्रतिकूल रूप है। उसी का विकृत रूप है। इसलिए गीता में एक वचन है—तो इसलिए संसार में जो कुछ है, वह हमको प्रिय लगता है और यह अपनी आत्मा के लिए होता है।

आत्मनस्तु कामाय सर्वं प्रियं भवति।

अपनी आत्मा ही हम उसमें डालकर आत्मा का ही आस्वाद करके हम उसको पाते हैं।

अस्ति, भाति और प्रिय—सत् चित् और आनन्द ये तो तीनों हैं ब्रह्मरूप। इस दुनिया की वस्तुओं में और क्या विशेषता मालूम पड़ती है, अस्ति भाति प्रिय के अलावा नाम और रूप। नाम और रूप ये ब्रह्म के रूप नहीं हैं। ये जगत् के रूप हैं। जगत और कुछ नहीं है नाम और रूप के अलावा।

व्यावहारिक सत्ता में इस संसार में असंख्य वस्तुएँ, असंख्य अभिव्यक्तियाँ दृष्टिगोचर होती हैं। ये जो असंख्य सत्ताएँ दृष्टिगोचर होती हैं इनका विश्लेषण करने पर ऐसा लगता है कि संसार की सभी वस्तुओं में पाँच ही बातें हैं। उस वस्तु की सत्ता है, उस वस्तु का बोध होता है, उसकी प्रियता हमें आकृष्ट करती है। उसका एक नाम है, एक रूप है। व्यावहारिक सत्ता क्या है? व्यावहारिक सत्ता है पारमार्थिक सत्ता के अधिष्ठान में अध्यस्त नाम रूप। परमार्थ की सत्ता त्रिकालाबाधित सत्य है। परमार्थ की सत्ता है स्वयं प्रकाश, वह सर्वाधिष्ठान है। इस बात को समझने की थोड़ी चेष्टा करें। एक होता है शब्द। जब मैंने कहा घड़ा तो घड़ा एक शब्द है और घड़े का अर्थ हुआ मिट्टी का बना हुआ एक विशेष प्रकार का पात्र। तो जो शब्द का अर्थ है वह हुआ व्यावहारिक अर्थ। और एक है परमार्थ। परमार्थ का मतलब क्या

हुआ? जो अन्तिम अर्थ है। परमार्थ क्या चीज है? परमार्थ वह है जो अपने को स्वयं प्रकाशित करता है। दुनिया के जितने विषय हैं ये सब पर-प्रकाशित हैं। बिजली चली जाए तो यहाँ अँधेरा ही अँधेरा हो जाएगा। सूर्य और चाँद हमें प्रकाश देते हैं। सूर्य और चांद को ब्रह्म के प्रकाश से प्रकाश प्राप्त होता है। किन्तु ब्रह्म स्वयं प्रकाश है। उसको किसी दूसरे के प्रकाश से देखना नहीं पड़ता। वह सबका अधिष्ठान है। उसका कोई दूसरा अधिष्ठान नहीं है। जगत का जो व्यावहारिक अर्थ है उसमें जो अस्ति, भाति, प्रिय के रूप में सत्, चित, आनन्द के रूप में जो अधिष्ठान है वह तो है ब्रह्म और ये जो नाम रूप हैं—ये हैं जगत की व्यावहारिक सत्ता। एक उदाहरण देकर इसको थोड़ा और समझें। महिलाएँ आभूषण-प्रिय होती हैं। सोने के आभूषणों के कितने नाम हैं, कितने रूप हैं? अँगूठी, चूड़ी, कड़ा, बाजूबन्द आदि, आदि लेकिन सब में सोना है। अगर आप सोने का गहना बेचने जायें तो सुनार जो लेगा वह असल माल लेगा। वजन करके सोना लेगा। सोना असल है और नाम रूप आरोपित है। सुनार नाम रूप की कीमत नहीं देगा, खाद बाद देकर असली सोने की कीमत देगा। सोना अधिष्ठान है और ये जो आभूषण के रूप में अँगूठी, चूड़ी, बाजूबन्द, कड़ा, हार, करधनी आदि आदि ये सब उस सोने में नाम रूप लेकर अध्यस्त हैं। हम लोगों के बचपन में दीवाली के दिन हलवाई की दुकान में मिठाई के रूप में हाथी, घोड़ा, नर्तकी, पंडित सब बने होते थे। जिसको जो पसन्द आए लेकर चला आए। वह हाथी है कि घोड़ा है कि सिपाही है, नर्तकी है उसके भीतर-बाहर, ऊपर-नीचे क्या है? चीनी। चीनी के अलावा उसमें केवल नाम रूप है। इसी तरह दुनिया की जितनी भी व्यावहारिक वस्तुएँ हैं इन तमाम व्यावहारिक वस्तुओं में सत्ता, आभास, यानी बोध और प्रियता ये तो अधिष्ठान के, ब्रह्म के हैं और नाम रूप व्यावहारिक सत्ता की दृष्टि से अलग-अलग हैं। प्रातिभासिक सत्ता का लोप कब होता है? प्रातिभासिक सत्ता का बोध निरस्त कब होता है? जब आपको ठीक-ठीक पता चल जाए कि यह सीपी है, चाँदी नहीं है। व्यावहारिक सत्ता निरस्त कब होगी? जब हम नाम रूप पर न अटक कर अधिष्ठान को पहचानेंगे। भीतर से तो मैंने अध्यास से ग्रहण कर रखा है कि मैं विष्णुकान्त शास्त्री इस रूप में जो बोल रहा हूँ, वही मैं हूँ। हमारा अध्यास इतना पक्का है, इतना जबर्दस्त है, जन्म जन्मांतरों के अनुभव के कारण चला आया हुआ हमारा अध्यास हमको इस प्रकार जकड़े हुआ है कि हम नाम रूप से उलझ कर रह जाते हैं। उन्हें ही वास्तविक मान बैठते हैं। यही आवरण है। संसार-चक्र में हम भ्रमण कर रहे हैं। यह संसार-चक्र क्या चीज है? संसार-चक्र और कुछ नहीं है अविद्या, कामना और कर्म के अलावा। संसार-चक्र पहले तो है अविद्या। हमने संसार की असंख्य वस्तुओं को अपने से अलग करके, नाम रूप देकर अपने को छोटा, कटा-छंटा, परिच्छिन्न मान लिया है। हमारा सार-सूत्र तो है—

ॐ पूर्णमदः पूर्णमिदं पूर्णात् पूर्णमुदच्यते।

और हमारा व्यावहारिक अनुभव क्या है? पंच महाभूतों में कल्पित इस मनुष्याकृति को हमने अपना वास्तविक रूप मान लिया है। पंचमहाभूत यानी क्षिति, जल, पावक, गगन, समीरा, पंच रचित यह अधम शरीरा। भगवान ने तारा को समझाया कि बालि का शरीर जो प्रत्यक्ष सामने पड़ा हुआ है वह तो पाँच महाभूतों में, कल्पित मनुष्याकृति है। पंचभूतों में कल्पित

मनुष्याकृति है हमारी, जिसको देख-देखकर, शीशे के सामने खड़े हो-होकर हम लोग अपने रूप पर मुग्ध होते हैं। शीशे का अर्थ दर्पण क्यों है? जिसको देख कर मन में दर्प आ जाए, वह दर्पण है। महिलाओं के साथ खास कर ऐसा होता है। अपने ही रूप का, सौन्दर्य का मन में दर्प आता है। जो अपने रूप का अनुभव करा कर दर्प उत्पन्न कर दे, उसका नाम है दर्पण। तो यह जो दिखाई पड़ता है पंचभूतों में कल्पित रूप, उस रूप को अपना मानकर, एक नाम को अपना मान कर हमने अपने को सीमित कर लिया। इस नाम रूप में बँधकर हम छोटे हो गये, कट गये, छँट गये, बँट गये। हम अभावग्रस्त हो गए। हम दीन हो गए, दुःखी हो गए। अविद्या के, नासमझी के कारण हमने अपने को इस रूप से बद्ध कर दिया। यही आवरण है। आवरण से आच्छन्न होकर जब हमने अपने को छोटा मान लिया, हमने अपने को अभावग्रस्त मान लिया, हमने अपने को दीन-दुःखी मान लिया। जब हमने अपने को अधूरा मान लिया, अपूर्ण मान लिया तब हम सबकी कामना होती है कि हम पूर्ण हों। अगर हम ज्ञान पाना चाहते हैं तो केवल जानकारी हासिल कर लें, धनी होना चाहते हैं तो रुपया प्राप्त कर लें, शक्ति पाना चाहते हैं तो अपना एक दल बना लें, कार्यकर्ता जमा कर लें, सत्ता हासिल कर लें। हम अपने को अभावग्रस्त, परिच्छिन्न, कटा-छँटा, दीन-दुखी मानकर दुनिया की बाहरी वस्तुओं से अपने को जोड़कर पूर्ण करना चाहते हैं। किन्तु छोटे-छोटे टुकड़ों को मिलाकर कोई पूर्ण नहीं बनता। पूर्ण अपने में पूर्ण है, उसके टुकड़े होते ही नहीं हैं। पूर्ण से पूर्ण बनता है, अनन्त से अनन्त निकलता है और इसीलिए अद्वैत होता है। एक कहने से धोखा है हलका सा। क्योंकि एक और एक मिलकर दो हो जाते हैं। एक+एक+एक मिलकर तीन हो जाते हैं। एक का आधा होता है, एक का चौथाई होता है। एक के टुकड़े होते हैं। अद्वैत का अर्थ है जो दो नहीं है उसका न आधा होगा, न चौथाई होगा। इसलिए अद्वैत है। यानी हम अपने को उपाधि के कारण, अध्यास के कारण शरीर और नाम को अपने से एक कर हम अपने को सीमित करते हैं। अपने को ब्राह्मण मानते हैं, क्षत्रिय मानते हैं, वैश्य मानते हैं, शूद्र मानते हैं। भारतीय मानते हैं, यूरोपियन मानते हैं, रूसी मानते हैं। यह जो हम अपने को सीमित करते हैं और सीमित करके हम दूसरों को अपने से भिन्न, पृथक् मानते हैं, यही अविद्या का खेल चल रहा है। ईशावास्योपनिषद् इसी का पर्दाफाश करता है। इसी को प्रकाशित करता है। वेदान्त के प्रकाश का पहला आदेश है, पहला उपदेश है इसी अविद्या के अन्धकार के आवरण को छिन्न-भिन्न कर देने के लिए।

जब तक पारमार्थिक सत्ता का बोध नहीं होगा तब तक व्यावहारिक सत्ता निरस्त नहीं होगी। जब तक व्यावहारिक सत्ता निरस्त नहीं होगी तब तक व्यावहारिक सत्य को स्वीकार करके हम अपना आचरण करते रहेंगे और व्यावहारिक आचरण में अपने को ज्यादा समर्थ, ज्यादा शक्तिशाली, ज्यादा पूर्ण, ज्यादा सुन्दर बनाने के लिए संग्रह करते रहेंगे दूसरों का धन लेते रहेंगे, दूसरों की शक्ति का अपहरण करते रहेंगे, हम अपने को दूसरों पर आश्रित मानेंगे। यह व्यावहारिक सत्ता तभी निरस्त होगी, जब पारमार्थिक सत्ता रूपी जो अधिष्ठान है, उसका सत्य-सत्य बोध हो जाएगा।

इस विवेचन से यह स्पष्ट है कि अविद्या के आवरण से सारी सृष्टि ढकी हुई है। इस अविद्या के आवरण को हटाकर ईश्वर का साक्षात्कार करना चाहिए। ईशोपनिषद् के पहले मंत्र

में यही कहा गया है—

ॐ ईशावास्यमिदं सर्वं यत्किंच जगत्यां जगत्।
तेन त्यक्तेन भुंजीथाः मा गृधः कस्यस्विद्धनम्॥

ईश माने शासन करने वाला। ईश शब्द का तृतीया एकवचन हुआ ईशा। ईशा का मतलब हुआ ईश्वर के द्वारा, परमात्मा के द्वारा। जो सारी सृष्टि का शासन करता है, जो सारी सृष्टि का स्वामी है, जो सारी सृष्टि का नियामक है वह है ईश। इस मंत्र के कई अर्थ हैं। आज जो अर्थ बता रहा हूँ वह शंकराचार्य के निरूपण के अनुकूल अर्थ है। ईश माने शासनकर्ता, ईशा माने उस परम प्रभु, सर्व स्वामी के द्वारा।

वास्य का मतलब है आच्छादित। **ईशावास्यमिदं सर्वं यत्किंच जगत्यां जगत्—** जगत्यां का मतलब है इस माया रूपी सृष्टि में, माया द्वारा निर्मित सृष्टि में यत्किंच जो कुछ भी इदं के रूप में ज्ञात होने वाला है, वह सबका सब जगत्यां जगत् में जड़ जंगम चलने फिरने वाले और स्थिर रहने वाले नाम रूपात्मक पदार्थ जगत् में जो कुछ भी है वह सबका सब सर्वं ईशावास्यं—ईश्वर के द्वारा आच्छादनीय है। ईश्वर के द्वारा बाधित कर देने योग्य है। बाधित करने का मतलब क्या हुआ? जो मिथ्या होता है, उसका बाध होता है सत्य का बोध होने पर। वेदान्त में सत्य और मिथ्या की परिभाषा अलग है। मिथ्या क्या है?

स्वाभावाधिकरणे भासमानत्वं मिथ्यात्वम्।

स्वाभावाधिकरणे अर्थात् अपने अभाव के अधिकरण में जो भासमान होता है, जो कुछ भासित होता है, वह मिथ्या है। इसको समझिये। अँधेरे में रस्सी पड़ी है। आप बाहर से रोशनी से आए। आपने जैसे ही दरवाजा खोला तो रस्सी का आकार देख कर आपको लगा कि साँप है। अब रस्सी तो है अधिकरण। रस्सी तो है अधिष्ठान और उस अधिष्ठान में आपको साँप दिखा। अब रस्सी में साँप होने का कोई कारण नहीं है। लेकिन भ्रम से आपको लगा कि यह (रस्सी नहीं) साँप है। अब जब तक आपको यह नहीं प्रतीत हो जाएगा कि सचमुच वह रस्सी है तब तक आप उस माने हुए साँप से डरेंगे कि नहीं? तब तक आपके लिए साँप सच्चा हैं कि नहीं? सपना तो आपने देखा ही है। जो अभी सपने में नदी में डूब रहा है उसकी रक्षा करने के लिए आप सचमुच की नाव लेकर पहुँच जायें। तो क्या आपकी वास्तविक नाव सपने में डूबते हुए उस आदमी की रक्षा करेगी? इस बात को फिर समझिये कि जिनकी सत्ता समान होती है वे ही साधक बाधक होते हैं। प्रातिभासिक सत्ता की ही जानकारी हो तो प्रातिभासिक सत्ता सच लगेगी। प्रातिभासिक सत्ता को निरस्त करने के लिए व्यावहारिक सत्ता का ज्ञान होना आवश्यक है। जब तक व्यावहारिक सत्ता का ही ज्ञान है तब तक वही सच है। व्यावहारिक सत्ता में अगर गरीबी है तो पारमार्थिक सत्ता के ज्ञान से गरीबी दूर नहीं होगी। व्यावहारिक सत्ता में अगर भूख लगी है तो उपनिषद् का पाठ करने से भूख दूर नहीं होगी। याद रखिये।

आपस में समसत्ता जिनकी। साधक बाधकता है उनकी॥ जो सम सत्तावान होते हैं, समान सत्ता वाले होते हैं वे ही एक दूसरे के अनुकूल प्रतिकूल होते हैं। जो सपने में डूब रहा है अगर उसके लिए कोई सपने में नाव लेकर आये तो वह बचेगा। व्यवहार जगत में अगर

कोई नदी में डूब रहा है तो व्यवहार की नाव लेकर कोई आएगा तभी वह बचेगा। सम सत्ता की स्थिति में सुख दुःख का होना और मिटना सम्भव है। हम जब तक साँप मानते रहेंगे रस्सी को, जब तक प्रकाश में हमको यह दिखाई नहीं पड़ जाता कि यह रस्सी है, साँप नहीं, जब तक रस्सी-रस्सी के रूप में प्रतीत नहीं होगी तब तक उस रस्सी में जो साँप नहीं था, वह साँप हमको डराता रहेगा। रस्सी के अधिकरण में साँप की भासमानता अपने अभाव में भासित है। तो मिथ्या क्या हुआ। अपने अभाव के अधिकरण में जिसकी भासमानता है, जो जहाँ नहीं है उसको वहाँ अगर हम पा रहे हैं तो अपने अभाव में भासित वह वस्तु मिथ्या है। जिस दिन हमको सत्य का ज्ञान होगा, उस दिन वह मिथ्या भास कट जाएगा। इसलिए हम सब व्यवहार के जगत में नाना नामरूप, नाना व्यक्ति, नाना वस्तुओं को देख रहे हैं और अपने को कटा-छँटा, अभावग्रस्त, दीन-दुःखी अनुभव कर रहे हैं। यह सब का सब अपने अभाव के अधिकरण में भास रहा है। इसका वास्तविक अधिष्ठान तो परम सत्य है, स्वयं प्रकाश है, सत्-चित्-आनन्द, अव्यय है। जैसे ही उस सच्चिदानन्द अव्यय तत्त्व का अधिष्ठान स्पष्ट होगा रस्सी की तरह वैसे ही उसमें दिखने वाले साँप की तरह ब्रह्म के अधिष्ठान में भासित होने वाला यह जगत बाधित हो जायेगा। रस्सी के साँप से साँप भाग जाएगा, रस्सी आ जाएगी। इन तमाम लोगों में जो हमको दिखाई दे रहे हैं एक ही ब्रह्म दिखाई देगा। भान तो होता रहेगा नाना नाम रूप का क्योंकि ज्ञान होने से भान का होना नहीं रुकता। जैसे रस्सी जल जाती है तो भी उसकी ऐंठन नहीं जाती। लेकिन भान इस रूप का होगा कि यह सोने का गहना है इसका नाम चूड़ी है। यह भी सोने का गहना है इसका नाम अँगूठी है। है यह सोना ही, चूड़ी, अँगूठी, हार केवल व्यवहारगत नामरूप हैं। मनुष्यों में अलग-अलग का भान तो बना रहेगा लेकिन यह भान इस बात का भी संकेत देगा कि यह भान हो रहा है उसी सच्चिदानन्द अधिष्ठान के रूप में। नाम रूप अलग-अलग हैं। इस अलग-अलग पृथक् भान के बावजूद अधिष्ठान का जब बोध हो जाएगा तो ये नाम रूप मिथ्या हैं, अर्थात् केवल व्यावहारिक हैं, इसका बोध भी हो जाएगा। मिथ्या क्या है? अपने अभाव के अधिकरण में जो भासित होता है, वह मिथ्या है। और सत्य क्या है?

अबाध्यत्वं सत्यम्—जिसको कोई भी बाधित नहीं कर सकता, जो त्रिकालाबाधित है, वही सत्य है और सब कुछ जो अपने अभाव के अधिकरण में भासित होता है वह मिथ्या है। तो क्या वेदान्त के अनुसार जगत बिल्कुल मिथ्या है? नहीं, वेदान्त व्यवहार के स्तर पर जगत् को मिथ्या नहीं कहता। व्यवहार की भूख रोटी खाने से ही मिटेगी—

बुभुक्षितैः व्याकरणं न भुज्यते, न पीयते काव्यरसं पिपासितैः

प्यासे के द्वारा काव्य-रस का पान नहीं होता। भूखे के द्वारा व्याकरण नहीं खाया जाता। लेकिन यह बात भी सच है कि अपने वास्तविक अधिष्ठान का बोध हो जाने पर हमारी जो हीनमन्यता है, हमारी जो हाय-हाय है, हमारी जो दीनता है, वह नहीं रह जाती—

ॐ ईशावास्यमिदं सर्वं यत्किंच जगत्यां जगत्

इस जगत् में जड़-जंगम, नाम रूप वाले जो असंख्य-असंख्य व्यक्ति, पदार्थ भासित हो रहे हैं, वे सबके सब ईश्वर के द्वारा आच्छाद्य हैं। उन सब की पृथक्-पृथक् अलग-अलग नाम

रूप वाली सत्ता को बाधित कर उन सबमें केवल ईश्वर का अनुभव करो, उन सब को ईश्वर से ब्रह्म से आच्छादित करो, ब्रह्म से उनको आच्छादित कर दो। यह वैसे ही कहा गया है कि जैसे यह कहा जाये कि सोने के गहनों को सोने से आच्छादित कर दो। जैसे चीनी के बने खिलौनों को चीनी से बना मान लो, जैसे मिट्टी के घड़े को, सुराही को, संकोरे को मिट्टी का बना मान लो। वैसे ही सारी सृष्टि के अलग-अलग, पृथक्-पृथक् भासमान आभासों में वही एक तत्त्व व्याप्त है सबको इसी से आच्छादित कर दो और उससे भिन्न अन्य सभी प्रतीयमान सत्ताओं को बाधित कर दो।

सारी सृष्टि अविद्या से आच्छादित है। ज्ञान के द्वारा सारी सृष्टि को ईश्वर से, ब्रह्म से आच्छादित कर देने पर सृष्टि की वस्तुओं, अभिव्यक्तियों उनकी अलग-अलग सत्ता का भान दूर होता है, साथ ही नाम रूपों के भीतर एक ही सच्चिदानन्द अद्वय तत्त्व है इसका बोध हो जाता है.

तेन त्यक्तेन भुंजीथाः—शंकराचार्य का अर्थ बता रहा हूँ। तेन माने तेन हेतुना इसलिए। जब तुमने इस बात का अनुभव कर लिया कि सारी सृष्टि के भिन्न-भिन्न नाम रूप केवल नाम रूप की दृष्टि से अलग हैं अधिष्ठान के रूप में एक ही ब्रह्म सबमें समाहित है तो उन नाना नाम रूपों का परित्याग कर (त्यक्तेन माने त्याग के द्वारा) अर्थात् अनेकत्व के बोध की भ्रान्ति का त्याग कर भुंजीथाः आत्म स्वरूप का पालन करो। अपने को नाम रूप में सीमित मत मान लो। तेन त्यक्तेन भुंजीथाः अपने आत्म स्वरूप का, उसी सच्चिदानन्द अद्वैत तत्त्व के साथ तादात्म्य कर लेने के बाद अपने उस वास्तविक आत्म-स्वरूप का पालन करो, व्यावहारिक रूप का नहीं। व्यावहारिक रूप तो कटा छँटा, अभाव-ग्रस्त, सीमित, जन्मने-मरने वाला राग-द्वेष से ग्रस्त रूप है। वास्तविक रूप ही ब्रह्म है—

अहं ब्रह्मास्मि।

इसलिए नाम रूप की सीमाओं को बाधित कर अपने वास्तविक ब्रह्म स्वरूप का अनुभव करो, अपने इस वास्तविक ब्रह्म स्वरूप के लायक व्यवहार करो। वास्तविक स्वरूप का पालन करने से व्यवहार कैसा होगा? **मा गृधः**—किसी के प्रति आसक्ति का भाव, लोलुपता का भाव, गिद्ध की दृष्टि मत रखो। गृधः इसी से गिद्ध होता है। गिद्ध दृष्टि क्या है? रामकृष्ण परमहंस देव कहते थे कि जो खाली पढ़े लिखे लोग हैं, पुस्तकी पंडित लोग हैं वे गिद्ध हैं गिद्ध। कैसे गिद्ध हैं? गिद्ध उड़ता बहुत ऊँचे है, आकाश में। और आकाश में उड़ते हुए देखता रहता है कि जमीन पर कहाँ कोई लाश पड़ी है। जहाँ वह लाश देखता है, उस ऊँचाई से उतर कर उस लाश का मांस खाता है। केवल शब्द-ज्ञान, केवल पुस्तकीय ज्ञान, केवल पोथी का ज्ञान कुछ ज्ञान नहीं है—

अज्ञेभ्यो ग्रन्थिनः श्रेष्ठाः ग्रन्थिभ्यो धारिणो वराः।
धारिभ्यो ज्ञानिनः श्रेष्ठाः ज्ञानिभ्यो व्यवसायिनः॥

अर्थात अज्ञों से ग्रन्थ पढ़ने वाले श्रेष्ठ हैं, ग्रन्थ पढ़ने वालों से पढ़े हुए को याद रखने वाले अच्छे हैं। सिर्फ तोतारटन्त करने वालों से वे श्रेष्ठ हैं जो पढ़े हुए का अर्थ जानते हैं, ज्ञानी हैं। ज्ञानियों से भी वे श्रेष्ठ हैं जो उसे ज्ञान को जीवन में उतारते हैं। अपने ज्ञान के प्रतिकूल जीवन

जीने वाला प्रज्ञापराधी है और दुखी रहता है। शंकराचार्य का कथन है, **प्रज्ञापराध एव एष दुःखमितियत्** अर्थात् जो भी दुःख है वह केवल प्रज्ञा का अपराध है। प्रज्ञा का अपराध किसको कहते हैं?

धी धृति स्मृति-विभ्रष्टः कर्मयत्कुरुतेऽशुभम्।
प्रज्ञापराधं तं विद्यात् सर्वदोषप्रकोपणम्॥

अपनी बुद्धि, अपनी स्मृति, अपनी धृति से विभ्रष्ट होकर जो अशुभ कर्म किया जाता है, उसे प्रज्ञापराध कहते हैं। उसके कारण समस्त दोष प्रकुपित हो जाते हैं। मैं कौन हूँ? मैं क्यों आया हूँ, मेरा क्या कर्तव्य है? मेरी यह स्मृति अगर बनी हुई है और मैं इस स्मृति के प्रतिकूल काम करता हूँ, मैं जानता हूँ कि मेरी धृति क्या है? और उस धृति के प्रतिकूल काम करता हूँ, मैं जानता हूँ कि मेरी बुद्धि मुझको क्या कह रही है और मैं उस बुद्धि के प्रतिकूल काम करता हूँ तो मैं प्रज्ञापराध करता हूँ। हम अपनी प्रज्ञा के निकट तब अपराधी होते हैं। जब हम अपनी सही जानकारी के अनुकूल व्यवहार नहीं करते। जानते कुछ हैं, करते कुछ हैं। दुःख नहीं होगा तो क्या होगा? सारे दुःखों के लिए उत्तरदायी है हमारी प्रज्ञा का अपराध। दर्शन और आयुर्वेद दोनों में यह सिद्धान्त माना जाता है। अगर आप अपनी जानकारी के प्रतिकूल आचरण करेंगे, पेट खराब होने पर भी गरिष्ठ भोजन करेंगे, सर्दी होने पर भी ठन्डे पानी से नहायेंगे, तो प्रज्ञा के अपराध के कारण, प्रज्ञा के विपरीत आचरण करने के कारण आपके कफ-पित्त-वात तमाम दोष प्रकुपित होंगे और आप अस्वस्थ हो जायेंगे। प्रज्ञा के अपराध से बचना चाहिए।

तेन त्यक्तेन भुंजीथाः इसलिए नाम रूपमय जगत् को बाधित करके, त्याग करके, अपने वास्तविक स्वरूप का पालन करते हुए जियो।

मा गृधः लालच मत करो, लोभ मत करो, गिद्ध मत बनो। जो ज्ञान प्राप्त किया है, उसके अनुसार जियो।

जो केवल पोथी पढ़ने वाले हैं वे तो केवल व्यसनी हैं। जो अपने ज्ञान के अनुसार काम करता है, जो अपने ज्ञान के अनुसार जीता है, जो अपने ज्ञान के अनुसार व्यवहार करता है—वही पंडित है।

सर्वोपरि ज्ञान आत्म ज्ञान है। आत्म ज्ञान के बाद कुछ पाना बाकी नहीं रहता। लेकिन आत्म ज्ञान हो जाने के बाद हम जियें कैसे? अपने वास्तविक स्वरूप का पालन करते हुए, अपने को ब्रह्म समझते हुए जब हम जियेंगे तब किसी छोटी या बड़ी वस्तु के प्रति लालायित नहीं होंगे। मा गृधः गिद्ध के समान लोलुपता से, कामना से ग्रस्त होकर किसी से भी किसी भी चीज की याचना नहीं करेंगे।

कस्यस्विद्धनम् स्विद् अर्थहीन प्रत्यय है। धन किसका है? किसी का भी नहीं है। हम लालायित न हों, पागल न बनें, कामना के कारण अपने को छोटा न बनायें। अपने वास्तविक स्वरूप का पालन करते हुए अपने ज्ञान के अनुरूप, प्रज्ञा के अनुरूप जियें।

प्रवचन क्रम—४

दृष्टि-भेद से दृश्य-भेद होता है। शंकर की दृष्टि केवलाद्वैत पर बल देती है, अत: उसकी फलश्रुति यह होती है कि वह जगत् को मिथ्या बताते हुए जीव को ब्रह्म ही बताती है।

श्लोकार्धेन प्रवक्ष्यामि यदुक्तं ग्रन्थकोटिभि:।
ब्रह्मसत्यं जगन्मिथ्या जीवो ब्रह्मैव नापर:॥

मैं श्लाकार्ध में उस तत्त्व का निर्देश कर रहा हूँ जिसके ऊपर करोड़ों ग्रन्थ लिखे जा चुके हैं। तत्त्व यही है कि ब्रह्म सत्य है, जगत् मिथ्या है, जीव ब्रह्म ही है और ब्रह्म के अतिरिक्त और कुछ नहीं है। इस मान्यता के कारण जीव को ब्रह्म मानना, जगत् को मिथ्या मानना, सगुण साकार ब्रह्म के रूप को भी मायोपाधिक मानना बहुतों को बहुत ही कष्टदायी लगा। जो भक्त हैं, वे इस कल्पना से ही सिहर उठते हैं कि मैं प्रभु से अभिन्न हूँ और फिर वे इस बात को स्वीकार करने से इन्कार करते हैं कि जो प्रभु का लीलाधाम है वह जगत् मिथ्या है तथा मेरे इष्टदेव का रूप मायोपाधिक है। इसलिए एक दूसरी दृष्टि विकसित हुई भक्तों की दृष्टि, भक्ति की दृष्टि, जिस दृष्टि से उपनिषदों की व्याख्या एक भिन्न प्रकार से की गयी। उस दृष्टि में सबसे बड़ी दृष्टि रामानुज की है। रामानुज के सिद्धान्त को विशिष्टाद्वैत कहते हैं। विशिष्टाद्वैत का क्या मतलब है? विशिष्टस्य अद्वैतम्—जो विशिष्ट का अद्वैत है, वह विशिष्टाद्वैत है। विशिष्ट कौन होता है? जिसमें कुछ विशेषता होती है, जो विशेषता युक्त होता है, वही विशिष्ट होता है। विशेषता का निर्देश कौन करता है? विशेषता का निर्देश विशेषण करता है। जिसकी विशेषताएँ बतायी जाती हैं, उसको विशेष्य कहते हैं और जो विशेषताओं का निर्देश करता है, उसको विशेषण कहते हैं। विशेषण दो प्रकार के होते हैं—पृथक् सिद्ध विशेषण और अपृथक् सिद्ध विशेषण। जैसे कहा कि नीलकमल। इसका मतलब हुआ नीला कमल। कमल विशेष्य है, नील उसका विशेषण है। किन्तु यह नीलिमा कमल से अपृथक् है। यह नीलिमा कमल से पृथक् नहीं हो सकती। कमल के बिना नीलिमा का कोई अस्तित्व ही नहीं है। नील और कमल ये दोनों अभिन्न हैं। यद्यपि कमल विशेष्य है और नील विशेषण। अत: यहाँ नील अपृथक् सिद्ध विशेषण है। लेकिन जब हम कहते हैं कि डंडे वाला आदमी, तो डंडे वाला यह विशेषण है, आदमी विशेष्य है। लेकिन वह आदमी अपना डंडा रख सकता है। डंडा छूट सकता है और डंडे के बिना आदमी रह सकता है। आदमी के बिना डंडा रह सकता है। यहाँ डंडेवाला पृथक् सिद्ध विशेषण है।

रामानुज का कहना है कि यह जगत् अपने अचित् और चित् तत्त्व के साथ ब्रह्म से अद्वैत है। इसको ध्यान से समझिए। हम अपने अनुभव समूह पर विचार करते हैं तो तीन तत्त्वों का स्वाभाविक अनुभव हमको देता है। एक तत्त्व जड़ है। मेरे सामने यह टेबुल है, पुस्तक है,

पंचभूतों के बने विविध रूप हैं, ये अचित् हैं, जड़ हैं। और दूसरा तत्त्व चैतन्य तत्त्व है। हम आप जब बोलते हैं, सोचते हैं, अनुभव करते हैं, तो हम जिसकी शक्ति से बोलते, सोचते, अनुभव करते हैं, वह चित् तत्त्व है, चैतन्य है। तो एक तत्त्व जड़ है, एक तत्त्व चैतन्य है। ये दोनों तो प्रत्यक्ष अनुभव में आने वाले हैं। इन दोनों से पृथक् एक तीसरा तत्त्व भी है। वह तत्त्व इन दोनों तत्त्वों को अपृथक् रूप से धारण करता है। जैसे किसी व्यक्ति को आपने पुकारा। अगर जुगलजी यहाँ से वाराणसी गए तो कौन गया? जुगल जी का शरीर गया। लेकिन क्या केवल शरीर गया। शरीर के साथ-साथ जुगलजी का जो चैतन्य वैयक्तिक तत्त्व है, वह भी गया। लेकिन क्या यही दो गये। क्या यह जड़ जगत और यह जीव स्वाधीन हैं? क्या यह शरीर हमको अपनी इच्छा के अनुसार मिल गया है? क्या इस शरीर के साथ जो कुछ घटता है, उसके लिए केवल हमीं उत्तरदायी हैं, केवल हमारी इच्छा से हो जाता है? ऐसा नहीं है। किसी शक्ति विशेष की महिमा के कारण हमको यह शरीर प्राप्त हुआ। किसी शक्ति विशेष के द्वारा हम परिचालित होते हैं। यह शक्ति विशेष कौन है? श्वेताश्वतरोपनिषद् में एक अद्भुत उक्ति आई है—

भोक्ता भोग्यं प्रेरितारं च मत्वा सर्वं प्रोक्तं त्रिविधं ब्रह्ममेतत्। *(१/१२)*

एक भोग्य है जिसका हम भोग करते हैं। यह जगत्, ये जड़ वस्तुएँ, ये भोग्य हैं। हम जीव के रूप में भोक्ता हैं। एक बात पर ध्यान दीजिए। हम लोग अपने बारे में क्या कहते हैं? जब हम कहते हैं मैं लम्बा हूँ, मैं मोटा हूँ, मैं दुबला हूँ, मैं पतला हूँ तो यह लम्बा, मोटा, दुबला, पतला कौन है? यह तो मेरा शरीर है। यहाँ मैं शब्द शरीर का बाचक है। जब मैं कहता हूँ कि मैं सुखी हूँ, मैं दुखी हूँ तो यहाँ यह मैं कौन है? यहाँ यह मैं मेरा शरीर नहीं है। इस शरीर के भीतर रहने वाला जो मेरा मन, बुद्धि, चित्त, अहंकार के साथ आत्मा है, जिसको हम जीवात्मा कहते हैं, वही सुखी दुखी होता है। वही कर्त्ता है, वही भोक्ता है। जो काम करेगा, वही उसका फल भोगेगा।

यहाँ मैं अपने शरीर को संकेतित नहीं कर रहा हूँ। अपने शरीर के भीतर रहने वाले जीवात्मा को संकेतित कर रहा हूँ। जब मैं कहता हूँ कि अहं ब्रह्मास्मि, तो वहाँ अहं का वाचक कौन है? इस पर रामानुज कहते हैं कि वह अन्तर्यामी ब्रह्म है। अन्तर्यामी किसको कहते हैं। भीतर रह कर जो यमन करे। अन्त: माने भीतर। यामी का मतलब है जो यमन करे, नियमन करे, संयमन करे, शासन करे। हम अन्तर्यामी की बात को अस्वीकार कर देते हैं कभी-कभी अपने अहंकार के कारण, मोह के कारण, अविद्या के कारण। तुलसी बाबा ने कहा है—जो अन्तर्यामी को धोखा देता है, वह कैसे सुखी रह सकता है, **''तुलसी क्यों सुख पाइये अन्तर्यामी धूर्ति''**, अन्तर्यामी को धोखा देकर कोई सुखी नहीं रह सकता। अन्तर्यामी कहता है कि यह सही है, यह गलत है। यह करो, यह मत करो। लेकिन उस अन्तर्यामी के ऊपर जो अविद्या का, माया का आवरण है, उस आवरण के कारण राग-द्वेष से ग्रस्त होकर हम अन्तर्यामी की बात की उपेक्षा करके पाप करते हैं। तो हमारे ही भीतर हमारा एक शरीर है। हमारे ही भीतर हमारी जीवात्मा है और उस जीवात्मा के भीतर अन्तर्यामी के रूप में विश्वव्यापी वह चैतन्य तत्त्व है जो सारी सृष्टि का प्रेरक है। **भोक्ता भोग्यं प्रेरितारं च मत्वा**

भोक्ता-जीव, भोग्य-प्रकृति, प्रेरिता, प्रेरक, प्रेरणादायी, परमात्मा, ब्रह्म। जब हम कहते हैं—**अहं ब्रह्मास्मि** तो हम अपने शरीर को नहीं, हम अपनी जीवात्मा को नहीं, उस जीवात्मा के भीतर रहकर हमारा जो शासन करने वाला तत्त्व है, उसकी ओर संकेत करते हैं। जैसे यह जड़ शरीर, हमारा शरीर है। चैतन्य आत्मा इसका स्वामी है उसी तरह जीवात्मा का स्वामी अन्तर्यामी है, उसी तरह जीवात्मा का स्वामी परमात्मा है। ये तीन तत्त्व हैं, एक भोग्य तत्त्व है, दूसरा भोक्ता तत्त्व है, तीसरा प्रेरिता, प्रेरक तत्त्व है। यह जो प्रेरक तत्त्व है, यह परमात्मा, यह ब्रह्म चित् और अचित् के विशेषणों से युक्त अद्वैत है। अचित् माने जड़, चित् माने चेतन जीव। रामानुज यह मानते हैं कि चैतन्य युक्त जीव असंख्य हैं। जैसे अग्नि से चिनगारियाँ निकलती हैं और अग्नि की उन चिनगारियों में अग्नि के तत्त्व होते हैं, लेकिन वे चिनगारियाँ उस अग्नि के समान नहीं होतीं। अग्नि की जो समग्र शक्ति है और चिनगारी की जो शक्ति है उसमें एक सीमा तक समानता होते हुए भी शक्ति की दृष्टि से पर्याप्त अन्तर है। वैसे ही उसी ब्रह्म से असंख्य जीवात्माएँ निकलती हैं। अग्नि की चिनगारी की तरह और ये असंख्य जीवात्माएँ अपना एक निश्चित काल-खण्ड एक शरीर के साथ बिताती हैं और फिर कर्म के अनुसार दूसरे शरीर को प्राप्त होती हैं। चित् और अचित् के विशेषणों से युक्त ब्रह्म अद्वैत है। वह अकेला है। लेकिन ब्रह्म अपने चित् और अचित् रूपी विशेषणों से उसी प्रकार प्रदीप्त रहता है जिस प्रकार नील कमल में कमल की नीलिमा। कमल के बिना जैसे नीलिमा का अस्तित्व नहीं, वैसे ही ब्रह्म के बिना चित् और अचित् का कोई अस्तित्व नहीं। चित् और अचित् ब्रह्म पर बिल्कुल उसी तरह आश्रित हैं, उसी तरह वे उसके द्वारा धार्य हैं, उसी तरह वे उसके द्वारा नियाम्य हैं जैसे नील कमल की नीलिमा कमल के साथ अभिन्न है। इसलिए जब चिदचिद्विशिष्ट ब्रह्म का अद्वैत तत्त्व सिद्ध किया जाता है तो इसमें दृष्टि यह होती है कि यह जगत प्रभु का शरीर है और असंख्य जीव उसके अंश हैं। इसके लिए उदाहरण देते हैं अनार का। अनार में जो छिलका है वह है अचित् तत्त्व और अनार के जो दाने हैं वे हैं चित् तत्त्व, असंख्य जीव। जैसे अनेकों दानों के साथ छिलके वाला अनार एक है वैसे ही इस जड़ प्रकृति और असंख्य जीवों के साथ ब्रह्म एक है। यह अचित् जगत् क्योंकि ब्रह्म का शरीर है इसलिए सत्य है। ये जीवात्मा चूँकि ब्रह्म के अंश हैं इसलिए सत्य है। जगत् भी सत्य है, जीव भी सत्य है। लेकिन जगत् और जीव की सत्यता ब्रह्म के विशेषण के रूप में है। जो ब्रह्म के ऊपर आश्रित, ब्रह्म के ऊपर निर्भर हैं। तो ब्रह्म से और जीव-जगत् से क्या सम्बन्ध है? बहुत से सम्बन्ध बताए गये हैं जैसे नियाम्य और नियामक का सम्बन्ध अर्थात् जगत और जीव का नियमन, नियंत्रण करने वाले नियामक नियंत्रक हैं प्रभु। शेष और शेषी का सम्बन्ध है। शेष माने जो दास है, सेवक है, शेषी माने जो स्वामी है। विशेष्य-विशेषण का सम्बन्ध है। विशेष्य ब्रह्म है, विशेषण है चित् अचित् जीव और जगत्। धार्य और धारक का सम्बन्ध है। भगवान, ब्रह्म धारण कर्त्ता हैं और हम सब उनके द्वारा धार्य हैं, हम सब उन पर निर्भर हैं, इस प्रकार जब ब्रह्म एक ही तत्त्व है जीव और जगत् के साथ तो इस मंत्र को समझने के लिए रामानुज की दृष्टि स्वीकार करने का अर्थ क्या हुआ? जीव के रूप में, उनके अंश के रूप में, उनके सेवक के रूप में, उनके विशेषण के रूप में उनके द्वारा नियाम्य के रूप में, उनके द्वारा धार्य के रूप में

हमारा उनका क्या सम्बन्ध होना चाहिए?

ॐ ईशावास्यमिदं सर्वं यत्किंच जगत्यां जगत्

इस अखिल प्रकृति में जो कुछ भी जड़-जंगम पदार्थ हैं ब्रह्मा से लेकर चींटी तक, ईशावास्यमिदं सर्वं इन सबको ईश्वर की भावना से भर दीजिए। वास्य का मतलब यहाँ है, आच्छादित कर दीजिए। अर्थात् ईश्वर की भावना से भर दीजिए यानी जो कुछ हमको दिखायी दे रहा है उसको और ध्यान से देखिये। क्या दिखायी दे रहा है? हमको यदि जड़ दिखाई दे रहा है तो उस जड़ के नाम रूप को ही देखकर जड़ की सतह तक जाकर ही हमारी दृष्टि रुक जाती है। वहीं रुकिये मत। उसके और भीतर जाइये। यह जड़ कहाँ से आया? किसने बनाया? इसका नियामक कौन है? इसका धारक कौन है? केवल जड़ जगत् की ओर मत देखिये, जड़ जगत् जिस पर आश्रित है, उसको भी देखिये। यह जो हम अपने को अलग, पृथक् अल्प शक्ति-सम्पन्न जीवात्मा मानते हैं, केवल इतना ही मत देखिये। यह भी देखिये कि ये जो अल्प शक्ति सम्पन्न जीवात्मा के रूप में हम हैं, ये जो अल्प शक्ति सम्पन्न हम शेष हैं, हमारा शेषी कौन है? हम किस पर आश्रित हैं? किस पर निर्भर हैं? जड़ जगत् को और जीव को देखते हुए उसके भीतर विद्यमान जो प्रभु हैं, उन प्रभु तक दृष्टि ले जाइये।

इस जगती में जो कुछ भी ज़ड़-चेतन, जड़ जंगम हैं, उन सब को ईश्वर की भावना से भर दीजिए। आप देखिये कि यह कथन भक्ति के लिए कितना महत्त्वपूर्ण कथन है। एक बात याद रखें। यह है दृष्टि।

इस मंत्र में पहली पंक्ति की उक्ति तो है दृष्टि। और दूसरी पंक्ति में जो दो बातें हैं वे उससे निकलने वाली वृत्तियाँ हैं।

पहली बात यह कि जगत् में जो कुछ आपको दिखाई पड़ रहा है, अपने नाम रूप के बावजूद उसको अपने इष्टदेव से अभिन्न मानिये।

ईश माने जो शासन करे, ईश शासन करने वाला। इसकी तृतीया विभक्ति का एक वचन है ईशा जो सर्व सृष्टि का शासक है, उसके द्वारा। इस ईश में अपने इष्टदेव की भावना कर लीजिए। अगर आपके इष्टदेव सीताराम हैं तो कहिये **सीय राममय सब जग जानी। करौं प्रनाम जोरि जुग पानी॥** अगर आपके इष्टदेव विष्णु हैं तो कहिये **जले विष्णुः स्थले विष्णुः, विष्णुः पर्वत मस्तके। ज्वाला माला कुले विष्णुः सर्वं विष्णुमयं जगत्॥** अगर आपके इष्टदेव शिव हैं तो कहिये वही सारी सृष्टि के स्वामी हैं, अगर आपकी इष्ट भगवती हों, महावीर हों, बुद्ध हों, कोई भी हों, जो भी आपके इष्ट हैं उन्हीं अपने इष्ट की भावना से सारी सृष्टि को भर दीजिए, आच्छादित कर दीजिए। भिन्न-भिन्न नाम रूपों में, जड़ वस्तुओं में, चेतन व्यक्तियों में अपने प्रभु का अनुभव कीजिए।

हम लोग कहते हैं प्रभु सर्वव्यापी हैं। अगर प्रभु इसी समय, यहीं, इसमें नहीं हैं तो प्रभु कभी, कहीं, किसी में नहीं हैं। प्रभु सर्वव्यापी हैं तो यहाँ हैं कि नहीं? सार्वकालिक हैं तो अभी हैं कि नहीं? सबमें हैं तो इसमें हैं कि नहीं? अगर प्रभु अभी, यहीं, इसी में हैं तो हमारी दृष्टि यह होनी चाहिए—

सीय राममय सब जग जानी।

करौं प्रनाम जोरि जुग पानी॥

अगर तुलसीदास आज होते तो सीय राममय आपको मानते कि नहीं? आप सबको सीय राममय मानते। और अगर हम लोग इस पंक्ति को कहते तो हम लोग तुलसीदास को सीय राममय मानते कि नहीं?

इस अर्धाली द्वारा अपनी व्यक्ति-चेतन सत्ता को, जीव को शेष के रूप में, सेवक के रूप में, दास के रूप में देखकर और सारी सृष्टि के रूप में अपने प्रभु को स्वामी के रूप में देखकर हम उसकी वन्दना करते हैं।

चाहे शांकर अद्वैत् की दृष्टि से देखिये, चाहे रामानुज की विशिष्टाद्वैत की दृष्टि से देखिए, दोनों दृष्टियों से सारी सृष्टि को प्रभु का रूप मानकर उसके साथ तदनुरूप व्यवहार करने का निर्देश वेद भगवान देते हैं।

ईशावास्यमिदं सर्वं—यह दृष्टि है और अगर यह दृष्टि हमने स्वीकार की, तो क्या होगा? **तेन त्यक्तेन भुंजीथाः।** मैंने आपको बताया था कि ईशावास्य उपनिषद् की व्याख्या करते समय शांकर दृष्टि से कहा गया था तेन माने—तेन हेतुना इसलिए। त्यक्तेन माने—नाम रूप की जो दृष्टि है, इसका त्याग करके। भुंजीथाः माने आत्मानं पालयेथा:—अपने स्वरूप का पालन करो। चूँकि शांकर अद्वैत की दृष्टि में ईशा अर्थात् ब्रह्म की सत्ता के अतिरिक्त और किसी दूसरे की सत्ता को स्वीकार ही नहीं किया जाता, इसलिए कहा गया नामरूपात्मक जगत् का त्याग करके अपने आत्म-स्वरूप का, ब्रह्म स्वरूप का पालन करो, अपने नाम रूप विशिष्ट व्यक्तित्व को वास्तविक मत मानो।

जब हमने विशिष्टाद्वैत को स्वीकार कर लिया, जब हमने स्वीकार कर लिया कि जगत् सत्य है, जब हमने स्वीकार कर लिया कि जीव असंख्य हैं और सब जीव प्रभु के अंश हैं, प्रभु के सेवक हैं तो उस दृष्टि के अनुसार निर्देश में परिवर्तन होगा ही।

तब तेन माने होगा उस प्रभु के द्वारा, त्यक्तेन माने त्यागे हुए, दिये हुए को, भुंजीथाः माने भोग करो। अगर आप अपने को प्रभु का अंश विशेष, अगर आप अपने को प्रभु का दास, अगर आप अपने को प्रभु के द्वारा नियाम्य, अगर आप अपने को प्रभु के द्वारा धार्य मानते हों तो उन्होंने जो कुछ आपको दिया, प्रसाद के रूप में उसे ग्रहण कीजिए। तेन उस परमात्मा के द्वारा, त्यक्तेन दत्तेन, दिए हुए को भुंजीथाः उसको प्रसाद के रूप में स्वीकार कर उसका भोग कीजिए। त्याग वृत्ति से भोग कीजिए, हाय-हाय मत कीजिए। जो कुछ उन्होंने दिया वह हमारे लिए बहुत है। वे तो सर्वज्ञ हैं, जो कुछ उन्होंने उचित समझा, वह दिया—

रामझरोखे बैठकर, सबका मुजरा लेय।

जैसी जाकी चाकरी, तैसी ताको देय॥

तो राम ने चाकरी के रूप में जो मुझको दिया, वह मेरे लिए बहुत है। इसलिए रामजी ने जो कुछ दिया, रामजी के उस दिये हुए को सादर, सहर्ष स्वीकार करके उसको प्रसाद के रूप में ग्रहण कर अपना जीवन बिताइये।

मा गृधः कस्यस्विद्धनम्।

यहाँ कस्य का मतलब किसका नहीं है। क का अर्थ है प्रजापति, क का अर्थ हुआ परमानन्द। कस्य का अर्थ हुआ **प्रजापतेः ईश्वरस्य। ईश्वरस्य धनम्** सारा का सारा धन, परमात्मा का है। **संपति सब रघुपति कै आही।** सारी संपत्ति रामजी की है। **'सबै भूमि गोपाल की'** सारी भूमि गोपालजी की है। **कस्य धनम्?** प्रजापतेः ईश्वरस्य धनम्। संपत्ति तो रामजी की है। मा गृधः आप उसमें लोभ मत कीजिए, लालच मत कीजिए। अगर आपने इस दुनिया को अपना मान लिया, तो बड़ा भारी अनर्थ हो गया। **वसुधा काहू की न भई**—यह पृथ्वी कभी किसी की नहीं हुई। रामानुज संप्रदाय में भगवान नारायण की दो शक्तियाँ मानी गयी हैं। भूदेवी और श्रीदेवी। असल में दोनों एक ही है। भूदेवी का मतलब हुआ जो अचल संपत्ति है, श्रीदेवी का मतलब हुआ—जो चल संपत्ति है। तो अचल और चल दोनों संपत्ति मिलाकर तो लक्ष्मी ही हुई न। तो इस पृथ्वी को आपने अपना माना? यह मकान आपका? यह संपत्ति आपकी? शिव-शिव, राम-राम। आप लक्ष्मीपति हैं? लक्ष्मी तो माँ हैं। लक्ष्मीपति तो केवल नारायण हो सकते हैं। केवल भगवान हो सकते हैं। हम तो उनके पुत्र हैं। हम तो उनके प्रसाद को ग्रहण करेंगे। उनकी कृपा को स्वीकारेंगे। **तेन त्यक्तेन भुंजीथाः**—जो उन्होंने दिया उसको ही अनासक्त भाव से, प्रसाद के रूप में ग्रहण करें। सारी संपत्ति परमात्मा की है। गिद्ध दृष्टि से, लोभ से, लालच से, आसक्त होकर उसको अपना मत मानिये। यह हुआ रामानुज दृष्टि से पहले मंत्र का अर्थ।

मेरे गुरु पूज्य अखंडानन्दजी का मत है कि ईशावास्योपनिषद् के पहले दो मंत्रों में भारतीय संस्कृति के चारों पुरुषार्थों का निरूपण किया गया है। हम लोग पूर्ण जीवन किसको मानते हैं? जीवन पूर्ण तब होता है जब हमारे चारों पुरुषार्थ पूर्ण हों। अर्थ, काम, धर्म और मोक्ष। ये चार पुरुषार्थ हैं। पुरुषार्थ किसको कहते हैं? **पुरुषैः अर्थ्यते इति**—मनुष्य जिसको चाहे, वह है पुरुषार्थ। पुरुषार्थ का एक अर्थ होता है बहुत श्रम से किया गया काम और बहुत श्रम से प्राप्त किया गया पदार्थ। लेकिन सही अर्थ यही है—**पुरुषैः अर्थ्यते इति**। मनुष्य जिसको चाहते हैं, उसको कहते हैं पुरुषार्थ। और हमारी दृष्टि में, भारतीय संस्कृति की दृष्टि में चार प्रधान पुरुषार्थ हैं। अर्थ, काम, धर्म और मोक्ष। ईशावास्योपनिषद् के पहले दो मंत्रों में इन चारों पुरुषार्थों का निरूपण किया गया है। चमत्कार यह है कि ईशावास्योपनिषद् मोक्ष से आरम्भ करता है—

ईशावास्यमिदं सर्वं यत्किंच जगत्यां जगत्—यह मोक्ष पुरुषार्थ है।

क्रम से बात शुरू करें। सीधा-सादा क्रम क्या है? सीधा-सादा क्रम यह है कि पहले अर्थ पुरुषार्थ आता है। अर्थ हमारे बाहर है। अर्थ क्यों कहा? अर्थ्यते इति अर्थः माने जिसको सब लोग चाहें। इस दुनिया में मनुष्य बिना किसी प्रयोजन के कोई काम नहीं करता। और प्रयोजन के पीछे लाभ की वृत्ति, सुख की वृत्ति है। सबसे बड़ा प्रयोजन मनुष्य का सुख है। साधारण मनुष्यों को समझ में आता है कि सुख हमको तब मिलेगा, जब हमको अर्थ प्राप्त होगा। इसलिए साधारण लोग दुनिया का जो सारा काम करते हैं वह अर्थ के लिए करते हैं। **अर्थार्थं प्रवर्त्तते लोकः** लोग अर्थ के लिए काम करते हैं। लेकिन इस अर्थ की विशेषताओं को

समझिये। अर्थ कभी अपने भीतर नहीं रहता। अर्थ बाहर ही रहेगा। अर्थ के रूप में जो कुछ आपका है, जिसको आप अपना मानते हैं, आपका मकान, गाड़ी, रुपया, पैसा, जमीन-जायदाद ये सब आपके बाहर हैं और ये बाहर रहकर आपके सुख के साधन बनते हैं।

यह याद रखिये कि अर्थ के लिए अर्थ आवश्यक नहीं है, अर्थ के लिए अर्थ का प्रयोजन नहीं है। इसका सबसे अच्छा उदाहरण मीदास की कहानी है। एक राजा था। उसने देवता से प्रार्थना की कि जिसको हम छुएँ वह सोने का हो जाए। उसने यह वर पाने के बाद सिंहासन को छुआ वह सोने का हो गया, राजा बहुत खुश हुआ। लेकिन जब उसके छूने पर उसकी रोटी भी सोने की हो गयी, उसकी बेटी भी सोने की हो गयी तब वह सुखी हुआ कि दुःखी। अगर सोने के लिए सोना आवश्यक होता तो उसके समान कोई सुखी नहीं होता। लेकिन उसके समान कोई दुःखी नहीं था। क्या बात निकलती है इस कहानी से? यही कि अर्थ बाहर रह कर, साधन के रूप में हमारे सुख की योजना कर सकता है। अर्थ साध्य के रूप में अनर्थ की सृष्टि करता है। जिसने अर्थ को साध्य माना उसका माथा खराब हुआ, वह सब प्रकार की बेईमानी करेगा, सब प्रकार की गलतियाँ करेगा, सब प्रकार का अन्याय-अत्याचार करेगा। अर्थ आपके साथ नहीं जाएगा। अर्थ आपको पहचानता नहीं है। मेरी घड़ी मेरी कलाई में है, मैं इसको अपना मानता हूँ। कल प्रेमशंकर की कलाई में यह यदि गयी तो उसकी हो जाएगी। मेरी कलाई के लिए वह घड़ी हाय-हाय नहीं करेगी। जिस मकान में रहता हूँ, उस मकान को मैं अपना मानता हूँ पर वह मकान ऐसा नहीं मानता। वह तो मुझे पहचानता तक नहीं— **वसुधा काहू की न भई!** मरने के बाद सारा अर्थ यहीं छूट जाएगा। इसलिए अर्थ महत्वपूर्ण है केवल साधन के रूप में।

दूसरा पुरुषार्थ हम काम को मानते हैं। काम पुरुषार्थ स्थिति, व्यक्ति और वस्तु के भोग के द्वारा हमें प्राप्त होता है। वस्तु, व्यक्ति, स्थिति का जब हम भोग करते हैं, तब काम पुरुषार्थ सिद्ध होता है और काम पुरुषार्थ हमारे मन में रहता है। पैसा कमाया, उसी से सुख नहीं मिलता। पैसा जब हम अपने किसी सुखदायी काम पर खर्च करते हैं, तब काम पुरुषार्थ सिद्ध होता है। जिस वस्तु को, जिस व्यक्ति को हम अपना प्रिय मान लेते हैं, उस वस्तु, उस व्यक्ति, उस स्थिति के द्वारा जब हम प्रियता का, सुख का अनुभव करते हैं, जब हम उसको भोगते हैं तब हमें सुख मिलता है और भोगना केवल शरीर से नहीं होता। शरीर तो गौण है, तुच्छ है। हम मन से ही भोगते हैं। तो अर्थ पुरुषार्थ की तुलना में काम पुरुषार्थ अन्तः है, भीतरी है। काम पुरुषार्थ की अवस्थिति हमारे मन में है और उस मन के द्वारा हम अपनी अभिलषित वस्तु, व्यक्ति, स्थिति का भोग करके सुख पाते हैं और उस सुख के अनुभव के लिए हम काम को इतना महत्त्व देते हैं। याद रखिये कि सारे सौन्दर्य की साधना काम पुरुषार्थ के अन्तर्गत होती है। यह साहित्य, यह संगीत, यह नृत्य, यह नाट्य, यह चित्र, यह स्थापत्य, ये सारी विद्याएँ, कलाएँ जो वस्तु को, व्यक्ति को, भावों को अधिक ललित बनाकर, सुन्दर बनाकर हमारे मन को परितृप्ति देती हैं, वे सब काम पुरुषार्थ के अन्तर्गत हैं। घी का लड्डू टेढ़ा भी भला! यह कोई व्यवहारवादी कहेगा! हम लोग तो घी के लड्डू को गोल बनाएँगे, सुन्दर बनाएँगे, उसमें थोड़ा-सा बरक चिपकाएँगे। वह न केवल सुस्वादु हो बल्कि देखने में सुन्दर

भी हो। यह जो लालित्य की साधना है, सौन्दर्य की साधना है और उस लालित्य और सौन्दर्य के द्वारा हमारा मन जिस सुख का अनुभव करता है, यह सब काम पुरुषार्थ है। सारी दुनिया अर्थ और काम के पीछे पागल है। धर्मविरुद्ध होने पर ये अर्थ और काम सुख की भ्रान्ति उत्पन्न करके परम दुःख में हमको डालते हैं। ये सुख की भ्रांति तो उत्पन्न करते हैं किन्तु ठीक उसी के पीछे क्या है यह हम नहीं देखते। पतिंगा दीपशिखा पर मंडराता है, उसके सौन्दर्य पर मुग्ध होकर और वह जल जाता है। पुरुष के लिए तुलसीदास ने कहा—**दीपशिखा सम जुवति तन मन जन होसि पतंग।** स्त्री के लिए भी यह सत्य है। स्त्री कह सकती है—**दीपक सम यह पुरुष तन, मन जन होसि पतंग।** जैसे पुरुष के लिए नारी दीपशिखा और उसका मन पतिंगे के समान है, वैसे ही नारी मन के लिए पुरुष जलते दीपक के समान है। उस अन्ध आकर्षण से उपलब्ध होने वाला सुख, क्षणिक सुख कितने दुःखों की सृष्टि करता है पहले इसका अनुमान भी नहीं होता है। इसलिए अर्थ और काम से भी आन्तर पुरुषार्थ है धर्म। धर्म का निवास बुद्धि में है। अर्थ पुरुषार्थ साधन है और अर्थ हमारे बाहर है। काम पुरुषार्थ आन्तर है। वह व्यक्ति, वस्तु, स्थिति का भोग करके सुख देता है और उसका निवास मन में है। वह निश्चय ही अर्थ से श्रेष्ठ है क्योंकि उसे पाने के लिए लोग पानी की तरह अर्थ बहा देते हैं। लेकिन कैसा पैसा लेना—कैसे काम का उपभोग करना? जिससे तात्कालिक सुख के बाद दीर्घकालिक दुःख की परम्परा न लग जाए। जो कुछ आकर्षक दीखता है, उसके बाद क्या है? अन्ध आकर्षण को जो रोकता है, वह धर्म है। उस धर्म का निवास बुद्धि में है। कौन नीरोग रहेगा? एक अद्‌भुत उक्ति है—

हित भुक्, मित भुक्, ऋत भुक्, कौन नीरोग रहेगा? जो हितकर भोजन करता है। हितकर भोजन भी परिमित मात्रा में करता है। हितकर और परिमित होने के साथ-साथ ऋत भोजन करता है। ऋत भोजन माने न्यायोपार्जित द्रव्य से प्राप्त किया गया भोजन करता है। बेईमानी के पैसे से नहीं। ऋत भोजन। यह जो अर्थ है यह ऋत के मार्ग से आना चाहिए। यह धर्म की चेतना है। हमारा अर्थ बेईमानी से प्राप्त न हो, हमारा भोग अधर्म से प्राप्त न हो तभी हम नीरोग और सुखी रह सकते हैं। धर्म का निवास स्थान है निर्मल बुद्धि, शुद्ध बुद्धि, पापयुक्त बुद्धि नहीं। पापयुक्त बुद्धि तो हमको गलत दिशा में ले जाएगी। बुद्धि शुद्ध हो तो कामधेनु हो जाती है। **शुद्धा हि बुद्धिः किल कामधेनुः** बुद्धि धर्म से शुद्ध होती है। वह बुद्धि शुद्ध होती है जिसके साथ विवेक होता है। विवेक वह है जो न्याय और अन्याय को, सत्य और असत्य को, नित्य और अनित्य को अलग-अलग कर दे। विवेक के बाद भी हम कभी-कभी गलत काम क्यों करते हैं क्योंकि हममें वैराग्य नहीं है। इसीलिए विवेक के साथ वैराग्य भी होना चाहिए। बुद्धि विवेकवती हो और विवेक वैराग्य से पुष्ट हो। अधर्म से मिलने वाले सुख को ग्रहण नहीं करेंगे, इसके प्रति वैराग्य होना चाहिए। जो मोक्ष है, वह तो अपना स्वरूप ही है। अर्थ बाहर, काम मन में, धर्म बुद्धि में और मोक्ष तो अपना आत्म-स्वरूप ही है। हमारी पारम्परिक मान्यता है कि—

धर्मार्थकामाः सममेव सेव्याः, यो ह्येकसक्तः स जनो जघन्यः।

अर्थात् धर्म, अर्थ और काम तीनों का समान रूप से सेवन करना चाहिए। किसी एक में ही

आसक्त होने से व्यक्ति जघन्य हो जाता है। अर्थ की आवश्यकता है। गरीबी कभी सुखद नहीं हो सकती। वह मनुष्य के सारे गुणों को नष्ट कर देती है। तुलसी ने बेझिझक कहा है—

नहि दरिद्र सम दुख जग माहीं।

अर्थ अवश्य उपार्जित करना चाहिए। पर कैसे, कितना? कबीर कहते हैं—

साईं इतना दीजिए, जामें कुटुम समाय।
मैं भी भूखा ना रहूँ, साधु न भूखा जाय॥

अर्थ अवश्य कमाना चाहिए। भूखा व्यक्ति बड़े से बड़ा पाप कर सकता है। दैनन्दिन जीवन की मूलभूत आवश्यकताएँ अवश्य पूर्ण होनी चाहिए। अतः धैर्यपूर्वक अपने और अपने परिवार के भरण-पोषण के लिए आवश्यक अर्थोपार्जन प्रथम पुरुषार्थ है। पर यह याद रखना चाहिए कि तुलसीदास ने जब कहा—**नहिं दरिद्र सम दुख जग माहीं**—तब यह नहीं कहा कि प्राचुर्य ही सबसे बड़ा सुख है। उन्होंने कहा—**सन्त मिलन सम सुख जग नाहीं**—सबसे बड़ा दुःख तो दरिद्रता है, लेकिन सबसे बड़ा सुख प्राचुर्य नहीं है। सबसे बड़ा सुख सन्त से मिलना है। सज्जन पुरुष से सत्संग करना—यह सबसे बड़ा सुख है।

अर्थ की आवश्यकता है, काम की आवश्यकता है। काम के बिना मनुष्य पागल हो जाता है। थोड़े से लोग संन्यासी हो सकते हैं। हम यह नहीं कहते कि संन्यासी नहीं होते, जरूर होते हैं। लेकिन वेद भगवान तो सबके लिए आदेश देते हैं। इसलिए काम पुरुषार्थ की सिद्धि होनी चाहिए। हाँ, अर्थ और काम धर्म से सेवित होना चाहिए। आत्म-स्वरूप का ठीक-ठीक बोध कर लेना, अपने स्वरूप को ठीक-ठीक समझ लेना यही मोक्ष है और मोक्ष हो जाने के बाद, मोक्ष की स्थिति में, जीवन्मुक्त की स्थिति में क्या किया जाए? ईशावास्योपनिषद् में यही विवेचन शुरू होता है।

अब आपकी जो भी दृष्टि हो चाहे ज्ञान की दृष्टि हो, चाहे भक्ति की दृष्टि हो, मूलभूत बात में बहुत अन्तर नहीं पड़ता। ज्ञान की दृष्टि से कहा गया कि सारे जगत को ईश्वर से आच्छादित कर दीजिए। यानी सुराही को, कुल्हड़ को मिट्टी से आच्छादित कर दीजिए। यानी जान लीजिए कि वह तो मिट्टी ही है। अँगूठी को, चूड़ी को, बाजूबन्द को, करधनी को, हार को सोने से आच्छादित कर दीजिए। मतलब समझ लीजिए कि करधनी, अँगूठी, हार, बाजूबन्द सोने के अतिरिक्त और कुछ नहीं है? यानी यह समझ लीजिए कि यह जो कुछ भी नाम रूप दिखता है वह मिथ्या है, यानी व्यावहारिक है, वास्तव में सृष्टि में ब्रह्म के अतिरिक्त और कुछ नहीं है। चाहे भक्ति की दृष्टि से यह समझ लीजिए कि नाम रूप में जो कुछ दिखता है ये सब उसी भगवान की सृष्टि है और भगवान अपनी सृष्टि में समाया हुआ है। **तत्सृष्ट्वा तदेवानुप्राविशत्।** भगवान ने इसकी सृष्टि की है और वह उसी में प्रविष्ट हो गया है। आपने कोई रचना की है? किसी ने कविता लिखी है? किसी ने लेख लिखा है? कहानी लिखी है, किसी ने कोई मूर्ति बनायी है? चित्र बनाया है? कुछ भी रचा है? जो कुछ आपने रचा है, उसमें आप हैं कि नहीं? रचना में रचयिता समाया हुआ रहता है। शकुन्तला और दुष्यन्त की कहानी को लेकर तो एक सौ आदमी कविता, नाटक लिख सकते हैं। लेकिन

हरेक की रचना अलग होगी। अभिज्ञान शाकुन्तलम् में कालिदास समाये हुए हैं, वाल्मीकीय रामायण में वाल्मीकि समाये हुए हैं। रघुवंश में कालिदास समाये हुए हैं। रामचरितमानस में तुलसीदास समाये हुए हैं। रचना में रचयिता समाया हुआ है।

यह जो आँखों के सामने दृश्यमान जगत्, दृश्यमान सृष्टि है इसमें मेरे रामजी समाये हुए हैं। यह जगत मेरे रामजी का व्यक्त रूप है। ये दोनों दृष्टियाँ हैं। चाहे ज्ञान की दृष्टि, स्वीकारें, चाहे भक्ति की दृष्टि। यह मोक्ष, यह दृष्टि सध जाए, तो आदमी तर जाए। ईशावास्योपनिषद् मोक्ष से, मोक्ष साधिका दृष्टि से आरम्भ होता है। सबसे बड़ी बात आरम्भ में बता देते हैं। सारा उपनिषद् ईशावास्यमिदं सर्वं यत्किञ्च जगत्यां जगत् का भाष्य है।

'वासुदेवः सर्वमिति' गीता यही तो कहती है। **यतः प्रवृत्तिर्भूतानां येन सर्वमिदं ततम्**—सर्वमिदं ततम् सब जिससे ओत-प्रोत हैं। यह दृष्टि सध जाय, चाहे ज्ञान की धारा से, चाहे भक्ति की धारा से तो जीवन कृतकृत्य हो जाये।

हमारी आपकी दृष्टि सधी नहीं है। हम आप मुक्त नहीं हैं। मैं तो नहीं ही हूँ। आप में से किसी की ऐसी दृष्टि सधी हो तो मैं उनको प्रणाम करूँगा। लेकिन इसे हम जानें तो। और जानने के बाद कैसे वह हमारी सहज दृष्टि हो जा सकती है, यह बात, अगली पंक्ति में बता रहे हैं। जो सबसे बड़ी दृष्टि है, जिस दृष्टि से ही मुक्ति प्राप्त होती है, जो जीवन का सबसे बड़ा पुरुषार्थ है, उस दृष्टि को पहली ही अर्धाली में, पहले ही मंत्र की पहली पंक्ति में, पहले श्लोकार्ध में ही ईशावास्य उपनिषद् ने निरूपित कर हमारा कितना बड़ा उपकार किया है। अब इस दृष्टि के बाद इसके अनुरूप वृत्तियाँ। वृत्ति माने वर्तन, वर्तन माने व्यवहार। जो भी श्रेष्ठ पुरुष हैं, वे अपना व्यवहार अपनी दृष्टि के अनुसार करते हैं। जब व्यवहार स्वीकृत दृष्टि के अनुकूल नहीं होता तब प्रज्ञापराध होता है, तभी दुःखभोग करने को व्यक्ति अभिशप्त होता है।

अपनी दृष्टि, अपनी बुद्धि, अपनी स्मृति, अपनी धृति से भ्रष्ट होकर जो अशुभ कर्म किया जाता है, वही प्रज्ञापराध है। हम अपनी प्रज्ञा के प्रति जब अपराध करते हैं तभी हमारे सारे दोष प्रकुपित होते हैं, तभी हमें दुःख भोगने के लिए बाध्य होना पड़ता है। अतः यदि हम दुःखों से बचना चाहते हैं तो हमारी दृष्टि के अनुसार हमारी वृत्ति होनी चाहिए।

तेन त्यक्तेन भुंजीथाः—यह काम पुरुषार्थ है। अगर हमने यह स्वीकार कर लिया कि वही कण-कण में समाया हुआ है वही, वही है तो फिर हमारा काम पुरुषार्थ ऐसा होना चाहिए कि उसके द्वारा जो प्रदत्त है, उसका जो प्रसाद है, उसको प्राप्त कर उसकी आज्ञा के अनुकूल जीवन, त्याग के द्वारा अपने जीवन में हमें भोग करना चाहिए। तेन त्यक्तेन भुंजीथाः इसके दोनों अर्थ हैं। उसके द्वारा दिये हुए को स्वीकार कर उसको प्रसाद मानकर भोग कीजिए और उसमें भी अनासक्त रहते हुए भोग कीजिए। **मा गृधः कस्यस्विद्धनम्** यह अर्थ पुरुषार्थ है। परमात्मा का पैसा है। भक्ति कहती है सारी संपत्ति परमात्मा की है। इसलिए परमात्मा की वस्तु को अपनी वस्तु मत मानिए। श्रीमद्भागवत में कहा है—जितने मात्र से तुम्हारा भरण-पोषण हो, उतने मात्र पर तुम्हारा अधिकार है। उससे अधिक सम्पत्ति को जो अपना मानता है, वह चोर है उसे दण्ड दिया जाना चाहिए—

यावद्भ्रियेत जठरं तावत्स्वत्वं हि देहिनाम्।
अधिकं योऽभिमन्येत स स्तेनः दंडमर्हति॥ (७/१४/८)

जितने से अपना पेट भरता है उतना ही हमारा स्वत्व है। भगवान उतना हमको देगा। उससे ज्यादा जो अपना मानता है—वह चोर है। उसको दण्ड दिया जाना चाहिए। यानी अर्थ पुरुषार्थ कैसा हो? मा गृधः लोभ मत कीजिए। लालच मत कीजिए। ज्ञान की दृष्टि कहती है—**कस्य-स्विद्धनम्** यानी धन किसका है? किसी का भी नहीं। इसलिए गिद्ध की तरह लोभ मत कीजिए। मा गृधः—दोनों मानते हैं। एक मानता है—धन किसी का नहीं है। वह धन को धन ही नहीं मानता। धन को मिथ्या मानता है। जो धन को सच मानता है, वह मानता है कि धन रामजी का है। लेकिन इस पर दोनों एक मत हैं कि लोभ मत कीजिए। लोभ मत कीजिए के दो स्तर हैं। याद रखिये असत्य ने इस सृष्टि को बेध दिया है। असत्य से विद्ध सृष्टि के तीन बड़े दुश्मन हैं काम, क्रोध और लोभ। इनको जीतने के लिए पाँच बातें बताई गई हैं। अहिंसा, सत्य, अस्तेय, ब्रह्मचर्य और अपरिग्रह। सत्य से असत्य को परास्त कीजिये। सत्य से असत्य जीत नहीं सकता। सत्य ही जीतेगा। सत्यमेव जयते नानृतम् सत्य की दृष्टि होगी तो असत्य पराजित हो जाएगा। काम को जीतिए ब्रह्मचर्य से, क्रोध को जीतिए अहिंसा से। और लोभ को कैसे जीतें? लोभ के दो रूप हैं। इसलिए उसे परास्त करने के लिए दो वृत्तियाँ आवश्यक हैं। हम दूसरे का पैसा भी बेईमानी से, चोरी से ले लेंगे लोभ का एक रूप यह है और हमने कमाया है, यह हमारा है, हम और कमायेंगे खूब जोड़ेंगे, दुनिया भर को दिखायेंगे कि हमारे पास इतनी दुर्लभ वस्तुएँ हैं। लोभ का दूसरा रूप यह है। पहले रूप को जीतने के लिए अस्तेय की वृत्ति होनी चाहिए। अस्तेय माने चोरी न करना। चोरी नहीं करनी चाहिए लोग यह बात मान तो लेते हैं, चाहे बेईमानी करने से अपने को रोक न पाते हों। पर बहुत से लोग तो संग्रह में अनौचित्य है, यह स्वीकार भी नहीं करना चाहते। अनावश्यक संग्रह मिथ्या प्रदर्शन की वृत्ति के कारण होता है और उससे दूसरे लोग वंचित रह जाते हैं। इस दुर्वृत्ति को जीतने के लिए अपरिग्रह की वृत्ति विकसित करनी चाहिए। अपरिग्रह का अर्थ है अनावश्यक संग्रह न करना। परि माने चारों ओर। परिग्रह माने—चारों तरफ़ से ग्रहण करना। आप केवल कमायेंगे, अपनी सम्पत्ति का प्रदर्शन करेंगे इससे अपने को बड़ा अनुभव करेंगे? भगवान ने आपको क्या इसीलिए भेजा है? अपरिग्रही बनिये। हम ज्यादा नहीं कमायेंगे, उतना ही कमायेंगे जितने से हमारा योगक्षेम चलेगा। लोभ को परास्त करने के लिए दो बातें हुईं। एक-दूसरे के हक की चीज नहीं लेंगे, बेईमानी की चीज नहीं लेंगे इसको कहते हैं अस्तेय और अपनी आवश्यकता से ज्यादा चीजें नहीं लेंगे इसको कहते हैं अपरिग्रह। तो असत्य से विद्ध जो जगत है उसको सत्य की साधना से हम संशोधित करके स्वीकार करेंगे और याद रखेंगे कि काम, क्रोध, लोभ ये तीन बड़े शत्रु हैं। काम को ब्रह्मचर्य से, क्रोध को अहिंसा से और लोभ को अस्तेय और अपरिग्रह से जीतेंगे।

हम अपनी वृत्ति ऐसी विकसित करें कि हम कामोपभोग भी परमात्मा के द्वारा दिए हुए को प्रसाद के रूप में ग्रहण कर त्याग के द्वारा करें और अर्थ पुरुषार्थ की सिद्धि भी हम अस्तेय के द्वारा, अपरिग्रह के द्वारा करें। ईशावास्य की मूल दृष्टि से निकलने वाली ये दो वृत्तियाँ हैं।

अब ये तीनों बातें सिद्ध कैसे होंगी? संभव कैसे होंगी? आज जिस स्थिति में हम सब हैं—उस स्थिति में क्या हम मोक्ष का अनुभव कर रहे हैं? सच बताइये, आज क्या सचमुच हम मोक्ष की दृष्टि के अनुसार भोग कर रहे हैं?

अपने बारे में मैं सच कह रहा हूँ। मैं आज न तो मोक्ष का अनुभव कर पा रहा हूँ न तदनुरूप काम और अर्थ पुरुषार्थों की सिद्धि ही कर पा रहा हूँ। फिर भी विश्वास करता हूँ कि धर्म के द्वारा ये बातें संभव हो सकती हैं। ईशावास्योपनिषद् के अगले मंत्र में धर्म अपने मूल रूप में, अत्यंत व्यावहारिक रूप में विवेचित हुआ है।

□□

प्रवचन क्रम—५

कुर्वन्नेवेह कर्माणि जिजीविषेच्छतं समाः।
एवं त्वयि नान्यथेतोऽस्ति न कर्म लिप्यते नरे॥

मनुष्य काम करते हुए ही सौ बरस तक जीने की इच्छा करे। **एवं त्वयि नान्यथे तोऽस्ति**—इसी प्रकार और किसी दूसरे प्रकार से नहीं, कर्म करने पर। **न कर्म लिप्यते नरे**—कर्म मनुष्य से लिप्त नहीं होता। इस मंत्र में दो बातें कही गयी हैं। एक बात यह कि मनुष्य काम करते-करते हुए ही सौ वर्ष जिए। उसके अलावा उसके लिए कोई दूसरा रास्ता नहीं है। और दूसरी बात यह कि विशेष प्रकार से कर्म करते रहने पर कर्म लिप्त नहीं होता। गीता में कहा गया है—**लोकोऽयं कर्मबन्धनः** कर्म ही मनुष्य को बाँधता है। ये दो भिन्न-भिन्न स्थितियों के द्योतक वाक्य हैं। इन दोनों बातों में अनिवार्य विरोध नहीं है। हमें यह समझना चाहिए कि कर्म क्यों और कैसे मनुष्य को बाँधते हैं और किन स्थितियों में वे मनुष्य को नहीं बाँधते, उनसे लिप्त नहीं होते। इन दोनों बातों में से पहली बात की चर्चा पहले करेंगे कि मनुष्य कर्म करते-करते हुए ही क्यों जिये। वह कौन सा कौशल है, जिसका प्रयोग करने पर कर्म लिप्त नहीं होता? कौन से कर्म लिप्त होते हैं? कौन से कर्म लिप्त नहीं होते और कर्म लिप्त न हों तो क्या होगा? इन सभी प्रश्नों पर विचार अगले प्रवचन में किया जायेगा।

पहली बात विचारणीय है कि इस मंत्र की स्थिति दूसरे मंत्र के रूप में क्यों है? पहले मंत्र के बाद दूसरे मंत्र में ही काम करने का स्पष्ट निर्देश क्यों दिया गया? इस पर विचार करना आवश्यक है। बात यह है कि पहले मंत्र का मर्मार्थ ग्रहण करने पर साधारण तौर पर कर्म करने की प्रेरणा निरस्त होती है। कैसे होती है? जरा इस पर विचार कीजिए कि मनुष्य काम क्यों करता है? साधारण तौर पर मनुष्य तीन एषणाओं से प्रेरित होकर काम करता है। एषणा माने इच्छा, अभिलाषा। इनमें सबसे स्थूल है—वित्तैषणा, उसके बाद है पुत्रैषणा, उसके बाद लोकैषणा। वित्तैषणा यानी—अर्थ प्राप्त करने की इच्छा। इसकी पूर्ति के लिए काम करना पड़ेगा। चाणक्य सूत्र में सीधे-सीधे कहा गया है—

अर्थार्थं प्रवर्तते लोकः—अर्थ के लिए लोग किसी कार्य में प्रवृत्त होते हैं। यह स्पष्ट है कि दुनिया के प्रायः सभी लोग कुछ न कुछ काम करते ही रहते हैं। इनमें ज्यादातर लोग काम करना चाहते हैं पैसा कमाने के लिए। **कार्यमूलं अर्थः**—साधारणतः काम करने के मूल में पैसा कमाने की इच्छा रहती है क्योंकि पैसा हमारे और सब प्रयोजनों की पूर्ति का साधन है। काम करने की यह सबसे स्थूल प्रेरणा है। **अर्थ्यते इति अर्थः**—मनुष्य उसको चाहता है इसलिए उसका नाम अर्थ है। अर्थ के बिना अधिकतर कार्य सिद्ध नहीं होते इसलिए अर्थ को हम लोग पुरुषार्थ मानते हैं। चार पुरुषार्थों में अर्थ प्रथम पुरुषार्थ है। लेकिन अर्थ साधन होना चाहिए, साध्य नहीं—इस बात को बार-बार समझाया गया है। पहले मंत्र में कहा गया

—**मा गृधः कस्यस्विद्धनम्**—गिद्ध की तरह लालच मत करो। **कस्यस्विद्धनम्**—इसके दो अर्थ होते हैं—किसी दूसरे के धन का लालच मत करो—यह पहला अर्थ है। दूसरा अर्थ है धन किसका है? अर्थात किसी का नहीं है। इसलिए धन का लालच मत करो। तो जो पहली प्रेरणा है काम करने की वित्तैषणा, वह यदि इस आदेश को स्वीकारने पर निर्मूल नहीं होगी तो दुर्बल तो हो ही जायेगी। पहली प्रेरणा दुर्बल हो गयी। फिर मनुष्य काम क्यों करता है?—पुत्रैषणा से। पुत्रैषणा माने काम भोग की इच्छा की पूर्ति के लिए। **कुर्वते कर्मभोगाय**। यह दूसरा सूत्र है। पैसा भी मनुष्य कमाता है मुख्यतः काम की तृप्ति के लिए। काम का मतलब है सम्पूर्ण कामनाएँ। काम का मतलब केवल स्त्री-पुरुष सम्बन्ध नहीं है। वह भी है लेकिन उसके अलावा भी बहुत कुछ है। काम पुरुषार्थ से हमारी सारी सौन्दर्यानुभूति चरितार्थ होती है। हम वस्तु को, स्थिति को, अपने सम्बन्धों को अधिक सुन्दर, अधिक रमणीय बनाना चाहते हैं। सारा साहित्य, सारा नाट्य, सारा नृत्य, संगीत, स्थापत्य, मूर्ति, चित्र-सृष्टि की वे सारी प्रचेष्टाएँ जिनसे हम वस्तुओं, स्थितियों, सम्बन्धों को रमणीय बनाकर प्राप्त करना चाहते हैं काम पुरुषार्थ के अन्तर्गत आती हैं। इस काम पुरुषार्थ की तृप्ति के लिए किसी भी परिमाण में लोग रुपया खर्च कर देते हैं। इसलिए काम पुरुषार्थ अर्थ पुरुषार्थ से बड़ा है। मनुष्य भोग के लिए कर्म करता है। पुत्रैषणा मनुष्य के कर्म की बहुत शक्तिशाली प्रेरणा है। किन्तु पहले मंत्र में बताया गया है तेन त्यक्तेन भुंजीथाः इसलिए त्याग के द्वारा भोग करो। या शंकराचार्य के अनुसार अपनी आत्मा का परिपालन करो। रामानुजाचार्य का अर्थ है—इसलिए उसने तुमको कृपापूर्वक जो दिया तेन भगवान के द्वारा, त्यक्तेन—दत्तेन दिया हुआ, भगवान के द्वारा तुमको जो दिया गया, उसी के अनुरूप भोग करो। इससे कुर्वते कर्म भोगाय भोग के लिए कर्म करने की जो दूसरी प्रेरणा है, वह शिथिल हो जाती है। भोग भी, जितना रामजी ने हमको दिया, उतना ही हमको करना है, उसी परिधि में रहना है, तो हम अधिक कर्म क्यों करें? उससे सूक्ष्म प्रेरणा है—कर्म करने की लोकैषणा। सम्मान पाने के लिए, लोकमान्यता के लिए काम करने की इच्छा इसके अन्तर्गत आती है। एक बड़ा प्रसिद्ध श्लोक है—

अधमाः धनमिच्छन्ति, धनं मानं च मध्यमाः।
उत्तमाः मानमिच्छन्ति, मानोहि महतां धनम्॥

जो अधम कोटि के लोग होते हैं, वे केवल धन प्राप्त करना चाहते हैं। अर्थैषणा, वित्तैषणा—यह सबसे स्थूल भूमिका है काम करने की। किसी भी प्रकार से अपमान झेलकर किसी भी प्रकार से अपने को बेचकर पैसा कमाना ही यदि कर्म करने की सबसे बड़ी प्रेरणा है तो यह अधम जन का लक्षण है। जो मध्यम कोटि के मनुष्य होते हैं, वे धन और मान दोनों प्राप्त करना चाहते हैं। **उत्तमाः मानमिच्छन्ति**—जो उत्तम कोटि के मनुष्य होते हैं, वे मान ही प्राप्त करना चाहते हैं। मानोहि महतां धनम् जो महान् पुरुष हैं, श्रेष्ठ पुरुष हैं उनका धन तो उनका मान ही है। मान अनायास नहीं प्राप्त होता। मान प्राप्त करने की प्रेरणा सहज रूप से मनुष्य को बताती है कि जब आप लम्बे समय तक लोक-हितकर कार्य करेंगे तभी आपको सम्मान प्राप्त होगा। मान कब मिलता है? किसी गुण में पारंगत होने के कारण। और वह गुण ऐसा हो जो केवल आपके व्यक्तिगत कार्य के लिए ही न हो, जो लोक मंगल के लिए प्रयुक्त

होता हो। अन्यथा मान प्राप्त नहीं होगा। बड़े से बड़े करोड़पति हैं। मान उनको प्राप्त होता है, जो दान देते हैं। बड़े से बड़े कलाकार हैं, मान उनको प्राप्त होता है जो अपनी कला को लोकहित के लिए समर्पित कर देते हैं। हम लोग साहित्य के विद्यार्थी हैं। कोई रचना साहित्य के अन्तर्गत आती है कि नहीं, इसका मानदंड तो उसमें निहित साहित्यिक मूल्य हैं, लेकिन कोई रचना महान है कि नहीं इसका मानदंड लोकहित है। बाबा तुलसीदास ने कहा है—

कीरति भनिति भूति भल सोई।
सुरसरि सम सब कहँ हित होई॥

भणिति—साहित्य। काम का चरम पुरुषार्थ कोई सिद्ध कर ले, बड़ा कलाकार हो जाए, लेकिन जब उसकी रचना में लोकहित का तत्त्व आता है तभी उसे मान मिलता है। इसलिए मान प्राप्त करने के लिए कर्म करना—कर्म करने की स्थूल प्रेरणाओं में सूक्ष्मतम है। अच्छा व्यक्ति चाहता है कि ऐसा काम करूँ जिससे मेरा नाम बढ़े, यश हो किन्तु पहले मंत्र का पहला वाक्य है,

ईशावास्यमिदं सर्वं यत्किञ्च जगत्यां जगत्—जिसका मर्मार्थ है कि आपका नाम रूप मिथ्या है। कौन सा रूप आपका रूप है? जब पैदा हुए थे वह, कि जब दस साल के थे वह, कि जब बीस साल के थे, कि अभी और दस साल बाद जो होगा? कौन सा नाम? कैसे यह नाम आपका नाम हो गया? आपके पिता ने आपको कोई एक नाम दे दिया, आपको नाम मिल गया? वह नाम आपके साथ चिपक कैसे गया? वे कोई दूसरा नाम आपका रख देते तो आपका वही नाम हो जाता। अतः नाम ऊपर से चिपकाया हुआ है। तत्त्वतः तो ये सारे नाम रूप मिथ्या हैं। एक ही तत्त्व है सारी सृष्टि में ईश। ईश्वर ही आच्छादित किये हुए है सारी सृष्टि को। इसकी प्रेरणा ग्रहण करने पर लोकैषणा की प्रवृत्ति भी दुर्बल हो जाती है क्योंकि जिस नाम को यशस्वी करने की इच्छा थी वह नाम रूप ही मिथ्या साबित हुआ। क्या होगा यश प्राप्त करके? तो काम करने की तीनों प्रेरणाएँ जो साधारण संसारी मनुष्य को कर्मरत करती हैं वे तीनों प्रेरणाएँ दुर्बल हो गयीं। तो क्या आदमी हाथ-पर-हाथ रखकर बैठ जाए? तो क्या वह काम न करे? काम न करने के लिए कुछ लोग तात्त्विक युक्ति भी देते हैं—**कर्मणा बद्ध्यते जन्तुः विद्ययातु प्रमुच्यते।**

कोई काम करता है तो बँध जाता है। जब हम कहते हैं कि मोक्ष, तो किससे मोक्ष? कर्मबन्धन से मोक्ष। तो हम कर्म नहीं करेंगे तब तो कर्म से नहीं बँधेंगे। यह बहुत स्थूल बात हुई। कुछ न करके बैठना भी एक प्रकार से काम करना है क्योंकि बैठना भी एक काम है। इसलिए शास्त्र को अकर्मण्यता इष्ट नहीं है। जब पहले मंत्र में कहा गया कि आप अर्थ की प्रेरणा से ही काम मत करें, भोग की प्रेरणा से ही काम मत करें, लोक-मान्यता प्राप्त करने के लिए ही काम मत करें, तो कोई कह सकता है चलो हम काम ही नहीं करते। उपनिषत्कार कहता है—नहीं, नहीं तुम काम अवश्य करो। अब हम क्यों काम करें इस पर थोड़ा गंभीर विचार आवश्यक है।

हिन्दू जीवन-दर्शन का, भारतीय जीवन-दर्शन का आधारभूत सिद्धान्त कर्म सिद्धान्त है। इस कर्म सिद्धान्त को स्वीकार करके ही भारतीय संस्कृति का विकास हुआ है। कोई भी वैदिक सम्प्रदाय क्यों न हो, शैव हो, वैष्णव हो, शाक्त हो, गाणपत्य हो, सौर हो, कोई भी

भारतीय अवैदिक सम्प्रदाय क्यों न हो, जैन हो, बौद्ध हो, सिख हो, भारतवर्ष में जितने सम्प्रदाय विकसित हुए हैं उन समस्त सम्प्रदायों में, समस्त मार्गों में, समस्त पंथों में कर्म सिद्धान्त परम आदरणीय सिद्धान्त के रूप में गृहीत है। केवल चार्वाक सम्प्रदाय ऐसा है जो कर्म को भोग के लिए प्रेरक मानता है—

यावज्जीवेत् सुखं जीवेत्, ऋणं कृत्वा, घृतं पिबेत्।
भस्मीभूतस्य देहस्य पुनरागमनं कुतः॥

जब तक जिओ, सुख से जिओ, कर्ज ले लेकर घी पिओ। मर जायेगा आदमी तो जल जाएगा फिर उसका पुनर्जन्म नहीं होगा। पुनर्जन्म का सिद्धान्त कर्म-सिद्धान्त का उपफल है। चार्वाक सिद्धान्त भी कर्म को स्वीकार करता है लेकिन कुर्वते कर्म भोगाय केवल भोग के लिए कर्म करो इसको मानता है और भोग के लिए कर्म करने के बाद कर्म की परिणति कहाँ तक जाती है इसके ऊपर विचार नहीं करता। कर्म सिद्धान्त में मोटे तौर पर माना जाता है कि—

अवश्यमेव भोक्तव्यं कृतं कर्म शुभाशुभम्।

हमने जो अच्छे शुभ या बुरे अशुभ कर्म किए हैं, उन कर्मों का फल हमको अवश्य भोगना होगा—

कर्म प्रधान विश्व करि राखा।
जो जस करइ, सो तस फल चाखा॥

जो जैसा कर्म करेगा, उसको वैसा फल मिलेगा। कर्म-सिद्धान्त कहता है कि हमने जो काम किया, उसका हमको फल मिलेगा, हम अच्छा काम करेंगे तो अच्छा फल मिलेगा, बुरा काम करेंगे तो बुरा फल मिलेगा। इसमें संशय तब उत्पन्न होता है जब हम देखते हैं कि कुछ कर्मों का फल तो मिलता है, पर कुछ कर्मों का फल तो इस जीवन में मिलता ही नहीं।

परीक्षा के लिए परिश्रम किया तो उत्तीर्ण हुए। परीक्षा के लिए परिश्रम नहीं किया तो अनुत्तीर्ण हो गए। कर्म का फल मिल रहा है। आपने किसी से अच्छा व्यवहार किया तो उससे मित्रता हुई, किसी से बुरा व्यवहार किया, उससे शत्रुता हो गयी। कर्म का फल मिल रहा है यह हमारे प्रतिदिन का अनुभव है। काम करते-करते थक गए तो सो गए। सो गए तो हरे-भरे हो गए। थकावट दूर हुई। तो काम करने से थकावट और काम की थकावट दूर करने के लिए विश्राम, जिससे थकावट से मुक्ति यह अनुभव की बात है। यानी कर्म करने का फल एक बड़ी सीमा तक मिलता है यह प्रत्यक्ष है। लेकिन यह भी सच है कि बहुत से कर्म हम करते हैं और ऐसा लगता है उनका फल तो नहीं मिला। यह भी सच है कि बहुत बार जो अच्छा काम कर रहे हैं उनको दुःख मिल रहा है—यह दिखाई पड़ता है। और यह भी सच है कि बहुत बार जो लोग बुरा काम कर रहे हैं, वे बहुत मौज-मजे में हैं ऐसा भी लगता है। तो फिर इस कर्म-सिद्धान्त को सही कैसे माना जाये?

संसार का जो लक्षण शंकराचार्यजी ने बताया है उसके अनुसार कर्तृत्व भोक्तृत्व ही संसार है। कर्तृत्व माने कर्त्तापन, मैं काम करने वाला हूँ, भोक्तृत्व माने भोक्तापन, मैं अपने कर्मों का फल भोगने वाला हूँ। जो पुण्य करता है वह पुण्यात्मा है और उसका भला होना चाहिए, उसे

सुखी होना चाहिए। जो पाप करता है, वह पापात्मा है और पाप का फल दु:ख उसको मिलना चाहिए। कई बार विचित्र अनुभव होता है। हम लोग जानते हैं कि पुण्य क्या है? और पाप क्या है? लेकिन पुण्य और पाप को जानने के बाद भी, पुण्य का फल चाहते हुए भी हम पुण्य नहीं करते। पुण्य मतलब जिससे अपना उन्नयन हो, अपनी उन्नति हो, जिससे अपना भला हो और दूसरों का भला हो वह पुण्य है। पुण्य की भले ही कोई शास्त्रीय परिभाषा हो किन्तु व्यावहारिक स्तर पर पुण्य वह है जिससे मेरा भला होता है और दूसरों का भी भला होता है। पाप वह है जिससे मेरा पतन होता है और दूसरों का भी पतन होता है। पुण्य के फल से सुख मिलना चाहिए। पाप के फल से दु:ख मिलना चाहिए। जो पुण्य, पाप करता है वह पुण्यात्मा, पापात्मा है—यह कर्तृत्व है और उसके कारण जो सुखी दु:खी होना है—यह भोक्तृत्व है। मनुष्य जो करता है, वही भोगता है। ऐसा कभी नहीं होता कि—

आन करे अपराध कोउ, आन पाय फल भोग।

मैं अगर कर्म करूँगा तो मैं ही उसका फल भोगूँगा—यह कर्म सिद्धान्त का अखंडनीय अर्थ है। किन्तु जीवन में एक विचित्र विरोधाभास आता है—

पुण्यस्य फलमिच्छन्ति, पुण्यं नेच्छन्ति जन्तवः।
न पाप फलमिच्छन्ति, पापं कुर्वन्ति यत्नतः॥

हम सब लोग पुण्य का फल तो चाहते हैं लेकिन पुण्य नहीं करना चाहते क्योंकि पुण्य कष्टसाध्य होता है। उत्थान का रास्ता, उन्नति का रास्ता, अपने और दूसरों के मंगल का रास्ता तपस्या से होकर गुजरता है, यज्ञ से होकर गुजरता है। हम उस तपस्या से, उस यज्ञ से बचना चाहते हैं लेकिन हम चाहते हैं कि पुण्य का फल भोंगे।

न पापफलमिच्छन्ति—कोई पाप का फल भोगना नहीं चाहता। पाप अपने बाहरी रूप में कई बार अत्यन्त आकर्षक लगता है। **पापं कुर्वन्ति यत्नतः**—कई बार लगता है झूठ बोलकर, धोखा देकर हमें बहुत लाभ हो जायेगा। अत: लोग यत्नपूर्वक पाप करते हैं और फिर भी पाप के फल से बचना चाहते हैं। इसमें देखा यह जाता है कि कभी-कभी सचमुच जो पुण्य कार्य कर रहा है वह दु:खी है और जो सचमुच पाप कर रहा है, वह खूब मौज-मजा कर रहा है। ऐसा क्यों होता है? हम जो कर्म कर रहे हैं उसका फल तत्काल ही मिले, यह नियम नहीं है। हम जब बीज बोते हैं तो बीज बोते ही क्या उसका फल मिलता है? जब गेहूँ, धान बोते हैं, तो वे तीन महीने बाद पकते हैं। जब हम आम का बीज बोते हैं, तो वह पाँच साल में फलता है। अगर कलमी आम लगाएँ तो भी फल मिलने में डेढ़ दो साल लगते हैं। बीज बोने और फल मिलने में समय का अन्तराल दृष्टिगोचर होता है। उसको परिपाक का समय कहते हैं। इसी तरह कर्म करना और उसके पककर फल देने के समय तक को कर्म-परिपाक का समय कहते हैं। अत: हमने जो कर्म किया, उसका फल अभी इसी जन्म में मिल जाए सब समय ऐसा नहीं होता। जो अधिक उग्र कर्म होते हैं, जो अधिक प्रभावशाली कर्म होते हैं वे अपना फल तत्काल देते हैं। जो तुरन्त फल नहीं देते वे दो प्रकार से अपने फल देते हैं। तत्काल तो उनका सूक्ष्म मानसिक फल होता है। उनका जो बाहर दिखायी पड़ने वाला स्थूल फल होता है, वह कर्म-परिपाक के साथ आता है। एक बात पर ध्यान दीजिए। कोई अच्छा काम

कीजिए आपको उसको करके परितोष होता है कि नहीं? कोई बुरा काम कीजिए, मत पकड़े जाइए आप, लेकिन आपको ग्लानि होती है कि नहीं? यह जो भीतर का परितोष और भीतर की ग्लानि है यह कर्म का तात्कालिक सूक्ष्म फल है। इसी को आधार बनाकर कौन सा कर्म करें और कौन सा कर्म न करें इसकी प्रेरणा देते हुए मनुस्मृति में कहा गया है—

यत् कर्म कुर्वतोऽस्य स्यात् परितोषोऽन्तरात्मनः।
तत् प्रयत्नेन कुर्वीत विपरीतं तु वर्जयेत्॥

जिस काम को करते समय या करने के बाद अपनी अन्तरात्मा में परितोष का अनुभव होता है वह अच्छा काम है। किसी गरीब की मदद कीजिए। आपको अपनी आत्मा में परितोष का अनुभव होगा। किसी दुखी का दु:ख दूर कीजिए, आपको परितोष होगा। जिस काम के करने में भीतरी परितोष होता है **तत् प्रयत्नेन कुर्वीत**—उस काम को प्रयत्न पूर्वक करना चाहिए। **विपरीतं तु वर्जयेत्,** जिससे हमको भीतरी परितोष नहीं होता, जिससे हमको भीतरी ग्लानि होती है उसका वर्जन करना चाहिए, उसको नहीं करना चाहिए। कैसा कर्म करना चाहिए इस श्लोक द्वारा उसका अच्छा सुझाव दिया गया है। अत: कर्म का सूक्ष्म फल तो मानसिक होता है जिसका तत्काल अनुभव होता ही होता है। कर्म का जो स्थूल फल होता है, कई बार तत्काल इस दुनिया में, इस जीवन में वह फल नहीं दिखता है। कर्मसिद्धान्त मानता है कि उस कर्म का फल देने का समय अभी नहीं हुआ है। उस कर्म के फल विपाक के लिए जितना समय अपेक्षित था उतना अभी नहीं हुआ। उसका फल मिलने के पहले अगर शरीर छूट जाए तो क्या कर्म फल अभुक्त रह जाएगा? मैंने कोई अच्छा-बुरा काम किया। उस अच्छे बुरे काम का जो सूक्ष्म फल है वह तो तत्काल मिल गया, लेकिन उसका जो स्थूल फल मुझे मिलना था इस जीवन में दृश्यमान फल वह फल नहीं मिला। तो क्या चार्वाक का कथन सत्य है? कि शरीर मर गया, जला दिया गया अब उसका और कोई परिणाम नहीं होगा। अगर मर जाने के कारण कर्म का फल नहीं मिले तो कर्म-सिद्धान्त खंडित हो जायेगा। तो कर्म सिद्धान्त की जो मूलभूत प्रतिज्ञा है कि **अवश्यमेव भोक्तव्यं कृतं कर्म शुभाशुभम्**—मैंने जो अच्छे या बुरे काम किये हैं, उनका फल मुझको भोगना ही पड़ेगा, यह प्रतिज्ञा खंडित हो जाएगी। अगर यह प्रतिज्ञा खंडित नहीं होनी है तो फिर कर्म का फल हमको मिलना ही चाहिए। कर्म का फल दो और सूक्ष्म कारणों से मिलना चाहिए। जो मैं कर रहा हूँ अगर उसका फल नहीं हुआ तो क्या हो गया? कृत प्रणाश—किए हुए का नाश हो गया। अच्छाई का नाश हो जाएगा अगर किए हुए अच्छे कर्मों का फल नष्ट हो जाएगा। फिर कोई क्यों अच्छा काम करेगा? तब तो बुराई का बोलबाला हो जाएगा। किये हुए कर्म का फल नष्ट हो जाना एक बहुत बड़ा अपराध है। ऐसा नहीं होना चाहिए।

दूसरा, **अकृताभ्युपगम**—जो हमने किया नहीं उसका फल हमको क्यों मिलना चाहिए? हमारा जन्म किसी परिवार-विशेष में, किसी स्थिति विशेष में हुआ, क्यों हुआ? हमारे किसी कर्म के बिना क्या वह फल हमको मिला? क्या भगवान पोपाबाई की तरह बिल्कुल अंधेरगर्दी चलाते हैं? ऐसा नहीं होता। भगवान के बारे में जो अनेक बातें कही गयी हैं उनमें एक है कर्माध्यक्ष:। परमात्मा कर्माध्यक्ष है। सारे कर्मों को देखता रहता है। कर्मों का

निरीक्षण करता है। वह परम न्यायी भी है। इसलिए जो जैसा कर्म करता है, उसको वैसा फल देता है। तुलसी ने कहा है—

कोउ न काहु सुख-दुख कर दाता।
निज कृत करम भोग सब भ्राता॥

कोई किसी के सुख-दुःख का दाता नहीं है। जो हम सुख भोग रहे हैं, अपने किए हुए कर्म के कारण भोग रहे हैं। जो हम दुःख भोग रहे हैं अपने किये हुए कर्म के कारण भोग रहे हैं। क्योंकि परमात्मा न्यायी है, कर्माध्यक्ष है इसलिए वह हमको जिस स्थिति में जन्म दे रहा है, वह अकारण नहीं दे रहा है। वह उसके पीछे निहित एक हेतु से, एक युक्ति से वैसा फल दे रहा है। कृत प्रणाश और अकृताम्युपगम, किए हुए कर्म के फल का नाश और बिना किए हुए काम के फल की प्राप्ति—ये तो अटपटी बाते हैं। इसलिएं मनुष्य अगर कोई कर्म करता है और उसका फल भोगे बिना मर जाता है तो ऐसा नहीं है कि कर्म उसको भूल जाता है, तो ऐसा नहीं है कि फल उसको भोगना नहीं पड़ेगा। अगर उसने इस जन्म में कर्म का फल नहीं भोगा तो अगले जन्म में उसे भोगना पड़ेगा। अतः कर्म-सिद्धांत का उपफल है—जन्मांतरवाद। अगर हमने कर्म-सिद्धांत को स्वीकार किया, अगर हमने यह मान लिया कि हम जो कर्म करते हैं, उसका फल भोगते हैं, अगर हमने यह मान लिया कि हम अपने किये हुए का सुख और दुःख भोगते हैं तो अगर हम इसी जन्म में अपने किए हुए का कर्म-फल नहीं पाते तो वह कर्मफल नष्ट नहीं हो सकता। अगर वह कर्मफल नष्ट नहीं होता, तो उसके कारण हमको अगला जन्म मिलता है जिसमें हमें कर्मों का फल भोगना पड़ता है। इसलिए हिन्दू समाज यानी भारत में जन्म लेने वाले किसी भी सम्प्रदाय का अनुयायी समाज कर्म सिद्धांत तो मानता ही है कर्म-सिद्धांत के उपफल के रूप में जन्मांतरवाद को भी मानता है। अगर हमने जन्मांतरवाद, पुनर्जन्मवाद को माना तो इस बात को माना कि हमने अपने असंख्य पूर्व जन्मों में निरन्तर कर्म किए हैं। उन असंख्य जन्मों के जिन कर्मों के फल हमने भोग नहीं किए हैं (क्योंकि हमारा जीवन तो छोटा है और ऐसे कर्मों की संख्या बहुत बड़ी है) तो हमारे जो अभुक्त कर्म हैं, जिनको हम नहीं भोग पाए हैं वे सब नष्ट नहीं होते बल्कि इकट्ठे होते हैं। उन इकट्ठे कर्मों का सामूहिक नाम है संचित कर्म। संचित कर्म किसे कहते हैं? हमारे असंख्य जन्मों के वे समस्त कर्म जिनका फल अभी तक हम भोग नहीं पाए हैं, वे नष्ट नहीं हुए, वे सब के सब जमा हुए, उन असंख्य जन्मों के अभुक्त कर्मों का जो जोड़ है, वह है हमारा संचित कर्म। और हमारे कर्म का वह छोटा सा हिस्सा जिसने फल देना शुरू किया है, वह है प्रारब्ध। आरब्ध माने जो काम आरंभ हो गया है, शुरू हो गया है और 'प्र' माने प्रकृष्ट या अच्छी तरह से। शान्त माने जो स्थिर है, संयत है, चंचल नहीं है और प्रशान्त माने ज्यादा शान्त। बुद्ध माने ज्ञानी और प्रबुद्ध माने जो ज्यादा ज्ञानी है। वीर-प्रवीर, अध्यापक-प्राध्यापक। इसी तरह से आरब्ध और प्रारब्ध। संचित कर्मों का जो छोटा सा हिस्सा अपना फल देने लगा है, उसे कहते हैं प्रारब्ध। इस प्रारब्ध के अनुसार तीन बातें होती हैं। अगर क्लेश मूल वृत्तियों का कर्माशय बना है, तो **दृष्टादृष्ट जन्म वेदनीयः**—तो इस जन्म में और अगले जन्म में उसका फल होगा—

सतिमूले तद्विपाको जात्यायुर्भोगाः। *(पातंजल योगदर्शनम् २/१३)*

अगर कर्मों का मूल रह गया है तो, कर्मों का मूल रह जाने से—सतिमूले—कर्म की जड़ के रह जाने पर, प्रारब्ध के अनुसार हमको तीन चीजें मिलती हैं—जाति, आयु और भोग। जाति माने जन्म। जिस परिवार में, जिस देश में हमारा जन्म हुआ है उस परिवार में, उस देश में जन्म लेने के लिए हमने क्या कहीं आदेश दिया था कि वहाँ जन्म हो, इसके लिए हमने ज्ञात रूप से कुछ किया था क्या? ज्ञात रूप से हमने कुछ नहीं किया। मैं आज जो आपके सामने बोल रहा हूँ, घर जाते-जाते मर नहीं जाऊँगा, इसका क्या ठीक है? यह साँस कब, कंहाँ, किस समय रुक जाएगी—हमें इसका कोई ज्ञान नहीं है। आयु कहाँ कब पूर्ण हो जाएगी इसको कोई नहीं जानता। जन्म कहाँ कब होगा, मृत्यु कब कहाँ होगी—इसे कोई नहीं जानता। इसी तरह इस जन्म में सुख-दु:ख रूपी भोग की जो समष्टि है वह समष्टि भी हमारे हाथ में नहीं है। हम उसको भोगने की अपनी दृष्टि में थोड़ा परिवर्तन कर सकते हैं, लेकिन सुख-दु:ख के भोग की समष्टि हमको भोगनी ही पड़ेगी। यही है जाति, आयु और भोग जो प्रारब्ध के अधीन है।

प्रारब्ध क्या करता है? प्रारब्ध हमको जन्म देता है। प्रारब्ध हमको आयु देता है और प्रारब्ध हमको सुख-दु:ख के भोग की समष्टि देता है। तो क्या हम पूर्णत: प्रारब्ध के अधीन हैं? क्या हम खुद कुछ नहीं कर सकते? ऐसा नहीं है। हम बहुत कुछ कर सकते हैं। आप लोगों ने बराबर यह बात सुनी होगी कि हम कर्म करने में स्वतंत्र हैं और फल भोगने में परतंत्र हैं। इसका क्या मतलब है? कहाँ तक स्वतंत्र हैं? कैसे परतंत्र हैं? मैंने अभी बताया कि जन्म-जन्मांतर के अभुक्त कर्मों का जो पंजीभूत रूप है—वह है संचित कर्म। और इस संचित कर्म का छोटा सा हिस्सा जो अपना फल दे रहा है, उसको कहते हैं प्रारब्ध। क्या कर्म के दो ही रूप हैं? नहीं। एक तीसरा रूप भी है। उसका नाम है क्रियमाण। क्रियमाण कर्म उसको कहते हैं जो हम इस जन्म में कर रहे हैं। जो हम कर रहे हैं—वह क्रियमाण कर्म है। भारतीय कर्म सिद्धांत मुसलमानों का मुकद्दर या किस्मत नहीं है। ईसाइयों की डेस्टिनी या 'लक' नहीं है। हमारा प्रारब्ध उन्हीं अभुक्त कर्मों का समन्वित फल है, जिन्हें कभी हमने किया था। किसी जन्म के क्रियमाण कर्म या कई जन्मों के क्रियमाण कर्म ही आज हमारा प्रारब्ध बन गये हैं। इसलिए क्रियमाण कर्म बहुत महत्त्वपूर्ण हैं। मेरी दृष्टि में संचित और प्रारब्ध से कहीं अधिक महत्त्वपूर्ण है—क्रियमाण कर्म। क्योंकि क्रियमाण कर्म हमारे हाथ में हैं। उस क्रियमाण कर्म में हम कहाँ तक स्वतंत्र हैं इस बात पर भी विचार करें। क्या हम इस संसार में सर्वतंत्र स्वतंत्र हैं? नहीं। यह बोलना झूठ होगा। ऐसा बोलना अहंकार होगा।

'कर्त्तुम् अकर्त्तुम् अन्यथा कर्तुं समर्थ'—तो केवल परमात्मा है। कर्त्तुम् माने करने में, अकर्त्तुम् माने नहीं करने में, अन्यथा कर्त्तुम् माने दूसरे ढंग से करने में समर्थ तो केवल परमात्मा है। जीव भी कर्म करने में एक सीमा तक स्वतंत्र है—हम जब यह कहते हैं तो प्रश्न उठता है कि वह किस मात्रा में स्वतंत्र है।

प्रारब्ध ने हमारी स्वतंत्रता को एक बड़ी सीमा तक सीमित किया है। जिस देश में, जिस कुल में हम पैदा हुए उसकी एक वैचारिक स्थिति है, बौद्धिक स्थिति है। उसकी एक आर्थिक स्थिति है, एक सामाजिक स्थिति है। उन तमाम स्थितियों के कारण हमारा कर्म

सीमित होता है। फिर भी क्यों ईशोपनिषद् ने कहा है कि आप कर्म करें ही? यह बात समझ में आनी चाहिए कि चौरासी लाख योनियाँ हैं इनमें तिरासी लाख निन्यानबे हजार नौ सौ निन्यानबे योनियाँ केवल भोग योनियाँ हैं। हम क्यों कहते हैं कि मनुष्य जन्म सबसे बड़ा है?

न मानुषाच्छ्रेष्ठतरं हि किंचित्

मनुष्य से बड़ा कुछ नहीं है यानी मनुष्य से बड़ी और कोई योनि नहीं है, क्यों नहीं है? **'सबार ऊपरे मानुष सत्य'** क्यों कहते हैं? इसलिए कहते हैं कि तिरासी लाख निन्यानबे हजार नौ सौ निन्यानबे योनियाँ भोग योनियाँ हैं। केवल मनुष्य योनि कर्म योनि और भोग योनि दोनों हैं। इस बात का मतलब समझिए। हम लोग जितने जीव-जन्तु इस संसार में देखते हैं, पशु-पक्षी, पौधे, तमाम जलचर, स्थलचर, नभचर, जीव यहाँ तक कि स्वर्ग के देवता भी और नरक के जीव भी, भूत, प्रेत, पिशाच आदि ये सब की सब भोग योनियाँ हैं। सब अपने किये हुए कर्मों का अच्छा बुरा फल भोग रही हैं। एक योनि में अपने किए हुए का अच्छा बुरा फल भोग लेने के बाद फिर उनको दूसरी योनि में जन्म लेना पड़ेगा। फिर उनको दूसरा जन्म लेना पड़ेगा। कभी करुणा करके प्रभु उनको मनुष्य जन्म देते हैं। मनुष्य योनि एकमात्र ऐसी योनि है जो एक ही साथ कर्मयोनि भी है और भोग योनि भी है। अगर यह केवल भोग योनि होती तब तो हम पूर्णतः प्रारब्ध के अधीन होते और परतंत्र होते। चूँकि यह कर्म योनि भी है, इसलिए एक सीमा तक हम प्रारब्ध के अधीन होते हुए भी एक सीमा तक स्वतंत्र हैं। स्वर्ग में जाने वाले लोग भी परतंत्र ही हैं। स्वर्ग क्या है? एक तरह का फाइव स्टार होटल है। जितना पुण्य रूपी रुपया आपने ज़मा करा दिया उसके अनुसार उतने दिनों तक मौज-मजा कर लीजिए और उसके बाद जब रुपया खत्म हो गया यानी अच्छे कर्मों का पुण्य समाप्त हो गया तो गलधक्का। चले आइये संसार में। फिर मनुष्य होकर पैदा होइये और फिर आपको मोक्ष प्राप्त करना है तो उसकी साधना कीजिये। इसीलिए मानव शरीर को **'साधन धाम मोच्छ कर द्वारा'** कहा गया है। इसीलिए कहा गया है कि **'नर तन सम नहि कवनिहुँ देही'**।

मनुष्य शरीर के समान कोई दूसरा शरीर नहीं है। क्योंकि मनुष्य शरीर एक ही साथ कर्म योनि और भोग योनि दोनों है। दस हजार साल पहले बन्दर जैसे रहते थे आज भी वैसे ही हैं। सिंह, भालू, बाघ, कोयल, चीता, मैना, तोता, कौआ, दस हजार साल पहले जैसे थे आज भी करीब करीब वैसे ही हैं। किन्तु दस हजार साल पहले मनुष्य जैसे रहता था, आज वैसे ही नहीं रहता। क्यों नहीं रहता? क्योंकि मनुष्य योनि कर्म योनि है। कर्म करते हुए उसने निरन्तर अपने को बदला और सुधारा है। निरन्तर बदलाव और सुधार करने का उसका जो अधिकार है, वह एक सीमा के भीतर है। वह सीमा उसके प्रारब्ध की भी है, उसके पूर्व जन्मों की भी है। वह उनके भोग, भोग रहा है किन्तु कर्मयोनि के कारण कर्म करने में एक सीमा तक वह स्वतंत्र भी है। विचार करना चाहिए कि व्यवहार में मनुष्य कितना स्वतंत्र, कितना परतंत्र है? अच्छा देखिये ताश खेलते समय कोटपीस हो या ब्रिज, चार आदमियों में पत्ते बाँटे जाते हैं—पत्ते बँट गए। तेरह-तेरह पत्ते जो आपको मिले, वे आपके चुनाव के पत्ते नहीं हैं। वे आपको मिले हुए पत्ते हैं। पत्तों को प्राप्त करने के लिए आपने ज्ञात रूप से कुछ नहीं किया फिर भी साधारण पत्ते लेकर भी आप अगर अच्छे ढंग से खेलें तो जीत जाएँगे। यह

आपका कर्म स्वातंत्र्य है। कभी आपने नाटक किया है? नाटक में सारी बातें तो निर्धारित हैं। नाटककार ने लिख दिया नाटक। लेकिन नाटककार ने जो लिखा है, क्या वही नाटक हम लोग देखते हैं? नाटककार का नाटक ही क्या अन्तिम है? जो लोग भी नाटक से सम्बन्ध रखते हैं वे जानते हैं कि नाटक केवल नाटककार का नहीं होता। नाटक निर्देशक का भी होता है। नाटक अभिनेता का भी होता है। नाटक जब अभिनीत होकर दर्शक के द्वारा देखा जाता है तभी वह सफल या असफल होता है। नाटक एक सीमा तक पूर्व निर्धारित है। नाटक की भूमिकाएँ प्रदत्त हैं। हो सकता है कि हमको नायक की भूमिका न मिली हो। हमको खलनायक की भूमिका मिली हो। हो सकता है कि हमको अच्छी भूमिका न मिली हो, हमको बुरी भूमिका मिली हो। हो सकता है कि मुख्य भूमिका न मिली हो, हमको गौण भूमिका मिली हो, लेकिन जैसी भूमिका हमको मिली है, उसका अभिनय अगर हमने अच्छी तरह से किया तो हमको स्वर्ण-पदक मिल सकता है।

एक बार विद्यासागर नाटक देखने गए। उसमें एक अभिनेता बुरी भूमिका निभा रहा था, लेकिन उसने बुरे आदमी का अभिनय इतनी अच्छी तरह से किया कि विद्यासागर भूल गए कि वे नाटक देख रहे हैं। उन्होंने उसको चप्पल मार दी। उस अभिनेता ने अपने जीवन का सबसे बड़ा पुरस्कार विद्यासागर की मारी हुई चप्पल को माना। मैं यही बताना चाह रहा हूँ कि नाटक दिया हुआ है, नाटक की भूमिकाएँ दी हुई हैं। किन्तु उन भूमिकाओं में अच्छा अभिनय करना हमारे वश में है। उन भूमिकाओं में अच्छा अभिनय करके पुरस्कार पाना हमारे अपने हाथ में है। अच्छी भूमिका को बुरे ढंग से करके हास्यास्पद हो जाना भी हमारे ही हाथ में है। कर्म का स्वातंत्र्य प्रारब्ध के द्वारा सीमित होने पर भी बना हुआ है। हम कर्म करने में स्वतंत्र हैं, फल भोगने में परतंत्र हैं। यह कर्म स्वातंत्र्य हमको इस बात की प्रेरणा देता है कि हम कर्म करने से पहले विवेक से उसकी पद्धति चुनें। उस विवेक के कारण चुनाव में जितनी उत्कृष्टता होगी, हमारा कर्म उतना ही उत्कृष्ट होता जाएगा। यह मनुष्य योनि कर्म योनि है। इसी का यह निश्चित अर्थ है कि हम कर्म करने में एक सीमा तक स्वतंत्र हैं। लेकिन यह मनुष्य योनि भोग योनि भी है। इसीलिए हम एक सीमा तक प्रारब्ध के द्वारा बँधे हुए भी हैं। लेकिन जो लोग निरे प्रारब्धवादी हैं, वे भारतीय संस्कृति के कर्म-सिद्धांत को पूरी तरह नहीं जानते हैं। प्रारब्ध-दैव केवल पाँचवाँ हिस्सा है किसी कर्म प्रचेष्टा का। गीता में भगवान ने कहा है—

अधिष्ठानं तथा कर्त्ता करणं च पृथग्विधम्।
विविधाश्च पृथक् चेष्टा दैवं चैवात्र पंचमम्॥ *(गीता १८/१४)*

कोई बड़ा काम, छोटा काम, साधारण काम, असाधारण काम, अच्छा काम, बुरा काम पाँच बातों से होता है। अधिष्ठानं—अर्थात् काम के लिए चुना गया स्थान। आपने काम करने के लिए अधिष्ठान कैसा चुना है? आप कैसे कर्त्ता हैं? मतलब कि आप सत्त्वगुणी कर्त्ता हैं कि रजोगुणी या तमोगुणी। आपने क़र्म के कैसे साधन चुने हैं, कैसी चेष्टा की है। इन चार बातों में आप स्वतंत्र हैं। दैव प्रारब्ध तो कर्म का कुल पाँचवाँ हिस्सा है। जब ईशावास्य उपनिषद् कहता है कि मनुष्य काम करते-करते हुए ही जिए तो उसका यह अभिप्राय है कि मनुष्य काम किये

बिना नहीं रह सकता। काम किये बिना क्यों नहीं रह सकता? क्योंकि उसकी आन्तरिक निर्मिति ऐसी है कि वह काम किये बिना नहीं रह सकता। आन्तरिक निर्मिति का मतलब हमारी बनावट ही ऐसी है? हमारी बनावट प्रकृति और पुरुष दो तत्त्वों से है। जो लोग अद्वैतवादी हैं वे तो प्रकृति को माया कह देंगे। लेकिन हमारे शरीर की निर्मिति उसी से हुई है। पुरुष अर्थात हमारा जो जीवात्मा है, (चाहे वह परमात्मा ही हो, अद्वैतवादियों की दृष्टि में या विशिष्टाद्वैतवादियों की दृष्टि में उनका अंश हो)। वह तो शुद्ध, बुद्ध सच्चिदानन्द तत्त्व है, उसको तो कर्म स्पर्श नहीं करते। लेकिन इस जीवात्मा को धारण करने वाला यह जो शरीर है जिसके द्वारा जीवात्मा काम करवाता है वह प्रकृति द्वारा निर्मित है। काम करने के लिए हमारे पास दस बाहरी करण हैं और चार भीतरी करण हैं। करण यानी औजार तो कुल चौदह औजार जीवात्मा को परमात्मा ने दिये हैं। काम करने के लिए हमारी पाँच ज्ञानेन्द्रियाँ हैं जो बाहर की चीजों की सूचना भीतर ले जाती हैं। पाँच कर्मेन्द्रियाँ हैं जो भीतर के निर्णय को बाहर क्रियान्वित करती हैं। ये जो दस इन्द्रियाँ हैं, इनको कहते हैं—बाह्य करण। और जो भीतरी औजार हैं वे हैं मन, बुद्धि, चित्त और अहंकार। उसको कहते हैं अंत:करण। जीवात्मा का जो चैतन्य है, वह अंत:करण पर प्रतिबिम्बित होता है और वह उससे चेतन होकर काम करता है। लोहे के गोले को जब हम आग से तपाते हैं तो वह लाल-लाल होकर दहकने लगता है। लोहे का लक्षण दाहकता नहीं है। लोहे का लक्षण प्रकाश नहीं है। यह दाहकता, यह प्रकाश अग्नि का गुण है जो लोहे के गोले में आ गया है। और गोल-गोल दिखायी पड़ना, अग्नि का लक्षण नहीं है, गोल होना अग्नि का गुण नहीं है। यह जो अग्नि का रूप गोल-गोल दिखायी पड़ता है यह लोहे के गोले का धर्म है जो अग्नि में आ गया है। तो यह चेतना, यह सत्ता, यह प्रियता यह जो चैतन्य तत्त्व का लक्षण है जो हमारे अंत:करण में प्रतिबिम्बित हुआ है। हमारे शरीर की ही तरह हमारा अंत:करण प्रकृति का बना हुआ है। भगवान कहते हैं—

मयाध्यक्षेण प्रकृतिः सूयते सचराचरम्। *(गीता ९/१०)*

इस संसार में जो चराचर वस्तु है, वह प्रकृति की बनायी हुई है, मेरी अध्यक्षता में प्रकृति सारी सृष्टि की रचना करती है। प्रकृति त्रिगुणात्मिका है। वे तीनों गुण हैं सत्त्व, रज, तम। सृष्टि के सारे पदार्थ त्रिगुणात्मक हैं। हमारे ऋषियों ने सृष्टि को तीन बातों से चिह्नित किया, तीन बातों में सीमित कर दिया। प्रकाश, क्रिया और स्थिति। सृष्टि पर विचार कीजिये। विषय के रूप में शब्द, स्पर्श, रूप, रस, गंध और गुण के रूप में केवल तीन चीजें सारी सृष्टि में हैं—प्रकाश, क्रिया और स्थिति। प्रकाश का मतलब है ज्ञान, प्रकाश का मतलब है सुख। प्रकाश का मतलब है करुणा, दया, परदु:खकातरता। ये सारे गुण सत्त्व गुण के हैं। क्रिया का मतलब है हलचल। कोई कहीं स्थिर नहीं है। क्रिया का मतलब है प्रतिस्पर्धा। सामने वाले को परास्त कर दो, हरा दो इसे। क्रिया का मतलब है—लालसा। यह पाना है, वह पाना है। क्रिया का मतलब है राग-द्वेष, लालसा, यह निरन्तर कर्मठता, यह निरन्तर व्यस्तता, यह निरन्तर अधिकाधिक वस्तुओं को पाने की इच्छा—मनोनुकूल वस्तुओं को पाने की इच्छा, मन के प्रतिकूल पड़ने वाली वस्तुओं को त्यागने की इच्छा, वह दूर रहे हमसे—ये हमारे साथ जुड़े, यह राग-द्वेष, यह सब क्रिया का परिणाम है। स्थिति का मतलब है जड़ता, तम, आलस्य,

प्रमाद, अज्ञान, निद्रा—

किस-किस को याद कीजिए, किस-किस को रोइये।
आराम बड़ी चीज है, मुँह ढँक के सोइये॥

या

आज करे सो काल कर, काल करे सो परसों।
बक-बक मूरख क्या करता है, जीना है अभी बरसों॥

यह जो सारी की सारी आलस्य की प्रक्रिया है—यह जड़ता की प्रक्रिया है। जड़ता केवल स्थितिशून्यता ही नहीं है। जड़ता-अज्ञान, नासमझी है। जड़ता-कर्त्तव्य का विस्मरण है, जड़ता-आलस्य है। अब ये तीनों गुण हर एक में हैं। दुनिया में कोई व्यक्ति ऐसा नहीं है जो त्रिगुणात्मक न हो। हममें रजोगुण है। इसलिए हम अपनी अन्त: निर्मिति के कारण, जिससे हमारी बनावट हुई है अपनी उस बनावट के कारण बिना काम किए नहीं रह सकते। हाथ पर हाथ रखकर बैठ जायेंगे? बैठना भी काम है। सो जायेंगे। सोना भी काम है। जम्हाई लेना भी काम है। उसका भी फल हमको बाँधेगा। कर्म से कैसे बचेंगे? यह जो हमारी निर्मिति है, हमारी बनावट है, उस बनावट के ये जो अन्तर्भूत तीन तत्त्व हैं—सत्त्व, रज, तम इन तीनों गुणों से प्रेरित होकर मनुष्य काम करने के लिए बाध्य है। काम तो करना ही पड़ेगा और काम कैसे होता है? इस पर ध्यान दीजिए।

कर्म के लिए रजोगुण मूल प्रेरक है। रजो रागात्मकं बिद्धि, तृष्णा संग समुद्भवम्। रजोगुण रागात्मक है, तृष्णा, आसक्ति से उद्‌भूत है। राजसं चलमध्रुवम् चंचल अध्रुव रजोगुण के कारण हम छटपटा रहे हैं, हम परेशान हैं? सत्त्व गुण अगर प्रधान हो, रजोगुण उसका सहायक हो तो हम अच्छे काम करेंगे, हम परोपकार करेंगे, हम प्रवचन सुनने आयेंगे, सत्त्व गुण की प्रधानता से जब रजोगुण प्रेरित, अनुशासित होता है तब हम अच्छे काम करते हैं। जब मनुष्य तमोगुण से अनुशासित होकर काम करता है तो हिंसा करता है, मार-पीट करता है, गालियाँ देता है, क्रोध करता है, आलसी होता है, प्रमादी होता है, सोता ही रहता है। जब तमोगुण और सत्त्व गुण बराबर होते हैं और रजोगुण की प्रधानता होती है तो छटपटाता रहता है। यहाँ भागता है, वहाँ भागता है। इसको हरा दो, उसको जीत लो। मनुष्य इन तीन गुणों का पुतला है। इसलिए मनुष्य बिना काम किये रह नहीं सकता। काम करते रहने की विवशता का अनुभव करने वाला जो मनुष्य है, वह मनुष्य हाथ-पर-हाथ रखकर नहीं बैठ सकता। वह कैसे दी हुई स्थिति का सदुपयोग करे? कैसे दी हुई स्थिति का सदुपयोग करके वह उन्नत स्थिति में जाए—इसका विधान बार-बार किया गया है। हमारे पुरखों ने सारे कर्मों को कई श्रेणियों में बाँटा है। वह है नित्य कर्म, काम्य कर्म, निषिद्ध कर्म और प्रायश्चित्त कर्म। नित्य कर्म हमको अवश्यमेव करने चाहिए। नित्य कर्म करने का पुण्य नहीं होता। नित्य कर्म न करने का पाप होता है। नित्य कर्म पाँच यज्ञों पर निर्भर है पहला है ब्रह्म यज्ञ। ब्रह्म यज्ञ माने अच्छी, बुद्धि को शुद्ध करने वाली पुस्तकों का पढ़ना। श्रवण-मनन-निदिध्यासन आदि ये सब ब्रह्म यज्ञ हैं।

ब्राह्मण के लिए बताया गया कि उसे छहों अंगों के साथ चारों वेद अकारण अर्थात् बिना लोभ की प्रेरणा से पढ़ना चाहिए। स्वाध्याय और प्रवचन—ये भी ब्रह्म यज्ञ के अन्तर्गत हैं। देव यज्ञ माने प्रातः संध्या, सायं संध्या, मध्याह्न संध्या करना। देव यज्ञ यानी भगवान को प्रणाम करना, ठाकुर घर में जाकर बैठना, भगवान का कुछ भजन करना ये सब देव यज्ञ हैं। पितृ यज्ञ माता-पिता की सेवा करना, मरे हुए पितरों का श्राद्ध करना—यह पितृ यज्ञ है। भूत यज्ञ—संसार के समस्त प्राणियों के लिए हमारा कुछ दान होना चाहिए, कौवे के लिए भी, कुत्ते के लिए भी, पशु के लिए भी, पक्षी के लिए भी इसको बलिवैश्यदेव भी कहते हैं और नृयज्ञ अतिथि यज्ञ। जो अतिथि हमारे घर में आ गया उसकी अभ्यर्थना करनी चाहिए क्योंकि अतिथि देव सदृश है। अतिथिदेवो भव—ये पाँच यज्ञ नित्य कर्म हैं। नैमित्तिक कर्म हैं इसके बाद। नैमित्तिक कर्म किसको कहते हैं? किसी विशेष निमित्त के कारण किया गया कर्म। पुत्र पैदा हो गया तो उसका जात कर्म करना चाहिए। कोई बड़ा त्योहार आ गया—रामनवमी आ गयी, दुर्गाष्टमी आ गयी, शिवरात्रि आ गयी तो तदनुरूप पूजा करनी चाहिए ये नैमित्तिक कर्म हैं। अवश्य करने चाहिए। काम्य कर्म यानी जो हमारी इच्छा की पूर्ति के लिए किये गये कर्म हैं। यदि हम चाहें कि हमारा बेटा हो जाए, हमें नौकरी मिल जाए, हम परीक्षा में पास हो जाएँ तो, इसके लिए जो कर्म किया जाता है, वह है काम्य कर्म। निषिद्ध काम यानी जो कर्म नहीं करने चाहिए। जो पाप कर्म हैं, वे निषिद्ध कर्म हैं। चोरी करना, मिथ्या बोलना, व्यभिचार करना आदि। अगर निषिद्ध कर्म हो जाएँ तो उनके फल से बचने के लिए और उन्हें पुनः न करने के संकल्प को दृढ़ करने के लिए प्रायश्चित्त करना चाहिए। ये सारी बातें कर्म-सिद्धांत के अनुसार बतायी गयी हैं। लेकिन इस पूरे कर्म सिद्धांत के पीछे जो बड़ी प्रेरणा है, वह यह है कि हम अपने कर्म के द्वारा निरन्तर अग्रसर हो सकते हैं। भगवान् ने गीता में यह बात कही है—

न हि कल्याणकृत् कश्चिद् दुर्गतिं तात गच्छति। *(गीता ६/४०)*

जो मनुष्य कल्याण के कर्म करता है, जो अच्छे काम करता है, कभी उसको बुरी गति प्राप्त नहीं होती है। भगवान ने यह भी कहा है कि—

उद्धरेदात्मनात्मानं नात्मानमवसादयेत्।
आत्मैव ह्यात्मनो बन्धुरात्मैव रिपुरात्मनः॥ *(गीता ६/५)*

मनुष्य को अपने द्वारा अपना उद्धार करना चाहिए। उद्धरेत्-उद्धार करना चाहिए, ऊँचे उठना चाहिए। आत्मना आत्मानं—अपने को अपने द्वारा ही ऊपर उठाना चाहिए।

नात्मानं अवसादयेत—अपने को नीचे नहीं गिराना चाहिए। **आत्मैव ह्यात्मनो बन्धु आत्मैव रिपुरात्मनः**—अपना मन ही अपना सबसे बड़ा मित्र है, अपना मन ही अपना सबसे बड़ा शत्रु है—

बन्धुरात्मत्मनस्तस्य येनात्मैवात्मना जितः।
अनात्मनस्तु शत्रुत्वे वर्तेतात्मैव शत्रुवत्॥ *(गीता ६/६)*

जिसने अपने मन को जीत लिया है—उसका मन उसका सबसे बड़ा मित्र है। और जो मन के अधीन हो गया है, वह गाना है न...'**मन जो कहेगा, मानेंगे, दुनिया में हमारा मन**

ही तो है' तो वह गड्ढे में गिरेगा। मन तो बहिर्मुख है, मन तो इन्द्रियों द्वारा विषय में ही जाएगा। हम आँख से नहीं देखते। हम मन से आँख के द्वारा देखते हैं। हम कान से नहीं सुनते। हम कान के द्वारा मन से सुनते हैं। हम रसना से आस्वाद नहीं लेते। मन के द्वारा रसना से आस्वाद लेते हैं। हम कोई दिलचस्प उपन्यास पढ़ते हैं और माँ पुकारती रहे तो सुनाई पड़ता है? उपनिषदों में आया है कि एक कर्मकार था—लुहार। वह रथ का पहिया बना रहा था। गाजे-बाजे के साथ राजा की सवारी चली गयी, वह अपना पहिया बनाता रहा। दूसरे ने पूछा राजा की सवारी इधर से गयी? उसने कहा—भैया? मुझे तो नहीं मालूम। इसका मतलब यह हुआ कि मन का सहयोग न होने के कारण उसके कानों ने उस गाजे-बाजे को सुना ही नहीं।

मन इन्द्रियों के माध्यम से विषय की ओर जाता है। विषय यानी शब्द, स्पर्श, रस, रूप और गंध। विषंयान्ति इति विषया:—जो विष की ओर ले जाए वह है विषय। इन्द्रियाँ विषयों से आसक्त होकर मन को फँसाती हैं। आँख सुंदर रूप देखना चाहती है। जवान लड़के लड़कियों को देखना चाहेंगे। जवान लड़कियाँ लड़कों को देखना चाहेंगी और अगर वह आसक्ति बढ़ी तो अवैध कर्म करेंगे। पेट खराब है, रसना कहेगी, गोलगप्पा खायेंगे। सर्दी है लेकिन क्वालिटी की आइसक्रीम को ना कैसे करें। इन्द्रियों को केवल विषय दीखता है और विषय के पीछे जो बन्धन है वह नहीं दीखता। अच्छे कर्त्ता की प्रवृत्ति यह नहीं होनी चाहिए। केवल मन के द्वारा प्रेरित होकर काम नहीं करना चाहिए। बुद्धि के द्वारा, विवेक के द्वारा अनुशासित होकर काम करना चाहिए। विवेक के द्वारा अनुशासित कर्म से मनुष्य की उन्नति होगी।

उद्धरेदात्मनात्मानम् हम सब काम करने में स्वतंत्र हैं। हम सब अपना उद्धार स्वयं कर सकते हैं। हम सब पतन के गड्ढे में जा सकते हैं। कैसा काम करने से उद्धार होता है? कैसा काम करने से पतन होता है? इसका विवेक होना चाहिए। गीता के अट्ठारहवें अध्याय में बिल्कुल स्पष्ट कहा गया है—

यज्ञोदानं तप: कर्म: न त्याज्यं कार्यमेव तत्। *(गीता १८/५)*

यज्ञ, दान, तप ये मनीषियों को भी पवित्र करने वाले कर्म हैं। ये यज्ञ, दान, तप हम निरन्तर करते रहें। यज्ञ, दान, तप—पुरानी शब्दावली के नये अर्थ दिये हैं। गीता में विनोबा भावे ने कहा है कि गीता अहिंसात्मक वैचारिक क्रांति करती है। यज्ञ का क्या अर्थ था? इसका अर्थ था सामूहिक रूप से प्रयास करके वेदी बनाओ, उसमें अग्नि प्रज्वलित करो, उसमें आहुति दो—

इदं इन्द्राय. इदं न मम, इदं इन्द्राय स्वाहा।
इदं अग्नये, इदं न मम, इदं अग्नये स्वाहा॥

अग्नि के लिए इन्द्र के लिए, वरुण के लिए देवताओं के लिए हम आहुति दें। यह यज्ञ था। गीता में चौबीस प्रकार के यज्ञ वर्णित हैं। श्रीकृष्ण ने कहा कि यह जो द्रव्य-यज्ञ है, यह तो सबसे स्थूल यज्ञ है। गीता में सबसे सूक्ष्म यज्ञ ज्ञान-यज्ञ को कहा है। याद रखिये जब हम सामूहिक प्रयास करके सामूहिक मंगल की साधना करते हैं तो यज्ञ होता है। आज भी जब हम

सामूहिक प्रयास करके सामूहिक मंगल के लिए अपनी शक्ति का उपयोग करते हैं तब यज्ञ करते हैं। पुस्तकालय चला रहे हैं—यज्ञ कर रहे हैं। विद्यालय चला रहे हैं—यज्ञ कर रहे हैं। सामूहिक मंगल के लिए सामूहिक प्रयास में अंश ग्रहण करना यज्ञ है। न्यायोपार्जित द्रव्य को योग्य व्यक्ति को देना—यह दान है। ध्यान दीजिए—

यद्ददासि विंशिष्टेभ्यो यच्चाश्नासि दिने दिने।
तत्ते वित्तमहं मन्ये शेषं कस्यापि रक्षसि॥

जो धन तुम किसी अच्छे काम के लिए किसी अच्छे व्यक्ति को दे देते हो वही तुम्हारा धन था। तुमने उसका सही उपयोग किया। भगवान की कृपा से तुमको अनन्त रूप में उसका फल मिलेगा। हाँ जिस धन का तुम अपने लिए उपयोग कर लेते हो वह भी तुम्हारा धन है, पर उसका उपयोग मध्यम कोटि का है। शेष धन तो किसी और का है। तुम उसके रखवाले भर हो। अपने धन को जीवन रहते अच्छे काम में लगाओ, जीवन रहते अच्छी तरह से जीवन जिओ—

मीत न नीति गलीत ह्वै जौ रखिए धन जोरि।
खाए, खरचै जो जुरै तो जोरिए करोरि॥

मित्र! यह नीति नहीं है कि गलित होकर आप करोड़ों रुपये इकट्ठा करें।

तोको न भुनैहौं, तोरा भैया और मिलैहौं।—चमड़ी जाए तो जाए मगर दमड़ी न जाए—यह नीति की बात नहीं है। आपका धन वही है जो आपने दान में दे दिया। आपका धन वही है जो आपने अच्छी तरह से जीवन जीने के लिए भोजन, वस्त्र, आच्छादन में खर्च किया। बाकी का धन कहने के लिए आपका है लेकिन, वास्तव में वह किसी और का है। यज्ञ, दान, तप। तप क्या है? जंगल में जाकर रहना तप नहीं है। किसी बड़े लक्ष्य को सामने रखकर जब कोई लगातार सतत परिश्रम करता है, तब वह तप करता है। किसी बड़े लक्ष्य की पूर्ति के लिए किया गया सतत परिश्रम ही तप है। गीता में तीन अद्‌भुत तप बताए हैं—एक शारीरिक तप है, एक वाचिक तप है, एक मानसिक तप है। गीता में बताया गया है—

देवद्विजगुरुप्राज्ञपूजनं शौचमार्जवम्।
ब्रह्मचर्यमहिंसा च शारीरं तप उच्यते॥ *(गीता १७/१४)*

देवता, द्विज, गुरु, विद्वान को नमन करना चाहिए, इनकी सेवा करनी चाहिए। इनके सामने सिर झुकाना चाहिए इससे आपकी श्रद्धा बढ़ेगी। गुण का विकास होगा। गुण को सम्मान देने से गुण का विकास होता है। आजकल का सारा समाज धन को सम्मान देता है इसलिए गलत नीति से लोग धन कमाते हैं। अत: गुण संकुचित हो रहे हैं। अच्छे लोग कुंठित हो रहे हैं।

बाहरी और भीतरी शुचिता होनी चाहिए, सरलता होनी चाहिए, ब्रह्मचर्य होना चाहिए, अहिंसा होनी चाहिए—ये सब शारीरिक तप हैं।

वाणी का तप कितना बढ़िया बताया है—

अनुद्वेगकरं वाक्यं, सत्यं प्रिय हितं च यत्।
स्वाध्यायाभ्यसनं चैव वाङ्मयं तप उच्यते॥

वाणी का तप—ऐसी बातं बोलें, जिससे किसी को उद्वेग न पहुँचे अनुद्वेगकरं वाक्यं सत्यं—सच बोलें प्रिय बोलें। लोगों के लिए हितकर बोलें। जो बोलें स्वाध्याय करके, बड़ी कृतियों का अध्ययन करके बोलें। स्वाध्याय का, अच्छी बात बोलने का अभ्यास करें—यह वाणी का तप है—

मनः प्रसादः सौम्यत्वं मौनमात्मविनिग्रहः॥
भावसंशुद्धिरित्येत्तपो मानसमुच्यते॥

हमारा भाव शुद्ध हो, किसी के लिए दुर्भाव न हो। मन कभी विषण्ण नहीं होना चाहिए। जय हो, पराजय हो, अनुकूलता हो, प्रतिकूलता हो, मानसिक प्रसन्नता बनी रहे। तब सौम्यता आएगी। कर्कशता, उग्रता, कठोरता नहीं आएगी। मौनं—मुनि की तरह मननशील होंगे। मौन माने चुप रहना नहीं है। मुँह से चुप हैं और भीतर-भीतर गाली दिए जा रहे हैं—यह मौन नहीं है। मुनेःभावः मौनम्-मुनि का भाव हो मुनि का भाव अर्थात् मननशीलता। चुप रहकर हम किसी बड़े सिद्धांत का मनन कर रहे हैं यह मौन है। आत्म निग्रहः—अपने मन के ऊपर नियंत्रण, भाव संशुद्धि—भाव में भी किसी का अहित नहीं चाहें। गीता कहती है कि अगर आप अपने को ऊपर उठाना चाहते हैं, अगर अपना उद्धार करना चाहते हैं तो यज्ञ करें, दान दें, तप करें। लेकिन ये ही सारी बातें कर्मयोग नहीं हैं। यह मनुष्य के उन्नयन का रास्ता तो है अच्छे कर्म का रास्ता तो है लेकिन इन सबमें कर्तृत्व का बोध होता है इसलिए भोक्तृत्व भी होगा और हम जब तक कर्ता और भोक्ता बने रहेंगे तब तक हम बन्धन में बँधे रहेंगे। ये सारे अच्छे से अच्छे कर्म यज्ञ भी, दान भी, तप भी हमको लिप्त होंगे। कैसे काम करें कि काम लिप्त ही न हो? उपनिषत्कार की यह वाणी '**न कर्म लिप्यते नरे**' कैसे हमारे लिए सत्य सिद्ध हो.........इसकी विवेचना अगले प्रवचन में की जायेगी।

□□

प्रवचन क्रम—६

अपने पिछले प्रवचन में मैंने यह बताया था कि साधारण तौर पर साधारण लोग छोटी-छोटी लौकिक प्रेरणाओं के आधार पर काम करते हैं। अधिकांश लोग तो रुपया कमाने के लिए काम करते हैं—**अर्थार्थ प्रवर्तते लोकः**—मनुष्य रुपया कमाने के लिए प्रवर्तित होता है, काम करता है। रुपया कमा लो क्योंकि रुपये से सारी सुविधाएँ मिलेंगी। यह दृष्टि ईशावास्योपनिषद् के प्रथम मंत्र के चतुर्थ चरण से कट जाती है। उसमें बिलकुल स्पष्ट कहा गया है—**मा गृधः कस्यस्विद्धनम्**। गिद्ध की तरह लोभ मत करो। धन किसका है? यानी किसी का नहीं। यानी आपका भी नहीं है। यानी धन कमाने के लिए ही कर्म करना, यह कोई बुद्धिमानी की बात नहीं है। धन कमाने की प्रेरणा एक सीमा के बाद हानिकर हो जाती है और इस चतुर्थ चरण में उस सीमा का निर्देश कर दिया गया है। **मा गृधः**—लोभ मत करो। सहज रूप से जो आपको प्राप्त हो, उससे आप अपना निर्वाह करें। यह बात बिलकुल साफ है कि हमारा आध्यात्मिक चिन्तन भी दरिद्रता से समझौता नहीं करता लेकिन प्रचुरता के पीछे भागता भी नहीं। उसका निर्देश है कि बिना लोभ के '**यथालाभ संतोष सदा, काहू सो कछू न चहौंगो**'—इस वृत्ति से काम करो। तो केवल धन कमाने की प्रेरणा से जो काम करते हैं, उनकी प्रेरणा खंडित हो गयी। उनसे जो ऊपर के लोग हैं, वे भोग के लिए काम करते हैं। **कुर्वते कर्म भोगाय**—भोग विलास के लिए, बहुत सुख मिले, अनेक प्रकार के सुन्दर साधन हों, बढ़िया भवन हो, बढ़िया विलास की सामग्री हो, विलास के उपकरण हों। भोग-विलास में चरितार्थता का अनुभव करने वाले लोग अर्थ से एक सीढ़ी ऊपर काम पुरुषार्थ की तृप्ति के लिए अपना काम करते हैं। ईशावास्योपनिषद् के पहले मंत्र के तीसरे चरण में इसका भी निषेध हो जाता है। उसमें बिल्कुल स्पष्ट कहा गया है, **तेन त्यक्तेन भुंजीथाः**—भगवान ने प्रसाद के रूप में जो तुमको दिया, उसी का तुम उपभोग करो। धर्म बुद्धि से भोग करो, विलास-बुद्धि से मत करो। फिर थोड़े से लोग यश के लिए, लोकैषणा के लिए, नाम के लिए काम करते हैं। पहले मंत्र के पहले ही कथन में नाम रूप को मिथ्या बता दिया गया '**ईशावास्यमिदं सर्वं यत्किंच जगत्यां जगत्**—तो आपका नाम रूप तो मिथ्या है भाई। किसको आप यश देंगे? तीनों स्थूल प्रेरणाएँ जब निरस्त हो जाती हैं तो आदमी क्यों काम करे? यह प्रश्न जागता है। और तीनों स्थूल प्रेरणाओं के बाद अगर कोई काम न करना चाहे, तो क्या यह शास्त्र को अभीष्ट है। शास्त्र को निकम्मापन अभीष्ट नहीं है। औरों की बात जाने दीजिए। शंकराचार्य ने कहा है कि जो निरुद्यमी है, जो उद्यम नहीं करता, वह जीवन् मृत है। इसलिए जीवन् मृत बनाने के लिए प्रथम मंत्र नहीं है। बड़ा काम छोटी प्रेरणा से नहीं होता। पंतजी की उक्ति याद आ गयी—

उच्च उड़ान नहीं भर सकते, तुच्छ बाहरी चमकीले पर।
महत् कर्म के लिए चाहिए, महत् प्रेरणा बल भी भीतर॥

उपनिषत्कार की दृष्टि में अर्थ उपार्जन करना, भोग विलास करना, यश फैला लेना—ये तीनों अपेक्षाकृत छोटी प्रेरणाएँ हैं। इन छोटी प्रेरणाओं से छोटे काम तो हो सकते हैं। उपनिषद् काम करने की जो प्रेरणा देना चाहता है, वह प्रेरणा इन छोटी प्रेरणाओं में निहित नहीं है। मैंने अपने पिछले प्रवचन में बताया था कि कैसे क्रियमाण कर्म, प्रारब्ध कर्म और संचित कर्म हमको बाँधते हैं। उस बंधन को स्वीकार कर लेने के बाद हम जन्म-मरण के चक्र में फँसे रहते हैं।

लोकोऽयं कर्म बन्धनः इस संसार के लिए काम करेंगे तो आप बन्धन में फँसेंगे। उपनिषद् यह नहीं स्वीकार करते कि कर्म बाँधते ही हैं। अन्यत्र कहा गया है—**कर्मणा बद्ध्यते जन्तुः विद्यया तु विमुच्यते**—कर्म से मनुष्य बँधता है, विद्या से विमुक्त होता है। ईशावास्योपनिषद् को यह स्वीकार नहीं है। ईशावास्योपनिषद् डंके की चोट पर कहता है—

कुर्वन्नेवेह कर्माणि जिजीविषेच्छतं समाः

काम करते-करते हुए ही तुम सौ बरस जीने की इच्छा करो। एवं त्वयि—इसी प्रकार तुझे। किस प्रकार? आज इसकी चर्चा करूँगा। एवं त्वयि—इसी प्रकार तुझे।। नान्यथेतोऽस्ति किसी दूसरे प्रकार से नहीं। **न कर्म लिप्यते नरे**—कर्म मनुष्य को लिप्त नहीं होते। बिल्कुल स्पष्ट घोषणा है। इसमें कोई मिली जुली बात नहीं है। **न कर्म लिप्यते नरे**—कर्म मनुष्य को लिप्त नहीं होते। अगर कर्म मनुष्य को लिप्त नहीं होते तो क्या चीज लिप्त होती है? कर्म बाँधता किस शक्ति से है? और क्या करें जिससे हम कर्म करते रहें और कर्म हमको लिप्त न, हों? यह जो जिज्ञासा है, इसी जिज्ञासा के उत्तर के लिए यह दूसरा मंत्र है। दूसरे मंत्र में पहली बात तो बिल्कुल स्पष्ट है कि काम करते ही रहना चाहिए। सौ बरस तक काम करना चाहिए। काम करने के पीछे कुछ उद्देश्य होता है। कोई ऐश्वर्य प्राप्त करना चाहता है, कोई अनुकूल परिवर्तन करना चाहता है, वह सब का सब कर्म द्वारा ही संभव है। लेकिन यह कर्म किस प्रकार किया जाए, इसके ऊपर और गहरा विचार करना आवश्यक है। यह मंत्र इसी गहरे विचार को आमंत्रित करता है। अब तक कर्म की जो चर्चा हुई और साधारण तौर पर दुनिया के लोग कर्म को जिस प्रकार समझते और उसको करते हैं, वह सारा का सारा प्रकरण प्रेय का प्रकरण है। उपनिषद् का प्रकरण श्रेय का प्रकरण है। इन दोनों को थोड़ा समझना चाहिए। कठोपनिषद् में एक बहुत बढ़िया मंत्र है—

श्रेयश्च प्रेयश्च मनुष्यमेतस्तौ संपरीत्य विवनक्ति धीरः।
श्रेयो हि धीरोऽभि प्रेयसो वृणीते प्रेयो मन्दो योगक्षेमाद् वृणीते॥

(कठोपनिषद् २/२)

हर आदमी के जीवन में प्रेय भी आता है और श्रेय भी आता है। प्रेय और श्रेय दोनों जीवन में मनुष्य के सामने आते हैं जो धीर पुरुष हैं, जो ज्ञानी पुरुष हैं, वे उन दोनों को अलग-अलग करते हैं। उन दोनों का अलग-अलग विवेचन करते हैं। धीर पुरुष की बहुत अच्छी व्याख्या कालिदास ने दी है—

विकारहेतौ सति विक्रियन्ते येषां न चेतांसि त एव धीराः।

विकार के हेतुओं के बने रहने पर भी, जीवन में बिगाड़ने के बहुत से प्रलोभन सामने रहने पर भी जिनकी चेतना विकृत नहीं होती वे ही धीर हैं। विकार के हेतु हैं। प्रलोभन एक-से-एक बढ़कर हैं। कामभोग के प्रलोभन हैं। अर्थ-संग्रह के प्रलोभन हैं। यश-प्राप्ति के प्रलोभन हैं। यदि इन प्रलोभनों में पड़कर हम अपने कर्तव्य कर्म को, अपने जीवन लक्ष्य को भूल जाएँ तो हम अधीर हैं। धीर पुरुष वे हैं, ज्ञानी पुरुष वे हैं जो विकार के हेतुओं के बने रहने पर भी अपनी चेतना को विकृत नहीं होने देते। चेतना विकृत न होकर क्या चाहेगी? श्रेय चाहेगी कि प्रेय चाहेगी? श्रेय और प्रेय को थोड़ा-सा और समझना चाहिए। जिन लोंगों ने कठोपनिषद् का अध्ययन किया है, उसका अनुशीलन किया है उनको ज्ञात होगा कि नचिकेता जब यमराज के पास गया और उन्होंने उसे तीन वर दिए, तो तीसरा वर नचिकेता ने आत्मा के सम्बन्ध में पूछा था कि मरने के बाद आत्मा का क्या होता है? उस आत्म तत्त्व को कैसे जाना जा सकता है? उस आत्म तत्त्व को जानने से क्या होता है? आत्म तत्त्व का ज्ञान प्राप्त करने की वृत्ति श्रेय की वृत्ति है, कल्याण की वृत्ति है, मंगल की वृत्ति है। यमराज ने श्रेय का उपदेश देने के पहले नचिकेता की बड़ी कठोर परीक्षा ली थी। उसके सामने अत्यन्त सुन्दरी स्त्रियाँ उपस्थित कर दी थीं। त्रिभुवन का ऐश्वर्य सुलभ कर दिया था। दीर्घायु देनी चाही थी। भोग-विलास के समस्त उपकरण प्रदान करने चाहे थे। उन्होंने कह दिया था जैसा आज तक किसी ने नहीं भोगा, वैसा उपभोग तुमको मिलेगा। लेकिन बालक नचिकेता विचलित नहीं हुआ। वह धीर था। विकार के हेतुओं के रहने पर भी उसने अपने ही प्रश्न पर अडिग रहकर बार-बार प्रार्थना की कि आप जैसा गुरु किसको सुलभ होगा? आप मुझे आत्म तत्त्व का उपदेश दीजिए। तब यह मंत्र यमराज ने कहा था कि श्रेय और प्रेय जीवन के मोड़ पर हर एक के सामने आते हैं। जो धीर पुरुष हैं, वे उसको अलग-अलग करते हैं, विवेचित करते हैं। जो धीर पुरुष नहीं हैं, जो लोभी हैं, जिनकी बुद्धि ऊँची भूमिका पर नहीं पहुँच पाती, वे प्रेय का वरण करते हैं योग-क्षेम के लिए। योग-क्षेम माने? अप्राप्त की प्राप्ति-योग है और प्राप्ति का संरक्षण—क्षेम है। हमको दुनिया की अच्छी से अच्छी वस्तु मिल जाये यह योग है और जो हमको मिला है, सुरक्षित रहे—यह क्षेम है। योग क्षेम की दृष्टि से प्रेय की ओर जाने वाले लोग उपनिषत्कार के अनुसार मन्द बुद्धि लोग हैं। अन्यत्र मनुसंहिता में आया है।

इस पृथ्वी में जितना धन-धान्य है, जितना स्वर्ण है, जितनी स्त्रियाँ हैं, जितने पशु हैं—वे सब भी मिल जाएँ तो किसी एक व्यक्ति की भी तृप्ति नहीं होगी। एक व्यक्ति को भी तृप्त करने में ये सब असमर्थ हैं। क्योंकि जिमि प्रतिलाभ लोभ अधिकाई—जैसे-जैसे लाभ होता है, वैसे-वैसे लोभ बढ़ता है और अतृप्ति बनी रहती है।

इतिमत्वा शमं व्रजेत्—इसको समझकर शम की ओर, कल्याण की ओर, शान्ति की ओर जाना चाहिए। तो जो योग क्षेम की माया में उलझ गया, वह मंद है और जो धीर पुरुष है वही श्रेय की प्राप्ति करता है। श्रेय में उसको परम कल्याण की, परमानन्द की, ब्रह्मानन्द की प्राप्ति हो जाती है।

यह जो ब्रह्मानन्द—सर्वोच्च अन्त: सुख है, इस श्रेयस् की प्राप्ति का जो रास्ता है, वह उपनिषत्कार बता रहा है। यह रास्ता पैसा कमाने का, भोग भोगने का, यश प्राप्त करने का

नहीं है। जो पैसा कमाने के लिए, भोग भोगने के लिए, यश प्राप्त करने के लिए काम करेगा, उसको कर्म बाँधेंगे। न कर्म लिप्यते नरे—कर्म लिप्त नहीं होते। फिर क्यों कर्म बाँधते हैं। कैसे कर्म लिप्त नहीं होते? इस बात को समझना चाहिए।

कर्म के तीन प्रधान लेप हैं। पहला लेप है—कर्तृत्व का अहंकार। मैं यह काम कर रहा हूँ। मैंने यह काम किया। दूसरा लेप है—जो काम मैंने किया, उसका फल मुझको मिलना चाहिए। तीसरा लेप है—किसी व्यक्ति के प्रति, वस्तु के प्रति, स्थिति के प्रति मेरे मन में आकर्षण है, राग है—वह मुझको सुलभ होना चाहिए। किसी व्यक्ति के प्रति, स्थिति के प्रति मेरे मन में द्वेष है, वह मेरे सामने नहीं आना चाहिए। लेकिन जब हम चाहते हैं कि हमारा प्रिय आये तब प्राय: वह नहीं आता। हम तो चाहते हैं कि हमारा अप्रिय नहीं आये पर वह अक्सर छाती पर मूँग दलता है। ये तीन प्रकार के लेप हैं—कर्तृत्व का लेप, फल की कामना का लेप और राग-द्वेष का लेप। कर्त्तृत्व-भोक्तृत्व ही संसार है। जो आदमी अपने को काम करने वाला मानेगा, उसको फल भोगना पड़ेगा। मैंने अच्छा काम किया तो मैं पुण्यात्मा हूँ। मैं सुखी होऊँगा। मैंने बुरा काम किया तो मैं पापी हूँ। मैं दु:खी होऊँगा। यह पुण्यात्मा पापी होना कर्त्तृत्व है, सुख-दु:ख भोगना—यह भोक्तृत्व है और फिर उसमें राग के कारण किये गये कर्म, द्वेष के कारण किसी को दु:ख पहुँचाने के लिए किये गये कर्म तो और भी जोर से बाँधते हैं। ये तीन लेप—ये तीन प्रकार के बन्धन हैं और इन तीनों प्रकार के बंधनों के कारण हम अपने कर्म के पाश में बँध जाते हैं। जब डंके की चोट पर ईशावास्योपनिषद् का कथन है कि **न कर्म लिप्यते नरे**—तो शंकालु के मन में होता है कि यह कथन सचमुच सच है या यों ही कहने के लिए कह दिया गया? यह सौ फीसदी सच बात है। इसका कोई प्रमाण है? हाँ है। सोचिये, ईश्वर कैसे कर्म करता है? ईश्वर कर्म करता है तो क्या वह बँधता है अपने कर्म से? और अगर ईश्वर कर्म से बँधता नहीं तो क्यों नहीं बँधता? हम अपनी दृष्टि को अपने मन में आस्था जमाने के लिए ईश्वरीय कर्म की ओर ले जायें। ईश्वर क्या करते हैं? ईश्वर कैसे कर्म करते हैं—इसको बहुत अच्छी तरह से गीता में बताया गया है। गीता में भगवान की एक उक्ति है—

यद्यदाचरति श्रेष्ठस्तत्तदेवेतरो जनः।
स यत्प्रमाणं कुरुते लोकस्तदनुवर्तते॥ *(गीता ३/२१)*

जैसा श्रेष्ठ व्यक्ति आचरण करता है वैसा ही दूसरे लोग, साधारण लोग करने की चेष्टा करते हैं। श्रेष्ठ पुरुष जिसको प्रमाणित करता है लोक उसका ही अनुवर्तन करता है। आज के श्रेष्ठ लोग कैसा आचरण करते हैं? बड़ी ग्लानि होती है, बड़ी पीड़ा होती है—हम किस देश में रह रहे हैं। गीता के देश में। जो श्रेष्ठ की मर्यादा को प्रमाणित करती है और कहती है कि लोग उसका अनुसरण करते हैं। आज जो तथाकथित श्रेष्ठ लोग ऊँची-से-ऊँची गद्दी पर बैठे हुए हैं—उनके आचरण से देश रसातल की ओर जा रहा है। ऐसे लोग श्रेष्ठ नहीं हैं। श्रेष्ठता का प्रतिमान पैसा नहीं है। श्रेष्ठता का प्रतिमान शक्ति नहीं है। श्रेष्ठता का प्रतिमान भोग-वृत्ति नहीं है। श्रेष्ठता का प्रतिमान अत्याचार करने की क्षमता नहीं है। अगर ऐसा होता तो रावण और कंस श्रेष्ठ हो जाते। रावण और कंस को हम लोगों ने कभी श्रेष्ठ नहीं माना। रावण और कंस निकृष्ट हैं और रावण और कंस की तरह जो व्यवहार करेगा, वह बँधेगा। हमारे यहाँ तो

सीधी-सीधी बात है—**रामादिवत् वर्तितव्यं न रावणादिवत्**—राम आदि की तरह व्यवहार करना चाहिए, रावण आदि की तरह नहीं। ये तुच्छ लोग हैं। श्रेय की ओर जो जाता है, उसका आचरण प्रमाण है। या लोक में भी रहता हुआ, प्रेय से भी प्रभावित होते हुए जितनी मात्रा में जो लोकहित की ओर जाता है उतनी मात्रा में उसका आचरण प्रमाण है। अगर बिलकुल श्रेय की ओर कोई नहीं जा सकता तो प्रेय की परिधि में रहते हुए भी जितना वह लोकहित पर बल देगा, उतनी मात्रा में उसका आचरण प्रमाण होगा। लेकिन इस समय हम लोग श्रेय की चर्चा कर रहे हैं। क्योंकि श्रेय के ही द्वारा कर्म-बन्धन से मुक्ति मिल सकती है। प्रेय की प्राप्ति से बन्धन ही बन्धन है। श्रेय की प्राप्ति के प्रयास में हम केवल कर्म की बात नहीं करते कर्मयोग की बात करते हैं। ज्ञान योग की बात करते हैं, भक्ति योग की बात करते हैं। गीता में बिलकुल स्पष्ट रूप से कहा गया है—

संन्यासः कर्मयोगश्च निःश्रेयसकरावुभौ॥

ज्ञान का रास्ता, कर्म संन्यास का रास्ता और कर्म योग का रास्ता दोनों श्रेयस्कर हैं। यहाँ चूँकि ज्ञान और कर्म की चर्चा थी इसलिए इन दोनों का कथन हुआ, लेकिन गीता में भक्ति योग का भी उल्लेख है। तो ज्ञान योग, कर्म योग, भक्ति योग ये तीनों निःश्रेयस के हेतु हैं। जो कर्म हमको नहीं बाँधता—**न कर्म लिप्यते नरे,** वह कर्म निःश्रेयस् की ओर ले जाने वाला कर्म होता है और निःश्रेयस् की ओर ले जाने वाले कर्म का आदर्श उदाहरण भगवान का आचरण है। भगवान ने बार-बार यह बात कही है—देखो, अर्जुन! साधारण तौर पर दुनिया में लोग काम करते हैं कुछ पाने के लिए। कुछ बदलने के लिए। पर मुझे तो कुछ भी पाना नहीं है, तब भी मैं कर्म अनवरत करता रहता हूँ। कर्म और धर्म का मौलिक अन्तर समझ लीजिए। कर्म क्या है? जिससे किसी वस्तु को शुद्ध किया जाय। पेड़ कटा हुआ था, तना था। उसको रंदा करके, पालिश करके टेबुल बना दिया। तो यह वस्तु का शोधन हुआ। सोने की खान से सोना निकला। वह दूसरे पदार्थों से मिला हुआ था, उसको शुद्ध करके अलग कर लिया। रुई से कपड़ा बना लिया। जिसमें व्यक्ति, वस्तु, स्थिति का परिवर्तन होता है, वह सब कर्म है। वस्तु शुद्धि कर्म है और चित्त शुद्धि धर्म है। जिस कर्म से हमारे चित्त में पवित्रता आती है वह धर्म है। कर्म ही धर्म हो जाता है जब उससे हमारा चित्त पवित्र होता है। लेकिन यह धर्म भी निःश्रेयस् की ओर नहीं जाता। धर्म भी उपभोग की ओर ले जाता है। जब हम यज्ञ करते हैं और राजसूय यज्ञ करके हम चक्रवर्ती सम्राट बनना चाहते हैं, जब हम पुत्रेष्टि यज्ञ करके पुत्र प्राप्त करना चाहते हैं, जब हम धर्म तो कर रहे हैं लेकिन सकाम धर्म कर रहे हैं। इसलिए वह हमको बाँधता ही है। फल प्राप्ति उन्नततर होगी धर्म से लेकिन वह भी बाँधेगी ही। उसमें चित्त शुद्धि जितनी मात्रा में होती है, उतना ही पुण्य है। लेकिन ज्ञान योग, भक्ति योग और कर्मयोग—ये मनुष्य को निःश्रेयस् की प्राप्ति कराने में समर्थ हैं। ये तीनों के तीनों कर्म को इस पद्धति से करते हैं कि कर्म का लेप नहीं होता। इसका सबसे बड़ा उदाहरण, सबसे बड़ा आदर्श भगवत् कार्य है। गीता में भगवान ने कहा है—

न मे पार्थास्ति कर्त्तव्यं, त्रिषु लोकेषु किंचन।
नानवाप्तमवाप्तव्यं वर्त एव च कर्मणि॥ *(गीता ३/२२)*

अर्जुन! आम तौर पर लोग कुछ पाने के लिए, कुछ बदलने के लिए काम करते हैं। मुझको कुछ पाना शेष नहीं है। भगवान को भी कुछ पाने की कामना है क्या? भगवान को कुछ पाना नहीं है। वे कहते हैं—मेरे लिए कोई कर्त्तव्य शेष नहीं है। कोई ऐसी चीज नहीं है जो मुझको प्राप्त न हो। तो भी मैं काम करता रहता हूँ। क्यों काम करता हूँ? इसलिए काम करता हूँ कि—

यदि ह्यहंन वर्तेयं जातु कर्मण्यतन्द्रितः।
मम वर्त्मानुवर्तन्ते मनुष्याः पार्थ सर्वशः॥

यदि मैं ही काम नहीं करूँगा तो मेरी देखा-देखी दुनिया के लोग काम नहीं करेंगे और दुनिया के लोग काम नहीं करेंगे तो वे नष्ट हो जायेंगे। सिर्फ प्रभु ही नहीं, प्रभु की विभूतियाँ भी काम करती हैं। अद्‌भुत मंत्र है चरैवेति सूक्त का—

चरन् वै मधुविन्दति चरन् स्वादुमुदुम्बरम्।
सूर्यस्य पश्यश्रेमाणं यो न तन्द्रयते चरन्॥

चरैवेति चरैवेति—चलते ही रहो, चलते ही रहो। काम करते ही रहो, काम करते ही रहो। आगे बढ़ते रहो। जो चलता रहता है, काम करता रहता है, उसको मधु की प्राप्ति होती है, अमृत की प्राप्ति होती है। उसको स्वादिष्ट उदुम्बर फल की प्राप्ति होती है और फिर उदाहरण देते हैं—

सूर्यश्य पश्य श्रेमाणं यो न तन्द्रयते चरन्।

सूर्य की इस श्रमयुक्त शोभा को देखो, जो कभी काम करते-करते आलस्य नहीं करता। सूर्यनारायण उदित होते हैं और सूर्यनारायण के उदित होने मात्र से सारा जगत् काम करने लगता है। वे किसी को बुला-बुलाकर, जगा-जगाकर काम करने की प्रेरणा नहीं देते। सूर्योदय होते ही, पक्षी चहचहाने लगते हैं, प्रकाश फैल जाता है और सारी दुनिया काम करने लगती है क्योंकि सूर्य नारायण काम कर रहे हैं। जो जिस तरह भगवान की विभूति सूर्यनारायण काम करते हैं, भगवान की विभूति वायु काम करती है, वर्षा काम करती है, पृथ्वी घूमती रहती है—वैसे ही भगवान भी काम करते रहते हैं और वे प्रेरणा देते रहते हैं कि हम आप निकम्मे न बनें। शास्त्र, को अकर्मण्यता बिल्कुल अभीष्ट नहीं है। काम करना चाहिए लेकिन कैसे काम करना चाहिए। भगवान् ने यह कहा कि अगर मैं काम नहीं करूँगा, तो सृष्टि के लोग काम नहीं करेंगे। सृष्टि बिगड़ जायेगी। उसका मैं हनन करने वाला बनूँगा। ऐसा न हो इसलिए मैं काम करता रहता हूँ। तो क्या प्रभु कर्त्ता हो जाते हैं, उन्हें कर्म का फल भोगना पड़ता है? नहीं, उन्होंने ही कहा है काम करते हुए भी मैं अकर्त्ता रहता हूँ। **तस्य कर्त्तारमपि मां विद्ध्यकर्त्तारमव्ययम्।**

इस सृष्टि का समस्त कार्य करते हुए भी मुझको अव्यय, अकर्त्ता ही समझो। अव्यय-जिसका कभी नाश नहीं होता। अकर्त्ता—प्रभु काम भी करते हैं और अकर्त्ता भी रहते हैं। प्रभु में कर्तृत्व का, कर्त्तापन का अहंकार नहीं है। वे सब कुछ करते हुए भी अकर्त्ता हैं। दूसरी बात उन्होंने क्या कही?

न मां कर्माणि लिम्पन्ति न मे कर्मफले स्पृहा।
इति मां योऽभिजानाति कर्मभिर्न स बद्धयते॥

मुझको कर्म लिप्त नहीं होते। क्यों लिप्त नहीं होते? क्योंकि कर्म के फल को प्राप्त करने की कोई स्पृहा मुझमें नहीं है। और इसके बाद तो और भी चमत्कारपूर्ण बात कह रहे हैं। जो मुझको इस तरह जान लेता है। अर्थात् प्रभु कैसे काम करते हैं जो इसको जान लेता है उसे भी कर्म नहीं बाँधते। प्रभु सब करते हुए अकर्त्ता रहते हैं। प्रभु सब काम करते हैं किन्तु किसी भी कार्य के फल की स्पृहा नहीं करते। प्रभु कैसे काम करते हैं?

समोऽहं सर्वभूतेषु न मे द्वेष्योऽस्ति न प्रियः।

प्रभु की यह तीसरी विशेषता है। स्वयं प्रभु कह रहे हैं।

मैं सब प्राणियों के प्रति समान हूँ। सब प्राणी मेरे लिए समान हैं। मेरा कोई द्वेष भाजन नहीं है, मेरे लिए कोई ऐसा नहीं है जिससे मैं द्वेष करूँ, कोई ऐसा नहीं है जो मुझको अतिरिक्त प्रिय हो।

मैंने आपको बताया था कि कर्म के तीन लेप होते हैं। पहला लेप कर्त्तृत्व का अहंकार है। दूसरा लेप है कर्मफल की स्पृहा, तीसरा लेप है राग-द्वेष की वृत्ति। भगवान से हम काम करना सीखें, हमारे सामने सचमुच सबसे बड़ा आदर्श—जिनसे काम करना हमको सीखना चाहिए, स्वयं भगवान हैं। भगवान सब काम करते हुए भी कुछ नहीं करते हैं। उन्होंने कहा—

तस्य कर्त्तारपि मां विद्धयकर्त्तारमव्ययम्।

सर्वकर्त्ता होते हुए भी मुझे अकर्त्ता समझो प्रभु सब काम करते हैं फिर भी अकर्त्ता हैं। उनमें कर्मफल की स्पृहा नहीं है। उनमें राग-द्वेष नहीं है। अत: कर्म उन्हें लिप्त नहीं होते। उनका कोई द्वेषभाजन नहीं है, कोई प्रिय नहीं है—यह तो ठीक है। तो प्रभु अपने भक्तों की रक्षा कैसे करते हैं। प्रभु क्या पक्षपाती नहीं हैं? नहीं हैं। क्यों नहीं हैं? कल्पना करें कि बहुत ठंड है और कहीं आग जल रही है। जो लोग उस आग के निकट आयेंगे—उनको उस आग की गर्मी मिलेगी। जो उस आग के निकट नहीं आयेंगे, उनको उस आग की गर्मी नहीं मिलेगी। जो आग के निकट आए, उनको गर्मी मिली, तो इसमें आग ने कोई पक्षपात किया क्या? दूसरे लोग क्यों नहीं आग के पास आ गये। अगर आग के पास जो-जो लोग आते, उनमें से किसी को आग गर्मी देती, किसी को नहीं देती, तब तो आग पक्षपाती होती। लेकिन अगर कुछ लोग आग के पास आते हैं और कुछ नहीं आते तो ठंड किसकी मिटेगी? उसी की जो आग के पास आया है। प्रभु के पास जो आते हैं उनके कष्ट दूर हो जाते हैं। **रक्षापेक्षामपेक्षते**—प्रभु यह अपेक्षा करते हैं कि मुझसे रक्षा की याचना की जाये? जिसमें प्रभु से रक्षा प्राप्त करने की इच्छा होती है, प्रभु उसकी रक्षा करते हैं। जिसमें ऐसी इच्छा ही नहीं है, प्रभु उसकी रक्षा नहीं करते। ठीक वैसे ही जैसे आग के पास आने वाला व्यक्ति गर्मी पाता है। आग पक्षपाती नहीं होती। आग के पास नहीं आने वाला व्यक्ति गर्मी नहीं पाता। वह अभागा है। क्यों नहीं आता? प्रभु का कोई द्वेष-भाजन नहीं, कोई प्रिय नहीं, फिर भी जो प्रभु के पास आते हैं प्रभु उनकी रक्षा करते हैं—यह उनका सहज स्वभाव है। जैसे आग का सहज स्वभाव है—जो उनके पास

आए, उसको गर्मी देना। इसमें कोई पक्षपात नहीं है।

तो तीन ऐसी विशेषताएँ हैं जिनके कारण प्रभु को कर्म लिप्त नहीं होते। इनका निरूपण करने के साथ ही प्रभु ने एक बहुत बड़ी बात और कह दी।

'इति मां योऽभिजानाति कर्मभिर्न स बद्ध्यते'—जो मुझको ऐसा जानता है वह कर्मों के द्वारा बाँधा नहीं जाता। प्रभु कर्म अकर्त्ता भाव से करते हैं, कर्म फल की स्पृहा के बिना करते हैं, राग-द्वेष के बिना करते हैं। जो ऐसा जान ले, वह क्यों नहीं कर्म से बँधेगा? इसको समझना चाहिए।

महावीर इस प्रकार काम करता है कि वह कर्म से नहीं बँधता, इसे गोविन्द ने जान लिया तो गोविन्द भी कर्म से नहीं बँधेगा। महावीर कर्मबन्धन से क्यों नहीं बँधता इसे जान लेने पर गोविन्द कर्म बन्धन से कैसे छूट जायेगा। रहस्य यह है कि जो प्रभु हैं, वही हम तुम हैं। जिसने जान लिया कि प्रभु कैसे काम करते हैं, वह भी काम से बँधता नहीं है। क्योंकि तत्त्वतः जो रामजी हैं, वही वह है। और उसने वह कला उनसे जब सीख ली तो वैसा ही वह हो गया। वह भी कर्म से नहीं बँधेगा। यह एक बहुत बड़ा आश्वासन है। एक बहुत बड़ा आश्रय इसमें हमको प्राप्त होता है। हमने निःश्रेयस प्राप्ति के लिए भगवान को आदर्श के रूप में सामने रखा। अगर हम वैसे ही जीवन जियेंगे, तो हम भी कर्म-फल से नहीं बँधेंगे।

हमको ईशावास्योपनिषद् की इस उक्ति का मर्म समझना चाहिये। **न कर्म लिप्यते नरे**—कर्म मनुष्य को लिप्त नहीं होता। कर्म करने का अहंकार लिप्त होता है। कर्म करने की फलाशा लिप्त होती है और राग-द्वेष से किया गया कर्म लिप्त होता है। प्रभु इन तीनों प्रकार की वृत्तियों से ऊपर उठकर काम करते हैं इसलिए प्रभु बँधते नहीं। हम भी, आप भी अगर ऐसे ही काम करें तो हम भी काम करते हुए भी काम से बँधेंगे नहीं और बड़े-से-बड़ा काम कर सकेंगे। प्रभु से बड़ा काम कोई कर सकता है? इसलिए जब बड़ी प्रेरणा हमारे जीवन में जागती है, तब हम बड़ा काम करते हैं। छोटी प्रेरणाओं से जो काम होते हैं, वे अपेक्षाकृत छोटे होते हैं। निःश्रेयस की प्राप्ति के लिए और निःश्रेयस की प्राप्ति के बाद लोक मंगल के लिए, लोक हित के लिए जिस तरह प्रभु काम करते हैं, वैसे ही निःश्रेयस की प्राप्ति के बाद कोई भी काम कर सकता है। यह वृत्ति, यह रहस्य, यह गुर, यह मंत्र समझना चाहिए। करने के पीछे की बुद्धि बाँधती है। किस बुद्धि से आप काम कर रहे हैं? कैसा काम आप कर रहे हैं? जब तक उस बुद्धि में परिवर्तन नहीं होगा तब तक कर्म बाँधते ही रहेंगे और बुद्धि में जब परिवर्तन होता है तभी बुद्धि शुद्ध होती है।

बुद्धि शुद्ध होनी चाहिए। **शुद्धाहि बुद्धिः किल कामधेनुः**—जो शुद्ध बुद्धि है, वह कामधेनु है, उससे जो चाहो, मिल सकता है। हम लोगों का सबसे बड़ा मंत्र गायत्री मंत्र है और गायत्री मंत्र में एक ही प्रार्थना की गयी है—ॐ भूर्भुवःस्वः तीनों लोकों को प्रकाशित करने वाले सवितानारायण, मैं आपके तेज का ध्यान करता हूँ। आप मेरी बुद्धि को शुद्ध कर अच्छे कामों में लगाइये। बुद्धि शुद्ध होनी चाहिए और जब बुद्धि शुद्ध होगी तब हम कर्म के बन्धन का अतिक्रमण करने की स्थिति में आ सकेंगे। जब तक अशुद्ध बुद्धि होगी, तब तक

हम कर्म के बन्धन से बँधे रहेंगे। इस बात को अच्छी तरह से समझना चाहिए।

कर्म के ये तीन बड़े लेप हैं, दो छोटे-छोटे लेप और भी हैं। कर्त्तृत्वासक्ति और फलासक्ति की चर्चा की गयी। लेकिन एक कर्मासक्ति भी है। बिना काम किये रहा ही नहीं जा सकता या फिर मैं यही काम करूँगा, वह काम नहीं करूँगा। कोई विशेष प्रकार का ही काम आप क्यों करेंगे? प्रभु ने जो काम आपको सौंप दिया, वह क्यों नहीं करेंगे? यही काम होना चाहिए, यही काम मैं करूँगा—इस प्रकार का आग्रह नहीं होना चाहिए। किसी कर्म-विशेष में आसक्ति नहीं होनी चाहिए। और यह कर्म पूरा ही हो जाए—इसकी भी आसक्ति नहीं होनी चाहिए। कर्म पूरा करना भी आपके हाथ में नहीं है। अच्छा कर्म आप प्रभु की प्रेरणा से शुरू तो करें। अगर आप उसे पूरा नहीं कर सकेंगे तो आपके बाद आने वाले लोग पूरा करेंगे। गंगाजी को कौन लाया? भगीरथ लाए। तो क्या भगीरथ ने यह तपस्या शुरू की थी? नहीं। सगर ने की, अंशुमान ने की। फिर दिलीप ने की। कई पीढ़ियों की तपस्या के बाद भगीरथ गंगा लाये। तो मैंने काम शुरू किया है। इसलिए मैं ही काम पूरा कर दूँ यह आसक्ति भी नहीं होनी चाहिए। मैं यही काम करूँ—यह आसक्ति भी नहीं होनी चाहिए। मैं काम ही करता रहूँ—यह आसक्ति भी नहीं होनी चाहिए। प्रभु ने काम दिया, किया। जितना दिया, उतना किया। जैसा दिया, वैसा किया। इन सब के बारे में हम ही अपने आग्रह से, अहंकार से निर्णय करें, यह उचित नहीं है।

एक और बात अकर्त्तृत्वासक्ति की है। अकर्त्तृत्वासक्ति क्या है? हम काम नहीं करेंगे? क्यों नहीं करेंगे? काम अहंकार से नहीं करें, फल की प्राप्ति के लिए न करें—यह बात तो समझ में आती है। इसी को गीता के कर्मयोग की चतुस्सूत्री कहा है लोकमान्य बाल गंगाधर तिलक ने। लोकमान्य ने कर्म योग की चतुस्सूत्री का निरूपण गीता के आधार पर करते हुए कहा—

कर्मण्येवाधिकारस्ते मा फलेषु कदाचन।
मा कर्मफलहेतुर्भूः मा ते संगोऽस्त्वकर्मणि॥

तुम्हारा अधिकार काम करने में है। काम करने में अगर अधिकार है, तो उसके फल पर तुम्हारा अधिकार है कि नहीं? गीता कहती है सामान्य तौर पर है। जिसने काम किया, सामान्य तौर पर उसको फल मिलना चाहिए। लेकिन गीता प्रयोग किस शब्द का कर रही है—**मा फलेषुकदाचन।**

तो कर्म करने में तो तुम्हारा अधिकार है, तुम काम करते रहो। उसके फल में तुम्हारा अधिकार न हो। नहीं है, यह नहीं कहती गीता। नास्ति, नहीं है, यह नहीं कहती। मा—नहीं हो। मा कुरु धन जन यौवन गर्वम्—तुम धन, जन, यौवन का गर्व मत करो। तुमको धन, जन, यौवन का गर्व न हो।

फल में तुम्हारा कभी अधिकार रखने का भाव न हो। नहीं है और न हो, इन दोनों का जो मौलिक अंतर है, उसको समझना चाहिए। नहीं है का तो अर्थ यह होता है कि जो काम करेगा, उसको फल नहीं मिलेगा। यह गलत बात है। सामान्य, सिद्धान्त यह है—

अवश्यमेव भोक्तव्यं कृतं कर्म शुभाशुभम्।

जो तुमने अच्छे बुरे काम किए हैं, उनका फल तुमको भोगना ही पड़ेगा। यह सामान्य सिद्धांत है। गीता इसका खंडन नहीं करती, कहती है—है तो कर्म के फल पर तुम्हारा अधिकार लेकिन न हो, तुम स्वेच्छया उस अधिकार को छोड़ दो।

फल में तुम्हारा अधिकार कभी न हो। तुम काम कर्म फल के लिए मत करो। फ़ल मिलेगा तो करूँगा। नहीं मिलेगा तो नहीं करूँगा? यह बात ठीक नहीं है। तुम काम करने की प्रेरणा और बड़ी रखो, फल प्राप्ति को ही कर्म करने की अपनी मूल प्रेरणा मत बनाओ।

अकर्म में तुम्हारी आसक्ति न हो, वही अकर्त्तृत्वासक्ति न हो। यानी तुममें कर्त्तृत्वासक्ति भी न हो, तुममें फलासक्ति भी न हो, तुममें कर्मासक्ति भी न हो और तुममें अकर्त्तृत्वासक्ति भी न हो। काम नहीं करूँगा, यह मत कहो। काम न करने में भी तुम्हारी आसक्ति न हो। देखिए, इसमें न हो, न हो जब कहते हैं तो वे यह मान लेते हैं कि काम छोड़ देने का अधिकार है। लेकिन जो लोग काम छोड़ देते हैं—गीता उनसे उनको बड़ा मानती है जो काम करते रहते हैं। भगवत् प्राप्ति के लिए कार्य, निःश्रेयस के लिए कार्य-परम ज्ञानी ज्ञान प्राप्त करने के बाद कर्म करे कि न करे—यह उसकी इच्छा पर निर्भर है। चाहे तो कर्म न करे लेकिन गीता बराबर कहेगी कि कर्म न करने से कर्म करना कहीं अच्छा है क्योंकि स्वयं प्रभु कर्म करते हैं। प्रभु को भी कुछ प्राप्त करना नहीं है। प्रभु से बढ़कर कोई ज्ञानी नहीं है। परम ज्ञानी होते हुए भी लोक मंगल के लिए, सृष्टि के विकास के लिए, अकर्त्ता की भूमिका पर रहकर वे काम करते हैं। तो वैसे ही हम भी काम करें। इसको कहते हैं—कर्मयोग की चतुस्सूत्री—चार सूत्र। इन चारों सूत्रों के आधार पर जब हम लोग इस बात को देखते हैं तो काम करने से काम करने की बुद्धि बड़ी है—यह प्रमाणित होता है। काम अपने में बड़ा नहीं है। किस बुद्धि से काम किया जा रहा है, उस बुद्धि के कारण काम बड़ा होता है। इस बात को गीता में बहुत अच्छी तरह से समझाया गया है। जब प्रभु ने कहा—

दूरेण ह्यवरं कर्म बुद्धियोगाद्धनंजय।
बुद्धौ शरणमन्विच्छ कृपणाः फलहेतवः।

बुद्धि योग की शरण में जाओ। फल की प्राप्ति करने के लिए, फल प्राप्ति की इच्छा से जो लोग काम करते हैं, उनका काम बुद्धि योग की तुलना में बहुत ही घटिया है। कर्म के पीछे बुद्धि योग है। यही बड़ी बात है। और उन्होंने कहा—

बुद्धियुक्तो जहातीह उभे सुकृतदुष्कृते।
तस्माद्योगाय युज्यस्व योगः कर्मसु कौशलम्॥ *(गीता २/५०)*

जो बुद्धियुक्त है, जो बुद्धि योग के द्वारा काम करने की कुशलता को जान गया है, वह इस संसार में सुकृत-पुण्य और दुष्कृत-पाप, दोनों को छोड़ देता है। वह पुण्य-पाप से ऊपर उठ जाता है। कर्म के पीछे की जो शुभ बुद्धि है, वही उस काम को बड़ा काम बना देती है। **तस्माद्योगाय युज्यस्व**—इसलिए उस बुद्धि योग से युक्त हो। **योगः कर्मसु कौशलम्**—योग काम करने की कुशलता का ही नाम है। तो ऐसी कुशलता से हम काम करें कि काम लिप्त न हों—यह जो बुद्धि है, यही बुद्धि हमको प्राप्त करनी चाहिए। गीता में बार-बार इस बुद्धि का

हवाला दिया गया है। गीता में बार-बार कहा गया है कि जो इस प्रकार की बुद्धि रखकर काम करता है, उसको कोई काम नहीं चिपकता। बढ़िया श्लोक हैं—

नैव किंचित् करोमिति युक्तो मन्येततत्ववित्।
पश्यञ्शृण्वन्स्पृशञ्जिघ्रन्नश्नन्गच्छनस्वपन् श्वसन्॥
प्रलपन्विसृजन्गृहणन्नुन्मिषन्निमिषन्नपि।
इन्द्रियाणीन्द्रियार्थेषु वर्तन्त इति धारयन्॥ *(गीता ५/८, ९)*

जो तत्त्ववेत्ता योग युक्त है, वह जानता है कि मैं कुछ भी नहीं करता हूँ। सब कुछ करता हुआ भी मैं कुछ नहीं करता। तत्त्ववेत्ता इस बात को भली-भाँति जानता है। कुछ नहीं करता है? जिसको हम आप कर्म कहते हैं, वे सारे कर्म वह करता है। देखता हुआ, सुनता हुआ, छूता हुआ, सूँघता हुआ, जाता हुआ, सोता हुआ, साँस लेता हुआ, प्रलाप करता हुआ, छोड़ता हुआ, ग्रहण करता हुआ भी कुछ नहीं करता है। यह जो रहस्य है काम करने का, यह जो गुर है काम करने का, यह रहस्य कि कैसे सारे काम करते हुए भी कोई काम मुझको छू न सके—यह विद्या सीखने योग्य है। इस विद्या को गीता में ईशावास्योपनिषद् की उक्ति का आधार लेकर विस्तार से ज्ञान योग के द्वारा, कर्म योग के द्वारा, भक्ति योग के द्वारा अलग-अलग ढंग से समझाया गया है।

ज्ञानयोगी अपने को कर्त्ता नहीं मानता। कर्मयोगी निष्कामता पर बल देता है। भक्तियोगी अपनी भूमिका को प्रेरितकर्त्ता के रूप में देखता है। प्रभु करा रहे हैं, मैं उनके हाथ का उपकरण हूँ। वे जो कुछ करा रहे हैं, मैं कर रहा हूँ और भक्तियोगी अपने सारे कर्म प्रभु को समर्पित कर देता है। इन तीनों भूमिकाओं पर जो काम करने की प्रक्रिया है, उनके पीछे, काम के पीछे काम करने की बुद्धि है जो काम करती है और उसी बुद्धि को गीता में बहुत अधिक महत्त्व दिया गया है। गीता में बताया गया है कि मंगल उसका होता है जिसकी बुद्धि शुद्ध होकर प्रतिष्ठित होती है। गीता में बताया गया है कि पतन उसका होता है जिसकी बुद्धि का नाश होता है। बुद्धि के नाश के बिना किसी का पतन नहीं हो सकता। बुद्धि की सुप्रतिष्ठा के बिना किसी का उन्नयन नहीं हो सकता। गीता में बुद्धि पर कितना बल दिया गया है! लेकिन यह बुद्धि केवल लौकिक व्यवहार को तिकड़म से कर लेने वाली बुद्धि नहीं है। यह शुद्ध बुद्धि है। यह बुद्धि को बुद्धि योग बना देने वाली बुद्धि है। इसकी चर्चा और विस्तार से अभी मैं आपके सामने करूँगा। भगवान् कहते हैं—तू कैसे मुझ तक आ सकता है?

बुद्धियोगमुपाश्रित्य मच्चित्तः सततं भव।

बुद्धियोग का आश्रय ग्रहण कर अपने चित्त को मेरे चित्त से मिला दो। बुद्धि और बुद्धियोग इसमें भी अन्तर है। बुद्धिमानों के लिए प्रयुक्त बुद्धिजीवी से निकृष्ट शब्द भाषा में नहीं है। बुद्धिजीवी—वह है जिसकी जीविका बुद्धि से चलती है। और बुद्धि से जिनकी जीविका चलती है, आप देखिये—वे क्या-क्या कर रहे हैं। तमाम बड़े से बड़े तस्करों को, बड़े से बड़े डाकुओं को, बड़े से बड़े खूनी, हत्यारों को, बैरिस्टर खड़े होकर छुड़ा लेते हैं। ये नेता लोग बुद्धिजीवी हैं भैया। ये तमाम बड़े-बड़े व्यापारी जो कालाबाजारी करते हैं—ये सब बुद्धिजीवी हैं। इसीलिए गीता कहती है कि बुद्धि नहीं बुद्धियोग चाहिए। बुद्धि में भी ईश्वर

का अवतरण होना चाहिए। ईश्वर की ओर ले जाने वाली बुद्धि, ईश्वर से जोड़ने वाली बुद्धि चाहिए।

ध्यायतो विषयान्पुंसः संगस्तेषूपजायते।
संगात्संजायते कामः कामात्क्रोधोऽभिजायते॥
क्रोधाद्भवति संमोहः संमोहात्स्मृतिविभ्रमः।
स्मृतिभ्रंशाद्बुद्धिनाशो बुद्धिनाशात्प्रणश्यति॥ *(गीता २/६२-६३)*

यह पतन की प्रक्रिया है। हम किसी चीज की कामना करते हैं उसके बारे में सोचते हैं। विषय—माने इन्द्रियों के जो विषय हैं—शब्द, स्पर्श, रस, रूप, गंध—जो चीज हमको प्रिय लगती है, उसके बारे में हम सोचते रहते हैं। विषय का ध्यान करते रहते हैं। संग का अर्थ है चिपकना। तो इससे एक प्रकार की चिपकन पैदा होती है। जब वह चिपकन पैदा होती है तो लगता है यह चीज मिलनी चाहिए, तो उसकी कामना करते हैं। कामना पूरी होती है तो लोभ होता है—

जिमि प्रतिलाभ लोभ अधिकाई।

लाभ बढ़ता जायेगा तो, लोभ बढ़ता जायेगा। और कामना में बाधा आती है तो क्रोध होता है। क्रोध आया तो सम्मोह हुआ। सम्यक् रूप से मोह हुआ तो बुद्धि उलटी हो जाती है बुद्धि—आत्मा को भूल जाती है। उलट जाता है सब कुछ। मैं कौन हूँ? कहाँ हूँ? किसलिए आया हूँ? मेरे आने का क्या उद्देश्य है? क्या लक्ष्य है? यह सब विस्मृत हो जाता है, स्मृति भ्रष्ट हो जाती है। बुद्धि नष्ट हो जाती है। बुद्धिनाश से मनुष्य का विनाश हो जाता है। यह पतन का रास्ता है। उत्थान का रास्ता ठीक इससे उलटा है। जो लोग कर्मनिष्ठ हैं, जो लोग अपने कर्म में ईश्वर का अवतरण करना चाहते हैं, सीधे ईश्वर के सामने समर्पण नहीं करना चाहते, उनके लिए कर्मयोग है। देखिये, हमने तीन चीजों को कर्म का मल बताया है। कर्तृत्व, भोक्तृत्व और राग-द्वेष। ये तीन बन्धन हैं, ये तीन मल हैं जो हमको कर्म से बाँधते हैं जिनके कारण कर्म हमको बाँध लेता है। जो कर्मयोगी लोग हैं वे राग-द्वेष से शुरू करते हैं। कहाँ से हमला करना है? तो उनका क्रम है राग-द्वेषरहित काम करने का? यह सांझी बात है। फलाशा त्याग करना—यह सांझी बात है, लेकिन कर्म के फल का क्या करना है? इस संबंध में मत अलग-अलग हैं। कर्मयोगी लोग मानते हैं कि कर्मफल की लालसा नहीं होनी चाहिए, फलासक्ति नहीं होनी चाहिए—

योगस्थः कुरुकर्माणि संगं त्यक्त्वा धनंजय।
सिद्ध्यसिद्ध्योः समो भूत्वा समत्वं योग उच्यते॥ *(गीता २/४८)*

योग में, कर्म योग में स्थित होकर काम करो। जो योगस्थ कर्म होता है, उसका लक्षण क्या होता है? दोष क्रिया में नहीं है। दोष बुद्धि में है। कोई क्रिया अपने में दूषित नहीं है। मारते हुए भी आदमी मारता नहीं है। हत्या करते हुए भी हत्यारा नहीं होता। क्रिया तो हत्या की है, लेकिन बुद्धि अगर पीछे देश-भक्ति की है, कर्त्तव्य निर्वाह की है तो व्यक्ति हत्यारा नहीं माना जाता। सैनिक हत्या तो करता है लेकिन उसको पाप थोड़े ही लगता है। उसको वीर

मानते हैं। उसको परमवीर चक्र देते हैं। क्रिया नहीं, क्रिया के पीछे की बुद्धि असली चीज है।

योग में, कर्मयोग में स्थित होकर जो काम करते हैं, संग का, आसक्ति का त्याग करके—वे सिद्धि हुई कि असिद्धि हुई—इसमें समान रहते हैं। जो समत्व है उसे ही योग कहते हैं। हानि-लाभ, जीवन-मरण, सुख-दुःख, यश-अपयश—उनमें सम बने रहना और काम करते रहना ही योग है। उसकी शुरुआत होती है—राग-द्वेष से अलग होकर हमारी इन्द्रियों के अपने विषयों में प्रवेश करने पर। आँख देखे, रसना रस ले, कान सुने, नासिका गंध ले, कमल का कोमल स्पर्श त्वचा को प्राप्त हो, कर्मेन्द्रियों से काम हो रहा है, किन्तु चित्त उसमें आसक्त नहीं है। राग-द्वेष से वियुक्त होकर कैसे अनासक्त होकर काम किया जाता है। इसका सबसे अच्छा उदाहरण—दर्पण है। दर्पण शब्द का अर्थ है जिसको देखने से मन में दर्प आ जाये। नौजवान लोगों के मन में खास करके। उसमें भी महिलाओं के मन में कि मेरे जैसा सुन्दर कोई नहीं है। यह वृत्ति अपनी प्रतिच्छवि को देखकर जागती है मन में दर्प उत्पन्न होता है, इसीलिए शीशे को कहते हैं दर्पण। लेकिन अच्छा दर्पण क्या करता है—इस पर ध्यान दीजिए। अच्छा दर्पण—जो सामने है उसे ज्यों का त्यों प्रतिबिम्बित करता है। उसमें कोई विकृति उत्पन्न नहीं करता। ये खराब शीशे हैं जिनसे मुँह ऊँचा-नीचा हो जाता है फैल जाता है, रंग साँवला होता है। अच्छे दर्पण का लक्षण क्या है? जो सामने है उसे ज्यों का त्यों प्रतिबिम्बित कर देना है। और जब वह सामने से हट गया तो दर्पण में कुछ रहता है। कुछ नहीं, साफ। फिर कोई दूसरा आया तो उसको ज्यों का त्यों प्रतिबिम्बित किया।

जिस तरह दर्पण अपने सामने आए हुए को ज्यों का त्यों प्रतिबिम्बित करता है उसी प्रकार कर्मयोगी सामने आये हुए कर्म को ज्यों का त्यों अच्छी तरह से पूरा करता है। सबसे बड़ा काम कौन सा? जो आज, अभी मेरे सामने है। सबसे अच्छा समय कौन सा? आज अभी का समय। तमाम बूढ़े लोग कहते हैं कि जब हम जवान थे तो बहुत अच्छा समय था अब कलियुग आ गया है। अरे! काहे का कलियुग? सब लोग ऐसे ही कहते हैं। कर्मयोगी के लिए सबसे बड़ा काम वही है, जो काम वह अभी कर रहा है। सबसे बड़ा व्यक्ति कौन सा? जो अभी उसके सामने है। सबसे बड़ा काल कौन सा? जो अभी बीत रहा है। जो अभी बीत रहा है उसको पूरी लगन के साथ, पूरी शक्ति के साथ ज्यों का त्यों प्रतिबिम्बित, प्रतिफलित, क्रियान्वित कर दो दर्पण की तरह अनासक्त रह कर। जो सामने आया है, वह सबसे बड़ा काम है, वह सबसे महत्त्वपूर्ण काम है। उससे बड़ा कोई काम इस समय नहीं है। चाहे वह जूता ही साफ करना क्यों न हो। यह जरूरी नहीं है कि ईशावास्य पर प्रवचन करना ही सबसे बड़ा काम माना जाये। झाड़ू देना अगर इस समय मेरे लिए प्रधान है तो यही मेरा सबसे बड़ा काम है। जो प्रसंग प्राप्त कर्म है, उस प्रसंग प्राप्त कर्म को धर्म की बुद्धि से, पूरी शक्ति से, पूरी लगन से, राग-द्वेष वियुक्त होकर करने से—अपने मन को अपने अधीन रखते हुए करने से मन में प्रसाद यानी निर्मलता आ जाती है। जब चित्त में निर्मलता आती है तो सारे दुःख दूर हो जाते हैं। जो गड़बड़ झाला करते हैं, यह करें कि वह करें, उनमें व्यवसायात्मिका बुद्धि नहीं होती।

व्यवसायात्मिका बुद्धि का मतलब समझिये। **अवसानं अवसायः**—विशिष्ट अवसान को व्यवसाय कहते हैं। अवसान माने समाप्ति। जो काम शुरू करने के पहले उसके समापन तक को देखे। बुद्धि अच्छी वही है जो काम शुरू करने के पहले यह समझ ले कि यह काम ऐसे समाप्त होगा। उसका आदि से अन्त तक जिसके सामने भासमान हो जाए, वह बुद्धि व्यवसायात्मिका बुद्धि है। आजकल व्यवसायी का मतलब व्यापारी हो गया है। व्यवसाय मतलब व्यापार नहीं होता। व्यवसाय का मतलब है—कोई भी काम अपने आरम्भ से अन्त तक, अवसान तक किन-किन भूमिकाओं से गुजरेगा और उन भूमिकाओं में कैसे हम व्यवहार करेंगे, कैसे उसको निभायेंगे, कैसे उसको सम्पन्न करेंगे ये सारी बातें जब विद्युत् की कौंध की तरह झलक जायें तब बुद्धि को व्यवसायात्मिका बुद्धि कहा जाता है। जिसकी ऐसी बुद्धि नहीं है, वह बड़ा काम नहीं कर सकता। व्यवसायात्मिका बुद्धि होनी चाहिए। हमने काम को समझा नहीं, हमने काम को अच्छा समझ कर शुरू किया और उसमें हम फँस गए। दीपशिखा को देखकर पतिंगा मंडरा सकता है विवेकी आदमी कैसे मँडराएगा? आकर्षण के पीछे, प्रलोभन के पीछे क्या सर्वनाश छिपा हुआ है, इसको जो बुद्धि नहीं समझ पाती, वह व्यवसायात्मिका बुद्धि नहीं है। राग-द्वेष से वियुक्त होकर जो व्यवसायात्मिका बुद्धि से काम करेगा, वही काम को अन्त तक सफलतापूर्वक ले जायेगा।

प्रसादयुक्त निर्मल प्रसन्न बुद्धि ही प्रतिष्ठित होती है। यह प्रतिष्ठित बुद्धि, व्यवसायात्मिका बुद्धि हमको रास्ता बतायेगी कि कठिन से कठिन समस्या का समाधान करने के लिए हमको कैसे आगे बढ़ना चाहिए, प्रभु का सहारा लेते हुए कौन-कौन से कदम हमें उठाने चाहिए तब कर्म में ईश्वर का अवतरण होता है। इसका मतलब क्या हुआ? कर्म में ईश्वर का अवतरण होने पर प्रसंग प्राप्त छोटे-छोटे अनेक लक्ष्यों को सिद्ध करता हुआ भी, कर्मयोगी अपने सामने महालक्ष्य एक ही रखता है, ईश्वर की प्राप्ति का और उस महालक्ष्य तक पहुँचने के लिए राग-द्वेष से वियुक्त होकर व्यवसायात्मिका बुद्धि का अवलम्बन लेकर फलाशा का त्याग कर वह निरन्तर कर्म करता रहता है।

भगवान ने कहा है, **संन्यासः कर्मयोगश्च निःश्रेयसकरावुभौ।** अर्थात् संन्यास एवं कर्मयोग दोनों निःश्रेयसकर हैं। पर कर्म संन्यास से कर्मयोग विशिष्ट है—यह भी बताया यानी भगवान मानते हैं कि अगर आप निष्काम कर्मयोग का ठीक-ठीक निर्वाह करेंगे तो आपको परम निःश्रेयस् की प्राप्ति अवश्य होगी। जो बाद वाले कट्टर ज्ञानमार्गी हैं वे इसे नहीं मानते होंगे, लेकिन गीता मानती है।

प्रभु ने बताया है कि निःश्रेयस् या परम कल्याण प्राप्त करने वालों की ऐसी एक परम्परा रही है जो कि कर्मयोग का आश्रय ग्रहण करके चलती रही है। एक रास्ता है कर्मयोग का जो फलाशा का त्याग करके, कर्त्तृत्व का अहंकार छोड़ करके काम करने में विश्वास करता है। मैं कर्त्ता नहीं हूँ। फलाशा का त्याग करने के बाद भी अगर आपके मन में कर्त्तृत्व का बोध आ जायेगा तो आप बँधेंगे ही बँधेंगे। भगवान ने आपको कर्त्ता नहीं बनाया है। आपने अपने आपको कर्त्ता मान लिया है—

न कर्त्तृत्वं न कर्माणि लोकस्य सृजति प्रभुः।

न कर्मफल संयोगं स्वभावस्तु प्रवर्तते—भगवान ने आपको कर्त्ता नहीं बनाया। भगवान ने आपको कर्मफल भी नहीं दिया। भगवान ने आपके लिए कर्म करने की प्रक्रिया बताई—यह सब तो स्वभाव से हो रहा है। सब कुछ प्रकृति ही कर रही है। आप अपने को कर्त्ता मानेंगे, तो फँसेंगे।

तो एक तरीका तो अपने को कर्त्ता न मानते हुए और इसलिए अपने को भोक्ता न मानते हुए काम करने का है। मैं काम नहीं कर रहा हूँ—यह कहना बड़ा आसान है। पर आप सचमुच कर्त्ता हैं कि नहीं इसकी कसौटी यह है कि आप फल भोग रहे हैं कि नहीं? कोई काम करके यदि आप सुखी दुःखी हुए तो आप कर्त्ता हैं। भोक्ता वही होता है जो कर्त्ता होता है। तब तो कर्म आपको बाँधेगा। कर्तृत्व का अहंकार त्याग करके कर्मफल की आसक्ति का त्याग करके, राग-द्वेष से वियुक्त होकर काम क़रते चले जाना—यह कर्मयोग का सिद्धांत है। अगर इतना आपसे न निभ सके, अपने ही ऊपर पूरा उत्तरदायित्व लेकर काम करना यदि आपको कठिन लगे तो भगवान सरल रास्ते बताते हैं।

भगवान कहते हैं तुम नहीं कर सकते हो इतना काम? अच्छा यह तो कर सकते हो कि जो तुम करो, वह मुझको दे दो—

यत् करोषि यदश्नासि यज्जुहोषि ददासि यत्।
यत्तपस्यसि कौन्तेय तत्कुरुष्वमदर्पणम्॥ *(गीता ९/२७)*

जो कुछ भी तुम करो, जो खाओ, जो होम करो, जो दान दो, जो तपस्या करो, वह सब का सब मुझको दे दो। भगवान माँग कर ले रहे हैं। भगवान भक्तों को कितना प्यार करते हैं।

भक्ति कर्त्ता निरपेक्ष है। कौन भक्त है? वह ब्राह्मण है कि शूद्र है कि चंडाल है कि हिन्दू है कि मुसलमान है कि ईसाई है कि वह अमेरिकन है कि रूसी है कि जापानी है कि पाकिस्तानी है—भक्ति इसे नहीं देखती। भक्ति कर्त्ता निरपेक्ष है। भक्ति क्रिया निरपेक्ष है। आप ईशावास्य पर प्रवचन करते हैं कि जूता पालिश करते हैं, पढ़ाते हैं कि रोजी-रोटी कमाने के लिए नौकरी करते हैं कि व्यापार करते हैं भक्ति को इससे कुछ लेना देना नहीं है। भक्ति केवल उद्देश्य-सापेक्ष है। किसके लिए करते हैं? अगर आप भगवान के लिए करते हैं तो आप भक्त हैं। भगवान ने यही कहा—

मत्कर्मकृन्मत्परमो मद्भक्तः संगवर्जितः।
निर्वैरः सर्वभूतेषु यः स मामेति पाण्डव॥ *(गीता ११/५५)*

तुम पाँच बातें करो मैं मिल जाऊँगा। यह डंके की चोट पर प्रभु ने कहा है। पहली बात सोचो तुम किसके लिए काम करते हो? अगर तुम अपने लिए काम कर रहे हो, अपने स्वार्थ के लिए काम कर रहे हो तो तुम बँधोगे। अतः मेरे लिए कर्म करो। भक्ति.योग में कर्म से मुक्ति कैसे मिलती है? भक्ति योग में हम अपने कर्म को प्रभु को अर्पित कर देते हैं। भक्ति योग में भक्त कहता है—

यत् कृतं यत् करिष्यामि तत् सर्वं न मया कृतम्।
त्वया कृतं तु फलभुक् त्वमेव परमेश्वर॥

हे परमेश्वर! जो कुछ मैंने किया, जो कर रहा हूँ, जो करूँगा, वह सब मैंने नहीं किया। वह सब तुमने किया (तुमने कराया) अब उनका फल भी तुम्हीं भोगो। अर्थात् भक्त अपने लिए काम नहीं करता, प्रभु की प्रसन्नता के लिए करता है। इसीलिए अपने सारे कर्म उन्हीं को समर्पित कर देता है। अच्छा, अगर प्रभु को समर्पित करने के लिए तुम काम करोगे तो कैसे काम करोगे? प्रभु को समर्पित करने के लिए बुरे काम करोगे? शबरी ने रामजी के लिए बेर इकट्ठे किऐ थे। कैसे बेर इकट्ठे किए थे? खट्टे, कड़वे? चख-चख करके जो मीठे बेर थे उन्हें वह रखती थी। जो चीज रामजी को देनी है, वह अच्छी होनी चाहिए कि खराब होनी चाहिए? आजकल तो जितने लोग बुद्धिमान हैं भगवान को भोग लगाने के लिए जो नैवेद्य लाते हैं, रद्दी लाते हैं, जो अपने लिए पान में सुपारी आती है वह तो बढ़िया आती है, दूधिया और जो भगवान की पूजा में सुपारी आती है, वह छोटी-छोटी आती है, रद्दी। ये सब बुद्धिमान लोग हैं, बुद्धिजीवी लोग हैं।

भगवान के लिए काम करना है। काम करके भगवान को समर्पित करना है अतः स्वाभाविक रूप से हम अच्छे काम करेंगे। यानी भगवान को हम कर्म समर्पित करेंगे यह बोध ही बुरे कर्मों से हमको बचाता है। यह बोध ही हमारे कर्मों को अच्छा बनाता है। अच्छा, प्रभु को समर्पित करने के लिए ही काम किये तो क्या आपने किये? आप कर्त्ता हैं? भक्त कभी यह नहीं मानता कि मैं कर्त्ता हूँ। भक्त मानता है कि मैं प्रेरित कर्त्ता हूँ। भक्त मानता है कि प्रेरक तो प्रभु हैं। मैं तो उनके हाथ का उपकरण हूँ। प्रेमशंकर लिख रहा है। प्रेमशंकर लिख रहा है कि उसके हाथ की यह बॉल पेन लिख रही है? अब अगर कोई कुतर्क करे तो कहेगा कि बॉल पेन लिख रही है। लेकिन बॉल पेन लिख रही है कि प्रेमशंकर लिख रहा है? प्रेमशंकर के हाथ की बॉल पेन वही लिख रही है जो प्रेमशंकर लिखा रहा है। जैसे बॉल पेन अपनी इच्छा से लिख नहीं रही है, बॉल पेन प्रेरित लेखनी है वैसे ही हम प्रेरित कर्त्ता हैं—

ईश्वरः सर्वभूतानां हृद्देशेऽर्जुन तिष्ठति।
भ्रामयन्सर्वभूतानि यंत्रारूढानि मायया॥ *(गीता १८/६१)*

भगवान सबके अंतःकरण में हैं। हृत् देश में हैं। वे अपनी माया से सबको संचालित करते हैं। और इसलिए भक्त कहता है—यत् कृतम् मैंने जो कुछ किया। यत् करिष्यामि—मैं जो कुछ करूँगा। तत् सर्वं न मया कृतं—वह सब मैंने नहीं किया। त्वया कृतं—तुमने किया। तो इसके फलभोक्ता भी। त्वमेव परमेश्वर—हे परमेश्वर आप ही हैं। अच्छा। परमेश्वर ने किया, ठीक है। तो फल किसको मिलेगा? परमेश्वर को मिलेगा? यही कसौटी है। तुम सुखी हो रहे हो। दुःखी हो रहे हो। फल भोग रहे हो और झूठ बोल रहे हो कि तुम कर्त्ता नहीं हो। यदि तुम भोक्ता हो तो कर्त्ता भी तुम्हीं हो। प्रेरितकर्त्ता के आदर्श उदाहरण लक्ष्मणजी हैं। लक्ष्मणजी को शक्ति बाण लग गया। मूर्च्छित होकर गिर पड़े। संजीवनी बूटी के प्रयोग से उनको चेतना प्राप्त हुई। लोगों ने पूछा लक्ष्मण जी, आपको बहुत दर्द हुआ। लक्ष्मण जी ने उत्तर दिया—

घाउ हृदय मेरे, पीर रघुबीरै।
पाइ सँजीवन जागि कहत यों प्रेम पुलक बिसराइ सरीरै॥

घाव तो मेरे हृदय में लगा, पीड़ा तो रामजी को हुई। अपने शरीर को विस्मृत करके, पुलकित होकर लक्ष्मणजी बोले कि अगर पीड़ा का तुमको हिसाब लेना है तो रामजी से पूछो। भोक्ता रामजी हैं। इसलिए कर्त्ता भी वही हैं। भोक्ता मैं हूँ और कर्त्ता रामजी हैं? ऐसा नहीं हो सकता। वह कहानी आप लोगों ने सुनी होगी।

एक ब्राह्मण ने बगीचा लगाया। गाय आकर उसके बगीचे को चरने लगी उसने जोर से लाठी मार दी। गाय मर गयी। उसे गो-हत्या का पाप लगा। ब्राह्मण तो पढ़ा-लिखा पंडित था। उसने कहा—ओ गो-हत्या के पाप! मारा है हाथ ने और हाथ का देवता है इन्द्र। इसलिए यह गो-हत्या इन्द्र को लगे। ब्राह्मण देवता, तेजस्वी, विद्वान। उनकी बात मानकर गो-हत्या का पाप गया इन्द्र के पास कि महाराज आपने हत्या की है गाय की। इन्द्र चकराये कि कैसे यह गो-हत्या लगी? पूछने पर उन्हें उस ब्राह्मण की बात गो-हत्या के पाप ने बतायी। तब एक बूढ़े ब्राह्मण का वेश धारण करके इन्द्रजी आये उस बगीचे में लठिया टेकते-टेकते, बोले इतनी गर्मी में यहाँ आए। कैसा बढ़िया बगीचा है। कितने सुन्दर फूल हैं। इन वृक्षों की छाया में बैठ गए तो सारा दुःख दूर हो गया। मालूम नहीं किसने यह बगीचा लगाया? वह ब्राह्मण बोल उठा, मैंने लगाया है जी मैंने। इन्द्र बोले—आपने लगाया? ब्राह्मण बोले—हाँ। तब इन्द्र बोले अगर बगीचा आपने लगाया तो गोहत्या भी आपने ही की। जा, गो-हत्या! लग जा ब्राह्मण को। मीठा-मीठा गप, कड़वा-कड़वा थू। गो-हत्या इन्द्र को, पाप का भोक्ता इन्द्र और पुण्य का भोक्ता तू? हम अगर फल भोक्ता हैं तो हमीं कर्त्ता हैं। जब तक हम भोक्ता रहेंगे, तब तक हम कर्त्ता भी रहेंगे और कर्तृत्व भोक्तृत्व के साथ राग-द्वेष रहेगा, तब तक कर्म का बन्धन रहेगा। कर्म नहीं बाँधता। कर्म के पीछे की बुद्धि बाँधती है। कर्म के पीछे की लालसा बाँधती है। अहंकार बाँधता है। अगर आप इस कर्म के पीछे की लालसा से, अहंकार से मुक्त हो जाएँगे, तो आपको कर्म लिप्त नहीं होगा। यही बात ज्ञान से भी संभव है। **ज्ञानाग्निदग्धकर्माणंतमाहुः पंडितं बुधाः**—जो अपने ज्ञान की आग से सारे कर्मों को भस्म कर दे, बुधजन उसे ही पंडित कहते हैं। सारे बड़े-बड़े समारम्भ करके ही ज्ञानी कहता है कुछ होता ही नहीं है। सब विवर्त है। जैसे भगवान करते हुए कुछ नहीं करते हैं, वैसे ही ज्ञानी सब कुछ करता हुआ भी कुछ नहीं करता है क्योंकि वह अपने को कर्त्ता नहीं मानता है। अतः वह अपने को भोक्ता भी नहीं मानता है। वह भली-भाँति जानता है कि काम तो प्रकृति के गुण कर रहे हैं। अतएव वह कर्मों में आसक्त नहीं होता—

गुणा गुणेषु वर्तन्त इति मत्वा न सज्जते। *(गीता ३/२)*

गुण-गुणों में बरत रहे हैं, कर्म मैं नहीं कर रहा हूँ। इस विवेक के कारण कर्तृत्व का अहंकार नहीं होना चाहिए। भोक्तृत्व की दीनता नहीं होनी चाहिए। क्योंकि गीता के अनुसार वह मानता है कि प्रकृति द्वारा ही मन, वाणी और शरीर से होने वाले सारे कर्म सब प्रकार से किये जाते हैं, जो इस प्रकार देखता है वही परमार्थदर्शी है अतः वह अपने को अकर्त्ता ही मानता है—

प्रकृत्यैव च कर्माणि क्रियमाणानि सर्वशः।
यः पश्यति तथात्मानमकर्तारं स पश्यति॥ *(गीता १३/२९)*

गुण-गुणों में बरत रहे हैं, कर्म मैं नहीं कर रहा हूँ। इस विवेक के कारण कर्तृत्व का अहंकार नहीं होना चाहिए। भोक्तृत्व की दीनता नहीं होनी चाहिए। राग-द्वेष की मलीनता नहीं होनी चाहिए। ये तीनों कर्म-लेप हैं और इन तीनों कर्म-लेपों से जो मुक्त हो जायेगा वह कर्मबन्धन से मुक्त हो जायेगा। उसकी क्रिया जैसे-जैसे सूक्ष्म होती जायेगी वैसे-वैसे अनन्त कर्म करेगी। बहुत से लोग यह समझते हैं कि क्रिया और कर्म एक हैं। क्रिया और कर्म एक नहीं हैं। क्रिया तो हरकत को कहते हैं। क्रिया तो चेष्टा को कहते हैं। क्रिया के फल को कर्म कहते हैं। एक छोटा उदाहरण देते हैं। विद्यालय में लड़के हल्ला कर रहे हैं। चपरासी आकर जोर से कहता है—चुप हो जाओ। चपरासी के हल्ला करने पर भी, लाठी घुमाने पर भी लड़के कम मात्रा में चुप होते हैं। अध्यापक आकर कहता है—चुप हो जाओ। उसके कहने पर लड़के चुप हो जाते हैं। और प्रधानाध्यापक अगर वहाँ से गुजरते हैं तो लड़के अपने आप चुप हो जाते हैं। क्रिया सूक्ष्म होती जाती है और कर्म प्रचुर होता जाता है। यह संभव है कि क्रिया उत्तरोत्तर सूक्ष्म होते हुए शून्य हो जाये और कर्म अनन्त गुणा हो जाए। कुछ न करते हुए सब कुछ करना—यह संभव है। भगवान कुछ न करते हुए सब कुछ करते हैं। वैसे ही ज्ञानी कुछ न करते हुए सब कुछ करता है। हम किस भूमिका पर खड़े होकर काम करना चाहते हैं? हमारा अपना स्वभाव क्या है? साधनामार्ग का निर्धारण देखा-देखी नहीं होता। हम क्रिया प्रधान व्यक्ति हैं कि हम भावप्रधान व्यक्ति हैं, हम विवेक-प्रधान व्यक्ति हैं कि त्याग प्रधान व्यक्ति हैं। पहले इसका निश्चय करना चाहिए। फिर अपनी प्रवृत्ति के अनुरूप साधनामार्ग का अवलम्बन कर हम कर्मबन्धन से छूट सकते हैं। यह विचार प्रेय का नहीं है, यह श्रेय का विचार है। और श्रेय के पथ पर चलते हुए हम सब अपने स्वभाव के अनुरूप, चाहे कर्म योग के माध्यम से, चाहे भक्ति योग के माध्यम से, चाहे ज्ञान योग के माध्यम से कर्म करते हुएं भी कर्मलेप का अतिक्रमण कर सकते हैं। अतः ईशावास्योपनिषद् का स्पष्ट आदेश है कि उचित पद्धति से कर्म करते-करते हुए ही सौ वर्ष जीने की इच्छा करो। इसके अलावा कोई विकल्प नहीं है। याद रखो, ठीक ढंग से काम करने से काम चिपकते नहीं।

□□

प्रवचन क्रम—७

असुर्यानाम ते लोका अन्धेन तमसावृताः
तांस्तेप्रेत्याभिगच्छन्ति येकेचात्महनोजनाः।

जो भी आत्महन्ता व्यक्ति हैं वे मरने के बाद अन्धकार से तमसाच्छन्न असुरों के निवास योग्य लोक में जाते हैं। **असुर्यानाम ते लोका अन्धेन तससावृताः**—आत्महत्या करने वाले, आत्महन्ता लोग मरने के बाद अशुभ लोक में जाते हैं। पहली बात जिस पर विचार होना चाहिए वह यह है कि यह मंत्र यहाँ क्यों आया? यह मंत्र पहले दो मंत्रों के बाद क्यों रखा गया? इसकी सीधी सी तर्क-शृंखला है। पहले दो मंत्रों में यह बताया गया कि मनुष्य को किस दृष्टि के अनुरूप कर्म करना चाहिए।

नाम रूप को मिथ्या मानकर, नामरूप की विविधता में फँसे बिना सर्वत्र ईश्वर दर्शन करते हुए जो भी जड़ जंगम जगत है, उसको ईश के द्वारा आवास्य करके, आच्छदित करके अर्थात् सर्वत्र ईश्वर दर्शन करते हुए त्याग के द्वारा भोग करते हुए, या उसके प्रसाद के रूप में जो मिला है, उसका भोग करते हुए, धन के प्रति निर्मोह रहते हुए (क्योंकि धन किसी का नहीं है) सौ बरस तक काम करते रहना चाहिए। इस प्रकार काम करने से कर्म मनुष्य को लिप्त नहीं होते। कर्म अगर लिप्त नहीं होते तो क्या चीज लिप्त होती है? कर्म के द्वारा जो हमको फल पाने की आशा है, वह फलासक्ति अगर हमारे कर्म की प्रेरक है तो उस फलासक्ति के द्वारा हम बद्ध होते हैं। हम कर्म से जो बँधते हैं, वह कर्म के कारण नहीं बंधते, वह कर्म का फल पाने की आसक्ति के कारण बँधते हैं। तो इन दोनों मंत्रों का यह सम्मिलित निर्देश है कि काम कैसे किया जाना चाहिए। सौ वर्षों तक जिओ, सौ वर्षों तक काम करते-करते जिओ। सर्वत्र ईश्वर का साक्षात्कार करते हुए उसके द्वारा दिए हुए प्रसाद को ग्रहण करते हुए या त्याग के द्वारा भोग करते हुए, निर्लोभिता के द्वारा अर्थ-व्यवहार करते हुए, धर्म करते हुए जीवन का निर्वाह करो।

इन दोनों मंत्रों में चारों पुरुषार्थों का समावेश है। ईशावास्योपनिषद् का आरम्भ मोक्ष पुरुषार्थ से होता है फिर काम पुरुषार्थ फिर अर्थ पुरुषार्थ और फिर धर्म पुरुषार्थ। इन चारों पुरुषार्थों का संयोजन करके ऋषि बताते हैं कि हमें अपने जीवन को सार्थक बनाने के लिए किस प्रकार कर्त्तव्य-कर्म करते रहना चाहिए। जो व्यक्ति इन मंत्रों के द्वारा निर्दिष्ट पथ का अनुसरण न करे, उसकी गति क्या होती है? कोई यह सोच सकता है कि हमको अगर अपने लिए कुछ काम करना ही नहीं है, हमको कुछ पाना ही नहीं है, तो हमको काम करना ही क्यों चाहिए? हम क्यों काम करें? हम काम तो तब करें जबकि हमको उससे अपना कोई लाभ हो। अगर हमको केवल त्याग के द्वारा भोग करना है, अगर हमको अर्थ पुरुषार्थ में निर्लोभ रहना है तो हम काम ही क्यों करें? और फिर जिएँ ही क्यों? जीने की क्या जरूरत है? ऐसी निषेधक चिन्ताधारा के द्वारा,

ऐसे निकृष्ट चिन्तन के द्वारा जो पथ-भ्रष्ट हो सकते हैं, उनकी कितनी दुर्गति हो सकती है, इसकी ओर इस श्लोक में ध्यान आकृष्ट किया गया है। ईशावास्योपनिषद् की दृष्टि में जो इस प्रकार का निषेधक तर्क करते हैं और जो पूर्ववर्ती दोनों श्लोकों के निर्देशों को अमान्य कर सही गलत किसी भी ढंग से भोग करने के लिए जीना चाहते हैं, सही गलत किसी भी ढंग से पैसा कमाना चाहते हैं, मौज-मजा करना चाहते हैं, ऐसे लोगों की कैसी दुर्गति होगी इसका निर्देश इस मंत्र में किया गया है। अग्र कर्त्तव्य बोध से कर्म नहीं किया जा रहा है, अगर केवल अनियन्त्रित उपभोग की दृष्टि से कर्म किया जा रहा है तो कर्म बाँधने वाला होगा। कई बार लोग बहुत भोलेपन से कहते हैं—प्रभु ने कर्म कराया, कर दिया। प्रभु ने कराया? आपके प्रेरक राम हैं कि काम है? जो काम आप कर रहे हैं—इस कर्म की प्रेरणा आपको राम से मिल रही है कि काम से मिल रही है इसका विचार करना चाहिए।

गीता के तृतीय अध्याय में इस विषय को बिलकुल स्पष्ट बताया गया है। अर्जुन ने श्रीकृष्ण से पूछा—

> **अथ केन प्रयुक्तोऽयं पापं चरति पूरुषः।**
> **अनिच्छन्नपि वार्ष्णेय बलादिव नियोजितः॥** *(गीता ३/३६)*

किसके द्वारा प्रयुक्त होकर, प्रेरित होकर इच्छा न रहते हुए भी मनुष्य पाप करता है? भगवान ने कहा—

> **काम एष, क्रोध एष, रजोगुण समुद्भवः।**
> **महाशनो, महापाप्मा विद्ध्येनमिह वैरिणम्॥**

एक बहुत सूक्ष्म बात की ओर आपका ध्यान आकृष्ट करना चाहता हूँ। देखिये बताया जा रहा है कि काम एष, क्रोध एष और एकवचन का प्रयोग किया जा रहा है। **रजोगुण समुद्भवः**—. रजोगुण समुद्भवौ नहीं। बताया जा रहा है कि जो काम है, वही जब पूर्ण नहीं होता तो क्रोध में रूपान्तरित हो जाता है और वही जब पूर्ण होता है तो लोभ में रूपान्तरित हो जाता है। तो क्रोध और लोभ ये दोनों काम ही के बदले हुए रूप हैं। इसलिए मूल में काम ही है। तो जो कर्म हम कर रहे हैं इसकी प्रेरणा राम दे रहे हैं कि काम दे रहा है? इसकी कसौटी है। जिस कर्म के द्वारा लोकहित होता है, जिस कर्म के द्वारा आप तपस्या करते हैं, आप कष्ट सहन करते हैं जिस कर्म के द्वारा आप अपनी गलत प्रवृत्तियों को नियंत्रित करते हैं और कर्म करते हैं तो उसकी प्रेरणा तो राम दे रहे हैं और जिस कर्म के द्वारा आप उपभोग की वृत्ति को, लोकैषणा को, पुत्रैषणा को, वित्तैषणा को सिद्ध करते हैं—ये तीनों एषणाएँ सिद्ध हों—ऐसे कर्म अगर आप कर रहे हैं तो ऐसे कर्मों की प्रेरणा काम दे रहा है। अन्ततोगत्वा तो सबका प्रेरक राम ही है। लेकिन एक बात पर ध्यान दीजिए। यह जो पंखा चल रहा है—इसमें आवाज नहीं हो रही है, हवा आ रही है। और बहुत से पंखे ऐसे होते हैं जिनमें खटर-खटर आवाज होती है तो खटर-खटर आवाज होती है इसके लिए बिजली दोषी है कि पंखा दोषी है। अगर बिजली दोषी होती तो सब पंखों में खटर-खटर आवाज होती। दस पंखों में खटर-खटर आवाज नहीं हो रही है, एक पंखे में हो रही है। उसमें बिजली का दोष है कि पंखे का दोष है?

इसी तरह प्रेरक तो अन्ततोगत्वा राम हैं लेकिन आपका अपना यंत्र शुद्ध है कि नहीं?

आपके अपने यंत्र में भूल, त्रुटि, विच्युति है तो इसको शुद्ध करना आपका उत्तरदायित्व है। इसके लिए अगर आप राम को दोषी ठहरायेंगे तो यह अनुचित होगा। आपके कर्म विशेष का प्रेरक राम है कि काम है इसका निर्णय आपका विवेक करेगा।

हमारे गुरुजी एक श्लोक बहुत बार सुनाते थे। इसलिए उसे मैं भी बहुत बार सुनाता हूँ। अच्छे बुरे कर्म की कसौटी क्या है?

यत् कर्म कुर्वतोऽस्यस्यात् परितोषोऽन्तरात्मनः।
तत् प्रयत्नेन कुर्वीत विपरीतं तु वर्जयेत्॥

काम को करते हुए अन्तरात्मा में परितोष होना चाहिए। कोई काम किया। उससे आपकी अन्तरात्मा परितुष्ट हुई, कि खिन्न हुई? आपकी अंतरात्मा क्या कहती है? आपने अच्छा काम किया, कि बुरा काम किया? यदि अन्तरात्मा परितुष्ट है, विवेक के अनुसार परितुष्ट है तो उस काम को प्रयत्नपूर्वक करना चाहिए। अगर आपकी अन्तरात्मा किसी काम का समर्थन नहीं करती है तो वह काम नहीं करना चाहिए। कितनी बार पश्चात्ताप करते हैं हम लोग कि हाय! यह काम क्यों किया? कैसे हो गया नारायण। कैसे हो गया? देखिये—यह भी भगवान की कृपा है कि कोई गलत काम हो जाए तो उसका पछतावा हो। अगर मन में आ जाये कोई बुरी वृत्ति, तो हमारे गुरुजी कहते थे उसको कर्म तक मत जाने दो। तुलसी बाबा ने तो कहा है कि—

मानस पुण्य होइ नहि पापा। कलियुग का एक बड़ा पुण्य प्रताप है कि इसमें मानस पुण्य तो होते हैं मानस पाप नहीं लगता। अगर कोई बुरी बात मन में आ गई तो उस बुरी बात को कर्म तक मत जाने दीजिए। पहली सीढ़ी—अगर पाँव फिसला और कर्म हो गया तो उसको बुद्धि से समर्थन मत दीजिए। एक बात पर ध्यान दीजिए। मैं इस बात को बहुत ही आग्रहपूर्वक दोहराता हूँ कि पाप न हों—इसमें धर्मशास्त्र उपादेय हैं। पर यह भी मानता हूँ कि धर्मशास्त्र तभी तक उपादेय है जब तक कि पाप नहीं हुए हों। धर्मशास्त्र कहते हैं कि इस पाप से तुम्हें कुम्भीपाक होगा, इससे जाना होगा रौरव नरक। एक-एक पाप के इतने कठोर-कठोर प्रायश्चित्त बताये गये हैं धर्मशास्त्रों में, कि सुनकर दिल दहल जायें। जब तक पाप नहीं हुए तब तक धर्मशास्त्र के उन आदेशों का यह उपकार मानना चाहिए कि उनके भय से लोग पाप नहीं करेंगे। और अगर पाप हो जायें? पाप हो जाने के बाद तो धर्मशास्त्र के कथन नृशंस, हृदयहीन-अत्याचारी की तरह लगते हैं कि पापों से मुक्ति का कोई सहज रास्ता ही नहीं है।

मैं आपसे सत्य कहता हूँ कि मैं भक्ति का सबसे बड़ा सामाजिक मूल्य यह मानता हूँ कि भक्ति ने पापियों को भी आश्वासन दिया है। भक्तों ने कहा—धर्मशास्त्र अपनी जगह सच होंगे भाई। लेकिन रामजी की कृपा उनसे भी बड़ी है। तुलसी बाबा का एक कथन मुझको बहुत शक्ति देता है। मेरे अपने जीवन में उसने मेरा बहुत कल्याण किया है। आप लोगों का भी कल्याण उससे होगा। तुलसी बाबा ने कहा है—

तुलसिदास परिहरि प्रपंच सब, नाँउ राम-पद-कमल माथ।
जनि डरपहिं तोसे अनेक खल, अपनाए जानकीनाथ॥

तुम्हारे जैसे अनेक दुष्टों को, पापियों को रामजी ने अपना लिया है। जो पाप हो गया, जो गलती हो गयी, वह बड़ी नहीं है। रामजी की कृपा उससे बहुत बड़ी है। शर्त यह है कि

उस गलती को बुद्धि से समर्थन मत दो। उस गलती को गलती मानो। उस दोष को दोष मानो। उस दोष का निवेदन रामजी को करो। हम लोग रामजी से आधी बात कहते हैं। इसलिए दु:खी होते हैं—

तुलसी राम कृपालु को, कहि सुनाउ दुख दोष।

हम खाली दु:ख सुनाते हैं, दोष नहीं सुनाते। दोष को दोष मानो। दोष को दोष मानकर राम को सुना दो। और फिर राम से प्रार्थना करो—

तुलसिदास प्रभु कृपा करहु अब, मैं निज दोष कछू नहिं गोयो।

रामजी मैंने आपसे अपना दोष कुछ नहीं छिपाया। मैंने अपने दोष को दोष मान लिया। मैंने उस दोष को सच्चे हृदय से आपको निवेदित कर दिया। अब आप कृपा करें। अब आप मुझको उस दोष से मुक्त करें—

जनि डरपहिं, तोसे अनेक खल, अपनाए जानकीनाथ।

तुलसी बाबा बोल रहे हैं—डरो मत। दोष को दोष मान लो, बुद्धि से उसको समर्थन मत दो और रामजी को वह दोष सुना दो।

कहि सुनाउ—बोल करके सुनाओ। जैसे अपनी माँ को सुनाते हो, जैसे अपने पिता को सुनाते हो। जैसे अपने मित्र को, सखा को, सहेली को सुनाते हो वैसे सुनाओ। कहि सुनाउ।

रामजी मैंने अपना कोई दोष आपसे छिपाया नहीं। मैं बता रहा था कि पाप हो गया। गलत काम हो गया। आदमी है—आदमी से पाप होगा लेकिन बुद्धि से उसको समर्थन मत दो और उसको स्वीकार करो, प्रभु को सुनाओ। लेकिन अगर कोई बुद्धि से समर्थन दे तो अनर्थ करेगा। फ्रायड का मानव समाज के प्रति एक बहुत बड़ा अपकार मैं मानता हूँ। फ्रायड कहता है कि आपके मन में कामभोग की वासना आई और उस काम-भोग की वासना को आपने दबा दिया, उसका दमन किया, तो वह ग्रंथि बन जायेगी और ग्रंथि बनकर आपके अवचेतन मन में या अचेतन मन में बसकर आपको सताती रहेगी। उससे अच्छा है आप काम को चरितार्थ करें। नारायण यह अनर्थ है।

फ्रायड केवल अवचेतन मन मानता है, अचेतन मन मानता है, उसको पापमय मानता है। हमारा योगशास्त्र कहता है कि मन की पाँच अवस्थाएँ हैं—मूढ़, क्षिप्त, विक्षिप्त, एकाग्र और निरुद्ध। हमारा योगशास्त्र कहता है कि 'मन तू ज्योति स्वरूप है, अपना मूल पिछान।' ओ मन! तू पापमय थोड़े ही है। तू ज्योतिस्वरूप है। तू अपना मूल पहचान। तेरे मन में जो पाप आ गया है तेरे मन में जो बुराइयाँ आ गई हैं। ये तो आगंतुक हैं। जैसे सफेद कपड़े के ऊपर रोशनाई का धब्बा। रोशनाई का धब्बा, स्याही का दाग। साबुन लगाओ, गन्दगी धुल जायेगी। तुम तो मूलत: सच्चिदानन्द स्वरूप हो। फ्रायड ने ऐसा क्यों कहा? क्योंकि यहूदी लोग, ईसाई लोग मानते हैं कि पाप आधारभूत है। उनके यहाँ पाप की कल्पना सफेद कपड़े पर पड़े हुए रोशनाई के धब्बे की नहीं है। उनके यहाँ पाप की कल्पना कोयले की है। कोयले को सौ बार साबुन मलो, कोयला ही रहेगा। इसलिए उन्होंने कहा कि अचेतन मन का जो पाप है वह

आपको कुंठा बनकर सताता रहेगा। उससे तो अच्छा है कि आप काम-भोग की अपनी वृत्ति को चरितार्थ कर लें। बुद्धि से समर्थन—गलत बात का, पाप का, दोष का—मनुष्य को पतन की सीमा तक ले जाता है। हमारे गुरुजी कहते थे गलत बात हो गयी तो उसको स्वीकार करो, बुद्धि से समर्थन मत दो। उसको दोष मानो, उसको भगवान को निवेदित करो। लेकिन जो ऐसा नहीं करते, उनको ईशावास्योपनिषद् आत्महन्ता कहता है।

आत्महन्ता? आत्महन्ता कोई कैसे हो सकता है भाई? आत्मा की तो हत्या हो ही नहीं सकती। **न हन्यते हन्यमाने शरीरे**—शरीर के नष्ट होने से आत्मा नष्ट नहीं होती। आत्मा की कोई हत्या क्या करेगा? आत्मा तो सबके सिर पर सवार हैं, सबसे बड़ी है। जब कुछ भी नहीं था तब भी आत्मतत्त्व था, अब भी आत्मतत्त्व है। जब कुछ भी नहीं रहेगा, तब भी आत्म-तत्त्व रहेगा। आत्म-तत्त्व का वध कौन कर सकता है? आत्महन्ता। आत्मा की हत्या कोई कैसे कर सकता है? आत्मा की हत्या नहीं कर सकता। फिर क्यों कहते हैं आत्महन्ता?

अन्यथा संतमात्मानं योऽन्यथा प्रतिपद्यते।
किं तेन न कृतं पापं चौरेणात्मापहरिणा॥

अन्यथा माने अन्य प्रकार से, संत माने होते हुए। आत्मा के अन्य रूप में होते हुए भी अगर कोई उसको दूसरे प्रकार से प्रतिपादित करे अर्थात् आत्मा का वास्तविक स्वरूप कुछ और है और उसको किसी और ढंग से कोई प्रतिपादित कर रहा है, तो उसने कौन सा पाप नहीं किया? उसने सब पाप कर दिए। उस चोर ने आत्मापहरण किया। उस आत्मापहारी चोर ने कौन सा पाप नहीं किया? अब जो लोग आत्मा को—जो कि शुद्ध है, बुद्ध है, सच्चिदानन्द स्वरूप अद्वय है, उसको अशुद्ध मानते हैं, जो उसको जड़ मानते हैं, जो सत् है उसको विनाशी मानते हैं, जो चित् है उसको अज्ञानी मानते हैं, जो आनन्दमय है उसको दु:खमय मानते हैं, जो विमुक्त है उसको परिच्छिन्न मानते हैं, कटा-छंटा सीमित मानते हैं, जो अविनाशी है उसको मरणधर्मा मानते हैं, जो कि अपने शरीर को ही आत्मा मान बैठे हैं—देहात्मवादी लोग इन्होंने तो आत्मा की हत्या कर दी। जो जैसा है, उसको वैसा न मानकर दूसरे ढंग से मानना यानी सोने को पीतल बता देना, विद्वान को मूर्ख बता देना, राजा को रंक बता देना, पुण्यात्मा को पापी बता देना—उसकी हत्या कर देना है।

तो आत्महन्ता वे लोग हो गये जिन्होंने आत्मा के वास्तविक स्वरूप को नहीं पहचाना। जिन्होंने ईशावास्य उपनिषद् के पहले दो मंत्रों में निरूपित दृष्टि को स्वीकार नहीं किया, जिन्होंने सर्वत्र ईश्वर-दर्शन के संकल्प को दृढ़ नहीं किया, जिन्होंने त्याग के द्वारा भोग या निर्लोभिता के द्वारा अर्थ-व्यवहार और कर्त्तव्य बुद्धि से कर्म करने की प्रेरणा स्वीकार नहीं की। फलाशा का त्याग करके कर्म करना सीखा नहीं, जिन्होंने केवल अपने शरीर के सुख के लिए, शरीर के संबंधियों के सुख के लिए ही कर्म करने को सर्वोपरिता दी, उन्होंने आत्महन्ता का रूप धारण कर लिया क्योंकि जो जैसा है, उसको वैसा न बताना उसकी हत्या करना है।

एक दूसरा तरीका भी है आत्महन्ता होने का। जो सुयोग आपको मिले हैं, उन सुयोगों का उपयोग न करना भी आत्महत्या करना है। श्रीमद्भागवत का एक अद्भुत श्लोक है—

नृदेहमाद्यं सुलभं सुदुर्लभं प्लवं सुकल्पं गुरुकर्णधारम्।
मयानुकूलेन नभस्वतेरितं पुमान् भवाब्धिं न तरेत् स आत्महा॥

(भागवत ११/२०/१७)

आत्महा अर्थात् आत्महन्ता। जिस व्यक्ति को अत्यन्त दुर्लभ संपूर्ण साधनों का आधार दृढ़, सुन्दर बनायी हुई नौका के सदृश मानव-शरीर मेरी (भगवान की) कृपा से सुलभ हो गया हो, जिसको कर्णधार रूपी गुरु प्राप्त हो गये हों और मेरी कृपा का अनुकूल पवन जिसको सहारा दे रहा हो फिर भी वह पुरुष यदि इस संसार-सागर को पार नहीं करता तो वह आत्महन्ता है। इतना महत्त्वपूर्ण, इतना दुर्लभ मानव शरीर, ऐसा मंगलमय साज मिला। फिर भी संसार सागर को यदि नहीं तरा तो सब गुड़ गोबर हो गया कि नहीं? तुलसी बाबा ने इसी के अनुरूप लिखा है—

साधन धाम मोच्छ कर द्वारा, पाइ न जो परलोक सुधारा।
सो परत्र दुख पावई, सिर धुनि-धुनि पछताय॥
कालहिं, कर्महिं, ईश्वरहिं मिथ्या दोष लगाय।
एहि तन कर फल विषय न भाई, स्वर्गहु स्वल्प अंत दुखदायी॥

साधनधाम मोक्ष का द्वार यह शरीर है और इसके बाद भी हम केवल विषय-भोग करते रहें। केवल विषय-भोग? तो हम प्रभु को क्या जवाब देंगे? **एहि तन कर फल विषय न भाई**— इस शरीर का फल विषय-भोग करना नहीं है। अच्छा यज्ञादि करें सकाम भाव से, जिससे स्वर्ग प्राप्त हो जायेगा। स्वर्ग भी स्वल्प है और अन्त में दुःखदायी है।

स्वर्ग भी सुख देगा अल्पकाल के लिए। बाद में बहुत दुःखदायी है क्योंकि उससे बिछुड़ने की पीड़ा झेलनी पड़ेगी। हे भगवान्! तुम अपने घर में खुश रहो। स्वर्ग के स्वप्न मत देखो। वही सपना देखोगे तो घर में नींद नहीं आएगी। यह मनुष्य का शरीर विषय भोग करने के लिए नहीं है। किसलिए है? बाबा कहते हैं—

नरतन भव बारिधि कहँ बेरो, सनमुख मरुत अनुग्रह मेरो।
सद्गुरु कर्णधार दृढ़ नावा, दुर्लभ साज सुलभ कर पावा॥
जो न तरै भवसागर, नर समाज अस पाइ।
सो कृत निन्दक मन्द मति, आत्माहन गति जाइ।।

वही शब्द—आत्महन्ता। वही उपमा। मनुष्य का शरीर संसार सागर को पार करने के लिए बेड़ा है। मेरा अनुकूल अनुग्रह मेरी संमुखता उसके अनुकूल मरुत है। गुरु कर्णधार हैं। बहुत मुंश्किल से मिलने वाली ये स्थितियाँ जिसको सुलभ हुईं—उसने अगर अपने जीवन की चरितार्थता प्राप्त नहीं की, यदि वह संसार से तर नहीं सका तो वह सो कृत निन्दक मन्द मति है इसके प्रति जो कुछ किया गया—उसको स्वीकार करके यदि वह उपयोग में नहीं लाया तो वह किए हुए की निन्दा करता है, मन्द मति है। वह आत्महन्ता है। आत्मा के स्वरूप को न समझने वाला भी आत्महन्ता है। इस साधन धाम, मोक्ष के द्वार दुर्लभ मानव शरीर का निकृष्ट कार्यों के लिए उपयोग करने वाला भी आत्महन्ता है। इसके लिए जो उपकरण हैं, उन

उपकरणों की अवज्ञा करना भी आत्महन्ता व्यक्ति का काम है। एक अद्भुत श्लोक है श्रीमद्भागवत में—

निवृत्ततर्षैरूपगीयमानाद् भवौषधाच्छ्रोत्रमनोऽभिरामात्।
क उत्तमश्लोक गुणानुवादात् पुमान् विरज्येत बिना पशुघ्नात्॥

(भागवत १०/१/४)

हमारे आपके जीवन में कितने दु:ख हैं। इसको इस तरह से समझिये कि हमारे आपके जीवन में कितने काल हैं। काल तो तीन ही हैं—एक है भूतकाल, एक है वर्तमान काल और एक है भविष्य काल। तो भूतकाल के जो दु:ख हैं उनका समष्टिगत नाम है—शोक। हाय! ऐसा क्यों हो गया? हाय! मेरा प्रिय मुझे छोड़कर क्यों चला गया? हाय! मुझे घाटा क्यों लग गया? हाय! मेरे बेटे ने ऐसा काम क्यों किया? हो गया भाई। लेकिन जो हो गया, भूतकाल का वह दु:ख जब तक चिपका रहेगा तब तक दु:खी बनाए रखेगा। उसका नाम है शोक।

वर्तमान काल में जो हमको दु:ख होता है वह होता है मूलत: मोह के कारण। मोह का जो सबसे बलिष्ठ रूप है—वह है राग-द्वेष। जो हमको प्रिय लगता है, वह हमारी आँखों के सामने बना रहे। वह हमको मिले, वह ऐसा हो—यह राग है। जो हमको प्रिय न लगता हो, वह हमारी आँखों के सामने न आये, वह ऐसा कभी न हो, वह दूर हो जाये—यह द्वेष है। जो आपको प्रिय लगता है, वह अक्सर आपके सामने नहीं आयेगा, जैसा आप चाहते हैं प्राय: वह वैसा नहीं होगा, और जो आपको अप्रिय लगता है, आपकी छाती पर मूँग दलेगा और आप दु:खी होते रहेंगे। तो हम जो वर्तमान में दु:ख पाते हैं वह मूलत: मोह के कारण अर्थात् राग-द्वेष के कारण पाते हैं। और भविष्य का जो संभावित दु:ख है उसका समष्टिगत नाम है भय। अगर ऐसा हो गया तो क्या होगा? यही भय है।

तीनों कालों के तीनों प्रकार के दु:खों को दूर कर देने की क्षमता तो सिर्फ भगवान की भक्ति में ही है। यह भक्ति भगवान की कथा सुनने से अनायास उत्पन्न होती है—

यस्यां वै श्रूयमाणायां कृष्णे परमपूरुषे।
भक्तिरुत्पद्यते पुंसः शोकमोहभयापहा॥ *(भागवत १/७/७)*

अर्थात् भागवत की कथा सुनने मात्र से परम पुरुष श्रीकृष्ण के प्रति प्रेममयी भक्ति उत्पन्न हो जाती है जिससे जीव के शोक, मोह और भय नष्ट हो जाते हैं। अत: अपना कल्याण चाहने वालों को भगवान की कथा सुननी ही चाहिए। यह कथा किन के द्वारा सुनायी जाती है? तो बताते हैं—

निवृत्ततर्षैरूपगीयमानात्—तर्ष माने तृष्णा। निवृत्ततर्षै जिन महापुरुषों की तृष्णा दूर हो गयी है। भगवान की कथा कहने वाले महापुरुष कौन हैं?—शुकदेव हैं। याज्ञवल्क्य हैं। कागभुशुण्डि हैं। शिवजी हैं। नारद हैं। ये महापुरुष कैसे हैं? जिनकी सारी तृष्णा निवृत्त हो गयी है। ये किसी कामना से, लालसा से प्रेरित हो करके कथा नहीं कहते। किसी बड़े उद्देश्य से प्रेरित होकर कथा कहते हैं।

इस संसार रूपी व्याधि की यह भगवत् कथा सबसे बड़ी दवा है। जो कान और मन को प्रिय लगने वाली है। उस भगवत् कथा को—उत्तम श्लोक भगवान के गुणानुवाद को सुनना जिसको अच्छा नहीं लगता निश्चय ही वह पशुघ्न होगा। इस पंक्ति के दो अर्थ हैं। एक तो सरल है पशुघ्न माने कसाई। जिसका हृदय कसाई की तरह कठोर है, उसको भगवान की कथा अच्छी न लगे तो न लगे, और सबों को अच्छी लगती है।

श्रीधर स्वामी ने इस श्लोक की व्याख्या करते हुए कहा—विना अपशुघ्नात् पाठ स्वीकारा है। अपशुक माने जिसका शोक दूर हो गया है। अपशुक का मतलब जिसमें शोक नहीं है। शोक किसमें नहीं है? आत्मा में शोक नहीं है। **तरति शोकं आत्मवित्**—जो आत्मवेत्ता है—वह समस्त शोकों को तर जाता है। तो अपशुघ्न का अर्थ हुआ अपशुकम् आत्मानं हन्ति आत्म-हत्यारा। जो आत्महन्ता है, उसी को भगवान की कथा अच्छी नहीं लगती।

आत्महन्ता केवल आत्मा के स्वरूप को न जानने वाला और आत्मा के स्वरूप को अन्य प्रकार से बताने वाला ही नहीं है। वह भी आत्महन्ता है जो मनुष्य के शरीर का सदुपयोग नहीं करता। इस मनुष्य के शरीर रूपी बेड़े से संसार सागर के पार नहीं जाता। वह भी आत्महन्ता है जो इस संसार सागर से पार कराने में समर्थ, समस्त शोकों से मुक्त कराने में समर्थ भगवत् कथा नहीं सुनता।

तुलसी बाबा ने यही कहा है। उन्होंने अपनी रामकथा में कहा है डंके की चोट पर—

रामचरन रति जो चह अथवा पद निर्वान।
भावसहित सो यह कथा करउ स्त्रवन पुट पान॥

अगर तुम चाहते हो कि तुमको राम के चरणों की भक्ति मिले, अगर तुम चाहते हो कि तुमको निर्वाण, मोक्ष की प्राप्ति हो तो भाव के साथ इस कथा को सुनो। यह प्रधान फलश्रुति है। छोटी मोटी फलश्रुतियाँ तो बहुत हैं।

मन कामना सिद्धि नर पावा, जे यह कथा कपट तजि गावा।

जो तुम्हारी मनोकामना है—सिद्ध होगी। अगर तुम निष्कपट भाव से यह रामकथा गाओगे। लेकिन मुख्य फलश्रुति क्या है? मुख्य फलश्रुति है कि रामायण की रामकथा के सुनने से तुम्हें भगवद्-भक्ति प्राप्त होगी या भगवान कृपापूर्वक तुमको मुक्ति देंगे। तुलसी बाबा गुस्से में आकर कहते हैं—

ते जड़ जीव निजात्मक घाती, जिन्हहिं न रघुपति कथा सुहाती।

जिनको रामजी की कथा अच्छी नहीं लगती वे जड़-जीव निजात्म-घाती हैं। वे मूर्ख जीव आत्महत्यारे हैं, आत्महन्ता हैं।

मैंने आपको बताया कि आत्मा की तो हत्या कोई कर ही नहीं सकता। आत्महन्ता यह लाक्षणिक शब्द प्रयोग है। और इस लाक्षणिक शब्द प्रयोग की कितनी व्याप्ति है। जो आत्मा के वास्तविक स्वरूप को न समझकर उसको अन्य प्रकार से प्रतिपादित करता है, जो सच्चिदानन्द अद्वय आत्मा को जड़, नाशवान, शोकयुक्त मान लेता है—वह आत्महन्ता है। जो मानव शरीर का वास्तविक सदुपयोग नहीं करता, वह आत्महन्ता है। जो सारे दुःखों, कष्टों से मुक्ति दिलाने

वांली भगवत्कथा को प्रेम से नहीं सुनता, वह आत्महन्ता है। यह आत्महन्ता शब्द का लाक्षणिक प्रयोग है। एक मजे की बात पर ध्यान दीजिए। जीवित रहते हुए जो आत्महन्ता हैं मरने के बाद वे आत्महन्ता लोग असुरों के लोक में जायेंगे। जीवित रहते हुए कोई आत्महन्ता कैसे होगा। ऐसे ही होगा जैसे बताया गया। जो अपने धर्म को, अपने कर्त्तव्य को उपेक्षित कर तत्त्व ज्ञान को न समझ कर आत्मा को गलत ढंग से प्रतिपादित करता है या गलत ढंग से व्यवहार-आचरण करता है, वह आत्महन्ता है।

ऐसे आत्महन्ता लोगों के लिए वृहदारण्यक उपनिषद् में अविद्वांसोऽबुधाः पद आता है कि वे विद्वान नहीं हैं, वे अबुध हैं। अगर वे बुध होते, ज्ञाता होते, बुंद्धिमान होते तो आत्मा का गलत प्रतिपादन करते? अगर वे सचमुच बुद्धिमान, विद्वान होते, तो मानव शरीर का दुरुपयोग करते? तो क्या वे भगवत् कथा से प्रीति नहीं करते? इसलिए उनको आत्महन्ता कहो। उनको अविद्वान कहो। अबुध कहो। ये सब समानार्थक प्रयोग हैं। ऐसे लोग असुरों के निवास योग्य, अन्धकार से आच्छन्न तमसावृत्त लोक में मरने के बाद जायेंगे।

पाठान्तर है—असूर्या और अनन्दा अर्थात् सूर्यरहित अन्धकाराच्छन्न और आनन्द रहित, दुःख से परिपूर्ण। आत्महन्ता ऐसे ही लोक में जाते हैं। ज्यादा प्रचलित पाठ है असुर्या अतः उसका कुछ और विवेचन करना चाहिए। बताया है—

असुषु इन्द्रियेषु रमन्ते, ते असुराः

असुर वे हैं, जो अपनी इन्द्रियों के भोग में रमण करते हैं। असु माने इन्द्रियाँ। आप लोगों ने अगर श्रीमद्भगवद्गीता का अध्ययन किया हो, तो आपको मालूम होगा कि उसके सोलहवें अध्याय में दैवी संपदा और आसुरी संपदा का वर्णन है। सोलहवें अध्याय में बताया गया है कि देव और असुर दो प्रकार की सृष्टियाँ हैं। पहले छब्बीस गुण बताये गये हैं जो दैवी संपदा है—

अभयं सत्त्वसंशुद्धिर्ज्ञानयोगव्यवस्थितिः।
दानं दमश्च यज्ञश्च स्वाध्यायस्तप आर्जवम्॥
अहिंसा सत्यमक्रोधस्त्यागः शान्तिरपैशुनम्।
दया भूतेष्वलोलुप्त्वं मार्दवं ह्रीरचापलम्॥
तेजःक्षमा धृतिः शौचमद्रोहो नातिमानिता।
भवन्ति संपदं दैवीमभिजातस्य भारत॥ *(गीता १६/१-३)*

दैवी संपदा के छब्बीस गुण हैं। अभय से शुरू होकर विनय तक। विनोबा भावे ने कहा कि सेनापति कौन? अभय। पहला गुण कौन? अभय। और सबसे अन्तिम गुण कौन? विनय। किसी भी गुण का अहंकार आया तो बेड़ा डूबा। गुणों का अहंकार नहीं होना चाहिए। गुण किसके? **'निज दूषण गुण राम के।'** गुणों का अहंकार नहीं। दोषों की जिम्मेदारी किसकी? रामजी की। नहीं, नहीं। दोषों की जिम्मेदारी मेरी निज दूषण—अपने दोषों को दूर करने की जिम्मेदारी मेरी। गुण किसके? रामजी के। यह संत की दृष्टि है। सांसारिक की दृष्टि बिल्कुल उल्टी है। दोष समाज के, सरकार के, माँ-बाप के, दूसरों के, अध्यापकों के, सबके। गुण मेरे।

ऐसा नहीं होना चाहिए।

और आसुरी संपदा क्या है?

दंभो दर्पोऽभिमानश्च क्रोधः पारुष्यमेव च।
अज्ञानं चाभिजातस्य पार्थ संपदमासुरीम्॥ *(गीता १६/४)*

आसुरी संपदा का आरंभ होता है दंभ से। दंभ अर्थात् जो हम नहीं हैं, अपने को बढ़ा चढ़ाकर वह दिखाना। मैं नहीं जानता उपनिषदों के बारे में। मैं अपने को उपनिषद् का ज्ञाता कहूँ तो मैं दांभिक हूँ। मैं जब बताता हूँ कि मैंने गुरुजी से सुना सीखा और मैं गुरुजी की बात बोल रहा हूँ तो दंभ से बच गया। इस प्रवचन की कोई बात मेरी नहीं है। बड़ों की बात, गुरुजनों की बात बोल रहा हूँ। दंभ उसको कहते हैं जो हम नहीं हैं उसको बढ़ चढ़कर बताना। दंभ नहीं करना चाहिए। दर्प-अहंकार, अभिमान। क्रोधः—गुरुजी कहते थे **कं सुखं रोधयति** जो सुख का अवरोध कर दे, वह क्रोध है। क्रोध का एक और नाम है आश्रयाश। आश्रयाश का मतलब है अपने आश्रय को खाने वाला। क्रोध दूसरे को बाद में जलाएगा, पहले क्रोध करने वाले को जलायेगा। जिसके ऊपर आपको क्रोध आया है, उसका आप क्या बुरा करेंगे? कब बुरा करेंगे? कौन जाने? आपने अपना बुरा तो क्रोध करते ही कर लिया। क्रोध आसुरी संपदा है। पारुष्य—कठोर वाणी, कठोर बात। नारायण! क्यों कठोर बोलना। क्यों कड़वी बात बोलना। कहते हैं—सच है, इसलिए कड़वा है, नहीं। आपका अहंकार है इसलिए कड़वा है। आप दूसरे का अपमान करना चाहते हैं, इसलिए कड़वा है। सच को मीठा बनाया जा सकता है। उसको मीठा ही बनाकर बोलने का आदेश है—

सत्यं ब्रूयात् प्रियं ब्रूयात न ब्रूयात् सत्यमप्रियम्।
प्रियं च नानृतं ब्रूयात् एष धर्मः सनातनः॥

सनातन धर्म चार प्रकार से बाँधता है। सच बोलो, प्रिय बोलो। अप्रिय सत्य मत बोलो। तो क्या झूठ बोलें? नहीं, प्रिय मिथ्या भी मत बोलो। सत्य को प्रिय बनाकर बोलो। ऐसे बोला जा सकता है अगर आपके मन में अहंकार न हो। ऐसे बोला जा सकता है अगर सामने वाले का अपमान करना अभीष्ट न हो। अगर आप सामने वाले को अपमानित नहीं करना चाहते तो सबके सामने उसका दोष क्यों बताते हैं? अगर उसमें रत्ती भर गुण हैं तो सबके सामने बताइये। गुण का विस्तार होगा। अगर आप उसको सचमुच प्यार करते हैं, अगर आप उसका सचमुच भला चाहते हैं और आपको उसमें दोष दिखायी पड़ता है तो उसको अकेले में बताइये। अकेले में समझाइये। आपका पूरा पिछला व्यवहार अगर अच्छा होगा, अगर आपका पूरा व्यवहार उसको विश्वास योग्य लगेगा, अगर आपके पूरे व्यवहार से उसको यह आश्वासन मिलेगा कि ये हमारे भले के लिए कह रहे हैं तो वह आपकी बात मान लेगा। लेकिन अगर आपका पूरा व्यवहार उसको अपमानजनक लगेगा, अगर आपका पूरा व्यवहार उसको द्वेषमूलक लगता होगा तो आप अकेले में कहेंगे तब भी वह नहीं सुनेगा।

तो यह जो आसुरी संपदा है, उससे बचिये। इन दुर्गुणों से बचिये। सोलहवें अध्याय को विस्तार से पढ़ें। उसमें बताया गया है कि आसुरी सृष्टि वाले लोग कहते हैं कि मैं यह आज

पा चुका उसको कल हरा दूँगा। उसको मार दूँगा। यह प्राप्त कर लूँगा, वह प्राप्त कर लूँगा। कर सकते हो तो कर लो। इतना बखानते क्यों हो? इतना अहंकार क्यों दिखाते हो? यह आसुरी संपदा है। सद्गुण-सम्पन्न व्यक्ति बड़े-से-बड़े काम को करने के बाद भी यह समझता है कि यह भगवान की कृपा से हुआ है। श्रेय भगवान का है। अहंकार क्यों आना चाहिए?

एक कहानी सुनाता हूँ। एक गुरुकुल था। उसके कुलपति थे। एक युवा ऋषि था बड़ा विद्वान। उन्होंने कहा कि अब से यह पढ़ायेगा। वह प्रवचन करने लगा। वृद्ध-वृद्ध ऋषि आये। बोलते-बोलते उसके मुँह से निकल गया—बालका: इति होवाच। उसके मुँह से निकल गया बालक। सब वृद्ध ऋषि नाराज हो गये। अरे! यह कल का छोकरा। हमारे सादे बाल। यह काले बालोंवाला। यह हमको बालक बोलता है। जाकर कुलपति से उन्होंने शिकायत की कि आपने किसको प्रवचनकर्त्ता बना दिया। वह तो हमको बालक बोलता है। कुलपति ने उत्तर दिया—

न तेन वृद्धो भवति, येनास्य पलितं शिरः।
यौवै युवाप्यधीयानस्तं देवाः स्थविरं विदुः॥

बाल पक गये हैं। बाल सादे हो गये हैं। इसीलिए आप बूढ़े हो गये। बड़े हो गये। जिसके बाल पक गये हैं वह बूढ़ा हो गया यानी ज्ञानी हो गया है, ऐसी बात नहीं है।

जो युवा होते हुए भी अधीयान है, पढ़ा-लिखा है, ज्ञानी है, ज्ञाता है, जानकार है, देवता उसी को स्थविर, उसी को बड़ा, बूढ़ा, ज्ञानी कहते हैं। इसलिए उसको अधिकार है कि वह आपको बालका: कहे। मुझको तो नहीं है लेकिन मैं अभ्यास-दोष से कभी-कभी ऐसा कह देता हूँ।

हम लोगों को सुख मिलता है किस चीज में, कैसे सुख मिलता है? इस पर विचार कीजिए। सुख भी तीन प्रकार के होते हैं। कोई दैवी संपदा का सुख होता है, कोई आसुरी संपदा का सुख होता है। गीता में बताया गया—

अभ्यासात् रमते यत्र दुःखान्तंच निगच्छति।
यत्तदग्रे विषमिव परिणामेऽमृतोपमम्॥ *(१८/३६-३७)*

तत्सुखं सात्विकं प्रोक्तं आत्मबुद्धि प्रसादजम्। सात्त्विक सुख कौन सा है? अभ्यासांत् रमते यत्र। पहली शर्त यह है कि सात्त्विक सुख अनायास नहीं मिलता। सात्त्विक सुख की प्राप्ति के लिए लम्बा अभ्यास आवश्यक है। ध्यान करने से जो सुख मिलता है, लम्बे अभ्यास के बाद मिलेगा। पढ़ने से जो सुख मिलता है, लम्बे समय तक पढ़ते रहने से मन को एकाग्र करके अध्येतव्य विषय में लगाने से मिलेगा। सेवा करने से जो सुख मिलता है, लम्बे समय तक मन को प्रशिक्षित करके विपरीत स्थितियों में भी दुःखियों की सेवा करने से मिलेगा। कैसे मिलते हैं ये सब सुख? अभ्यास से। ऊँची कोटि का सुख प्रास करने के लिए, मन को संयत करने के लिए लम्बे समय तक का अभ्यास आवश्यक है। लोगों को शराब पीने का भी अभ्यास हो सकता है। पर उस अभ्यास से सात्त्विक सुख नहीं मिल सकता। सात्त्विक सुख की दूसरी शर्त है, **दःखान्तं च निगच्छति**—जिस लम्बे अभ्यास के द्वारा आप दुःख को दूर

करते हैं और फिर यत्तदग्रे विषमिव—पहले वह विष जैसा लगता है। किसी हरिजन मुहल्ले में जाकर, उस गंदगी में बैठकर बच्चों को पढ़ाना पहले तो विष जैसा ही लगता है। अपने पास थोड़ा सा ही रुपया है उसमें से किसी को कुछ दे देना कठिन ही लगता है। जो चीज हमको मिल सकती है, वह खुद न लेकर दूसरों को दे देना—कठिन ही लगता है। आरम्भ में जो विष की तरह लगता है, लेकिन परिणाम में जो अमृत है, जो अपनी बुद्धि में निर्मलता लाता है, प्रसाद से जो उत्पन्न होता है यह साधनालब्ध सुख सात्त्विक सुख है।

विषयेन्द्रियसंयोगात् यत्तदग्रेऽमृतोपमम्।
परिणामे विषमिव तत्सुखं राजसं स्मृतम्॥

विषय और इन्द्रिय के संयोग से जो सुख मिलता है, जो पहले अमृत जैसे लगता है वह राजस सुख है। आँख का विषय है रूप। आँख सुन्दर मनुष्य को देखकर जो सुख पाती है—वह सुख अमृत जैसा लगता है। और उसके पीछे-पीछे मर्यादा छोड़कर जाये तो जूता पड़ता है। वह विष हो जाता है।

गोलगप्पा खाने से बड़ा सुख मिलता है। पेट खराब है, फिर भी गोलगप्पा खाते चले गये। जीभ के उस आरंभिक सुख का परिणाम तो विषमय ही होगा।

यह सच है कि मनोनुकूल विषय और इन्द्रिय के संयोग से सुख मिलता है। आँख जब-जब सुन्दर रूप देखेगी, सुख पायेगी। रसना जब जब स्वादु पदार्थों का भोग करेगी—सुख पायेगी। कान जब जब मीठी बातों को सुनेगा, सुख पायेगा। नाक जब-जब सुगन्ध सूँघेगी, सुख पायेगी। त्वचा को जब-जब कोमल प्रिय स्पर्श मिलेगा—सुख मिलेगा। लेकिन ये सब परिणाम में विषतुल्य भी हो सकते हैं—

दीपशिखा सम जुवति तन, मन जन होसि पतंग।
भजहिं राम, तज़ि काम मद करहि सदा सत्संग॥

पुरुष के लिए दीपशिखा सम युवती तन है तो युवती के लिए पुरुष भी दीपक के समान है। इसमें भेद नहीं है। इन्द्रिय और विषय के संयोग से जो अधर्म्य काम-सुख प्राप्त होता है तात्कालिक सुख मिलता है वह राजस सुख है किन्तु परिणाम में वह विषमय होता है।

यत्तदग्रे चानुबन्धेच सुखं मोहनमात्मनः।
निद्रालस्यप्रमादोत्थं तत्तामसमुदाहृतम्॥

जो पहले भी और बाद में भी, आरम्भ में भी और अनुबन्ध में भी, जो अपने मन को सम्मोहित कर देता है, मूढ़ कर देता है वह तामस सुख है। याद रखिये—मूढ़ बनकर जो सुख मिलता है, वह सर्वनाशी सुख होता है। शराब पीकर जो सुख मिलता है, वह मन को मूढ़ बनाकर सुख मिलता है। ये सब जो नई प्रकार की मादक सामग्री हैं—ये मन को मूढ़ बना देती हैं। आपको मूढ़ बनाकर जो सुख देना चाहता है उससे सावधान रहिये, वह आपका हितैषी नहीं है, शत्रु है शत्रु। अपने मन को मूढ़ बनाकर जो सुख मिल रहा है, जो प्रमाद से, आलस्य से, निद्रा से मिलने वाला सुख है—वह तामस सुख है। याद रखिये—राजस तामस सुख आसुर सुख है।

कौन असुर हैं? वे जो इन्द्रियों को विषयों में रमाते हैं। यह शंकराचार्य का कथन है कि विषय सुख में ही जो रमण करते हैं—वे असुर हैं। राजस-तामस सुख के पीछे जो पागल हैं—वे असुर हैं। तामस सुख तो स्पष्टतः तमसाच्छन्न है, अंधकारमय है।

सारी सृष्टि को हमारे पुरखों ने तीन भागों में बाँट दिया—प्रकाश, क्रिया और स्थिति। प्रकाश माने ज्ञान। ज्ञान माने सत्त्वगुण। प्रवृत्ति माने क्रिया, हलचल—रजोगुण। और स्थिति-जड़ता, अज्ञान, अंधकार तमोगुण। तो ये जो असुरों के योग्य लोक हैं—वे अंधकार से, तमस से, अज्ञान से, तमोगुण से आच्छन्न है।

लोक के ऊपर भी एक बात है। प्रेत्याभिगच्छन्ति—मतलब क्या है? प्रेत्य का एक मतलब तो सीधे-सीधे है मरकर। जो लोग स्वर्ग लोक, नरक लोक को मानते हैं वे तो इसे मान लेंगे कि मरने के बाद आत्महन्ता लोग असुरों के अन्धकारमय लोक में जाते हैं। जो स्वर्ग नरक आदि लोकों को नहीं मानते उनके लिए इनका प्रतीकार्थ ग्राह्य है। **स्वर्गः सत्त्वगुणोदयः**—जब सत्त्व गुण का उदय होता है तब स्वर्ग है। और जब सत्त्व, राजस मिला रहता है तो पृथ्वी लोक है। हलचल कर रहे हैं, अच्छे काम कर रहे हैं, और जब राजस-तमस मिलता है या तमस ही प्रधान हो जाता है तो नरक है, अज्ञान है। इसी लोक में स्वर्ग भी है, इसी लोक में नरक भी है। सोचिये, आप किसका भोग कर रहे हैं?

कर्म प्रधान विश्व करि राखा, जो जस करइ सो तस फल चाखा।

यहीं स्वर्ग है। यहीं नरक है। सत्त्व गुण में रमण कर रहे हैं तो स्वर्ग में हैं। तमोगुण में रमण कर रहे हैं तो नरक में हैं। तो यहाँ प्रेत्य का अर्थ है कि अपने मूल से वंचित होकर। इस सन्दर्भ में लोक का मतलब? शंकराचार्य जी ने बताया है कि लोक का मतलब लोग भी होता है। लोक का मतलब योनि भी होना चाहिए।

लोक्यते भुज्यते कर्मफलानि यत्र—जहाँ अपने कर्मों का फल भोगा जाता है, उसको लोक कहते हैं। लोक में आलोक का, प्रकाश का अंश छिपा हुआ है। तो केवल मानव-योनि नहीं; समस्त योनियाँ—ये भी लोक ही हैं। उनमें कहीं-न-कहीं थोड़ी चेतना भी होती है।

हित अनहित पशु पच्छिउ जाना—क्या पशु-पक्षी नहीं जानते कि आप उसको प्यार करते हैं या उनसे द्वेष रखते हैं। जो संत लोग हैं, उनके सिर पर आकर चिड़िया बैठ जाती हैं। और जो कसाई लोग हैं उनके पास भी कोई नहीं फटकती। उनको भी ज्ञान है। यानी किसी भी योनि में थोड़ा सा प्रकाश, थोड़ा सा ज्ञान रहता ही है। वह थोड़ा सा प्रकाश, थोड़ा सा ज्ञान उनके उद्धार का आधार बनता है। तो लोक का एक अर्थ योनि भी है। गीता में कहा गया है—

ऊर्ध्वं गच्छन्ति सत्त्वस्थाः मध्ये तिष्ठन्ति राजसाः।
जघन्य गुण-वृत्तिस्थाः अधो गच्छन्ति तामसाः॥

जो सत्त्व गुण में रहते हैं, वे ऊर्ध्वगामी होते हैं। उनको अच्छी योनियाँ मरने के बाद मिलती हैं। अगर मनुष्य योनि मिलेगी तो वे अधिक विद्वान, अधिक गुणी, अधिक त्यागी होंगे, अधिक अच्छी योनि मिलेगी तो देव योनि मिलेगी। **मध्ये तिष्ठन्ति राजसाः**—जो राजस गुण संपन्न हैं वे मध्य में हैं। **अधोगच्छन्ति तामसाः**—जो तमोगुणी होते हैं, वे अधो लोक में यानी तिर्यक् योनियों में जाते हैं। पशु बनते हैं। पक्षी बनते हैं। तो हम अपने कर्मों के ही

आधार पर—सत्त्व, रजस, तमस के आधार पर ही लोक या योनि—जो अर्थ लें उसे प्राप्त करते हैं।

कुछ लोगों ने मरने का अर्थ यहाँ सीधे-सीधे आत्म-हत्या किया है। अगर आत्महत्या अर्थ लिया जायेगा तो पहले दो मंत्रों से इसका ठीक मेल नहीं बैठेगा। मंत्र की संगति बैठानी पड़ती है। अर्थ की भी संगति बैठानी पड़ती है। पहले दो मंत्रों के बाद यह तीसरा मंत्र आया। तो पहले दो मंत्रों से इसका कोई जोड़ होना चाहिए कि नहीं? कोई मेल होना चाहिए। जो उन दोनों मंत्रों में बताए हुए मार्ग को स्वीकार न करे—वह लाक्षणिक दृष्टि से आत्महन्ता, अज्ञान के, तमोगुण के द्वारा प्रेरित होकर असुरों के निवास योग्य हीनतर लोकों में जाता है। उसका अकल्याण होता है। उसकी दुर्गति होती है। लेकिन कुछ लोगों ने इसका अर्थ आत्महत्यां ही ले लिया है।

हमारे देश में आत्महत्या को बहुत बड़ा पाप, सबसे बड़ा पाप माना गया है। इसलिए भी बहुत से लोग मानते हैं कि आत्महत्या का फल बताने वाला यह मंत्र है।

जो आत्म हत्यारे होते हैं, आत्म हत्या कर लेते हैं, वे असुरों के निवास योग्य, अंधकार से तमसाच्छन्न लोक में मरने के बाद जाते हैं। कोई आत्महत्या क्यों करता है? आत्महत्या किसको कहते हैं? आत्महत्या कहते हैं—स्वेच्छया परिस्थिति विशेष के दबाव से अपने शरीर का अन्त कर देना। परिस्थिति विशेष का दबाव माने क्या हुआ? यानी जिस परिस्थिति में वह जी रहा है, वंह उसको अतिशय दु:खपूर्ण, अतिशय कष्टपूर्ण लगती है। और उस जीने से मरना—अच्छा मानकर वह आत्महत्या कर लेता है। हमारी परंपरा की दृष्टि में कर्मफल भोगे बिना कटते नहीं। जो भी दु:ख कष्ट इस समय आपको मिल रहा है, आपके कर्म के फल के रूप में मिल रहा है। आप ऐसा जघन्य, ऐसा अनुचित, ऐसा अधर्ममय आत्महत्या का कार्य करेंगे तो अगला जन्म कितना कष्टमय हो जायेगा। अत: आत्महत्या नहीं करनी चाहिए। आत्महत्या करना पाप है।

यहूदियों ने, ईसाइयों ने ठीक-ठीक आत्महत्या के बारे में अपने मूल-ग्रंथ में नहीं लिखा है। कुरान शरीफ में आत्महत्या की निन्दा है। मध्य युग में आकर पोप ने भी आत्महत्या की निन्दा की। आत्महत्या बराबर घबराकर, डरकर, दु:ख न झेल पाने के कारण जीवन को समाप्त कर देने को कहते हैं। जान बूझकर अच्छे उद्देश्य से जीवन को अर्पित कर देने का नाम आत्महत्या नहीं है। बड़े उद्देश्य को सामने रखकर अगर कोई शरीरान्त करता है तो वह आत्म-समर्पण है, आत्मोत्सर्ग है, वह आत्महत्या नहीं है। जाना हुआ उदाहरण दे रहा हूँ। जब दधीचि से जाकर देवताओं ने कहा कि हमको कहा गया है कि आपकी अस्थि से वज्र बनेगा, उसी वज्र से वृत्रासुर का वध होगा इसलिए आप लोक-कल्याण के लिए अपनी अस्थियाँ दे दीजिए। वे जीवित रहकर कैसे अस्थि देते? उन्होंने लोक मंगल के लिए अपना शरीर त्यागना स्वीकार कर लिया। कथा है कि उन्होंने अपने शरीर में नमक का लेप कराया, गाय से अपने शरीर को चटवाना शुरू किया। इससे धीरे-धीरे उसका चमड़ा फट गया रक्त निकल गया, मांस निकल गया और अस्थियाँ निकल आईं। अब दधीचि ने क्या आत्महत्या की? नहीं उन्होंने आत्मोत्सर्ग किया।

कर्मफल को न भोग पाने के कारण, दुःखों से घबराकर जो मूढ़तावश शरीरांत करते हैं, वे आत्महत्या करते हैं। उनके इस कार्य का और बड़ा दुष्परिणाम उनको अगले जन्म में भोगना पड़ता है। इसलिए आत्महत्या अत्यन्त जघन्य पाप है। जो आत्महत्या करेगा उसको असुरों के निवास योग्य अन्धतम लोक प्राप्त होंगे ही होंगे। आत्महत्या नहीं करनी चाहिए। भगवान से प्रार्थना करनी चाहिए—दुःख कष्ट भोगने की शक्ति देने की। ऐसा भी संभव है कि हम दुःखों से घिरे रहें और फिर भी दुःख हमें स्पर्श न करें। गीता में एक अद्‌भुत श्लोक है। आज उसका केवल संकेत ही कर सकता हूँ। गीता में योग की तीन परिभाषाएँ हैं। दो परिभाषाएँ विख्यात परिभाषाएँ हैं। **योगः कर्मसु कौशलम्**—कर्म में कुशलता का नाम योग है। **तथा समत्वं योग उच्यते**—सुख-दुःख, यश अपयश, हानि लाभ, जीवन-मरण में सम रहना योग है। लेकिन एक तीसरी परिभाषा है और वह अद्‌भुत परिभाषा है। **तं विद्यादुःखसंयोगवियोगं योगसंज्ञितम्**। उसकी संज्ञा योग है, योग उसको कहा जाता है, किसको कहा जाता है? दुःख के संयोग के वियोग को योग कहते हैं। कैसी अद्‌भुत बात है। दुःख के संयोग के वियोग को योग कहते हैं। दुःख के वियोग को योग कहते हैं—यह क्यों नहीं कह दिया? बोले—ऐसा नहीं होता। कोई मनुष्य शरीर धारण करे उसको दुःख नहीं हो ऐसा नहीं होता।

यह संभव है कि दुःख हो किन्तु दुःख के संयोग का वियोग हो। दुःख का वियोग नहीं हो सकता। तीन बातें हैं। तीन स्थितियों पर ध्यान दीजिए, हम दुःखी कब होते हैं? कोई भी दुःखी कब होता है? पहली बात तो यह है कि जीवन में दुःख के हेतु बराबर बने रहेंगे। हम आप किस खेत की मूली हैं। राम कृष्ण भी अगर मनुष्य शरीर धारण करके आएँगे तो उनके जीवन में भी दुःख के हेतु बराबर बने रहेंगे। हम लोग बहुत दुःखी हैं? एक बार कृष्णजी के जीवन की ओर देखिये। उनके माता-पिता बन्दीगृह में थे। जन्म के पहले उनके छह भाइयों का वध हो गया। वे बन्दीगृह में पैदा हुए। दूसरे के घर पले। छह दिन के थे, तब से उनकी हत्या करने का प्रयास चला। न पढ़े न लिखे। बचपन से गाय चरा-चरा के बड़े हुए। जिनसे बहुत प्रेम था, उनको छोड़कर आना पड़ा। अपने सगे मामा को मारना पड़ा। उस मामा के ससुर जरासंध ने अठारह बार मथुरा पर आक्रमण किया। सत्रह बार बचे। अठारहवीं बार भागे। महाभारत में बताया है कि जरासंध ने आग लगा दी थी। आग से कूदकर भागे। नंगे पाँव। सब लोगों को आगे भेज दिया था। नंगे पाँव भीख माँग करके संतों-ऋषियों के यहाँ ठहरते-खाते वे द्वारका पहुँचे। द्वारका में उन्होंने नया नगर बसाया। जिसमें अठारह अक्षौहिणी सेना का नाश हो गया ऐसे महाभारत का उन्होंने नायकत्व किया। उनके जीवन के अन्त में दुनिया का सबसे निरर्थक युद्ध यदुवंश का युद्ध हुआ। यादव कुल का सर्वनाश हो गया। उनकी आँखों के सामने उनके बेटे, उनके पोते, उनके भतीजे, उनके भाई सब मर गए। इतना दुःख हमको आपको मिला है? जिसने अपने जीवन में इतने दुःखों के हेतुओं को देखा है उसने गीता लिखी है और वह कहता है—

तं विद्यादुःखसंयोगवियोंगं योगसंज्ञितम्।

योग उसको कहते हैं जिसमें दुःख के संयोग का वियोग होता है। और हमारे रामजी का जीवन कैसा बीता? मुझे गुलाब जी की कविता याद आ रही है,

जिनका नाम लिये दुख भागे
मिला उन्हें तो दुख ही दुख जीवन भर आगे-आगे।
छूटा अवध, साथ प्रिय जन का
शोक असह था पिता-मरण का
देख दुःख मुनियों के मन का, वन के सुख भी त्यागे।
मिला उन्हें तो दुख ही दुख जीवन भर आगे-आगे॥
व्याकुल प्रिया विरह में फिरना
कैसे हो सागर का तिरना
मूर्च्छित हो भ्राता का गिरना नित नव-नव दुख जागे।
मिला उन्हें तो दुख ही दुख जीवन भर आगे-आगे॥
गूँजी ध्वनि जब कीर्ति-गान की
फिर चिर दुख दे गयी जानकी
माँग उन्हीं सी शक्ति प्राण की मन तू सुख क्या माँगे!
मिला उन्हें तो दुख ही दुख जीवन भर आगे-आगे॥

लगता है न, राम को दुःख मिला। कृष्ण को दुःख मिला। नहीं, नहीं, दुःख नहीं मिला। दुःख के हेतु उनके जीवन में आये। बात ठीक से समझिये।

हमारे आपके जीवन में दुःख के हेतु बराबर बने रहेंगे। हमारे प्रिय जनों का वियोग होगा, हमारा अपमान होगा, हम बीमार पड़ेंगे, हमको घाटा लगेगा, हमारा अपयश होगा। दुःख के हेतु बने रहेंगे। जब दुःख के हेतु जीवन में आयेंगे तो थोड़े से समय के लिए वृत्ति दुःखाकार हो जायेगी। लेकिन वृत्ति अपनी परिभाषा से वर्तनशील है। वृत्ति का मतलब है जो बदलती रहे, जो बरतती रहे। जो स्थिर न रहे। अभी हममें सुख की वृत्ति है—सुखी हैं। दुःख की वृत्ति आई दुःखी हो गये। काम की वृत्ति आई कामी हो गये। लोभ की वृत्ति आई लोभी हो गये। अभिमान की वृत्ति आई अभिमानी हो गये। ज्ञान की वृत्ति आई, ज्ञानी हो गये।

योगश्चित्तवृत्ति निरोधः—योग तो चित्त की वृत्तियों का निरोध है। यदा द्रष्टुः स्वरूपे अवस्थानम् तब द्रष्टा अपने स्वरूप में अवस्थान करता है। जो उसका सच्चिदानन्द स्वरूप है। वृत्तिसारूप्यमितरत्र—अन्य स्थितियों में व्यक्ति वृत्तियों से एक रूप होकर कामी, क्रोधी, उत्साही, आलसी, दयालु, क्रूर आदि अपने को मानने लगता है। लेकिन जब भी दुःखाकार वृत्ति आयेगी, तब अपनी परिभाषा से ही वह थोड़े समय रहेगी—चली जायेगी। पुरुषों को यह तथ्य अधिक मालूम होगा—हम लोग श्मशान में जाते हैं और वहाँ नाना प्रकार की बातें करते हैं। श्मशान में—चिता जलती रहती है तो भी लोग रुपये-पैसे की बात करते हैं। पार्टी की बात करते हैं। नौकरी की बात करते हैं। खाने-पीने की बात करते हैं। नारायण!

वृत्ति अपनी परिभाषा से वर्तनशील है। केवल वृत्ति अगर दुःखाकार होगी तो थोड़े समय बाद चली जायेगी। दुःखी हम कब होते हैं? दुःख के हेतुओं से दुःखी नहीं होते। दुःखाकार

वृत्ति से दुःखी नहीं होते। जब हम दुःख को स्वीकृति देते हैं जब हम दुःख का अभिमान करते हैं तब दुःखी होते हैं। दुःख को स्वीकृति देना यही दुःखी होना है। ऐसा संभव है कि दुःख के हेतु चारों ओर रहें फिर भी हम दुखी नहीं हों। हँसकर आने वाली विपत्ति से कहें—

तू फिर आ गई गर्दिशे आसमानी।
बड़ी मेहरबानी, बड़ी मेहरबानी॥

बड़ी मेहरबानी आजा बैठ जा—बैठ जा। दुःख के हेतु हों, लेकिन दुःख के हेतु हमको स्पर्श न कर सकें। दुःख के संयोग का वियोग हो। दुःख हमको छू न सके। ऐसा संभव है। रामकृष्ण परमहंस देव कहते थे कि तुम कटहल काटोगे तो उसका दूध लगेगा। सरसों का तेल लगाओ, कटहल काटो, दूध नहीं लगेगा। दूध है, दूध का वियोग नहीं है। दूध के संयोग का वियोग है। योग उसको कहते हैं जिसको धारण करने से दुःख के संयोग का वियोग होता है।

दुःखों के हेतु रहेंगे। थोड़े समय के लिए वृत्ति दुःखाकार होगी, लेकिन हम दुःखी नहीं होंगे—

माँग उन्हीं सी शक्ति प्राण की।
मन तू सुख क्या माँगे॥

ओ मूढ़ मन। सुख माँगता है। सुख के पीछे तो दुःख लगा रहेगा। कालिदास ने कहा है—

कस्यैकान्तं सुखमुपनुतं दुःखमेकान्ततो वा।
नीचैर्गच्छत्युपरि च दशा चक्रनेमिक्रमेण॥

किसको केवल सुख मिला? किसको केवल दुःख मिला? जैसे रथ का पहिया ऊपर-नीचे, ऊपर-नीचे होता रहता है। वैसे ही कभी सुख कभी दुःख कभी सुख कभी दुःख आता जाता रहता है। सुख मत माँगिये। सुख और दुःख में सम रहना माँगिये। सुख-दुःख आपको स्पर्श न करें। सुख-दुःख के परे जो परम आनन्द है उसका अनुभव करें, उसकी उपलब्धि करें। सुख-दुःख तो द्वन्द्वात्मक हैं। द्वन्द्वातीत हो जाएँ। सच्चिदानन्द स्वरूप का अनुभव करें। आनन्द का कोई विपरीतार्थक शब्द नहीं है।

तो कर्म फल के भोग के कारण विचलित होकर जो आत्महत्या करता है—उसको तो असुरों के निवास योग्य अन्धतम लोक प्राप्त होंगे—ही—होंगे। यह संभव है कि दुःखों के हेतुओं से घिरे रहकर भी हम दुःखी न हों और उन दुःखों का अतिक्रमण करें। यह संभव है कि हम उस समय भी परमानन्द का अनुभव करते रहें। आत्महन्ता होने की प्रवृत्ति आ सकती है हमारे मन में, पर हम आत्महन्ता होने से बचें। श्रद्धा के साथ, आस्था के साथ हम यह मानें कि आज नहीं तो कल, कल नहीं तो परसों कभी आने वाले समय में भगवान की कृपा से ऐसी मानसिकता हम प्राप्त करेंगे जबकि सर्वत्र ईश्वर-दर्शन होगा, जब हम त्याग के द्वारा भोग करेंगे, जब हम अर्थ में निर्लोभ रहेंगे, जब हम केवल कर्त्तव्य-कार्य को फलाशा से मुक्त होकर करते रहेंगे। तब हम आत्महन्ता नहीं होंगे। तब हमको आत्मोपलब्धि होगी।

□□

प्रवचन क्रम—८

भगवान की कृपा के कितने रूप विलसित होते हैं इसकी हम धारणा नहीं कर सकते। सच्ची बात तो यह है कि भगवान कृपा के अतिरिक्त और कुछ करते ही नहीं हैं। तुलसीदास की एक अद्‌भुत पंक्ति है जो मुझे बार-बार स्मरण आती है। अच्छा बताओ प्रभु का शरीर, प्रभु की मूर्ति किससे बनी है? प्रभु की मूर्ति क्या हाड़-मांस से बनी है? प्रभु की मूर्ति क्या धातुओं से, प्रस्तर से, मृत्तिका से बनी है? तुलसीदास का बेखटके उत्तर है—

है तुलसिहिं परतीति एक प्रभु मूरति कृपामयी है।

तुलसीदास का यह दृढ़ विश्वास है कि प्रभु की मूर्ति कृपामयी है। केवल कृपा से बनी है और अपने जीवन में अनुकूल-प्रतिकूल जो भी आये वह प्रभु की कृपा है। कृपा वेश बदल-बदल कर आ रही है। केवल इसका अनुभव कराने के लिए कि प्रत्येक स्थिति में वे तुम्हारे प्रति अपना वरदहस्त किए हुए हैं। बीच-बीच में तुम्हारी जाँच भी वे कर लेते हैं, परीक्षा भी ले लेते हैं। हम सब इस दृष्टि से प्रभु के चरणों में समर्पित रहकर अपना जीवन-यापन करते हैं। जितनी मात्रा में हम उनकी कृपा का अनुभव कर पाते हैं, उतनी मात्रा में हमारा जीवन-सार्थक होता है, चरितार्थ होता है। हमारा बचपना यह होता है कि हम अनुकूलता में उनकी कृपा का अनुभव करते हैं। लगता है कि प्रतिकूलता में कृपा नहीं हो रही है। ऐसा नहीं है। अनुकूलता-प्रतिकूलता—ये हमारी सीमाओं का अनुभव है। प्रभु तो कृपा के अतिरिक्त कुछ नहीं करते। ऐसे प्रभु के रूप को जानना चाहिए। आज जिस मंत्र का विवेचन किया जा रहा है, उसमें ऐसे प्रभु के स्वरूप का वर्णन किया गया है। ईशावास्योपनिषद् के प्रथम मंत्र में कहा गया—

ईशावास्यमिदं सर्वं यत्किंच जगत्यां जगत्।

यह जो सारा दृश्यमान स्थित चंचल जगत है इसको तुम ईश्वर के द्वारा आच्छादित कर दो। ईशा के द्वारा आवास्य कर दो। यह ईश्वर कौन है?

तीसरे मंत्र में कहा कि जो आत्महन्ता है वह अन्धतम लोक में जाता है। यह आत्महन्ता कौन है—इसका विवेचन तो तीसरे मंत्र में किया गया, लेकिन वह आत्मा कौन है जिसका कि वह हनन कर रहा है? प्रथम मंत्र में जिसको ईश कहा गया। तृतीय मंत्र में उसी को आत्मा कहा गया। और इस तरह प्रकारान्तर से यह बताया गया कि सृष्टि में जो ईश विराजमान है वही तत्त्व आत्मा के रूप में अपने भीतर विराजमान है। इसीलिए पहले मंत्र में ईश का उल्लेख है और तीसरे मंत्र में आत्मा का उल्लेख है। आगे चलकर बतायेंगे कि जो ईश्वर है, वही आत्मा है। लेकिन अभी इन दो मंत्रों के द्वारा प्रकारान्तर से, संकेतों से द्योतित किया गया कि जो ईश्वर है, वही आत्मा है। यह तो बड़ी अटपटी बात है। हम जिसको आत्मा मानते हैं वह तो है अपने भीतर। लगता है वह तो परिछिन्न है, कटी-छंटी है, छोटी है हम तो उसके

भीतर रहते हुए भी सुखी होते हैं, दुःखी होते हैं। उसके भीतर रहते हुए भी हम तो अपने को अज्ञानी मानते हैं। और वह जो ईश्वर है वह तो सर्वसृष्टि व्यापी है। वही मेरी आत्मा है—इस बात का अनुभव, इस बात का बोध कैसे हो भाई। एक तो है सर्वव्यापक, सर्व समर्थ, कर्तुं-अकर्तुं, अन्यथा कर्तुम्, समर्थ जैसा चाहे वह वैसा करे जो न चाहे, न करे, दूसरे ढंग से करना चाहे, दूसरे ढंग से करे। और एक है विवश, प्रतिक्षण अनुभव में आने वाली अपनी सीमाओं में सीमित, अपनी विवशता, अपनी लाचारियों से परेशान, क्या दोनों एक हैं? इन दोनों की एकता का अनुभव किस प्रकार किया जा सकता है—यह बड़ी कठिन बात है। सभी उपनिषदों में किन्तु इसी का विवेचन है। जो हमारे भीतर सत् चित् आनन्द स्वरूप आत्म तत्त्व है वही जगत् में व्याप्त ईश तत्त्व है, ईश्वर है—इस बात का प्रत्यक्ष साक्षात् अपरोक्ष अनुभव करा देने के लिए उपनिषदों का मंगलमय उपदेश है। और इसलिए इस मंत्र में श्रुति बता रही है कि वह ईश तत्त्व, वह आत्म-तत्त्व कौन है? एक बात समझिए।

जो आत्म-तत्त्व वाणी के परे है उसको वाणी का विषय बनाया जा रहा है। केनोपनिषद में बिलकुल साफ-साफ कहा गया है—

यद्वाचानभ्युदितं येन वागभ्युद्यते।
तदेव ब्रह्म त्वं विद्धि नेदं यदिदमुपासते॥ *(केनोपनिषद् १/४)*

जो वाणी के द्वारा विवेचित होता है, वह नहीं। वाणी जिसके द्वारा बोल पाती है—वह ब्रह्म है। जो वाणी का विषय है, वह नहीं। जिसकी सत्ता के कारण वाणी स्फुरित होती है वह ब्रह्म है। तो जो वाणी का विषय ही नहीं है उसको अगर हम वाणी के द्वारा समझने-समझाने की चेष्टा करेंगे तो उसमें बड़ी गड़बड़ी होगी। यह बात बिलकुल समझ में आनी चाहिए कि हमारे ऋषियों ने इसे स्वीकार किया है और उन्होंने कई तरह से इस बात को कहा है। आलवन्दार स्तोत्र का एक बहुत ही अच्छा श्लोक है। उसमें यमुनाचार्य कहते हैं—

नमो नमो वाङ्मनसाऽतिभूमये।
नमो नमो वाङ्मनसैकभूमये॥
नमो नमोऽनन्त महाविभूतये।
नमो नमोऽनन्त दयैकसिन्धवे॥

नमो नमो वाङ्मनसाऽतिभूमये--उसको बार-बार नमस्कार है जो वाणी और मन की भूमि के परे है। जो वाणी और मन का विषय नहीं है, जो वाणी और मन की भूमिका के परे है, उसको नमस्कार है। वह वाणी और मन का अतिक्रमणकारी है। अच्छा, वाणी और मन का वह विषय नहीं है तो वाणी और मन की सार्थकता क्या है? अगर वह वाणी का विषय नहीं है तो वाणी क्यों हमको मिली? मन क्यों हमको मिला? अब इस वाणी और मन की चरितार्थता क्या है? उस श्लोक का दूसरा ही वाक्य है—**नमो नमो वाङ्मनसैक भूमये**—हे प्रभु तुम वाणी और मन के परे हो लेकिन तुम्हीं और केवल तुम्हीं वाणी और मन के विषय भी हो। वाणी और मन की सार्थकता है प्रभु को विषय बनाकर प्रभु का रूप-वर्णन, प्रभु का गुणकीर्तन करने में। प्रभु की अनुभूति जितनी मात्रा में हमारे निकट स्पष्ट हो सके उतनी मात्रा

में हमको करा देने के लिए ही वाणी और मन का प्रयोजन है। एक बढ़िया उदाहरण है। छोटा बच्चा है। वह पूछता है चन्द्रमा कहाँ है? चन्द्रमा दिखाने के लिए उसकी माँ कहती है वह देखो, वह पेड़ है, उसकी ऊपर की डाल के चार अंगुल ऊपर चन्द्रमा चमक रहा है। बच्चा है। बच्चे ने पेड़ देखा। पेड़ की फुनगी देखी। पेड़ की फुनगी के चार अंगुल ऊपर जो दिखायी दे रहा है उसको उसने देखा और उसे बोध हो गया कि वह चन्द्रमा है। क्या चन्द्रमा वृक्ष की फुनगी के चार अंगुल ऊपर है? स्पष्ट है कि वृक्ष की फुनगी के चार अंगुल ऊपर नहीं है। लेकिन चन्द्रमा का बोध कराने के लिए माँ बच्चे की समझ में आने वाली दृष्टि का उपयोग करते हुए उदाहरण देती है और आप देखिए तो सचमुच लगता है कि चन्द्रमा फुनगी के चार ही अंगुल ऊपर है। इतनी दूर से क्या पता चलेगा। इसको कहते हैं शाखा चन्द्र न्याय। जैसे शाखा से चन्द्रमा को दिखाने का, संकेतित करने का प्रयास किया जाता है इस बात को भली-भाँति जानते हुए कि शाखा से चार अंगुल ऊपर बताने पर भी वास्तव में चन्द्रमा हजारों कोस दूर है। शाखा से चार अंगुल दूर बताना केवल समझने-समझाने का प्रयास है। ठीक उसी तरह ब्रह्म के बारे में जो कुछ कहा जाता है वह उसी शाखा-चन्द्र न्याय के समान केवल संकेत मात्र है। केवल एक प्रयास, एक चेष्टा, जिससे कि हम अपने मन को उसकी ओर उन्मुख कर सकें। एक दूसरी बात समझिये। वाणी का हमने प्रयोग तो किया, लेकिन वाणी का प्रयोग किसलिए हो रहा है? हमको आपको समझाने के लिए कि हमको आपको भरमाने के लिए? मैं इस समय यहाँ बोल रहा हूँ। मेरे बोलने का उद्देश्य क्या है? रामजी की कृपा से जो मैं बोल रहा हूँ वह आप लोगों की समझ में आए कि आप लोगों की समझ में न आए? भाई! चेष्टा तो यही कर रहा हूँ कि जो बोल रहा हूँ वह आप लोगों की समझ में आए। इसलिए मैं यह भी चेष्टा कर रहा हूँ कि मैं ऐसी भाषा बोलूँ जो आपकी समझ में आए। जो भी वर्ण्य विषय है, उस वर्ण्य विषय को ऐसी भाषा में प्रस्तुत किया जा रहा है जो श्रोताओं की समझ में आए।

हमारे आपके जीवन में जो व्यवहार हैं, हमारे आपके जीवन के जो अनुभव हैं, हमारे आपके जीवन में प्रतिक्षण जो हमको दिखायी पड़ता है, जो हमको सुनाई पड़ता है, जो हमारे जीवन में रचा-बसा है उन्हीं सब के माध्यम से ब्रह्म को समझाया जा रहा है। दोनों बातें महत्त्वपूर्ण हैं। एक तो यह कि वाणी और मन का विषय ब्रह्म नहीं है। फिर भी उसको वाणी और मन का विषय बनाया जा रहा है। दूसरी बात कि उसको समझाने के लिए उन उदाहरणों का प्रयोग किया जा रहा है, उन बिम्बों का, उन क्रियाओं का प्रयोग किया जा रहा है, जिन बिम्बों, क्रियाओं, उदाहरणों से हम सुपरिचित हैं। ताकि उनके माध्यम से हम उसका थोड़ा-थोड़ा आभास प्राप्त कर सकें जो उनके द्वारा वर्ण्य है।

हम अपने जीवन में देखते क्या हैं। हमको लगता है कि कुछ चीजें स्थिर हैं, कुछ चीजें चंचल हैं। अब इन्हीं स्थिरता और चंचलता के माध्यम से ब्रह्म को समझाया जाता है। देखिए मंत्र क्या है?

अनेजदेकं मनसो जवीयो नैनद्देवा आप्नुवन् पूवमर्षत्।
तद्धावतोऽन्यानत्येति तिष्ठत्तस्मिन्नपो मातरिश्वा दधाति॥

पहला विषय है तत्। तत् क्यों कहा? परमात्मा को तत् क्यों कहा? नपुंसक लिंग क्यों

कहा? परमात्मा को स्त्रीलिंग क्यों नहीं कहा? पुल्लिग क्यों नहीं कहा? तत् क्यों कहा? इस बात को समझिये।

हम लोग अपने जीवन में क्या देखते हैं? हम लोगों के अपने जीवन का व्यवहार है कि स्त्री-पुरुष भोक्ता-भोग्य के रूप में है। चाहे पुरुष को भोक्ता मानिये चाहे स्त्री को भोक्ता मानिये। अपने जीवन के अनुभव में हम यह देखते हैं कि दोनों का संपर्क भोक्ता-भोग्य का है। किन्तु भोक्ता-भोग्य की जो स्थिति है वह स्त्री पुरुषवाची है। और जो भोक्ता न हो अभोक्ता हो, उसका अगर बोध कराना हो तो क्या करें? देखिए मुंडकोपनिषद में एक मंत्र आता है—

द्वा सुपर्णा सयुजा सखाया समानं वृक्षं परिषस्वजाते। *(मुण्डकोपनिषद् ३/१/१)*

एक ही पीपल के पेड़ पर दो पक्षी हैं। सखा हैं लेकिन एक पक्षी पीपल के फल को खाता है। एक बिना खाए देखता रहता है। ये जीव और ब्रह्म हैं। जीव इस संसार रूपी पीपल के वृक्षों का फल खाता है भोक्ता है। कर्मों के बन्धन में बँधता है। जो करेगा, वह भोगेगा और जो भोगेगा वह बँधेगा। ये तीनों बातें अखंडनीय सत्य हैं। जो कर्त्ता है, वही भोक्ता है और जो भोक्ता है, वही आबद्ध होता है। अगर बन्धन से मुक्त होना है तो भोग वृत्ति से मुक्त होना होगा। इसलिए ब्रह्म का द्योतक जो दूसरा पक्षी है वह द्रष्टा है, भोक्ता नहीं है। भोग्य भी नहीं इसलिए ब्रह्म को नपुंसक लिंग तत् के द्वारा संकेतित किया कि वह न भोक्ता है, न भोग्य है। भोक्ता भोग्य के परे है, वह द्रष्टा है। हमारे आपके जीवन में, हमारे आपके संस्कारों में भोक्ता-भोग्य की जो छाप पड़ी हुई है ब्रह्म को उससे अलग प्रतिपन्न करने के लिए उसे नपुंसक लिंग से द्योतित किया। कौन सी बात समझ में आयेगी हमको। वही बात समझ में आयेगी, जो हम देखते हैं। वही बात समझ में आयेगी जो हमारे अनुभव के भीतर है। जो हमारे अनुभव-क्षेत्र के परे की बात है, वह अगर कहीं जायेगी तो सिर के ऊपर से निकल जायेगी। हम कुछ भी नहीं समझ पायेंगे। मन्त्र-द्रष्टा ऋषि का अभिप्राय यह है कि तुम थोड़ा समझना तो शुरू करो। एक बार समझने की दिशा में अग्रसर होंगे तो कौन जाने तुमको वह तत्त्व ही वरण कर ले और अपने स्वरूप को तुम्हारे सामने अनावृत कर दे।

तो वह तत् है,वह तत्त्व; वह परम सत्य न भोक्ता है, न भोग्य है।

अनेजदेकं मनसोजवीयो।

वह अनेजत् है चलता फिरता नहीं है, हिलता डुलता नहीं है। एज कम्पने उसमें कोई गति नहीं है। उसमें कोई कम्पन नहीं है। अब, गति नहीं है, कम्पन नहीं है—का अर्थ क्या है? अभिप्राय क्या है? कई लोगों ने कई तरह से कम्पन शब्द का अर्थ समझाया है। मध्वाचार्यजी ने बताया कि हम भय से काँपते हैं। जब हमारे जीवन में भय का कोई हेतु आता है तो हम काँपने लगते हैं। अनेजत्—वह अनेजत् है। वह काँपता नहीं है। किसी से डरता नहीं है। वह निर्भीक है। एक अर्थ यह भी है। लेकिन इससे और भी गहरे अर्थ हैं।

अनेजत् माने जिसमें कोई गति नहीं है। गति नहीं है मतलब जिसमें कोई परिणाम नहीं है। जिसमें-जिसमें गति है, वह-वह बदलता है। हम सब गतिशील हैं। कभी हम पैदा हुए थे, छोटे थे, शिशु, कि ोर, युवा, तरुण, वृद्ध और फिर श्री राम नाम सत्य है। हम निरन्तर बदल रहे हैं। गति जिसमें भी है वह बदलेगा ही। उसका परिणाम होगा। वह एक रूप

छोड़कर दूसरे रूप की ओर जायेगा। बदलता जायेगा। अनेजत्-जिसमें कोई परिणाम नहीं है। जिसमें कोई गति नहीं है। किसमें गति नहीं होती? किसमें परिणाम नहीं होता? जो सबका अधिष्ठान होता है सारी गतियाँ जिसमें हैं, वह केवल द्रष्टा है। वह गतिशील नहीं है। समस्त गतियों का जो साक्षी है। देखिये अगर यह मानें कि साक्षी भी बदल रहा है और जो हो रहा है—वह भी बदल रहा है और बदलता हुआ बदलते हुए को देख रहा है तो बदलता हुआ अपने-बदलाव में सामने होने वाले बदलाव का जो अनुभव करता है, वह प्रामाणिक नहीं होगा।

प्रामाणिक रूप से परिवर्तन का अनुभव कौन कर रहा है? जो स्वयं परिवर्तित नहीं हुआ। प्रामाणिक रूप से साक्षी, वास्तविक साक्षी, वास्तविक द्रष्टा कौन है? जो सारे दृश्य को देख रहा है लेकिन जो स्वयं दृश्य नहीं बन रहा है। जो स्वयं परिवर्तनशील नहीं है। जो स्वयं में अपरिवर्तित है, जो स्वयं में एकरस है वही सारी गतियों का धारक है। वह अधिष्ठान है। वह आधार है। इस आधार में विश्व की सारी गतिशील वस्तुएँ, अभिव्यक्तियाँ कम्पन कर रही हैं। परिणाम को प्राप्त हो रही हैं और वह अपरिणामी है, वह स्वयं में स्थिर है अनेजत्। अनेजत् माने स्थिर अपरिवर्तनशील, अपरिणामी। लेकिन वह अपरिवर्तनशील सब परिवर्तनशीलों को धारण करता है। इस बात पर ध्यान दीजिए कि वह स्वयं चूँकि अपरिवर्तनशील है, वह चूँकि स्वयं अविनाशी है, इसीलिए वह अपरिवर्तनशील, अविनाशी सम्पूर्ण परिवर्तनशील, विनाशी सत्ताओं का धारक अधिष्ठान और द्रष्टा है, साक्षी है। अनेजत् उसमें कोई चलन, नहीं है। शान्त है, स्थिर है। कोई स्थिति उसको क्षुब्ध नहीं कर सकती, क्रुद्ध नहीं कर सकती। वह अपने में स्वयं आत्म-स्थित है, अनेजत्। उसमें कोई परिवर्तन, कोई गति, कोई विकार नहीं है। वह अविकृत है।

हम आप काम, क्रोध, लोभ, मोह, मद-मत्सर के द्वारा बार-बार विकृतियों का अनुभव करते हैं। उसमें कोई विकार नहीं है। अनेजत् वह सबको धारण करता हुआ अपरिवर्तनीय द्रष्टा है। वह विकार रहित, परम सत्ता जिसके कारण हम-आप-सब सत्तावान हैं, हम आप सब गतिशील हैं वह स्वयं स्थिर है। फिर वह एकं -एक है। एकं माने वही है, और कुछ है ही नहीं। जो कुछ और है वह उसी का बना हुआ रूप है। अनेजत् वह परिवर्तनशील नहीं है। अपरिवर्तनीय है, स्थिर है, एक है। एक है—का मतलब यह कि वह सबमें है, सबमें वह एक अनुस्यूत है। और जो सब है, वह उसी एक का विवर्त है। वह उसी का बना हुआ रूप है। यह जो हमको बहुत्व दिखता है, वह जो हमको नानात्व दिखता है, वह जो अनेकता दिखती है, उस अनेकता के मूल में वही एक है। एक कारण है, अनेक कार्य है और, यह जो अनेक कार्य है एकं सद्विप्रा: बहुधा वदन्ति उस एक को अनेक प्रकार से विद्वान बोलते हैं, बताते हैं। वही एक एकं सद् एक होते हुए भी बहु के रूप में प्रतीत होता है। विश्व के रूप में, समग्र के रूप में वह एक प्रतीत होता है।

यह जो कुछ हमको दिखायी पड़ रहा है—यह माइक, यह चौकी, यह चित्र, ये आप सब, ये मकान, ये पंखे—ये सब वही है। वही एक अनेक के रूप में दिखायी पड़ता है, दृष्टिगोचर होता है, प्रतीत होता है। एक अनेक के रूप में कैसे प्रतीत होता है? इसके बारे में

कई उदाहरण हैं। अज्ञान के कारण, अविद्या के कारण। जैसे एक रस्सी हैं। अँधेरे में वह रस्सी कई लोगों को कईं तरह से दिखायी दे सकती है। अँधेरे में पड़ी हुई रस्सी किसी को साँप दिख सकती है। अँधेरे में पड़ी रस्सी किसी को फूलमाला दिख सकती है। अँधेरे में पड़ी रस्सी किसी को भू-छिद्र दिख सकती है, वहाँ दरार है पृथ्वी में। अब वह रस्सी-रस्सी होते हुए किसी को दरार दिख सकती है लेकिन न उसमें व्रिष है, न सुगन्ध है, न उसमें अवकाश है। एक ही रस्सी अज्ञान के कारण अनेक रूपों में भासित होती है। इसी तरह वह एक ही तत्त्व हमको अनेक के रूप में भासित होता है, प्रतीत होता है। यह जो अनेक का अनुभव हमको होता है, यह अनेक उसी एक का विवर्त है। उसी एक की विविध अभिव्यक्तियाँ हैं। वह केवल नाम और रूप बदल रहा है। उसका अधिष्ठान वही है। यह जो हम बहुत सी चीजें देख रहे हैं—ये हम क्या देख रहे हैं? यह हम अलग-अलग नाम देख रहे हैं, नाम सुनाई पड़ते हैं। अलग-अलग रूप देख रहे हैं। अलग-अलग रूप में क्या है? हर शरीर में वही पंचभूत है। जो क्षिति-जल-पावक-गगन-समीर विष्णुकांत में है वही जुगलजी में है, वही प्रेमशंकर में है, वही वसुमती में है, वही कमलेश में है। वही सब में है। वही पंच महाभूत एक ही है। वही आत्मा सब में हैं। पंचभूत भी एक, आत्मा भी एक। फिर अलग-अलग व्यवहार क्यों है? फिर अलग-अलग रूप क्यों है? अलग-अलग स्थिति क्यों है? यह हमारे असंख्य, अनन्त पूर्व कर्मों का जो फल है, उसके कारण जो हमारा अन्तःकरण बनता है मन, बुद्धि, चित्त, अहंकार—वही नानात्व का आधार है। इस अंतःकरण की पृथक्ता के कारण हम अलग-अलग अनुभव करते हैं, अलग-अलग व्यवहार करते हैं, लेकिन यह अंतःकरण भी वास्तव में जड़ है। और इसलिए इसकी पृथक्ता का अनुभव भी पारमार्थिक अन्तिम सच नहीं है। वह भी व्यावहारिक सत्यता के अलावा और कुछ नहीं है। संसार में दिखने वाले बहुत से रूप व्यावहारिक सत्य हैं, पारमार्थिक सत्य नहीं हैं। इस बात को जब धर्म की दृष्टि से, दर्शन की दृष्टि से कहा जाता है तब बहुत से लोग धृष्टतापूर्वक इस बात पर प्रश्न लगा देते हैं। क्या प्रमाण है? कैसे कहते हो कि जो नाना रूपों में दिखायी पड़ने वाला है—यह सब केवल व्यावहारिक सच्चाई है, पारमार्थिक सच्चाई नहीं है। लेकिन आज की जो नई भौतिकी है, सापेक्षतावाद के सिद्धांत के बाद और क्वांटम् फिजिक्स के बाद भी उसने यह साबित कर दिया है कि ये जो नाना रूप धारी पदार्थ दिखते हैं जड़, मैटर के ये केवल व्यावहारिक सच्चाई है। देखिये मार्क्सवाद का आधार ढह गया है। मार्क्सवाद का जो आधार है वह भौतिकतावादी दर्शन है। जिस मार्क्सवादी दर्शन में यह बताया गया है कि मैटरभूत यही चरम सत्य है और कांशसनेस चेतना इसी भूत का उपफल है—बाई प्रोडक्ट है। बिलकुल साबित हो गया कि भूत जिसको कहते हैं, मैटर जिसको कहते हैं—यह ऊर्जा का ही रूपान्तर है। ये सारे रूपधारी जो दृश्य हैं, भूत हैं मैटर है—ये घनीभूत, पुंजीभूत ऊर्जा है। जैसे पानी जमकर बर्फ बन जाये, बर्फ के अनेक आकारों में जल के अलावा क्या है? भिन्न-भिन्न आकारों में बर्फ जो दिखायी दे रही है वह जल ही है। वही जल भाप बन जाता है। तो यह जो एक बात साबित हुई कि ऊर्जा ही घनीभूत होकर द्रव्य बन जाता है और वह ऊर्जा सचेतन है। वह ऊर्जा-अचेतन नहीं है। यह क्वांटम् फिजिक्स बता रहा है। उस आधारभूत—एक ही चैतन्य तत्त्व के ये नाना नाम

रूपों में विवर्त, विकास, विलास दिखते हैं। एक जो है, वह उसका कारण है और ये जो दिखने वाले बहु हैं, विविध हैं—ये उसके कार्य हैं। और इसलिए अनेजदेकं इन दोनों को मिलाकर अर्थ हुआ—एक और अद्वितीय।

एकमेवाऽद्वितीयम् एक और अनेक के बारे में बताया कि जो निष्कंप है, जो अपरिणामी है, जिसमें परिवर्तन नहीं होता, जो सदा एकरस रहता है, वह सत् कारण के रूप में एक है वही सत् कार्य के रूप में अनेक है। और अनेक कार्यों में उसकी अन्तर्निहित, एकता का अनुभव कराने के लिए **एकमेवाऽद्वितीयम्**—अद्वैत की धारणा करायी गयी। एक कहने में थोड़ा सा खतरा है। क्या ख़तरा है? कि एक और एक मिलकर दो हो जाता है। एक-एक-एक मिलकर तीन हो जाता है। एक का आधा होता है। एक का चौथाई होता है। तो एक कारण रूप में तो एक है, लेकिन कार्य रूप में वह प्रसरित भी होता है और संकुचित भी होता है। एक-एक मिलकर दो हो गये। एक-एक-एक मिलकर तीन हो गये। एक-एक-एक-एक मिलकर चार हो गये। असंख्य हो गया तो वही एक प्रसरित हो रहा है। और वही आधा-तिहाई-चौथाई पाँचवाँ हिस्सा, दसवाँ हिस्सा तो वह संकुचित हो रहा है। वह तत्त्व भी क्या प्रसरित, संकुचित होता है? नहीं होता। उसके प्रसरित-संकुचित न होने का द्योतक क्या है? अनेजत्। अनेजत् माने जो परिणामी नहीं है, जो ज्यों का त्यों है। जो एक-एक मिलकर दो नहीं होता जो एक का आधा नहीं होता। तो अनेजत् और एकं इन दोनों को मिलकर बनता है—**एकमेवाद्वितीयं** और **एकमेवाऽद्वितीयं** का ही संक्षिप्त रूप होता है अद्वैत। जब हम कहते हैं अद्वैत तत्त्व। तो अद्वैत + अद्वैत = अद्वैत। एक + एक = दो। एक + एक = एक नहीं होता। लेकिन अद्वैत और अद्वैत—अद्वैत। अद्वैत का आधा—अद्वैत। अद्वैत का चौथाई—अद्वैत। अद्वैत को अद्वैत से घटाओ—अद्वैत। अद्वैत को अद्वैत से भाग दो—अद्वैत। यह जो अद्वैत शब्द है—यह अधिक दार्शनिक्ष शब्द है। इसलिए परमात्मा को, ब्रह्म को एक मानते हुए भी उसको और सुनिश्चित करने के लिए कि जो कारण रूप में एक है, वह कार्य रूप में बहु दिखता हुआ भी बहु होता नहीं है, बहु प्रतीत होता है। नाम और रूप की भिन्नता के बावजूद आधार के रूप में, अधिष्ठान के रूप में, तत्त्व के रूप में वह एक ही है। इसलिए उसको और अधिक सुरक्षित नाम देने के लिए कहा गया अद्वैत।

अनेजदेकं—वह तत्त्व जो न गतिशील है, न परिणामशील है। अपरिवर्तनशील स्थिर है, जो एक है। वह वहीं रुक नहीं जाता। मनसोजवीयो—वह मन से भी तेज गति वाला है। हो गया न परस्पर विरोधी कथन। अभी कहा **अनेजदेकं।** जो हिलता-डुलता नहीं है और अब क्या कह रहे हैं? **मनसोजवीयः** जो मन से भी तेज गति वाला है। मन से भी तेज गति वाला है—ऐसा क्यों कहा? एक बात समझिये। हम आप अपने मन से हर बात अनुभव करते हैं। इस सृष्टि में मन सबसे तेज गति वाला माना जाता है। यहाँ से अगर हम हवाई जहाज से भी दिल्ली जाते हैं तो दो घण्टे लगते हैं। लगते हैं कि नहीं? राकेट से भी जायेंगे तो भी शायद आधा घंटा लगेगा। और मन से अगर दिल्ली गए तो लो चले गए। यहाँ बैठे हुए थे, मन से दिल्ली चले गए। और मन लन्दन भी चला गया और न्यूयार्क भी चला गया। चला गया कि नहीं? तो मन सबसे तेज गति वाला है। मन से अधिक गति किसी दूसरे की नहीं है।

मनसोजवीयः—वह ब्रह्म तत्त्व, वह ईश तत्त्व, वह आत्म तत्त्व मन से भी तेज गति वाला है। मन से तेज गति वाला है—कहने में दो बातें बताई गयी हैं। एक मूल बात तो यह है कि मन उसको प्राप्त नहीं कर सक़ता। वह मन का विषय नहीं है। मैंने अपने प्रवचन के आरम्भ में कहा कि वह अवाड्मनस् गोचर है, वाणी और मन का विषय नहीं है। मन किसको प्राप्त कर सकता है? मन किसका अनुभव कर सकता है? जो मन की पकड़ में आये। जो मन के घेरे में आये। ब्रह्म तत्त्व क्या मन के घेरे में आता है? ब्रह्म तत्त्व मन के घेरे में नहीं आता। मन से तेज गति वाला है। इसका क्या मतलब? कि मन जितनी भी तेज गति से जहाँ भी जाकर पहुँचता है वहाँ पहले से ही ब्रह्म है। ब्रह्म तो वहाँ आगे से ही था, ब्रह्म तो है। इसलिए मन से भी तेज गति वाला है इसका अर्थ हुआ कि मन सर्वव्यापी नहीं है, ब्रह्म सर्वव्यापी है। मन मेरे पास है। यहाँ से मन वहाँ जाता है। मैं इस मंच पर बैठा हूँ। इस मंच से उतर कर फर्श पर जाऊँगा। अभी फर्श पर मैं हूँ? नहीं हूँ। अभी मंच पर मैं हूँ। मंच से उतर कर जितनी देर में फर्श पर जाऊँगा। उसमें समय भी लगेगा और फिर मैं मंच पर नहीं रहूँगा। लेकिन ब्रह्म। ब्रह्म तो यहाँ भी है, वहाँ भी है। जहाँ-जहाँ सत्ता है, वहाँ ब्रह्म है। परम सत्ता के रूप में ब्रह्म सर्वव्यापक है। तो मन से तेज गति वाला है। मन जहाँ-जहाँ जा सकता है, मन की भी पहुँच के आगे ब्रह्म है। मनसोजवीयः कहते हुए मन की चंचलता का अतिक्रमण करते हुए काल के और देश के बोध के ऊपर ब्रह्म तत्त्व को प्रतिष्ठित किया गया है। अनेजदेकं में, परिवर्तनशीलता में काल सक्रिय है। वह श्लोक आप लोगों ने सुना होगा। किसी ने पूछा कोई खबर बताओ। बोले— भैया खबर तो एक ही है। बोले क्या खबर है? उन्होंने कहा—

सूर्याग्निना रात्रिदिवेन्धनेन मासर्तुदर्वी परिवर्त्तनेन।
अस्मिन्महामोहमये कटाहे भूतानि कालः पचतीतिवार्ता॥

खबर तो एक ही है, यही है इति वार्ता। क्या खबर है?

मास और ऋतुओं की कलछुल है। सूर्य की आग है। रात और दिवस का ईंधन है, अज्ञान का बना संसार रूपी कड़ाहा है, उसमें मासों और ऋतुओं की कलछुल से उलट-पुलट कर **भूतानि कालः पचतीतिवार्ता**—काल समस्त प्राणियों को पका रहा है। हम आप सब परिवर्तमान है। परिवर्तमान काल में है। शिशुपन से अभी तक का जो हमारा जीवन बीता है उसमें, हमको काल पकाता रहा है। अनेजत् में कहा गया कि काल का गमन, काल का प्रभाव ब्रह्म पर नहीं है। और मनसोजवीयो में कहा गया कि देश का प्रभाव भी उस पर नहीं है। देश तत्त्व के अन्तर से ब्रह्म तत्त्व में, सत् तत्त्व में अन्तर नहीं आता। कोई देश ऐसा नहीं है जिस देश में वह पहले से विद्यमान न हो। इसलिए मन अपनी सारी चंचलता के साथ जहाँ पहुँचता है, वह वहाँ पहले से हैं। और इसलिए वह मन की पहुँच के बाहर है। मतलब? कि हम केवल अपने मन की कल्पना-जल्पना से ब्रह्म का अनुभव नहीं करते। वह मन की पहुँच के बाहर है। मन उसकी सृष्टि है। केनोपनिषद् की उक्ति है—

यन्मनसा न मनुते येनाहुर्मनो मतम्।
तदेव ब्रह्म त्वं विद्धि नेदं यदिदमुपासते॥ *(केनोपनिषद् १/५)*

जो मन की कल्पना-जल्पना का, संकल्प का विषय नहीं है, जिसके कारण, जिसकी सत्ता से मन संकल्प विकल्प करता है, वह ब्रह्म है। इसलिए मनसोजवीयो—यह मन की तेज से तेज गति से भी परे है। मन की पहुँच के बाहर है। मन का जो काल और देश में अभिगमन होता है, उससे ऊर्ध्व स्थित है। उस तत्त्व पर न देश का प्रभाव है, न काल का प्रभाव है। मन से वह परे है। **नैनद्देवा आप्नुवन् पूर्वमर्षत**—देवता भी उसको प्राप्त नहीं कर सकते क्योंकि यह पहले से विद्यमान है। देवता कौन?

देवता के दो लक्षण हैं। हमारे शरीर में भी देवता हैं। जो द्योतित करे, प्रकाशित करे, वह देवता। हमारी आँख रूप को प्रकाशित करती है। हमारे कान शब्द को प्रकाशित करते हैं यानी अनुभव करते हैं, ग्रहण करते हैं। हमारी नासिका गंध को, हमारी रसना स्वाद को, हमारी त्वचा स्पर्श को द्योतित करती है। शब्द-स्पर्श-रस-रूप-गंध में पाँच विषय है। इन पाँचों विषयों को प्रकाशित करने वाली हमारी जो ज्ञानेन्द्रियाँ हैं—वे शरीर के भीतर के देवता हैं। भावुक भक्त यह भी मानते हैं कि बाहर भी सूर्य, चन्द्र आदि-आदि देवी-देवता हैं। कोई तैंतीस, कोई तैंतीस करोड़ देवत्ता मानते हैं। वे चाहे शरीर के भीतर के देवता हों, चाहे शरीर के बाहर के देवता हों, ये सारे देवता उस ब्रह्म को प्राप्त नहीं कर सकते।

पहले कह दिया कि मन उसको प्राप्त नहीं कर सकता क्योंकि वह मन से तेज है। मन के बाद इन्द्रियों को कह रहे हैं शरीर के भीतर। तो शरीर के भीतर की इन्द्रियाँ तो मन के अधीन हैं। समस्त इन्द्रियों का राजा मन है। हम कान से सुनते हैं? नहीं। हम मन के द्वारा कान से सुनते हैं। हम आँख से देखते हैं? नहीं। हम मन के द्वारा आँख से देखते हैं। जब आप कोई बहुत दिलचस्प उपन्यास पढ़ते रहते हैं और मन उस उपन्यास में खो जाता है, लग जाता है तब कोई आपका नाम लेकर पुकारता रहे, सुनाई पड़ता है? नहीं सुनाई पड़ता। कान क्या नहीं है? कान तो है। कान में तो ध्वनि का प्रवेश हो रहा है। किन्तु कान में प्रवेश होने वाली ध्वनियाँ कान के द्वारा नहीं, मन के द्वारा गृहीत होती हैं। इसलिए मन अगर किसी और विषय में लग गया तो हमको शब्द नहीं सुनाई पड़ता, हमको रूप नहीं दिखायी पड़ता।

यानी शरीर की हमारी इन्द्रियाँ उसको प्राप्त नहीं कर सकतीं। हमारे अहंकार का निरसन कर रहे हैं। कभी-कभी यह बात कही जाती है कि हम अपने प्रयास से उसको प्राप्त कर लेंगे। उपनिषद् के अनुसार यह संभव नहीं है। हमारे मन, हमारी इन्द्रियों, के परे है वह। ये देवता शरीर के भीतर के यानी इन्द्रियाँ और शरीर के बाहर के देवता यानी सूर्य-चन्द्र आदि उसको प्राप्त नहीं कर सकते। सारे देवता उसकी सृष्टि हैं। आप लोगों ने केनोपनिषद् की कथा सुनी होगी।

देवताओं ने असुरों पर, राक्षसों पर विजय प्राप्त की। असुरों पर विजय प्राप्त करने के बाद देवताओं के मन में अहंकार जागा। इन्द्र, वायु, अग्नि, कुबेर सारे देवता खूब आनन्द करने लगे, डींगें हाँकने लगे कि हम लोगों ने अपनी शक्ति से असुरों को पराजित कर दिया। जब उनमें यह अहंकार जागा तो वहाँ अद्भुत आकार वाला एक यक्ष प्रकट हो गया। देवताओं को वह दिखायी पड़ा भाई। यह कौन आ गया? और वह इन लोगों की तरफ कुछ ध्यान ही न दे। वह अपने में आनन्द-लीन। इन लोगों को लगा—यह कौन आ गया? देवताओं ने अग्नि-देवता

से कहा—आप बड़े तेजस्वी हैं। आप जाकर पता लगाइये। अग्नि देवता उसके पास गये। उससे पूछा—तुम कौन हो? उसने पूछा—तुम कौन हो? अग्निदेव बोले—मैं अग्नि हूँ। उसने पूछा—तुम क्या कर सकते हो। अग्निदेव बोले—संसार में जो कुछ है, सबको भस्म कर सकता हूँ। उसने एक तिनका रख दिया और कहा—इसको भस्म करो। अग्नि-देवता पूरी शक्ति से उसको भस्म करने का प्रयास करते रहे, भस्म नहीं कर पाए। अग्नि-देवता लज्जित हुए। लौट कर चले आए। उन्होंने कहा मैं उसको नहीं जान सका। उनके बाद वायु को भेजा गया। वायु देवता ने उससे पूछा—तुम कौन हो? उसने पूछा—तुम कौन हो? वायुदेव बोले मैं मातरिश्वा हूँ, वायुदेव हूँ। उसने पूछा—तुम क्या कर सकते हो? उन्होंने कहा—मैं सब चीजों को उड़ा सकता हूँ। उसने एक तिनका रख दिया और कहा—इसको उड़ाओ। सारी शक्ति लगाने के बाद भी वायु-देवता उस तिनके को नहीं उड़ा सके। संकुचित होकर, लज्जित होकर लौट गए, बोले मैं उसको नहीं जान सका। तब इन्द्र आए। उनके मन से अहंकार लुप्त हो गया। ये कौन है? और तब वे उमा हेमवती के रूप में बदलकर साक्षात् औपनिषदिक विद्या बनकर उन्होंने (ब्रह्म ने) इन्द्र को उपदेश दिया।

केवल मरणशील मनुष्य नहीं, पशु-पक्षी नहीं, देवता भी उसको प्राप्त नहीं कर सकते। शरीर के भीतर की इन्द्रियाँ भी नहीं और शरीर के बाहर इस भू-मंडल में जितनी प्राकृतिक शक्तियाँ हैं वे भी नहीं। वे समस्त प्राकृतिक शक्तियाँ उनसे छोटी हैं। उनका ज्ञान अपने अहंकार से प्राप्त कर लें, ऐसा नहीं है। क्यों नहीं प्राप्त कर सकते? पूर्वमर्षत—क्योंकि वह पहले से ही है। ऋष धातु से बना ऋषत् और उससे अऋषत, अऋषत से अर्षत। माने अहिंसक। किसी की हिंसा न करता हुआ वह पहले से विद्यमान है। परमात्मा काल की परिधि में नहीं आता। परमात्मा कालातीत है। हम लोगों की भाषा में महाकाल है। दिनकर की बहुत अच्छी पंक्तियाँ हैं—

जब मिले काल, जय महाकाल बोलो रे।
सत् श्री अकाल, सत् श्री अकाल, बोलो रे॥

काल के दोनों अर्थ, समय भी और मृत्यु भी। काल के घेरे में, काल की परिधि में हम आप हैं। जो नश्वर जगत् है, वह काल की परिधि में है। किसी काल विशेष में कोई पैदा हुआ। किसी काल-विशेष में किसी की मृत्यु हो जायेगी। हम काल से बँधे हुए हैं। लेकिन वह ब्रह्म, वह काल से बँधा नहीं है, कालातीत है। उसने काल की सृष्टि की है। काल की रचना के पहले से जो विद्यमान था, वह काल के घेरे में कैसे आ सकता है? गुरु नानकदेवजी ने बहुत अच्छे ढंग से इस बात को समझाया है। उन्होंने कहा है—आदि सचु, जुगादि सचु, है भी सचु, नानक होसी भी सचु।

आदि सचु—जब कुछ भी नहीं था, तब भी सबके पहले भी वह सच था। जब काल का विभाजन नहीं हुआ था, काल की कल्पना नहीं हुई थी, उस काल की कल्पना के पहले सबके पहले आदि में वह सच था। उसने काल की कल्पना की। काल की कल्पना क्या है? काल की कल्पना कैसे होती है? काल की कल्पना गति से होती है। सूरज उगता है और मध्याह्न से होता हुआ सायंकाल में डूब जाता है। तो उदय से अस्त तक के समय को उसकी

गति के आधार पर हम दिन कह देते हैं और चन्द्रमा की गति के आधार पर रात होती है। मोटे तौर पर आजकल काल की कल्पना घड़ी से होती है। टिक्-टिक्-टिक्। घड़ी चलती रहती है कि काँटा काल की कल्पना की गति से चल रहा है। बिना गति के कोई काल की कल्पना नहीं कर सकता। काल गति के द्वारा मापा जाता है। यह सेकेण्ड, यह मिनट, यह घंटा, यह दिन, यह रात, यह सप्ताह, यह पखवारा, यह महीना, यह साल, यह दशक, यह शताब्दी, यह सहस्राब्दी आदि आदि। ये सब गति के द्वारा परिमापित हैं। और परमात्म तत्त्व-अनेजत्—वह गति के परे है। निष्कंप, अपरिणामी स्थिर वह काल के परे है। काल के स्रष्टा के रूप में जो है, उसको काल के द्वारा कैसे मापा जा सकता है।

ये देवता उसको प्राप्त नहीं कर सकते क्योंकि देवताओं की सृष्टि के पहले भी वह था। समस्त सृष्टि के पहले भी वह था—काल की कल्पना के पहले भी वह था। देश की कल्पना के पहले भी वह था, जिसके कारण देश और काल की कल्पना फलीभूत हुई। वह तत्त्व पूर्व-मर्षत्, आदि सच है। उसके पूर्व कुछ भी नहीं। सबसे पहले जो था, जो मूल कारण है, आदि। उस आदि तत्त्व को, उसके बाद जो, उसकी कल्पना के अनुसार सृष्ट रचित हुए हैं, वे कैसे प्राप्त कर सकते हैं? वे कैसे उसको समग्रता से समझ सकते हैं?

वह पहले हुआ और किसी की अनुभूति को खंडित भी नहीं करता। जिसको जो दिखे-दिखे। जो जिसको माने-माने। वह उसके मानने-न-मानने पर न प्रसन्न होता है, न खिन्न होता है। वह ज्यों का त्यों है। सूरज के प्रकाश के नीचे कोई चोरी कर रहा है कि सूरज के प्रकाश के नीचे कोई रामायंण पढ़ रहा है—सूरज इससे निर्लेप है। इसी तरह वह पहले से था और किसी की हिंसा न करते हुए था। जो जिसकी समझ में आ रहा है—वह उसकी समझ में आने दो। उसको किसी से द्वेष नहीं है। वह अपनी समझ के अनुसार अगर ईमानदारी से आगे बढ़ता रहेगा, तो उसके सामने ऊँची-ऊँची समझों के परदे खुलते रहेंगे। वह आज जिस भूमिका पर जो समझ रहा है, उसको उस भूमिका पर समझते रहने देने पर कोई आपत्ति नहीं है। फिर अगर वह अपनी तपस्या से, सत्संग से, गुरुजनों की कृपा से उच्चतर भूमिका पर जाता है तो उस उच्चतर भूमिका पर जाने से उसकी समझ का विस्तार हो जायेगा। उसकी समझ का और विस्तार हो जाएगा। यह मूलभूत रूप से भारतीय कल्पना है—हम किसी को जबर्दस्ती हिन्दू नहीं बनाते। क्यों नहीं बनाते हैं? आप अपनी समझ के अनुसार जो पकड़े हुए हों, उसे पकड़े रहें। आप अगर उसके प्रति निष्ठावान होंगे तो आपकी समझ का विकास होगा और विकसित समझ में आप उच्चतर सत्यों को ग्रहण करने के अधिकारी बनेंगे। अभी जिस भूमिका में आप हैं, उस भूमिका से आपके उस सच को छीन लें और दूसरा सच आपके ऊपर आरोपित कर दें तो आपकी भूमिका यदि पूर्ववत् रही हो आपका वह सच तो गया और नया सच आपकी समझ में आयेगा नहीं। तो आप इतो भ्रष्टः ततो भ्रष्टः, इधर से भी भ्रष्ट होंगे और उधर से भी भ्रष्ट होंगे। भूमिका में परिवर्तन हुए बिना समझदारी में परिवर्तन नहीं हो सकता। उच्चतर भूमिका में जैसे-जैसे हम जायेंगे, वैसे-वैसे हमारी समझ विकसित होगी। असंख्य भूमिकाओं में, असंख्य समझ में लोग अपनी-अपनी समझ में हैं। वह किसी की हिंसा नहीं करता। अर्षत् अहिंसत् जैसे अँधेरे की रस्सी को अगर कोई साँप समझ रहा है तो समझे। कोई माला समझ

रहा है तो समझ ले। कोई दरार समझ रहा है तो समझ ले। वह किसी की समझदारी की हिंसा नहीं करेगा। आप यदि अपनी समझदारी को अपने गुरु की कृपा से, सत्संग से विकसित करेंगे, तो वह समझदारी बदल जायेगी। तभी बड़ा सच आप ग्रहण कर सकेंगे।

ऋष् धातु का अर्थ ज्ञान भी होता है। इसी से ऋषि भी बनता है। तो जिसकी जैसी जानकारी, उसके लिए वह वैसा। किसी की समझ, किसी की जानकारी की हिंसा न करता हुआ वह सबके पहले से विद्यमान है। अपनी जानकारी को और अधिक पूर्ण, और अधिक शुद्ध, और अधिक व्यापक बनाने का उत्तरदायित्व हमारा ही है। हम उसके लिए प्रयत्नशील नहीं होते, यह बहुत-बहुत ग्लानि की बात है। आपको अपने समाज का एक बड़ा विचित्र, मौलिक दोष बताएँ। हमारा समाज मानता है कि धर्म, अर्थ, काम, मोक्ष—चार पुरुषार्थ हैं। लेकिन अर्थ और काम के लिए तो वह परिश्रम करता है और धर्म और मोक्ष को वह छोड़ देता है भवितव्य पर, दैव पर, भाग्य-भरोसे। नहीं—ऐसा नहीं होना चाहिए। संत लोग कहते हैं कि अर्थ और काम को तो तुम छोड़ दो दैव के भरोसे और धर्म और मोक्ष के लिए करो परिपूर्ण परिश्रम। भर्तृहरि का एक बढ़िया श्लोक है—

यावत् स्वस्थमिदं कलेवरगृहं यावच्च दूरे जरा।
यावाच्चेन्द्रियशक्तिरप्रतिहता यावत्क्षयो नायुषः॥
आत्मश्रेयसि तावदेव सुधियो कार्यः प्रयत्नो महान्।
प्रोद्दीप्ते भवने च कूपखननं प्रत्युद्यमः कीदृशः॥

जब तक यह शरीर रूपी घर स्वस्थ है जब तक वृद्धावस्था दूर है, जब तक इन्द्रियों की शक्तियाँ अप्रतिहत हैं, जब तक आयु का क्षय नहीं हुआ है तभी तक सुधिया-सुधी के द्वारा, विद्वान के द्वारा आत्मकल्याण के लिए प्रबल प्रयास किया जाना चाहिए। सुधी कौन है? जिसकी धी माने बुद्धि-श्रेष्ठ है। अच्छी बुद्धि वाला। सुधी का कर्त्तव्य क्या है? यही कि जब तक बुढ़ापा नहीं आ गया, जब तक शरीर तिनके की तरह हिलता-डुलता, काँपने नहीं लगा, कमर झुक नहीं गयी, मौत ने जब तक आकर दबोच नहीं लिया, जब तक इन्द्रियाँ काम कर रही हैं, बुद्धि काम कर रही है, मन काम कर रहा है, तब तक अच्छी बुद्धि वालों के द्वारा आत्म-कल्याण के लिए महान् प्रयत्न किया जाना चाहिए। आत्मकल्याण को क्या दैव के ऊपर छोड़ देना चाहिए और खुद हाथ-पर-हाथ रखकर बैठ जाना चाहिए। नहीं। जब तक शक्ति है तब तक आत्म श्रेय के लिए, आत्म कल्याण के लिए सुबुद्धि वालों को महान् प्रयत्न करना चाहिए। घर में आग लग गयी तो कुआँ खोदने लग गए। आयी हुई विपत्ति का यह कैसा प्रत्युद्यम कैसा प्रतिविधान है? समय रहते काम करना चाहिए। हम लोग जब तक स्वस्थ हैं, जब तक भगवान की कृपा से सोच सकते हैं, जब तक भगवान की कृपा से इन्द्रियाँ, बुद्धि, मन कार्यरत हैं, निर्मल हैं, तभी तक महान् प्रयत्न करके आत्म तत्त्व को समझना चाहिए। यद्यपि यह ठीक है कि पूरे प्रयत्न के बाद भी अपने प्रयास से, अहंकार से उसको प्राप्त कर लेंगे ऐसा औद्धत्य भी नहीं पालना चाहिए, लेकिन प्रयत्न तो करना चाहिए। कितना प्रयत्न करना चाहिए? **कार्यो प्रयत्नो महान्**—महान् प्रयत्न करना चाहिए।

दूसरों को जो दौड़ रहे हैं, वह बिना दौड़े अतिक्रान्त कर जाता है। फिर विरोधाभास। विरोधों की भाषा का प्रयोग करके विरोधों के परे जो सच्चाई है, उसका ज्ञान कराया जाता है। विरोधी भाषा का प्रयोग करके, उन विरोधों के परे भी कुछ है इसका बोध कराया जाता है। अन्यान्—दूसरों को। अपने से परे जो है, आत्म-तत्त्व से परे जो है, वह सब विषय-ही-विषय है। आत्म तत्त्व से परे जो है, विषय-ही-विषय है, जड़ है। चैतन्य आत्म तत्त्व है। विषयी है। लेकिन हम लोगों का जो चैतन्य है, वह परिच्छिन्न चैतन्य है। परिच्छिन्न विषयी। विषयी और विषय का मतलब जानते हैं? जो शब्द-स्पर्श-रस-रूप गंध के रूप में यह जगत है, यह विषय है। और जो इसका अनुभव करे, इसका उपभोग करे, वह विषयी है। विषयी माने विषय का उपभोग करने वाला। और परिच्छिन्न विषयी—हम लोग अपने शरीर में अपने को सीमित मानते हैं, यह हमारा दोष है। परब्रह्म क्या है? वह विषय-गंध शून्य उससे सर्वथा रहित विषयी है। कैसी विचित्र भाषा है। इस बात को जरा समझिये।

हम लोगों ने भ्रमवश अपने को सीमित मान लिया। अपने को सीमित मान लेने के कारण दूसरों को विषय मान लिया। और हम उन दूसरों का विषय के रूप में उपभोग करते हैं। यहाँ कहा जा रहा है कि **तद्धावतोऽन्यानत्येति**—दूसरे जो हैं, अन्य हैं, वे सब गतिशील हैं। सूर्य, चन्द्रमा से ले करके हम आप और एक छोटा सा धूलिकण भी। आकर्षण-विकर्षण की जो महान् शक्तियाँ इस सारे विश्व, ब्रह्मांड में काम कर रही हैं उनके कारण इस गतिशील विश्व-ब्रह्मांड में कोई चीज स्थिर नहीं है। इस गतिशील विश्व-ब्रह्मांड में सब आकर्षण-विकर्षण की शक्तियों के द्वारा गतिशोल हैं और यह सारा गतिशील आकर्षण-विकर्षण से भरा हुआ विश्व-ब्रह्मांड, जहाँ-जहाँ पहुँच सकता है, जा सकता है उसके पहले ही वह वहाँ है। बिना हिले-डुले, बिना चले। वह तो बिना चले, बिना हिले-डुले चलने वालों का अतिक्रमण करता है। सारे गतिशील पदार्थ उसमें हैं। उसी में पैदा होते हैं, उसी में बढ़ते हैं, उसी के आधार पर रहते हैं, उसी में विलीन हो जाते हैं। उसका अतिक्रमण कोई गति नहीं कर सकती। कोई काल नहीं कर सकता। कोई देश ऐसा नहीं है, कोई काल ऐसा नहीं है, जिस देश और काल में वह न हो। इसलिए उसका अतिक्रमण कोई नहीं कर सकता। उपमा पहले भी दी है, उस उपमा को फिर दोहराता हूँ। यानी आपको जहाँ पहुँचना है, वहाँ आप अभी नहीं हैं। जहाँ से चल रहे हैं वहाँ से दौड़कर बहुत तेज गति से किसी एक जगह पर आप पहुँचे लेकिन आप जहाँ पहुँचे, वहाँ वह पहले से था। वह बिना हिले-डुले वहाँ था और इसलिए आपकी सारी तेजी को अतिक्रान्त करके वह वहाँ विराजमान है। अनेजत् में मूलत: काल की कल्पना है। अनेजत् में काल की कल्पना है, हिलता नहीं है, कंपन नहीं होता। कंपन गति है और काल को गति से गिना जाता है और तिष्ठत् वर्तमान रहता हुआ, स्थिर रहता हुआ वह दौड़ने वालों का अतिक्रमण करता है। कंपन में गति, काल, मुख्य रूप से विवक्षित है—कहा गया है और तिष्ठत् में मुख्य रूप से देश विवक्षित है—कहा गया है। कोई देश ऐसा नहीं है, जहाँ वह न हो। कोई स्थिति ऐसी नहीं है, जहाँ वह न हो। देखिये, तीन स्थितियाँ हम लोग अपने जीवन में प्रत्यक्ष अनुभव करते हैं। एक जाग्रत, एक स्वप्न, एक सुषुप्ति। सुषुप्ति माने गहरी नींद। गहरी नींद में सपना भी नहीं आता। गहरी नींद में जब सपना नहीं आता है तो बहुत सुख

मिलता है और जब हम लोग जागते हैं तो कहते हैं—आज बहुत सुख की नींद सोये। सुख तब आता है जब और कोई दूसरा नहीं होता। सुषुप्ति में सारी सृष्टि का लय हो गया है। जाग्रत में सारी सृष्टि है। हम हैं, आप हैं, बहुत से लोग हैं और उनसे हमारा अनुकूल-प्रतिकूल सम्बन्ध है। अनुकूलता से राग विकसित होता है। प्रतिकूलता से द्वेष विकसित होता है। और राग-द्वेष की ज्वाला से हम जलते रहते हैं। स्वप्न में भी हमको वही दिखता है बहुत बार जो हम देखना चाहते हैं। जो हमारी इच्छा है, वह पूर्ण होती है स्वप्न के माध्यम से। उसमें भी राग-द्वेष होता है। और उसमें भी पूरी तृप्ति नहीं मिलती। सुषुप्ति में सबका लय हो जाता है। सबका लय हो जाता है लेकिन वह लय अज्ञान से होता है। इसलिए वह सुषुप्ति भी ब्रह्म नहीं है। इसी जमीन में सोना गड़ा है। और उस जमीन के ऊपर से हम लोग आ रहे हैं, जा रहे हैं। और नीचे सोना गड़ा है और हम उसके ऊपर आ रहे हैं, जा रहे हैं। गड़े हुए सोने का ज्ञान न होने पर उस भूमि पर आने-जाने से हमको स्वर्ण लाभ होगा? नहीं होगा। उस जमीन को खोद कर स्वर्ण का अनुभव करने पर होगा। सुषुप्ति में हम अज्ञान से सुख का अनुभव करते हैं। जैसे सोना गड़ा हुआ है और उस गड़े हुए सोने की जमीन के ऊपर हम आ रहे हैं, जा रहे हैं लेकिन हमको सोना नहीं मिल रहा है। वैसे सुषुप्ति में बड़ी गहरी नींद आयी, बड़े सुख से सोये। जागने के बाद हमारा चैतन्य हमको बताता है। सुख तो मिला लेकिन अज्ञान से मिला। अज्ञान से मिला हुआ सुख-सुख नहीं है। हम कैसा सुख चाहते हैं? हम चेतन सुख चाहते हैं। दुनिया में कौन अभागा है, जो सुख नहीं चाहता है। सब सुख चाहते हैं। कितना सुख चाहते हैं? रत्ती भर, तोला भर, मन, दो मन कि सीमाहीन सुख चाहते हैं? मिले, तो सीमाहीन सुख चाहते हैं। किससे-किससे सुख चाहते हैं? एक से, दो से, तीन से, दस से। मिले तो सबसे सुख चाहते हैं। कहाँ-कहाँ सुख चाहते हैं? खाली बड़ाबाजार कुमारसभा पुस्तकालय के कक्ष में, अपने घर में। मिले तो सर्वत्र सुख चाहते हैं। अज्ञान का सुख चाहते हैं कि ज्ञान का सुख चाहते हैं? ज्ञान का सुख चाहते हैं। अरे भैया! आप परमात्मा को चाहते हैं। जो सर्वत्र है, सच्चा है, सब जगह है, सब में है, जो सीमाहीन है, चेतन है, उसको आप चाहते हैं। अनजाने में उस सुख के बहाने हम ब्रह्म को ही चाहते हैं। लेकिन हम उसको जानते नहीं हैं। अज्ञान का सुख-सुख नहीं होता। उसको जानते हुए प्राप्त करें। तो, वह न चलता-फिरता हुआ, वह स्थिर रहता हुआ, ज्यों-का-त्यों रहता हुआ दूसरे दौड़ने वालों का अतिक्रमण करता है।

देश और काल दोनों से परे, दोनों के आगे वह है। सब देशों में, सब कालों में। वह हमारे इन सारे प्रयासों का अतिक्रमण करता है। अन्य विषयों को, अन्यों को, दूसरों को, सूरज चन्द्रमा आदि देवताओं को पृथ्वी के सब प्राणियों को, पदार्थों को वह बनाता है। इसलिए वह सब के परे है।

तस्मिन्नपो मातरिश्वादधाति—तस्मिन् मतलब उसी में। मातरिश्वा—अभी मैंने बताया कि मातरिश्वा का मतलब होता है वायु। केनोपनिषद् की कहानी सुनाई। उसमें यक्ष के पास मातरिश्वा माने वायुदेव गये थे। मातरि माने अंतरिक्ष में, श्वायति होता है जो इस पूरे अंतरिक्ष में रहता है, विचरण करता है, विहार करता है वह पवन है उसको मातरिश्वा कहते हैं। इस सारे संसार में गतिशील वायु-मातरिश्वा, तस्मिन् उसमें। **अपोदधाति**—अप माने जल। दधाति माने धारण करता है। इसके कई अर्थ बताये गये हैं। इसकी कई व्याख्यायें की गयी हैं। अपस्

का मतलब हुआ हमारी कर्मशक्ति। मातरिश्वा का मतलब हुआ—सूत्रात्मा। हम आप सक्रिय हैं तो सिर्फ इसलिए कि हम आप साँसें ले रहे हैं। जब प्राण-पखेरू उड़ जायेंगे, तो शरीर तो रहेगा लेकिन नि:स्पंद हो जायेगा, निश्चल हो जायेगा। हमारी आपकी गति, हमारी आपकी शक्ति तब तक है जब तक साँस चल रही है। मातरिश्वा हमारी आपकी कर्मशक्ति का आधान करता है। जल अपस्—यह हमारी कर्म-शक्ति का आधार है। तो उसी में, परमात्मा में ही वायु, प्राणशक्ति हमारी सारी क्रियाओं को गतिशील करती है। प्राणतत्त्व मातरिश्वा, अपस्-क्रियाशक्ति का तस्मिन्—उसी परब्रह्म तत्त्व में दधाति-उसका आधान करता है, धारण करता है। सारी सृष्टि का जो कुछ भी जीवन दिखायी पड़ता है, सारी सृष्टि में जो कुछ भी क्रियाएँ, गतियाँ दिखायी पड़ती हैं—ये उसी परब्रह्म तत्त्व में प्राणशक्ति, क्रियाशक्ति धारण करती हैं। मातरिश्वा अपस् को, जल को धारण करता है यह हुआ एक अर्थ।

एक दूसरा अर्थ है और यह उससे और गंभीर अर्थ है। हम देखते हैं कि सारी सृष्टि में वंश-विस्तार होता है। सृष्टि माने रचना। वंश-विस्तार में हमने यह अनुभव किया है कि पिता का वीर्य माता के उदर में स्थापित होता है। यह जो वंश-विस्तार की प्रक्रिया है उस प्रक्रिया को प्रतीक के रूप में यहाँ गृहीत किया जा रहा है। मैंने आपको बताया था कि वे ही उपमाएँ, वे ही बिम्ब, वे ही बातें हमारी समझ में आती हैं जो हमारे जीवन में मिलती हैं। मानव-सत्य के माध्यम से मानवातीत सत्य का बोध कराया जा रहा है। इस बात को समझने की चेष्टा कीजिये। जो हमारी सच्चाई है उस सच्चाई के माध्यम से हमसे जो बड़ी सच्चाई है, उस तक हमको ले जाया जाता है। कैसे सृष्टि हुई होगी? वह एक अनेक में कैसे बदल गया होगा? वह कैसे वंश-विस्तार करता होगा? **अनेजदेकं**—वह जो अनेजत् है, अपरिणामी है, जो एक है वह कैसे बहुत हो गया? उस एक के बहु होने की एक कल्पना, उस एक के बहु में परिवर्तित हो जाने का एक बिम्ब है **तस्मिन्नपो मातरिश्वादधाति**—तस्मिन् माने उसी में वही है। जो भी चीजें बनती हैं, उसके दो कारण होते हैं। एक कारण होता है निमित्त कारण और एक कारण होता है उपादान कारण।

घड़ा बना। घड़े का उपादान कारण क्या है? घड़े का उपादान कारण है मिट्टी। घड़े का निमित्त कारण क्या है? घड़े का निमित्त कारण है कुम्हार। घड़े का निमित्त कारण है चाक। घड़े का निमित्त कारण है वह सूता जो काट लेता है और फिर अगर पकाया गया तो आग। तो निमित्त कारण अलग होते हैं। उपादान कारण अलग होते हैं और सारी सृष्टि में जो कुछ रचना हो रही है उसका निमित्त कारण अलग होता हैं, उपादान कारण अलग होता है। वेदान्त को छोड़कर और जो दृष्टियाँ हैं, उन दृष्टियों में परमात्मा निमित्त कारण है। परमात्मा ने यह सृष्टि बनायी है। परमात्मा ने यह सृष्टि बनायी तो, उपादान कारण कुछ और है। ऐसा माना जाता है। उसने कहा कुन हो जाओ। हो गया। उसने छह दिन में सृष्टि रची। सातवें दिन विश्राम किया। बनाया उसने, किन्तु मसाला कुछ और है और इसलिए उन चिन्ताधाराओं में, उन दर्शनों में यह सबसे बड़ा पाप है कि कोई कहे कि मैं ही ब्रह्म हूँ। बनाया हुआ—अगर बनाने वाले के साथ अपना तादात्म्य स्थापित करता है तो यह सबसे बड़ा पाप करता है। उसका सिर काट देना चाहिए। वह सबसे बड़ा पापी है क्योंकि वे लोग मानते हैं कि परमात्मा

सबसे बड़ा निमित्त कारण है। उपादान अलग है। कोई चार महाभूत मानता है। कोई पाँच महाभूत मानता है। कोई प्रकृति मानता है। उपादान को अलग मानकर, निमित्त को अलग मानकर जो सृष्टि होती है, जो रचना होती है उसमें जो सृष्टि है वह स्रष्टा के साथ अभिन्न कभी नहीं हो सकती। वेदान्त किन्तु मानता है कि सृष्टि का अभिन्न निमित्तोपादान कारण, ब्रह्म है। वेदान्त कहता है कि निर्माता, स्रष्टा भी ब्रह्म है, कुम्हार भी ब्रह्म है और मिट्टी भी ब्रह्म है और घड़ा भी ब्रह्म है—

ईशावास्यमिदं सर्वं यत्किंच जगत्यां जगत्।

यह जो चलने वाला और न चलने वाला, यह जो सारा विश्व ब्रह्मांड है, यह ब्रह्म के द्वारा आच्छादनीय है। यह सब ब्रह्म ही है अर्थात् इस सृष्टि का जो निमित्त कारण है वह भी ब्रह्म है। जो उपादान कारण है, वह भी ब्रह्म है और जो सृष्ट है, रचित है, वह भी ब्रह्म ही है—

पूर्णात् पूर्णमुदच्यते।

पूर्ण से पूर्ण ही पैदा होता है। मतलब जो पूर्ण था वह सृष्टि का अभिन्न निमित्तोपादान कारण है और उसके अभिन्न निमित्तोपादान कारण होने के कारण जो कुछ रचित है, वह सब पूर्ण है। वह कारण रूप ब्रह्म पूर्ण है। **पूर्णमिदं**—यह कार्य रूप जगत पूर्ण है। पूर्ण से पूर्ण ही उत्पन्न होता है। पूर्ण से पूर्ण तभी उत्पन्न होगा जब स्रष्टा सृष्टि का अभिन्न निमित्तोपादान कारण होगा।

तस्मिन्नपो मातरिश्वादधाति—तस्मिन् उसी ब्रह्म में, अब उसी ब्रह्म में अध्यस्त, कल्पित, उसी ब्रह्म में अलग के रूप में प्रतीत। अधिष्ठान और अध्यस्त को फिर से समझिए।

अधिष्ठान आधार है। सोना अधिष्ठान है। उसी सोने में कल्पित है अँगूठी—नाम रूप अलग हो गया। उसी सोने में कल्पित है चूड़ी—नाम रूप अलग हो गया। उसी सोने में कल्पित है हार—नामरूप अलग हो गया। उसी अधिष्ठान में, उसी ब्रह्म में—**मातरिश्वा सूत्रात्मा**—वह वायु, कारण वायु का, बीज का, वीर्य का आधान करता है। इसमें अधिष्ठान के रूप में ब्रह्म है धरती के रूप में। कृषक के रूप में मातरिश्वा है। वृक्षों के रूप में अपस्। वही तत्त्व पृथ्वी बनता है। वही तत्त्व कृषक बनता है, वही तत्त्व अपस् के रूप में बरसता है। बीज के साथ वही तत्त्व वृक्ष के रूप में विकसित होता है। यह एक ही तत्त्व है। इसीलिए कहा—तस्मिन् उसी में अधिष्ठान में मातरिश्वा उसी का एक रूप, निमित्त कारण बनता है। उसी में अपस्, उसी का एक रूप उपादान कारण बनता है। मातरिश्वा निमित्त कारण बनता है, कृषक स्थानीय बनता है और अपस्—यह उपादान कारण है। बीज समेत धरती है और उस बीज समेत धरती में वह कृषि करता है तो वृक्ष उत्पन्न होता है।

उसी में नामरूपधारी वैविध्य का विकास होता है। ये सारे एक ही से बने विविध हैं क्योंकि एक ही बहु हो जाता है। उस बहुभवनीकरण, उस बहु हो जाने की प्रक्रिया का एक रूपक है। एक ऐसा रूपक जो हमारे अनुभव से, जो हमारे बहु हो जाने की जानी पहचानी प्रक्रिया से हमारी समझ में आता है। इसमें मातरिश्वा और अपस् ये उदाहरण हैं। मूल बात यह है कि उसी में यह सारी सृष्टि नाना नाम रूपों वाली विकसित होती है। उसी एक तत्त्व

में नाना नाम रूप धारी पृथ्वी या सृष्टि विकसित होती है। वही उसका निमित्त कारण है। वही उसका उपादान कारण है। उसी अधिष्ठान में ये सारी की सारी कल्पनाएँ अध्यस्त हैं। वही इन सब रूपों में बन गया है। इसीलिए यह सम्भव है कि सारी सृष्टि को ईश के द्वारा आच्छादित कर दिया जाए। अगर वह सब नहीं बना होता तो ईश के द्वारा सबको आच्छादित करने की चेष्टा झूठी होती, गलत होती, असत्य होती। चूँकि वही सब कुछ बना हुआ है, इसलिए हम अपनी दृष्टि को बदलें कि हम अलग-अलग नाम रूपों में जो कुछ देख रहे हैं उन अलग-अलग नाम रूपों के बीच में सत्-चित्-आनन्द का वही अधिष्ठान, वही तत्त्व है जिसको ईश कहा गया जिसको आत्मा कहा गया। उसके सगुण कारण-कार्य रूप का वर्णन इसमें किया गया।

चौथे मंत्र में उसी ईश का, उसी आत्मा का जो सगुण कार्य-कारण रूप है, वह बताया गया—

अनेजदेकं मनसोजवीयो नैनद्देवा आप्नुवन्पूर्वमर्षत्।
तद्धावतोऽन्यानत्येति तिष्ठत्तस्मिन्नपो मातरिश्वा दधाति॥

कैसे वह एक तत्त्व बिना परिणाम को प्राप्त हुए भी बहुतों में परिणत हो जाता है? परिणाम दो प्रकार का होता है। दूध जो है—वह दही में बदल जाता है। यह कैसा परिणाम है? यह विकृत परिणाम है। दही से फिर दूध बन सकता है? दही से फिर दूध नहीं बन सकता। यह विकार, यह परिणाम कैसा है? विकृत परिणाम है। लेकिन सोने से अँगूठी, सोने से चूड़ी, सोने से कड़ा, सोने से हार और फिर उसको गला दिया तो सोना। यह जो अविकृत परिणाम है—यह कुछ लोगों के लिए सच्चा है, कुछ लोग इसको विवर्त ही मानते हैं। इस पर मतभेद हैं। लेकिन चाहे शंकराचार्य हों, चाहे रामानुजाचार्य हों, चाहे वल्लभाचार्य हों, चाहे मध्वाचार्य हों, सब लोग इस बात पर एकमत हैं कि ब्रह्म ही इस सृष्टि का अभिन्न निमित्तोपादान कारण है। कुछ लोग उसको विवर्त मानते हैं, शंकराचार्य केवल परिणाम का आभास मानते हैं, बहु को वास्तविक नहीं मानते। कुछ लोग उसको वास्तविक मानते हैं—रामानुज, मध्वाचार्य उसको अलग-अलग रूप में विकसित करते हैं। लेकिन चाहे उस परिणाम को वास्तविक मानें, चाहे उसको विवर्त मानें, इस बात पर सब लोग एकमत हैं कि वही निमित्त है, वही उपादान है। उसके अतिरिक्त और कोई दूसरा तत्त्व नहीं है। इसलिए ही हमारे भीतर जो आत्म तत्त्व है वही आत्म-तत्त्व ईश्वर है क्योंकि उसके अलावा और कुछ है ही नहीं। यह जो हमको सीमा का अनुभव होता है, परिच्छिन्न होने का, कटे-छटेपन का बोध होता है यह जो हमको जन्मने मरने का भय होता है, यह जो हमको बीमार, अस्वस्थ होने का भय होता है, यह जो हमको अज्ञानी होने का भय होता है, यह सब हमारी ही सीमाएँ हैं। यह सब आवरण पर-आवरण पर आवरण है। निरावरण जो सत्य है, वह जो आत्म-तत्त्व है, वही ईश्वर है। इस बात के सगुण रूप का विवेचन इस चौथे मंत्र में किया गया और इसके निर्गुण रूप का विवेचन पाँचवें मंत्र में किया जाएगा।

ॐ शान्तिः-शान्तिः-शान्तिः।

□□

प्रवचन क्रम—९

एकमेवाद्वितीयम् ब्रह्म और उसके द्वारा सृष्टि का विस्तार—ये बातें इतनी गूढ़ हैं कि तुरन्त समझ में नहीं आतीं। ऋषियों की यह परिपाटी है कि जो महत्त्वपूर्ण बातें होती हैं उनको वे समझाने के लिए बार-बार दोहराते हैं। बाबा तुलसीदास ने लिखा है--

मैं पुनि निज गुरु सन सुनी कथा सो सूकर खेत।
समुझी नहिं तस बालपन तब अति रहेउँ अचेत॥
तदपि कही गुरु बारहिं बारा।
समुझि परी कछु मति अनुसारा॥

तदपि कहीं गुरु बारहिं बारा—अगर शिष्य का मंगल काम्य है तो गुरु उस गूढ़ रहस्य को बार-बार समझाता है। और बार-बार समझाने पर शिष्य को मति के अनुसार कुछ समझ में आता है। ठीक इसी प्रकार से जिस बात को ईशावास्योपनिषद् के चौथे मंत्र में कहा गया था उसे कई प्रकार से कई दूसरे मंत्रों में दोहराया गया है। पाँचवाँ मंत्र है—

तदेजति तन्नैजति तद्दूरे तद्वन्तिके।
तदन्तरस्य सर्वस्य तदु सर्वस्यास्य बाह्यतः॥

वह परम तत्त्व चलता है, वह नहीं चलता है—**तदेजति-तन्नैजति**। **तद्दूरे**-वह बहुत दूर है। **तद्वन्तिके**--वह बहुत पास है। **तदन्तरस्य सर्वस्य**—वह सबके भीतर है। **तदु सर्वस्यास्य बाह्यतः**—वह सबके बाहर है। यह मंत्र चौथे मंत्र की बात को आगे बढ़ाते हुए एक विशिष्ट भंगिमा में बहुत गम्भीर सत्य की ओर निर्देश करता है।

मैंने आपको पिछले प्रवचन में बताया था कि तीसरे मंत्र में आत्महन्ता की दुर्गति का वर्णन किया गया है। जो आत्म-तत्त्व को नहीं जानते, जो आत्म तत्त्व को नहीं पहचानते, वे आत्महन्ता हैं, वे सब के सब अज्ञान के घने अन्धकार से आच्छन्न लोक में आसुरी भाव को प्राप्त होते हैं। अत्यन्त दुर्गति होती है उनकी और इसलिए यह उचित है कि आत्महन्ता हम, आप न हों। आत्महन्ता हम आप न हों इसके लिए आवश्यक है कि हम आत्म तत्त्व को जानें, आत्म तत्त्व को पहचानें। आत्म तत्त्व को पहचाने बिना हम आत्महन्ता हो जायेंगे क्योंकि जैसे सोने को अगर सोना न मानकर कोई पीतल मान ले तो उसने सोने की हत्या कर दी। वैसे ही आत्म-तत्त्व को जाने बिना हम आत्महन्ता हो जायेंगे—यह आशंका है, यह भय है और इसीलिए ऋषि आत्म-तत्त्व की व्याख्या कर रहे हैं। आत्म तत्त्व का विवेचन कर रहे हैं।

इस बात पर ध्यान दीजिए कि आत्म-तत्त्व का निरूपण एकाधिक पद्धति से किया जाता है। कभी-कभी आत्म-तत्त्व का विवेचन विधि-मुख पद्धति से किया जाता है। जब कहा जाता है कि वह सच्चिदानन्द है। वह सत् है, चित् है, आनन्द है तो यह ब्रह्म का विधिमुख-

निरूपण है। और जब कहा जाता है कि वह निर्गुण है, निराकार है, निर्विकार है, वह अदृश्य है, वह अचल है तो यह उसका निषेधमुख विवेचन है। निषेधमुख वर्णन को बहुत प्रधानता दी गयी है नेति-नेति कहकर। न इति-न इति-यह नहीं, यह नहीं। नेति-नेति कहकर सृष्टि में जो कुछ है सबका निषेध कर देने के बाद, निषेधावधि के बाद जो शेष रहता है, वही वह है। तो एक निरूपण होता है विधिमुख हाँ-हाँ करके, एक निरूपण होता है ना ना करके, नेति-नेति करके।

एक तीसरे प्रकार का निरूपण है—परस्पर विरोधी भावों को एक साथ कहकर। प्रस्तुत मंत्र में परस्पर विरोधी गुणों का एक साथ समन्वय करके उस तत्त्व को समझाने की चेष्टा की गयी है। जगत् में जो सामान्य वस्तुएँ हम देखते हैं—वे परस्पर विरोधी नहीं लगतीं। जो स्थिर है, वह स्थिर है। जो चल रहा है, वह चल रहा है। जो दूर है, वह दूर है। जो पास है; वह पास है। जो भीतर है, वह भीतर है। जो बाहर है, वह बाहर है। दुनिया की सामान्य वस्तुएँ, जो हमारी समझ में आती हैं, वे एक समय में, एक स्थान पर एक-सी हैं। दूसरे स्थान पर दूसरे प्रकार से हैं। एक ही साथ वे निकट भी हों, दूर भी हों, एक ही साथ वे चलें भी, न भी चलें, एक ही साथ भीतर भी हों, बाहर भी हों—ऐसा नहीं होता। फिर यह क्यों कहा जा रहा है? यह इसलिए कहा जा रहा है कि जिस तत्त्व का निरूपण किया जा रहा है—वह तत्त्व साधारण नहीं है। वह तत्त्व असाधारण है। जिस तरह से जगत की साधारण वस्तुओं को हम समझते-समझाते हैं—यह तत्त्व उस तरह से समझने-समझाने योग्य नहीं है। क्यों नहीं है? क्योंकि दुनिया की जो चीजें हैं वे सान्त हैं, सीमित हैं, परिच्छिन्न हैं और उनको हम भाषा का विषय बना सकते हैं। दुनिया की सीमित, सान्त, परिच्छिन्न वस्तुओं का वर्णन करते समय हम एक प्रकार की बात उनके तथ्यात्मक अध्ययन के द्वारा कह सकते हैं। आप इस बात पर ध्यान दीजिए कि डेकार्टे और न्यूटन के समय से सारी सृष्टि को यंत्रवत् मानकर उसका निश्चित विश्लेषण, वर्गीकरण, विवेचन करने पर आग्रह था। यह सारा संसार एक बड़े यन्त्र के समान है, जो निश्चित है। उस बड़े यंत्र के भिन्न-भिन्न पक्षों को तथ्य के आधार पर विवेचित कर ज्यों-का-त्यों जाना जा सकता है और उस जानी हुई ज्ञान-राशि से हम नये-नये यंत्र बना सकते हैं, नयी-नयी सुविधाओं के लिए आविष्कार कर सकते हैं और यह बात करीब तीन-साढ़े तीन सौ सालों तक चलती रही। वैज्ञानिकों को यह लगता रहा कि जो व्यावहारिक जगत् है, उस व्यावहारिक जगत् को एक निश्चित अर्थ देकर, उसको निश्चित रूप देकर, उसकी हम तथ्यपरक परीक्षा कर सकते हैं, लेकिन यह सारा का सारा ज्ञान बीसवीं सदी में डगमगा गया जब हमने उप आणविक विश्लेषण किया। सब-एटोमिक-एनालिसिस जब शुरू हुई। अणु को तोड़कर, अणु के भीतर भी जो तत्त्व हैं उनको जानने की जब चेष्टा की गयी। जो अत्यन्त लघु है या फिर जब विराट खगोलीय व्यापार का विवेचन हुआ जो अत्यन्त वृहत् है, इन दोनों क्षेत्रों में न्यूटन के सिद्धान्त काम नहीं करते। इन दोनों क्षेत्रों में डेकार्टे का तर्कमूलक विश्लेषण काम नहीं करता और इन दोनों क्षेत्रों में ऐसा लगता है कि कहा नहीं जा सकता कि निश्चित क्या है? एक वस्तु बिलकुल एक ही जैसी है—ऐसा बताना मुश्किल है। प्रकाश की तरंगें कब तरंग हो जाती हैं, कब कण हो जाती हैं यह कोई नहीं जानता। वे एक ही साथ तरंग भी हैं, कण भी

हैं। वे एक ही साथ ऊर्जा भी हैं और पदार्थ भी हैं। जो परस्पर विरोधी बात है और उस परस्पर विरोध के माध्यम से उप आणविक (सब-एटोमिक) जगत का जब विश्लेषण किया गया, अणु के भीतर का जब विश्लेषण किया गया, या जब महत् का विश्लेषण किया गया तो लगा कि बात ठीक बनती नहीं और फिर संभाव्यता के नियम आये। फिर सापेक्षता के नियम आये। फिर क्वांटम फिजिक्स आया और उन सब में इस बात को स्वीकृत किया गया कि वस्तु के रूप बदल जाते हैं। एक वस्तु का एक ही निश्चित रूप नहीं है। अब इस बात को हमारे ऋषियों ने कैसे समझा होगा? यह तो ऋषि ही जानें, लेकिन यह बात बार-बार कही गयी कि जगत के पदार्थों का विश्लेषण, विवेचन जिस स्तर पर किया जाता है, ठीक उसी स्तर पर ब्रह्म-तत्त्व का, आत्म-तत्त्व का विश्लेषण-विवेचन नहीं हो सकता। क्यों नहीं हो सकता? कई कारणों से नहीं हो सकता। पहली बात तो यह कि वह अवाङ् मनसगोचर है। वह वाणी, मन और इन्द्रिय के परे है। दुनिया की भौतिक वस्तुओं को जैसे हम नाप-तौल कर उनका विश्लेषण कर सकते हैं, वैसे नाप तौल कर ब्रह्म का विश्लेषण नहीं कर सकते। हम वस्तु को नाप सकते हैं, हम उसका वजन ले सकते हैं, हम उसका विश्लेषण कर सकते हैं और कई चीजों से मिलाकर उसकी गुणावली को निर्धारित कर सकते हैं। ऐसा ब्रह्म नहीं है। वह इतना सूक्ष्म है और इतना वृहत् है कि हमारी नाप-तौल की प्रयोगशाला में उसके आर-पार चला जाता है और फिर यह बताया गया कि वह वाणी का विषय नहीं है। सामान्य भाषा जिस प्रकार वस्तु का बोध कराती है उस प्रकार उसका बोध नहीं करा सकती! इसको थोड़ा समझिए आप।

जो चीज आप देख रहे हैं—यह माइक्रोफोन, इसको आप कैसे समझ रहे हैं। मैंने एक शब्द कहा—माइक्रोफोन। इस माइक्रोफोन को आपकी बुद्धि ने ग्रहण किया। एक शब्द है—वह है पद और उसका जो अर्थ है—वह है पदार्थ। पदार्थ क्या है जो उस पद का अर्थ है। माइक्रोफोन या घड़ा? घड़ा एक शब्द है और पदार्थ क्या है? उस घड़े का जो अर्थ है। आपकी कल्पना होती है मिट्टी का बना हुआ एक विशेष आकार का पात्र और उसका बोध आपको कैसे होता है। आप उस पदार्थ को बाहर देखकर ही नहीं समझते। इस बात पर ध्यान दीजिए।

उस पदार्थ को जब आपकी आँख देखती है तो उस पदार्थ को आँख के द्वारा आप भीतर लाते हैं। मन में लाते हैं और मन में जो उसका बिम्ब उभरता है, उसको समझते, देखते हैं। यानी आँख के द्वारा मन जो समझ रहा है, जो देख रहा है, वह आपको पदार्थ की तरह प्रतिभास होता है, प्रतीत होता है। तो दुनिया की वस्तुएँ वाणी का भी और मन का भी विषय बनती हैं, इन्द्रिय का विषय बनती हैं। उनको हम छू सकते हैं। उनको हम देख सकते हैं। उनको हम नाप सकते हैं। उनको हम तौल सकते हैं। जो वाणी का, मन का, इद्रियों का विषय है, उसका वर्णन जैसे होता है—उस वर्णन-पद्धति से उसकी वर्णन-पद्धति बहुत भिन्न होगी जो वाणी, मन और इन्द्रिय का विषय नहीं है।

वाणी, मन और इन्द्रिय का विषय जो नहीं है, उसको हम समझना, समझाना चाहते हैं। और उसको हम समझना, समझाना चाहते हैं—अपनी उस अपूर्ण अशक्त भाषा के द्वारा जिस भाषा से हम व्यवहार का काम करते हैं। जो नित्य व्यवहार की भाषा है, वही भाषा उस तत्त्व का बोध कराने के लिए प्रयोग की जा रही है जो उस भाषा का विषय नहीं है। वही मन जो

उसको ग्रहण नहीं कर पाता, उसको उस तत्त्व का बोध कैसे कराया जाये?—यह प्रयास हो रहा है। एक असंभव कार्य को सम्भव बनाने की चेष्टा चल रही है। जब असम्भव को सम्भव बनाने की चेष्टा चलती है तो उसमें भाषा के परस्पर विरोधी गुणों का समाहार करना पड़ता है। जिससे हम यह संकेत दे सकें, यह बोध कराने का इशारा दे सकें कि जो हम समझने-समझाने की चेष्टा कर रहे हैं वह हमारी सीधी, सरल भाषा की पकड़ के बाहर है। भाषा की पकड़ के बाहर है, मन की पकड़ के बाहर है—इस बात का बोध कराने के लिए परस्पर विरोधी गुणों का एक साथ समाहार किया जाता है।

हम दुनिया में वस्तुओं का एक निश्चित प्रकार का गुण मानते हैं—क्या वही पैमाना हम आत्म-तत्त्व पर, ब्रह्म-तत्त्व पर लागू कर सकते हैं? देखिए—ब्रह्म-तत्त्व की, ईश्वर तत्त्व की कई प्रकार की परिभाषाएँ हैं, कई प्रकार की व्याख्याएँ हैं। यहूदी, ईसाई, इस्लामी मतों में विभाजन कर लिया गया है। अच्छा-अच्छा जो है वह ईश्वर का, वह अल्लाह का, वह गॉड का गुण है। और बुरा-बुरा जो है; वह शैतान का गुण है। और ईश्वर शैतान की लड़ाई में ईश्वर शैतान को पराजित करता है। वे तमाम धर्म ईश्वर को सृष्टिकर्त्ता मानते हैं। लेकिन सृष्टि को ईश्वर से अलग मानते हैं। इस्लाम में सबसे बड़ा पाप शिर्क यानी साझेदारी का पाप है। कोई अपने को अल्लाह से जोड़कर कहे तो उसका सिर काट देना चाहिए। कोई अपने को अल्लाह कैसे कह सकता है? अनहलहक, यही कहा था मंसूर ने और इसलिए उसका सिर काट दिया गया। क्योंकि वे लोग मानते हैं कि परमात्मा अलग है और परमात्मा की बनाई हुई सृष्टि अलग है और सृष्टि का कोई भी तत्त्व परमात्मा नहीं हो सकता।

हमारे वेदान्त की दृष्टि इससे नितान्त भिन्न है। इस बात को फिर समझिए। एक बार मैंने कहा होगा। लेकिन इसको फिर दोहराता हूँ। देखिए, घड़ा कैसे बनता है? एक कुम्हार होता है, एक चाक होता है, एक माटी होती है, एक सूता होता है। चाक पर चढ़ाई हुई माटी को हाथ के सहारे कुम्भकार आकार देता है और जब वह आकार उसके मनोनुकूल हो जाता है तो चलते हुए चाक से सूते की सहायता से काटकर वह घड़े को अलग रख देता है। फिर वह उसे आग में पकाता है। अब यह जो घड़ा बना इसमें एक कारण है निमित्त कारण और एक कारण है—उपादान कारण। उपादान कारण किसको कहते हैं? उपादान कारण उसको कहते हैं जिसके बिना वस्तु रह ही न सके जो वस्तु में समाया हुआ हो। अब घड़ा बना। मिट्टी जो है—वह घड़े का उपादान कारण है। घड़े के भीतर-बाहर, ऊपर नीचे, घड़े के शरीर में क्या है? मिट्टी ही है। पकी हुई मिट्टी। लेकिन मिट्टी छोड़कर और कुछ नहीं है। यह मिट्टी घड़े का उपादान कारण है और वह कुम्हार, वह चाक, वह सूता, वह आग—ये घड़े के निमित्त कारण हैं। उपादान कारण अलग और निमित्त कारण अलग।

वेदान्त का कहना है कि परमात्मा इस सृष्टि का अभिन्न निमित्तोपादान कारण है। यानी परमात्मा ने यह सृष्टि बनायी—केवल इतनी बात सच नहीं है। परमात्मा ने सृष्टि बनायी—यह आधी बात है। परमात्मा ही सृष्टि बन गया—यह पूरी बात है। इस सृष्टि की मिट्टी क्या? परमात्मा। इस सृष्टि का कुम्हार कौन? परमात्मा। इस सृष्टि का चाक कौन? परमात्मा। इस सृष्टि का सूता जिसने इसे चाक से काटा, कौन? परमात्मा। परमात्मा ही इस

सृष्टि का अभिन्न निमित्तोपादान कारण है। परमात्मा ही इसको बनाने वाला है और परमात्मा ही इस सृष्टि के रूप में बन जाने वाला है। इसीलिए पहला मंत्र कहता है—**ईशावास्यमिदं सर्वं यत्किंच जगत्यां जगत्**—इस सृष्टि में जो कुछ स्थावर—जंगम दिखायी पड़ता है—वह सब परमात्मा ही है। परमात्मा केवल बनाने वाला ही नहीं है, परमात्मा इस सृष्टि के रूप में बनने वाला भी है। जब हमने अभिन्न निमित्तोपादान कारण के रूप में सृष्टिकर्त्ता और इस सृष्टि को स्वीकार किया तो एक ही साथ हमने माना कि परमात्मा के दो रूप हो गये। एक उसका सोपाधिक रूप हुआ। एक उसका निरुपाधिक रूप हुआ। उपाधि की व्याख्या मैंने की थी। उसे फिर समझ लेना चाहिए। यह काँच का गिलास है और उसके पीछे जवा का फूल है। तो वह काँच का वर्ण-रहित गिलास लाल लगता है। यह जो लालिमा गिलास में आई या उस स्फटिक में आयी—यह उसमें है नहीं—वह जवा के फूल के कारण, उसकी सन्निधि के कारण, उसकी निकटता के कारण उसमें झलक रही है। उपाधि वस्तु का अन्तर्निहित गुण नहीं है। उपाधि वस्तु के निकट आरोपित है।

नाम रूप दुइ ईश उपाधी—परमात्मा अपने निरुपाधिक रूप में, अपने सहज रूप में निर्गुण है, निराकार है और सोपाधिक रूप में—उपाधि को स्वीकार कर लेने के बाद वह सारी सृष्टि के रूप में बदल जाता है। सारे नाम रूप ईश्वर की ही उपाधि से है। अगर इस बात को स्वीकार करते हैं—तो ब्रह्म के दो रूप हो गये निरुपाधिक और सोपाधिक। अत: कहा जा सकता है कि आत्म तत्त्व चलता भी है और नहीं भी चलता। आत्म-तत्त्व एक ही साथ दो प्रकार के काम कैसे कर रहा है? आत्म-तत्त्व निकट भी है, दूर भी है। आत्म-तत्त्व सबके भीतर भी है और बाहर भी है। यह कैसे हो सकता है? एक व्याख्या इसकी यह की गयी कि निरुपाधिक रूप में, अपनी उपाधि रहित अवस्था में वह अपरिणामी है। चलता है मतलब परिणाम होता है, परिवर्तन होता है, बदल जाता है। लेकिन परमात्मा अपनी निरुपाधिक सत्ता में, अपनी पारमार्थिक सत्ता में उपाधि रहित है। उसमें कोई दूसरा आरोपण नहीं किया जा सकता और इसलिए वह जैसा है, वैसा ही है। कबीरदास का एक दोहा मुझको याद आ रहा है—

एक कहूँ तो है नहीं, दोय कहूँ तो गारि।
जैसा है वैसा रहे, कहै कबीर विचारि॥

परमात्मा को अगर एक कहें तो परमात्मा क्या संख्या में बँध जायेगा? एक बात पर ध्यान दीजिए। अद्वैत शब्द इसीलिए निर्मित किया गया। अगर परमात्मा एक है—एक तो है, लेकिन एक ही है—तो क्या आप उनको संख्या में बाँध दोगे? क्या परमात्मा संख्या से बँध जाता है। परमात्मा संख्या से तो बँधता नहीं।

एक कहूँ तो वह संख्या से बँधता नहीं। इसलिए उसको एक नहीं कह सकते और दोय कहूँ तो गारि? अगर उसको दो कहें तो यह गाली है। उसके सिवाय कुछ है ही नहीं। जब उसके सिवाय कुछ है ही नहीं तो दो कहना तो गाली जैसा है। इसलिए दो भी नहीं कह सकते। दो भी नहीं कह सकते, एक भी नहीं कह सकते तो क्या है वह? जैसा है, वैसा है। वह भाषा का विषय नहीं है, वह अनुभव का विषय है—कह कबीर गूँगे गुड़ खाया, बूझै तो,

का कहिये? गूँगा गुड़ खाता है, मीठा खाता है, तो गूँगा मीठे का अनुभव तो करता है, लेकिन गूँगा होने के कारण शब्द में व्यक्त नहीं कर पाता। इसी तरह उस परमात्म तत्त्व का अनुभव कर लेने के बाद उसको शब्दों के द्वारा अभिव्यक्त नहीं किया जा सकता। शब्दों के द्वारा उसे व्यक्त नहीं किया जा सकता इसको मान लेने के बाद भी यह प्रश्न तो रह ही जाता है कि यदि उसके बारे में शब्दों के द्वारा नहीं कहें तो कहें किसके द्वारा? मौन के द्वारा कहा जाता है। शंकराचार्य का इसके सम्बन्ध में एक बहुत बढ़िया श्लोक है—

चित्रं वटतरोर्मूले वृद्धाः शिष्याः गुरुर्युवा।
गुरोस्तु मौनं व्याख्यानं शिष्यास्तु छिन्नसंशयाः॥

चित्रं वटतरोर्मूले—चित्रं माने विचित्र। संसार रूपी विचित्र वट वृक्ष के नीचे, **वृद्धाः शिष्याः गुरुर्युवा**—वृद्ध-वृद्ध शिष्य हैं काल के अज्ञानी सब और गुरु युवा है, एक रस है। **गुरोस्तु मौनं व्याख्यानं**—गुरु मौन व्याख्यान देता है। **शिष्यास्तु छिन्न-संशयाः**—और उससे शिष्यों के सारे-के-सारे संशय छिन्न हो जाते हैं।

ब्रह्म वाणी का विषय नहीं है। इसलिए मौन के द्वारा उसकी अभिव्यंजना कभी-कभी की गयी है। उपनिषदों में वाष्टव्य ऋषि की कथा आती है। उनसे पूछा गया ब्रह्म कौन? वे चुप रहे—चुप रहे। फिर बार-बार पूछने पर वे बोले—मौन के द्वारा कह तो रहा हूँ। मौन के द्वारा ही उसको समझाया जा सकता है। लेकिन मौन के द्वारा जिनको समझ में आता है, वे समझ सकते हैं। हम-आंप? हमारी आपकी मन्द बुद्धि अगर मौन के द्वारा उसे ग्रहण न कर सकें तो? तो कृपा परवश होकर संत कहते हैं—

सब जानत प्रभु प्रभुता सोई, तदपि कहै बिनु रहा न कोई।

सब जानते हैं कि प्रभु की प्रभुता ऐसी ही है कि जो वाणी का विषय नहीं है। वाणी का विषय न होते हुए भी उसको वाणी का विषय बनाने का प्रयास सिर्फ इसलिए किया जा रहा है कि हम अपनी जड़ता को झकझोर कर उस ऊँचाई तक पहुँचने की चेष्टा करें। परस्पर विरोधी भाषा इसी प्रकार का झकझोर देने वाला उपक्रम है। हम अपने को बहुत बुद्धिमान मानने वाले लोग, हम सारी सृष्टि को निश्चित अर्थ में ग्रहण करने का अहंकार करने वाले लोग—हम सबको एक ही तरह की पैमाइश से नाप लेने वाले लोग, हमारी बुद्धि को धक्का मारकर उपनिषत्कार कह रहा है कि तुम्हारा सारा ज्ञान तुच्छ है। वह तत्त्व एक ही साथ परस्पर विरोधी धर्मों का आश्रय है। उसको कैसे तुम नाप लोगे? यह जो हमारी सीमित अहंकारपूर्ण जड़ता है उसको झकझोर कर एक बड़ी सच्चाई की ओर संकेत करने के लिए परस्पर विरोधी गुणों का एकत्र प्रयोग किया जाता है। ब्रह्म के लिए परस्पर विरोधी शब्दावली का प्रयोग यह बताने के लिए किया जाता है कि जो अभिन्न निमित्तोपादान कारण के रूप में स्रष्टा और सृष्टि दोनों है, उसमें परस्पर विरोधी गुण तो होंगे ही। तैत्तिरीय उपनिषद् में बिलकुल ठीक कहा है कि **सः तपोऽतप्यत**—उसने तप तपा। परमात्मा को भी तप करना पड़ता है बड़ी सृष्टि के लिए। तैत्तिरीय उपनिषद् में यह वर्णन है। हम आप बड़ा काम करना चाहें और वह यों ही हो जाये बिना तपस्या के, यह कैसे सम्भव है? कोई भी बड़ा काम बड़ी तपस्या की अपेक्षा रखता है। तैत्तिरीय उपनिषद् में बताया गया है कि जब ब्रह्म ने बहु होने

की कामना की, **सोऽकामयत्। बहुस्यां प्रजायेयेति**—तब उसने तप **किया स तपोऽतप्यत। स तपस्तप्त्वा इदं सर्वमसृजत् यत्किंच। तत्सृष्ट्वा तदेवानुप्राविशत्।** तप करने के बाद उसने सृष्टि रची और सृष्टि रचने के बाद वह स्वयं उसमें प्रविष्ट हो गया। सृष्टि और स्रष्टा अभिन्न हैं। सृष्टि और स्रष्टा अगर अभिन्न हैं तो सृष्टि का वर्णन भी स्रष्टा का वर्णन है और सृष्टि से परे भी स्रष्टा है—इस बात को समझ लेना चाहिए और इसलिए जब कहा गया—**तदेजति तन्नैजति** वह चलता भी है, वह नहीं भी चलता। तो एक व्याख्या यह की गयी कि वह सोपाधिक रूप में चलता है। निरुपाधिक रूप में नहीं चलता है। निरुपाधिक रूप में नहीं चलता माने वह अपरिणामी है, उससे कुछ बनता नहीं। यह जो कुछ बना हुआ दिख रहा है—यह बना हुआ वास्तव में है कि नहीं—यह कहना बड़ा कठिन है। हमारी-आपकी दृष्टि में है, लेकिन उसकी दृष्टि से देखें तो भिन्नता कहाँ है, बहुलता कहाँ है? हमारी आपकी दृष्टि से यह जगत बहुल है। असंख्य नाना नामरूप के रूपाकारों में बँटा हुआ है। इन असंख्य नाम रूपों में जो एक ही तत्त्व अपने को अभिव्यक्त रहा है, उसकी दृष्टि से अगर देखें तो? परमात्मा की दृष्टि से देखें तो? अँगूठी है, चूड़ी है, कड़ा है, हार है, करधनी है, बिछिया है नाम भी अलग हैं, रूप भी अलग हैं। लेकिन सोने की दृष्टि से देखें तो। सोना अगर देखें तो सोना-ही-सोना है और कुछ भी नहीं। जो भी नाम रूप है उसको अगर आग से पिघला दें तो? पिघल जाने के बाद वह नाम भी नहीं रहेगा, वह रूप भी नहीं रहेगा। सिर्फ सोने का सोना ही रहेगा। यानी नाम रूप झूठा है। सोना असली है। इसी तरह से जो उसका असली रूप—उसका अपरिणामी रूप है। अपरिणामी रूप? परिणाम-परिवर्तन-यह उसमें नहीं है लेकिन उसमें परिणाम परिवर्तन का आभास मिलता है। उसके सोपाधिक रूप में, इस जगत के रूप में हम सारी सृष्टि को चलता हुआ देखते हैं। सूर्य चल रहा है, चन्द्रमा चल रहा है, सारे तारे चल रहे हैं। धरती चल रही है। हम चल रहे हैं, आप चल रहे हैं। यह सारी सृष्टि चल रहो है। **तदेजति**—वही चल रहा है। कौन चल रहा है? जो अपरिणामी है, जो स्थिर है, वही समस्त गतियों का प्रदाता भी है। स्वयं स्थिर रहते हुए वह सारी सृष्टि को गति दे रहा है और यह सृष्टि उसकी दी हुई गति से चल रही है और इसलिए वह चलता भी है—अपने सोपाधिक रूप में। और वह नहीं चलता—अपने तात्त्विक रूप में। क्या ये दोनों दो चीजें हैं? अलग हैं? सोपाधिक-निरुपाधिक रूप—दो ब्रह्म हैं?

सगुनहिं-अगुनहिं नहिं कछु भेदा, गावहिं मुनि पुरान बुध वेदा।
जो गुन रहित, सगुन सोइ कैसे, जल-हिम-उपल-विलग नहिं जैसे॥

जैसे समुद्र और समुद्र की तरंग में कोई अन्तर नहीं है। लेकिन अंतर है भी। समुद्र की तरंग-एक नाम, एक आकार। बनी, बिगड़ गयी। तरंगें बनती-बिगड़ती हैं। तरंगों के रूप में समुद्र गतिशील है, लेकिन अपनी अथाह जलराशि में वह स्थिर है। सतह पर हवा के कारण तरंगें उठ रही हैं। भीतर वह शान्त जलराशि स्थिर है। एक तत्त्व जल है अगर उसको शीतल किया जाए तो वह बर्फ बन जाता है। जल का कोई आकार नहीं होता, लेकिन जब वह बर्फ बन जाता है तो उसका आकार हो जाता है। फ्रिज में जब हम जल को जमाते हैं तो उसके टुकड़े-टुकड़े बन जाते हैं। रूप बन जाता है। आकार आ जाता है। वही निराकार जल साकार

हो जाता है। हिम में जल छुआ जा सकता है। जब भाप बन जाये? तो वह दिखता तो है, पर उसका कोई आकार नहीं होता। भाप के रूप में दिखता भी है। तो एक ही तत्त्व जल अगर तीन रूप धारण कर सकता है—भाप बन सकता है, जल बन सकता है, बर्फ बन सकता है तो वह परम तत्त्व सोपाधिक और निरुपाधिक दोनों रूप क्यों नहीं धारण कर सकता? और इसलिए सोपाधिक रूप में वह चलता है—जगत के रूप में, सृष्टि के रूप में चलता है। अपने तात्त्विक, निरुपाधिक रूप में नहीं चलता। यह ज्ञानी लोगों की बात है। जो भक्त लोग हैं—वे कहते हैं—नहीं-नहीं। वह कृपा परवश होकर करुणा-वरुणालय अपने भक्तों के साथ लीला करने के लिए जब आता है तो वह चलता है भाई—

गीध को कियो सराध, भीलनी को खायो फल।
सोई साधु सभा भली-भाँति भनियत है॥

वह चलता है। वह हँसता भी है। वह रोता भी है। परमात्मा अपने पारमार्थिक रूप में निष्क्रिय होंगे, निर्गुण निराकार होंगे, लेकिन वह कृपा-परवश होकर शरीर धारण करते हैं। तो वे चलते हैं। भक्तों के पास दौड़कर जाते हैं—

भक्त कहीं जाते नहीं, आते हैं भगवान।

शबरी तो बैठी रही। अहल्या तो बैठी रही। भगवान आये। वह चलता है। और नहीं भी चलता। कुछ लोग कहते हैं कि यह चलना और यह नहीं चलना दोनों उसकी लीला है। वह चलने और नहीं चलने के परे हैं। चलना और नहीं चलना—इन दोनों में उसको बाँधा नहीं जा सकता। उपाधि और निरुपाधि—दोनों ही त्याज्य हैं। उनके परे जो हैं वह क्या है? वह अनुभवैक-गम्य है। इसलिए वह परस्पर विरुद्ध धर्मों का आश्रय है। वह स्वयं अभिन्न निमित्तोपादान होने के कारण परस्पर विरुद्ध धर्मों का आश्रय है और इस परस्पर विरुद्ध धर्माश्रय का बोध कराने के लिए विरोधी भाषा में उसकी व्यंजना, उसका निर्देश, उसका संकेत, उसका कथन करने का प्रयास किया जा रहा है। **तदेजति तन्नैजति—तद्दूरे तद्वन्तिके।**

तद्दूरे तद्वन्तिके—वह दूर भी है, वह पास भी है। यही सर्वव्यापी का लक्षण है। जो सर्वव्यापी है, वह यहाँ है कि नहीं। यहाँ नहीं होगा तो वह सर्वव्यापी कैसे होगा? सर्वव्यापी का लक्षण ही यही है कि वह निकट भी होगा और दूर-से-दूर-से-दूर जो जगह होगी, वहाँ भी होगा। क्योंकि वह सर्वव्यापी है। सर्वव्यापी का मतलब जो सब जगह व्याप्त है। सब जगह व्यापक होने का मतलब कि यहाँ भी और वहाँ भी। सर्वत्र है। **तदेजति तन्नैजति**—जैसे देश ब्रह्म की सृष्टि है वैसे ही काल भी उसकी सृष्टि है। तुलसी बाबा ने कहा है कि—

लव निमेष परमानु जुग, बरख कलप सर चंड।
भजसि न मन तेहि राम कहँ, काल जासु कोदंड॥

एक अखंड काल है और एक खंड-खंड काल है। तो भगवान के हाथ में जो धनुष है वह अखंड काल है, समग्र काल। और उसमें जो उनके बाण हैं वह लव है, निमेष है, परमाणु है, दिन है, सप्ताह है, युग है, महीना है। ये खंड-खंड काल—ये बाण हैं और अखंड काल—यह धनुष है। यह धनुष पहले कि राम पहले? धनुष राम के हाथ में कि राम धनुष के हाथ में? राम धनुष के हाथ में नहीं हैं। धनुष राम के हाथ में है। राम कालातीत हैं,

काल के परे हैं। **तदेजति तन्नैजति**—यह कहने का अर्थ यह हुआ कि परम तत्त्व कालातीत है, काल के परे है। जब काल नहीं था, तब भी वह था। जब काल बना तब भी वह था। आज भी वह है, कल भी वहं रहेगा।

जैसे वह परम तत्त्व काल से नहीं बँधता, वैसे ही वह परम तत्त्व देश से नहीं बँधता। यह माला यहीं है। यह माला देश से बँधी हुई है। इसी सीमित क्षेत्र में यह माला यहीं है। क्या इसी तरह से परमात्मा भी स्थानबद्ध है? क्या इसी तरह परमात्मा भी देशबद्ध है? क्या इसी तरह परमात्मा सिर्फ एक ही स्थान पर रहता है? नहीं। परमात्मा एक स्थान पर नहीं रहता। परमात्मा सर्वव्यापी है। इसलिए परमात्मा बहुत निकट-से-निकट है और दूर भी है। जहाँ भी जाओ, वहाँ परमात्मा पहले ही हैं। वह देशबद्ध नहीं है। एक और इसमें व्यंजना की है भक्तों ने। उन्होंने कहा कि किसके निकट है? किसके दूर है? बोले—ज्ञानी के, भक्त के निकट है; अज्ञानी के, अभक्त के बहुत दूर है—

दूर न सो हितू, हेरि हिये ही हैं।
छलहि छांड़ि सुमिरै, छोह किए ही हैं॥

वह परमात्मा दूर नहीं है। वह तो प्रत्यगात्मा है। वह तो अन्तरात्मा है। वह तो हमारे भीतर-के-भीतर-के-भीतर है। सबसे पास अगर कुछ है तो परमात्मा है। और अज्ञानी के लिए सबसे दूर अगर कुछ है, तो परमात्मा है। उसको तो परमात्मा का बोध ही नहीं होता। विश्वास ही नहीं होता। ज्ञानी के लिए तो आत्मा ही परमात्मा है। वह परमात्मस्वरूप है। भक्त के लिए तो परमात्मा उसके अन्तःकरण में है। भक्त यह मानता है कि परमात्मा में दो गुण होने चाहिए जो सबसे बड़ा हो। शरण किसकी लेनी चाहिए? शरण उसकी लेनी चाहिए, जो सर्व समर्थ हो। आप किसी की शरण लेने जा रहे हैं और उसकी शरण ले करके आप सोचते हैं कि आप अभय हो जायेंगे। लेकिन वह खुद ही दुर्बल है। कोई दूसरा उससे बड़ा शक्तिशाली है। उसको पीट देगा। जब उसी को पीट देगा, तो आप भी पिट जायेंगे। तो शरण्य-शरण लेने योग्य कौन है? पहला लक्षण है कि जो सर्व समर्थ हो। अच्छा सर्व समर्थ है, लेकिन वहाँ तक तुम्हारी पहुँच नहीं है तो तुम्हारे किस काम का? दुःख कष्ट तो हमको अभी है भाई। अगर वह अभी सुलभ नहीं है तो हमारा भला कैसे होगा। गालिब का शेर याद आ गया—

हमने माना कि तगाफुल न करोगे लेकिन।
खाक हो जायेंगे हम तुमको खबर होने तक॥

हमने यह मान लिया कि तुमको जब खबर मिलेगी तो तुम गफलत नहीं करोगे। लेकिन तुम तो महाराजाधिराज हो। तुम तक खबर पहुँचते-पहुँचते तो हम खाक हो जायेंगे। तो ऐसे व्यक्ति को शरण्य नहीं बनाना चाहिए। शरण्य में दो गुण होने ही चाहिए—एक तो वह सर्व-समर्थ हो और दूसरा वह अति सुलभ हो। सब समय प्राप्त हो। सुशील हो, कृपालु हो। तुलसी बाबा ने लिखा है—

साहब अतिहिं बड़ो सील सरल सुठि।
ध्यान अगम सिवहूँ भेंट्यों केवट उठि॥

मेरा स्वामी सबसे बड़ा है। शिवजी भी अहंकार पूर्वक चाहें कि हम उसको ध्यान में प्राप्त कर लेंगे तो नहीं कर सकते।

साहब अतिहिं बड़ो—मेरा स्वामी सबसे बड़ा है। उससे बड़ा और कोई नहीं। लेकिन **सील सरल सुठि**—बहुत सुशील है, बहुत सरल है। बहुत सुन्दर है। सीधा सादा है। शील का मतलब होता है कि मेरे किसी भावी आचरण से किसी को दुःख कष्ट न हो यह सोचकर वैसे असंगत आचरण से बचना और मेरे आचरण से सबों को सुख मिले—यह सोचकर सबके हित में अनुकूल व्यवहार करना। यह सुशीलता है। नाम तो रख देते हैं लड़की का सुशीला। लड़के का सुशील। लेकिन नाम जैसा होता है, काम भी क्या वैसा होता है। रामजी जानें। शील को कितना महत्त्व दिया जाता रहा है?

शीलं प्रधानं पुरुषे तद्यस्येह प्रणश्यति।
न तस्य जीवितेनार्थो न धनेन कुलेन वा॥

मनुष्य में शील प्रधान है जिसका शील नष्ट हो गया, उसके जीवन, धन या कुल का क्या लाभ। हम कड़ुवा बोलकर, दूसरे को दुःख पहुँचाकर अपनी दुःशीलता ही प्रमाणित करते हैं। रामजी सील सरल सुठि-बड़े सुशील हैं। शील निधान है—**भेंट्यो केवट उठि**-खुद उठकर उन्होंने केवट को गले लगा लिया।

गीध को कियो सराध, भीलनी को खायो फल।

उन्होंने गीध का श्राद्ध किया, भीलनी के फल खाये। तो यह जो कहा गया कि वह सबसे पास है, सबसे दूर है। किसके पास, किसके दूर? भक्तों के बिलकुल पास हैं। अपने हृदय में ही हैं—

दिल के आईने में है तस्वीरे-यार।
जब जरा गर्दन झुकाई, देख ली॥

वह तो अपने हृदय में हैं मेरा परमात्मा। भक्तों के निकट हैं, ज्ञानियों के निकट है। ज्ञानी तो आत्मा और परमात्मा में अभेद मानता है। वही है, वही वही है। उससे निकट और कौन हो सकता है। ज्ञानी और भक्त के निकट हैं। अज्ञानी, मूर्ख, नास्तिक, अभक्त के बहुत दूर हैं। **तद्दूरे, तद्वन्तिके**—सर्वव्यापी के रूप में भी सर्वत्र होने के कारण वह देश से बँधा नहीं, काल से बँधा नहीं, और भक्त के निकट, ज्ञानी के निकट। अज्ञानी से, नास्तिक से दूर।

तदन्तरस्य सर्वस्य, तदुसर्वस्यास्य बाह्यतः।

वह सबके भीतर है, वह सबके बाहर है। एक ही साथ दोनों बातें कैसे हैं? इसको समझाते हुए कठोपनिषद् में कहा गया है—

अग्निर्यथैको भुवनं प्रविष्टो रूपं रूपं प्रतिरूपो बभूव।
एकस्तथा सर्वभूतान्तरात्मा रूपं रूपं प्रतिरूपो बहिश्च॥

(कठोपनिषद् ५/९)

आग का अपना कोई आकार नहीं है। लेकिन जिसमें आग लगती है, उसका आकार ले लेती है। लोहे का गोला है। इसको आग में डाल दो, तप जाएगा तो आग गोला मालूम पड़ेगी।

लोग कई बार खेल दिखाते हैं। एक गोला बनाते हैं। उसमें से कूदते हैं। आग लगा देते हैं तो आग गोल मालूम पड़ती है। जिसमें जाती है, उसका आकार ग्रहण करती है। उसी तरह से एक ही आत्मा है। **रूपं रूपं प्रतिरूपो**—सब रूपों में वही प्रकट हो रहा है। लेकिन वह वहीं सीमित नहीं है। वह उसके बाहर भी है। परमात्मा में और जीव में एक अन्तर यह भी है कि और जो सब हैं—वे आकार से बँधे हुए हैं। वस्तु जो है अपने आकार से बँधी हुई है। परमात्मा किसी भी आकार से सीमित नहीं है। सब आकारों में है और उसके परे भी है। देश, काल, वस्तु तीनों से वह अपरिच्छिन्न है। परिच्छिन्न माने कटा छँटा परिच्छिन्न माने टुकड़े-टुकड़े में बँटा। वह देश के टुकड़े में बँटा नहीं है। वह यहाँ है, वहाँ नहीं है—ऐसा नहीं है। वह यहाँ भी है, वह वहाँ भी है। वह काल से बँटा-छँटा नहीं है। वह आज है, कल नहीं रहेगा ऐसा नहीं है। परसों था, आज नहीं है—ऐसा नहीं है। वह पहले भी था। आज भी है। आगे भी रहेगा। वह इस वस्तु में है—इसमें नहीं है—ऐसा भी नहीं है। वह किसी वस्तु से बँटा हुआ नहीं है। वह सब वस्तुओं में होते हुए भी सब वस्तुओं के परे भी है, बाहर भी है। क्योंकि हमारे बोध में आने वाला यह दृश्यमान जगत जहाँ शेष हो जाता है, उसके परे भी परमात्मा है। परमात्मा किसी काल में बँधता नहीं, किसी देश में बँधता नहीं, किसी वस्तु में बँधता नहीं। देश काल वस्तु से जो परे है—वह परमात्मा है। और इसलिए यह बताया गया कि **तदन्तरस्य सर्वस्य तदुसर्वस्यास्य बाह्यतः**—वह सबके भीतर भी है और सबके बाहर भी है। परमात्मा केवल भीतर है—यह मान लेना तो परमात्मा को सीमित कर देना हुआ। जैसे महिलाएँ एक झोले में सब चीजें खरीद कर लाती हैं। वैसे परमात्मा क्या इस चमड़े के झोले के भीतर बन्द है? क्या आकार परमात्मा को बाँध लेगा? परमात्मा इसके भीतर भी है। परमात्मा इसके बाहर भी है। भीतर-बाहर दोनों जगह परमात्मा है। इसका मतलब वह किसी वस्तु से सीमित नहीं होता। एक छोटा उदाहरण दें—जिससे बात समझ में आये। देखिये, पंच महाभूतों से सारी सृष्टि बनी है—

छिति जल पावक गगन समीरा।
पंच रचित यह अधम सरीरा॥

हर शरीर में पाँच तत्त्व हैं। पृथ्वी है, जल है, अग्नि हैं, आकाश है और वायु है लेकिन क्या वे पाँच तत्त्व इसी शरीर में सीमित हैं? इस शरीर में होते हुए भी इस शरीर के बाहर भी हैं, उस शरीर में भी है—यहाँ भी हैं और इनके परे भी। अगर पाँच तत्त्व सबमें प्रविष्ट होकर उनके बाहर भी रह सकते हैं, तो जिसने उन पंच महाभूतों को बनाया क्या वह सबमें रहकर उनके बाहर नहीं हो सकता? जैसे पंच महाभूतों से ही बना हुआ यह सारा जगत् है, हर आकार में वे पंच महाभूत हैं लेकिन वे महाभूत उसी आकार से बँधे हुए नहीं हैं उसके बाहर भी है, दूसरे आकारों में भी हैं, ठीक उसी तरह परमात्मा सब आकारों में होता हुआ भी किसी एक आकार से बँधा नहीं है। वह हमारे भीतर भी है, वह हमारे बाहर भी है। वह किसी वस्तु के रूप में कहीं एक स्थान पर एक काल में सीमित नहीं है। एक और बात इसी से जुड़कर हमारे मन में आ रही है। आप लोगों को यह बात अच्छी लगेगी।

अपने पुरखों का एक चमत्कार हम आपको बताना चाहते हैं। पुरखों का, ऋषियों का।

अद्‌भुत है। कितनी कृपा होगी उनके मन में। अभी मैंने बताया कि परमात्मा सर्व देश में है। सब देशों में है। किसी देश से बँधा नहीं है। सर्वत्र है, सर्वव्यापी है। अभी-अभी बताया कि परमात्मा काल से बँधा नहीं है। सब कालों में है। अभी-अभी बताया कि परमात्मा किसी वस्तु से बँधा हुआ नहीं है। सब वस्तुओं के भीतर भी है। सब वस्तुओं के बाहर भी है। अच्छा, अब ऐसे परमात्मा की धारणा कीजिये। ऐसे परमात्मा की धारणा साधारण तौर पर साधारण मनुष्य कर सकते हैं क्या? नहीं कर सकते। तो साधारण मनुष्य के लिए क्या कोई रास्ता नहीं है? जिस परमात्मा को सार्वदेशिक, सार्वकालिक, सार्वभौम बता दिया गया, उसकी धारणा कैसे करें? अब परमात्मा सब जगह है। तो निश्चय ही हमारे रहने के कमरे में भी है। लेकिन जिस मकान में, जिस कमरे में हम रहते हैं, जिसमें हम खाते हैं, पीते हैं, अच्छा काम करते हैं, बुरा काम करते हैं, नारायण। क्या-क्या करते हैं। वहीं परमात्मा भी हैं—यह बोध बहुत मुश्किल से होता है। इसमें पवित्रता का अनुभव नहीं होता, दिव्यता का अनुभव नहीं होता। इसलिए हमारे पुरखों ने देश को रेखांकित करके तीर्थ बना दिया। एक चमत्कार बता रहा हूँ आप लोगों को। यह तीर्थ यात्रा क्या है? यह तीर्थ-यात्रा देश को रेखांकित करने का चमत्कार है। परमात्मा सर्वत्र व्याप्त है। लेकिन उस सर्वत्र व्याप्त परमात्मा का सघन, तीव्र बोध अपने आवास-गृह में, अपने निवास-कक्ष में नहीं होता। हम वहाँ सब प्रकार के पवित्र-अपवित्र, शुचि-अशुचि काम करते हैं। वहाँ परमात्मा का अनुभव नहीं होता। इसलिए उस सर्वव्यापी परमात्मा को विशेष रूप से अनुभव करने के लिए गंगोत्री जाइये, केदारनाथ जाइये, बद्रीनाथ जाइये, अमरनाथ जाइये, रामेश्वरम् जाइये, बनारस जाइये, मथुरा जाइये। यह सब क्या है? यह सब जो सार्वदेशिक परमात्मा है, सब देशों में परमात्मा है जो किसी देश से बँधा नहीं है, उसे स्थान विशेष में तीव्रता के साथ अनुभव कराने का उपाय है। वहाँ पर ज़ाकर आपको अनुभव होगा विशेष रूप से परमात्मा का, इसलिए हमारी आपकी सुविधा के लिए, हमारे आपके विवेक को ग्राह्य बनाने के लिए ऋषियों ने स्थान को रेखांकित कर दिया। सब जगह परमात्मा की अनुभूति नहीं होती? अच्छा, गंगोत्री में जाकर ध्यान कीजिये, अनुभूति होगी। बद्रीनाथ में, केदारनाथ में, अनुभूति होगी। विराट के सम्पर्क में आने से, मुक्त के सम्पर्क में आने से चित्त में विराटता आती है, मुक्ति का अनुभव होता है। संकीर्ण, क्षुद्र, बद्ध के सम्पर्क में आते ही चित्त में क्षुद्रता आती है, संकीर्णता आती है। यह तीर्थ-यात्रा, यह देश को रेखांकित करने की परिकल्पना ऋषियों का एक महान् कौशल है जहाँ सर्वव्यापी परमात्मा का सघन अनुभव किया जा सकता है।

अच्छा! क्षण-क्षण में परमात्मा का अनुभव नहीं होता। अभी, यहीं, इसी समय परमात्मा का अनुभव नहीं होता। काल को रेखांकित कर दिया। ये पर्व-त्योहार क्या हैं? जरा सोचिए इस बात को। यह जन्माष्टमी, यह रामनवमी, यह दुर्गाष्टमी, यह विजयादशमी, यह एकादशी यह पूर्णिमा—यह क्या है? यह काल को रेखांकित करने की चेष्टा है। जिस परमात्मा का अनुभव प्रतिक्षण करना चाहिए, उस परमात्मा का अनुभव हम प्रतिक्षण नहीं कर पाते। शरीर के काम से बँधे हुए हैं। भूख लगती है, प्यास लगती है। रुपया कमाना पड़ता है, परिवार का पालन-पोषण करना पड़ता है। नाना प्रकार की झखमारी करनी पड़ती है। उसमें

परमात्मा का स्मरण करने के लिए समय ही नहीं मिलता। प्रतिक्षण परमात्मा का अनुभव दिव्य-महान् पुरुष करें, हम आप कैसे करें? ऋषियों ने क्या किया? काल को रेखांकित कर दिया। तुम प्रतिक्षण अनुभव नहीं कर सकते। अच्छा! शिवरात्रि को तो अनुभव कर सकते हो भाई। जन्माष्टमी को, रामनवमी को, अभी दुर्गाष्टमी आ रही है। एक दिन-पवित्र दिन-उस काल को रेखांकित कर दिया और उस काल में तुम दिव्यता का अनुभव करो, परमात्मा का अनुभव करो।

हर वस्तु में परमात्मा का अनुभव नहीं होता? कोई बात नहीं। शिवलिंग में करो। कोई बात नहीं। शालिग्राम—शिला में करो, मूर्ति में करो। ओंकार में करो, स्वस्तिक में करो। वस्तु को, प्रतीक को सामने रख दिया। जिस परमात्मा का अनुभव ज्ञानियों को, भक्तों को देश के कण-कण में, काल के क्षण-क्षण में, वस्तु के कोण-कोण में होता है उस परमात्मा का अनुभव अगर हम कण-कण में, क्षण-क्षण में, कोण-कोण में नहीं कर पाते तो हमारे पुरखों ने, हमारे ऋषियों ने हमारे-आपके मंगल के लिए देश को, काल को, वस्तु को रेखांकित करके उनको विशेष पवित्र बनाकर हमारी श्रद्धा के द्वारा हमारे उद्धार का एक मार्ग बना दिया। परमात्मा अपने पारमार्थिक रूप में देश-काल-वस्तु के परे हैं, लेकिन उस देश-काल वस्तु के परे परमात्मा के रूप का हम बोध नहीं कर पाते। उसका आकलन नहीं कर पाते। कई बार जो अपने को आधुनिक बताते हैं, कई तरह के मीन-मेख निकालते हैं। गंगा स्नान कोई करने जाए तो वे कहेंगे—मन चंगा तो कठौती में गंगा। ठीक है भैया तुम्हारी बात सच है। मन चंगा होगा, तब न कठौती में गंगा होगी। यह बताओ कि मन चंगा तो कठौती में गंगा—कहकर तुमने हमको गंगा स्नान करने से तो रोक दिया और उसके बाद क्या कराया। टी० वी० दिखाया, गपशप की, परचर्चा की, पर निन्दा की। अनेक प्रकार की वस्तुओं का उपभोग करने की प्रेरणा दी। ऐसे मन चंगा होता है? मन चंगा, तब न कठौती में गंगा। मन चंगा कैसे होगा? गंगा-स्नान मन चंगा करने का उपाय है। तीर्थ-यात्रा मन चंगा करने का उपाय है। पर्वों का पालन मन चंगा करने का उपाय है। प्रतीकोपासना मन चंगा करने का उपाय है और जब मन चंगा होगा, तभी हम यह अनुभव कर सकेंगे—

तदेजति तन्नैजति, तद्दूरे तद्वन्तिके।
तदन्तरस्य सर्वस्य, तदु सर्वास्यास्य बाह्यतः॥

यह जो इतनी बड़ी बात है। इसको बार-बार लोगों ने दोहराया। बार-बार ऋषियों ने दोहराया—

सर्वोपनिषदो गावो, दोग्धा गोपालनन्दनः।
पार्थो वत्सः सुधीर्भोक्ता, दुग्धंगीतामृतं महत्॥

सारी उपनिषदें गायें हैं और कन्हैया ग्वाला है। गाय के थन से दूध तब उतरता है जब बछड़ा मुँह मारता है। सबके लिए गाय का थन दूध से भरता नहीं। अपने बछड़े के लिए भरता है। पार्थ-अर्जुन-बछड़ा है और दुहने वाला अहीर कन्हैया है एवं उसका भोक्ता-उपभोग करने वाला सुधी है। भगवान की कृपा से हम आप भी हो जायें। यह बता इसलिए रहा हूँ कि ठीक इसी उपनिषद मंत्र को श्रीकृष्ण ने अपनी भाषा में कहा है। गीता के तेरहवें अध्याय में

उन्होंने कहा—

बहिरन्तश्च भूतानामचरं चरमेव च।
सूक्ष्मत्वात्तदविज्ञेयं दूरस्थं चान्तिके च तत्॥

ईशावास्योपनिषद की बात गीता में दोहराई गयी है। **बहिरन्तश्च भूतानां**—वह तत्त्व, भूतों के प्राणियों के बाहर भी है। प्राणियों के भीतर भी है। **दूरस्थं चान्तिके च तत्**—बहुत दूर है, बहुत निकट है। **सूक्ष्मत्वात् तदविज्ञेयं**—अपनी सूक्ष्मता के कारण वह अविज्ञेय है। समझ में नहीं आता। **अचरं चरमेव च**—वह चलता भी है, नहीं भी चलता है।

बिलकुल इसी उपनिषद् मंत्र को भगवान श्रीकृष्ण ने गीता में दूसरी भाषा में कहकर प्रतिपादित किया। वह प्राणियों के भीतर भी है, बाहर भी है। वह दूर भी है, निकट भी है। वह चलता भी है, वह नहीं भी चलता। और इन सबके बाद अपनी सूक्ष्मता के कारण वह अविज्ञेय है। उस परम सूक्ष्म, उस परम अविज्ञेय तत्त्व को हृदयंगम करने के लिए परस्पर विरुद्ध धर्म के आश्रय के रूप में ऋषियों ने, भगवान श्रीकृष्ण ने उसका प्रतिपादन किया। इस परस्पर विरुद्ध भाषा के द्वारा यह बोध कराने का प्रयास किया गया कि हम व्यावहारिक ज़गत् में वस्तुओं को उनकी सीमा के अन्तर्गत जिस प्रकार एक निश्चित देश में, काल में, आकार में देखते हैं, उसी तरह किसी निश्चित देश, किसी निश्चित काल, किसी निश्चित आकार में ही परमात्मा को बाँधा नहीं जा सकता। वह उस देश में, उस काल में, उस आकार में होते हुए भी सभी देशों में, सभी कालों में, सभी आकारों में है और इसीलिए वह चलता भी है, नहीं भी चलता। वह दूर भी है, पास भी है। वह भीतर भी है, बाहर भी है। वह अपनी उस सूक्ष्मता के कारण अणोरणीयान् है और अपनी विराटता के कारण महतोमहीयान् है। वह एक ही साथ अणोरणीयान् और महतोमहीयान् दोनों है। अगर वह छोटा होना चाहता है तो उससे छोटा और कोई नहीं हो सकता और जब वह बड़ा होना चाहता है तो उससे बड़ा और कोई नहीं हो सकता। इन दोनों दिशाओं में अणोरणीयान् महतोमहीयान् के रूप में जब हम उसको उपलब्ध कर लेंगे तब हम यह अनुभव करेंगे कि सर्वत्र, सर्वमय, सब देशों में, सब कालों में, सब वस्तुओं में वही वह है।

□□

प्रवचन क्रम—१०

ईशावास्योपनिषद् के छठे और सातवें इन दोनों मंत्रों में एक विशेष सत्य को दोहराकर उजागर किया गया है। एक बार तत्त्व को कहा गया और फिर लगा कि यह इतना महत्त्वपूर्ण है कि इसकी महत्ता को अनदेखा न किया जाये, इसलिए इसको दोहराया गया। कुल जमा अठारह मंत्रों का यह उपनिषद् है और इसमें एक ही तत्त्व को थोड़े से परिवर्तन के साथ दो बार कहने का अर्थ यही है कि यह सत्य हमारे जीवन में उतरे, हमारी दृष्टि बने। हमको सत्य का बोध कराए और उसके बाद सही जीवन दिशा की ओर हमको ले जाए। मंत्र हैं—

यस्तु सर्वाणि भूतानि आत्मन्येवानुपश्यति।
सर्वभूतेषु चात्मानं ततो न विजुगुप्सते॥
यस्मिन् सर्वाणि भूतानि आत्मैवाभूद्विजानतः।
तत्र को मोहः कः शोकः एकत्वं अनुपश्यतः॥

तु निश्चय ही विशेष रूप से बल देने के लिए कहा गया है। जो समस्त भूतों को अपनी आत्मा में ही देखता है। **यस्तु,** जो, निश्चय ही। **सर्वाणि भूतानि**—समस्त भूतों को। **आत्मनि**-अपनी आत्मा में एव-ही। **अनुपश्यति** केवल पश्यति नहीं—बार-बार देखता है, आरपार देखता है, निरन्तर देखता है। जो उसका निरन्तर साक्षात्कार करता रहता है उसके निकट वह सत्य कभी तिरोहित नहीं होता। **सर्वभूतेषु चात्मानं**—और समस्त भूतों में अपने को देखता है। अपनी आत्मा में समस्त भूतों को देखता है और समस्त भूतों में अपने को, अपनी आत्मा को देखता है। **ततो न विजुगुप्सते**—जो ऐसा करने में समर्थ है वह किसी से घृणा नहीं करता। जुगुप्सा—माने घृणा। **ततो न विजुगुप्सते**—वह किसी को घृणा की दृष्टि से नहीं देखता। काण्व शाखा में कहा है—**ततो न विचिकित्सते।** तब उसको किसी प्रकार का संशय नहीं होता। विचिकित्सा माने संशय। जो अपने में समस्त भूतों को और समस्त भूतों में अपने को देखता है, एक पाठ के अनुसार—वह किसी से घृणा नहीं करता, दूसरे पाठ के अनुसार—उसको किसी भी प्रकार का संशय नहीं होता।

अब इसी बात को फिर दोहरा दिया। दूसरे मंत्र में एक कदम आगे जाकर कहा गया, जिस काल में वह समस्त भूतों को अपने रूप में जानता है अर्थात् दृश्यमान समस्त भूत मेरी आत्मा ही हो गये हैं—ऐसा विशेष रूप से जानता है। **आत्मैवाभूद**—समस्त भूत मेरी आत्मा ही हो गए। विजानतः—इसे विशेष रूप से जानता है, (सामान्य रूप से ही नहीं जानता) तत्र को मोहः कः शोकः एकत्वमनुपश्यतः—जो इस प्रकार अनुपश्यना करता है जो इस प्रकार निरन्तर सब समय उस सत्य का साक्षात्कार करता रहता है जिसको यह सत्य सब समय उपस्थित रहता है उस एकत्वदर्शी के लिए मोह कैसा, शोक कैसा? अर्थात् वह मोह और शोक इन दोनों के परे चला जाता है।

मैं आपको स्मरण दिलाऊँ कि आत्महन्ता का क्या परिणाम होता है?

असुर्यानां ते लोका अन्धेन तमसावृताः तांस्ते प्रेत्याभिगच्छन्ति।

जो आत्महन्ता व्यक्ति होते हैं, वे असुरों के योग्य आलोक रहित, प्रकाश रहित अज्ञान के चरम वीभत्सता पूर्ण लोक में निवास करते हैं। आत्महन्ता का दण्ड क्या है? यह बताया गया। आत्मज्ञानी का पुण्य क्या है? अगर आत्महन्ता होने पर यह दण्ड मिलता है तो जो आत्मज्ञानी होते हैं—उनकी उपलब्धि क्या है? यह भी बताना चाहिए। इन दो मंत्रों में आत्मज्ञानी की उपलब्धियों को रेखांकित किया गया है। एक बात पर और ध्यान दीजिए। पहले मंत्र में कहा गया था—

ईशावास्यमिदं सर्वं यत्किंच जगत्यां जगत्।

और फिर ईश को आत्मा के साथ अभिन्न किया गया और उसी आत्मा को यहाँ भी दोहराकर दोनों बातें कह रहे हैं। पहले मंत्र में जहाँ कहा गया था कि जो कुछ भी जड़-जंगम है—**यत्किंच जगत्यां जगत्** जड़-जंगम जो कुछ भी है उसको ईश्वर से आवासित कर दो, आच्छादित कर दो और अब कहा जाता है कि जो कुछ भी भूत है, अपने में सबको मानो और आत्मा में सबको और सबमें आत्मा को देखो। यानी इस बात पर बल दिया जा रहा है कि जो ईश है वही आत्मा है। अब इस बात पर थोड़ी विस्तृत विवेचना अपेक्षित है।

हमारा सामान्य अनुभव क्या है? हमारे जीवन में सामान्य अनुभव यह है कि हम विविधता से आच्छादित जगत में रह रहे हैं। वैविध्य है। असंख्य नाम रूप, असंख्य वस्तुएँ। अच्छा, भूत शब्द की ओर भी ध्यान दीजिये। जो भासे वह भूत। भूत का मतलब होता है प्रकृति, महत् तत्त्व, अहंकार, पंच महाभूत और उनके समस्त कार्य। भूत का मतलब हुआ कि—ब्रह्मा से लेकर के एक छोटे से कीड़े तक, एक छोटे से तृण तक इस सृष्टि में जो कुछ भासित हो रहा है, जो कुछ अनुभव हो रहा है, जो कुछ दिखाई पड़ रहा है, वह सब भूत है। यह तो बिल्कुल स्पष्ट दिख रहा है कि भूत तो विविध हैं। अनेक हैं, नाना प्रकार के हैं और यह भी दिख रहा है कि मैं अपने को सीमित रूप में, अपने को इस नाम रूप में बँधा हुआ, अपने शरीर के साथ जुड़ा हुआ अनुभव करता हूँ। इस शरीर के जो सम्बन्धी हैं, उनको मैं अपना मानता हूँ और इस शरीर और इस शरीर के सम्बन्धियों के प्रति हितकर दृष्टि जो रखते हैं, उनके प्रति राग है। जो इस शरीर और शरीर के सम्बन्धियों के प्रति प्रतिकूल दृष्टि रखते हैं, उनके प्रति द्वेष है और इसलिए राग-द्वेष से निरन्तर ग्रस्त होकर हम कर्म करते हैं। वासना है, कर्म है, राग-द्वेष है और उससे जन्म है, मरण है। यह जो विविधता का और अपनी तथाकथित व्यावहारिक समझ का जो परिणाम है वह तो यही है। उपनिषत्कार का कहना है कि यह मोह के कारण है। मोह किसको कहते हैं? मुह् वैचित्ये—मुह् धातु से विपरीत अर्थ के बोध में मोह शब्द होता है। विपरीत ज्ञान, उलटा ज्ञान। जो मैं नहीं हूँ, उसको मैं मान लेना। मैं यह शरीर नहीं हूँ। इसी शरीर को मैं मान लेना, यह मोह है। जो अपना नहीं है, उसको अपना मान लेना यह मोह है। जिसमें तीनों कालों में सुख नहीं है उसमें सुख की भ्रान्ति पालना, यह मोह है। विषय और इन्द्रिय के संयोग से जिस सुख का अनुभव होता है, **विषयेन्द्रियसंयोगात्यत्तदग्रेऽमृतोपमम्—परिणामे विषमिव तत्सुखं राजसं स्मृतम्।** सबसे

ज्यादा यही सुख आकृष्ट करता है। विषय और इन्द्रिय के संयोग से जो सुख होता है, उसी को हम ज्यादातर सुख मानते हैं। अच्छा रूप देखकर नेत्र को बड़ी तृप्ति होती है। अच्छा स्वादिष्ट भोजन मिले तो, रसना को बड़ी तृप्ति होती है। मधुर शब्द सुनने को मिले तो कान को तृप्ति होती है। प्रीतिकर स्पर्श मिले तो त्वचा को तृप्ति होती है और इन सबको ही हम बड़ा सुख मानते हैं। पहले तो अमृत के समान लगते हैं ये सुख, बाद में ये विष बनकर दुःख देते हैं।

जो तामसी सुख है उसे तो सभी लोग, बुद्धिमान लोग भी मान लेंगे कि वस्तुतः वह सुख नहीं है निद्रा, आलस्य प्रमाद से मिलने वाला सुख सच्चा सुख नहीं है और जो सात्त्विक सुख भी है, वह भी सीमित है। सांत्विक सुख-अच्छे अभ्यास के द्वारा लब्ध सुख हमको प्रकाश की ओर, ज्ञान की ओर प्रेरित तो करता है लेकिन अपनी सीमा के कारण, अपूर्णता के कारण वह भी पर्याप्त नहीं है। तो जिसमें सुख नहीं है उसको सुख मान लेना यह मोह है। दूसरी बात सोचिये कि हम घृणा किससे करते हैं? अपने से कोई घृणा नहीं करता। यहाँ तक कि मल-मूत्र से भी घृणा हम तब करते हैं जब वह अपने से अलग हो जाता है। वह मल-मूत्र जब अपने शरीर के भीतर है, तो उससे घृणा नहीं है। हम आम तौर पर घृणा अपने से भिन्न से करते हैं। जो हमारे प्रतिकूल है उससे हम घृणा करते हैं। उसके आचरण से घृणा करते हैं या उससे ऊब जाते हैं। जो कुछ सामने है हम उसकी आकर्षकता से, मोहकता से उसकी ओर आकृष्ट होते हैं, उसमें सुख का अनुसंधान करते हैं और जब सुख की जगह दुःख का बोध करते हैं तब उससे घृणा करते हैं। अच्छा एक बात और समझिए।

मोह या क्रोध या शोक या घृणा—यह मूलतः भय पर आधारित है। जो हमारा है, वह हमसे छिन जायेगा। हमारा यौवन चला जाएगा। हम जो स्थिति पाना चाहते हैं वह स्थिति नहीं पा सकेंगे। क्यों नहीं पा सकेंगे? दूसरा बाधा डालेगा। उपनिषद् में डंके की चोट पर कहा गया—**द्वितीयाद्वै भयं भवति**—दूसरे से ही भय होता है। जब तक हम अपने से अलग दूसरों को स्वीकृति देते रहेंगे तब तक दूसरों की उपस्थिति से हम यह अनुभव करेंगे कि जो हम चाहते हैं वे उसमें हिस्सा बँटा लेंगे। उनकी भी नजर उसी पर है जो हम चाहते हैं उसे वे छीन लेंगे और अगर हम उसका प्रतिवाद करेंगे, प्रतिरोध करेंगे तो उनसे झगड़ा होगा, लड़ाई होगी। जिस पर हमारा बहुत आकर्षण है, वह हमारे साथ नहीं रहेगा इस कल्पना मात्र से भय होता है। एक बात समझ में आती है कि इस सारे शोक, दुःख, भय की जड़ में मोह है और मोह उलटी जानकारी, उलटी मान्यता, उलटे बोध से होता है। इस मोह को ही नष्ट करने का जो अचूक उपाय है वह इन दोनों मंत्रों में बताया गया है। इन मंत्रों में यह बात बताई गयी है कि विविधता दिखायी पड़ते रहने पर भी वस्तुओं की अलग-अलग सत्ताएँ मानना—यह अज्ञान है, यह गलत है। इस दृश्यमान जगत की जो आत्मा है, अलग-अलग नामों और रूपों के भीतर जो तत्त्व है, जो उसका स्वरूप है, (रूप नहीं, रूप तो बाहरी है,) उसके साथ और अपने भीतर जो आत्मा है उसके साथ अभेद की स्थापना—इन मंत्रों में की गयी है। बताया गया है कि—

यंस्तु सर्वाणि भूतानि आत्मन्येवानुपश्यति।

जो समस्त भूतों को अपने भीतर ही देखता है। यानी क्या करता है? यानी वह यह करता है कि जो दृश्यावच्छिन्न चैतन्य है और जो चैतन्य अपने में है उन दोनों को अभिन्न जानता है। उपनिषद् यह मानता है कि चैतन्य ही असली वस्तु है—

तुलसिदास कह चिद् विलास जग बूझत-बूझत बूझै।

यह बात समझ में आते-आते आती है कि चित्तत्व, चैतन्य तत्त्व ही सारी सृष्टि के मूल में है और यह सारा जगत् चिद्विलास है, उसी चैतन्य तत्त्व का विकसित रूप है। तो दृश्यावच्छिन्न यानी दृश्यों से कटा हुआ, बँटा हुआ। अवच्छिन्न माने सीमित। हमने यह माइक देखा। इसका नाम, इसका रूप, एक सीमित आकार। यह टेबुल—इसका नाम, इसका रूप, इसका भी आकार सीमित। यह कमरा, ये पंखे, यह जगत। इन सब के भीतर जो चैतन्य तत्त्व है उसे ही पारिभाषिक शब्द में कहा दृश्य से अवच्छिन्न सीमित चैतन्य। जो कुछ दिखायी पड़ रहा है इस दृष्टिगोचर होने वाले जगत में जो उसकी आत्मा के रूप में चैतन्य है और अपने शरीर के द्वारा अवच्छिन्न प्रतीत होने वाला नाम रूप से कटा-छँटा, सीमित, अपने शरीर के भीतर जो चैतन्य है, इन दोनों के भीतर का चैतन्य एक ही है। दृश्यावच्छिन्न चैतन्य और नाम रूप से अवच्छिन्न जो चैतन्य है जो मेरे भीतर है और जो बाहर है, बाहर और भीतर का चैतन्य अलग-अलग नहीं है। जो बाहर का आत्म स्वरूप चैतन्य है, बाहर के दृश्यों में सीमाबद्ध प्रतीत होने वाला उससे अवच्छिन्न वही चैतन्य हमारे नाम रूप से अवच्छिन्न जो चैतन्य है—उससे अभिन्न है। एक ही है इसका मतलब चैतन्य तत्त्व एक है। वही चैतन्य तत्त्व नाम रूप की इस सम्पूर्ण सृष्टि में विलसित हो रहा है। इसलिए जो चैतन्य तत्त्व है उसकी अभेदता, उसकी अभिन्नता, उसकी अद्वैतता बतायी जा रही है।

सर्वभूतेषु चात्मानं—जैसे कहा गया अपने में सबको देखो, वैसे ही सबमें अपने को देखो। जब तक हम सब में अपने को ही नहीं देखेंगे तब तक घृणा होगी, तब तक भय होगा, क्रोध होगा, शोक होगा, मोह होगा। इन दोनों को जब एक कहा तो इन दोनों की आधारभूत एकता निरूपित की। यह इतनी बड़ी सच्चाई है कि इसको बार-बार भिन्न-भिन्न ग्रंथों में बताया गया है। गीता में, मनुस्मृति में, श्रीमद्भागवत में इस बात को बार-बार समझाने की चेष्टा की गयी है। गीता में कई स्थलों पर यह सत्य निरूपित किया गया है। गीता का एक श्लोक है—

सर्वभूतस्थमात्मानं सर्वभूतानि चात्मनि।
ईक्षते योगयुक्तात्मा सर्वत्र समदर्शनः॥ *(गीता ६/२९)*

सब भूतों में अपने को और अपने में सब भूतों को जो देख पाता है, वह योगयुक्त आत्मा सम-दर्शन करता है। गीता में एक जगह यह कहा गया। गीता में ही एक दूसरी जगह यह कहा गया—

यो मां पश्यति सर्वत्र सर्वं च मयि पश्यति।
तस्याहं न प्रणश्यामि स च मे न प्रणश्यति। *(गीता ६/३०)*

एक जगह जहाँ आत्मा को सब भूत के रूप में देखने की बात कही गयी। (बिलकुल उपनिषद् की उक्ति को दोहराते हुए) वहीं दूसरी जगह भगवान ने अपनी भूमिका से बात कही है। मुझको जो सबमें और सबमें मुझको देखता है, उसके लिए मैं कभी नष्ट नहीं होता,

उसके लिए मैं कभी अनदेखा नहीं रहता। वह सब समय मेरा अनुभव कर सकता है। स च मे न प्रणश्यति। मैं उसको देखता रहता हूँ और वह मुझको देखता रहता है। इस बात को कैसे सम्भव बनाया जाये? इसको मनुस्मृति में एक अद्‌भुत बात कहकर समझाया गया है। उसमें कहा गया—

सर्वभूतेषु चात्मानं, सर्वभूतानि चात्मनि।
समं पश्यन्नात्मयाजी स्वाराज्यं अधिगच्छति॥ *(मनुस्मृति १२/९१)*

इस बात पर ध्यान दीजिए। पहली बात तो वही है समस्त प्राणियों में अपने को और अपने में समस्त प्राणियों को देखने की। **समंपश्यन्**—समान रूप से देखता हुआ—समता में स्थित होकर देखता हुआ कौन? **आत्मयाजी**—यह बहुत महत्त्वपूर्ण शब्द है। आत्मयाजी माने आत्मा का हवन करने वाला, यज्ञ करने वाला। अपने पृथक् सीमित अहंकार को अपने पृथक् सीमित अस्तित्व को जो होम कर देता है वह है आत्मयाजी। **समं पश्यन्नात्मयाजी स्वाराज्यमधिगच्छति।**

वह स्वाराज्य की भूमिका पर, वह सबके स्वामित्व की भूमिका पर प्रतिष्ठित होता है, लेकिन इसके लिए आत्म यजन करना पड़ता है। हम लोग जब तक आत्म यजन नहीं कर पाते जब तक हम लोग अपनी आहुति नहीं दे देते, अपनी पृथक् सत्ता को जब तक हम बचाये रखना चाहते हैं, जब तक हम अपने नाम रूप के प्रति मोहग्रस्त होकर अपने नाम रूप को महत्त्व देते रहते हैं तब तक यह बात सम्भव नहीं। अपने में सबको देखना और सबमें अपने को देखने का रहस्य आत्म-यजन करना है।

जो आत्म यजन करता है, जो अपना होम करता है वह सब के साथ एक हो जाता है। यह बात ज्ञान की दृष्टि से कही जा रही है। लेकिन भक्ति की दृष्टि से भी यह बात सच है। भक्ति की दृष्टि से कैसे बात सच है? हम लोग भक्ति में इष्ट देवता की मान्यता रखते हैं—

लहे बड़ाई देवता, इष्ट देव जब होय।

तुलसी बाबा ने कहा कि जब तुम किसी देवता को इष्टदेव बनाते हो तब उसमें बड़प्पन आता है, महत्त्व आता है। इष्टदेव का मतलब? इष्ट शब्द दो धातुओं से बना है। इष् इच्छति। हम लोग व्यवहार में बोलते हैं कि यह मेरा अभीष्ट है। अपना अभीष्ट तुम बताओ—तुमको क्या चाहिए? तुम्हारा क्या काम्य है? इष् इच्छति। इस अर्थ में इष्ट--देवता का मतलब क्या हुआ? कि जो देवता मुझको सबसे ज्यादा प्रिय है। सबसे अधिक इच्छित है। वह मेरा इष्ट देव है। एक दृष्टि से यह ठीक है। लेकिन इष्ट शब्द यज् धातु से भी बनता है। जब गीता में भगवान कहते हैं कि जो गीता का पाठ करता है वह ज्ञान यज्ञ के द्वारा मेरा यजन करता है। वहाँ इष्ट शब्द का मतलब हुआ यज्ञ। आपने कभी ध्यान दिया है कि हमारे सोलह संस्कारों में सबसे अंतिम कौन सा है? अंत्येष्टि संस्कार। अंत्येष्टि का क्या मतलब हुआ? अंतिम यज्ञ। इस बात पर ध्यान दीजिए। हमारी संस्कृति यह बताती है कि हमारी साँस-साँस यज्ञ होनी चाहिए। हमारा पूरा जीवन यज्ञ होना चाहिए। हमारा पूरा जीवन होम होना चाहिए—

इदं अग्नये, इदं न मम, इदं अग्नये स्वाहा।

यह अग्नि के लिए है। यह विष्णु के लिए है। यह इन्द्र के लिए है। यह राष्ट्र के लिए है। यह मेरा नहीं है। यह जीवन भी मेरा नहीं है। स्वाहा।

हमारा संस्कार, हमारी संस्कृति यह बताती है कि हमारा पूरा जीवन यज्ञ होना चाहिए। जीवित अवस्था में तो हमको यज्ञ करना ही चाहिए, मरणोत्तर भी हम अपने शरीर की आहुति देते हैं चिता में और इसलिए उसको कहते हैं—अंत्येष्टि। इष्टि माने यज्ञ और उसी अर्थ में इष्ट माने भी यज्ञ। इष्ट शब्द का एक अर्थ—जिसका जो पूजित है, यजित है और यज्ञ भी। जैसे गीत और गीति दोनों शब्द हैं। तो इष्टदेव माने यज्ञ देव। इष्टदेव माने? जिसमें भक्त अपने स्वरूप की आहुति दे। इष्ट देव का एक अर्थ हुआ इच्छित देव, प्रिय देव, जिसको हम सबसे ज्यादा प्यार करते हैं। वह देव इष्ट देव। इष्ट देव का ही एक और गम्भीर अर्थ हुआ जिस इष्ट देव में हम अपनी आहुति दे देते हैं और आहुति देने के बाद वही वह रह जाता है।

जब हम थे तब हरि नहीं, अब हरि हैं, हम नाहिं।
प्रेम गली अति सांकरी, तामे द्वै न समाहिं॥

प्रेम के द्वारा अपने अहं को हमने प्रेम पात्र में इष्टदेव में समर्पित कर दिया।

तभी सफल आराधन होता जब आराधक अपना रूप।
धीरे-धीरे तजता जाता बन जाता आराध्य-स्वरूप।

अपने सीमित नाम रूप के अहंकार को उस परमात्मा, उस चैतन्य के चरणों में समर्पित किए बिना, अपनी आहुति दिए बिना, आत्म यजन किए बिना कोई यह अनुभव नहीं कर सकता कि समस्त भूतों में मैं हूँ और मुझमें समस्त भूत है। यह दृष्टि आत्म-यजन के द्वारा प्राप्त होती है।

सब प्राणियों को अपने में देख लिया और अपने को सब प्राणियों में देख लिया तो किससे घृणा करोगे भई। **ततो न विजुगुप्सते**—तो घृणा नहीं होगी। कोई घृणा करने के लिए बचा ही नहीं। कोई दूसरा है ही नहीं जिससे घृणा करें।

ततो न विचिकित्सते। संशय किसको कहते हैं? संशय कहते हैं उभय कोटि अवगाही ज्ञान को। यह है कि यह है। यह है कि वह है। यही तो संशय है। यह है एक कोटि, एक सीमा पर हमारा ज्ञान टिकता है। अरे नहीं यह है। तो दो है न। तभी यह कह रहे हैं कि यह है कि यह है और जब दो ही नहीं रहेगा तो संशय भी नहीं रहेगा। **ततो न विजुगुप्सते, ततो न विचिकित्सते**। दोनों पाठों में द्वैत का निरसन हो जाने के बाद न तो घृणा के लिए अवकाश रहता है और न संशय के लिए। यह आधार-आधेय की भूमिका पर बात कही जा रही है और एक तरह से निषेधमुख बात की जा रही है। अपने में सबको देखना तो अपना आत्मा आधार है। और सब आधेय है, सबमें अपने को देखना तो और सब आधार है और अपनी आत्मा आधेय है। तो आधार-आधेय की भूमिका पर कही गयी बात में भी द्वैत आ जाता है। एक आधार है और एक आधेय है। एक और मजे की बात है।

सृष्टि में जितनी वस्तुएँ हैं। उनके लिए यह नियम लागू होता है कि जो पास हैं—वे दूर नहीं हैं। जो कारण है वह कार्य नहीं है। जो आधार है वह आधेय नहीं है। लेकिन आत्मा में यह बात लागू नहीं होती। क्यों नहीं लागू होती? क्योंकि ये सारे-के-सारे भेद आत्मा में ही हैं। आत्मा के द्वारा ही प्रकाशित होते हैं और आत्मा में मिथ्या रूप से कल्पित हैं।

हम लोगों को जो कुछ दिखता है यह किससे दिखता है? अवभासक कौन है? प्रकाशक कौन है? आँख से दिखता है। आँख प्रकाशक नहीं है। यह बात पूरी बात नहीं है, सच नहीं है। आँख से तो दिखता है, लेकिन एक बात कि मन के संयोग से आँख से दिखता है। यह बात सब की समझ में आती है कि उपन्यास पढ़ने में मन लग गया, माँ पुकारती रही, पत्नी पुकारती रही, बेटा पुकारता रहा-सुना ही नहीं। कान तो है लेकिन कान में मन का योग नहीं हुआ इसलिए नहीं सुना। लेकिन मन भी अपने आप नहीं सुनता। मन के पीछे जो आत्मा है उसका ही प्रकाश सर्वत्र है। सबको प्रकाश, सबको चैतन्य प्रदान कर देने की क्षमता आत्मा में है। वही सबसे पीछे भी है और वही सबसे आगे भी है। यह आगे-पीछे का क्रम भी आत्मा में नहीं चलता। गीता में यह बताया गया है कि—

इन्द्रियाणि पराण्याहुः इन्द्रियेभ्यः परं मनः।

मनसस्तु परा बुद्धिः यो बुद्धेः परतस्तु सः॥

अर्थात् शरीर में इन्द्रियाँ श्रेष्ठ हैं, सूक्ष्म हैं, उनके परे (उनसे भी सूक्ष्म) मन है, उसके भी परे (उससे भी सूक्ष्म) बुद्धि है, जो बुद्धि के भी परे है, बुद्धि से भी सूक्ष्म है, वही वह (आत्मा) है।

अर्थात् सबसे पीछे आत्मा है। अच्छा, सबसे पीछे आत्मा है तो सबसे आगे क्या है भाई? सबसे आगे भी आत्मा ही है क्योंकि आत्मा के अलावा और कुछ है ही नहीं। मैं बता रहा था कि आधार-आधेय, आगे-पीछे, कारण-कार्य ये बातें व्यवहार में जिस प्रकार चलती हैं ये बातें उस प्रकार आत्म क्षेत्र में, आत्मा की स्थिति में नहीं चलतीं और इसलिए आधार-आधेय की उपमा से कही गयी बात भी पूरी बात नहीं हुई तो दूसरा मंत्र कहने की आवश्यकता हुई। यह एक कारण है और एक दूसरा कारण भी है इसमें—**ततो न विजुगुप्सते** निषेधमुख बात कही है। निषेधमुख बात पूरी बात नहीं है। इसको थोड़ा विधिमुख भी बनाना चाहिए। इसलिए भी दूसरी तरह बात कही गयी और दूसरी बार कहा गया—

यस्मिन् सर्वाणि भूतानि आत्मैवाभूद्विजानतः।

सब भूत आत्मा हो गए। इसका क्या मतलब हुआ कि हमको सब भूतों के नाम रूप के भीतर आत्म तत्त्व का साक्षात्कार हो रहा है और वह आत्म तत्त्व मेरे आत्म तत्त्व से अभिन्न है। जैसे—देखने वाले को अँगूठी में, हार में, बाजूबन्द में, दूसरे गहनों में नाम रूप तो दिख रहा है यह अँगूठी, यह बाजूबन्द, यह कड़ा, कंगन, यह करधनी, यह बिछुवा लेकिन प्रकृत देखने वालों को उनमें सोना ही तो दिखता है। नाम रूप अलग-अलग होते हुए भी जैसे सोना ही दिखता है वैसे ही विविधता का भान होते रहने पर भी उस भान के भीतर आत्मतत्त्व ही दिखता है और यहीं अनुपश्यति शब्द है। उसको लगातार देखना, उसके भीतर जाकर देखना, उसके अंतः स्थित सत्य को देखना।

और विजानतः शब्द। यह शब्द बहुत महत्त्वपूर्ण है। विजानतः माने जानने वाला। विशेष रूप से जानने वाला। वि उपसर्ग लगाया गया। जानना ही काफी नहीं है। विशेष रूप से जानने वाला। विवेचन करके जानने वाला। विश्लेषण करके जानने वाला। लोक से विपरीत रूप से

जानने वाला। वि के कई अर्थ हैं—विशेष, विश्लेषण, विपरीत। दुनिया जिस तरह से देखती है उससे भिन्न देखने वाला और केवल देखने वाला ही नहीं, उस देखे हुए को जीवन में उतारने वाला। विजानतः ज्ञाता और कर्त्ता के समन्वित रूप को विज्ञाता कहते हैं। जो केवल जानता है, लेकिन उस जाने हुए को अपने जीवन में उतार नहीं पाता उसको विज्ञाता नहीं कहना चाहिए। विशेष रूप से, विवेचन करके, विश्लेषण करके, लोक दृष्टि से विपरीत जाकर भी सत्य को पहचान कर उसके जीवन में धारण कर अपने जीवन में जो उतारने वाला है वही विज्ञाता है। उसके लिए कहा गया—विजानतः।

तत्र को मोहः कः शोकः एकत्वं अनुपश्यतः।

मूल बात—एकत्व का अनुपश्यन। एकत्व का अनुदर्शन होना चाहिए। सतत दर्शन होना चाहिए। अपने से भिन्न कोई सत्ता नहीं है इस बात का मन में बोध होना चाहिए।

श्रीमद्‌भागवत में बारह स्कन्ध हैं। लेकिन श्रीमद्‌भागवत का जो सार-सर्वस्व है—उसको चतुःश्लोकी भागवत कहते हैं। चार श्लोकों में सम्पूर्ण भागवत का सार है। उस चतुःश्लोकी भागवत में भगवान कह रहे हैं। भूमिका में कहते हैं—

यावानहं यथाभावो यद्रूपगुणकर्मकः।
तथैव तत्त्वविज्ञानमस्तु ते मदनुग्रहात्॥

जो मैं जैसा हूँ, जिस गुण-कर्म का हूँ, जितना हूँ, वह सब मेरे अनुग्रह से तुमको वैसा-का-वैसा समझ में आए। कैसा हूँ? भगवान स्वयं बता रहे हैं—

अहमेवासमेवाग्रे नान्यद्यत्सदसत्परम्।
पश्चादहं यदेतच्च योऽवशिष्येत सोऽस्म्यहम्॥
ऋतेऽर्थं यत्प्रीयेत न प्रतीयेत चात्मनि।
तद्विद्यादात्मनोमायां यथाऽऽभासो यथा तमः॥

मैं ही सबसे पहले था। मुझसे भिन्न न तो कुछ सत् था, न असत् था न उसके परे था। बाद में भी मैं ही हूँ। जो बचा वह भी मैं ही हूँ। मेरे अतिरिक्त और कुछ नहीं। प्रभु। आप बोलते हैं कि आपके अतिरिक्त और कुछ नहीं है। हमको तो बहुत कुछ दिखता है। इसलिए दूसरे मंत्र में प्रभु कहते हैं—मेरे अर्थ तत्त्व को छोड़कर जो कुछ प्रतीत होता है—न प्रतीयेत चात्मनि और तुमको जो मेरी प्रतीति नहीं होती (मेरे अतिरिक्त सारे संसार की प्रतीति होती है। मेरी प्रतीति नहीं होती) इसको मेरी माया समझो। अब इसमें जो उदाहरण दिया है, उसकी ओर ध्यान दीजिए। जैसे आभास जहाँ दिखता है, उस दर्पण में वस्तु नहीं होती, पर दिखती है। इसको बार-बार कहा गया है—

विश्वं दर्पणदृश्यमान नगरी तुल्यं निजान्तर्गतं।

दर्पण में केवल प्रतिबिम्ब दिखता है—आभास दिखता है। क्या दर्पण में कुछ है? कुछ भी नहीं है। लेकिन दिखता है कि नहीं दिखता है। यह दृष्टान्त है। जो लोग साहित्य का अनुशीलन करते हैं, उनको मालूम होना चाहिए कि दृष्टान्त, उपमा आदि एकदेशीय होती हैं। जिस बात को बताने के लिए उपमा दी गयी है, उसी बात को समझाया जा रहा है। जैसे—

दर्पण में कुछ न होते हुए भी दृश्यमान नगरी तक दिख सकती है। यह नहीं कहना चाहिए कि बिम्ब है तो प्रतिबिम्ब है। यह बात अभी नहीं बतायी जा रही। बताया यह जा रहा है कि दर्पण में कुछ भी नहीं है और दर्पण में कुछ न होने पर भी दर्पण में बिम्ब बहुत से दिख रहे हैं और बड़ा दर्पण होने पर पूरा शहर दिख सकता है। लेकिन दर्पण में कुछ भी नहीं है। जैसे दर्पण में वस्तु के न होते हुए भी आभास दर्पण में दिखायी पड़ता है वैसे ही यह नाम रूप का वैविध्य भी न होते हुए ही दिखायी पड़ रहा है। जैसे—राहु ग्रह होता हुआ भी दिखायी नहीं पड़ता। यथातमः वैसे ही मेरी सत्ता बराबर होते हुए भी अनुभूत नहीं होती। तो यह तर्क देना कि हमको दिखायी पड़ रहा है, हमको दिखायी नहीं पड़ रहा है, अनुभव हो रहा है और अनुभव नहीं हो रहा है—यह तर्क देना सही तर्क देना नहीं है क्योंकि साधारण व्यक्ति का अनुभव दोषयुक्त अनुभव है। अनुभव किसका प्रामाणिक होता है? हरेक का अनुभव प्रामाणिक नहीं होता। विकारग्रस्त, शराब पीने वाले आदमी का अनुभव प्रामाणिक है क्या? नहीं है। विकारग्रस्त आदमियों का अनुभव विकृत होता है। इसी तरह से मोहग्रस्त व्यक्तियों का अनुभव भी विकृत होता है। जिस अनुभव की प्रामाणिकता को हम स्वीकार करते हैं—वह तो एक निरन्तर शोधन प्रक्रिया से गुजरकर आत्म-बोध की स्थिति में पहुँचने के बाद महापुरुषों को जो अनुभव होता है, वही प्रामाणिक अनुभव होता है।

वह मोहग्रस्त व्यक्ति के विपरीत अनुभव से कट नहीं जायेगा। मोहग्रस्त व्यक्ति का विपरीत अनुभव अपनी भूमिका पर ठीक है। लेकिन पारमार्थिक भूमिका पर, अन्तिम सत्य की भूमिका पर उन्हीं शुद्धांतःकरण महापुरुषों का निर्णय ठीक है। इसलिए भगवान चतुःश्लोकी भागवत में कहते हैं कि जो बहुत कुछ दिखायी पड़ रहा है और मेरा जो अनुभव नहीं होता—ये दोनों माया के खेल हैं। जैसे—दर्पण में दृष्टिगोचर बिम्ब की नगरी-की-नगरी असत्य है, नहीं है फिर भी दिखायी देती है वैसे ही यह सारा-का-सारा वैविध्य **मूलतः** एकत्व से उद्भासित है और उस एकत्व को वहन करने के कारण इसकी सत्ता है। उसी एकत्व के कारण इसका अस्तित्व है। इसका बोध होता है। इसकी प्रियता है। अस्ति, भाति और प्रिय—ये तो उसी सत्ता के कारण हैं और नाम रूप का वैविध्य—ये मोह के कारण हैं। नाम रूप का वैविध्य तो अज्ञान के कारण है। तो **एकत्वं अनुपश्यतः** में नाम रूप के वैविध्य को काटकर उस मूल सत्ता के एकत्व की ओर संकेतित किया गया है।

तत्र को मोहः कः शोकः—एकत्व होने पर मोह कहाँ? शोक कहाँ? मोह के ही कारण शोक होता है। मोह नहीं होगा तो शोक नहीं होगा। मोह का मतलब—उलटा ज्ञान, विपरीत ज्ञान। मोह कारण है, शोक कार्य है और मोह अगर नष्ट होगा, कारण अगर नष्ट होगा तो कार्य अपने आप नष्ट हो जायेगा। मोह और शोक का विलोप हो जाने पर कैसा जीवन होगा? इसकी कल्पना कीजिये। कल्पना तो हम कर ही सकते हैं। बहुत से बुद्धिमान विद्यार्थी होते हैं जिनको कि गणित का सवाल हल करना नहीं आता और उनको अगर उत्तर मिल जाता है तो उत्तर ले करके पीछे से हिसाब (बैक कैलकुलेशन) करते हैं। हम लोग विवेक की प्रक्रिया से उस सत्ता तक नहीं पहुँच पाये। कोई बात नहीं। लेकिन उपनिषद् का आधार लेकर यह मान लीजिये कि एकत्व का अनुदर्शन करने पर मोह और शोक का लोप हो जाता है। मोह

और शोक का लोप हो जाने पर हमारा जीवन कैसा होगा? इसकी कल्पना कीजिये। हमारी कल्पना अगर काम नहीं आती तो जिन लोगों ने उसका अनुभव किया है उनकी अनुभूति पर ध्यान दीजिये। एक बढ़िया श्लोक शंकराचार्य का है। इस श्लोक में वे बता रहे हैं कि एकत्व का जो अनुदर्शन करता है, जो अद्वैत की अनुभूति करता है उसका जीवन कैसा होता है? श्लोक है—

संपूर्णं जगदेव नन्दनवनं सर्वेऽपि कल्पद्रुमाः,
गांगंवारि समस्त वारिनिवहाः पुण्याः समस्ताः क्रियाः।
वाचः प्राकृतसंस्कृतः श्रुतिशिरः वाराणसी मेदिनी,
सर्वावस्थितिरस्तु वस्तुविषया दृष्टे परब्रह्मणि॥

उस परब्रह्म का जिसने साक्षात्कार कर लिया, उस परब्रह्म का जिसने अनुभव कर लिया अर्थात् जिसने यह बात उपलब्ध कर ली कि दृश्यावच्छिन्न चैतन्य जो है और हमारा नाम रूप अवच्छिन्न चैतन्य जो है वही अनवच्छिन्न चैतन्य है और वही, वही है और कुछ नहीं है। जो कुछ है वह सिर्फ चैतन्य ही चैतन्य है। इसकी उपलब्धि कर लेने वाले को क्या दिखेगा, क्या अनुभव होगा? शंकराचार्य को क्या अनुभव हुआ था? शंकराचार्य कहते हैं—**सम्पूर्णं जगदेव नन्दनवनं**—मेरे लिए सारा जगत नन्दन वन हो गया। **सर्वेऽपि कल्पद्रुमा;** औरों को दिखता होगा अलग-अलग बबूल, आम, कटहल—मेरे लिए तो सब कल्पवृक्ष हैं। नीम-बबूल का अन्तर लुप्त। **गांगंवारि, समस्त वारि निवहाः**—औरों को गड्ढे का जल अलग दिखता होगा। नाले का जल अलग दिखता होगा। मेरे लिए सब गंगाजल है। **पुण्याः समस्ता क्रियाः**—सारी क्रियाएँ मेरे लिए पुण्यमय हैं।

वाचः प्राकृत संस्कृतः श्रुतिशिरः—यह नहीं कि **तत्त्वमसि अहं ब्रह्मास्मि** संस्कृत में निरूपित वेदान्त तत्त्व की उक्ति को ही महा वाक्य कहा जाये। किसी भी वाणी में—प्राकृत में, संस्कृत में, अंग्रेजी में, बँगला में, गुजराती में, मराठी में—किसी भी भाषा में कहा गया तत्त्व ज्ञान युक्त कथन वेदान्त है। श्रुति माने वेद। शिरः माने मस्तक अर्थात् वेदान्त। **वाराणसी मेदिनी**—मेरे लिए सारी पृथ्वी वाराणसी की तरह पवित्र है।

देखिये, समझिये, अनुभव कीजिये कि आत्महन्ता होने पर क्या होता है? ऐसे अन्धतम लोक की प्राप्ति होती है, जिसमें हम मोह से, शोक से ग्रस्त निरन्तर अपनी स्थिति के विलोम, उलटा सोचते हुए अत्यन्त पीड़ित रहते हैं और एकत्व दर्शन से सबमें अपने को और अपने में सबको देख लेने पर सारी दृष्टि का कैसा रूपान्तरण होता है। सब आनन्दमय हो जाता है। अच्छा शंकराचार्य बहुत पहले के हैं। स्वामी रामतीर्थ तो हाल ही में हुए हैं, उनकी एक अद्‌भुत कविता है। उन्होंने कहा है—

न बाप बेटा, न दोस्त दुश्मन, न आशिक हैं हम सनम किसी के।
अजब तरह से हुई फरागत, न कोई अपना, न हम किसी के॥
न हमने बोया, न हमने काटा, न हमने जोता, न हमने गाहा।
उठा जो दिल से भरम का परदा तो उसके उठते ही फिर अहाहा॥

अभी ये धुन थी, हमारे दिल में, कहीं बिगड़िये, कहीं झगड़िये।
दुई के उठते ही फिर जो देखा कि अब जो लड़िये तो किससे लड़िये।

अब बताइये यह अनुभव समस्त शोकों, मोहों से मुक्त कर परमानन्द देने वाला है कि नहीं।

तत्र को मोहः कः शोकः एकत्वं अनुपश्यतः—उस एकत्व का अनुदर्शन होने पर मनुष्य को क्या मिलता है, आखिर हम लोग क्या कर रहे हैं? हम सब लोग कुछ पाने के लिए कुछ कर रहे हैं। हम सब लोगों के मन में एक वृत्ति है। कहीं-न-कहीं कि हमको यह मिल जाये—यह मिल जाये। हम जिसको भी पाना चाहते हैं—उससे क्या पाना चाहते हैं? उससे सुख पाना चाहते हैं। मैंने पिछली बार बताया था कि हम कितना सुख चाहते हैं। मिले तो हम अनन्त सुख पाना चाहते हैं। कहाँ-कहाँ सुख पाना चाहते हैं? मिले तो सर्वत्र सुख पाना चाहते हैं। किससे-किससे सुख पाना चाहते हैं? मिले, तो सबसे सुख पाना चाहते हैं। हम चैतन्य सुख पाना चाहते हैं कि बेहोशी का सुख पाना चाहते हैं? हम चैतन्य सुख पाना चाहते हैं। यानी हम परमात्मा को पाना चाहते हैं और क्या पाना चाहते हैं एवं कौन सी ऐसी वस्तु है जो सबमें, जब जगह, सब काल में अनन्त, असीम सुख दे सकती है। यह अनन्त, असीम सुख कहाँ से मिल सकता है?

एको वशी सर्वभूतान्तरात्मा, एकं रूपं बहुधा यो करोति।
तमात्मस्थं येऽनुपश्यन्ति धीरास्तेषां सुखं शाश्वतं नेतरेषां॥

उपनिषद् की घोषणा है—एक ही है। सब प्राणियों में वही आत्मा है। वही एक तत्त्व असंख्य-असंख्य रूप धारण कर लेता है। उस सत्य को—जो अनन्त-अनन्त रूपों में चारों तरफ प्रतिभासित होता है, उस सत्य को जो अपनी आत्मा में देख लेते हैं—जो धीर पुरुष, ज्ञानी पुरुष उस सत्यं का अनुभव अपनी आत्मा में, अपने भीतर करते हैं, उन्हीं को शाश्वत सुख मिलता है। उन्हीं को सबसे सुख मिलता है। सर्वत्र सुख मिलता है। असीम सुख मिलता है। सब कालों में सुख मिलता है। चैतन्य स्तर पर सुख मिलता है। किसी और को ऐसा सुख नहीं मिलता। आखिर हम लोग अपने जीवन का लक्ष्य क्या बनाये बैठे हैं? अगर हमने अपने जीवन का लक्ष्य वह अनन्त सुख निर्धारित किया है तो वह दूसरी तरह से नहीं मिलेगा। हम शान्ति पाना चाहते हैं। उपनिषद् की घोषणा है—

नित्योनित्यानां चेतनश्च चेतनानां एको बहूनां यो विदधाति कामान्—जो नित्यों में भी नित्य है जो चेतनों में भी चेतन है, जो एक होते हुए सबकी कामनाओं को पूर्ण करने में समर्थ है, **तमात्मस्थं येऽनुपश्यन्ति धीराः**—जो धीर पुरुष, ज्ञानी पुरुष, उस तत्त्व को जो अपनी आत्मा में देखते हैं, अपने भीतर देखते हैं। **तेषां शान्तिः शाश्वती नेतरेषां**—उन्हीं को शाश्वत शान्ति मिलती है, औरों को नहीं। हम अगर सचमुच शाश्वत सुख पाना चाहते हैं, अगर हम शाश्वत शान्ति पाना चाहते हैं तो फिर उपनिषद् की शरण में हमें आना चाहिए। जिस तरह उपनिषत्कार ने आत्महन्ता के दोषों को, आत्महन्ता की हानियों को बताया, उसी प्रकार उपनिषत्कार इन दो मंत्रों में बता रहे हैं कि इस अनित्य

जगत में जो नित्य तत्त्व है, अचेतन में जो चेतन तत्त्व है उसको अपने अन्तःकरण में उपलब्ध कर लेने वाले को शाश्वत सुख की, शाश्वत शान्ति की प्राप्ति होगी। क्या इस सुख को प्राप्त करने के लिए सम्पूर्ण जीवन को अर्पित कर देना उचित नहीं होगा? क्या इस योग्य यह विषय नहीं है? और अगर यह इस योग्य है तो करणीय क्या हो सकता है? जीवन के लक्ष्य को हम इस ओर मोड़ दें। आज नहीं कल, कल नहीं परसों, इस जीवन में नहीं अगले जीवन में हमें उसकी प्राप्ति होगी। लेकिन जिस अभीप्सा को लेकर हम चलें, वह अभीप्सा तुच्छ, क्षुद्र, सीमित, नश्वर, केवल आरम्भ में सुख की भ्रान्ति उत्पन्न करके बाद में दुःखों के समुद्र में हमको डुबा देने वाली तो न हो। उपनिषत्कार की यह मंत्रणा, यह घोषणा हमको आपको चेतना देती है कि इस उपलब्धि के बाद व्यवहार कैसा होना चाहिए! यह भी एक बहुत ही विलक्षण बात है।

दो प्रकार के श्रोत्रिय ब्रह्मनिष्ठ होते हैं। एक प्रकार के श्रोत्रिय ब्रह्मनिष्ठ हैं जो उसके बाद कुछ नहीं करना चाहते। कौन उनको रोक सकता है? लेकिन **क्रियावान् श्रोत्रियः ब्रह्मनिष्ठः**—यह भी कहा गया है। **क्रियावान् श्रोत्रियः, क्रियावान् ब्रह्मनिष्ठः**। वह क्रियावान् श्रोत्रिय ब्रह्मनिष्ठ कैसा होगा? क्या करता होगा? आज के पूरे विवेचन में यह बताया गया कि जो सबमें अपने आपको, अपने में सबको देखता है—वह किसी से घृणा नहीं करता। वह किसी के प्रति मोह नहीं करता। इसलिए शोक भी नहीं करता। उसके लिए जन्म-मृत्यु व्यर्थ है। किसी का जन्म हुआ तो ढिंढोरा पीट-पीट कर दुनिया को बताने की क्या जरूरत है? कि किसी का जन्म हो गया। किसी की मृत्यु हो गयी तो छाती पीट-पीटकर आकाश को क्यों गुँजाना चाहिए कि हाय-हाय, कोई चला गया। कुछ भी नहीं। यह कुछ भी नहीं। समुद्र की एक लहर अगर अपने उठने-बनने-बिगड़ने और मिल जाने को ही सब कुछ समझेगी, तब तो उसको उठने-बनने-बिगड़ने का दुःख शोक होगा। लेकिन समुद्र की वह लहर जब अपने को समुद्र मान लेगी, तो उसे लगेगा कि असंख्य-असंख्य लहरें उठती हैं, बनती हैं, बिगड़ती हैं और फिर आती हैं जाती हैं फिर उठती हैं किन्तु समुद्र के रूप में तो वे शाश्वत हैं केवल लहर के रूप में वे बनने-बिगड़ने वाली हैं। हम अपने को लहर मानेंगे तो दुःखी होंगे। हम अपने को समुद्र मानेंगे तो शोक-मोह से ऊपर चले जायेंगे। फिर करें क्या? कैसे जियें? यहाँ पर एक सुविधा की बात हमको गलत दिशा में ले जा सकती है। सबमें ब्रह्म हैं। हममें सब हैं, सबमें हम हैं। तो जो लोग जैसा कर रहे हैं—करें और जो लोग जैसा कर रहे हैं—हम उसको स्वीकृति देते चलें। हाँ, वे श्रोत्रिय ब्रह्मनिष्ठ—जो अवधूत हैं, जो अपने उस ज्ञान में निरन्तर निमग्न हैं, उनकी सत्ता-मात्र सारे संसार को पवित्रता देगी और वे उसके लिए अधिकारी हैं। वे कुछ न करके सब कर सकते हैं। लेकिन जो ज्ञानी क्रियावान् हैं उनको क्रिया कैसे करनी चाहिए?

सबमें एक ही ब्रह्म हैं। सबमें अद्वैत का अनुभव कर लेने के बाद व्यवहार में जब हम देखते हैं कि कुछ लोग अन्याय का, असत्य का पक्ष लेकर आक्रमण कर रहे हैं। तब हमको क्या कहना चाहिए? कि आओ-आओ। तुम ब्रह्म हो, आक्रमण करो। आप लोगों ने रामकृष्ण परमहंस देव की एक बढ़िया कहानी सुनी होगी।

रामकृष्ण परमहंस देव ने कहा कि देखो भाई! सबमें ब्रह्म है। वही ब्रह्म तुममें है। वही ब्रह्म इसमें है। वही ब्रह्म उसमें है। सब ब्रह्म हैं। शिष्य ने कहा कि सब ब्रह्म हैं तो मैं ब्रह्म हूँ। शिष्य ब्रह्म चला। सामने से एक हाथी आ रहा था। महावत ने कहा—हट जाओ, हट जाओ। हाथी पगलाया हुआ है। शिष्य महाराज बोले यह ब्रह्म है। मैं भी ब्रह्म हूँ। यह हाथी भी ब्रह्म है। हाथी ने अपनी सूँड़ में लपेट कर फेंक दिया उनको एक किनारे। उन्हें बहुत तकलीफ हुई, बहुत दर्द हुआ। रोते हुए आए, परमहंस देव से बोले, ठाकुर! आपने अच्छा बता दिया—सबमें ब्रह्म हैं। मैं तो सब ब्रह्म मानकर चल रहा था तो हाथी ने उठाकर फेंक दिया किनारे। बोले—महावत भी तो ब्रह्म था। तुमने हाथी ब्रह्म को देखा और महावत ब्रह्म की बात नहीं सुनी। यानी ठाकुर रामकृष्ण परमहंस देव यह बताते हैं कि व्यवहार करते समय ब्रह्म हैं इसको स्वीकार करने के बाद भी व्यवहार की एक दृष्टि होनी चाहिए। वह दृष्टि क्या होनी चाहिए? वह दृष्टि निष्क्रियता की नहीं हो सकती। वह दृष्टि अन्याय से समझौते की नहीं हो सकती। वह दृष्टि मिथ्या के सामने आत्म-समर्पण की नहीं हो सकती।

आप लोगों में से कुछ लोग होंगे जो अद्वैतदर्शी हो गये होंगे। मैं तो नहीं हुआ हूँ। लेकिन मैं यह जरूर मानता हूँ कि मेरे जीवन का लक्ष्य वह है। मैं यह जरूर मानता हूँ कि मैं अद्वैत का अनुभव करना चाहता हूँ और मेरा यह जीवन उस साधना को समर्पित है। उस साधना को समर्पित जीवन की स्थिति में भी व्यवहार में मुझको क्या करना चाहिए?

यह तो आपको ज्ञात ही है कि उपनिषद् रूपी गायों का दूध गीता है और गीता में क्या बताया गया? गीता में अर्जुन क्या कहता है? गीता में अर्जुन कहता है कि यह क्या हो रहा है? दोनों तरफ हमारे नाते-रिश्तेदार हैं। जिनके लिए मैं राज्य चाहता हूँ वे अपने प्राणों की बाजी लगाकर युद्ध में खड़े हैं। नहीं-नहीं। अगर ऐसा युद्ध होगा तो बड़ा अन्याय होगा। सब पुरुष मारे जायेंगे। स्त्रियाँ विधवा होंगी। वे धर्म से भ्रष्ट होंगी। समाज वर्ण संकर हो जायेगा। समाज भ्रष्ट हो जायेगा। अच्छा है कि भीख माँगकर खा लूँ, लेकिन मैं युद्ध न करूँ। यह कृष्ण को स्वीकार था? नहीं था। क्यों स्वीकार नहीं था? क्योंकि यह उक्ति मोह से निकली हुई है। यह सारी-की-सारी उक्ति सच है, ठीक है। युद्ध का परिणाम ऐसा ही होता है। युद्ध में सबसे अच्छे लोग मारे जाते हैं। युद्ध के बाद दुर्बल, दुष्ट लोग आ जाते हैं। पुरुष मारे जाते हैं। स्त्रियाँ विधवा होती हैं। व्यभिचार बढ़ता है। वर्ण संकर बढ़ते हैं। धर्म का लोप होता है। सच है। लेकिन यह सारी बात अर्जुन के मन में मोह से आई। अगर अपने रिश्तेदारों की जगह कोई दूसरे लोग होते तो वह युद्ध करता कि नहीं करता? जरासंध की फौज होती सामने तो युद्ध करता कि नहीं करता? काल यवन की फौज होती तो युद्ध करता कि नहीं करता? मोह से उत्पन्न दिखावटी बुद्धिमानी की बात सुनकर श्री कृष्ण बोले, तुम मूर्ख की तरह व्यवहार कर रहे हो और प्रज्ञावादी की तरह बोल रहे हो। डाँट पड़ गयी अर्जुन को और डाँटने के बाद भगवान ने कहा क्या? कहा यह कि भीतर समत्व होना चाहिए और व्यवहार में अपने विवेक के अनुसार जो न्याय का पक्ष है उसके पक्ष में लड़ना चाहिए।

हमारा विवेक परिपूर्ण है—यह अहंकार नहीं करना चाहिए। लेकिन रास्ता क्या है? अपने जाने हुए, अनुभव किए हुए सत्य के आधार पर हम विवेक का उपयोग करें। **विवेक** का मतलब विचिर—अलग-अलग कर लेना। विवेक विचिर धातु से बना हुआ है। **सत्** और असत् मिला हुआ है। विवेक करने का मतलब क्या हुआ? कि सत्-सत् को अलग कर लीजिए। असत्-असत् को छोड़ दीजिए। विवेक के अनुसार आचरण करने का मतलब क्या हुआ कि अपने ज्ञान के आलोक में जिसको हम सत् मानते हैं उसको ग्रहण करने के लिए जितना कष्ट उठाना पड़े उठाना चाहिए। अपने ज्ञान के आलोक में हम ज़िसको असत् मानते हैं उससे जितना लाभ होता हो, उसका त्याग करना चाहिए। यह जो सत् और असत् का विवेक करना और उस विवेक के अनुसार आचरण करना यही हमारा कर्त्तव्य होना चाहिए। जो असत् का पक्ष लेकर सत् का मूलोच्छेद कर देने के लिए आक्रमण कर रहे हैं उनके सामने आत्म-समर्पण करने की बात उपनिषत्कार ने नहीं बतायी।

सुख-दुःखे समे कृत्वा लाभालाभौ जयाजयौ।
ततो युद्धाय युज्यस्व, नैवं पापमवाप्स्यसि॥

भगवान ने समत्व का संकेत यह दिया है। **माम् अनुस्मर, युद्धय च**—निरन्तर मेरा स्मरण करते रहो और युद्ध करते रहो। याद रहे कि युद्ध से यहाँ केवल महाभारत का युद्ध अभिप्रेत नहीं है। भगवान ने जो बातें कहीं हैं अर्जुन के माध्यम से कही हैं। हमारे लिए कही हैं, आपके लिए कही हैं। गीता के दुग्धामृत का पार्थ केवल बछड़ा है। सुधीजन उसके भोक्ता हैं—हमारे आपके लिए गीता कही गयी है। हमारे आपके लिए गीता है जो उपनिषदों का दूध है उपनिषदों का सार है। भगवान कृष्ण डंके की चोट पर कहते हैं कि भाई! भीतर तो समत्व हो, बाहर भले युद्ध हो तब कोई नहीं मरता, कोई नहीं मारता। **नायं हन्ति न हन्यते**—कोई मारने वाला नहीं है। कोई मरने वाला नहीं है। लेकिन व्यवहार अपने विवेक की कसौटी पर खरा उतरना चाहिए।

हम ज्ञानी का विवेक कहाँ से उधार लेने जायेंगे। कृष्ण का विवेक हमारा विवेक कैसे हो जायेगा? रामजी की कृपा से हमारा विवेक क्रमशः बढ़ते-बढ़ते कृष्णजी के विवेक तक पहुँच जाए। यह प्रार्थना हम करते रहेंगे। लेकिन आज जिस भूमिका पर हम हैं उस भूमिका पर आज हमको क्या करना चाहिए? आज जो विवेक हमको प्राप्त है, वह अन्तिम नहीं है। यह अहंकार कभी नहीं करना चाहिए कि मुझे चरम विवेक की प्राप्ति हो गयी। जितना विवेक आज मुझको प्राप्त है इसमें वृद्धि होगी। इसमें भगवत् कृपा से निरन्तर पूर्णता की ओर हम अग्रसर होंगे, लेकिन व्यवहार की कसौटी तो यही है कि विवेक के आधार पर जिसको हमने सत् माना है उसका समर्थन करें। जिसको हमने असत् माना है, उसका त्याग करें, उसका विरोध करें। हम एक सक्रिय जीवन जियें। हम ढोंगी बनकर निष्क्रिय जीवन, सत्त्व गुण के नाम पर तमोगुणी जीवन न जियें। हम और आप उपनिषद् का यह मंत्र सुनकर—कि सब ब्रह्म है, ब्रह्म के अतिरिक्त और कुछ नहीं, इसलिए मोह कहाँ और शोक कहाँ—यह मानकर किसी के अन्याय को, जिसको हमारा विवेक अन्याय कहता है, उसको सह लें—यह उपनिषत्कार का अर्थ नहीं है। उपनिषत्कार हमारे विवेक को शुद्ध करता जा रहा है। निरन्तर विवेक

परिशुद्ध होना चाहिए। लेकिन अपने जाने हुए, स्वीकार किए हुए धर्म के अनुसार यदि हम आचरण नहीं करते तो उपनिषद् की आज्ञा का हम पालन नहीं करते। इसके लिए एक समग्र सत्य जिसमें अद्वैत का अनुभव करके मोह और शोक से हम मुक्त हो जायें और एक व्यावहारिक जीवन की प्रक्रिया—इन दोनों को साथ-साथ समझना चाहिए तब हम उस पूर्णत्व की ओर अग्रसर हो सकेंगे।

❑❑

प्रवचन क्रम—११

ईशावास्योपनिषद् का आठवाँ मंत्र है—

स पर्यगाच्छुक्रमकायमव्रणमस्नाविरं शुद्धमपापविद्धम्।

कविर्मनीषी परिभूः स्वयंभूर्याथातथ्यतोऽर्थान् व्यदधाच्छाश्वतीभ्यः समाभ्यः॥

इस आठवें मंत्र के ठीक पहले दो मंत्रों में उस तत्वज्ञ पुरुष की स्थिति का वर्णन किया गया है जो सम्पूर्ण सृष्टि को अपनी आत्मा में और अपनी आत्मा को सम्पूर्ण सृष्टि में प्रत्यक्ष कर लेता है जिसके लिए यह समस्त भूत उसकी आत्मा में ही है। इसके बाद यह मंत्र है और इस मंत्र की व्याख्या में आचार्यों में बहुत मतभेद है। इस मंत्र की व्याख्या की एकाधिक सरणियाँ हैं। तीन प्रधान सरणियाँ हैं। उन तीनों सरणियों को यथासम्भव स्पष्ट करने की चेष्टा की जायेगी। सर्वप्रथम और सर्वप्रधान सरणि भगवान शंकराचार्य की है। शंकराचार्य यह कहते हैं कि इस मंत्र में उसी आत्मा का वर्णन है जिस आत्मा के सम्बन्ध में यह कहा जाता है कि सम्पूर्ण भूतों की एक ही आत्मा है और अपनी निष्ठा को दृढ़ करने के लिए इसी आत्मा का पुनः वर्णन इस मंत्र में किया गया है। जो बात स्वीकृत हो, जो बात व्याख्यात हो चुकी हो, निरूपित हो चुकी हो, उसको पुनः दोहराने का अर्थ उसके ऊपर अधिक निष्ठा, अधिक श्रद्धा व्यक्त करना है, उस पर अधिक बल देना है। जो तत्त्व सर्वभूतों में विराजमान है **'ईशावस्यमिदं सर्वं यत्किंच जगत्यां जगत्'**—के रूप में जिसका चित्रण किया गया है उसी को पुनः वर्णित किया जा रहा है—ऐसा भगवान शंकराचार्यजी का मत है। इस मत का निरूपण करने में उन्होंने एक विशेष आग्रह भी किया है।

यह मंत्र आरम्भ होता है सः से जो पुल्लिंग है और उसके बाद नपुंसक लिंग के शब्द हैं। **शुक्रं अकायं अव्रणं अस्नाविरं**—और उसके बाद पुनः पुल्लिग शब्द है—**कविर्मनीषी परिभूः स्वयंभूः**—ऐसा क्यों है?

शंकराचार्य कहते हैं कि चूँकि आरम्भ पुल्लिंग से है, समापन पुल्लिग से है इसलिए नपुंसक लिंग के द्वारा जो लक्षण वर्णित हैं उनको भी ब्रह्म का, आत्मा का ही लक्षण मान लेने के कारण उनको भी पुल्लिग स्वीकार कर लेना चाहिए। यह स्वतंत्रता इस मंत्र की व्यवस्था के साथ भगवान शंकराचार्य लेते हैं। वे बताते हैं कि आत्मा के जो रूप नपुंसक लिंग की तरह वर्णित हैं उनको भी पूर्वापर की व्यवस्था के लिए, आरम्भ और अन्त से मिलाने के लिए पुल्लिग स्वीकार कर लेना चाहिए। इस निरूपण के बाद वे यह बताते हैं कि **सः पर्यगात्** वह आत्म तत्त्व सर्वव्यापी है। पर्यगात् माने चारों तरफ गया हुआ है। गम् धातु से अगात् हुआ। तो पर्यगात् माने सर्वव्यापी है। सर्वव्यापी है का क्या मतलब हुआ? कि सब कहीं वही है और जब वही-वही है तो जो सबको दिखता है वह क्या है? बोलते हैं कि वह भी वही है। उसी में वह अध्यस्त-सा दिखता है। स पर्यगात्—वह सर्वव्यापी है। जो सर्वव्यापी ब्रह्म तत्त्व है

वह अधिष्ठान है और जो कुछ दिख रहा है वह उसी में अध्यस्त है। अगर आप लोगों को याद हो तो मैंने आरम्भ में अध्यास की बात बतायी थी कि जो जहाँ नहीं है उसको वहाँ देख लेना—यह उस पर उसका अध्यास करना है। जैसे खम्भे में भूत देख लेना, जैसे रस्सी में साँप देख लेना। वैसे ही जो अधिष्ठान तत्त्व सर्वव्यापी है स पर्यगात्, उस सर्वव्यापी तत्त्व में ये जो नाना नामरूप दिखायी पड़ते हैं—ये उस सर्वव्यापी ब्रह्म में अध्यस्त हैं। जैसे मिट्टी अधिष्ठान है—घड़ा अध्यस्त है। मिट्टी घड़े के पहले है मिट्टी घड़े के बाद भी रहेगी। घड़ा फूट जायेगा तो भी मिट्टी रहेगी। घड़ा नहीं था तो भी मिट्टी थी। यह जो कुछ दिखायी पड़ रहा है अज्ञान के कारण—यह नहीं दिखेगा तो भी वह रहेगा। उसके पहले भी था। उसके बाद भी है। अधिष्ठान—जो अधिक देर तक रहे। एक अर्थ इसका यह भी है। तो परमात्मा, ब्रह्म में ही यह सारी सृष्टि दृष्टिगोचर होती है। वह पर्यगात् सर्वव्यापी है और उसी में सारी सृष्टि के ये नाना नामरूप दृश्य अध्यस्त हैं। **स पर्यगात् शुक्रम**—वह ज्योति स्वरूप है। वह स्वयं प्रकाश है। शुक्र माने ज्योति स्वरूप। देखिए प्रभु जो हैं प्रकाशक हैं और सारा संसार प्रकाश्य है—

जगत् प्रकास्य, प्रकासक रामू।

राम को, प्रभु को कोई प्रकाशित नहीं करता। वही सारे जगत को प्रकाशित करता है। **शुक्रं**—वह स्वयं प्रकाश है। उसके द्वारा ही सारी सृष्टि के ये सूर्य, चन्द्र, तारे, अग्नि, ये छोटे-बड़े दीप, ये बल्ब—अर्थात् यह सारी सृष्टि प्रकाशित है। उसके अधिष्ठान के कारण, उसकी सत्ता के कारण हमको यह सारी सृष्टि दृष्टिगोचर होती है, बोधगम्य होती है, उसका अनुभव होता है। चित् के आधार पर वह स्वयं प्रकाश होता है। चैतन्य तत्त्व के आधार पर जो स्वयं प्रकाश है, वह सबका बोध कराता है सबको प्रकाशित करता है।

अकायं अव्रणं अस्नाविरं अपापविद्धं—ये सारे-के सारे लक्षण ब्रह्म के हैं। ब्रह्म का विशेषण शंकराचार्य स्वीकार नहीं करते। क्योंकि विशेषण विशेष्य के साथ जुड़ा ही रहता है। चीनी मीठी है तो हर हालत में चीनी मीठी रहेगी। लक्षण जो है वह लक्षित कराता है लेकिन वह लक्ष्य नहीं है। लक्षण जो है वह लक्ष्य का बोध कराता है। जब चन्द्रोदय होता है तब यदि किसी वृक्ष के ऊपर वह दृष्टिगोचर होता है तो कहते हैं कि उस सामने वाले वृक्ष के दो अंगुल ऊँचे चन्द्रमा है। तो एक स्थिति विशेष में चन्द्रमा का बोध उस वृक्ष की ऊँचाई से दो अंगुल ऊपर कहने से होता है। वह लक्षण उस वृक्ष के साथ चन्द्रमा को चीनी की मिठास की तरह जोड़ता नहीं है। तो ये सब पद लक्षण हैं। ब्रह्म के लक्षण बताते हैं। ब्रह्म को प्रकाशक कहा। प्रकाशक हमारी इन्द्रियाँ भी हैं। हमारी आँख रूप को प्रकाशती है। आँख न हो तो हमको रूप न, दिखायी पड़े। हमारे कान शब्द को ग्रहण करते हैं। नासिका गंध को ग्रहण करती है। रसना स्वाद को ग्रहण करती है। इन्द्रियाँ भी प्रकाशक हैं। इन इन्द्रियों की प्रकाश सत्ता उसी के कारण है। **ज्योतिषामपि ज्योतिः**—परमात्मा जो है, ब्रह्म जो है इन इन्द्रियों रूपी ज्योति की भी ज्योति है। वही मन के माध्यम से आँख से देखता है। वही मन के माध्यम से कान से सुनता है। वह स्वयं प्रकाशक है। लेकिन चूँकि इन्द्रियाँ भी प्रकाशक हैं इसलिए इन्द्रियों से अलग करने के लिए और जगत की सामान्य सत्ता से पृथक् रूप से प्रतीत कराने के लिए आत्मा को बताया गया कि **अकायं अव्रणं अस्नाविरं अपापविद्धं**। ये क्या हैं? हमारे

तीन शरीर हैं। एक स्थूल शरीर है, एक सूक्ष्म शरीर है, एक कारण शरीर है। हमारा यह जो हाड़-मांस, चाम का बना हुआ दृष्टिगोचर होने वाला जो शरीर है यह हमारा स्थूल शरीर है। इसी स्थूल शरीर में घाव होते हैं। इसी स्थूल शरीर में नसें होती हैं। जब कहा—**अव्रणं अस्नाविरं** तो बताया गया कि आत्मा का स्थूल शरीर नहीं है। उनके द्वारा आत्मा के स्थूल शरीर का निषेध किया गया है।

अकायं माने उसकी काया नहीं है। इसमें तीनों शरीरों का निषेध निहित है, लेकिन उसमें मुख्यत: बताया गया कि वह सूक्ष्म शरीर जिसको लिंग शरीर भी कहते हैं—वह भी वह नहीं है। हमारी इन्द्रियों और अंत:करण—अर्थात् मन, बुद्धि, चित्त, अहंकार के साथ जो हमारा सूक्ष्म शरीर है, आत्मा वह भी नहीं है। अपापविद्धं जब कहा गया तो बताया गया कि वह कारण शरीर भी नहीं है।

शुद्ध है, अपापविद्ध है। देखिए कारण शरीर अविद्या से उत्पन्न होता है। अज्ञान से उत्पन्न होता है और उसी अज्ञान के कारण हम जो करते हैं उसका अपने को कर्त्ता मान लेते हैं। जब हम अपने को कर्त्ता मानते हैं तो हम भोक्ता होते हैं। जो करेगा वही भोगेगा—यह अखंडनीय सत्य है। जो कर्त्ता है वही भोक्ता है और कर्त्ता पाप-पुण्य करता है तो भोक्ता पापी-पुण्यात्मा सुखी-दु:खी होता है। जब उसको कहा गया अपापविद्धं, तो उसको अपुण्यविद्धं भी कहा गया। पाप नहीं है तो पुण्य भी नहीं है। यानी अविद्या के कारण अपने में कर्त्तृत्व के अहंकार का आरोप कर लेने पर हम अनेक प्रकार के अच्छे-बुरे कार्यों के कर्त्ता के रूप में अपने को स्वीकार कर लेते हैं। उसी अज्ञान से उत्पन्न होने वाले शरीर को कारण शरीर कहते हैं। उस कारण शरीर का निषेध करने के लिए कहा गया कि वह शुद्ध है, उसको कोई पाप छू नहीं सकता। वह पाप-पुण्य से ऊपर है। वह कर्त्तृत्व-भोक्तृत्व से ऊपर है। ऐसा वह शुद्ध, बुद्ध, आत्मस्वरूप सर्वव्यापी है। फिर उसके चार लक्षण और बताए गए।

वह कवि है। कवि का मतलब होता है जो यथातथ्य ज्यों-का त्यों देख सके और उसका वर्णन कर सके। कव् धातु से कवि बनता है। जो अतीत अनागत के परदे को लाँघकर, जो मन के गह्वर में छिपे हुए भाव को अनुभव कर उसका यथातथ्य, ज्यों-का-त्यों, जैसा का तैसा वर्णन करने में समर्थ है वह कवि है। वह द्रष्टा है। कवि का मतलब है—द्रष्टा, देखने वाला। ये चर्म-चक्षु ही नहीं देखते हैं। चर्म चक्षु जितना देखते हैं उससे ज्यादा बहुत सा नहीं देख पाते हैं। तुलसी बाबा ने कहा है—

उघरहिं विमल विलोचन ही के।
मिटहिं दोष दुख भव रजनी के ॥

जिस दृष्टि से, जिस चक्षु से कोई कवि होता है वह यह चर्म-नेत्र ही नहीं है।

उघरहिं विमल विलोचन ही के—वह जो अन्त:स्थ ज्ञान के नेत्र हैं उन्हीं ज्ञान के नेत्रों से वह ठीक-ठीक देखता है, ठीक-ठीक अनुभव करता है, ठीक-ठीक वर्णन करने में समर्थ होता है। जिसका शरीर का बोध बना रहेगा वह मलीन रहेगा।

क्वात्यन्त मलिनो देहो क्वायमात्मा नभश्छदि:—कहाँ यह अत्यन्त मलिन शरीर और कहाँ आकाश की तरह व्यापक, अत्यन्त पवित्र, आत्मा जिसको कोई पाप छू नहीं सकता।

आकाश को कोई धूल छूती है? अपापविद्धं शुद्धं इसके साथ जोड़ा हुआ है। कवि भी वही होगा जो शुद्ध होगा जो अपापविद्ध होगा। जो अपने नाम रूप से आबद्ध रहेगा, देहात्म-भाव से जड़ित रहेगा, जो अपने शरीर को ही अपना रूप मान लेगा और शरीर के सम्बन्धियों के हित को अपना हित, शरीर के सम्बन्धियों के द्वेषी को अपना द्वेषी मान लेगा, उसके ज्ञान के नेत्र खुल नहीं सकते। वह सही देख नहीं सकता।

क्वात्यन्त मलिनो देहो—देखने वाली जो दृष्टि है, वह इन चर्म-चक्षुओं से ऊपर है। वे ज्ञान के नेत्र हैं। उन ज्ञान के नेत्रों से जो अपने शुद्ध स्वरूप को जानता है, जो अपने व्यापक स्वरूप को जानता है, वही ठीक-ठीक देख सकता है और वही ठीक-ठीक निरूपण कर सकता है। हम लोगों को तो केवल अपना स्वार्थ जो दिखाता है, वही दिखता है। हमारे स्वार्थ का लोप जिससे होता है, वह सत्य आवृत रहता है और हमारा स्वार्थ जिससे सिद्ध हो, वे युक्तियाँ, वे तर्क, वे उपाय हमको दिखायी पड़ते हैं।

कवि द्रष्टा होता है, निर्मल द्रष्टा। ज्ञान के नैत्रों से यथार्थ को, वास्तव को देखने वाला द्रष्टा और उसका तदनुरूप वर्णन करता है। **पश्य देवस्य काव्यं न ममार न जीर्यति**—देखो भगवान का बनाया हुआ यह संसार रूपी काव्य जो कभी मरता ही नहीं है, जो कभी जीर्ण ही नहीं होता। मरण और जीवन में जीवन ही प्रधान है। मैथिलीशरण गुप्त की एक बहुत अच्छी कविता है—

मृषा मृत्यु का भय है, जीवन की ही जय है।
जीवन ही जड़ जमा रहा है, नित नव वैभव कमा रहा है।
पिता, पुत्र में समा रहा है, यह आत्मा अक्षय है, जीवन की ही जय है।
नया जन्म ही जग पाता है, मरण मूढ़ सा रह जाता है।
एक बीज सौ उपजाता है, स्त्रष्टा बड़ा सदय है, जीवन की ही जय है।

यह मृत्यु का भय मिथ्या है। इस मृत्यु के भय को अस्वीकार करके हम घोषित करते हैं कि हम मरणशील शरीर नहीं हैं। हम अमर हैं। हम अजन्मा हैं, हम सर्वव्यापी हैं। हम आत्म-स्वरूप हैं। इस प्रकार का अनुभव करने वाला कवि जिस काव्य की रचना करता है, वह भी अमर है। सारी सृष्टि के नाना नाम रूप, निरन्तर परिवर्तनशील हैं। वास्तव में मृत्यु नहीं होती। खाली रूपान्तरण होता है।

मेरे गुरुजी एक बात बड़ी चुनौती देकर कहते थे। लोग कहते हैं कि अनुभव प्रमाण है तो छाती पर हाथ रखकर बोलो भाई! किसको मृत्यु का अनुभव हुआ है? किसी को आज तक मृत्यु का अनुभव हुआ है? किसी को हो सकता है? अगर मृत्यु का अनुभव हुआ तो अनुभव कर्त्ता कौन है? किसको अनुभव हुआ? जिसको मृत्यु का अनुभव होगा वह तो जीवित होगा तभी तो वह अनुभव करेगा। अत: मृत्यु अनुभव की सीमा के बाहर है। जन्म अनुभव की सीमा के बाहर है। किसी को अपने जन्म का अनुभव है कि मेरा जन्म हुआ। किसी को जन्म का अनुभव नहीं है। किसी को मृत्यु का अनुभव नहीं है। किसका जन्म होता है? किसकी मृत्यु होती है। दिखता है शरीर का जन्म। दिखती है शरीर की मृत्यु। हम शरीर हैं तो फिर

हमारा जन्म हुआ। हमारी मृत्यु हुई। जब हम शरीर नहीं हैं तो हमारा जन्म भी नहीं हैं, हमारी मृत्यु भी नहीं है। आत्मा अमर है। मृत्यु का भय मिथ्या है।

कविर्मनीषी—सत्यद्रष्टा, अनुभवकर्ता, सत्य का अनुभव करने वाला, जन्म-मरण के भय से मुक्त होता है और जन्म-मरण के भय से मुक्त करने वाला होता है। जो स्वयं मुक्त है, वही मुक्त करेगा। **कविर्मनीषी**—मनीषी माने? मन का शासन करने वाला। मनीषा कहते हैं बुद्धि को लेकिन सब बुद्धियों को मनीषा नहीं कहते। मनीषा उस बुद्धि को कहते हैं जो मन पर शासन करे। बोलते समय हम मन को भी, चित्त को भी अंत:करण के अर्थ में बोल देते हैं। लेकिन जब विवेचन करके बोला जाता है तब मन, बुद्धि, चित्त, अहंकार को अलग-अलग बताया जाता है। भगवान ने हमको चौदह औजार, चौदह उपकरण दिए हैं सारी सृष्टि का काम करने के लिए। दस उपकरण बाह्यकरण हैं। बाह्यकरण माने बाहरी औजार। पाँच ज्ञानेन्द्रियाँ और पाँच कर्मेन्द्रियाँ और चार औजार भीतरी औजार हैं। उनको कहते हैं अंत:करण। अंत:करण माने—भीतरी औजार, भीतरी उपकरण और यह जो अंत:करण है—यह है मन बुद्धि, चित्त और अहंकार की समष्टि। मन का सहज धर्म है—इन्द्रियों के माध्यम से विषय की ओर उन्मुख होना। यह मन का सहज धर्म है। आँख अच्छा रूप देखना ही चाहती है। कोई सुन्दर व्यक्ति या वस्तु सामने होगी तो दृष्टि बार-बार, बार-बार उसी ओर जायेगी और अगर उसके देखना अच्छा न हो, अनुचित हो, अशालीन हो, अभद्र हो, अधर्म हो तो भी दृष्टि जाएगी। दृष्टि सौन्दर्य के प्रति सहज आकृष्ट होगी—यह उसका धर्म है।

कान मीठे स्वर की ओर सहज आकृष्ट होगा—यह उसका धर्म है। रसना स्वाद की ओर सहज आकृष्ट होगी—यह उसका धर्म है। मन रसना के माध्यम से स्वाद लेगा-ही-लेगा-यह उसका धर्म है। शरीर अस्वस्थ है फिर भी मन रबड़ी खाना चाहेगा। पेट खराब है और रसना रबड़ी खाए तो पेट तो और खराब होगा ही। तो मन उचित-अनुचित हित-अनहित का विवेक किए बिना इन्द्रियों के माध्यम से अपने विषय के प्रति अनुरक्त है। उस मन पर जो शासन करती है, वह बुद्धि मनीषा है। उचित-अनुचित का विवेक करके मन को उचित की ओर प्रवृत्त करना, अनुचित से निवृत्त करना जिस बुद्धि का धर्म है, जिस बुद्धि का लक्षण है उसका नाम है मनीषा।

वह मनीषी है, वह सम्पूर्ण विश्व मन को शासित करता है। **कविर्मनीषी परिभूः**—वह चारों तरफ है। चारों तरफ उसी की सत्ता है—

प्रभु व्यापक सर्वत्र समाना, प्रेम तें प्रगट होइ मैं जाना।
देस काल दिसि विदिसहुँ माहीं, कहहु सो कहाँ जहाँ प्रभु नाहीं॥

परिभूः—वह सर्वव्यापी है चारों तरफ वह है। सबसे ऊपर भी है। सबके परे भी है। सबसे श्रेष्ठ भी है। सबसे उत्कृष्ट भी है। परिभूः का यह भी अर्थ है—सबों से ऊपर जो अवस्थित है। **परिभूः स्वयंभूः।**

चित् के क्षेत्र में जो स्वयं प्रकाश है, सत् के क्षेत्र में वही स्वयंभू है। हम लोग परमात्मा का वर्णन करते हैं सच्चिदानन्द। सत् जो बराबर था, बराबर है, बराबर रहेगा। चित् जो ज्ञानस्वरूप है। मेरे गुरुजी इसमें बहुत रस लेकर कहते थे कि परमात्मा ने भी ज्ञान नहीं

बनाया। अगर परमात्मा ने ज्ञान बनाया तो ज्ञान बनाने के पहले वह ज्ञानी था कि नहीं था? अगर वह ज्ञानी था तो ज्ञान था तब न, वह ज्ञानी था। और अगर वह अज्ञानी था तो ज्ञान बनायेगा कैसे? इसलिए हम लोग यह नहीं कहते कि परमात्मा ने ज्ञान बनाया। कहते हैं परमात्मा ज्ञान-स्वरूप है। वह सत्-स्वरूप है। चित्-स्वरूप है। आनन्द-स्वरूप है। रूप और स्वरूप को बराबर याद रखना चाहिए। रूप बाहरी है, स्वरूप भीतरी है, और सबसे मजे का उदाहरण इसमें सुना रहा हूँ। मित्र लोग इसी दोहे को सुनाकर राम और कृष्ण की भक्ति में भेद करते हैं। तुलसी बाबा का दोहा है—

कहा कहौं छवि आज की, भले बने हो नाथ।

तुलसी मस्तक तब नवै, धनुष बाण ल्यौ हाथ॥

आपकी आज की शोभा का क्या वर्णन करूँ। बहुत ही सुन्दर छवि है। लेकिन तुलसी का मस्तक तो तब झुकेगा, जब आप बाँसुरी को छोड़कर हाथ में धनुष बाण लेंगे। किसके परिवर्तन का संकेत, किसके परिवर्तन की प्रार्थना? रूप के परिवर्तन की, स्वरूप के परिवर्तन की नहीं। स्वरूपतः जो राम है, वही कृष्ण है। तुलसी का मस्तक क्या राम को छोड़कर किसी दूसरे के सामने झुक सकता है जो हाथ में धनुष-बाण ले ले। तुलसी अब का होहिंगे, नर के मन-सबदार। कोई नर हाथ में धनुष बाण लेकर खड़ा हो जाए तो क्या उसके सामने तुलसी का सिर झुकेगा? तुलसी का सिर कृष्ण के सामने झुकेगा अगर वे मुरली की जगह हाथ में धनुष-बाण ले लें। यानी राम और कृष्ण में तुलसी रूपतः अन्तर मानते हैं, स्वरूपतः नहीं।

मैं बता रहा था कि जो सत्-स्वरूप है, स्वयंभू जो सर्व-कारण-कारण है जिसका और कोई दूसरा कारण नहीं है जो कार्य, प्रयत्न, कर्तृत्व आदि के परे हैं। सभी लौकिक वस्तुओं का कोई-न-कोई कारण है। हमारे माता-पिता हमारे कारण हैं। हमारे माता-पिता के माता-पिता उनके कारण हैं। यह माइक किसी ने बनाया। यह किताब किसी ने छांपी। फूल की माला किसी ने बनायी। ये सब कार्य हैं। इन सबके पीछे कोई-न-कोई कारण है। कारणों की एक लम्बी परम्परा चली आ रही है। जहाँ वह कारण-परम्परा शेष हो जाती है, समाप्त हो जाती है, जो सर्वकारण कारण है, समस्त कारणों का जो कारण है वह है स्वयंभू। **स मे स्वयंभूः भगवान प्रसीदतु**। आचार्य हजारीप्रसाद द्विवेदी ने वह श्लोक उद्धृत किया है न—

जलौघमग्ना सचराचराधरा

विषाणकोद्याऽखिल विश्वमूर्तिना।

समुद्धृता येन वराह रूपिणा

स मे स्वयंभूः भगवान् प्रसीदतु।

वह स्वयंभू भगवान मेरे ऊपर अनुग्रह करें। वराह अवतार में भी रूप का अन्तर है, स्वरूप वही है। नाना अवतारों में रूप ही परिवर्तित हो रहा है—

राम स्वरूप तुम्हार, वचन अगोचर बुद्धि पर।

अविगत अकथ अपार, नेति नेति नित निगम कह॥

सर्व कारण-कारण। समस्त रूपों के परे जो स्वयंभू—वे स्वयंभू भगवान मेरे ऊपर कृपा करें। परिभूः स्वयंभू। **याथातथ्यतोऽर्थान्**—अर्थान्-माने विषयान्। समस्त वस्तुओं, समस्त विषयों को यथातथ्य, ज्यों-को-त्यों, जैसा का तैसा, ठीक-ठीक समझकर **व्यदधात्**—जिसने विभाजन कर हरेक का काम उसको सौंप दिया।

शाश्वतीभ्यः समाभ्यः—अनन्त-अनन्त काल के लिए जिसने सारी सृष्टि की प्रत्येक वस्तु के कर्त्तव्य का, कर्म का, अधिकार का विभाजन कर व्यवस्था कर दी, वह है प्रमात्मा। आप ध्यान दीजिए। यह सारा विश्व ब्रह्मांड कैसे चल रहा है? एक महान व्यवस्था के अन्तर्गत चल रहा है। सूर्य ठीक समय पर उदित होता है, ठीक समय पर अस्त होता है। चन्द्रमा शुक्ल-पक्ष में बढ़ता है, कृष्ण पक्ष में घटता है। पृथ्वी अपनी कक्षा में घूम रही है। सभी नक्षत्र अपनी कक्षा में घूम रहे हैं। शरीर का जन्म होता है, वह बढ़ता है, प्रौढ़ होता है, विनष्ट होता है, मिट जाता है। हवा बहती है। ऋतुएँ अपने-अपने समय पर आती हैं, चली जाती हैं। शाश्वत काल के लिए सब विषयों का, सब वस्तुओं का, सब सत्त्वों का, जिसने विधान किया, व्यदधात् वह परमात्मा है—

भयादस्याग्निस्तपति, भयात् तपति सूर्यः।
भयादिन्द्रश्च वायुश्च, मृत्युर्धावति पंचमः॥ *(कठोपनिषद् २/३/३)*

किसके भय से सूर्य, किसके भय से अग्नि, किसके भय से चन्द्रमा, किसके भय से वायु, किसके भय से वरुण अपना-अपना सब काम ठीक-ठीक करते हैं? उसी ने व्यवस्था की है। व्यदधात्।

आप देखिए सारी वनस्पतियाँ अपने-अपने समय पर उगती हैं। नदी का अपना क्रम है। समुद्र का अपना क्रम है। ज्वार-भाटा आता है। ठीक समय पर ग्रहण लगेगा। ग्रहण मोक्ष होगा। एक महान विधान के भीतर यह सारा ब्रह्मांड चल रहा है। वह किसका बनाया हुआ विधान है? वह जिसका बनाया हुआ विधान है, वही ब्रह्म है। उस विधान के अन्तर्गत अन्य सारी योनियाँ भोग योनियाँ हैं, केवल मनुष्य योनि-अकेली योनि है जो भोग योनि और कर्म योनि दोनों है और सारी योनियों में कोई स्वतंत्रता नहीं है। मनुष्य योनि में सीमित स्वतंत्रता है। उस सीमित स्वतंत्रता का हम कैसा सदुपयोग-दुरुपयोग करते हैं—यह भी एक दृष्टि से हमारे ऊपर, अन्य दृष्टि से भगवान के अनुग्रह पर निर्भर करता है। लेकिन यह स्पष्ट है कि हम अपनी सारी उछलकूद के बावजूद एक सीमा के भीतर बँधे हुए हैं। जिसने अनन्त काल के लिए, शाश्वत काल के लिए समस्त विश्व-ब्रह्मांड के अन्तर्गत सबों का कार्य-विभाजन सम्पादन कर दिया है वही ब्रह्म तत्त्व है।

जो वैष्णव आचार्य हैं उन्होंने और योगिराज अरविन्द ने भी इसमें थोड़ा अन्तर किया है। उन्होंने कहा कि उस परम सत्ता की अभिव्यक्ति द्विविध है। एक स्तर पर वे अनभिव्यक्त हैं अर्थात एक स्तर पर वे अपने को प्रकट नहीं करते तथापि प्रकट न करते हुए भी सब कुछ वे ही करते हैं। और एक स्तर पर वे अपने को प्रकट करते हैं। जब वे अपने को प्रकट नहीं करते, अनभिव्यक्त स्थिति में रहते हैं तब उनको निर्गुण निराकार कहा जाता है। जब वे अपने को प्रकट करते हैं तो उनकी दो सत्ताएँ होती हैं। एक सगुण निराकार और एक सगुण साकार।

बहुत से लोग निर्गुण निराकार के बाद सीधे सगुण साकार पर आते हैं। यह सच नहीं है, यह ठीक नहीं है, जो निर्गुण निराकार तत्त्व है, वह तो हमारी बुद्धि के भी परे है। उसके लिए तो नेति-नेति नित निगम कह। परमात्मा के सगुण निराकार रूप में हम दिव्य गुणों का आरोप करते हैं। याद रहे सत्त्व, रज़, तम गुणों का नहीं—ये तो प्राकृत गुण हैं। प्राकृत गुण परमात्मा के रूप के सन्दर्भ में हेय हैं, त्याज्य हैं। भगवत् गुण दिव्य हैं। उन भगवत् गुणों का जब हम उन पर आरोप करते हैं और उनके आकार को नहीं भी मानते तो वह परमात्मा की सगुण निराकार स्थिति है। इस पर ध्यान दीजिए। आर्यसमाजी भाई सगुण निराकार की उपासना करते हैं। इस्लाम में, ईसाई मत में परमात्मा, अल्लाह, गॉड सगुण निराकार है। हम लोग सगुण निराकार से भी एक कदम आगे बढ़ते हैं। कहते हैं—**प्रेम ते प्रगट होइ मैं जाना।** अगर प्रेम घनीभूत होगा, तो जैसे एक ही जल तत्त्व वाष्प बनता है, सगुण निराकार जिसका कोई आकार नहीं, और वही जल तत्त्व जब घनीभूत होता है तो बर्फ बन जाता है, सगुण साकार हो जाता है। इस दृष्टि से परम प्रेम के कारण वह सगुण साकार भी हो सकता है, इस मान्यता के अनुसार परमतत्त्व सगुण साकार भी हो सकता है, सगुण निराकार भी हो सकता है, निर्गुण निराकार भी हो सकता है। ब्रह्म तत्त्व की द्विविध अभिव्यक्तियाँ हुईं सगुण और निर्गुण और सगुण की द्विविध अभिव्यक्तियाँ हुईं सगुण साकार और सगुण निराकार। इस बात को समझना चाहिए।

वैष्णवाचार्य कहते हैं कि यह जो नपुंसक लिंग के द्वारा ब्रह्म तत्त्व का वर्णन है—यह उसकी अनभिव्यक्त सत्ता का, निर्गुण निराकार का वर्णन है। इसमें भी थोड़ा गुण तो आरोपित है ही। शुक्रं कह दिया, शुक्र-ज्योति समान, तो गुण तो हो ही गया न सगुण निराकार।

निर्गुण तो साफ है। शुक्रं कहा या अपापविद्धं भी कहा तो गुण का आरोप हो गया। यह परमात्मा की अनभिव्यक्त सगुण निराकार स्थिति का निरूपण है और कविर्मनीषी परिभूः स्वयंभूः आदि के द्वारा उनकी अभिव्यक्त सत्ता का सगुण साकार का निरूपण है। निर्गुण-सगुण दोनों रूपों का एक ही मंत्र में निरूपण करके वेद इस बात को प्रतिपादित करता है कि परमात्मा निर्गुण—निराकार, सगुण-निराकार और सगुण-साकार भी हो सकता है और वही परमात्मा वेद के माध्यम से समस्त सृष्टि के लिए विधान करता है। वेद की विधायक सत्ता है। वेद के द्वारा जो **शाश्वतीभ्यः समाभ्यः व्यदधात्**—सबों का कार्य-विभाजन कर, सबों का कर्त्तव्य-निर्धारण किया गया—वह भी प्रमाण है। वेद को भी प्रामाणिक बताया गया और परमात्मा की दोनों सत्ताओं की स्वीकृति भी की गयी। यह वैष्णव आचार्यों का आग्रह है। ऐसा लगता है कि योगिराज अरविन्द घोष इस आग्रह का समर्थन करते हैं कि अनभिव्यक्त और अभिव्यक्त—इन दोनों सत्ताओं के निरूपण के द्वारा उस परम तत्त्व का इसमें वर्णन किया गया है। लेकिन इसमें भी **सः** परमात्मा का ही द्योतक मान लिया गया है। तो नपुंसक लिंग के पदों को अनभिव्यक्त का और पुल्लिग को अभिव्यक्त या सगुण साकार या सगुण निराकार का द्योतक मान कर यही बताया गया कि इस मंत्र में द्विविध सत्ता—निर्गुण सत्ता और सगुण सत्ता का प्रतिपादन किया गया है। लेकिन इसका एक तीसरा अर्थ भी है। मेरे गुरुजी ने उस अर्थ को विस्तार से निरूपित किया है और विनोबा भावे ने भी उस पर बहुत बल दिया है।

तीसरे अर्थ के अनुसार इस मंत्र में आत्म-सत्ता का, ब्रह्म सत्ता का विवेचन नहीं है। किसका विवेचन है? इसके पहले के दो मंत्रों में जिसका विवेचन है उसी का विवेचन इसमें भी है। इसके पहले के दो मंत्र हैं—

यस्तु सर्वाणि भूतानि आत्मन्येवानुपश्यति।
सर्वभूतेषु चात्मानं ततो म विजुगुप्सते॥
यस्मिन सर्वाणि भूतानि आत्मैवाभूद् विजानतः।
तत्र को मोहः कः शोकः एकत्वं अनुपश्यतः॥

यः सः—यानी पूर्व के दो मंत्रों में जिस तत्त्वज्ञ महापुरुष का वर्णन किया गया है वह तत्त्वज्ञ महापुरुष अपनी आत्मा में संपूर्ण भूतों को और संपूर्ण भूतों में अपनी आत्मा को प्रत्यक्ष अनुभव करता है। विजानतः का अर्थ बताया गया था—ज्ञान के अनुकूल आचरण करने वाला। केवल जान लेने वाला होता तो जानतः होता। वि उपसर्ग लगाया गया तो विजानतः—माने जो कुछ उसने जाना है उसको ठीक-ठीक अपने आचरण में उतार लेने वाला। ज्ञाता और कर्त्ता दोनों की समष्टि। ज्ञाता, कर्त्ता, अनुभवयिता। तीनों की समष्टि विजानतः। एकत्वं अनुपश्यतः यः सः।

इस मंत्र में पूर्ववर्ती दोनों मंत्रों के विषय को आगे बढ़ाया जा रहा है। जब ईशावास्योपनिषद् में बताया गया कि आत्महन्ता का क्या-क्या अकल्याण होता है तो आत्मज्ञाता का क्या-क्या कल्याण होता है—यह भी तो बताना चाहिए। आत्महन्ता का निरूपण जितने आग्रह से किया गया है उसके तीन गुने अधिक आग्रह से आत्मज्ञ का, तत्त्वज्ञ का निरूपण किया गया है। आत्महन्ता के लिए एक श्लोक एक मंत्र, तत्त्वज्ञ के लिए दो तो सभी मानते हैं लेकिन तीसरा मंत्र भी स्वामी अखंडानन्द सरस्वती एवं आचार्य विनोबा भावे के अनुसार आत्मज्ञ का ही निरूपण करता है। सः का मतलब हुआ वह व्यक्ति जो अपनी आत्मा को सारे भूतों में और अपनी आत्मा में सारे भूतों को प्रत्यक्ष अनुभव करता है, एकत्व का अनुदर्शन करता है। एक बार देखकर, झलक पाकर बात छूट गयी, ऐसी बात नहीं, निरन्तर अनुदर्शन करता है। वह महान पुरुष क्या करता है?

सः पर्यगात्—उसने चारों तरफ से उस तत्त्व को घेर लिया, जान लिया। गम् धातु जाने के अर्थ में भी है, जानने के अर्थ में भी है। ज्ञान के अर्थ में भी है। बोधगम्य, ज्ञानगम्य। तो **सः पर्यगात्**—उस आत्मज्ञ पुरुष ने उस परम तत्त्व को चारों तरफ से लपेट लिया, घेरकर सम्यक् रूप से जान लिया। उसका अपरोक्ष अनुभव कर लिया। अपरोक्ष अनुभव। शंकराचार्यजी की एक पुस्तक का नाम है—**अपरोक्षानुभूति**। आप समझिए इसको।

एक चीज होती है प्रत्यक्ष, एक चीज होती है परोक्ष, एक चीज होती है अपरोक्ष और एक चीज होती है साक्षात् अपरोक्ष। जो इन्द्रियों के द्वारा ग्राह्य है उसे कहते हैं प्रत्यक्ष। जो आँख से दिखे, जो छुई जा सके, जिसका स्वाद लिया जा सके, जो सुनी जा सके। ये सब क्या हैं, प्रत्यक्ष। अक्ष का मतलब केवल आँख नहीं होता, अक्ष का मतलब इन्द्रिय भी होता है। तो प्रत्यक्ष माने इन्द्रियगम्य। परोक्ष का मतलब क्या हुआ? इन्द्रिय द्वारा जिसका अभी अधिगम नहीं किया जा सकता, जो अभी इन्द्रियों के परे है जैसे स्वर्ग, जैसे नरक, जैसे विदेश। ये सब

परोक्ष हैं। आँखों, इन्द्रियों के परे। अपरोक्ष माने? जो सामने रखे माइक्रोफोन, टेबुल, किताब की तरह प्रत्यक्ष भी नहीं है और स्वर्ग, नरक की तरह परोक्ष भी नहीं है। जो अपने भीतर है वह है—अपरोक्ष। अपरोक्ष का मतलब प्रत्यक्ष-परोक्ष दोनों न होकर वह है जिसका हम अनुभव करते हैं। लेकिन ये जो अपरोक्ष स्थितियाँ हैं—ये वर्तनशील हैं, ये बदल जाती हैं। ये सुख-दु:ख ये अपरोक्ष हैं। ये काम, क्रोध, लोभ—ये अपरोक्ष हैं। यह उत्साह, यह निराशा—ये सब अपरोक्ष हैं। ये बदलने वाले भीतर के हमारे जो अनुभव हैं—ये अपरोक्ष हैं और आत्मा साक्षात् अपरोक्ष है। आत्मा सदा बनी रहेगी, आत्मा कभी बदलती नहीं। उसका अनुभव हो न हो, यह बात अलग है, लेकिन वह साक्षात् अपरोक्ष है। सदा-सदा बने रहने वाला वह तत्त्व जो न प्रत्यक्ष है न परोक्ष है स पर्यगात्। उसका साक्षात् अपरोक्ष जिसने कर लिया, जिसने उसको चारों तरफ से भली-भाँति जान लिया, समझ लिया। साक्षात्, अपरोक्ष अनुभव कर लिया। स पर्यगात्। किसका कर लिया? उसी तत्त्व का। **शुक्रं अकायं अव्रणं अस्नाविरं, शुद्धं, अपापविद्धं**—ये सब परमात्मा के लक्षण हैं। जिस आत्मज्ञ पुरुष ने उस ज्योतिष्मान् शुक्रं, उस स्थूल, सूक्ष्म और कारण शरीर के परे परम कारण-कारण सत्ता का साक्षात् अपरोक्ष अनुभव कर लिया, पर्यगात् चारों तरफ से उसका अनुभव कर लिया। वह क्या हुआ? वह वही हो गया। आप देखिए।

स: यह पुल्लिंग है, तत्त्वज्ञ का द्योतक है। **अस्नाविरं अपापविद्धं शुक्रं अकायं** द्वारा जिस तत्त्व का बोध होता है उस परम सत्य का उसने अनुभव कर लिया। साक्षात् अपरोक्ष अनुभव करने के बाद वह वही हो गया।

तदपश्यत् तदभवत्, तदासीत्। उसने उसको देखा—तदपश्यत्। यह वेद का मंत्र है। सर्वमेध सूक्त का यह मंत्र है। **तदपश्यत्**—उसने, उसे देखा, उसका अनुभव किया। **तदभवत्**—वह वही हो गया। क्यों? **तदासीत्**—वह वही था। एक बात पर ध्यान दीजिए। ज्ञान से कोई परिवर्तन नहीं होता। ज्ञान न कुछ बनाता है,न बिगाड़ता है। ज्ञान हमको वस्तु-स्थिति का बोध करता है। बनाना, बिगाड़ना—यह कर्म का काम है। बदलना—यह कर्म का काम है। हम अपने को जो नहीं मानते थे, लेकिन जो हम थे उसको ज्यों-का त्यों जान लेते ही वह हम हो गये। ज्ञान का फल किसी तत्त्व, स्थिति, व्यक्ति या वस्तु को ठीक-ठीक जान लेना ही है। कर्ण अपने को राधेय कहता था। राधेय माने राधा का पुत्र। राधा ने उसका पालन-पोषण किया था। कर्ण कुन्ती का पुत्र था। कर्ण राधेय-राधेय कहता था अपने को। उसको कौन्तेय हो जाने में क्या लगेगा? जैसे ही वह जानेगा कि वह राधेय नहीं है राधा का पुत्र नहीं है, कुन्ती का पुत्र है वह कौन्तेय हो जाएगा। राधेय को कौन्तेय हो जाने के लिए कुन्ती के गर्भ से पुन: जन्म नहीं लेना पड़ेगा। वही वह है। तदपश्यत्, तदभवत्, तदासीत्। उसने उसको देखा, वह वह हो गया क्योंकि वह वही था। ब्रह्मविद् ब्रह्मैव भवति। ब्रह्मवेत्ता ब्रह्म ही हो जाता है—

सोइ जानइ जेहि देहु जनाई, जानत तुम्हहि तुम्हइ होइ जाई।

वही कैसे हो जाएँगे आप? अगर आप वही नहीं होंगे? जानने मात्र से कैसे हो जाएँगे? जानने मात्र से अगर कोई कुछ हो जाता है, तो वह वही था। लेकिन वह जो था, वह अपने को नहीं जानता था, नहीं मानता था। वह अपने को कुछ और मानता था। कुछ और जानता था।

जैसे ही उसने अपने आपको ठीक-ठीक जाना वह वही हो गया। जैसे ही उसने उस परम सत्य, परम तत्त्व को जाना, वैसे ही वह वही हो गया। वही—शरीर से नहीं, आत्मा से। तत्त्वमसि जब हम कहते हैं तो तत्त्वमसि कहने वाला आचार्य यह नहीं कहता कि इस शरीर से। शरीर तो नश्वर है, परिवर्तनशील है, परिणामी है। बचपन का शरीर कहाँ चला गया? और आज का शरीर भी बदल जायेगा? इसके भीतर जो अपरिणामी सत्ता है, उसी के साथ उसका अद्वैत सिद्ध किया जाता है। आप वही हैं। वही सच्चिदानन्द स्वरूप। एक बार उसको जान लेने वाला धन्य हो जाता है—

कुलं पवित्रं जननी कृतार्था वसुन्धरा पुण्यवती च तेन।
अपारसच्चिसत्सुखसागरेऽस्मिन् लीनं परब्रह्मणियस्यचेतः॥

जिसका चैतन्य, जिसका अन्तःकरण उस अपार सत्-चित-आनन्द सच्चिदानंद के सागर में लीन हो जाता है—उसका कुल धन्य है। उसकी जननी पवित्र है। उससे वसुन्धरा कृतार्थ हो जाती है। वह वही हो जाता है।

तो तत्त्वज्ञ महापुरुष का गुणगान करने वाला यह महान मंत्र यह बताता है कि आत्महन्ता और आत्मवेत्ता—इन दोनों का अन्तर क्या है? आत्महन्ता अगर असुर्यलोक को जाते हैं। **असुर्य अन्धं तमः** अज्ञान के दुःख के, कष्ट के लोक को जाते हैं तो आत्मवेत्ता स्वयं मनीषी, स्वयं परिभू, स्वयं स्वयंभू हो जाते हैं। बहुत से लोग हैं और आजकल तो ऐसे लोगों की संख्या बहुत ज्यादा हो गयी है जो जानना चाहते हैं कि काम का लाभ क्या होगा? यह करने से क्या होगा? वेदान्त सुनने से क्या होगा? अरे भाई! वेदान्त सुनने से आप कविर्मनीषी परिभू स्वयंभू हो जाएँगे। इस ज्ञान को अनुभवजन्य व्यवहार में उतारना चाहिए, मेरी तरह से केवल तोता रटन्त नहीं सुनाना चाहिए।

विजानतः—ज्ञाता और कर्त्ता दोनों होना चाहिए। उसका अनुभव करना चाहिए। केवल कंठस्थ बोलने वाला नहीं। वह तत्त्ववेत्ता क्या हो जाएगा? कवि हो जाएगा। उसको सब कुछ साक्षात् दिखेगा। सारे रहस्य उसके सामने प्रकट हो जाएँगे। सबके मर्म को वह समझ सकेगा। वह द्रष्टा हो जाएगा। वह मनीषी होगा। वह अपने मन को बाँध के रख सकेगा। उसको कोई आकृष्ट नहीं कर सकेगा। उसको कोई विपथगामी नहीं कर सकेगा। उसको कोई पतित नहीं कर सकेगा। उसको कोई अपनी तरफ बहला नहीं सकेगा, भटका नहीं सकेगा। वह सबसे ऊपर हो जाएगा। **परिभूः**—वह अपनी सत्ता में आनन्द का अनुभव करेगा। हम सुख का अनुभव किसमें कर रहे हैं? कोई चीज खा कर, कोई चीज पाकर, किसी को देखकर, किसी से शरीर रगड़ कर। अपने आप अपनी सत्ता में स्वयं आनन्दमय—वह हो जाएगा और ऐसा महापुरुष, अकेला व्यक्ति सबके लिए विधान की रचना करने में समर्थ है।

उपनिषत्कार का कहना है यहाँ पर कि वह सर्वज्ञ महापुरुष, वह तत्त्वज्ञ जो बोलता है, वह विधान है। दस लाख आदमी मिल करके हाथ उठा करके एक गलत बात कह दें वह सच हो जाएगी? नहीं होगी। अकेला जो तत्त्वज्ञ कहेगा वह सच होगा। यहाँ पर लोगों को गिना नहीं जाता। तोला जाता है। लोगों को गिनने वाला विधान अलग है। लोगों को तोलने वाला विधान अलग है। किसका वजन कितना? किसमें कितना सत्यांश? कितना कौन जानता है?

इस तीसरे अर्थ में, इस महान मंत्र में कोई विपर्यास, कोई परिवर्तन नहीं करना पड़ता। न शंकराचार्य की तरह नपुंसक लिंग को पुल्लिग करना पड़ता है, न वैष्णवाचार्यों की तरह नपुंसक लिंग और पुल्लिग की एक व्यवस्था बैठानी पड़ती है अनभिव्यक्त और अभिव्यक्त सत्ताओं के माध्यम से। इसमें सहज रूप से यह प्रतिपादित किया जाता है कि जो तत्त्वज्ञ पुरुष संपूर्ण भूतों में अपने आप को और अपने आप में संपूर्ण भूतों को देखकर विज्ञाता हो गया, विजानत: जो एकत्व का अनुदर्शन करने लगा है वह उसी परब्रह्म सत्ता के साथ अभिन्न हो जाता है। उसको पाप-पुण्य स्पर्श नहीं करते। पाप-पुण्य तो उनको स्पर्श करते हैं जो स्वार्थ बुद्धि से काम करते हैं। जो स्वार्थ बुद्धि से काम नहीं करते भगवान ने गीता में उनके लिए कहा है—वे मार कर भी नहीं मारते, हत्या करके भी उससे बँधते नहीं। वे सबके ऊपर हैं। वे मुक्त हैं। उसी तत्त्वज्ञ महापुरुष का वर्णन इस मंत्र में किया गया है और उस वर्णन के द्वारा यह निरूपित किया गया कि ऐसा बन जाना सम्भव है हमारे आपके लिए। एक महान् आह्वान, एक महान आश्वासन यह मंत्र देता है कि भगवान की कृपा से साधनारत रहते हुए हम उस तत्त्वज्ञ महापुरुष की तरह उस परम सत्ता का अनुभव कर सकते हैं और उससे अभिन्न हो जा सकते हैं। ईशावास्य उपनिषद् का यह महान मंत्र है और हम सबके लिए अत्यन्त प्रेरणादायी मंत्र है। यह आश्वासन सब प्रकार की ग्लानि, सब प्रकार की हीनता, सब प्रकार की निराशा, सब प्रकार की दीनता को समाप्त कर देता है। एक बार उस चैतन्य तत्त्व को, अमृत तत्त्व को स्पर्श करो और करते ही अमृतत्त्व को प्राप्त करो—यह बताने वाला यह मंत्र है। महान ज्ञान, महान निष्ठा, महान प्रेरणा का स्रोत यह मंत्र हमारे आपके जीवन को स्पर्श करे।

□□

प्रवचन क्रम—१२

भगवान की कृपा से ही यह ईशावास्य प्रवचन क्रम अपनी पूर्णता प्राप्त करेगा। ऐसा मेरा विश्वास है। करने-कराने वाले तो रामजी हैं। पलटू साहब का दोहा याद आ रहा है—

ना मैं कर्त्ता ना किया, साहब कर्त्ता मोर।

करत-करावत आप हैं, पलटू-पलटू सोर॥

न मैंने किया, न मैं कर रहा हूँ, न मैं करूँगा। प्रभुजी करवा रहे हैं, प्रभु ही कर रहे हैं। प्रभु ही करेंगे। इस विश्वास के साथ इस प्रवचन क्रम को आगे बढ़ा रहा हूँ। आज का विषय ईशावास्योपनिषद् के सर्वाधिक विवादास्पद विषय के रूप में माना जाता है। बहुत मतभेद है विद्या और अविद्या के विवेचन क्रम में और कई बातें उलझी हुई हैं, गुह्य हैं। रहस्य से आवृत हैं। उनको समझने-समझाने की पात्रता जिन आचार्यों की है उन्हीं के चरणों का अवलम्बन करके मैं कुछ कह रहा हूँ। इस प्रसंग के तीनों मंत्र हैं—

अन्धन्तमः प्रविशन्ति येऽविद्यामुपासते।

ततो भूय इव ते तमो य उ विद्यायां रताः॥

अन्यदेवाहुः विद्यया अन्यदाहुरविद्यया।

इति शुश्रुम धीराणां येनस्तदविचचक्षिरे॥

विद्यां चाविद्यां च यस्तद्वेदोभयं सह।

अविद्यया मृत्युं तीर्त्वा विद्ययाऽमृतमश्नुते॥

इन तीनों मंत्रों का सामान्य अर्थ यह है कि जो अविद्या की उपासना करते हैं, वे अन्धतम लोक में प्रवेश करते हैं और जो केवल विद्या में रत हैं वे मानों उससे भी अन्धेरे लोक में प्रवेश करते हैं। विद्या का फल अन्य ही है। अविद्या का फल अन्य ही है। हमने इस निर्णय का श्रवण अत्यन्त धीर पुरुषों से किया है। जिन्होंने कृपा-पूर्वक उसके स्पष्ट अपरोक्ष अनुभव के आधार पर हमको उपदेश किया—विद्या और अविद्या दोनों को जो साथ-साथ जानता है, वह अविद्या के द्वारा मृत्यु को पार करता है और विद्या से अमृत की उपलब्धि करता है। अमृत की प्राप्ति करता है। इस शाब्दिक अर्थ में कोई उलझन नहीं है, विवाद का विषय है कि इसमें विद्या का अभिप्राय क्या है, अविद्या का अभिप्राय क्या है?

सामान्य तौर पर विद्या का अर्थ होता है—किसी विषय का ज्ञान, किसी विषय की जानकारी। उपनिषदों के क्षेत्र में क्या विद्या का इसी अर्थ में प्रयोग हुआ है? थोड़ा सा, इसको समझने की चेष्टा कीजिए। देखिए। एक दूसरा शब्द है भक्ति। भक्ति का क्या मतलब होता है? भक्ति का मतलब होता है—किसी आलम्बन के प्रति श्रद्धा और प्रेम का योग। जो अपने से बड़ा है, हम जिसके महत्त्व को स्वीकार करते हैं उसके प्रति सहज श्रद्धा होती है। लेकिन

वह श्रद्धा जब प्रेम से युक्त होती है, जब उसके प्रति श्रद्धा और प्रेम का युगपत् समुच्चय होता है एक साथ जब योग होता है तो वह श्रद्धा और प्रेम की भावना भक्ति में रूपान्तरित होती है। मातृ-भक्ति, पितृ-भक्ति, गुरु-भक्ति, देश-भक्ति आदि शब्द प्रयोगों से स्पष्ट है कि भक्ति विविध आलम्बनों के प्रति होती है। लेकिन अगर केवल भक्ति शब्द का प्रयोग किया जाता है तो उसका क्या अर्थ होता है? सामान्यत: जब केवल भक्ति शब्द का प्रयोग करते हैं तो उसका अर्थ ईश्वर-भक्ति या देव-भक्ति होता है। क्योंकि इस विशेष अर्थ में भक्ति शब्द का इतनी बार प्रयोग हुआ कि केवल भक्ति शब्द का प्रयोग जब होगा तब उसका सामान्य अर्थ ईश्वर-भक्ति ही किया जायेगा। यद्यपि भक्ति का मतलब केवल ईश्वर-भक्ति नहीं है। इसी तरह गीता को देखिए। गीता शब्द का मतलब होता है जो गायी गयी है। अपने पावन ज्ञान कोश में अनेकों गीताएँ हैं। राम-गीता है, अवधूत-गीता है, अष्टावक्र-गीता है और भी अनेकानेक गीताएँ हैं। लेकिन जब केवल गीता शब्द का प्रयोग होता है तो हम लोग किसका बोध करते हैं? श्रीमद्‌भगवद्‌गीता का। अनेकों के द्वारा गायी गयी ज्ञान राशि को उनके नाम के साथ गीता की संज्ञा प्राप्त होने पर भी जब हम केवल गीता शब्द का प्रयोग करते हैं तो उसका अर्थ सामान्यत: श्रीमद्‌भगवद्‌गीता होता है क्योंकि केवल गीता शब्द उसी के लिए बार-बार प्रयुक्त होता रहा है। वैसे ही जब उपनिषदों के सन्दर्भ में हम सामान्यत: विद्या का प्रयोग करते हैं तो ब्रह्म-विद्या का बोध होता है।

उपनिषदों में जिस विषय का ज्ञान निरूपित किया गया है—वह ब्रह्म ज्ञान है। मुंडकोपनिषद् के आधार पर मैंने बताया था कि—

परीक्ष्य लोकान् कर्मचितान् ब्राह्मणो निर्वेदमायान्नास्त्यकृत:कृतेन।

तद् विज्ञानार्थं स गुरुमेवभिगच्छेत् समित्पाणि: श्रोत्रियं ब्रह्मनिष्ठम्॥

तस्मै स विद्वान् उपसन्नाय सम्यक् प्रशान्तंचित्ताय शमान्विताय।

येनाक्षरं पुरुषं वेद सत्यं प्रोवाच तां तत्त्वतो ब्रह्मविद्याम्॥ *(१-१२, १३)*

अत: स्पष्ट है कि मुख्यत: ब्रह्मविद्या का उपदेश ही उपनिषद् में है। बार-बार इस संदर्भ में उपनिषदों में ब्रह्मविद्या शब्द का प्रयोग किया गया है। उपनिषदों के सारभूत ग्रन्थ श्रीमद्‌भगवद् गीता के किसी भी अध्याय की अगर आप पुष्पिका देखें तो पायेंगे कि उसमें उपनिषद् के साथ-साथ ब्रह्मविद्या का उल्लेख है। जैसे द्वादश अध्याय की पुष्पिका है—**इति श्रीमद्‌भगवद्‌गीतासु उपनिषत्सु ब्रह्मविद्यायां योगशास्त्रे श्रीकृष्णार्जुन संवादे भक्ति-योगोनाम द्वादशोऽध्याय:** अर्थात् श्रीमद्‌भगवद्‌गीता रूपी उपनिषद् में ब्रह्मविद्या के अन्तर्गत योगशास्त्र में श्रीकृष्णार्जुन संवाद का भक्तियोग नामक बारहवाँ अध्याय पूर्ण हुआ। अत: ब्रह्मविद्या का निरूपण करने वाला योगशास्त्र का ग्रन्थ है श्रीमद्‌भगवद्‌गीता। स्पष्ट है कि सामान्यत: उपनिषद् के सन्दर्भ में जब हम विद्या का प्रयोग करते हैं, तो उसका अर्थ ब्रह्म विद्या होता है। इसलिए सामान्यत: यह शंका उत्पन्न होती है कि जिस ब्रह्म विद्या द्वारा जगत् ब्रह्ममय भासता है अकेली वह ब्रह्म विद्या अन्धतम लोक में कैसे ले जायेगी? इससे सहज असहमति होती है, इसे ठीक समझने में असमर्थता का अनुभव होता है। जब मंत्र कहता है कि अविद्या की उपासना करने वाले लोगों से भी मानो अधिक अन्धेरे लोक में विद्या में रत लोग

जाते हैं, तो बुद्धि विद्रोह करती है, बुद्धि विरोध करती है कि उपनिषत्कार यह क्या बात कह रहे हैं? यह कैसे सम्भव हैं? जिस विद्या के निरूपण को उपनिषदों में परम मंगलमय, परम ज्ञानमय, परम कल्याणकारक बताया गया है वही विद्या, अविद्या की उपासना करने वाले लोग जिस अन्धतम लोक में जाते हैं उससे भी अन्धेरे लोक में ले जायेगी। यह बात समझ में नहीं आती।

दूसरी जिज्ञासा यह है कि फिर अविद्या का क्या मतलब हुआ? अ शब्द का जब हम प्रयोग करते हैं तो सब समय उसका अर्थ निषेधपरक नहीं होता। अ शब्द का प्रयोग कई अर्थों में होता है। अ शब्द का प्रयोग निषेध के अर्थ में होता है। अ शब्द का प्रयोग उससे मिलते-जुलते अन्य अर्थों में भी होता है। अ शब्द का प्रयोग कभी-कभी विरोधी के अर्थ में भी होता है। अब यहाँ अविद्या शब्द का प्रयोग किस अर्थ में किया गया है? अविद्या शब्द का प्रयोग किया गया है—जो विद्या नहीं है इस अर्थ में। यह बात तो समझ में आती है लेकिन क्या वह विद्या की विरोधिनी वस्तु है। अगर वह विद्या की बिलकुल विरोधी बात है, विद्या का नाश करने वाली बात है तो फिर उन दोनों का साथ-साथ ज्ञान क्यों आवश्यक है?

फिर यह कैसे सम्भव है कि उस अविद्या से मृत्यु को पार किया जा सकता है? अगर विद्या की परम विरोधिनी किसी स्थिति विशेष का द्योतन अविद्या शब्द के द्वारा हो रहा है, तो उस विद्या की विरोधिनी स्थिति का निरूपण करने वाला जो भी तत्त्व हो उससे मृत्यु कैसे पार होगी? और फिर उसको विद्या के साथ क्यों जानना चाहिए? इसलिए यह भी लगता है कि यहाँ अविद्या शब्द का अर्थ साधारण तौर पर जो समझ में आता है कि विद्या की परम विरोधिनी स्थिति उसका द्योतक नहीं है। अच्छा। जब हम प्रयोग करते हैं अब्राह्मण। अब्राह्मण शब्द का अर्थ क्या है? ब्राह्मण-विरोधी नहीं। अब्राह्मण शब्द का अर्थ है कि जो ब्राह्मण नहीं है। वह क्षत्रिय भी हो सकता है। वैश्य भी हो सकता है। शूद्र भी हो सकता है और बिलकुल आवश्यक नहीं है कि क्षत्रिय, वैश्य, शूद्र, ब्राह्मण-विरोधी हों। यानी अ शब्द का प्रयोग केवल निषेध के अर्थ में, केवल विरोध के अर्थ में नहीं होता। अ शब्द का प्रयोग कभी-कभी ऐसे अर्थ में भी होता है जो उससे मिलता-जुलता, उससे भिन्न कुछ है। और आवश्यक नहीं है कि उसका विरोधी हो। जैसे मैंने अभी आपको अब्राह्मण शब्द का उदाहरण दिया। अब्राह्मण शब्द से यह जरूरी नहीं है कि वह ब्राह्मण-विरोधी हो। अब्राह्मण क्षत्रिय हो सकता है, वैश्य हो सकता है। शूद्र हो सकता है। ब्राह्मण भक्त हो सकता है। ब्राह्मण सेवक हो सकता है, लेकिन वह ब्राह्मण नहीं है यही अर्थ है अब्राह्मण का।

इसी अर्थ में अ शब्द का यहाँ प्रयोग है कि विद्या तो नहीं है, लेकिन विद्या से मिलती-जुलती विद्या की सहायक कोई वस्तु है। यह बात समझ में आनी चाहिए कि जिस अविद्या की चर्चा इन तीनों मंत्र में की गयी है वह अविद्या विद्या-विरोधिनी नहीं है। जैसे अब्राह्मण शब्द का प्रयोग ब्राह्मण-विरोधी नहीं है। तो जो विद्या तो नहीं है किन्तु विद्या की सहयोगिनी भी हो सकती है वह वस्तु कौन सी, कैसी है? और फिर यह भी लगता है कि भले दोनों में यदि विरोध नहीं भी है तो भी दोनों में कहीं-न-कहीं असामंजस्य भी है। उस असामंजस्य का परिहार करने का उपदेश इस त्रिक् में किया गया है। यह कैसे सम्भव है? मोटे तौर पर पुराने

समय से लेकर भगवदत्पूज्यपाद शंकराचार्य के समय तक और उसके बाद भी अविद्या का अर्थ कर्म, मूलतः यज्ञादि कर्म किया गया है। इस देश में ही नहीं सब देशों में जो कर्म में रत हैं और जो विद्या में रत हैं—उन दोनों में एक प्रकार का अगर संघर्ष न भी हो तो भी कभी-कभी असहमति की स्थिति होती है। एक दूसरे की स्थिति को पूर्णतः स्वीकार करने की मानसिकता उन दोनों में नहीं रहती।

अविद्या का मतलब अगर कर्म लिया गया तो भी कौन सा कर्म? इस पर भी अभी बहस करूँगा। लेकिन थोड़ी सी विद्या और अविद्या की चर्चा कर्म और ज्ञान के अर्थ में अभी और कर लेनी चाहिए; जिससे यह ज्ञात हो सके कि इन दोनों में कैसे एक दूसरे के प्रति अगर विरोध न सही तो भी प्रतिद्वन्द्विता की, अपने को दूसरे से श्रेष्ठ ठहराने की प्रवृत्ति रहती है। देखिए कठोपनिषद् में ही कहा गया है—

अविद्यायामन्तरे वर्तमानाः स्वयं धीराः पण्डितंमन्यमानाः।
दन्द्रम्यमाणाः परियन्ति मूढा अन्धेनैव नीयमाना यथान्धाः॥ *(कठोपनिषद् १/२/५)*

अविद्यायामन्तरे वर्तमानाः—जो अविद्या में वर्तमान हैं वे अपने को बड़ा धीर मानते हैं, विद्वान मानते हैं। **स्वयंधीराः पंडितम्मन्यमानाः**—वे अपने को बड़ा पंडित मानते हैं। मुंडकोपनिषद् में भी एक शब्द के परिवर्तन के साथ यह मंत्र विद्यमान है। उसमें इसके पहले ही वर्णन किया गया है यज्ञादि का। काली-कराली सात अग्नि शिखाओं का, यज्ञादि की लपटों का वर्णन करके कहा गया है कि जो लोग केवल यज्ञ करते हैं वे अपने को बड़ा धीर, बड़ा पंडित मानते हैं। नहीं-नहीं वे अविद्या में विद्यमान हैं। वे जन्म-जन्मान्तर तक भटकते रहेंगे और केवल उन्हीं का कोई अनुसरण करेगा तो जैसे अन्धे के पीछे अन्धा चले वैसे ही चलकर दोनों नष्ट हो जायेंगे। इस तरह विद्यावादियों द्वारा यज्ञादि कर्म-काण्ड के, कर्म की प्रक्रिया के महत्त्व को अस्वीकार कर दिया गया है। तो क्या केवल विद्या-चर्चा करने वालों का गुणगान सब समय हुआ है? नहीं, ऐसा भी नहीं है। कर्मवादियों ने कर्मविहीन विद्वानों पर कटाक्ष करते हुए कहा है—

पाठकाः पठितारश्च ये चान्ये शास्त्रचिन्तकाः।
सर्वे व्यसनिनो मूर्खाः यः क्रियावान् स पंडितः॥

ये जो केवल पढ़ने-पढ़ाने में लगे हुए हैं जो केवल शास्त्र-चिन्तन में लगे रहते हैं, वे व्यसनी हैं, मूर्ख हैं। लीजिये, हम लोग जो पढ़ने-पढ़ाने वाले लोग हैं, जो कर्मी हैं, कर्मठ हैं; उनकी दृष्टि में मूढ़ हैं। उनकी तो डंके की चोट पर यही मान्यता है कि—**यः क्रियावान् स पंडितः**—जो क्रियावान् है वही पंडित है। तो, एक पक्ष है जो कर्म पर बल देता है। एक है, जो ज्ञान पर बल देता है। उपनिषद् के इन तीनों मंत्रों में इन दोनों का समाहार किया गया है। ईशावास्य उपनिषद् ज्ञान और कर्म के द्वन्द्वकारी रूप को अस्वीकार कर ज्ञान और कर्म के समाहार का निरूपण करता है। याद रखिये कि यह बात आज तक सच है। आज भी थोड़े से लोग हैं जो कर्म पर बहुत बल देते हैं। थोड़े से लोग हैं जो ज्ञान पर बहुत बल देते हैं। बुद्धिजीवी कहलाने में अपने को गौरवान्वित अनुभव करते हैं और ये तथाकथित निष्कर्मा बुद्धिजीवी लोग क्या करते हैं?

हर बात औरों की कन्ने से काटी,
खाई सच झूठ की तर्कों से पाटी।
जीत ली दुनिया कॉफी के प्यालों पर,
शुद्ध बुद्धिजीवी की स्वस्थ परिपाटी॥

आज का जो कर्म विमुख शुद्ध बुद्धिजीवी है—वह कॉफी के प्यालों पर बहस करता हुआ, दूसरों को गालियाँ देता हुआ सारी दुनिया को जीत लेता है। 'बुद्धिजीवी और काम? राम-राम।' भला बुद्धिजीवी लोग काम करेंगे। ठीक इसी तरह से कुछ लोग ज्ञान की उपेक्षा कर केवल काम करेंगे। ज्ञानविमुख केवल काम करने वाला अच्छा नहीं होता। कर्म-हीन बुद्धि और बुद्धिहीन कर्म-दोनों निन्दनीय हैं। इस बात पर ध्यान दें कि—**यः क्रियावान् स पंडितः** का मतलब क्या हुआ? कुछ लोगों को लग सकता है कि ये सब अवान्तर बातें हैं लेकिन ये बातें इन तीनों मंत्रों को समझने की पीठिका हैं। क्यों इन तीनों मंत्रों की जरूरत उपनिषत्कार को पड़ी? क्योंकि उनके समय में ही एक पक्ष था जो कर्म पर बल देता था। एक दूसरा पक्ष था जो ज्ञान पर बल देता था और दोनों पक्ष एक दूसरे को मुँह चिढ़ाते थे और दोनों पक्ष एक दूसरे से अपने को श्रेष्ठ मानते थे। ऐसे-ऐसे श्लोक हैं जिनमें उनका रचयिता कर्मियों को अन्धा कह रहा है, या कर्महीन ज्ञानियों को मूर्ख कह रहा है। ये दोनों-टकराने वाले पक्ष हैं। कौन सा पक्ष ठीक है? पढ़ने वाला कैसा होना चाहिए? एक अच्छा श्लोक है—

अज्ञेभ्यो ग्रन्थिनः श्रेष्ठाः ग्रन्थिभ्यो धारिणः वराः।
धारिभ्यो ज्ञानिनः श्रेष्ठाः ज्ञानिभ्यो व्यवसायिनः॥

इसमें कहा गया है **अज्ञेभ्यो ग्रन्थिनः श्रेष्ठाः** जो बिलकुल अज्ञ हैं जिनको कुछ आता नहीं उनसे वे अच्छे हैं जिन्होंने किताबें पढ़ी हैं। खाली किताबें पढ़ी हैं लेकिन—

हिस्ट्री-ज्योग्राफी बड़ी बेवफा।
रात भर याद करो सबेरे सफा॥

यह नहीं। **अज्ञेभ्यो ग्रन्थिनः श्रेष्ठाः** न जानने वाले अज्ञों से किताब पढ़ने वाले श्रेष्ठ हैं। किन्तु उन्होंने जो पढ़ा वह उनको याद है कि नहीं? **ग्रन्थिभ्यो धारिणः वराः**—किताब पढ़ने वालों से वे श्रेष्ठ हैं जो पढ़े हुए को धारण करते हैं, याद रखते हैं। याद है तोता रटन्त के समान! रट्टू तोता नहीं होना चाहिए। **धारिभ्यो ज्ञानिनः श्रेष्ठाः**—धारण करने वालों से वे श्रेष्ठ हैं जो उसका मतलब समझते हैं, जो उसका ज्ञान रखते हैं। **ज्ञानिभ्यो व्यवसायिनः**—और ज्ञानियों से श्रेष्ठ है व्यवसायी यानी व्यापारी! नहीं-नहीं। वह व्यवसायी शब्द का मूल अर्थ नहीं है। व्यवसाय का मूल अर्थ क्या है? **अवसानं अवसायः**—किसी चीज की समाप्ति को उसका अवसाय कहते हैं। व्यवसाय का मतलब हुआ कि विशेष ज्ञान से किसी कार्य को आरम्भ से अन्त तक समझ लेना। इसी अर्थ में व्यवसाय शब्द गीता में आया है—

व्यवसायात्मिका बुद्धिः समाधौ न विधीयते।

जो अज्ञानी हैं, जो कामी-क्रोधी, लोभी हैं उनके हृदय में व्यवसायात्मिका बुद्धि नहीं होती। व्यवसायात्मिका बुद्धि का मतलब? वह बुद्धि जो यह समझ जाय कि किसी काम को

करने का आरम्भ से अन्त तक क्या क्रम होगा? काम शुरू कैसे होगा? फिर क्या करना होगा? उसके बाद क्या हो सकता है? कौन इसमें विरोध कर सकता है? वह बाधा कैसी होगी? उस बाधा का कैसे अतिक्रमण करेंगे? कैसे उस कार्य को सम्पन्न करेंगे? जो किसी कार्य को आरम्भ से अन्त तक विशेष ज्ञान के साथ सफलतापूर्वक क्रियान्वित कर सकता है, उसको व्यवसायी कहते हैं।

किसी किताब को पढ़कर किसी विषय की जानकारी प्राप्त कर लेना ही काफी नहीं है। उसको याद भी रखना चाहिए। उसको याद रखना काफी नहीं है, उसका मतलब समझना चाहिए। उसका मतलब समझना काफी नहीं है, उसको काम में लाकर सफलतापूर्वक जीवन में उतारना चाहिए। ज्ञान का कर्म से समन्वय होता है। **सर्वमपि ज्ञानं कर्मपरम्**—समस्त ज्ञान कर्म परायण होने चाहिए। हमारा जाना हुआ ज्ञान हमारे आचरण में उतरना चाहिए। तब हमारे ज्ञान की सार्थकता है। यह मीमांसा का सूत्र है। वेदान्तियों ने इसमें एक व्यतिक्रम किया है—**ऋते आत्मज्ञानात्** आत्मज्ञान को छोड़कर। अब इसको थोड़ा सा समझना चाहिए। ज्ञान दो प्रकार का होता है। एक परमार्थ-विषयक ज्ञान होता है। एक प्रपंच-विषयक ज्ञान होता है। एक है परमात्मा का ज्ञान, एक है सृष्टि का ज्ञान। जो प्रपंच विषयक ज्ञान होता है—वह भी दो प्रकार का होता है। एक इन्द्रियों के द्वारा प्राप्त जो अन्य विषयक होता है। दुनिया की जितनी भी चीजें हम समझते—जानते हैं—अपनी इन्द्रियों से समझते जानते हैं और दूसरों के बारे में समझते जानते हैं। लेकिन हम अपने ऊपर भी विचार कर एक बड़ी सीमा तक अपनी आदतों, अपनी विशेषताओं, अपनी त्रुटियों को भी समझते हैं, जानते हैं। अतः इन्द्रिय विषयक ज्ञान जो अन्य-विषयक होता है वह भी प्रपंच ज्ञान है और जो सविशेष स्व-विषयक ज्ञान है वह भी प्रपंच-विषयक ज्ञान है।

सविशेष स्व-विषयक ज्ञान क्या होता है? अपने को नाम रूप में मानकर जो अपने बारे में जानकारी हुई—वह सविशेष ज्ञान है। विशेष नाम विष्णुकान्त। यह विशेष आकार, यह पद, यह काम, अमुक-अमुक-अमुक। यह जो अपने बारे में स्व-विषयक सविशेष ज्ञान है—यह भी प्रपंच-विषयक है। यह भी कर्तृत्व-भोक्तृत्व में हमको बाँधता है, डालता है। आप ध्यान दीजिए कि यह जो प्रपंच-विषयक ज्ञान या सविशेष स्वविषयक ज्ञान है—यह हमको किसी-न-किसी काम में प्रवृत्त करता है। हमने किसी अन्य को जाना। समझ लीजिए—इस फूल को जाना। अच्छा जिस अन्य को हमने जाना—वह या तो हमको प्रिय लगेगा या अप्रिय लगेगा। अगर वह प्रिय लगेगा तो उसको प्राप्त करने की हम चेष्टा करेंगे। अगर वह अप्रिय लगेगा तो हम उससे दूर रहने की चेष्टा करेंगे। अगर हमने अपने को सविशेष रूप में, नाम रूप में जाना है तो हम अपने को कर्त्ता, अपने को भोक्ता मानेंगे और चाहेंगे कि हम ज्यादा आगे बढ़ जायें। हम ज्यादा रुपया कमा लें। हम ज्यादा यश प्राप्त कर लें। हम ज्यादा अधिकार प्राप्त कर लें। तो—ये सारी चेष्टाएँ, ये सारे ज्ञान हमको कुछ पाने या किसी-न-किसी से दूर रहने के लिए प्रेरित करते हैं। ये सब हमको कर्म में लगाते हैं। अन्य-विषयक ज्ञान या तो प्रीतिकर होगा या अप्रीतिकर होगा। प्रीतिकर होगा तो उसको पाने की इच्छा होगी। अप्रीतिकर होगा तो उससे बचने की इच्छा होगी, उसको दूर करने की इच्छा होगी और यह जानकारी हमको काम में

लगायेगी। अपने को कर्त्ता-भोक्ता के रूप में हम मानेंगे तो यह जानकारी भी हमको काम में लगायेगी। जो हमको बुरा लगेगा, उससे हम बचेंगे। अगर हमको संसार प्रपंच लगेगा तो उससे वैराग्य होगा। अन्य विषयक ज्ञान का क्रम है—**जानाति, इच्छति, यतते।** इस सूत्र के अनुसार वह ज्ञान हमको प्रवृत्त करता है। पहले आदमी जानता है। जानाति। फूल को जाना ही नहीं तो न उसको पाने की इच्छा होगी न उसको छोड़ने की इच्छा होगी। फूल को जाना, काँटे को जाना। फूल को पाने की इच्छा हुई। काँटे से बचने की इच्छा हुई। जानने के बाद इच्छा। इच्छा के बाद प्रयत्न। इसमें वह जानकारी हमको प्रवृत्त करती है। और यह हमको वैराग्य की ओर भी ले जा सकती है। यह हमको आसक्ति की ओर भी ले जा सकती है। आसक्ति की ओर ले जायेगी तो हमारा पतन होगा। वैराग्य की ओर ले जायेगी तो हमारा उत्थान होगा। यह सारी-की-सारी जानकारी अन्य-विषयक ज्ञान की है जो हमको इन्द्रियों के द्वारा होता है। लेकिन जो अन्य विषयक ज्ञान नहीं है जो सविशेष स्व-विषयक ज्ञान भी नहीं है जो निर्विशेष स्व-विषयक ज्ञान है, अपना ज्ञान, अपने वास्तविक स्वरूप का ज्ञान, अपनी आत्मा का ज्ञान—

यस्तु सर्वाणि भूतानि आत्मन्येवानुपश्यति, सर्वभूतेषु चात्मानं ततो न विजुगुप्सते।
यस्मिन् सर्वाणि भूतानि आत्मैवाभूद् विजानतः।
तत्र को मोहः कः शोकः एकत्वं अनुपश्यतः॥

जब हमने निर्विशेष रूप से अपने आत्मिक ज्ञान को सर्वव्यापी समझ लिया तो किससे वैराग्य होगा? कोई और दूसरा है नहीं। किससे आसक्ति होगी? कोई और दूसरा है नहीं। यह जो निर्विशेष स्व-विषयक ज्ञान है उसको प्राप्त करने के बाद हम किससे बचेंगे, किसको चाहेंगे? किससे हटेंगे? किससे सटेंगे? किसी से नहीं। यह जो निर्विशेष स्व-विषयक ज्ञान है, वह कर्म की प्रेरणा नहीं देता। जब कहा जाता है **सर्वमपि ज्ञानं कर्मपरम्**—सारा-का-सारा ज्ञान कर्मपरायण है, तो वह कौन सा ज्ञान है? वह अन्य-विषयक ज्ञान है या सविशेष स्व विषयक ज्ञान है। वह कर्म-परायण है। हमको आपको काम में जोत देता है। चाहे किसी को पाने की चेष्टा करें, चाहे किसी से बचने की चेष्टा करें। लेकिन जो निर्विशेष स्व-विषयक ज्ञान है, जिसमें हम सारी सृष्टि को अपने आपे के रूप में और अपने आपे को सारी सृष्टि के रूप में पाते हैं जिसमें हमसे अतिरिक्त कुछ नहीं है, वह ज्ञान न हमको कुछ पाने की प्रेरणा देता है, न वह ज्ञान हमको किसी से बचने की प्रेरणा देता है, न तो हमारा किसी से मोह होता है, न किसी की मृत्यु से शोक होता है। वह ज्ञान किसी कर्म की प्रेरणा नहीं बनता। उस स्तर का जो आत्म ज्ञान है, वह आत्म ज्ञान हमको कर्म की प्रेरणा नहीं देता।

शंकराचार्य ने इस पर जो आपत्ति की है, वह आपत्ति अब समझ में आयेगी। शंकराचार्य कहते हैं कि ऐसे ज्ञान का कर्म से समुच्चय नहीं हो सकता। विद्या का अर्थ यदि आत्म ज्ञान है, विद्या का अर्थ यदि ब्रह्म विद्या है तो उस ब्रह्म-विद्या का कर्म से समुच्चय नहीं हो सकता। समुच्चय और समन्वय को भी समझ लेना चाहिए। समुच्चय का मतलब होता है साथ-साथ रहना अनिवार्यतः। समन्वय का मतलब होता है एक-के बाद एक रहना क्रमशः। ब्रह्मज्ञान और कर्म का अनिवार्य समुच्चय हो, यह सम्भव ही नहीं है। ब्रह्मज्ञान होने के बाद कर्म आवश्यक हो, अनिवार्य हो; यह कहना ठीक नहीं है। क्योंकि अभी मैंने बताया कि निर्विशेष

स्वविषयक ज्ञान होने के बाद कुछ पाने की आवश्यकता नहीं, कुछ खोने की आवश्यकता नहीं। किसी के प्रति शोक नहीं। फिर अनिवार्यतः कर्म क्यों करेगा कोई? कर्म हम कुछ-न-कुछ पाने के लिए करते हैं। कर्म हम कुछ-न-कुछ बदलने के लिए करते हैं। कर्म हम कहीं-न-कहीं पहुँचने के लिए करते हैं। जो अप्राप्त है उसको प्राप्त करने के लिए, जो वर्तमान है उसको अपनी इच्छा के अनुसार परिवर्तित करने के लिए, जिस स्थिति पर हम पहुँचना चाहते हैं, उस स्थिति पर जाने के लिए हम कर्म करते हैं। निर्विशेष स्व-विषयक ज्ञान के बाद न कुछ पाना है, न कुछ खोना है, न कहीं पहुँचना है। तब क्यों अनिवार्य कर्म होगा? ब्रह्मज्ञान का कर्म से अनिवार्य समुच्चय क्यों होना चाहिए? जब हमको कहीं जाना नहीं है, जब हमको कुछ पाना नहीं है, जब हमको कुछ त्यागना नहीं है वैसी स्थिति में कर्म करना अनिवार्य नहीं है। और अगर वह अनिवार्य नहीं है तो ब्रह्मज्ञान और कर्म का समुच्चय नहीं हो सकता। इसलिए भगवान शंकराचार्य कहते हैं कि विद्या और अविद्या इन दोनों को साथ-साथ समुच्चय के रूप में जानना या ब्रह्म ज्ञान का कर्म के साथ युगपत् सम्बन्ध रखना ठीक नहीं। इसलिए यहाँ विद्या शब्द का अर्थ ब्रह्मज्ञान नहीं हो सकता। क्योंकि यहाँ विद्या और अविद्या का समुच्चय निर्दिष्ट है और ब्रह्मज्ञान का कर्म के साथ समुच्चय नहीं हो सकता। इसलिए भगवान शंकराचार्य कहते हैं कि यहाँ विद्या का अर्थ ब्रह्म विद्या नहीं है।

विद्या का अर्थ अगर ब्रह्म विद्या नहीं है तो क्या है? शंकराचार्य ने कहा कि वृहदारण्यक उपनिषद् में कई प्रकार की विद्याओं का कथन है। अगर आप लोगों ने वृहदारण्यक उपनिषद् पढ़ा हो तो देखा होगा कि उसमें मधु विद्या, पंचाग्नि विद्या, मंथ विद्या आदि कई विद्याओं की चर्चा की गयी है। अनेक प्रकार की विद्याएँ हैं और ये जो विद्याएँ हैं, इनका फल क्या है? उसमें आया है—

विद्यया देवलोकः, कर्मणा पितृलोकः

विद्या और कर्म के अलग-अलग फल बताये गये हैं। आत्म ज्ञान रूपी ब्रह्मज्ञान का कोई फल ही नहीं है। उसका क्या फल है? वह तो अपने आप में फल है। फल का फल क्या होगा? लेकिन इस देवताविषयक ज्ञान का फल है **विद्यया देवलोकः**—विद्या से देवलोक की प्राप्ति होती है। **कर्मणा पितृलोकः**—कर्म से पितृ लोक की प्राप्ति होती है। विद्या हमको आरोहित करती है। यह सब उपनिषदों में आया है। भगवान शंकराचार्य कहते हैं कि यहाँ विद्या का अर्थ है—देवविषयक विद्या और अविद्या का अर्थ है कर्म। अविद्या का अर्थ है—कर्मकांड भी। यज्ञादि भी और सामान्य कर्म भी। वे यह भी कहते हैं कि केवल कर्म जो आदमी करेगा, वह जड़ता को प्राप्त होगा और देवज्ञान रूपी विद्या को जो प्राप्त करेगा, वह देवता को प्राप्त होगा। यह अर्थ शंकराचार्यजी ने किया है। इसमें भी थोड़ी-सी बाधा है।

शंकराचार्य की एक बात से मेरे गुरु भी सहमत नहीं हैं और उनकी चरण धूलि के समान भी न होता हुआ मैं भी सहमत नहीं हूँ। ईशावास्योपनिषद् का दूसरा मंत्र है—

कुर्वन्नेवेह कर्माणि जिजीविषेच्छतं समाः।
एवं त्वयि नान्यथेतोऽस्ति न कर्म लिप्यते नरे।

भगवान शंकराचार्य इसको केवल ज्ञान में असमर्थ अज्ञानी व्यक्तियों के लिए कथित मानते हैं। यह ठीक नहीं है। इस मंत्र से स्पष्ट है कि साधारण नियम है—**कर्मणा बद्ध्यते जन्तुः विद्ययातु विमुच्यते।**

कर्म से मनुष्य बँधता है, विद्या से मुक्त होता है। न कर्म लिप्यते नरे—कर्म लिप्त नहीं होता है। लिप्त होगा, तब न बाँधेगा। मैंने विस्तार से इस दूसरे मंत्र का विवेचन आपके सामने किया है और उसमें बताया गया है कि एक विशेष प्रकार से कर्म करने से वह कर्म लिप्त नहीं होता। जो कर्म लिप्त ही नहीं होगा—वह बाँधेगा कैसे? और उस कर्म को करने वाला अन्धकार में कैसे जायेगा? उस कर्म की निंदा कैसे हो सकती है? यह बात भी समझ में नहीं आती। इसलिए दूसरे विद्वानों ने विद्या और अविद्या के अलग-अलग अर्थ करने की चेष्टा की है।

मोटे तौर पर मेरे गुरुजी ने शंकराचार्यजी की बात को दोहराते हुए भी इतना जोड़ा है कि कर्म का भी महत्त्व है। निष्काम कर्मयोग के अनुसार किये गये कर्म को बाँधने वाला न तो उपनिषत्कार मानता है, न गीताकार मानता है। ईशावास्य उपनिषद् की परम्परा अगर ठीक-ठीक किसी के द्वारा आगे बढ़ी है तो गीता के द्वारा आगे बढ़ी है। गीता में भी ज्ञान और कर्म की दो अलग-अलग भूमिकाएँ स्वीकार करते हुए भी दोनों के समन्वय की चेष्टा की गयी है। गीता में कहा गया है कि—

लोकेस्मिन् द्विविधा निष्ठा पुरा प्रोक्ता मयानघ।
ज्ञानयोगेन सांख्यानां कर्मयोगेन योगिनाम्॥

दो निष्ठाएँ हैं। एक ज्ञान योगियों की हैं, एक कर्मयोगियों की हैं। लेकिन निरूपण क्या है? निरूपण है—

सांख्य योगौ पृथग्बालाः प्रवदन्ति न पंडिताः।

निरूपण है—**एक सांख्यं च योगं, च यः पश्यति, स पश्यति।**

गीता में सांख्य और योग, ज्ञान और कर्म का समाहार है, विरोध नहीं है। दो रास्ते हैं लेकिन उन दोनों रास्तों में अनिवार्य विरोध नहीं है।

उपनिषद् के इन तीनों मंत्रों में कर्म को बिलकुल हेय नहीं माना गया है। वह कर्म जो लिप्त नहीं होता, जो निष्काम है, जो कर्त्तव्य-कर्म है, जो यज्ञार्थ कर्म है, जो भगवत् समर्पित कर्म है, वह कर्म उपनिषदों की दृष्टि में प्रशस्त है और वह कर्म ज्ञानी भी कर सकते हैं।

कर्म रहस्य को समझने के लिए उचित है कि हम अपनी कर्मेन्द्रियों को और ज्ञानेन्द्रियों को भी समझें। कर्मेन्द्रियाँ अन्धी हैं। ज्ञानेन्द्रियाँ लँगड़ी हैं। ज्ञानेन्द्रियों से हमको विषयों, वस्तुओं का ज्ञान प्राप्त होता है। आँख से हम रूप देखते हैं। कान से हम शब्द सुनते हैं। रसना से स्वाद लेते हैं। नासिका से गंध लेते हैं। त्वचा से स्पर्श प्राप्त करते हैं। इन विषयों के ज्ञान के अनुरूप हमारा मन, हमारा अन्तःकरण, हमारी कर्मेन्द्रियों को प्रेरित करता है। कर्मेन्द्रियाँ काम करती हैं। कर्मेन्द्रियाँ स्वयं जड़ हैं और इसलिए कर्मेन्द्रियों के द्वारा किया गया काम अगर बुद्धिरहित होगा, विवेक रहित होगा तो जड़ता को प्राप्त करेगा। जो कर्म हम विवेक रहित

होकर करते हैं, वे कर्म हमको अन्धतम लोक में ले जाते हैं।

उपासते शब्द में बताया गया कि कर्म करने में बड़ी निष्ठा है, लगन है। कर्म करते-करते हम कर्म किये बिना रह ही नहीं सकते। यह भी ठीक नहीं है। किसके लिए कर्म? कहाँ कर्म छोड़ दिया जाना चाहिए? कहाँ कर्म से ऊपर हो उसे करते जाना चाहिए? यह भी जानना चाहिए। नहीं तो केवल कर्म, केवल कर्म ही करते रहेंगे। केवल कर्म करते रहने में जो आसक्त हैं, वे अन्धतम लोक में जाते हैं। जो कर्म हमको बाँधते हैं, वे हमको अन्धतम लोक में ले जाते हैं। अविद्या का अर्थ वह कर्म है, जो हमें किसी आसक्ति से कुछ प्राप्त करने की इच्छा से काम करने के लिए प्रेरित करता रहता है। कुछ प्राप्ति के लिए हमको लालायित करने वाला, हमको प्रेरित करने वाला, हमको एक नहीं, असंख्य-असंख्य जन्मों में ले जाने में समर्थ है। क्योंकि कर्म-फल के बन्धन से हम बँधे हुए हैं। वह कर्म हमको अविद्या के रूप में अन्धतम लोक में ले जाता है। शुद्ध कर्म, निष्काम कर्म, भगवदर्पित कर्म, यज्ञार्थ कर्म हमको अन्धतम लोक में नहीं ले जाता। जैसे शुद्ध ब्रह्म-विद्या हमको अन्धतम लोक में नहीं ले जा सकती, वैसे ही यज्ञार्थ कर्म, भगवदर्थ कर्म हमको अन्धतम लोक में नहीं ले जा सकते। यहाँ अविद्या का अर्थ सीधे-सीधे काम्य कर्म है। चाहे वह अच्छा भी हो। काम्य कर्म सब समय बुरा ही नहीं होता। स्वर्ग की प्राप्ति के लिए किया गया कर्म तो अच्छा होगा पर वह भी हमें बाँधेगा।

किसी चीज को पाने के लिए किया गया कार्य सब समय निष्काम कर्म की तुलना में हल्का होगा, लेकिन अन्यों की तुलना में कम बुरा भी हो सकता है। मैंने अपने गुरुजी से अपने जीवन के बारे में एक सवाल पूछा था। मैंने एक श्लोक बचपन में पढ़ा था और उस श्लोक का मेरे जीवन पर बहुत प्रभाव पड़ा था। वह श्लोक है—

अधमा: धनमिच्छन्ति, धनं मानं च मध्यमा:।
उत्तमा: मानमिच्छन्ति, मानोहि महतां धनम्॥

यानी जो केवल धन की कामना करते हैं—वे अधम हैं। जो धन और मान दोनों की कामना करते हैं, वे मध्यम कोटि के होते हैं। जो उत्तम कोटि के लोग हैं, वे केवल मान की कामना करते हैं। जो महत् पुरुष हैं, महान पुरुष हैं, उनका मान ही उनका धन है। यह श्लोक मुझको प्रेरित करता रहा है। बाद में गुरुजी के सम्पर्क में आया। उनका किया हुआ अष्टावक्र गीता का अनुवाद पढ़ा। अष्टावक्र गीता में एक श्लोक आता है—

प्रतिष्ठा शूकरी विष्ठा, गौरवं घोर रौरवम्।
मानं चैव सुरापानं, त्रयं त्यक्त्वा सुखी भव॥

प्रतिष्ठा शूकरी की विष्ठा के समान तुच्छ है, गौरव तो घोर रौरव नरक सदृश है और—मान तो शराब पीने के समान है। उससे नशा चढ़ता है। गौरव को, प्रतिष्ठा को, मान को छोड़कर सुखी हो जाओ। पहली मान्यता से और इस श्लोक से विरोध हो गया। मैंने गुरुजी से पूछा—मैं क्या करूँ? तो उन्होंने कहा—जब तक तुम गृहस्थ हो और जब तक तुम्हारे मन में कुछ पाने की कामना, इच्छा है तब तक तुम्हारे लिए पहला श्लोक ठीक है। तुम अगर मान पाने के लिए काम करोगे तो मान क्या तुमको कोई यों ही दे देगा? कोई किसी को मान सहज

में देता है? कोई किसी को सहज में मान नहीं देता। मान तो अर्जित किया जाता है। मान तो तुम्हारा तब होगा जब तुम सचमुच अच्छे काम करोगे। जब तुम सचमुच किसी क्षेत्र में असाधारण होगे और जब तुम किसी क्षेत्र में असाधारण होकर अच्छे काम करोगे तो पहले से अच्छे बनोगे। तो जब तक तुम्हारे मन में कामनाएँ हैं तब तक 'मानो हि महतां धनम्' की वृत्ति तुमको कम बुरा बनाएगी और जिस दिन तुम्हारे मन में संन्यास की भावना आ जाये, सर्वत्याग की निष्ठा दृढ़ हो जाए उस दिन तुम मान को भी छोड़ देना।

तो कुछ काम्य कर्म कुछ बुरे कर्मों से कम बुरे भी होते हैं। यद्यपि काम्य कर्म बाँधते ही हैं। अच्छे-से-अच्छे काम्य कर्मों से भी बन्धन होगा यह मैं मानता हूँ। लेकिन जिसको हम धर्म कहते हैं उसे ध्यान से देखें तो वह शुभ कर्म ही है। हाँ, धर्मपरक कार्यों में भी कर्त्तृत्वपूर्वक काम किया ज़ाता है। धर्म कहता है कि अच्छा काम करो। परोपकार के लिए करो। लोकोपकार के लिए करो। तो बाँधनेवाला होने पर भी ऐसे काम को बिलकुल बुरा नहीं कहा जा सकता।

जो अविद्या रूपी काम्य कर्म की उपासना करते हैं वे अन्धतम लोक में माने ज्ञान से रहित अन्धेरे लोक में जाते हैं। यहाँ अन्ध का माने है ज्ञान रहित। उनसे भी अधिक अन्धेरे लोक में वे जाते हैं जो विद्या में रत हैं। यहाँ विद्या शब्द का अर्थ है सविशेष ज्ञान देवता-विषयक ज्ञान। यहाँ विद्या शब्द का अर्थ वह ज्ञान है जिसके द्वारा हम अपने को औरों से उत्कृष्ट बना रहे हैं। यहाँ इसका अर्थ निर्विशेष आत्म ज्ञान नहीं है। तो जो केवल देवता-विषयक ज्ञान या लौकिक ज्ञान की उपासना करेगा, उसमें रत रहेगा, उसमें रस लेगा, वह अविद्या की उपासना करने वाले से भी अन्धेरे लोक में जायेगा क्योंकि वह विद्या में या अन्य-विषयक ज्ञान में बौद्धिक स्तर पर रस लेता रहता है, काम बिलकुल नहीं करता। 'बुद्धिजीवी और काम? राम-राम।' तो जो केवल बहस करने वाला है, विद्या में केवल बौद्धिक रस लेने वाला है उसकी गति काम करने वाले से निकृष्ट होती है।

तमोगुण का लक्षण हैं जड़ता, निष्क्रियता। और सत्त्व गुण का लक्षण है शान्ति, स्थिरता। रजोगुण का लक्षण है—हलचल, सक्रियता। तमोगुण की जो जड़ता है, निष्क्रियता है और सत्त्व गुण की जो स्थिरता है, शान्ति है, वह बाहर से एक जैसी लग सकती है। भीतर दोनों में जमीन आसमान का फर्क है। जो सत्त्व गुण की स्थिरता है, शान्ति है वह बड़े-से-बड़े दु:ख में विचलित नहीं होती। सत्त्व गुणी व्यक्ति बड़े-से-बड़े लाभ में फूलकर कुप्पा नहीं होता और बड़े-से-बड़े दु:ख में सूखकर छुहारा नहीं होता। जो तमोगुणी है, वह कहता है—

किस-किस को याद कीजिए, किस किस को रोइए।
आराम बड़ी चीज है, मुँह ढकके सोइए॥

यह जड़ता है। यह चुनौतियों से भागने की और निष्क्रियता में रस लेने की प्रवृत्ति है। अब जो केवल किताब पढ़ते हैं वे केवल मनोराज्य में विचरण करते हैं। जो केवल देवता की विद्या में ही लगे रहते हैं वे भी मनोराज्य में ही विचरण करते हैं। कर्म छोड़कर जो केवल देवता की विद्या में लगा हुआ है या कर्म छोड़कर जो केवल किताबी बहस में लगा हुआ है वह मूलत: तमोगुण से ग्रस्त है यद्यपि दिखावा सत्त्व गुण का कर रहा है।

देवता विषयक ज्ञान से युक्त होकर अगर कोई निष्क्रिय होकर कुछ नहीं कर रहा है केवल उसका मानसिक आस्वादन कर रहा है, तो वह लोक से कट जाएगा। उसकी लोक यात्रा भी दुर्वह हो जाएगी। गीता की भाषा में इस तरह किसी की लोक यात्रा नहीं चल सकती। आपको याद है? विवेकानन्द ने कहा था—गीता पढ़ने से ज्यादा अच्छा है फुटबॉल खेलना। अरे! यह क्या बात कह दी? गीता की इतनी अवहेलना, इतना अपमान। विवेकानन्द गीता का अपमान कर सकते हैं? नहीं। क्या मतलब है उनका? जो लोग गीता केवल पढ़ते ही हैं या केवल हरे-राम-हरे राम, हरे कृष्ण हरे कृष्ण कहते हैं, करते कुछ नहीं वे तमोगुणी हैं। ऊपर से आवरण उन्होंने सत्त्व गुण का ओढ़ रखा है भीतर उनके जड़ता है, तमोगुण हैं। फुटबॉल खेलकर कम से कम वे रजोगुणी तो होंगे। फिर वे सत्त्व गुणी भी हो सकते हैं। यानी केवल मनोराज्य में रमाने वाली विद्या, चाहे वह किताबी जानकारी हो, चाहे केवल देवता-विषयक विद्या ही हो यदि उसके साथ सहयोगी करनी न हो तो व्यक्ति की दुर्गति ही होती है। देवता विषयक विद्या के साथ भी अनुरूप सहयोगी क्रिया-कलाप होना ही चाहिए। कथनी कैसी है इससे बड़ा सवाल है कि रहनी कैसी है? इस रहनी के महत्त्व को समझकर ही तुलसी ने संकल्प किया था—

कबहुँक हौं यहि रहनि रहौंगो।
श्री रघुनाथ कृपालु कृपा तें, संत सुभाव गहौंगो॥

शतरूपाजी ने भी रहनी के महत्त्व को पहचानकर प्रभु से याचना की थी कि आपके निज भक्तों की गति, भक्ति आपके चरणों में स्नेह और विवेक के साथ-साथ रहनी भी मुझे आपकी कृपा से मिले—

सोइ सुख, सोइ गति, सोइ भगति सोइ निज चरन सनेहु।
सोइ विवेक, सोइ रहनि प्रभु, हमहिं कृपा करि देहु॥

वह रहनी जीवन में आनी चाहिए केवल कथनी नहीं, केवल मनोराज्य नहीं। भक्ति के मनोराज्य के साथ हम कैसा जीवन जीते हैं? क्या करते हैं? यह बात बहुत जरूरी है। जो ऐसा नहीं करता और केवल विद्या के नाम पर चाहे कर्महीन किताबी ज्ञान में रमा रहता है, चाहे देवता ज्ञान के मनोराज्य में रमा रहता है वह और भी अन्धेरे लोक में जाता है।

इसलिए यह समझना चाहिए कि विद्या और अविद्या के फल अलग-अलग हैं। अविद्या यानी कर्म का फल क्या है? कुछ लोग मानते हैं कि इस लोक में अभ्युदय के लिए जो कुछ भी करणीय है, वह कर्म के द्वारा ही सम्भव है। याद रहे अभ्युदय और निःश्रेयस दोनों की सिद्धि करने वाला धर्म है—

यतोऽभ्युदय निःश्रेयससिद्धिः स धर्मः।

अभ्युदय केवल कर्म के द्वारा हो सकता है। जो अभ्युदय के लिए कर्म करते हैं वे फिर निःश्रेयस की ओर उन्मुख भी हो सकते हैं। इसलिए बाँधनेवाला अच्छा कर्म कम बुरा है। जो केवल कर्महीन मनोराज्य में रमे रहते हैं, उनको विषय में आनन्द आने लगता है। विषय के कल्पना लोक में रमने का एक सुख होता है। इसलिए रत शब्द का प्रयोग हुआ है। रत का मतलब है रमण कर रहा। उसमें एक प्रकार का आस्वादन है, उसमें एक प्रकार के सुख का

अनुभव है, वह सुख का अनुभव निष्क्रियता को भंग ही नहीं होने देगा और चूँकि कर्मठता में कभी-न-कभी जड़ता से विमुखता हो सकती है, कभी-कभी लग सकता है—आखिर क्यों काम करें? केवल वस्तुओं के लिए ऐसा जीवन हम क्यों जिएँ?

डासत ही गई बीत निशा सब
कबहुँ न नाथ नींद भर सोयो।

बिछौना बिछाना अभीष्ट है कि सोना। हम बिछौना क्यों बिछाते हैं? बिछाने के लिए, बड़ा अच्छा बिछौना है यह सुनने के लिए? नहीं। सोने के लिए। अगर कोई अपना पलंग कैसा हो, बिछौना कैसा हो, उस पर चद्दर कैसी हो, तकिया कैसा हो, इसी व्यवस्था में सारी रात बिता दे और एक क्षण के लिए भी सोये नहीं, तो क्या उसे सुख मिलेगा, उस बिछौने से? परिताप भरे स्वर में तुलसी की तरह उसे कहना होगा—

कबहुँ न नाथ नींद भर सोयो।

इस बिछौना बिछाने का अभिप्राय है? जीवन को सुखी बनाने के लिए आवश्यक समझी जाने वाली वस्तुओं का संग्रह! इससे कभी-कभी विरति हो सकती है। हाय! खाली वस्तुएँ? वस्तुओं के लिए हम। केवल काम। इसलिए वह कम खतरनाक है क्योंकि उससे विरति हो सकती है। ठोकर लग सकती है। लेकिन मनोराज्य में जो रत है, उसे उसमें एक प्रकार का मादक सुख मिलता है। उससे विरति मुश्किल है। इसलिए उस विद्या में जो रत हैं, वे अन्धतम लोक में जाते हैं। विद्या अविद्या दोनों का फल अलग-अलग है। अच्छे कर्म के द्वारा अभ्युदय की प्राप्ति, अच्छे कर्म के द्वारा चरित्र की शुद्धि भी होती है। ज्ञान प्राप्त करने की, भक्ति प्राप्त करने की प्रस्तुति भी होती है। विद्या का फल है उच्चतर ज्ञान। विद्या का फल है सुखानुभूति। ये दोनों अलग-अलग फल देते हैं। इसलिए इन दोनों का समन्वय हो सकता है। इन दोनों को एक साथ जोड़ा जा सकता है। बिलकुल अनिवार्य रूप से दोनों को एक साथ रखा ही जाय, दोनों का समुच्चय किया जाये—इस पर बहुतों का विरोध है। दो तत्त्व अंगांगी रूप से युक्त तभी होते हैं जबकि एक दूसरे के सहयोगी हों। उनका समुच्चय होता है। लेकिन जो दोनों तत्त्व अलग-अलग फल वाले हैं, उनका समुच्चय न होकर समन्वय होता है। उनका समुच्चय होना मुश्किल है फिर भी कुछ लोग अविद्या और विद्या का कर्म और ज्ञान का समुच्चय मानते हैं। इन दोनों अलग-अलग फलों वाली विद्या और अविद्या का बोध किसने हमको कराया? यह एक बहुत महत्त्वपूर्ण बात है।

अपनी परम्परा का गौरव हमको करना चाहिए। हमारी परम्परा, हमारी विद्या व्यक्ति-निर्भर नहीं है। किसी एक आदमी को इलहाम हो गया, उसने जो कहा-वही परम सत्य है, हम ऐसा नहीं मानते। जब तक वह अनुभव दूसरों के द्वारा तदनुरूप प्रयोग के द्वारा सिद्ध नहीं होता तब तक वह प्रामाणिक नहीं माना जा सकता। जो बात कही गयी, दूसरे भी उसी प्रकार उसे उपलब्ध करके उसकी साखी देते हैं कि नहीं, गवाही देते हैं कि नहीं? यदि देते हैं तभी उसे स्वीकार योग्य माना जायेगा।

परम्परा से प्राप्त ज्ञान का हम सम्मान करते हैं, किन्तु उसे अनुभूति का विषय बनाने के बाद ही उसे स्वीकार करते हैं। हमारी सहज जिज्ञासा है कि प्रभु तक क्यों हम ईसा के माध्यम

से ही जायें? क्यों हम मुहम्मद साहब के माध्यम से ही जायें? क्यों हम सीधे उस परम तत्त्व का अनुभव नहीं कर सकते? जो परम सत्य है उस तक पहुँचने के लिए हम गुरु का तो सहारा लेंगे। गुरु हमको तरीका बतायेगा। उस तरीके से, उस पद्धति से हम उसका स्वयं अनुभव करेंगे। अगर हम उसका स्वयं अनुभव करेंगे तब हम उसको प्रामाणित करेंगे, उसकी साखी देंगे। जिस सत्य का परम्परागत रूप से अनुभव होता आया है, जिस सत्य को परम्परागत रूप से उपलब्ध करके जिसकी संपुष्टि होती आयी है वह सत्य हमारे लिए सम्मान्य है। इस्र बात को समझिए। जब ऋषि कहता है—

अन्यदेवाहुर्विद्यया अन्यदाहुरविद्यया
इति शुश्रुम धीराणां ये नस्तद्विचचक्षिरे।

विद्या और अविद्या का फल अलग-अलग है यह मेरी अपनी कल्पना नहीं है। यह मेरी अपनी बहक नहीं है। इति शुश्रुम धीराणां—यह हमने परम्परा से, धीर व्यक्तियों से सुना है।

येनस्तद्विचचक्षिरे—विचचक्षिरे—यह शब्द चक्षिङ् धातु से बना है। इसी धातु से चक्षु शब्द भी बनता है। आचष्टे शब्द भी इसी धातु से बनता है। इस धातु का एक अर्थ होता है—देखना और दूसरा अर्थ होता है बोलना। विचचक्षिरे का अर्थ हुआ कि जिन महान् पुरुषों ने, जिन धीर पुरुषों ने, जिन विद्वानों ने, जिन अनुभवी व्यक्तियों ने इसका साक्षात्कार किया है, उन्होंने ही हमको इसका उपदेश दिया है।

यह बात जो मैंने कही कि केवल अविद्या की उपासना करने वाले अन्धतम लोक में जाते हैं और केवल विद्या की उपासना करने वाले उससे भी गहरे अन्धेरे लोक में जाते हैं—यह बात केवल मेरी कल्पना नहीं है। यह बात केवल मैंने नहीं कही है। यह मैंने उन धीर पुरुषों से सुनी है जिन्होंने इस सत्य को स्वयं अनुभव करके, देख करके मुझको बताया है। धीर किसको कहते हैं? कालिदास ने धीर की परिभाषा दी है कि—

विकारहेतौ सति विक्रियन्ते येषां न चेतांसि त एव धीराः

विकार के हेतुओं के उपस्थित रहने पर भी जिनकी चेतना विकृत नहीं होती—वे धीर हैं। जब किसी का सुन्दर रूप देखकर मन में आकर्षण का अनुभव होने पर भी पतन नहीं होता, जब दूसरे की बड़ी-से-बड़ी समृद्धि-सम्पदा को देखकर मन में लोभ नहीं जागता, जब बड़े-से-बड़े संकट के समय भय नहीं होता अर्थात् विकार के हेतुओं के उपस्थित रहने पर भी जिनकी चेतना विकृत नहीं होती—वे ही धीर पुरुष हैं। धी माने बुद्धि। धियंराति—धी में जो रत हैं वे धीर पुरुष हैं। उन महान् ज्ञानियों के द्वारा, उन महान अनुभवकर्त्ताओं के द्वारा जो हमने सुना है, वह हम कह रहे हैं। यह हमारा कोई व्यक्तिगत मत नहीं है। यह परम्परा पुष्ट ज्ञान है। इस पर श्रद्धा रखकर आप स्वयं इसका अनुभव करें। आप स्वयं इस सत्य का अनुभव कर सकते हैं और इस सत्य की गवाही दे सकते हैं।

इसलिए अकेली-अकेली विद्या और अकेली-अकेली अविद्या अगर हमको अन्धतम लोक में ले जाती है तो क्या करें? विद्या यानी ज्ञान का कर्म के साथ समाहार करें। विद्या यानी ज्ञान को कर्म के साथ जोड़ें। अपने जीवन की ओर ध्यान दें। हमारा जीवन कैसे चलता है?

हमारा जीवन अंध-पंगु न्याय से चलता है। ज्ञानेन्द्रियों से हम बाहर की स्थितियों का भीतर अनुभव करते हैं। कर्मेन्द्रियों से काम करते हैं। बिना ज्ञानेन्द्रिय-कर्मेन्द्रिय के सहयोग से हम कुछ नहीं करते। हमारे व्यावहारिक-वैयक्तिक जीवन में भी ज्ञान और कर्म का समाहार अनिवार्य है। बिना ज्ञान और कर्म के समाहार के हम कुछ नहीं कर सकते। बड़ी बात भी नहीं कर सकते। छोटी बात भी नहीं कर सकते। तो विद्या और अविद्या को साथ-साथ जानने से होता क्या है? **अविद्यया मृत्युं तीर्त्वा।** मृत्यु क्या है? राम नाम सत्य। केवल शरीर छूट जाना? नहीं, केवल यही मृत्यु नहीं है। **मृत्युं वै प्रमादमहं ब्रवीमि।**

अपने कर्त्तव्य—कर्म को भूल जाना ही मृत्यु है। आलस्य मृत्यु है। प्रमाद मृत्यु है। हम अगर कर्म में रत रहेंगे तो हम प्रमादी नहीं होंगे। अगर कर्म में रत रहेंगे तो हम आलसी नहीं होंगे।

व्यवहार में मनुष्य की मृत्यु तो प्रमाद है। जो करणीय कर्त्तव्य है उस करणीय कर्त्तव्य को अगर हम नहीं करते तो हम मृत्यु को प्राप्त करते हैं।

अविद्या के द्वारा मृत्यु का हम अतिक्रमण करते हैं। निरन्तर भगवदर्थ कर्म करके, यज्ञार्थ कर्म करके हम अपने सामने आये हुए बड़े-से-बड़े संकट को लाँघ सकते हैं अर्थात हम मृत्यु को पार कर सकते हैं।

विद्ययामृतमश्नुते और विद्या से हम अमृतत्व की प्राप्ति कर सकते हैं। यहाँ भगवान शंकराचार्य तो यही बताते हैं कि देवता विद्या के द्वारा, देवता ज्ञान रूपी अमृत को प्राप्त कर सकते हैं।

मैं केवल एक बात कहकर आज का प्रवचन समाप्त करूँगा। यह तो माना जा सकता है कि निर्विशेष स्व-विषयक ज्ञान के साथ कर्म का अनिवार्य सम्बन्ध नहीं है। निर्विशेष स्वविषयक ज्ञान जब हमको सारी सृष्टि में अपने आपे को और अपने आपे में सारी सृष्टि को अनुभव करा देता है तो किसी को पाने, किसी को छोड़ने, किसी से बचने, किसी स्थिति तक पहुँचने की कोई आवश्यकता ही नहीं रहती, उनके लिए कोई अवकाश नहीं रह जाता। इसलिए वह ज्ञान कर्म प्रेरित नहीं करता। लेकिन जो ब्रह्म-ज्ञानी हैं वे कर्म नहीं ही करें ऐसा भी कोई वचन नहीं है। उल्टे ऐसे अनेक उपनिषद्वचन हैं जिनके द्वारा यह सूचित होता है कि ब्रह्म ज्ञानी भी कर्मरत रह सकते हैं—

क्रियावन्तः श्रोत्रियाः ब्रह्मनिष्ठाः।

यह भी उपनिषद् का कथन है। श्रोत्रिय ब्रह्मनिष्ठ कर्म कर रहे हैं। शंकराचार्यजी ने क्या किया? शंकराचार्यजी श्रोत्रिय ब्रह्म-निष्ठ थे कि नहीं थे? शंकराचार्यजी ने क्या कर्म नहीं किया? बत्तीस वर्ष की आयु में जिन्होंने देश में चार धाम स्थापित कर दिए, जिन्होंने एकादश उपनिषदों की व्याख्या लिख दी, ब्रह्म-सूत्र का भाष्य लिख दिया, जिन्होंने सर्वत्र धर्म का प्रचार किया; उन्होंने कर्म नहीं किया? विवेकानन्द ने क्या किया? उनतालीस वर्ष की आयु में ही उन्होंने सारे भू-मंडल को हिला कर रख दिया। ब्रह्म-ज्ञानी कर्म करे या न करे इसमें वह स्वतंत्र है। उसको बाध्य नहीं किया जा सकता कि वह कर्म करे ही करे। वह कर्म न करे,

इसका भी निषेधात्मक वाक्य नहीं है। यह उसकी इच्छा पर है और उस ऊँचाई पर जहाँ भक्ति, ज्ञान और कर्म मिलकर एक हो जाते हैं, उस ऊँचाई पर पहुँचने के बाद यह अनुभव सहज हो सकता है कि आखिर श्री राम क्यों कर्म करते हैं, श्री कृष्ण क्यों कर्म करते हैं? परब्रह्म जब यहाँ शरीर धारण करके अवतार लेते हैं तो क्यों कर्म करते हैं? एक अद्‌भुत श्लोक मेरे मन में उभर रहा है। मैं आपको सुनाऊँ। उसमें बताया गया है कि भगवान की कृपा से जब भगवान को प्राप्त करने के लिए, मुक्ति के लिए ज्ञानी लोग जाते हैं तो—

प्रायेण देव मुनयः स्वविमुक्तिकामाः।
मौनं चरन्ति विजने न परार्थनिष्ठाः॥
नैतान् विहाय कृपणान् विमुमुक्ष एको,
नान्यं त्वदस्य शरणं भ्रमतोऽनुपश्ये॥ *(श्रीमद्‌भागवत ७-९-४४)*

यहाँ प्रह्लादजी भगवान की स्तुति कर रहे हैं। वे कहते हैं-हे देव! हे भगवन्। जो अपनी मुक्ति की कामना रखने वाले मुनि हैं, वे अपनी मुक्ति की कामना करने वाले परार्थनिष्ठ नहीं हैं। दूसरे के भले-बुरे से उनका कोई सम्बन्ध नहीं है। वे निर्जन स्थानों में मौन धारण किये रहते हैं। मैं ऐसा नहीं कर सकता। क्या करूँ रामजी? मैं केवल अपनी मुक्ति की कामना के लिए प्रयास करूँ। मैं तो ऐसा नहीं कर सकता। असंख्य दुखी जनों से विमुख होकर केवल अपनी मुक्ति की कामना मैं नहीं कर सकता। जब लोक-संग्रह की, लोक-कल्याण की भावना मन में जागे, जब केवल अपनी मुक्ति की कामना, केवल अपने को आत्मानंद में, ब्रह्मानंद में लीन रखकर अपने को मुक्त मान लेने की स्थिति से आगे बढ़कर कहीं यह बात मन में आये कि ये असंख्य अभागे, पीड़ित कष्टग्रस्त हैं, मोहग्रस्त हैं, क्या उनको प्रेम का, स्नेह का अवलंब देना मेरा कर्त्तव्य नहीं है? क्या मैं अकेला मुक्त हो जाऊँ? अकेले अपने मोक्ष की साधना करूँ? यह वृत्ति ज्ञानी को भी, परम भक्त को भी, निष्काम कर्मी को भी लोक-संग्रह के लिए, लोक मंगल के लिए, लोक कल्याण के लिए कार्य करने की प्रेरणा देती है और उस ऊँचे स्तर पर ब्रह्म-ज्ञानी भी कर्म करता रह सकता है। सब को अपने में और अपने को सब में अनुभव करने वाला ब्रह्म ज्ञान तथा सब कुछ करके भी कुछ न करने की भूमिका का अलिप्त कर्म—ये दोनों मुक्ति के ही दूसरे नाम हैं। वे दोनों अनिवार्यतः साथ रहें ही, इसकी बाध्यता तो मैं स्वीकार नहीं करता, लेकिन वे साथ नहीं ही रह सकते, इसकी बाध्यता भी स्वीकार नहीं करता। मैं यह मानता हूँ कि यह सम्भव है कि ब्रह्मज्ञानी परिपूर्ण ब्रह्म ज्ञान के बाद भी लोक कल्याण के लिए, करुणा-परवश होकर कर्म करता रहे। हमारे रामजी के लिए क्या कहा जाता है? हमारे रामजी स्वरूपतः असंग हैं। हमारे रामजी स्वभावतः कोमल हैं। स्वरूप से असंग हैं। किसी से जुड़े नहीं हैं, किसी से कटे नहीं हैं, किसी से हटे नहीं हैं, सब उनके हैं। स्वरूप से वे असंग हैं, अनासक्त हैं। लेकिन वे स्वभाव से कोमल हैं और स्वभाव से कोमल रामजी दूसरों की पीड़ा को कम करने के लिए अवतार काल में अपने जीवन की आहुति देते हैं। हमारे रामजी जब लीला संवरण करने लगे तो हमको क्या दे गये?

स्मरतां हृदि विन्यस्य विद्धं दण्डककंटकैः।
स्वपादपल्लवं राम आत्मज्योतिरगात् ततः॥ *(भागवत ९-११-१९)*

दण्डकारण्य के काँटों से क्षत-विक्षत अपने चरण कमल को अपने स्मरण करने वाले भक्तों के हृदय में उन्होंने प्रतिष्ठित किया और वे ब्रह्मीभूत हो गये। अगर हमारे रामजी दंडकारण्य के काँटों का दलन करते हुए साधुओं की रक्षा और दुष्टों का दमन करते रहें तो क्या हम निरपेक्ष हो सकते हैं? हाँ वे स्वरूपतः असंग हैं। अपने लोभ के लिए, अपने व्यक्तिगत अहंकार की तृप्ति के लिए उन्होंने कोई कर्म नहीं किया, लेकिन लोक-मंगल के लिए, लोक कल्याण के लिए वे सतत कर्मरत रहे।

केवल अपनी मुक्ति की कामना करने वाले मुनि परार्थनिष्ठ नहीं होते। वे जंगलों में मौन धारण कर रहते हैं। हे भगवान! मुझको ऐसा मुनि मत बनाना। मैं ऐसा मुनि नहीं बनना चाहता हूँ। मैं तो प्रह्लाद की परम्परा में आना चाहता हूँ। जिन्होंने कहा कि इन संसार के जीवों को छोड़कर मैं अकेला मुक्त नहीं होना चाहता। मैंने सारे संसार में भ्रमण करके देख लिया है कि इन सबका कल्याण तुम्हारी ही कृपा से सम्भव है। इसलिए इन पर भी हे प्रभु तुम कृपा करो। इनको तुम्हारी ओर और तुमको इनकी ओर उन्मुख करने का काम मैं करता रहूँ—ऐसा प्रह्लादजी कहते हैं। ब्रह्म ज्ञानी भी इस ऊँची स्थिति का कर्म कर सकता है। उसको ऐसे कर्म करते रहने का निषेध कहीं नहीं है।

भगवान की हम पर, आप पर, सब पर ऐसी कृपा हो कि विद्या और अविद्या के इस समाहार के द्वारा प्रमाद के रूप में, आलस्य के रूप में आयी मृत्यु का अतिक्रमण करके उससे ऊपर उठकर हम परम अमृतत्व का अनुभव करें।

❑❑

प्रवचन क्रम—१३

अन्धन्तमः प्रविशन्ति येऽसंभूतिमुपासते
ततो भूय इव ते तमो य उ संभूत्यांरताः॥ १२॥
अन्यदेवाहुः संभवादन्यदाहुरसंभवात्।
इति शुश्रुम धीराणां ये नस्तद्विचचक्षिरे॥ १३॥
संभूतिं च विनाशं च यस्तद्वेदोभयं सह।
विनाशेन मृत्युं तीर्त्वा संभूत्याऽमृतमश्नुते॥ १४॥

जिन तीन मंत्रों का आज विवेचन करना है, उनका शब्दार्थ है कि जो असंभूति की उपासना करते हैं वे अन्धतम लोक में जाते हैं, अज्ञान के अन्धेरे में जाते हैं और जो केवल संभूति की उपासना करते हैं वे उससे भी अधिक अन्धेरे लोक में प्रवेश करते हैं। हमने अपने पूर्वाचार्यों से सुना है कि संभूति की उपासना का फल अलग है, असंभूति की उपासना का फल अलग है। जो संभूति और विनाश दोनों का साथ-साथ अवलम्ब ग्रहण करते हैं, दोनों की साथ-साथ उपासना करते हैं, वे विनाश के द्वारा मृत्यु को पार कर संभूति के द्वारा अमृत को प्राप्त करते हैं। मतभेद इस पर है कि इस त्रिक् में संभूति शब्द का अर्थ क्या है? असंभूति शब्द का अर्थ क्या है? संभूति और असंभूति को सम्भव और असम्भव कहा गया है। शब्द के आधार पर यह बात समझ में आती है। विनाश शब्द का अर्थ क्या है? इन शब्दों के अर्थों को केवल अलग-ही-अलग नहीं निर्धारित किया जा सकता। इस त्रिक् का इसके पूर्ववर्ती त्रिक् के साथ सम्बन्ध है। इसके पूर्ववर्ती त्रिक् में कहा गया था कि जो अविद्या की उपासना करते हैं वे अन्धतम लोक में जाते हैं। जो केवल विद्या की उपासना करते हैं वे उससे भी अन्धेरे लोक में जाते हैं। विद्या की उपासना का फल अलग है। अविद्या की उपासना का फल अलग है। जो विद्या और अविद्या दोनों की साथ-साथ उपासना करते हैं वे अविद्या के द्वारा मृत्यु को पार कर विद्या के द्वारा अमृत को प्राप्त करते हैं। इस पहले त्रिक् को जिस शैली में कहा गया है दूसरे त्रिक् को उसी शैली में कहा गया है। शैलीगत साम्य बिलकुल स्पष्ट है। पहले त्रिक् में विद्या और अविद्या की अलग-अलग अन्यापवर्जी साधना की निन्दा की गयी। अन्यापवर्जी का मतलब हुआ—अकेली, दूसरे को छोड़ कर। केवल अविद्या की उपासना अन्धेरे लोक में ले जायेगी। केवल विद्या की उपासना और गहरे अन्धेरे लोक में ले जायेगी। इसलिए इस निन्दा का अर्थ विद्या और अविद्या की निन्दा नहीं है। विद्या और अविद्या की युगपत्, विद्या और अविद्या को साथ-साथ साधना के अवलम्ब के रूप में ग्रहण करना ही मंगलमय है यह बताना ही अभीष्ट है।

अत: उसकी प्रशंसा के लिए अलग-अलग विद्या, अविद्या की उपासना की निन्दा की गयी। बराबर याद रखिए कि जब किसी दूसरी वस्तु के सन्दर्भ में किसी वस्तु की निन्दा की जाती है तो उसकी निन्दा करने का अभिप्राय नहीं होता। उसकी तुलना में जिसकी प्रशंसा की जाती है, उस बात पर बल देने का अभिप्राय होता है। मैंने पिछले प्रवचन में बताया कि विद्या और अविद्या के अनेक अर्थ किए गए हैं।

श्री शंकराचार्य ने यह प्रतिपादित करने का प्रयास किया कि इसमें ब्रह्म-विद्या का हवाला नहीं हो सकता। ब्रह्म-विद्या से अन्धतम लोक तो हो ही नहीं सकता। इसलिए उन्होंने कर्म को देवता की उपासना रूपी विद्या के साथ जोड़ा। कुछ लोगों ने कर्म को ज्ञान के साथ जोड़ा। आचार्य विनोबा भावे ने कहा कि इस त्रिक् में बुद्धि शोधन की प्रक्रिया बतायी गयी है। जिस चीज का हमको प्रयोजन नहीं है उस चीज का ज्ञान प्राप्त करना बुद्धि को भाराक्रान्त करना है। इसलिए विनोबा भावे ने बताया कि अविद्या शब्द का अर्थ होता है जो अभीष्ट ज्ञान नहीं है, जो हमारा अभीष्ट नहीं है उससे भिन्न जो और जानकारी संग्रह करने की लालसा, दुर्बलता है वह है अविद्या और उसको भूल जाना चाहिए। जो हमारा अभीष्ट ज्ञान है उसके सम्बन्ध में समग्र ज्ञान होना चाहिए। इसलिए उन्होंने कहा कि उससे बुद्धि का शोधन होता है, अनावश्यक बोझ जो हमने अपनी बुद्धि पर लाद रखा है, जिसकी हमको जरूरत नहीं, जो हमारे जीवन में प्रयोजनीय नहीं, उन सबको भी जान-जानकर हम जिसको जानना चाहिए उसको नहीं जान पाते, इससे बड़ा और हमारा नुकसान क्या हो सकता है? यानी आपने इस बात पर ध्यान दिया कि विद्या और अविद्या के कई-कई अर्थ बताये गये हैं। वही क्रम संभूति और असंभूति के विवेचन में भी है। एक आधुनिक कवि हैं रमानाथ अवस्थी। उनकी एक उक्ति है—

मेरी रचना के अर्थ अनेकों हैं,
जो भी तुमसे लग जाये, लगा लेना।

बड़ी रचनाओं के अनेकों अर्थ होते हैं और उन अनेकों अर्थों को ग्रहण करने की पात्रता हमारी अपनी मानसिकता पर निर्भर करती है। हम किस भूमि पर हैं? हमारी कौन सी मन: स्थिति है? हमारी अपनी मानसिकता, हमारी अपनी रुचि, हमारी अपनी क्षमता हमारे लिए उपयोगी अर्थ का संधान करती है। इसके सम्बन्ध में एक बहुत अच्छी कथा है वृहदारण्यक उपनिषद् में।

देवता, दानव और मनुष्य तीनों को लगा कि उनके जीवन में पाप आ गया और उसके कारण उनको बहुत दु:ख होता है। अत: दु:ख से छुटकारा पाने के लिए वे प्रजापति के पास गये। प्रजापति से उन्होंने विनम्र प्रार्थना की कि आप हमको उपदेश दीजिए। प्रजापति ने उपदेश में कहा—द, द, द। तीनों सुनते रहे। तीनों ने माथा नवाया और कहा अभीष्ट पूर्ण हुआ। अब हमें जाने की आज्ञा दीजिए। हम जायें और जो सीखा है उसे काम में लगायें। प्रजापति ने पूछा क्या सीखा? देवताओं ने कहा कि हम सब भोग में बहुत ही लीन हो गये हैं। अप्सराओं, सोम रस आदि का निरन्तर भोग, व्यसन हमारे जीवन को जर्जर कर रहा है। आपने द से कहा कि अपने ऊपर दमन करो। इन्द्रिय निग्रह करो। उन्होंने कहा—ठीक समझे, जाओ।

दानवों ने कहा कि आपने यह बताया कि हम अत्यन्त क्रूर हो गये हैं, हृदय हीन निष्ठुर हो गये हैं। हम सब पर अत्याचार करते हैं, हिंसा करते हैं। आपने कहा कि हमको दया करनी चाहिए। प्रजापति बोले—ठीक समझे, जाओ।

मनुष्यों ने सिर झुकाकर कहा—प्रभु, हम सब बड़े लोभी हो गये हैं। परिग्रही हो गये हैं। जो भी चीज मिलती है उसको समेट कर रख लेते हैं। आपने कहा कि परिग्रह अच्छा नहीं है। तुमको दान करना चाहिए। उन्होंने कहा—ठीक समझे, जाओ।

द द द इसका अर्थ किसके लिए दमन है? किसके लिए दया है? किसके लिए दान है? यह प्रजापति के ऊपर निर्भर नहीं करता। यह ग्रहीता के ऊपर निर्भर करता है। ग्रहीता जब अपनी क्षमता के अनुसार, अपनी भूमिका के अनुसार अपने विवेक से किसी बड़ी कृति के साथ जुड़ता है और उस कृति को आदि से अन्त तक समझने के प्रयास से उसे अपनी क्षमता के अनुसार जो आलोक प्राप्त होता है, वही उसका कल्याण कर सकता है। वह अर्थ उसके लिए संगत है। इसलिए संभूति-असंभूति के विवेचन में बड़े-बड़े आचार्यों में मतभेद है और इस मतभेद के संगत आधार हैं। इनके अनेक अर्थ बतलाये गये हैं। मोटे तौर पर तीन अर्थ प्रधान हैं। इन तीनों की चर्चा मैं करूँगा और उसके बाद भी उस पर कुछ बोलने का प्रयास करूँगा।

पहला अर्थ दार्शनिक भूमिका पर किया गया है। दार्शनिक भूमिका पर विवेचन करते हुए मेरे गुरु स्वामी अखंडानन्दजी ने बताया है कि पहले त्रिक् में उपासना क्रम पर बल दिया गया है। विद्या और अविद्या की विवेचना मूलत: उपासना की विवेचना है। कौन व्यक्ति कर्म का अधिकारी है? कौन व्यक्ति ज्ञान का अधिकारी है? और कैसे ज्ञान और कर्म के समन्वय के द्वारा परम कल्याण होता है? कर्म और ज्ञान की उपासना की समन्वित पद्धति को बताने के लिए विद्या और अविद्या के पहले त्रिक् की अवधारणा की गयी है। उपासना के बाद उपास्य के स्वरूप का संकेत देने के लिए इस दूसरे त्रिक् की अवधारणा की गयी है। हमारा उपास्य कैसा हो?

संभूतिं च विनाशं च।

एक संभूति है और एक असंभूति है। संभूति का मतलब हुआ संभवनम्। जो उत्पन्न है, जो व्यक्त है, जो साकार है। असंभूति का मतलब हुआ जो कारण है, कार्य नहीं है। इसलिए अव्यक्त है, निराकार है। कुछ लोग हैं जो कार्य ब्रह्म की उपासना करते हैं। कुछ लोग हैं जो कारण ब्रह्म की उपासना करते हैं। अब यह कार्य ब्रह्म व्यक्त जगत के रूप में भी हमारे सामने दृष्टिगोचर होता है और कार्य ब्रह्म व्यक्त के क्षेत्र में, साकार उपासना के क्षेत्र में भी प्रयुक्त होता है। तो उन्होंने कहा कि उपनिषत्कार कह रहा है—

अन्धं तम: प्रविशन्ति येऽसंभूतिमुपासते।

जो केवल असंभूति की, जो कारण ब्रह्म की, जो अव्यक्त की, जो निर्गुण निराकार की ही उपासना करते हैं वे अन्धेरे लोक में जाते हैं। क्योंकि अव्यक्त की उपासना का आधार बड़ा कठिन है। अव्यक्त पर मन नहीं टिकता। यदि हठवश हमने अव्यक्त की उपासना को स्वीकार कर लिया और उस पर मन नहीं टिक रहा हो, सहारा नहीं मिल रहा हो तो पतन सम्भव है। उस अव्यक्त के प्रति अति आग्रह के कारण व्यक्त के प्रति विद्वेष भी हो जाता है। वह और भी

गलत काम होता है। इसलिए केवल कारण ब्रह्म, केवल अव्यक्त की उपासना करने वाले अंधेरे लोक में जाते हैं—

ततो भूय इव ते तमो यउ संभूत्यांरताः

और उससे भी गहरे अंधेरे में वे जाते हैं जो केवल व्यक्त की उपासना करते हैं। कार्य ब्रह्म की उपासना करते हैं। व्यक्त को अगर उसी आकार में ही सीमित करके देखा जाये और उसके बाहर उपास्य की स्थिति न मानी जाये, तो संकीर्णता आती है। उसी नाम में, उसी रूप में आग्रह। अन्य नामों में, अन्य रूपों में द्वेष। इससे संकीर्णता आती है। व्यक्त को केवल सीमाबद्ध कर देने से, कालबद्ध कर देने से असंगति आती है। तो जो केवल व्यक्त की, साकार की उपासना करते हैं वे और भी गहरे अंधेरे में जाते हैं। ऐसा उपनिषद् का कहना है।

आजकल हर नया लेखक कहता है कि मैंने मौलिक रचना की है। मौलिक का मतलब क्या हुआ भाई? वह दावा करता है मैं बिलकुल नयी बात कह रहा हूँ। भैया! सारे संसार की अनुभव-परम्परा से कट कर तुम बिलकुल नयी बात जो कह रहे हो; वह तुमको मुबारक। हम लोगों के यहाँ मौलिक का मतलब यह नहीं होता। हम लोगों के यहाँ मौलिक का मतलब होता है जो मूल से जुड़ा हुआ है, जो परम्परा से जुड़ा हुआ है।

मूलो नास्ति कुतः शाखा—मूल ही नहीं है, जड़ ही नहीं है तो शाखा-प्रशाखा कहाँ से आयेगी? उपनिषत्कार कहता है कि मैं जो कह रहा हूँ—यह मैं नहीं कह रहा हूँ। यह बात केवल मेरी नहीं है। यह बात मैंने एक बड़ी परम्परा से प्राप्त की है। जिस बात को पूर्वाचार्यों ने अपने अनुभव के द्वारा उपलब्ध किया उसको तुम भी अपने अनुभव के द्वारा उपलब्ध कर सकते हो। यह नहीं कि यह बात इसलिए सच है क्योंकि बड़े कह गये हैं। बात इसलिए सच है कि बड़ों के अनुभव में वह उतरी है। तुम चाहो तो तुम्हारे भी अनुभव में उतर सकती है। यह मूल से जुड़ी हुई बात है। इसलिए वह कहता है—

अन्यदेवाहुः संभवादन्यदाहुरसंभवात्।
इति शुश्रुम धीराणां ये नस्तद्विचचक्षिरे॥

मैंने यह बात पूर्वाचार्यों से, धीरों से, विद्वानों से, धृतिमानों से सुनी है। धी माने बुद्धि। धृति-धैर्य। पूर्ववर्ती धैर्यवान् बुद्धिमानों से सुनी है कि अव्यक्त की उपासना का फल अलग होता है। व्यक्त की उपासना का फल अलग होता है।

शंकराचार्य महाराज ने अव्यक्त को केवल कारण ब्रह्म नहीं माना। उन्होंने कहा कि इसमें ब्रह्म का विचार ही नहीं है। उन्होंने कहा कि कारणभूता अव्यक्त प्रकृति है और उन्होंने व्यक्त को कार्य रूपी ब्रह्म माना। उन्होंने कहा कि जो व्यक्त की उपासना करता है उसको अणिमा, लघिमा, गरिमा, महिमा, प्राकाम्य, प्राप्ति, ईशित्व, वशित्व अष्ट सिद्धियों की प्राप्ति होती है। जो अव्यक्त, प्रकृति की उपासना करता है उसको प्रकृति-लय रूपी शान्ति की प्राप्ति होती है—ऐसा शंकराचार्यजी का मत है। दूसरे लोग कहते हैं कि जो व्यक्ति अपने इष्टदेव की उपासना करता है उसका उसमें मन रमता है। उसमें उसको प्रीति का, भक्ति का आस्वाद मिलता है। जो अव्यक्त की उपासना करता है अगर वह उपासना प्रीति के क्षेत्र में है तो उसको

उसकी सर्वव्यापकता का अनुभव होता है। दोनों का फल अलग-अलग है। लेकिन उपनिषद् को अभीष्ट क्या है? उपनिषद् को अभीष्ट यह है कि इन दोनों की उपासना युगपत् रूप से की जाये—

संभूतिं च विनाशं च यस्तद्वेदोभयंसह।

विनाशेन मृत्युं तीर्त्वा, संभूत्याऽमृतमश्नुते॥

संभूति तो स्पष्ट है। विनाश शब्द के ऊपर फिर थोड़ा सा विवाद है। विनाश का मतलब हुआ जिसमें सब कुछ लय हो जाता है। मूल कारण में कार्य लय होता है। कार्य—जैसे घड़ा टूटा तो मिट्टी में लय हो गया। जल फिर जल में चला गया। जल फिर अग्नि में जायेगा। अग्नि फिर वायु में जायेगी। वायु आकाश में जायेगी। कार्य अपने कारण में लय होता है। चूँकि कार्य अपने कारण में लय हो गया, इसलिए उसका विनाश हो गया। तो विनाश का मतलब हुआ असंभूति। विनाश का मतलब हुआ—कारण ब्रह्म। कुछ लोग कहते हैं कि विनाश शब्द का अर्थ हुआ नाश विहीन। वि शब्द का अर्थ देखिए कैसा विचित्र है। वि उपसर्ग का अर्थ कहीं-कहीं होता है विशेष। जैसे कहा—विशुद्ध। तो इसका मतलब हुआ विशेष शुद्ध। विनाश माने? विशेष रूप से, पूर्णत: नाश हो गया विनाश। लेकिन वि का अर्थ कहीं-कहीं विहीन होता है। जैसे कहा विमल—तो विशेष मल नहीं। मल-विहीन तो विनाश का अर्थ कुछ लोग कहते हैं नाश विहीन। यह भी हो सकता है और तब वे उसका अर्थ लेते हैं संभूति। तो अलग-अलग अर्थ लेने की प्रक्रिया है। लेकिन उपनिषत्कार का अभिप्राय यह है कि हम व्यक्त और अव्यक्त दोनों की युगपत् साधना करें। हम अव्यक्त की साधना से मृत्यु को पार करते हैं। मरण के भय को पार करते हैं और जो व्यक्त है—संभूत्याऽमृतमश्नुते—उसकी साधना के द्वारा हम परमप्रेम का, अमृतत्व का लाभ करते हैं।

मुझको इस संदर्भ में तुलसी बाबा का एक अद्‌भुत दोहा याद आ रहा है। तुलसी बाबा को बहुत से लोग केवल साकारोपासक मानते हैं। इसमें कोई संदेह की बात नहीं कि वे साकार की उपासना करते थे। बहुत से लोग उनको अव्यक्त का विरोधी मानते हैं और अपने समर्थन में उनका एक दोहा, उद्‌धृत करते हैं—

हम लख, लखहि हमार, लखि हम हमार के बीच।

तुलसी अलखहि का लखै, राम नाम जप नीच॥

हम लखि-पहले समझो कि हम कौन हैं? अपने आपे को देखो। लखहि हमार-फिर हमारा वास्तव में कौन है? इसको समझो। लखि हम हमार के बीच—हमारे में जो हमारा वास्तव में है अर्थात परमात्मा और हममें उसके बीच में बाधा कौन है इसको समझो। माया को समझो। अपने स्वरूप को समझो। अपने वास्तविक प्रियतम के स्वरूप को समझो। परमात्मा के स्वरूप को समझो और अपने और परमात्मा के बीच में जो अन्तराय है—माया, उसको समझो। बिना इसको समझे तुम अलख-अलख कहते हो। अरे! राम नाम जपो भाई। बिना राम-नाम जपे तुम्हारी बुद्धि शुद्ध नहीं होगी। इसका मतलब यह नहीं है कि वे अव्यक्त की निन्दा करते थे। इसका मतलब यह नहीं है कि वे निराकार को नकारते थे। नहीं। आप इस बात पर ध्यान

दीजिए। तुलसी बाबा ने रामजी से क्या कहलवाया है? जब उन्होंने सुग्रीव, जामवन्त आदि को आज्ञा दी कि अपने-अपने घर जाओ। तो उन्होंने यह भी कहा—

अब गृह जाहु सखा सब भजेहु मोहि दृढ़ नेम।
सदा सर्बगत सर्बहित जानि करेहु अति प्रेम॥

सदा सर्वगत—सब में, सब समय मैं हूँ यह समझ कर मेरी उपासना करो। सर्वगत, सबमें। सबके भीतर वही है। व्यक्त भी वही है। अव्यक्त भी वही है। इस आशय का एक और बहुत बढ़िया दोहा उन्होंने कहा है। उन्होंने कहा कि देखो भाई। व्यक्त जिसका विषय है—उसके लिए व्यक्त ग्राह्य है। अव्यक्त जिसका विषय है—उसके लिए अव्यक्त ग्राह्य है। दोनों का हमारे जीवन में अपना-अपना विशिष्ट स्थान है। उनका दोहा है—

हिय निर्गुन, नैननि सगुन रसना राम सुनाम।
मनहुँ पुरट संपुट लसत तुलसी ललित ललाम॥

हृदय में तो निर्गुण निराकार परमात्मा हो जो हमको सर्वव्यापी, परमात्मा के साथ जोड़े। जो हमें कहीं एक स्थान विशेष में एक नाम के प्रति, केवल एक रूप के प्रति, केवल एक आकार के प्रति बाँधे नहीं।

नैननि सगुण—नेत्रों में सगुण साकार रूप हो। नेत्रों की सत्ता व्यर्थ हो जायेगी अगर हमको साकार रूप के दर्शन नहीं होंगे—

सियराम सरूप अगाध अनूप बिलोचन मीनन को जल है।

नेत्र भगवान ने दिए हैं तो साकार की, व्यक्त की उपासना से ही उसकी सार्थकता है। **रसना नाम सुनाम**-जिह्वा पर रामजी का सुन्दर नाम हो।

मनहँ पुरट.....ललित ललाम—मानो सोने की डिबिया में हीरा रखा गया है। साबित तो वे यह करना चाहते हैं कि निर्गुण और सगुण—दोनों से रामजी का नाम बड़ा है। लेकिन मैं आपको बताना यह चाहता हूँ कि तुलसीदास जैसा भक्त, राम का परम भक्त, सगुणोपासक साकार राम का भक्त, वह भी कहता है—**हिय निर्गुण नैननि सगुण**। राम मेरे लिए सगुण साकार भी हैं। राम तो सर्व, सर्वगत सर्व उरालय—सब कुछ है, सब में हैं, सबके हृदय में निवास करते हैं। उस निर्गुण निराकार ब्रह्म को भी तुलसी सगुण साकार से अभिन्न मानते हैं—**सगुनहिं अगुनहिं नहिं कछु भेदा।**

कितनी बड़ी बात है यह बताना कि सगुण और निर्गुण में कोई भेद है ही नहीं। आप इस बात पर ध्यान दीजिए कि तुलसीदास इसके द्वारा अद्भुत क्रांति करते हैं। मुझको संभूति-असंभूति के संदर्भ में तुलसीदास की यह भूमिका अत्यन्त सम्मान्य लगती है।

शंकराचार्य ने अपने दर्शन में निर्गुण निराकार को वरीयता दी। उन्होंने सगुण साकार को माया-विशिष्ट रूप बताया। यह सही है कि उन्होंने स्वयं सभी प्रधान देवताओं की स्तुतियाँ भी लिखीं। शंकराचार्य ने शारदा, लक्ष्मी, भगवती दुर्गा, विष्णु, शिव, गणेश सब की स्तुतियाँ लिखी हैं। लेकिन तात्त्विक स्तर पर उन्होंने निरूपित किया कि निर्गुण निराकार श्रेष्ठ है। सगुण साकार माया-विशिष्ट है। इसलिए कम श्रेष्ठ है।

वल्लभाचार्यजी ने इसको उलट दिया। उन्होंने सगुण साकार को, पुरुषोत्तम ब्रह्म को श्रेष्ठ बताया और अक्षर ब्रह्म को गणितानंद के रूप में उससे कम भूमिका पर स्थापित किया। एक के लिए निर्गुण-निराकार श्रेष्ठ, सगुण-साकार माया विशिष्ट। दूसरे के लिए सगुण-साकार रसरूप पुरुषोत्तम निर्गुण निराकार गणितानन्द। हमारे तुलसी बाबा हैं जिन्होंने खम ठोंककर कहा—

जो गुन रहित सगुन सोइ-कैसे
जल हिम उपल विलग नहिं जैसे।

उन्होंने सगुण और निर्गुण को समान भूमिका पर स्थापित किया। यह सगुण और निर्गुण, व्यक्त और अव्यक्त को समान भूमिका पर स्थापित करने का दर्शन ईशावास्योपनिषद् के द्वारा समर्थित है। जब उपनिषत्कार कहता है कि—

संभूतिं च विनाशं च यस्तद्वेदोभयं सह।
विनाशेन मृत्युं तीर्त्वा संभूत्याऽमृतमश्नुते॥

संभूति और विनाश। विनाश माने असंभूति। संभूति और असंभूति दोनों को साथ-साथ जो जानता है। जो साथ-साथ सगुण और निर्गुण को, व्यक्त और अव्यक्त को जानता है। **विनाशेन मृत्युं तीर्त्वा**—वह अव्यक्त, निराकार, निर्गुण के द्वारा मृत्यु के भय को जीत लेता है। क्या है मृत्यु? केवल रूपान्तर-मात्र है। रूप बदल जायेगा। इससे क्यों डरना? मृत्यु के भय को जीत लेना मृत्यु को जीत लेना है। हम निर्गुण निराकार में स्थित रहेंगे। हम बराबर थे, बराबर हैं, बराबर रहेंगे। सच्चिदानंद हैं और सत् स्वरूप के अर्थ में हम मृत्यु से बड़े हैं—

जब मिले काल जय महाकाल बोलो रे।
सत् श्री अकाल सत् श्री अकाल बोलो रे॥

काल को जीत लेने वाला अकाल, काल को जीत लेने वाला महाकाल—वह सत् स्वरूप, विनाश के अनुभव के द्वारा, काल का विलय उसमें हो जाता है—इस बात को समझ कर उस विनाश के बोध से, असंभूति के बोध से मृत्यु के भय का अतिक्रमण कर **संभूत्याऽमृतमश्नुते**—उस सगुण साकार के मधुर रस के आनन्द का उपभोग करना अमृतत्व की प्राप्ति कर लेना है। दार्शनिक भूमिका पर, उपास्य के क्रम की भूमिका पर यह अर्थ बहुत ही संगत लगता है और मैं इसको अपनी बहुत ही श्रद्धा अर्पित करता हूँ।

एक दूसरी भूमिका पर इसका अर्थ-विवेचन विनोबा भावे ने किया है। उन्होंने कहा कि पहले त्रिक् में बुद्धि के शोधन की प्रक्रिया है, दूसरे त्रिक् में हृदय के शोधन की प्रक्रिया है। बुद्धि और हृदय दोनों जब शुद्ध होते हैं तो उन दोनों के शोधन के द्वारा ही जीवन की चरम सार्थकता की उपलब्ध्धि होती है। इसलिए विनोबा भावे ने बुद्धिशोधन के स्तर पर बताया कि अविद्या का अर्थ है उस सारी जानकारी को जो हमारे मूल ज्ञातव्य के उपयुक्त नहीं है भूल जाना। व्यर्थ का बोझ बुद्धि पर नहीं बढ़ाना चाहिए। जो हमारा अभीष्ट है, उसके प्रति सम्पूर्ण ज्ञान प्राप्त करना यह विद्या है। इसी तरह हृदय शोधन के स्तर पर वे बताते हैं कि मनुष्य के जीवन में असद् वृत्तियाँ हैं, सद् वृत्तियाँ भी हैं। इन असद् वृत्तियों का, आसुरी संपदा का काम, क्रोध, लोभ, मोह, मद, मत्सर का निरोध होना चाहिए और जो दैवी सम्पदा है—उसका विकास होना चाहिए।

विनोबा भावे कहते हैं कि संभूति और असंभूति में असंभूति का अर्थ है निरोध और संभूति का अर्थ है विकास। पहला खतरा यह है कि जो केवल असंभूति की उपासना करते हैं वे अँधेरे लीक में जाते हैं। असंभूति का मतलब हुआ निरोध। जो केवल निरोध पर बल देते हैं, वे अँधेरे लोक में जाते हैं। किसी को बुरी आदत पड़ गयी। गलत संस्कार पड़ गया। अब उसी को मिटाओ—उसी को मिटाओ, उसका निषेध ही करते रहो तो कई बार वह बात और पक्की हो जाती है। गलत आदत केवल डाँट-डाँट करके, उसकी निन्दा करके नहीं छुड़ाई जा सकती। गलत आदत अच्छी आदत से छुड़ाई जा सकती है। केवल निरोध पर बल देना कि भोग बहुत बड़ा पाप है, क्रोध पाप है, लोभ पाप है आदि-आदि कई बार लाभ के स्थान पर हानि पहुँचाता है। जब लोग उपवास करते हैं तो उनको खाली रबड़ी की, रसगुल्ले की याद आती है। जिसका निषेध होता है, उसी की याद और ज्यादा आती है। केवल निरोध पर बल देना खतरनाक है। इससे आदमी अँधेरे लोक में जायेगा। आशंका यह है कि जिन असद्वृत्तियों के निरोध का प्रयास हो रहा है, वे असद् वृत्तियाँ उस ऐकान्तिक निरोध के कारण, निषेध के कारण कहीं और बलवती न हो जाएँ, इसलिए केवल ऐकान्तिक निरोध पर बल नहीं देना चाहिए। जो केवल ऐकान्तिक विकास पर बल देता है, वह और भी अन्धेरे लोक में जाता हैं। सद्वृत्तियों का विकास करो। सद्वृत्तियों का विकास करो। अरे भाई! केवल सद्वृत्तियों के विकास पर बल देते रहोगे तो मौका पाते ही असद्वृत्तियाँ तुमको खा जाएँगी। जो कमाते हो वह घर में रखो तो कमाना सार्थक है, लेकिन नीचे का तल टूटा हुआ हो तो ऊपर से डालते जाओ, नीचे से निकलता जायेगा। केवल सद्गुणों के विकास करते रहने का आग्रह और दुर्गुणों को दूर करने की बात को भूल जाना, विस्मृत कर देना—यह बहुत खतरनाक बात है। केवल संभावना पर बल देना, केवल वृत्ति के शोधन की बात करते रहना इसीलिए उचित नहीं है। एक बात पर ध्यान दीजिए। इसे आप सब तुरन्त स्वीकार कर लेंगे—

जानामि धर्मं न च मे प्रवृत्तिः।
जानाम्यधर्मं न च मे निवृत्तिः।

धर्म क्या है? जानता हूँ। अच्छाई क्या है? जानता हूँ। बुराई क्या है? जानता हूँ। लेकिन धर्म करने में प्रवृत्ति नहीं होती और अधर्म करने से निवृत्ति नहीं होती। गड़बड़ी क्या हो जाती है?

विचार के स्तर पर हमने सच्चाई को, अच्छाई को बुराई से अलग कर दिया। विवेक से इतना काम कर दिया। लेकिन व्यवहार के स्तर पर यदि हम मानते रहें कि बुराई से, झूठ बोलने से कई बार हमको लाभ होता है और सच बोलने से नुकसान होता है तो कठिन अवसर आने पर हम सच नहीं बोल पायेंगे। हमको लगेगा कि सच्ची बात को कह देने से हमारा नुकसान हो जायेगा तो हम डर जायेंगे, सच्ची बात नहीं कह पायेंगे और विवेक के स्तर पर किया गया अलगाव व्यर्थ हो जायेगा। विवेक सार्थक तब होता है जब उसके साथ वैराग्य होता है—इस बात को गाँठ बाँध लीजिये। विवेक की सार्थकता वैराग्य के साथ युक्त होने में है। हनुमानजी तो विवेक और वैराग्य के युगपत् रूप हैं। इसीलिए वे स्वर्णपुरी लंका में भी लोभ और भोग के परे रहे, उस भोग नगरी को जला कर खाक कर सके। पर हम साधारण

लोग विवेक से तो अच्छाई और बुराई को अलग करते हैं। किन्तु वैराग्य के अभाव में बुराई के वशीभूत हो—झूठ बोलते हैं और रुपया बचाते हैं। झूठ बोलकर बेइज्जती से बचने की चेष्टा करते हैं। वह जो रुपये का लोभ है, वह जो झूठी इज्जत का लोभ है, वह झूठा लोभ विवेक को कुंठित कर देता है। विवेक के साथ जब तक वैराग्य नहीं जुड़ेगा, तब तक विवेक सार्थक नहीं होगा। इसीलिए केवल संभूति पर, केवल गुणों के विकास पर एकांगी बल देने पर और दुर्वृत्तियों का निरोधपूर्वक त्याग न करने पर व्यक्ति और भी गहरे अन्धेरे में जायेगा। बात तो मैं भी बना-बना कर चिकनी चुपड़ी बताता हूँ। चिकनी चुपड़ी बात बनाने का अभ्यास विकास से हो ही जायेगा। यह विकास अगर भीतर वैराग्य के साथ युक्त नहीं होता, तो यह सारा चमत्कार कुछ नहीं है। एक बढ़िया दोहा सुनाता हूँ जो कथावाचकों के ऊपर है। कथा वाचक ने कथा तो बहुत अच्छी सुना दी, लेकिन उसको उन अच्छी-अच्छी बातों का कुछ लाभ नहीं हुआ, उसकी अपनी मुक्ति नहीं हुई क्योंकि कथा के अनुरूप उसकी रहनी नहीं थी। उसने तो धन पाने के लिए कथा कही। जैसे सर्दी के दिनों में कोई कम्बल बेंचे तो कम्बल बेचने वाले की सर्दी दूर नहीं होती, कम्बल ओढ़ने वाले की सर्दी दूर होती है। जिसने कम्बल बेचने वाले से कम्बल खरीद कर ओढ़ लिया, उसकी तो सर्दी दूर हो गयी और कम्बल बेचने वाला यदि केवल कम्बल ही बेचता रह गया तो उसकी सर्दी दूर नहीं हुई। हम जैसे बहुत से वक्ता हैं जो कम्बल बेचने वाले हैं, खुद कम्बल नहीं ओढ़ते। बड़ा चुटीला दोहा है—

मुक्ति न होत वक्तान की धनहित कथत पुरान।
जाड़ न जात बजाज को कोटिहुँ बेंचे थान॥

यह बात समझ में आनी चाहिए कि विकास के साथ जब तक निरोध नहीं होगा, विवेक के साथ जब तक वैराग्य नहीं होगा तब तक और गहरे अँधेरे में जाने की आशंका बनी रहेगी। जो केवल निरोध की उपासना करेंगे, वे निषेधमुखी हो जायेंगे और कई बार अनजाने में उसी निरोध के द्वारा प्रभावित हो जायेंगे। उससे गहरे अँधेरे में वे जायेंगे जो केवल संभूति की, जो केवल सद्वृत्तियों के विकास की बात करते रहेंगे, उनकी असद्वृत्तियाँ उनको ठग लेंगी। इसलिए इस बात को कहा गया कि असद्वृत्तियों के निरोध का फल अलग है, सद्वृत्तियों के विकास का फल अलग है। इसलिए जब तक हम दोनों बातों को एक साथ नहीं कर लेते, जब तक हम एक साथ असद्वृत्तियों का निरोध और सद्वृत्तियों का विकास करना नहीं सीखते तब तक हमारा कल्याण नहीं होगा। निरोध के द्वारा हम अपने चित्त की अशुद्धियों को दूर करते हैं। चित्त की अशुद्धियाँ ही मृत्यु हैं। मृत्यु और किसको कहते हैं? मृत्यु क्या केवल शरीर-नाश को कहते हैं? जिसके चित्त में अशुद्धियाँ-ही-अशुद्धियाँ भरी हैं वह तो जीते जी मरा हुआ है। हमलोग कहते हैं न—जिसका बहुत अपमान हो जाय, जो बहुत गरीब हो, दरिद्र हो, हाय-हाय करे, वह जीते जी मरा हुआ है। तो चित्त की अशुद्धियों की जो मृत्यु रूपी संज्ञा है, निरोध के द्वारा, असद्वृत्तियों के निराकरण के द्वारा उसका अतिक्रमण करके और सद्वृत्तियों के, सद्गुणों के विकास के द्वारा अमृतत्व की उपलब्धि कर हम अपने जीवन को धन्य बनायेंगे, सार्थक बनायेंगे। हमारा हृदय शुद्ध होगा। हमारे हृदय में निर्मलता आयेगी।

विनाश में दोनों बातें होनी चाहिए—नयी दुर्वृत्तियाँ न आएँ और पुरानी दुर्वृत्तियाँ नष्ट हों। किसी भी क्षण नयी दुर्वृत्ति आ सकती है। विनाश की स्थिति में दोनों तरफ सावधानी होनी चाहिए कि नयी पुरानी किसी भी प्रकार की दुर्वृत्ति न रहे और निरन्तर सद्वृत्तियों का विकास होता जाए। ये दोनों बातें युगपत् हों, एक साथ हों तो हमारा चरम कल्याण होगा।

यह अपने व्यक्तित्व विकास की प्रक्रिया, बुद्धि शोधन के बाद हृदय शोधन की प्रक्रिया विनोबा भावे ने बतायी है।

एक तीसरी दृष्टि है जो सत्यदेव शास्त्री की दृष्टि है, पं० दीनदयाल उपाध्याय की दृष्टि है, जो इस त्रिक् को सामाजिक भूमिका पर प्रतिष्ठित करके देखना चाहते हैं। उनका कहना है—संभूति का मतलब सम्यक् रूप से उत्पन्न होना ही नहीं है। सम् का मतलब सह भी है। साथ-साथ। संभूति का मतलब हुआ—सहवर्ती रूप से, साथ-साथ अच्छी तरह रहना, अच्छी तरह विकसित होना और इस अर्थ में संभूति का मतलब है समाज। असंभूति का मतलब जो सबके साथ मिलकर न रहे, जो अलग रहे, जो डेढ़ पाव की अपनी खिचड़ी अलग पकाये। असंभूति सबके साथ न मिलकर, केवल अपने को अलग मानकर जो अपनी विकास-यात्रा की ओर अग्रसर होगा, वह व्यक्ति अकेला पड़ जायेगा। संभूति माने समष्टि, असंभूति माने साथ न रहने वाला व्यष्टि। एक का आग्रह है समाज जीवन के मंगल पर, दूसरे का आग्रह है व्यक्तिगत उत्कर्ष पर। यह अर्थ भी बड़ी दृढ़ता के साथ किया गया है संभूति और असंभूति का। इसमें यह बताया गया कि—

जो असंभूति की, जो वैयक्तिक उत्कर्ष की, जो व्यक्तिवादिता की, जो व्यक्ति के समाज-निरपेक्ष सुख की धारणा लेकर आगे बढ़ते हैं, वे अँधेरे लोक में जाते हैं। समाज से कटकर क्या व्यक्ति जी सकता है? समाज निरपेक्ष व्यक्ति कैसे होगा भाई? उसका जीवन ही समाज के मंगल के ऊपर निर्भर है। इसलिए समाज की उपेक्षा कर केवल अपने व्यक्तित्व के विकास की अभीप्सा रखने वाला, असंभूति की उपासना करने वाला, अपनी डेढ़ पाव खिचड़ी अलग पकाने की इच्छा रखने वाला अँधेरे लोक में जाता है।

उससे भी गहरे अँधेरे में वे जाते हैं जो केवल समाज की बात करते हैं। समाज किस चिड़िया का नाम है भाई? समाज कोई काली-नीली-पीली चिड़िया होती है? समाज की व्यक्ति निरपेक्ष कल्पना केवल जल्पना है। समाज तो व्यक्तियों का समूह है। बड़ा जंगल कैसे बनता है? बड़े-बड़े वृक्षों के द्वारा। व्यक्ति को कुंठित कर, व्यक्ति को उपेक्षित कर, व्यक्ति का दलन कर अगर कोई केवल समाजवाद की कल्पना करता है, केवल राज्य के आधार पर सर्व सत्ता भोगी यंत्र के द्वारा व्यक्ति को निष्पेषित करके कोई समाज को बड़ा बनाना चाहता है तो वह और भी गहरे अँधेरे में जाता है। अज्ञेय की मार्मिक पंक्तियाँ हैं :

अच्छी कुंठा रहित इकाई, साँचें ढले समाज से।
अच्छा अपना ठाट फकीरी, मँगनी के सुख-साज से॥

समाज तो एक अमूर्त सत्ता है। वह बड़ा तब होता है जब उसके व्यक्ति बड़े होते हैं। व्यक्तियों का दलन करके, व्यक्तिगत गुणों के उत्कर्ष को निरुद्ध कर देने वाला षड्यंत्र करके

अगर कोई समाज को हमारे ऊपर लाद देना चाहे तो वह व्यक्तिवादियों से भी गहरे अँधेरे में जाता है।

जो असंभूति के विकास का, जो अलग-अलग रहने का अहंकार रखने वाले व्यक्ति समाज से निरपेक्ष होकर व्यक्तिगत उत्कर्ष करने का दुःस्वप्न देखते रहते हैं उनको ठोकर खाकर समझ में आता है कि अगर समाज जियेगा, तभी वे जियेंगे। अगर समाज नहीं जियेगा, तो वे जी नहीं सकते। उनका सारा खजाना लूट कर लोग ले जायेंगे। लोग उनको गोली मार देंगे। चारों तरफ अभावग्रस्त समाज में कोई व्यक्ति अपने ऐश्वर्य का आस्वादन करने का दुःस्वप्न देखना चाहता है तो उपनिषत्कार उसको सावधान कर रहा है कि समाज-विरोधी, समाज निरपेक्ष, वैयक्तिक उत्कर्ष की साधना करने वालो! सावधान, तुम अँधेरे लोक में जाओगे और व्यक्तियों के उत्कर्ष को कुंठित कर कोई एक लोहे का साँचा ढला समाज बनाना चाहता है, जिसमें व्यक्ति की स्वाधीनता या व्यक्ति का कोई अधिकार ही नहीं है, जिसमें व्यक्ति कुछ कह ही नहीं सकता तो उपनिषत्कार उसको भी सावधान करके कहता है—ओ मिथ्या समाजवादियो! सावधान! तुम और गहरे अँधेरे में जाओगे—

अन्यदेवाहुः संभवादन्यदाहुरसंभवात्।
इति शुश्रुम धीराणां ये नस्तद्विचचक्षिरे॥

जो वैयक्तिक समुंन्नति के गुण हैं, उनका फल और ही है। जो सामाजिक उन्नति के लाभ हैं, उनका फल और ही है। ऐसा हमारे पुरखों ने हमें बताया है। एक व्यक्ति बड़ा होता है तो उस बड़े व्यक्ति के आदर्श को सामने रखकर उससे बहुत से लोग सीखते हैं, उसका अनुकरण कर बहुत से लोग बड़े होते हैं—

यद्यदाचरति श्रेष्ठस्तत्तदेवेतरो जनः।
स यत् प्रमाणं कुरुते लोकस्तदनुवर्तते॥

एक श्रेष्ठ व्यक्ति जो प्रमाणित करता है कि यह ठीक है, शुभ है, लोग उसका अनुसरण करते हैं। चारों तरफ की कलुषता के बीच एक महान व्यक्ति जब खड़ा हो करके चुनौती देता है तो कलुषता का सिर झुक जाता है। कालिय नाग के सहस्र फणों के ऊपर कृष्ण नृत्य करते हैं और कालिय नाग का वह फुफकारता हुआ विष वाला मुख झुक जाता है। एक व्यक्ति अपनी महिमा में प्रतिष्ठित होकर समाज के लिए एक मंगलमय मार्ग प्रशस्त कर सकता है अगर वह समाज-सापेक्ष हो। अगर वह समाज-विरोधी न हो और अगर समाज मंगलमय होता है तो व्यक्ति कैसे विपथगामी होगा? मुझे अश्वपति कैकय की उक्ति याद आती है।

न मे स्तेनो जनपदे न कदर्यो न मद्यपः
नानाहिताग्निर्नाविद्वान् न स्वैरो स्वैरिणी कुतः॥

अद्भुत श्लोक है। मैंने ऐसे समाज की रचना की है कि मेरे जनपद में कोई चोर नहीं। मेरे समाज में कोई कुविचारी व्यक्ति नहीं है। कोई शराब पीने वाला नहीं है। कोई ऐसा व्यक्ति नहीं है जो होम यजन नहीं करता हो। कोई ऐसा व्यक्ति नहीं है जो विद्वान न हो। कोई दुराचारी लंपट नहीं है। तो फिर दुराचारिणियाँ कहाँ से आयेंगी? दुराचारिणी तो दुराचारी लोग

बनाते हैं। दुराचारी लोग महिला को दुराचारिणी बनाते हैं। **न स्वैरो स्वैरिणी कुतः**—अगर कोई स्वैर ही नहीं है, दुराचारी नहीं है तो दुराचारिणी कहाँ होगी?

अब ऐसे एक आदर्श समाज की परिकल्पना कीजिए। उस आदर्श समाज में पैदा हुआ व्यक्ति कैसे दुराचारी होगा। एक समुन्नत गुणविशिष्ट व्यक्ति जिस प्रकार मंगल का विधान करता है उसी प्रकार सर्वगुण सम्पन्न समाज वह सुरक्षा कवच, वह आधार देता है जिससे हम सुरक्षित रहकर अपना निरन्तर विकास कर सकते हैं। तो वैयक्तिक विकास के लाभ अलग हैं, सामाजिक विकास के लाभ अलग हैं। सामाजिक व्यवस्था अगर न्याय पर आधारित हो तो सबको जीविका मिलेगी, सबको शिक्षा मिलेगी, सबको चिकित्सा मिलेगी, सबको निवास मिलेगा। यह सम्भव तभी होगा जब व्यवस्था ठीक होगी और अगर व्यवस्था ठीक नहीं होगी तो व्यक्ति अभावग्रस्त होगा।

तो सम्भव और असम्भव। सम्भव माने संभूति, संभव माने समाज। असंभव माने असंभूति। असंभूति माने समाज-निरपेक्ष व्यक्ति। हम समाज और व्यक्ति दोनों को समन्वित करने की साधना पर विश्वास करने वाले हैं। पं० दीनदयाल उपाध्याय ने बार-बार इस बात को कहा है।

गुणी व्यक्तियों का गुण युक्त समाज हमको बनाना है। हमें एक-एक व्यक्ति को गुणवान बनाना है। हमें एक-एक व्यक्ति को चरित्रवान बनाना है। हमें एक-एक व्यक्ति को देशभक्त बनाना है और तब समाज देशभक्त होगा, चरित्रवान होगा, गुणी होगा। दीनदयाल उपाध्याय ने बार-बार संभूति और असंभूति, व्यक्ति और समाज को परस्पर सापेक्षता से जोड़कर प्रतिष्ठित किया। सत्यदेव शास्त्री ने भी यही बात कही थी। इन दोनों ने इस बात को बार-बार प्रतिपादित करने का प्रयास किया है कि—संभूति और विनाश—दोनों की युगपत् साधना होनी चाहिए। इस त्रिक् के पहले मंत्र में बताया गया है कि असंभूति की उपासना करने वाला अँधेरे लोक में जाता है और संभूति की उपासना करने वाला उससे भी गहरे अँधेरे लोक में जाता है। इसका मतलब संभूति और असंभूति की अलग-अलग उपासना करने की वृत्ति पर बल देने को रोकना है। वह निन्दा वास्तव में संभूति और असंभूति की युगपत् साधना की प्रशंसा करने के लिए है। यहाँ निन्दा केवल निन्दा के लिए नहीं है। निन्दा किसी और बड़ी सच्चाई की प्रशंसा के लिए है और वह बड़ी सच्चाई यह है कि संभूति और असंभूति को साथ-साथ जानना चाहिए। वेद मानते हैं कि इस बात को साथ-साथ जानना चाहिए कि बड़े व्यक्तियों का समाज ही बड़ा होता है। छोटे व्यक्तियों का समाज बड़ा नहीं हो सकता। छोटा आकार में नहीं, छोटा गुण में। गुणहीन व्यक्तियों का समाज, चोरों का, डकैतों का समाज उनमें बड़ी एकता है। हत्यारों का समाज, काले-बाजारियों का समाज बड़ा नहीं हो सकता। व्यक्ति का भी विकास हो, व्यक्ति सद्गुण सम्पन्न हो, चरित्र सम्पन्न हो, त्यागी हो, तेजस्वी हो। तेजस्विता कैसे आती है? हम लोग एक मंत्र का पाठ करते हैं—

ॐ सहनाववतु सहनौभुनक्तु सहवीर्यं करवावहै।
तेजस्विनावधीतमस्तु मा विद्विषावहै।
ॐ शान्तिः शान्तिः शान्तिः॥

इस मंत्र का पाठ गुरु और शिष्य साथ-साथ करते हैं। हम दोनों एक दूसरे की रक्षा करें। हम दोनों एक दूसरे के साथ-साथ उपभोग करें। हम दोनों एक दूसरे को परिपुष्ट करें, वीर्यवान् बनायें, शक्तिशाली बनायें। **तेजस्विनावधीतमस्तु**—हमारा जो पढ़ा हुआ है वह तेजस्वी हो। पढ़ा हुआ तेजस्वी कैसे होता है? हम लोग बहुत सी बातें बोलते हैं पर हमारे बोलने का असर नहीं होता। किसी के बोलने का असर क्यों होता है? किसके बोलने का असर होता है? किसके बोलने का असर नहीं होता? तेजस्विता कहाँ से आती है? मलिक मुहम्मद जायसी ने कहा है—

पंडित होइ सो हाट न चढ़ा, चहौं बिकाइ भूलि गा पढ़ा॥

जो पंडित होता है, वह बिकता नहीं है। जो बिकना चाहता है, जो अपने ज्ञान को बेचता है, उसका ज्ञान विस्मृत हो जाता है। उसमें तेजस्विता नहीं आ सकती। तेजस्विता कहाँ से आती है? तेजस्विता आती है स्वधर्म का पालन करने से—

यो हि स्वधर्मनिरतः स तेजस्वी भवेदिह।

विना स्वधर्मान्नसुखं स्वधर्मो हि परं तपः॥

जो अपने धर्म में निरत है, वह तेजस्वी होता है। जो अपने धर्म को छोड़ देता है वह पैसे वाला हो सकता है, उसको किताबें कंठस्थ हो सकती हैं, वह किसी बड़ी कुर्सी पर बैठा हुआ हो सकता है पर वह तेजस्वी नहीं हो सकता। हम अपने धर्म पर स्थिर रहें तभी तेजस्वी होंगे। इसीलिए गीता में कहा गया कि स्वधर्म का पालन करते हुए मृत्युवरण करना भी अच्छा है, दूसरे का धर्म अपने लिए भयावह है, पतन की ओर ले जाने वाला है—

स्वधर्मे निधनं श्रेयः परधर्मो भयावहः।

मनुष्य कैसे हों? समाज कैसा हो? स्वधर्म निष्ठ मनुष्य हों। प्रत्येक व्यक्ति अपने कर्त्तव्य के लिए समर्पित हो। प्रत्येक व्यक्ति अपने विचार को, अपने आचरण से प्रमाणित करे। केवल बात नहीं। जो कहा है, वही मन में हो और जो मन में हो, वही आचरण में उतरे। तुलसीदास ने एक अद्‌भुत उक्ति कही है। रामजी ने हमको अपनाया कि नहीं? रामजी ने हमको अपनाया कि नहीं—इसकी कसौटी हमारे पास है। तुलसीदास ने कहा—

रावरो कहावौं गुन गावौं राम रावरोई,

रोटी द्वै हौं पावों राम राव्री ही कानि हौं॥

हे रामजी! मैं आपका कहलाता हूँ। केवल आपके गुण गाता हूँ। बदले में दो रोटियाँ पाता हूँ। हे रामजी! आप ही मेरी गति हैं। आप ही मेरी मर्यादा हैं—

जानत जहान मन मेरे हू गुमान बड़ो।

मान्यो मैं न दूसरो न मानत न मानिहौं॥

सारा संसार जानता है मेरे मन में भी बड़ा गुमान है कि मैंने तुमको छोड़कर न किसी दूसरे को माना, न मानता हूँ, न मानूँगा।

पाँच की प्रतीति न—मुझे पंचों का कोई विश्वास नहीं, **भरोसो मोहि आपनोई**—मुझे आपका ही भरोसा है। **तुम अपनायो हौं तबैही परि जानिहौं**—लेकिन तुमने मुझे अपनाया, यह मैं तभी जानूँगा। **गढ़ि-गुढ़ि छोलि-छालि कुंद की सी भाई बातें, जैसी मुख कहौं तैसी जिय जब आनिहौं**॥ तुमने मुझे अपनाया कि नहीं, हे रामजी इसकी कसौटी मेरे पास है। अनगढ़ पत्थर को गढ़ा जाता है, चिकना बनाया जाता है। संगमरमर पर पाँव फिसल जाये इतना चिकना हो जाता है। **गढ़ि-गुढ़ि**-गढ़गढ़ कर पत्थर को चिकना बनाया जाता है। रंदा मार-मार कर काठ को चिकना बनाया जाता है। **छीलि-छालि कुंद की सी भाई बातें**—खराद पर चढ़ा कर चिकना बनाया जाता है काठ को। कैसी बातें बोल रहा हूँ? गढ़ कर बोल रहा हूँ, छील-छाल कर बोल रहा हूँ। जितनी विद्या-बुद्धि रामजी ने दी है सबका प्रयोग करके आकर्षक बना कर बोल रहा हूँ।

पर रामजी आपने मुझे अपना लिया है यह तो मैं तभी मानूँगा जब जो बात अपने मुँह से कह रहा हूँ, वही बात मेरे हृदय में आ जायेगी और फिर वही बात जब मेरे आचरण में उतर जायेगी। तुलसी बाबा ने अन्यत्र भी कहा है,

जो कछु कहिय, करिय, भवसागर तरिय, वत्स पद जैसे।
रहनि आन विधि, कहिय आन, हरिपद सुख पाइय कैसे॥

जो कुछ हम कहते हैं, वही अगर करें तो संसार रूपी समुद्र को इतनी आसानी से पार कर जायेंगे, जैसे बछड़े के खुर के गड्ढे को पार कर जाते हैं।

पर हम कहते कुछ हैं, रहते दूसरे ढंग से हैं, तब कैसे हमें प्रभु के चरणाश्रय का सुख मिलेगा?

जो यह जानता है कि व्यक्ति के विकास के लिए सद्गुणों का प्रयोजन होता है और जो यह भी जानता है कि इन सद्गुणी व्यक्तियों द्वारा निर्मित समाज का ही उत्कर्ष होता है, जो उस वैयक्तिक उत्कर्ष को सामाजिक उत्कर्ष के साथ-साथ जानता है जो एक का दूसरे में विलय कर देता है, उसे ही इस बात का बल रहता है कि समाज मेरी रक्षा करेगा। हमारा सिपाही सीमान्त पर लड़ता है कि नहीं? सीमान्त पर लड़ने वाला सिपाही निर्भय होकर लड़ता है क्योंकि उसको मालूम है कि सेना में उसके रक्षकों की, उसको रसद पहुँचाने वालों की, गोली गोला पहुँचाने वालों की, परस्पर शृंखला जुड़ी हुई है। सामने अकेला बहादुर आदमी लड़ता है पर उसके पीछे पूरे समाज का बल उसे प्राप्त रहता है। उसकी साधना का बल सारे समाज का बल है। व्यक्ति और समाज का अन्योन्याश्रित सम्बन्ध समझ कर दोनों का साथ-साथ विकास करने वाली व्यवस्था मृत्यु के भय को अर्थात्, पराजय के भय को, हीनता के भय को, लघुता के भय को पार कर परम वैभव के शिखर पर ले जाकर व्यक्ति और समाज को प्रतिष्ठित कर देती है।

संभूति और विनाश का कौन सा अर्थ आप लेना चाहते हैं? उपास्य प्रधान साकार और निराकार, व्यक्त और अव्यक्त, कार्य ब्रह्म और कारण ब्रह्म वाला या सद्वृत्ति के विकास और असद्वृत्तियों के निरोध वाला या सद्गुणी व्यक्तियों के द्वारा बने हुए स्वयं पूर्ण संतुलित समाज

वाला यह आपकी अपनी मानसिक भूमिका पर निर्भर करता है। जिस तरह प्रजापति ने द द़ द के अलग-अलग अर्थों को देवों, दानवों और मानवों के लिए सुसंगत माना, उसी तरह इस त्रिक् का अर्थ भी हम अपनी भूमिका पर खड़े होकर प्राप्त करें। लेकिन जो भी अर्थ हम स्वीकारें उसको केवल बातों तक सीमित न रखें। उसको अपने जीवन में उतारने की चेष्टा करें। अलग-अलग भूमिका पर ये तीनों अर्थ सुसंगत हैं।

□□

प्रवचन क्रम—१४

भगवान् की कृपा है कि ईशावास्य उपनिषद् का प्रवचन क्रम अब समाप्ति की ओर अग्रसर हो रहा है—

हिरण्मयेन पात्रेण सत्यस्यापिहितं मुखम्।
तत्त्वं पूषन्नपावृणु सत्यधर्माय दृष्टये॥

यह पन्द्रहवाँ मंत्र एक नया अध्याय आरम्भ कर रहा है। ईशावास्य उपनिषद् के आरम्भ में ज्ञान का निरूपण है। यह सारी सृष्टि ईश्वर के द्वारा, ब्रह्म के द्वारा आवास्य है, आच्छाद्य है। वह ब्रह्म कौन है, कैसा है—इसका निरूपण पहले आठ मंत्रों में किया गया है। दूसरे ही मंत्र में कर्म का महत्व स्वीकार किया गया है। अत: नवम मंत्र से चतुर्दश मंत्र तक विद्या और अविद्या का, संभूति और असंभूति का समन्वय कर ब्रह्मवेत्ता किस प्रकार संसार में आचरण करे, कर्म करे, उसका निरूपण है। इस मंत्र से आरम्भ कर समापन मंत्र तक प्रार्थनाएँ है अर्थात् भक्ति है। ज्ञान, कर्म और भक्ति की त्रिवेणी ईशावास्योपनिषद् में प्रवाहित है। उस त्रिवेणी की साधना को हम अपने जीवन में उतार पायें, जो कुछ हमने सुना, समझा है; वह हमारे जीवन के द्वारा प्रमाणित हो—इसके लिए हम प्रभु से प्रार्थना करें। शंकराचार्य जिस तरह यह प्रतिपादित करते हैं कि कर्म का निरूपण ब्रह्मवेत्ता के लिए नहीं है, जो उस ऊँची भूमिका पर प्रतिष्ठित नहीं हो सकते उनके लिए है; उसी तरह उनका यह भी आग्रह है कि ये प्रार्थनाएँ भी मूलत: उन्हीं साधकों द्वारा की जा रही हैं जो शुद्ध ज्ञान के द्वारा अपने वास्तविक स्वरूप की उपलब्धि कर पाने में असमर्थ हैं। वे कर्म की भूमिका से जिस स्थल तक पहुँचे हैं उस पहुँच से आगे जाने के लिए वे प्रार्थना का आश्रय, प्रार्थना का अवलम्ब ग्रहण कर रहे हैं। उनकी अपनी दृष्टि है। उनका कहना है कि प्रकृति लय पर्यन्त परम सुख के अनन्तर ब्रह्म का साक्षात्कार करने का आग्रह जब उस कर्मनिष्ठ उपासक के मन में आता है, तब वह प्रार्थना करता है यह एक दृष्टि है।

बहुत से आचार्यों का अभिप्राय यह भी है कि ईशावास्य उपनिषद् में वास्तव में कर्म, ज्ञान और भक्ति—तीनों का समन्वय है, तीनों का सहज स्वीकार है। तीनों साधनाओं को अन्तर्निहित रूप से संबद्ध मानकर यह प्रतिपादित किया गया है कि परिपूर्णता के लिए हमें प्रभु की कृपा का आश्रय ग्रहण करना चाहिए। मतभेद के विवाद को अभी थोड़ी देर के लिए हम छोड़ दें। जो विवेच्य है उसको समझने का प्रयास करें। मंत्र में कहा गया है—

हिरण्मयेन पात्रेण सत्यस्यापिहितं मुखम्।
तत्त्वं पूषन्नपावृणु सत्यधर्माय दृष्टये॥

पूषन् का अर्थ है जो पोषण करे, जो पुष्ट करे। सूर्य के अनेकानेक नामों में एक नाम पूषण भी है। जो सगुणोपासना नहीं करना चाहते, वे पूषण शब्द का अर्थ लेते हैं पोष्टा। पोषण करने वाला यानी विश्वम्भर। सारे विश्व का जो भरण-पोषण करता है वह परमात्मा ही पूषण है। उस पूषण को, उस परमात्मा को सम्बोधित कर उपासक अपनी दुर्बलता को, अपनी सीमा को स्वीकार करता है। वह कहता है कि ऐसा अद्‌भुत सत्य मुझको प्रतिभात हो रहा है, मुझको प्रतीत हो रहा है कि समझ नहीं पाता मैं उसका निरूपण कैसे करूँ। मुझको यह लगता है कि सत्य का मुंख हिरण्मय पात्र के द्वारा अर्थात् सोने के पात्र के द्वारा, प्रकाशमान पात्र के द्वारा ढँक दिया गया है।

सत्य के उस आवृत मुख को, ढँके हुए मुख को उद्‌घाटित करने में मैं असमर्थ हूँ। अपनी असमर्थता की स्वीकृति के बिना प्रार्थना नहीं होती। चूँकि मैं उस सत्य के मुख को अनावृत करने में असमर्थ हूँ—अत: हे पूषन्, हे पोष्टा! हे विश्वम्भर! हे प्रभु! तुम उसके मुख को उद्‌घाटित कर दो, जिससे मैं सत्यधर्मा उसके दर्शन कर सकूँ।

सत्य यानी ईश्वर। सत्य वही है जो त्रिकालाबाधित हो। सत्य की परिभाषा यही है कि जो बदले नहीं। जो बदल रहा है, वह व्यावहारिक सत्य हो सकता है, लेकिन पारमार्थिक सत्य नहीं है। जगत निरन्तर बदल रहा है, अत: वह तो मिथ्या है जो क्षण-क्षण में बदलता जा रहा है, वह ज्यों का त्यों, जैसा का तैसा नहीं रहता। सत्य तो अपने स्वभाव से ही त्रिकालाबाधित एकरस रहता है। जब काल का विभाजन नहीं हुआ था, तब भी वह था। जब काल का विभाजन हुआ, तब भी वह था। आज भी है। आगे भी रहेगा। एकरस रहेगा। गुरु नानक देवजी ने बहुत अच्छे ढंग से इसको कहा है—

आदि सचु, जुगादि सचु, है भी सचु
नानक होसी भी सचु।

बिल्कुल पहले तो काल भी नहीं था। काल स्वयं अपने में रचना है, सृष्टि है प्रभु की। तो जब काल नहीं था तो क्या वह नहीं था? तब भी वह था। वह अनादि है, आदि है, आदि सचु है।

जुगादि सचु का अर्थ है जब युगों का विभाजन हुआ, काल का विभाजन हुआ, उस अतीत काल में भी वह था। है भी सचु—आज भी वह सत्य है। नानक होसी भी सचु—वह हमेशा सत्य ही रहेगा।

जो त्रिकालाबाधित, एकरस, अखंड, ज्यों का त्यों रहता है, जिसमें परिवर्तन नहीं होता, जिसमें विकृतियाँ नहीं आतीं, जिसका रूपान्तरण नहीं होता उस त्रिकालाबाधित एकरस, अखंड सत्य को ढाँक दिया गया है। सत्य को अनृत के द्वारा ढाँक दिया गया है; मिथ्या के द्वारा ढाँक दिया गया है। स्मरण रहे ऋत और सत्य एक ही है।

ऋत का उलटा हुआ—अनृत। तो सत्य के मुख को अनृत के द्वारा आच्छादित कर दिया गया है। अब अनृत अगर अपने नंगे रूप में आयेगा तो आकर्षक नहीं होगा। अनृत—मिथ्या, अधर्म, कर्त्तव्य से प्रवंचना अगर अपने नंगे रूप में उजागर हो तो आकर्षक नहीं लगेगी। इसलिए अनृत लुभावने रूप में, आकर्षक रूप में, चमकीले रूप में, हिरण्मय आवरण के रूप में स्वर्णिम, आकर्षक, मोहक रूप में सत्य को ढँके हुए हमारे सामने आता है। शूर्पणखा अपने

वास्तविक रूप में नहीं, अत्यन्त आकर्षक रूप में श्रीराम के सामने **'तुम्ह सम पुरुष न मो सम नारी'** यह कहते हुए आती है। रावण भी तो अपने असली रूप में नहीं आता। साधु बनकर आता है।

जो-जो नहीं है, वह बनकर, अनृत आकर्षक बनकर सत्य के मुख को ढाँके हुए है और उस अनृत के आवरण को हटाने की क्षमता हममें नहीं है, और उस आवरण को हटाये बिना तो हम सत्य का साक्षात्कार कर नहीं सकते। फिर क्या हो? एक रहस्य की ओर ध्यान दीजिए।

ईशावास्योपनिषद् में जिसको हिरण्मय पात्र कहा गया है श्रीमद्भगवद्गीता में उसको योगमाया कहा गया है। गीता के सप्तम अध्याय में भगवान ने कहा है—

नाहं प्रकाशः सर्वस्य योगमायासमावृतः।
मूढोऽयं नाभिजानाति लोको मामजमव्ययम्॥ (७/२५)

मैं अपने वास्तविक रूप में सबके समक्ष उजागर नहीं होता, प्रकट नहीं होता। अपनी योगमाया के द्वारा अपने को ढाँके रखता हूँ। फलतः मूढ़ लोग नहीं जान पाते कि मैं अजन्मा और अपरिवर्तनीय हूँ। इस योग माया से समावृत, ढँके हुए प्रभु के वास्तविक रूप को जानने का उपाय क्या है? गीता में ही उसी सप्तम अध्याय में भगवान ने बताया है—

दैवी ह्येषा गुणमयी मम माया दुरत्यया।
मामेव ये प्रपद्यन्ते मायामेतां तरन्ति ते॥ (७/१४)

यह जो गुणमयी—सत्त्व, रज और तमोमयी त्रिगुणात्मिका माया है, यह मेरी माया है इसलिए दुरत्यया है इसलिए इसको साधारण लोग पार नहीं कर सकते। मेरी त्रिगुणात्मिका माया का अतिक्रमण साधारणतः नहीं किया जा सकता उसको लाँघा नहीं जा सकता। फिर उपाय क्या है? हे प्रभु! अगर तुम्हारी त्रिगुणात्मिका माया का हम अतिक्रमण नहीं कर सकते और अगर वह तुम्हारी त्रिगुणात्मिका योगमाया तुम्हें ढाँके हुए है और अगर मैं तुम्हारे निरावृत सत्य रूप का दर्शन करना चाहता हूँ, तुम्हारा साक्षात्कार करना चाहता हूँ, तुम्हें प्राप्त करना चाहता हूँ, तो फिर मैं क्या करूँ? भगवान ही रास्ता बताते हैं—

मामेव ये प्रपद्यन्ते मायामेतां तरन्ति ते।

जो मेरी प्रपत्ति, जो मेरी शरणागति ग्रहण करते हैं जो मेरी ही शरण में आते हैं, वे ही इस माया को पार कर सकते हैं। प्रभु ने एव का प्रयोग करके स्पष्ट कर दिया है कि कोई दूसरा विकल्प नहीं है। निर्विकल्प, विकल्पहीन, द्विविधाहीन स्पष्ट निरूपण है। कैसी अद्भुत माया है प्रभु की? इस माया का अनुभव किया है—सन्तों ने, भक्तों ने, ज्ञानियों ने। हम आप तो बहुत साधारण हैं। तुलसी बाबा का एक पद मुझको याद आता है तो, रोमांच हो जाता है। तुलसी बाबा ने लिखा है—

माधव, असि तुम्हारि यह माया।
करि उपाय, पचि मरिय, तरिय नहिं जब लगि करहु न दाया।

हे माधव! हे प्रभु! तुम्हारी यह ऐसी अद्‌भुत माया है कि अपनी तरफ से मैंने कुछ छोड़ा नहीं, अपनी पूरी शक्ति लगा दी, उपाय कर कर के पच मरा किन्तु तुम्हारी माया को लाँघ नहीं सका। जब तक तुम दया नहीं करते तब तक तुम्हारी माया का पार कोई नहीं पा सकता। मुझे ये पंक्तियाँ याद आती हैं, तो मैं डरता हूँ। पंक्तियाँ हैं—

सुनिय, गुनिय, समुझिय, समुझाइय, दसा हृदय नहिं आवै।
जेहि अनुभव बिनु मोह जनित दारुण भव विपति सतावै॥

माया के बारे में सुनो। मैंने सुना है अपने गुरु के मुख से। सुनिय—सुनो। गुनिय—गुनो, उस पर विचार करो। श्रवण के बाद मनन करो। समुझिय—बुद्धि के स्तर पर उसको समझ लो। समुझाइय—जो मैं अभी कर रहा हूँ। अभी आप लोगों को समझाये चला जा रहा हूँ। नाटक पूरा हुआ कि नहीं? सुनिय—मैं सच कहता हूँ, मैंने अपने गुरु स्वामी अखंडानन्दजी सरस्वती की कृपा से बार-बार इस तत्त्व को सुना है। जितनी मेरी बुद्धि है, थोड़ी सही, उस थोड़ी सी बुद्धि से इस पर मनन किया है, विचार किया है, रट्टू तोते की तरह इसको रट भी लिया है। समुझिय—जो भी मेरी बुद्धि है, उस बुद्धि के स्तर पर इसको थोड़ा-थोड़ा समझ भी लिया है। समुझाइय—समझा भी रहा हूँ। ये चौदह प्रवचन इस बात के प्रमाण हैं कि गुरु-कृपा से जो कुछ भी सुना, गुना, समझा; उसको एक सीमा तक समझाने की चेष्टा कर रहा हूँ। **दसा हृदय नहिं आवै**—लेकिन यह सारा-का-सारा व्यायाम बौद्धिक है। यह सारी की सारी कसरत केवल शाब्दिक है। **दसा हृदय नहिं आवै**—दसा—जिस तत्त्व ज्ञान का निरूपण, जिस तत्त्व ज्ञान का विवेचन कर रहा हूँ, किया करता हूँ, वह तत्त्व ज्ञान अन्तःकरण में, सत्य के रूप में प्रतिभात नहीं होता। वह ज्ञान दशा नहीं आती और उस अनुभव के बिना मोह से उत्पन्न, अज्ञान से उत्पन्न दारुण भव विपत्ति मुझको सताती रहती है। एक कहानी याद आ रही है।

एक महात्मा थे। वे जंगल में ध्यान लगा रहे थे। ध्यान लगाने के बाद जब उनकी आँखें खुलीं तो उन्होंने देखा कि एक बहेलिया आया है, उसने जाल फैलाया है, उसमें दाना डाला है और उस दाने को देखकर बहुत से पक्षी वहाँ आ-आकर बैठे और फँस गये। बहेलिया उन फँसे हुए पक्षियों को लेकर चला गया। अब सन्त का हृदय पिघल गया। तुलसी बाबा ने कहा ही है—

सन्त हृदय नवनीत समाना, कहा कबिन परि कहै न जाना।
निज परिताप द्रवइ नवनीता, पर दुख द्रवहिं संत सुपुनीता॥

संत का हृदय मक्खन के समान होता है अतिशय कोमल—ऐसा कवियों ने कहा, लेकिन ठीक नहीं कहा। गलत कहा, बिल्कुल गलत कहा। क्यों, गलत क्यों कहा? क्या मक्खन कोमल नहीं होता? नहीं, कोमल तो होता है लेकिन संत के हृदय में और मक्खन में एक मौलिक अंतर है।

निज परिताप द्रवइ नवनीता—मक्खन को जब ताप पहुँचता है तो द्रवित होता है। मक्खन को फ्रिज में रख दो और सारी दुनिया में आग लगा दो तो मक्खन नहीं पिघलेगा। जब तक मक्खन को ताप नहीं पहुँचता, तब तक मक्खन नहीं पिघलता और **पर दुख द्रवहिं संत सुपुनीता**—जो पवित्र संत होते हैं, वे दूसरे को दुःखी देखकर द्रवित होते हैं। उनको खुद को

ताप नहीं पहुँचा है। ताप पहुँचा है क को, दु:खी हो रहा है ख। क्योंकि ख सन्त है। और वे सन्त भी दु:खी हो गये। उन्होंने कहा—यह तो बहुत अन्याय की बात है। मेरे सामने बहेलिये ने आकर जाल फैलाया, पक्षियों को पकड़ लिया।

उन्होंने पक्षी-भाषा का ध्यान किया। सीख ली पक्षी-भाषा। सब पक्षियों को बुलाया और उन्होंने उनको सिखाया—देखो! बहेलिया आयेगा, जाल फैलायेगा, दाना डालेगा। उस दाने को देखकर जो उस पर बैठेगा, वह फँस जायेगा। दाना फैलाने पर भी हम जाल पर नहीं बैठेंगे। हम नहीं फँसेंगे। सब पक्षियों ने दोहराया बहेलिया आयेगा, जाल फैलायेगा, दाना डालेगा। उस दाने को देखकर जो उस पर बैठेगा, वह फँस जायेगा, हम नहीं बैठेंगे, नहीं फँसेंगे।

अब बहेलिया जब कुछ दिनों बाद आया तो उसने देखा कि सारे पक्षी यही बोल रहे हैं—बहेलिया आयेगा, जाल फैलायेगा, दाना डालेगा। जो दाना खाने बैठेगा वह फँस जायेगा, हम नहीं बैठेंगे, हम नहीं फँसेंगे। बहेलिये को लगा कि अब तो ये फँसेंगे नहीं। तो लौट जायें? फिर उसने सोचा—अच्छा जाल फैला कर देख लें। उसने जाल फैलाया, दाना डाला। पक्षियों ने दाना देखा। वे आकर बैठे, फँसे और फँसे हुए भी बोलते रहे—बहेलिया आयेगा, जाल फैलायेगा, दाना डालेगा, जो दाने को देखकर उस पर बैठेगा, वह फँस जायेगा। हम नहीं बैठेंगे, हम नहीं फँसेंगे—

सुनिय, गुनिय, समुझिय, समुझाइय, दसा हृदय नहिं आवै।
जेहि अनुभव बिनु मोह जनित दारुण भव विपति सतावै॥

माया से बच निकलना शाब्दिक व्यायाम नहीं है। शाब्दिक व्यायाम से कोई बचता नहीं। **जानामि धर्मं न च मे प्रवृत्तिः**—धर्म क्या है यह तो जानता हूँ पर धर्म करने की प्रवृत्ति नहीं होती। क्योंकि वह अनुभव नहीं हुआ, जिस साक्षात् अपरोक्ष अनुभव के बिना, मोह जनित संताप से उत्पन्न इस संसार की भयंकर विपत्तियाँ सताती ही रहती हैं। वह अनुभव होता है तो क्या होता है? नहीं होता तो क्या होता है? तुलसी बाबा ने इसे बहुत अच्छे ढंग से समझाया है। उन्होंने कहा है—

ब्रह्म पियूष अमृत शीतल, जो पै मन सो रस पावै।
तो कत मृग जल विषय रूप, कारण निसि बासर धावै॥

अद्‌भुत पंक्तियाँ हैं। जरा ध्यान दीजिएगा। ब्रह्म रूपी जो अमृत है, वह मधुर है, शीतल है, वह हमारी सारी पिपासा को तृप्त करने में समर्थ है, हमारी सारी प्यास को निवृत्त करने में समर्थ है। अगर मन को वस्तुतः ब्रह्म के अमृत रस का आस्वादन प्राप्त हो जाये तो वह कृतकृत्य हो जाये। ब्रह्म बड़ा मधुर है, ब्रह्म बड़ा शीतल है, ब्रह्म का अमृत आनन्ददायी है किन्तु केवल कान से सुनकर और जीभ से दुहराकर उसकी प्राप्ति नहीं होती। मन उस रस को पा गया कि नहीं इसकी कसौटी है। हमने जो सुना, जो गुना, जो समझा और जो समझाया वह सचमुच अनुभव के स्तर पर उतरा कि नहीं—इसकी कसौटी दी है इन पंक्तियों में तुलसीदास ने।

विषय किसको कहते हैं? **विषंयान्ति—**जो विष में हमको ले जाते हैं, वे विषय हैं। जो अनृत की ओर, जो मिथ्या की ओर, जो भोग की ओर हमको ले जाते है, वे विषय हैं। विषय

हजारों हैं। हमारे ऋषियों ने उनको पाँच में बाँट दिया। शब्द, स्पर्श, रस, रूप, गंध। हमारी जो पाँच ज्ञानेन्द्रियाँ हैं—वे अपने-अपने विषय की ओर जाती हैं। आँख सुन्दर रूप देखना चाहती है। कान मधुर शब्द सुनना चाहते हैं। रसना सुस्वादु भोजन पाना चाहती है। त्वचा कोमल प्रीतिकर स्पर्श पाना चाहती है। नासिका सुगंध सूँघना चाहती है। ये पाँचों जो विषय हैं—ये हमारी इन्द्रियों के साथ जब जुड़ते हैं, तो एक प्रकार के सुख का भ्रम उत्पन्न करते हैं। यह जो सुख की भ्रान्ति है, यही हमें बहका देती है। गीता में बहुत अच्छी तरह इसे समझाया गया है—

विषयेन्द्रियसंयोगाद् यत्तदग्रेऽमृतोपमम्।
परिणामे विषमिव तत्सुखं राजसं स्मृतम्॥ *(१८/३८)*

विषय और इन्द्रिय के संयोग से, आरम्भ में अमृत के समान सुख की प्रतीति होती है, लेकिन परिणाम में जो विष तुल्य है उसको कहते हैं राजस सुख—

अभ्यासाद् रमते यत्र दुःखान्तं च निगच्छति।
यत्तदग्रे विषमिव परिणामेऽमृतोपमम्।
तत्सुखं सात्त्विकं प्रोक्तमात्मबुद्धिप्रसादजम् *(१८/३६, ३७)*

सात्त्विक सुख वह है जो अभ्यास के द्वारा, कठिन साधना के द्वारा प्राप्त होता है। जो पहले उस कठिन अभ्यास के कारण विषवत् लगता है, लेकिन परिणाम में जो अमृत तुल्य है। जिससे हमारा मन, हमारी बुद्धि निर्मल होती है जो सुख आरम्भ में मोहग्रस्त करता है और अन्त में भी बन्धनकारी है, वह तामस सुख है। तामस सुख तो निकृष्ट है ही, राजस सुख भी दुखदायी है और सात्विक सुख भी बाँधने ही वाला है। ये तीनों सुख बाँधते हैं।

ब्रह्म का जो अमृतमय, मधुर सुख है, वह त्रिगुणातीत सुख है। वह किसी अभ्यास से प्राप्त नहीं होता, वह किसी विषय और इन्द्रिय के संयोग से प्राप्त नहीं होता, वह अन्तःस्थ सुख है। वह अपने वास्तविक स्वरूप के बोध से प्राप्त होता है। वह अन्तःस्थ सुख-अपने हृदय का सुख, दिव्य सुख, परम सुख, ब्रह्म सुख, ब्रह्मानन्द किसी को प्राप्त हो गया, इसकी कसौटी क्या है? इसकी कसौटी यही है कि जो मृग-जल के समान झूठा, विषय और इन्द्रिय के संयोग से प्राप्त होने वाला सुख है उसको पाने के लिए फिर वह भागेगा नहीं। कोई कहे कि उसे ब्रह्मानन्द प्राप्त हो गया और फिर भी सुन्दर रूप को देखकर मुग्ध होता हो, और फिर राजभोग, रबड़ी आदि के लिए उसकी लार टपकती हो, अगर फिर भी किसी के कोमल स्पर्श के बिना वह बेचैन रहता हो, किसी का मीठा स्वर सुनना चाहता हो, अगर उसे कुछ सुगन्ध सूँघे बिना चैन नहीं मिलता हो तो प्रमाणित यही होगा कि उसको ब्रह्म का पीयूष प्राप्त नहीं हुआ।

तुलसी बाबा और कहते हैं—

जेहि के भवन विमल चिन्तामणि सो कत काँच बटौरै।

अगर किसी के घर में चिन्तामणि है जिससे जो वह चाहे वही उसे मिलता हो, तो फिर क्या वह काँच के टुकड़ों को बटोरेगा? वह यदि काँच के टुकड़े बटोर रहा हो तो इससे

प्रमाणित होता है कि उसके पास चिन्तामणि अभी नहीं है। इसके बाद की तो अद्भुत पंक्ति है—

सपने परबस परो, जागि देखत, केहि जाहि निहोरै।

हम सपना देख रहे हैं। सपने में दिखायी पड़ा कि हम गिरफ्तार कर लिए गए। हमको किसी ने बन्दी बना लिया। बाँध दिया हमको हथकड़ी बेड़ी से। और जिसने बाँध दिया, वह माफिया सरगना है। वह कहता है कि आगे दस लाख रुपया दो, तब तुम्हें छोड़ेंगे। हम रिरिया रहे हैं कि भाई! इतना रुपया हमारे पास नहीं है, हमको छोड़ दो। और तभी हम जाग गए, सपना टूट गया। देखा कि नहीं, हम तो अपने सोने के कमरे में पलँग पर लेटे हुए हैं। वहाँ न कोई माफिया है, न किसी ने हमको बन्दी बनाया है? सपना टूट गया और हमने देख लिया कि हम अपने ही शयन-कक्ष में हैं तो फिर क्या किसी के पास जाकर हम निहोरा करेंगे कि बाबा हमको छोड़ दो, हमको छोड़ दो। अगर तब भी हम किसी के पास जाकर निहोरा कर रहे हैं कि बाबा—हमको छोड़ दो तो अभी हमारा सपना टूटा नहीं है।

अगर हम विषय-वासना रूपी मृग-जल से अपनी प्यास बुझाने की चेष्टा कर रहे हैं तो हमको ब्रह्म का वह शीतल अमृत जल प्राप्त नहीं हुआ। वह साक्षात् दिव्य अनुभव नहीं हुआ।

साक्षात् अपरोक्ष अनुभव किसको कहते हैं? एक चीज होती है--प्रत्यक्ष। जैसे हमारे सामने किताब है। हमारे सामने यह माइक है, माला है, टेबुल है, सब लोग हैं। इन्द्रियों के द्वारा जिसका बोध होता है, वह होता है प्रत्यक्ष। जो इन्द्रियों के द्वारा ज्ञानगम्य नहीं है, वह है परोक्ष। स्वर्ग है, नरक है, या समझ लो हम यहाँ बैठे हुए हैं। अमेरिका है, इंग्लैण्ड है। हमारे लिए तो परोक्ष है। जो न प्रत्यक्ष है और न परोक्ष है वह है अपरोक्ष। अपने भीतर जो काम है, क्रोध है, लोभ है, अपने भीतर जो ज्ञान है, दया है, भक्ति है ये सारी वृत्तियाँ सदा रहती नहीं हैं और इसलिए इन बीतती हुई, बदलती हुई वृत्तियों को नहीं, इन सारी वृत्तियों में जो ज्यों का त्यों रहता है उसके अनुभव को साक्षात् अपरोक्ष का अनुभव कहते हैं, वह ब्रह्म है, जो एकरस रहता है, जो सदा रहता है, जो जागते समय रहता है, जो सोते समय रहता है, जो रोते समय रहता है, हँसते समय रहता है, काम में रहता है, क्रोध में रहता है, ज्ञान में रहता है, अज्ञान में रहता है, भक्ति में रहता है। उस सदा रहने वाले एकरस तत्त्व का जिसने साक्षात् अपरोक्ष अनुभव कर लिया है, उसको बाहर के विषयों से सुख प्राप्त करने की लालसा नहीं होती। इसके बाद बाबा कहते हैं—

ज्ञान भगति साधन अनेक सब सत्य, झूठ कछु नाहीं।
तुलसिदास हरि कृपा मिटै भ्रम, यह भरोस मन माहीं॥

ठीक है, बड़े-बड़े आचार्यों ने कहा है तो मैं मान लेता हूँ कि ज्ञान सत्य है। अच्छा साधन है। उस ज्ञान के द्वारा उसका साक्षात् अपरोक्ष अनुभव हो सकता है। मैं मान लेता हूँ कि भक्ति के द्वारा भी कुछ लोगों को साक्षात्कार होता होगा। जिसको होता हो, उसको हो। मैं क्या करूँ, मुझको नहीं होता।

मेरे मन में तो यह भरोसा है कि भगवान की कृपा से ही भ्रम मिट सकता है। मेरे किसी साधन से, मेरे किसी प्रयास से यह नहीं हो सकता। जब अपनी असमर्थता का सच्चा अनुभव होता है तब प्रार्थना उदित होती है। मनुष्य सच्ची प्रार्थना कब करता है? याद रहे कि मनुष्य सच्ची प्रार्थना तभी करेगा, जब उसका अपना बल पूरे प्रयास के बाद थक जायेगा। यदि कोई केवल आलस्य के कारण बिना प्रयास किये प्रार्थना कर रहा है, तो उसकी प्रार्थना प्रवंचना है, झूठी है। जब कोई किसी कार्य के लिए पूरी शक्ति लगा दे, जो भी साधन उसको सुलभ थे, जो भी साधन वह प्राप्त कर सकता था उन समस्त साधनों का प्रयोग कर जब वह अपना सब कुछ दाँव पर लगा दे और तो भी काम न बने तब वह प्रार्थना करे तो सच्ची प्रार्थना होगी। जब उसको अनुभव हो कि यह काम नहीं हो सकता भाई। यह मेरे बलबूते से तो नहीं होगा। किसी कार्य को सम्पन्न करने के लिए जब अपनी शक्ति थक जाती है तब जब प्रभु से प्रार्थना की जाती है तो उनकी शक्ति अवतरित होती है। प्रवंचना से प्रभु की शक्ति अवतरित नहीं होती। रामजी को हम धोखा नहीं दे सकते, भले अपने को धोखा दे लें, दूसरों को धोखा दे लें। रामजी को धोखा नहीं दे सकते।

प्रार्थना का मतलब क्या है? प्रार्थना का मतलब है—प्रकृष्ट अर्थना। प्र उपसर्ग है। प्र माने प्रकृष्ट। हमारे कई मित्र प्राध्यापक आपके सामने बैठे हुए हैं। बड़े अध्यापक—प्राध्यापक। तो प्र माने प्रकृष्ट, अर्थना माने याचना, चाह, माँगना। प्रार्थना का मतलब हुआ प्रकृष्ट अर्थना। इस बात को समझिये। निकृष्ट याचना को प्रार्थना नहीं कहना चाहिए। प्रार्थना निकृष्ट व्यक्तियों से करनी भी नहीं चाहिए और निकृष्ट प्रार्थना भी नहीं करनी चाहिए—

यांचा मोघा वरमधिगुणे नाधमे लब्धकामा।

कालिदास ने कहा है कि श्रेष्ठ व्यक्ति से की गयी प्रार्थना अगर पूर्ण न हो तो भी अच्छी बात है, लेकिन अधम व्यक्ति से की गयी याचना सफल होने पर भी अच्छी नहीं। प्रार्थना शब्द में प्रकृष्ट का अर्थ जो है वह निकृष्ट व्यक्ति के लिए समर्पित नहीं होना चाहिए। बिहारी ने और साफ कहा है—

घर-घर डोलत दीन ह्वै, जन-जन जांचत जाहि।
दियो लोभ चसमा चखनु लघु पुनि बड़ो लखाहि॥

लोभ का चश्मा आँखों पर लगा लेने से बित्ते-बित्ते भर के लोग गज-गज भर के दिखते हैं और दाँत निकालकर हर किसी ऐरे-गैरे नत्थू खैरे पंच कल्याणी के सामने आप प्रार्थना करेंगे? छि:। यह प्रार्थना को अपमानित करना है। बाबा ने लिखा है। मैं जब भी केवल बाबा बोलूँ तो उसका मतलब है तुलसी बाबा। मेरे एक ही बाबा हैं। बाबा ने लिखा है—

जाके विलोकत लोकप होत विसोक, लहैं सुर लोक सुठौरहिं।
सो कमला तजि चंचलता करि कोटि कला रिझवै सुरमौरहिं।
ताको कहाय कहै तुलसी, तू लजाहिं न माँगत कूकर कौरहिं।
जानकी-जीवन को जन ह्वै, जरि जाहु सो जीह जो जाँचत औरहिं।

कहने का क्या तेवर है? जिसकी करुणा-कलित दृष्टि एक बार पड़ जाय तो बड़े-बड़े लोकपाल विशोक अर्थात् शोकरहित हो जाते हैं। बड़े-बड़े देवता अच्छे-अच्छे स्थान प्राप्त करते हैं, वह भगवती लक्ष्मी अपनी सारी स्वाभाविक चंचलता को छोड़कर—एक नहीं, दो नहीं, करोड़ों कलाओं के द्वारा जिस भगवान को रिझाती हैं, तू कहता है, तू उसका है। तू कहता है, तू राम का है। धिक्कार है तुझे, कि तू उसका होकर कुत्ते के कौर के लिए, क्षुद्र वस्तुओं के लिए जीभ से लार टपकाता फिरता है जिस-तिस से माँगता फिरता है।

रामजी का भक्त होने के बाद अगर कोई किसी दूसरे से याचना करता है तो उसकी जीभ जल जाये।

तुलसी बाबा ने माँगने के बारे में भी एक बात कही है—

जग जाँचिये कोऊ न, जाँचिये जो जिय जाँचिये जानकीजानहिं रे।
जेहि जाँचत जाचकता जरि जाय जो जारत जोर जहानहिं रे॥
गति देख विचारु विभीषन की अरु आन हिये हनुमानहिं रे।
तुलसी भजु दारुन दोष दवानल संकट कोटि कृपानहिं रे॥

सबसे अच्छी बात तो यह है कि संसार में किसी से याचना नहीं करनी चाहिए। किसी से नहीं। रामजी से भी नहीं। लेकिन अगर याचना किए बिना काम न बनता हो, बहुत बार नहीं बनता भाई। हम लोग साधारण आदमी हैं छोटे आदमी हैं। हमको हजार-हजार-हजार चीजें चाहिये। तो फिर रामजी से माँग लो। रामजी से माँगने में कोई शर्म नहीं है, संकोच नहीं है। रामजी हमारे सब कुछ हैं। हमारी माँ हैं। हमारे पिता हैं। हमारे भाई हैं। हमारे मित्र हैं। हमारे बन्धु हैं—

माता रामो मत्पिता रामचन्द्रः स्वामी रामो मत् सखा रामचन्द्रः।
सर्वस्वं मे रामचन्द्रो दयालुर्नान्यं जाने नैव जाने, न जाने॥

तो जो मेरी माँ है, मेरा पिता है, मेरा सखा है, मेरा बन्धु है उससे माँग लूँ? माँग लो। रामजी से माँग लो। लेकिन रामजी से भी क्या माँगू? कैसे माँगू? हाँ, रामजी प्रकृष्ट तो हैं। अच्छा। रामजी से स्वार्थ की बात भी माँग लूँ। लेकिन कितनी माँगोगे स्वार्थ की बातें और स्वार्थ से ही क्या संतुष्ट होओगे सचमुच? बाबा ने कहा कि मैंने माँगा है रामजी से—

मातु पिता जग जायि तजो, विधि हू न लिखी कछु भाल भलाई।
नीच निरादर, भाजन कादर कूकर, टूकन लाग ललाई।
राम सुभाय सुन्यो तुलसी प्रभु सो कह्यौ बारक पेट खलाई।
स्वारथ को, परमारथ को रघुनाथ सो साहब खोरि न लाई॥

बाबा कहते हैं कि तुम अगर माँगना ही चाहते हो तो रामजी से माँगो। माँगो, वे तुम्हारे सर्वस्व हैं। देखो, मैंने भी माँगा था। मेरे माता-पिता ने जन्म देते ही मुझको छोड़ दिया था। बचपन में भीख माँगकर पला—

जानत हौं चारि फल, चारि ही चनक कौ।

चने के चार दाने भी भीख में मिलते थे तो मुझको लगता था—धर्म, अर्थ, काम, मोक्ष मिल गया। इतनी गरीबी से बाबा आगे बढ़े।

मैंने राम का स्वभाव सुना। अपना पिचका हुआ पेट प्रभु को एक बार दिखाकर कहा तो उन्होंने स्वार्थ और परमार्थ दोनों दृष्टियों से मुझे निहाल कर दिया। रामजी, स्वार्थ और परमार्थ दोनों देखते हैं। उनके ही द्वार पर स्वार्थ और परमार्थ दोनों सुलभ होता है। लेकिन सच्चा स्वार्थ और परमार्थ एक ही है—

स्वारथ साँच जीव करि एहा, मन क्रम वचन राम पद नेहा।
सखा परम परमारथ एहू, मन क्रम वचन राम पद नेहू॥

मन कर्म वचन से राम के चरण-कमल में प्रेम—यही सच्चा स्वार्थ है, यही परमार्थ है। खैर, यह तो ऊँची बात है। लेकिन तुलसीदास ने कहा—मैं तुम्हारा नाम लेता हूँ। दो रोटी मिलती है। बात ठीक है। तुम माँग लो। लेकिन उसी में तुम लिपट जाओ, उलझ जाओ यह ठीक नहीं है। तुलसीदास ने दो उदाहरण दिए हैं—

औरों से माँगोगे? कितनी बार माँगना पड़ेगा। रामजी एक बार देंगे तो तुम्हारी याचकता-वृत्ति समाप्त हो जायेगी, जो याचकता की वृत्ति सारी सृष्टि को जलाती है। दो उदाहरण दिये। तुम क्या चाहते हो? विभीषण की तरह अगर तुम सोने की लंका चाहोगे, तो वह भी मिलेगी। लेकिन हनुमान की तरह अगर तुम राम को चाहोगे तो वे भी मिलेंगे। क्या चाहते हो? विभीषण बनना चाहते हो कि हनुमान? कौन तुम्हारे आदर्श हैं? दोनों सामने रख दिये हैं। तो तुलसी बाबा कहते हैं—

तुलसिदास हरि कृपा मिटै भ्रम यह भरोस मन माहीं।

मेरे मन में यह दृढ़ भरोसा है कि प्रभु की कृपा से ही यह भ्रम मिट सकता है। अब जब प्रभु की कृपा से यह भ्रम मिटता है तो उन्हीं से प्रार्थना करनी चाहिए। याद रहे प्रार्थना जीव और भगवान को मिलाने वाली दूती है। प्रार्थना केवल शब्दों से नहीं की जाती। प्रार्थना हमारे जीवन की तन्मयता से उभरती है। हमारी जो निगूढ़तम इच्छा है वह जितनी प्रकृष्ट होगी, प्रार्थना उतनी उत्कृष्ट होगी। कितनी प्रकृष्ट हो सकती है यह इच्छा? क्या पाना चाहते हो? रामजी से प्रेम करके कुछ पाना चाहते हो? बाबा की ही एक पंक्ति है। मुझे बाबा इस समय बार-बार याद आ रहे हैं। बाबा ने लिखा है—

तुलसी राम सनेह को जो फल, सो जरि जाहु।

मैंने रामजी से प्रेम किया। रामजी की भक्ति की। उसके बदले में मुझे कुछ फल मिले? छि:! छि:! रामजी से प्रेम करने के बदले में अगर कुछ मिलने वाला हो तो वह जल जाये। राम से प्रेम करने के बदले में मुझे कुछ नहीं चाहिए—

मोहिं लखि परत भरत मत एहू, साधन सिद्धि राम पद नेहू।

भरतजी से पूछा गया तुम्हारा साधन क्या है? रामजी के चरणों में प्रेम। फिर पूछा गया इस साधन से तुम सिद्ध क्या करना चाहते हो? रामजी के चरणों में प्रेम।

मेरा साधन भी हो रामजी के चरणों में प्रेम, मेरा साध्य भी हो रामजी के चरणों में प्रेम और यह राम की कृपा से सुलभ हो। इसके लिए प्रार्थना करनी चाहिए।

प्रार्थना का मतलब होता है—धर्म का अमृत तत्त्व। धर्म का सार सर्वस्व। हमारी जो सबसे बड़ी आकांक्षा, सबसे बड़ी इच्छा है उसके लिए हम प्रभु से प्रार्थना करें। वह सारी आशा-आकांक्षा उच्चतम शब्दों में व्यक्त हो। नहीं, केवल शब्दों में नहीं—

नैकु कही बैननि अनेकु कही सैननि सों।
रही-सही सोऊ, कहि दीनी हिचकीनि सों॥

प्रार्थना केवल शब्दों से नहीं, तन्मय होकर साँस-साँस से की जानी चाहिए। शरीर की वृत्तियों से, चेष्टा से, आचरण से, आँसुओं से, पुकार से, समर्पण से प्रार्थना की जानी चाहिए। प्रार्थना ही तो सबसे बड़ा साधन है। ऐसी प्रार्थना के बाद प्रभु बँधे हुए आएँगे। प्रार्थना तो हो। हम प्रार्थना ही नहीं करना जानते। हम प्रार्थना ही नहीं करते। तो यह उपनिषद् का ऋषि प्रार्थना कर रहा है। कैसी प्रार्थना कर रहा है? कौन प्रार्थना कर रहा है? वह प्रार्थना कर रहा है जिसने घोषणा की थी—

ईशावास्यमिदं सर्वं यत्किंच जगत्यां जगत्।
तेन त्यक्तेन भुंजीथाः मा गृधः कस्यस्विद्धनम्॥

जिसने धन की लालसा से, काम के उपभोग से, ऊपर उठकर सर्वत्र, कण-कण में, क्षण-क्षण में, अणु-अणु में ब्रह्म का साक्षात्कार किया है वह प्रार्थना कर रहा है। जो निष्काम कर्मयोग में पारंगत है जिसका अनुभव है—

न कर्म लिप्यते नरे—वह प्रार्थना कर रहा है। जो आत्म तत्त्व का साक्षात्कार करने के लिए समर्पित है वह प्रार्थना कर रहा है और वह प्रार्थना किस बात की कर रहा है? इस बात पर ध्यान दीजिए कि कौन प्रार्थना कर रहा है? कैसे कर रहा है? किस बात की कर रहा है? वह प्रार्थना कर रहा है—

हिरण्मयेन पात्रेण सत्यस्यापिहितं मुखम्।
तत्त्वं पूषन्नपापवृणु सत्यधर्माय दृष्टये॥

हे पूषण! हे पोष्टा, हे विश्वम्भर! हे प्रभु! मैं सत्यधर्मा हूँ। मैंने सत्य को अपना धर्म बना लिया है। सत्यधर्मा—जिसका धर्म ही सत्य है। जिसका साधन सत्य है। प्रभु साधन हैं। सत्य का दर्शन पाना चाहता हूँ मैं सत्यधर्मा। मेरा साधन भी सत्य। मेरी प्रार्थना भी सत्य के दर्शन की, सत्य के साक्षात्कार की। कोई छोटी वस्तु नहीं। कोई छोटी, तुच्छ चीज नहीं। प्रकृष्ट अर्थना। सबसे बड़ी माँग। जब तक रुपये-पैसे का लोभ रहेगा तब तक ऐसी प्रार्थना नहीं होगी। **हिरण्मयेन पात्रेण**—स्वर्ण के पात्र के द्वारा ढँका हुआ है सत्य। **कामिनी कांचन थाकले, भगवानेर दर्शन लाभ होय ना**—राम-कृष्ण परमहंस ने कहा था कि काम और लोभ के रहते प्रभु के दर्शन नहीं होते।

इस संसार के जो प्रलोभन हैं, संसार के जो आकर्षण हैं, इस संसार में जो अर्थ है, काम है, जो यश है, इन सबके प्रलोभन का जो आवरण, ढक्कन है वही सत्य के मुख को ढाँके हुआ

है। मुझ सत्यधर्मा को सत्य का साक्षात्कार कराने के लिये हे प्रभु! तुम इस आवरण को हटा दो। प्रार्थना प्रभु के दर्शन की यानी सत्य के साक्षात्कार की है। प्रार्थना सत्य के साक्षात्कार की तभी हो सकती है, जब कोई सत्यधर्मा हो। इस बात पर ध्यान दीजिए, आप प्रार्थना क्या करते हैं? और आचरण क्या करते हैं? प्रार्थना करते हैं कि रामजी हमको भक्ति दीजिए। और व्यवहार में मृग जल रूपी विषय के पीछे दौड़ रहे हैं तो भक्ति का अनुभव नहीं होगा। जिस बात के लिए प्रार्थना है, उसी के अनुरूप आचरण है कि नहीं? प्रार्थना क्या केवल शब्दों से होगी?

जो कछु कहिय, करिय, भवसागर तरिय वत्स पद जैसे।
रहनि आन विधि, कहिय आन हरिपद सुख पाइय कैसे॥

प्रार्थना को आप अपने आचरण से झुठला रहे हैं। प्रार्थना आपके आचरण से समर्थित होनी चाहिए। शब्द में अर्थ व्यवहार से आता है।

घट का मतलब घड़ा है। क्यों घड़ा है? घट का मतलब कुत्ता क्यों नहीं है भाई? क्योंकि सब लोगों ने मिल कर तय किया है कि घट का मतलब घड़ा है। घड़ा रूपी जो पदार्थ है घट कहने पर उसी को लाया जाता है। शब्द में अर्थ व्यवहार के समर्थन से उत्पंन्न होता है। प्रार्थना भी हमारे आचरण के द्वारा यदि समर्थित नहीं होगी, तो स्वीकृत भी नहीं होगी। हम प्रार्थना क्यों करना चाहते हैं? इसीलिए कि प्रभु हमारी प्रार्थना स्वीकार करें। इसलिए तो हम प्रार्थना नहीं करते कि प्रभु उसे अस्वीकार करें। हमने प्रभु से प्रार्थना की। उसके अनुकूल आचरण नहीं हुआ। गलती हो गयी। इसका कोई दोष नहीं, अपराध नहीं। दोष की स्वीकृति होनी चाहिए। दोष निवेदित होना चाहिए। गिर जाना कोई बड़ी बात नहीं है। गिर कर उठना बड़ी बात है। उठकर लक्ष्य की ओर चलना बड़ी बात है। रामजी यह नहीं देखते कि तुमसे यह हुआ कि नहीं। रामजी यह देखते हैं कि तुम यह करना चाहते हो कि नहीं। गलती हो गयी, हो गयी। रामजी से गलती निवेदित करो। दुःख और दोष दोनों बताओ। तुलसी बाबा का यह दोहा तो मैंने आप लोगों को बहुत बार सुनाया है—

तुलसी राम कृपालु को कहि सुनाउ दुख दोष—बिना दोष के दुःख नहीं होता। रवीन्द्रनाथ ने भी इस बात की पुष्टि की है—

आमि आपन दोषे दुःख पाइ, वासना अनुगामी।

हे प्रभु! मैं अपने दोष से दुःख पाता हूँ। आमि आपन दोषे दुःख पाई, वासना अनुगामी। तोमार इ इच्छा पूर्ण होक हे करुणामय स्वामी! मैं अपनी वासना के अनुसार गलत आचरण रूपी दोष के कारण दुःख पाता हूँ, तुम्हारे कारण नहीं। तुम तो करुणामय हो। हे प्रभु! तुम्हारी इच्छा पूरी हो। लेकिन मैं अपने दोष से दुःख पाता हूँ। अगर दोष हो गया तो दोष को निवेदित करो। मानो, कहो गलती हो गयी। गलती रामजी को बताओ। रामजी को ठगो मत। रामजी से कहो कि रामजी गलती हो गयी। रामजी हम कमजोर हैं। हमको काम ने ठग लिया है। क्रोध ने ठग लिया है। लोभ ने ठग लिया है। मोह-मद मत्सर ने ठग लिया है। तुम हमको शक्ति दो कि हम तुम्हारे पास आयें। हम दुर्बल हैं। हम तुम्हारी ओर आ रहे हैं। हमारा पाँव फिसल गया, गिर पड़े। हाथ बढ़ाओ, उठाओ। जगदम्बे। कर दे हाथ लम्बे।

एक मजे की बात बतायें। अवतार शब्द का अर्थ है ऊपर से नीचे की ओर आना। **अवतरणम् अवतारः**। अच्छा! भगवान कहाँ नहीं हैं जो अवतार लें। ऊपर हैं भगवान, नीचे नहीं हैं? नीचे हैं कि नहीं हैं? अगर भगवान सर्वव्यापी हैं तो क्या केवल ऊपर हैं? ऊपर भी हैं। नीचे भी हैं। तो फिर अवतार क्यों भैया? बराबर याद रखिये। अवतार की संगति उद्धार के साथ है। हम अपने को पतित मानते हैं। हम अपने को गिरा हुआ मानते हैं। हम रामजी की ओर चलते हुए गिर पड़े हैं। हम पतितों का उद्धार करने के लिए वे हमारे स्तर पर, हमारी भूमिका पर आकर हाथ पकड़कर हमको ऊपर उठा लें। उद्धार की संगति अवतार के साथ है। अवतार उद्धार के लिए, हम गिरे हुओं को उठाने के लिए प्रभु का अवतार। गिर जाना बड़ी बात नहीं है। लेकिन ईमानदारी तो हो, निष्ठा हो, सत्य हो। प्रभु से प्रार्थना जो हम कर रहे हैं, उसके अनुसार जीने की चेष्टा तो करें। फिर भी भाई! गिर गये। कोई बात नहीं, फिर रामजी को बताओ कि रामजी हम गिर पड़े। रामजी को अपनी गलती, अपनी त्रुटि बताओ। रामजी से क्षमा माँगो, शक्ति माँगो और फिर काम पर जुट जाओ।

तो यह जो आकर्षक, चमकीला, लुभावना, सुनहला, भोग-विलास का, पैसे-रुपये का, यश का, पदवी का, यह जो आकर्षक आवरण सत्य को ढँके हुआ है जब तक इस आकर्षण के मोह में फँसे रहेंगे तब तक सत्य का दर्शन नहीं होगा। कबीरदास का एक दोहा है—

पूत पियारा पिता का, गौहन लागा धाय।
लोभ मिठाई हाथ दै, आपुन गया लुकाय॥

पिता का प्यारा पुत्र था। पिता जाने लगे। आज कल भी माता-पिता जाते हैं न सिनेमा। तो चाकलेट दे जाते हैं। चाकलेट से अगर खुश हो जायेंगे बच्चे तो माँ-बाप चले जायेंगे।

पिता का प्यारा पुत्र दौड़ कर उसके साथ लगा। उसने लोभ रूपी मीठा हाथ में दे दिया। वह गुड़ खाने लगा, पिता छिप गया। लोभ की मिठाई से जब तक हम पुलकित रहेंगे, तब तक सत्य का रूप ढँका है—

डारी खाँड़ पटक कर अन्तर रोष उपाय।
रोवत-रोवत मिल गया पिता पियारा जाय।।

जो खाँड़, जो मिठाई, जो प्रलोभन उसको रामजी ने हाथ में पकड़ा दिया है, उसने जब उसको पटक दिया हृदय में, चित्त में गुस्सा लाकर रोने लग गया तब पिता द्रवित हो गया। बच्चों की ताकत है रोना। हम लोग रामजी के लिए रोयें। रामजी ने हमको जो प्रलोभन दिया है, जो मिठाई दी है, उसे पटक दें । रोने लगें। अच्छा! सच बताइये अगर बेटा पाँव पटक-पटक कर, हाथ पटक-पटक कर रोता रहे तो माँ छोड़ कर चली जायेगी सिनेमा देखने? माँ जितना अपने बेटे से प्यार करती है, रामजी क्या उससे कम प्यार करते हैं अपने भक्तों से? रामजी तो हमको हजारों-हजारों माताओं से ज्यादा प्यार करते हैं। हम लोग जब तक लोभ की मिठाई से खेलते रहेंगे जब तक हम उस आवरण की, हिरण्मय पात्र की चमक-दमक पर लुब्ध होकर उसी को पाने की चेष्टा करते रहेंगे, तब तक उनके स्वरूप का उद्घाटन नहीं होगा। और जिस दिन हम उस हिरण्मय पात्र के प्रलोभन से ऊपर उठकर लोभ की मिठाई को पटककर, रो-रो कर उनको पुकारेंगे, वे मिलेंगे।

उस सत्य रूपी परमात्मा का मुख प्रलोभन, अनृत, मिथ्या के, आकर्षण के, अर्थ के, काम के, यश के आवरण के चमकीलेपन से ढँका हुआ है। कठोपनिषद् अगर आप लोगों ने पढ़ा हो तो पढ़ा होगा कि नचिकेता को यम ने क्या नहीं देना चाहा? नचिकेता ने कहा कि हमको तीसरे प्रश्न के उत्तर में यह बताओ कि मरने के बाद आत्मा का क्या होता है? यम ने कहा—यह मत पूछो। तुम क्या लेना चाहते हो। अरब-खरब द्रव्य, ले लो। हाथी घोड़े—लो। क्या लेना चाहते हो स्वर्ग की सुन्दरी अप्सराएँ? लो। नचिकेता क्या बोला?

न वित्तेन तर्पणीयो मनुष्यः—नहीं। वित्त से मनुष्य कभी तृप्त नहीं होता। वित्त से, पैसे से कभी सन्तोष होगा? नहीं, कभी नहीं। क्योंकि—

निःस्वो वष्टि शतं, शती दशशतं लक्षं सहस्त्राधिपो
लक्षेशः क्षितिपालतां, क्षितिपतिश्चक्रेशतां वांछति।
चक्रेशः सुरराजतां, सुरपतिः ब्रह्मास्पदं वांछति।
ब्रह्मा शैवपदं शिव हरिषदं ह्याशावधिं को गतः॥

जो निः स्व है, जिसके पास कुछ नहीं है, वह चाहता है कि उसे सौ रुपये मिल जायें—अगर सौ रुपया है तो हजार रुपया चाहता है। जिसके पास हजार है, वह चाहता है लाख रुपया मिले। जो लखपती है, वह कहता है राजा हो जायें। राजा कहता है चक्रवर्ती राजा हो जायें। चक्रवर्ती कहता है, हाय! हाय! इसी दुनिया का राजा? स्वर्ग का तो राजा होऊँ। इन्द्र तो बनूँ। इन्द्र कहता है ब्रह्मा बनूँ। ब्रह्मा कहता है शिव बनूँ। शिव कहता है विष्णु बनूँ। क्या लालसा की कोई सीमा है?

न वित्तेन तर्पणीयो मनुष्यः—वित्त से कोई मनुष्य तृप्त नहीं होता। इस बात को अभी हमने स्वीकार किया। **प्रमाद्यन्तं वित्तमोहेन मूढ़म्**—दो मार्ग हैं श्रेय मार्ग और प्रेय मार्ग। प्रेय मार्ग के चमकीलेपन से जो प्रलुब्ध होकर उधर चले जाते हैं, वे प्रमादी हैं, मूढ़ हैं। वे श्रेय से वंचित रह जाते हैं।

सत्य का मुख जिस आकर्षक प्रलोभनीय हिरण्मय पात्र से ढँका हुआ है जब तक उसको प्राप्त करने की, उससे सुख भोगने की लालसा बनी रहेगी तब तक सत्य का साक्षात्कार नहीं हो सकता।

हे पूषण! हे विश्वम्भर! मुझ सत्यधर्मा के लिए यह बहुत ही महत्त्वपूर्ण बात है। मुझ सत्यधर्मा के लिए..........। जब तक हम सत्य का दर्शन पाने के लिए सत्य का अवलंबन ग्रहण नहीं करते तब तक हम सत्य को नहीं पा सकते। हमें सत्य का अवलम्बन ग्रहण करना चाहिए, वाणी के द्वारा, व्यवहार के द्वारा, अन्तःकरण के द्वारा। सत्य को अपना अवलम्बन बना कर ही परम सत्य का साक्षात्कार किया जा सकता है।

मेरे गुरुजी ने सत्यधर्मा का एक और अर्थ किया है। सत् जो बराबर रहे। धर्म माने आनन्द क्योंकि धर्म से ही सुख मिलता है। और दृष्टि माने दृश्य ज्ञान। तो सच्चिदानन्द को प्राप्त कराने के लिए मुझे अपना साक्षात्कार कराओ।

मूल बात यह है कि जब तक हम सत्य धर्म का आचरण करते-करते अपने को थका न दें, जब तक हम इस सत्य को न समझ लें कि वह तत्त्व हमारी अपनी शक्ति के बाहर है तब तक हमारे हृदय से सच्ची प्रार्थना नहीं निकलेगी। सच्ची प्रार्थना का उद्‌भव तभी होता है जब हमारा अपना बल थक जाता है। जब हमारा बल थक जाता है, तब जब हम प्रार्थना करते हैं, दीनबन्धु! दीनानाथ! मेरी डोरी तेरे हाथ। जब हम सचमुच उसके ऊपर अवलम्बित हो जाते हैं तब प्रभु की शक्ति उतरती है और तब प्रभु हमारी-आपकी प्रार्थना स्वीकार करते हैं। इस प्रार्थना का रूप कैसे विकसित होता है? आगे के तीनों मंत्र प्रार्थना के ही हैं। उनके माध्यम से हम इसको समझने की चेष्टा करेंगे।

ईशावास्य उपनिषद् का समापन है, सत्य की उपलब्धि। समाप्ति माने? आप्ति माने प्राप्ति। सम्यक् आप्ति—समाप्ति। ईशावास्य उपनिषद् ज्ञान की उच्चतम भूमिका के सत्य का निरूपण करते हुए, निष्काम कर्म का प्रतिपादन करते हुए भक्ति में समाप्ति, सम्यक् आप्ति, प्राप्ति का संकेत देता है। चारों अंतिम मंत्र प्रार्थनाएँ हैं। एक प्रार्थना की व्याख्या आंशिक रूप से आज की और बाकी प्रार्थनाएँ बाद में विवेचित होंगी।

□□

प्रवचन क्रम—१५

जब पदावली गायन का कार्यक्रम हो रहा था तो मुझे पद्मपुराण का एक श्लोक याद आ रहा था। उसमें भगवान ने कहा है—

नाहं वसामि वैकुंठे योगिनां हृदये न च।

मद्भक्ताः यत्र गायन्ति तत्र तिष्ठामि नारद॥

मैं वैकुण्ठ में नहीं रहता। लोग कहते हैं कि मैं वैकुण्ठ में रहता हूँ। नहीं-नहीं! मैं वैकुण्ठ में नहीं रहता। बड़े-बड़े योगी, महर्षि, ध्यान में आत्म-साक्षात्कार करते हैं। आप योगियों के हृदय में रहते हैं प्रभु! लोग ऐसा कहते हैं। नहीं-नहीं! मैं योगियों के हृदय में भी नहीं रहता। कहाँ रहते हैं प्रभु? हे नारद, मेरे भक्त जहाँ गाते हैं मैं वहाँ रहता हूँ।

भगवान यहाँ हैं। जिन्होंने आज इतने मधुर गीत गाये, भगवान की कृपा उन पर हो। श्री रामनवमी हम सब के जीवन में एक अत्यन्त पवित्र पर्व है। भगवान का अवतरण कभी-कभी बड़ा अटपटा लगता है। **अवतरणं अवतारः**। ऊपर से नीचे उतरने को अवतार कहते हैं, अवतरण कहते हैं। क्या नीचे भगवान नहीं हैं? भगवान ऊपर भी हैं, भगवान नीचे भी हैं। भगवान दाहिने भी हैं, बायें भी हैं। कहाँ है वह जगह, जहाँ भगवान नहीं हैं?

मेरे गुरुजी कहते थे कि अगर भगवान अभी यहीं इसी समय इसमें उसमें सबमें नहीं हैं तो भगवान कभी किसी समय किसी में नहीं हैं। भगवान सब में हैं। सब जगह हैं। फिर भी अवतरणं अवतारः। फिर भी उनका अवतार होता है। यह अवतार उद्धार की संगति से होता है। हम सब अपनी भूलों के कारण, त्रुटियों के कारण, जाने अनजाने किए गए पापों के कारण अपने को पतित मानते हैं, गिरा हुआ मानते हैं। भगवान पतित-पावन के रूप में आते हैं। अधमों का उद्धार करने के लिए अवतार लेते हैं। गिरे हुए हम आप हैं। हम जो अपने आपको गिरा हुआ अनुभव कर रहे हैं, हमारी भूमिका पर उतर कर प्रभु हमारा हाथ पकड़ते हैं और हमें उठा लेते हैं। यह उनकी असीम करुणा है। हम उनको अपनी तरफ आकृष्ट कर ही नहीं सकते। हममें ऐसी क्या क्षमता है, क्या पात्रता है? वे स्वयं हमको अपनी ओर खींच लेते हैं। हम आप सब की तरफ से भगवान श्रीराम के चरणों में अपनी वन्दना अर्पित करते हैं।

भगवान श्री राम का नाम तो परम-पावन है। क्यों परम पावन है? नाम की इतनी महिमा क्यों है? एक बढ़िया दोहा है तुलसीदास का—

यथा भूमि सब बीजमय नखत निवास अकास।

अच्छा भैया! बताओ। बीज कहाँ बोओगे? भूमि में बोओगे। भूमि समस्त बीजों का आकर है। **यथा भूमि सब बीजमय**—जितने बीज हैं, सब भूमि में हैं। **नखत निवास अकास**—नक्षत्रों का, तारों का, सितारों का निवास कहाँ है? आकाश में है।

जैसे सारे बीज भूमि में, जैसे सारे तारे आकाश में रहते हैं, वैसे ही.....इसके बाद की अद्‌भुत पंक्ति है—

राम नाम सब धर्ममय जानत तुलसीदास।

तुलसीदास सटीक रूप से जानते हैं। इस जानकारी में कोई भूल-भ्रान्ति, त्रुटि, विच्युति नहीं है। क्या जानते हैं तुलसीदासजी—

'राम नाम सब धर्ममय'—राम के नाम में सारे धर्म हैं। राम के नाम का जप—यह अपने प्यारे को याद करना है। राम नाम जप का कोई नियम नहीं, कोई कायदा नहीं, कोई कानून नहीं। कोई स्थान नहीं, कोई संख्या नहीं। कैसे हो सकता है कोई कायदा-कानून? आप किसी को प्यार करते हैं? अपनी पत्नी को, अपने पति को, अपने बेटे को, अपने भाई को, अपने दोस्त को? जिसको आप प्यार करते हैं उसकी याद कहाँ आयेगी?—इसका कोई नियम हो सकता है? उसकी याद कितनी बार आयेगी—इसका कोई नियम हो सकता है? अच्छा, जब उसकी याद आये, तो कैसे उसको याद करना चाहिए? इसका कोई नियम हो सकता है क्या? हमारा प्यारा है—हम उसको याद करते हैं। जहाँ याद आया, वहाँ याद करते हैं। जै बार याद आया, तै बार याद करते हैं। जैसे याद आया, वैसे याद करते हैं। अपने प्यारे को याद करने का कोई नियम-कायदा-कानून नहीं होता। इसलिए राम-नाम जपने का कोई नियम-कायदा-कानून नहीं होता। चलते-फिरते, उठते-बैठते, सोते-जागते, कहीं भी किसी प्रकार भी रामजी का नाम लीजिये।

रामजी का नाम लेने से हमारा परम कल्याण होगा। बहुत से लोग कहते हैं—नाम लेने से क्या होगा? अरे भाई! नाम लेने से ही तो सब कुछ होगा। बोले कैसे होगा? चीनी-चीनी-चीनी। जीभ तो मीठी नहीं हुई। अरे लाला! चीनी है जड़। तुम उसकी तुलना राम-नाम से करते हो। दस आदमी सोये हुए हों। एक आदमी का नाम लेकर पुकारो, बताओ कौन जागता है? जिसका नाम ले करके पुकारते हैं। कर के देख लो। सोया हुआ आदमी भी अपने नाम के पुकारे जाने पर जाग पड़ता है क्योंकि वह चैतन्य है। और राम नाम तो परम चैतन्य है भैया। नाम में और नामी में कोई भेद ही नहीं है। चैतन्य महाप्रभु ने कहा था—

नाम्नामकारि बहुधा निज सर्वशक्तिः
तत्रार्पिता नियमितः स्मरणे न कालः।
एतादृशी तव कृपा भगवन् ममापि
दुर्देवमीदृशमिहाजनि नानुरागः।

हे प्रभु, तुमने अपने बहुत से नाम बनाये। एक दो नाम थोड़े ही हैं। जो नाम तुमको प्यारा लगे—राम, कृष्ण, शिव, देवी दुर्गा। आज नवमी भी है। दुर्गा नवमी भी है। जो नाम अच्छा लगे, उसी को जपो।

तुमने अपनी सारी शक्ति अपने नाम को अर्पित कर दी!
स्मरण का कोई काल कोई नियम ही नहीं रखा।

तुम्हारी इतनी बड़ी कृपा है और हे भगवन्! मेरा इतना बड़ा दुर्भाग्य है कि तो भी मेरा मन नहीं लगता नाम लेने में। नाम लेने में मन ही नहीं लगता तो नाम लेकर क्या होगा?

हम अपने गुरुजी से पूछते रहते थे। एक बार हमने अपने गुरुजी से पूछा, गुरुजी! जब नाम लेते हैं तो सब काम काज याद आते हैं। अरे हमने तो वह लेख नहीं लिखा, हमको वहाँ व्याख्यान देना है, यह काम करना है, वह काम करना है। सारी दुनिया के काम तब याद आते है, जब हम नाम लेना शुरू करते हैं। तो मन तो लगता ही नहीं। क्या करें? उन्होंने दो बातें बतायीं। पहले एक बात पूछी, कि तुमने कभी बुलबुल वाले को देखा है? हमने कहा—देखा है। बोले—उसकी उँगली पर या अपने अड्डे पर बुलबुल बैठती है कि नहीं। बैठती है। बोले—पहले दिन बैठती थी? नहीं, फिर कैसे बैठने लगी? उसने बुलबुल की टाँग में डोरी बाँध दी और उसके अड्डे में डोरी का दूसरा छोर बाँध दिया। अब बुलबुल फड़फड़ायी। इधर गयी, उधर गयी। थकी तो कहाँ बैठी? अड्डे पर बैठी। बुलबुल को फड़फड़ाने दो। उसकी टाँग में डोरी बाँध दो, फिर वह थकेगी तो अड्डे पर ही बैठेगी। दूसरी बात कही कि अच्छा! तुम कहते हो कि मन नहीं लगता तो रामजी का नाम लेकर क्या होगा? हमने कहा—हाँ। हमारे सामने पाँच साल का एक बच्चा था। उन्होंने कहा—तुम इस बच्चे को कह सकते हो कि एक मन का बोझ लेकर छत पर जाओ? हमने कहा—नहीं कह सकते। उन्होंने पूछा—क्यों नहीं कह सकते हो? क्योंकि हम जानते हैं गुरुजी कि यह एक मन का बोझ उठा ही नहीं सकता। वे बोले—जितनी अकल तुममें है, उतनी अकल रामजी में हैं कि नहीं? हमने कहा—रामजी में हमसे बहुत ज्यादा अकल है। वे बोले तो रामजी भी जानते हैं कि तुम्हारा मन तुम्हारे अधीन नहीं है। दुनिया में किसी का मन उसके अधीन नहीं होता। जो साधना के बिना बोलता है कि मेरा मन मेरे अधीन है, वह झूठ बोलता है।

साक्षात् सखा थे अर्जुन श्री कृष्ण के और उनको भगवान गीता का उपदेश दे रहे थे। और उसी गीता में अर्जुन ने श्री कृष्ण से कहा—

चंचलं हि मनः कृष्ण प्रमाथि बलवद्दृढ़म्।
तस्याहंनिग्रहं मन्ये वायोरिवसुदुष्करम्॥ *(गीता ६/३४)*

मेरा मन बड़ा चंचल है, प्रमथन करता है। लस्सी बनाते हुए देखा है न। मथानी से जैसे मथा जाता है दही को, वैसे ही यह दुष्ट मन हमको-तुमको मथता रहता है। प्रमाथि बलवत्, शक्तिशाली है। कहें कि चलो उत्तर तो कहेगा—नहीं दक्षिण जायेंगे। **दृढ़ं**—अपनी कुटेव छोड़ता ही नहीं, बहुत मजबूत है इसका दुराग्रह।

उसका निग्रह करना मैं उतना ही कठिन मानता हूँ जैसे वायु को नियंत्रित करना। भगवान ने यह नहीं कहा—तुम झूठ बोलते हो। वे बोले **असंशयं महाबाहो मनो दुर्निग्रहं चलम्**—ठीक कहते हो। हे बड़ी-बड़ी भुजाओं वाले अर्जुन! मन निःसंशय रूप से, निश्चित रूप से, कठिनता से वशीभूत होता है। चलं—चंचल है। तो क्या करें—छोड़ दें? नहीं छोड़ना भैया, वह विपथगामी हो जायेगा—

अभ्यासेन तु कौन्तेय वैराग्येण च गृह्यते।

अभ्यास और वैराग्य के द्वारा उस पर नियंत्रण करो। जप से मन पर नियंत्रण होगा। अरे! नाम जप में मजा ही नहीं आता। रस ही नहीं आता। बोले—रस नहीं आता। अच्छा! कभी तुमको पित्त की उलटी हुई है। गुरुजी से सुनी हुई बात बता रहा हूँ। किताब में पढ़ी हुई बात नहीं बता रहा हूँ। गुरुजी से जो सीधी सुनी हुई बात है, वही सुना रहा हूँ आपको। उन्होंने कहा—कभी तुमको पित्त की उलटी हुई है। हमने कहा—हुई है। बोले—जब पित्त की उलटी होती है तो तुम्हारा मुँह कैसा होता है। कड़वा होता है। अगर तुम उस समय मिश्री मुँह में डालो तो कैसी लगेगी। महाराज! उस समय तो मुँह जहर हुआ रहता है। अगर मिश्री भी मुँह में डालेंगे तो वह भी कड़वी लगेगी। बोले—मिश्री चूसना ही पित्त की दवा है। जब मिश्री चूसते-चूसते पित्त को शान्त करोगे तो मिश्री तो मीठी है ही, अपने आप मीठी लगेगी। तुमको तो राम का नाम लेना मीठा नहीं लगता है, यह संसार के पाप-ताप का परिणाम है। भव-रोग की अचूक दवा राम-नाम है। इसलिए तुम्हारा मन लगे-लगे, न लगे न लगे। मन जहाँ चाहे घूमे, चूल्हे में जाये, तुम तो जीभ से राम नाम लेते रहो। गुरुजी कहते थे कि यह एक तोले की जीभ तो तुम्हारे वश में है। बस उसे तुम नचाते रहो, बाद बाकी रामजी जानते हैं। तो, आज रामजी के अवतार के दिन थोड़ी चर्चा रामजी के नाम की और थोड़ी सी चर्चा रामजी के काम की।

देखो भैया! हनुमन्त लाल को प्रबोध देते समय जामवन्त ने कहा—

राम-काज लगि तव अवतारा, सुनतहिं भयउ पर्वताकारा।

हनुमन्त लाल! तुम्हारा अवतार, तुम्हारा जन्म राम का काम करने के लिए हुआ है। जैसे ही हनुमन्त लाल ने सुना, अरे! मेरा जन्म रामजी का काम करने के लिए हुआ है? तो उनको अपना शौर्य, अपना भूला हुआ विक्रम याद आया और वे पर्वताकार हो गये।

अच्छा! हनुमानजी का जन्म तो हुआ है, रामजी का काम करने के लिए और हमारा आपका जन्म क्या रावण का काम करने के लिए हुआ है? हमारा आपका जन्म भी रामजी का काम करने के लिए ही हुआ है। रामजी का काम कोई अलग से निर्दिष्ट काम नहीं है। यह बात भी मैंने गुरुजी से सुनी। बहुत बार आप लोगों को भी सुनायी होगी, फिर सुनाता हूँ।

भक्ति कर्त्ता-निरपेक्ष है। भक्ति इस बात का विचार नहीं करती कि भक्ति करने वाला ब्राह्मण है, कि क्षत्रिय है, कि वैश्य है, कि शूद्र है, कि हिन्दू है, कि मुसलमान है, कि हिन्दुस्तानी है, कि पाकिस्तानी है, कि अमेरिकन है, कि जर्मन है। कुछ नहीं, कोई हो। भक्ति कर्त्ता निरपेक्ष है।

भक्ति क्रिया-निरपेक्ष है। भक्ति किसी क्रिया की अपेक्षा नहीं करती। केवल नाम लेना भक्ति है। भगवत् भजन का गाना भक्ति है। नहीं भाई! झाड़ू देना भी भक्ति है। नाचना भी भक्ति है। सदना कसाई मांस बेचता था वह भी भक्ति है। धर्म व्याध के पास ऋषि को भेजा गया धर्म सीखने के लिए। भक्ति क्रिया-निरपेक्ष है। कोई क्रिया-विशेष भक्ति नहीं है और इसलिए गीता पढ़ जाइये आदि से अन्त तक। किसी कर्म-विशेष का निर्देश नहीं है। क्यों नहीं है? क्योंकि सब क्रियाएँ राम की हैं, राम के लिए होनी चाहिए। प्रत्येक क्रिया भक्ति का अंग बन जाती है, यदि वह सच्चे मन से राम के लिए की जाती है तो। भक्ति केवल उद्देश्य सापेक्ष है। किसके लिए कर रहे हो? यही असली बात है। रामजी के लिए कर रहे हो, तो चोरी नहीं कर

सकते। रामजी के लिए कर रहे हो, तो व्यभिचार नहीं कर सकते। बेईमानी नहीं कर सकते। चोरी, व्यभिचार, बेईमानी केवल अपने क्षणिक सुख के लिए होती है। रामजी के लिए नहीं। कहा—रामजी के लिए करो। तो अपने आप सारे बुरे कर्म निषिद्ध हो जाएँगे। बिना कहे रामजी का काम करो। रामजी का काम करो और इसी में जीवन सार्थक हो जायेगा। हमारे राम जी-रामजी कैसे हो गये। रामजी रामजी हुए इसलिए कि वे दंडकारण्य गये। रामजी इतने सम्मानित हुए ही इसलिए कि दंडकारण्य के काँटों से उनके कोमल चरण छिदे। नहीं तो रामजी रामजी नहीं होते। आज रामनवमी है, अभी तो रामजी आये हैं। जाने की बात कहना अच्छी बात नहीं है। लेकिन लीला ही है। लीला में आते हैं, लीला में जाते हैं। लीला में जब रामजी जाने लगे तो उन्होंने क्या चीज दी हमको-आपको?

स्मरतां हृदिविन्यस्य विद्धं दंडक कंटकैः।
स्वपादपल्लवं रामः आत्मज्योतिरगात् ततः॥

स्मरण करने वालों के हृदय में दंडकारण्य के काँटों से क्षत-विक्षत अपने चरणों की स्थापना करके रामजी अपने ब्रह्म स्वरूप में लीन हो गये। यह विरासत रामजी हमको आपको देकर गये हैं।

स्मरण करने वालों के हृदय में दंडकारण्य के काँटों से छिदे हुए अपने पाद-पल्लवों को स्थापित कर रामजी ब्रह्म-स्वरूप में लीन हो गये। रामजी के चरण अगर काँटों से छिद सकते हैं तो हम लोग जो रामजी का सेवक अपने को मानते हैं, (हैं कि नहीं यह तो रामजी ही जानें) हम लोगों को कितना परिश्रम करना चाहिए? हम लोगों को कितना सहना चाहिए? हम लोगों को कितना कष्ट-भोग करना चाहिए? और उफ नहीं करनी चाहिए। रामजी हमारे हृदय में दंडकारण्य के काँटों से छिदे हुए पैर स्थापित करके गये हैं। इसलिए सारे शिकायती रामों को नमस्कार। शिकायती राम हमको नहीं चाहिए। शिकायत न करना। जितना कर सकते हैं—करें और रामजी से जुड़ें। रामजी से कहें कि बाबा! तुमने हमको काम दिया है तो काम करने की शक्ति भी दो।

तोमार पताका जारे दाओ तारे बहिबारे दाओ शकती।
तोमार सेवार महान् दुःख सहिबारे दाओ भकती।

तुमने अपना झंडा हमारे हाथ में थमा दिया है तो उस झंडे को आगे ले चलने की ताकत भी दो। तुमने हमारे मन में यह चाव जगा दिया है कि हम तुम्हारी सेवा करें तो तुम्हारी सेवा करने में जो महान् दुःख है, उसको सहने की भक्ति भी तो दो। आज श्री राम नवमी के पवित्र दिन पर हम सब रामजी से प्रार्थना करें कि राम जी, हम आपका नाम भी लें और आपका काम भी करें। उतना करें जितना कर सकें। रामजी ने काम दिया है तो काम करने की शक्ति भी देंगे—

पूषन्नेकर्षे यम सूर्य प्राजापत्य व्यूह रश्मीन् समूह।
तेजो यत्ते रूपं कल्याणतमं तत्ते पश्यामि योऽसावसौ पुरुषः सोऽहमस्मि॥

प्रार्थना का क्रम चल रहा है। यह बहुत ही आश्चर्य की बात है। उपनिषद्, वेदान्त, ज्ञान। लेकिन प्रार्थना चल रही है। इसके पहले मंत्र में भी प्रार्थना थी—

हिरण्मयेन पात्रेण सत्यस्यापिहितं मुखम्॥
तत्त्वं पूषन्नपावृणु सत्यधर्माय दृष्टये॥

प्रार्थना तभी की जाती है जब यह बोध मन में जागता है कि जो हम पाना चाहते हैं, करना चाहते हैं उसे अपनी शक्ति से, अपनी बुद्धि से, अपनी चेष्टा से, अपने साधन से नहीं पा सकते, नहीं कर सकते। प्रार्थना के मूल में अपनी लघुता का, दीनता का, असमर्थता का बोध होता है। एक बात।

और दूसरी बात प्रार्थना के मूल में यह भी है कि जब हम प्रभु से प्रार्थना करते हैं तो उनकी सर्वसमर्थता का अनुभव होता है। हम प्रार्थना प्रभु से कर रहे हैं। तुलसी बाबा कहते हैं—

राम सों बड़ो है कौन, मोसों कौन छोटो।
राम सों खरो है कौन, मोसों कौन खोटो॥

ये दो बातें प्रार्थना में होनी चाहिए। मेरे रामजी सबसे बड़े हैं। और रामजी के बड़प्पन के साथ-साथ रामजी के शील, रामजी के कोमल स्वभाव का स्मरण। भैया! जिससे प्रार्थना कर रहे हैं, वह हमारी प्रार्थना सुनकर, विपत्ति-कष्ट सुनकर रीझेगा, पिघलेगा कि नहीं पिघलेगा? छोटा सा शिशु जब माँ माँ करके बोलता है तो बोल ही नहीं सकता। बाबू को बाबू भी नहीं बोल सकता। वह तुतली वाणी में बोलता है। असमर्थ, लेकिन बोल रहा है। तो उसकी बात सुनकर माँ-बाप को अच्छा लगता है कि बुरा लगता है? अच्छा लगता है, कि यह बालक प्यार से हमको कुछ बोल तो रहा है। रामजी यह नहीं देखते कि इसने स्तुति में हमारी महिमा बढ़ाई की महिमा घटाई। कोई रामजी की क्या महिमा बढ़ायेगा? रामजी की प्रकृति तो ऐसी अद्‌भुत है कि '**रहति न प्रभु चित चूक किये की, करत सुरति सौ बार हिये की।**'

हमसे क्या गलती हो गयी, इसकी ओर उनका ध्यान ही नहीं जाता। हृदय में भाव है कि नहीं? एक बढ़िया श्लोक है—

मूर्खो वदति विष्णाय विद्वान् वदति विष्णवे।
उभयोस्तु फलं तुल्यं भावग्राही जनार्दनः॥

लो! अन्धेर नगरी है। ॐ नमः शिवाय। ॐ रां रामाय नमः। ॐ कृष्णाय नमः। ॐ विष्णाय नमः। अरे! विष्णाय नहीं होता। व्याकरण से गलत हो गया। क्या होगा? **मूर्खो वदति विष्णाय**। मूर्ख जो होता है वह कहता है विष्णाय। **विद्वान वदति विष्णवे**। जो विद्वान हैं, वह व्याकरण शुद्ध करके बोलता है विष्णवे नमः। **उभयोस्तु फलं तुल्यं**—दोनों का फल बराबर है।

भावग्राही जनार्दनः—क्योंकि भगवान भाव देखते हैं, शब्द नहीं सुनते। ॐ नमः विष्णवे—बेईमानी से बोलो। भगवान खुश हो जायेंगे। नहीं। ईमानदारी से बोलो, हमें व्याकरण नहीं आता। हमने रामाय नमः सुना। कृष्णाय नमः सुना। ॐ नमः शिवाय सुना। विष्णाय कह दिया। क्या हमारा अपराध है? हमको नहीं आता। हमारा हृदय शुद्ध है कि

नहीं? सचमुच हम भगवान को नमस्कार कर रहे हैं कि नहीं? **भावग्राही जनार्दनः**—यह जो हमने दो चार सम्बोधन किए, इन सम्बोधनों से रामजी बड़े हो गये? किसी भाषा में कोई सम्बोधन ऐसा नहीं बना है, न बनेगा जो रामजी की महिमा की व्यंजना कर सके। रामजी की महिमा की व्यंजना करने वाला कोई विशेषण, कोई सम्बोधन न बना है, न बनेगा। यह तो केवल हम अपना भाव प्रकट कर रहे हैं। इसलिए इस मंत्र में—

पूषन्नेकर्षे यम सूर्य प्राजापत्य।

ये एक के बाद एक सम्बोधन हैं। हमारी दृष्टि से ये सम्बोधन बड़े हैं। परमात्मा की दृष्टि से ये सम्बोधन बहुत साधारण हैं। लेकिन हम अपनी ही दृष्टि से बोल सकते हैं। पूषन्—परमात्मा पोषण करता है। पूषन् माने जो सबको पुष्ट करे सबका पोषण करे। सूर्य अपने ताप से सबको पुष्ट करता है। इसलिए उसको भी पूषन् कहते हैं।

पूषन्नेकर्षे—एक ऋषि—ऋषि माने? **ऋषयः मंत्र द्रष्टारः**—जो मंत्र-द्रष्टा होता है, वह ऋषि होता है। जो देख सकता है। सूर्यनारायण के रूप में सारी सृष्टि का एकमात्र द्रष्टा, एक मात्र देखने वाला प्रभु, वह देख रहा है। यम—अन्तर्यामी के रूप में सबका संयमन करता है, नियमन करता है। शास्ता है। सूर्य सबों का रस स्वीकार करता है। सबों की बुद्धि को शुभ कार्यों में प्रवृत्त करता है। आखिर गायत्री मंत्र में हम प्रार्थना क्या करते हैं? कि हे सवितानारायण। तुम्हारे इस वरणीय तेज का हम ध्यान करते हैं। तुम हमारी बुद्धि को शुद्ध कर अच्छे कार्यों में प्रवृत्त करो। तो सूर्य वह है, जो सब रसों का शोषण करे, ग्रहण करे और हमारी-आपकी बुद्धि को शुद्ध कर अच्छे-कार्यों में प्रवृत्त करे।

प्राजापत्य के दो अर्थ किए गए हैं। एक प्रजापति नन्दन! सूर्य के अर्थ में संबोधन किया तो विराट पुरुष का अवतरण हुआ और उसकी आँख के समान सूर्य है। तो इसलिए उसको प्रजापति नन्दन कहा गया। दूसरा अर्थ यह किया गया कि वह प्रजापति का प्रिय है क्योंकि उन्होंने पहले सूर्य को उपदेश दिया। सूर्य प्रभु के पहले शिष्य हैं। इसलिए प्राजापत्य का मतलब हुआ जो प्रजापति के प्यारे हैं। प्राजापत्य का मतलब हुआ जो प्रजापति के नन्दन हैं, पुत्र हैं। यह संबोधन है। और यह संबोधन भक्त ऋषि अपनी प्रीति को, अपने सद्भाव को अर्पित करने के लिए बोल रहा है। कभी यह नहीं समझना, जानना, मानना चाहिए कि हम किसी भी स्तुतिपरक शब्द से प्रभु की महिमा व्यंजित कर सकते हैं। हम जितनी भी ऊँची से ऊँची बात कहें, वह प्रभु की वास्तविक महिमा की तुलना में बहुत-बहुत-बहुत कम है। उस अनुपात से भी कम है कि इतनी विदुषी वसुमती को कहा जाय कि उसको क, ख, ग, घ, पढ़ना आता है। उस अनुपात से भी कोटि कोटि गुना अनुपात बड़ा होगा। हमारी भाषा का कोई भी शब्द प्रभु की वास्तविक महिमा को व्यंजित करने में समर्थ नहीं है। हम केवल अपनी भावना उनको इन संबोधनों के द्वारा अर्पित करते हैं। प्रार्थना की महिमा है कि जिससे हम प्रार्थना करेंगे उसकी महिमा की वन्दना करेंगे।

यह हमने बताया कि यह पहले मंत्र का अगला बढ़ा हुआ हिस्सा है। पहले मंत्र में क्या कहा गया? हे सत्यस्वरूप परमात्मा। मैं भी सत्यधर्मा हूँ। मेरा भी धर्म एकमात्र सत्य ही है। मुझ सत्यधर्मा के लिए अपने सत्य स्वरूप मुख का दर्शन कराने की इच्छा से उसके ऊपर यह

जो हिरण्मय आवरण है, यह जो ढक्कन है यह जो तेरी चकाचौंध कर देने वाली रश्मियाँ हैं जिनके कारण आँखें ठहरती नहीं हैं (सूरज को केवल आँखों से कोई देख सकता है क्या?) इस आवरण को हटा दो।

हे पूषण! हे पोषक! हे पोष्टा! अपने चमक-दमक भरे आवरण को हटाओ जिससे हम तुम्हारे सत्य स्वरूप का दर्शन कर सकें। यह प्रार्थना है। अब कैसे हटाओ? और हटाने के बाद क्या होता है? इसका वर्णन इस मंत्र में किया गया है।

आवरण हटाओ यह प्रार्थना है। कैसे हटाओ? **व्यूहरश्मीन् समूह तेजो यत् ते रूपं, कल्याणतमं तत्ते पश्यामि योसावसौ पुरुषः सोऽहमस्मि।**

तुम अपनी रश्मियों को एक तरफ कर लो। **व्यूह**। व्यूह का मतलब एक तरफ कर लो। समूह का मतलब भी उपसंहृत कर लो, हटा लो। विनोबा भावे ने कहा कि संश्लेषण और विश्लेषण दोनों तरह से समझना है। इसलिए एक बार व्यूह कहा विश्लेषण के अर्थ में और एक बार समूह कहा संश्लेषण के अर्थ में। लेकिन अर्थ दोनों का यही है कि हे प्रभु! अपनी इन तेजोद्दीप्त रश्मियों को जो दाहक हैं, तापक हैं जो हमें तुम्हारा स्वरूप दर्शन नहीं करने दे रही हैं, इनको तुम हटाओ। रश्मीन्—रश्मि शब्द का एक अर्थ होता है किरण। तेजस्विता के कारण, ताप के कारण। रश्मि—सींक, रुई का फाहा और इसी से बनती है रस्सी।

देखो! सूर्य की जो किरणें हैं वे हमको कैसे बाँधे हुए हैं। हम बन्धन में क्यों हैं? वह हिरण्मय पात्र हैं। पिछले प्रवचन में बताया गया कि हिरण्मय का अर्थ है सोना। हिरण्मय का अर्थ है रुपये-पैसे का, भोग का आकर्षण। इसी से ये जो रश्मियाँ हैं, वे उन अनेक प्रकार की कामनाओं का प्रतिनिधित्व कर रही हैं जो हमारे हृदय में जागती हैं। हमको इन रश्मियों ने बाँध रखा है जो हिरण्मय पात्र से निकलकर हम तक आती हैं। हिरण्मय पात्र की ये जो रश्मियाँ हैं—ये ही हमारे हृदय में कामनाएँ बन जाती हैं, ये ही हमारे मन में लालसाएँ बन जाती हैं और इन्हीं कामनाओं, लालसाओं की रस्सी से हम बँधे हुए हैं। व्यूहरश्मीन समूह—हे प्रभु! अपनी इन रश्मियों को हटा दो।

अच्छा अगर कोई बन्धन में बँधा है, तो बन्धन से छूटने का रास्ता क्या है? बन्धन से छूटने के रास्ते दो ही हैं। या तो आप बन्धन से बड़े हो जायें। आपको जिस बन्धन ने बाँधा है उसको तोड़ दें। यह ज्ञान का रास्ता है। माया के बन्धन ने आपको बाँधा है। आप अपने को ब्रह्म कहें, कहें ही नहीं, समझें, समझें ही नहीं, हो जाएँ। ब्रह्म स्वरूप माया से बड़े हो जाएँ, बन्धन टूट जायेगा।

बन्धन से छूटने का एक और रास्ता है। बन्धन से छोटे हो जाएँ। हनुमान जी कैसे छूट गये लंका में? बहुत छोटे हो गये। छूट गये। यह भक्ति का रास्ता है—

अहं तु नारायण दासदासो, दासस्य-दासस्य च दास-दासः।

मैं नारायण के दास-के-दास-के-दास के-दास-का-दास हूँ। तो यह छोटा बनना, माया के बन्धन से छूटने का एक दूसरा रास्ता है। कोई कह सकता है, भैया! न तो मैं बड़ा बन सकता हूँ न छोटा बन सकता हूँ। अरे! न तुम बड़े बन सकते हो? न छोटे बन सकते हो तो बन्धन से कैसे छूटोगे? बोले—नहीं एक रास्ता और है। वह कौन सा रास्ता है?

तुलसिदास यह जीव मोह रजु, जोइ बाँध्यौ, सोइ छोरै।

इस जीव को अज्ञान की रस्सी से जिसने बाँधकर रखा है, वही अगर खोल दे तो बन्धन से छूट जायेंगे—

तुलसिदास यह मोह-शृंखला, छुटिहि तुम्हारै छोरै।

तुलसीदास कहते हैं कि यह मोह की शृंखला तुम्हारे द्वारा खोले जाने पर खुल जायेगी।

व्यूहरश्मीन् समूह—हे प्रभु! तुम्हारे इस हिरण्मय आवरण के द्वारा ये जो चकाचौंध कर देने वाली रश्मियाँ हमारे मन में कामनाएँ, लालसाएँ, वासनाएँ, ईर्ष्या, द्वेष आदि बनकर जकड़े हुए हैं हमें, हे प्रभु! अपनी इन रश्मियों को एक तरफ हटा दो, खोल दो। हमको मुक्त करो प्रभु। हम इन रस्सियों से जकड़े हुए हैं, हमको खोल दो। यह प्रार्थना है। यह शरणागति की प्रार्थना है। बराबर याद रखें—शरणागति का मतलब क्या होता है? शरणागति का मतलब होता है कि प्रभु तुम्हीं मेरे साधन हो और तुम्हीं मेरे साध्य हो। जब तक आपका साध्य कुछ और है तब तक आप शरणागत नहीं हैं। दुनिया में भगवान से हमारे रिश्ते मोटे तौर पर तीन तरह के होते हैं।

ज्यादातर रिश्ता यह है कि राम जी! हमको नौकरी दिला दीजिए, रामजी! हमारे बेटा हो जाये। रामजी! हमारी बेटी को अच्छा वर मिले। आदि-आदि। आजकल तो लोग एम०एल०ए०, एम०पी०, मंत्री होना चाहते हैं। इसमें साध्य कुछ और है और साधन-रामजी हैं। यह शरणागति नहीं है। यह तो भक्ति के रूप में व्यापार है। साध्य रामजी हैं, साधन मेरा ज्ञान है। साध्य रामजी हैं, साधन मेरा निष्काम कर्म है। साध्य रामजी हैं, साधन मेरी योग-साधना है। साध्य रामजी हैं, साधन मेरी भक्ति है। यह सब भी शरणागति नहीं है। हो सकता है भैया? कि तुम्हारा साधन कुछ और हो और तुमको मिल जायें राम जी। लेकिन मैं तो सीमित शक्ति वाला हूँ। मेरा अपना साधन छिः-छिः। रामजी को प्राप्त करने में मेरा साधन? नारायण। नारायण। मेरे सीमित साधनों का फल भी सीमित होगा। उससे असीम रामजी कैसे मिल जायेंगे? अतः कोई अहंकार मुझे अपने साधन का नहीं है। मेरे तो साधन रामजी हैं और मेरे तो साध्य भी रामजी हैं। जब साधन और साध्य-दोनों रामजी होते हैं तभी शरणागति होती है।

व्यूहरश्मीन समूह—मैं इन रस्सियों को तोड़ने में, मैं इन रस्सियों से मुक्त होने में असमर्थ हूँ। हे प्रभु! तुम्हीं कृपा करके अपनी रश्मियों को लपेट लो। उपसंहृत कर लो। क्यों कर लो? ताकि तुम्हारा रूप देख सकूँ।

तुम्हारा यह जो तेजोमय, कल्याणमय रूप है। प्रभु का रूप। प्रभु का भी कोई रूप है? अरे भैया! ये सारे रूप ही प्रभुजी के हैं। जो भक्त का भाव है, प्रभु का वही रूप है। और वह कल्याणतम रूप है। क्या बोल रहा है, ऋषि?

तत्ते पश्यामि—तुमने कृपा की। तुमने कृपा करके अपने हिरण्मय आवरण को हटा दिया। जिन रस्सियों से, कामनाओं से, वासनाओं से मैं जकड़ा हुआ था, उनसे मुझे मुक्त कर दिया। तुम्हारी कृपा से तुम्हारे कल्याणतम रूप को मैं देख रहा हूँ। पश्यामि भगवत्साक्षात्कार का अपरोक्ष अनुभव हो रहा है। यह सुनी-सुनाई बात नहीं है। यह दूसरे की बात नहीं है।

तत्ते पश्यामि—प्रभु मैं तुम्हारा साक्षात्कार, साक्षात् दिव्य-दर्शन कर रहा हूँ और दिव्य-दर्शन करने के बाद हुआ क्या? जो पुरुष इस सूर्यमण्डल में है, पुरुष पुर में जो रहे, हमारे आपके शरीर में रहने वाला परमात्मा। पुरुष—जो पूर्ण करे। पुरुष—जो हमारी कामनाओं को पूर्ण करे। पुरुष—जो हम पर शासन करे। सूर्य नारायण के मण्डल में जो विराजमान पुरुष है, उसका मैं प्रत्यक्ष दर्शन कर रहा हूँ।

सोऽहमस्मि—वही मैं हूँ। जिसका दर्शन किया, वही मैं हूँ। मैं वही हूँ। वेद में एक जगह आया है—**तदपश्यत्, तदभवत्, तदासीत्**। किसी को जान लेने मात्र से अगर तुम कुछ हो जाते हो तो तुम वही थे। **तद्पश्यत्**—उसको देखा। **तद्भवत्** वह हो गया। **तदासीत्** वह तो था ही वह। जो था, उसी को जान लिया, वही हो गया—

सोइ जानइ, जेहि देहु जनाई, जानत तुम्हहिं तुम्हइ होइ जाई।

यह शरणागति की चरम भूमिका है। मधुसूदन सरस्वती ने गीता के चरम मंत्र पर जो टीका लिखी है, वह बड़ी अद्भुत है। वह चरम मंत्र तो आप सब को मालूम है,

सर्वधर्मान् परित्यज्य, मामेकं शरणं व्रज।
अहं त्वा सर्वं पापेभ्यो मोक्षयिष्यामि मा शुचः॥

सब धर्मों को छोड़कर मेरी शरण में आ जाओ। मैं तुम्हें सब प्रकार के पापों से मुक्त कर दूँगा, शोक मत करो। इस पर टीका लिखी है उन्होंने। और टीका में उन्होंने कहा—

तस्याहं ममैवासौ सएवाहमिति त्रिधा।
भगवच्छरणत्वं स्यात् साधनाभ्यासपाकतः॥

मधुसूदन सरस्वती बोल रहे हैं, विष्णुकांत नहीं बोल रहा है। क्या बोल रहे हैं मधुसूदन सरस्वती? शरणागति के परिपक्व होने के क्रम में उसकी तीन भूमिकाएँ हैं।

भगवत् शरण की साधना के अभ्यास के परिपाक पर क्रमशः तीन भूमिकाएँ हैं। पहली भूमिका क्या है? **तस्याहं!** पहली भूमिका है कि मैं उसका हूँ। दूसरी भूमिका क्या है? **ममैवासौ**—वह मेरा है। और तीसरी भूमिका क्या है? **सएवाहं**—वही मैं हूँ—

तस्याहं, ममैवासौ स एवाहमिति त्रिधा

भगवत् शरण की साधना के अभ्यास के परिपाक के क्रम में उसकी मृदु, मध्य और अवधि—तीन भूमिकाएँ हैं। मृदु शरणागति के उदाहरण में उन्होंने शंकराचार्य को उद्‌धृत कर दिया। हम लोग कई बार कहते हैं न कि ज्ञानी लोग प्रार्थना नहीं करते हैं। अरे राम-राम। ज्ञानी लोग भी प्रार्थना करते हैं भैया। क्यों नहीं प्रार्थना करेंगे? अच्छा, ज्ञान के रूप में आत्मा और परमात्मा एक ही है। चलो ठीक है। लेकिन शरीर तो त्रिताप ग्रस्त होता है कि नहीं? ज्ञानियों का शरीर भी होता है। तो, शरीर त्रिताप ग्रस्त न हो, इसके लिए प्रार्थना करनी चाहिए। मृदु शरणागति कैसी?

सत्यपिभेदापगमे नाथ तवाहं न मामकीनस्त्वम्।
सामुद्रो हि तरंगः क्वचन समुद्रो न तारंगः॥

सत्यपिभेदापगमे—भेद का अपगमन हो जाने पर भी। भेद का भाव दूर हो जाने पर भी।

नाथ तवाहं—हे प्रभु! मैं तुम्हारा हूँ। **न मामकीनस्त्वं**—तुम मेरे हो। यह कैसे कहूँ?

सामुद्रो हि तरंगः—आप लोग पुरी गये हैं? समुद्र का दर्शन किया है? समुद्र में हजार-हजार तरंगें उठती रहती हैं। अब ये तरंगें समुद्र की हैं, कि समुद्र तरंगों का है। शंकराचार्य कहते हैं कि सामुद्रो हि तरंगः—तरंग को सामुद्र कहा जाता है। तरंग समुद्र की है। समुद्र को तारंग नहीं कहा जाता। आज तक कभी, किसी ने कहा है? तो वैसे ही भेद का अपगमन हो जाने पर भी हे प्रभु! मैं तुम्हारा हूँ। यही कहते बनता है। तुम मेरे हो। यह कहते नहीं बनता। समुद्र की तरंग है। तरंग का समुद्र—यह कहना अटपटा कहना है। यह शरणागति तो है। लेकिन मृदु शरणागति है।

मध्य शरणागति किसको कहते हैं? मध्य शरणागति के उदाहरण में उन्होंने विल्व मंगल को उद्धृत किया है। विल्व मंगल को कुएँ से निकालकर हाथ छुड़ाकर जब प्रभु जाने लगे, तो उसने कहा, अरे! मैं अन्धा हूँ। हाथ छुड़ाकर तुम जा रहे हो। बलपूर्वक इसमें कौन सी बड़ी बहादुरी है। मैं कमजोर आदमी हूँ। हाथ छुड़ाकर तुम चले गये। बड़े बहादुर हो। बहादुर हो तो निकल जाओ मेरे हृदय से। तो तुम्हारी बहादुरी समझूँ। ऐसी ही उक्ति सूर की भी है—

हाथ छुड़ाए जात हौ, निबल जानि कै मोहिं।
हिरदय से जब जाओगे मर्द बदौंगो तोहि।

इसी रौ में प्रेममयी गोपिकाओं ने प्रभु से कहा—

ब्याहौ लाख, धरौ दस कुबरी, अन्तहु कान्ह हमारे।

अरे केवल सोलह हजार रानियाँ! एक लाख ब्याह करो। दस कुबरियों को पकड़ लो। '**अन्तहु कान्ह हमारे**'—अन्ततोगत्वा कृष्ण तो हमारे ही हैं।

वह मेरा है। मेरा शरण्य राम मेरा है, यह मानकर ही भक्त कहता है—

'मैं तो हूँ श्रीराम का मेरे हैं श्री राम।'

तुलसी बाबा ने तो विलक्षण प्रार्थना की—

अस अभिमान जाय जनि भोरे।
मैं सेवक, रघुपति पति मोरे॥

लेकिन एक बढ़िया श्लोक है। एक कृष्ण भक्त **दासोऽहं, दासोऽहं, दासोऽहं**—बोलता था और वह तो महाचोर है। चोर? कृष्ण? उसको आदत चुराने की पड़ी हुई है। मक्खन चुराता था। गोपियों के वस्त्र चुराता था। अब देखो। क्या अनर्थ किया? उसने दासोहं का दा चुरा लिया—

दा शब्दश्चौरितस्तेन गोपीवस्त्रापहारिणा।

वह जो गोपी के वस्त्र का अपहरण करता है, उस कन्हैया ने दासोहं के दा शब्द को चुरा लिया। अब उसने चुरा लिया तो क्या हो गया? सोहं हो गया। यह शरणागति की तीसरी

भूमिका है और इसके लिंए उन्होंने विष्णु पुराण से यमराज की उक्ति का एक श्लोक उद्धृत किया है—

सकलमिदमहंच वासुदेवः परमपुमान् परमेश्वरः स एकः।
इतिमतिरचला भवत्यनन्ते व्रज भटतान् विहाय दूरतः॥

वह परम पुमान् परमेश्वर तो एक ही है। यह सारा का सारा जगत और मैं भी वही वासुदेव हूँ, जिनके मन में ऐसी निष्ठा हो, हे यमदूतो! दूर से उनको नमस्कार कर भाग जाओ। चले जाओ। खबरदार। उनके पास मत जाना जिनके मन में यह बुद्धि है कि यह सारी सृष्टि वासुदेव हैं। मैं भी वासुदेव ही हूँ। उनके पास भूलकर भी यमदूतो मत जाना—

मेरा मन सुमिरै राम कूँ, मेरा मन रामहि आहि।
अब मन रामहि ह्वै रहा, सीस नवावौं काहि?

शरणागति की यह जो चरम भूमिका है—यह तुम्हारी कृपा से मुझे प्राप्त हुई है।

अपनी इन रश्मियों को तुम संहृत कर लो, हटा लो, समेट लो जिससे मैं तुम्हारा दर्शन कर सकूँ। तुम्हारा यह जों कल्याणतम रूप है—मैं उसके दर्शन कर रहा हूँ। कृपा के द्वारा यह दर्शन सम्भव है। यही इसमें बताया गया है।

तुमने कृपा करके अपनी रश्मियों को उपसंहृत किया, समेट लिया, हटा लिया। मेरे हृदय की वासनाओं को समेट लिया। हटा लिया। मुझे तुम्हारे दर्शनों का साक्षात् अनुभव हुआ।

एक बात पर ध्यान दीजिए। मैं कौन होता हूँ? मैं लम्बा हूँ। मैं मोटा हूँ। मैं गोरा हूँ। मैं काला हूँ। कहते हैं कि, नहीं कहते हैं? किसको मैं कह रहे हैं? शरीर को कह रहे हैं? मैं लम्बा हूँ, नाटा हूँ, मोटा हूँ, गोरा हूँ, काला हूँ—यह शरीर है। और जब आप कहते हैं—मैं सुखी हूँ। मैं दुःखी हूँ। किसको कह रहे हैं भैया? मन को कह रहे हैं। और जब आप कहते है—मैं बुद्धिमान हूँ, मैं मूर्ख हूँ, मैं पंडित हूँ, मैं ज्ञाता हूँ। किसको कह रहे हैं? बुद्धि को कह रहे हैं। और जब आप कहते हैं—शुद्ध-बुद्ध आत्म स्वरूप हूँ। किसको कह रहे हैं? अहं ब्रह्मास्मि। वह अहं कौन है? वह आप कौन हैं? शरीर हैं? इन्द्रियाँ हैं? मन हैं? बुद्धि हैं? कौन हैं आप इस सन्दर्भ में? इस सन्दर्भ में आप आत्मा हैं।

वह मैं हूँ। **तत्ते पश्यामि योऽसावसौ पुरुषः सोऽहमस्मि**। असौ शब्द का दो बार प्रयोग हुआ है। वह जो पुरुष है—वह मैं ही हूँ। अच्छा, इसमें एक सूक्ष्म बात और है। वह मैं हूँ। यह भक्ति की दृष्टि है। और मैं ही वह हूँ। मैं ही सब कुछ हूँ—यह ज्ञान की दृष्टि है। इतना थोड़ा सा अन्तर है दोनों में। वह मैं हूँ। वह मेरा परमात्मा, वह मेरा प्रियतम, वह मेरा सर्वस्व, वह मेरा इष्टदेव।

इष्टदेव कौन होता है? इष्ट शब्द की व्युत्पत्ति दो क्रियाओं से होती है। इष् इच्छति और यज् से यजति। इच्छित देव, प्रिय देव। यह इष्ट देव का साधारण अर्थ है। मुझको रामजी प्यारे लगते हैं। इष्टदेव हैं। कन्हैया प्यारा लगता है इष्टदेव है। यह इच्छित वाला इष्टदेव है। और रामजी में मैं अपनी आहुति डाल रहा हूँ।

यज्ञो वै विष्णुः यज्ञो वै रामः।

इष्ट का मतलब है यज्ञ। इष्टदेव! मेरा अपना पृथक्, अलग, स्वतंत्र अस्तित्व स्वाहा। मेरा कोई अलग अस्तित्व नहीं है।

तभी सफल आराधन होता,
जब आराधक अपना रूप।
धीरे-धीरे तजता जाता,
बन जाता आराध्य स्वरूप॥

अपना जब सम्पूर्ण अस्तित्व आप हवन कर देंगे प्रभु में, इष्टदेव में (इष्ट यज्ञ के अर्थ में) उससे तब एक हो जाएँगे। प्रभु की कृपा से जो हमने देखा, जो अनुभव किया—हम वही थे। इसलिए वही हुए। अगर वह नहीं होते तो वह कैसे हो सकते थे।

राधा के पुत्र कहे जाने वाले कर्ण को कुन्ती का पुत्र होने में क्या बाधा है? उसको समझाया गया कि तुम राधा के पुत्र हो, राधेय हो। तो अपने को राधेय-राधेय कहता रहा। उसको समझ में आ गया कि वह कुन्ती का पुत्र है, कौन्तेय हो गया। कौन्तेय-कौन्तेय कहने लगा। राधेय को कौन्तेय होने में क्या करना पड़ा? कौन्तेय हूँ इसका जो अज्ञान था, केवल उस अज्ञान का नाश करना पड़ा।

वह मैं हूँ—यह अनुभव हमको होता नहीं। हमारी वासनाओं के कारण, हमारी कामनाओं के कारण, हमारी लालसाओं के कारण, हमारे अज्ञान के कारण। जब तक सुनहरा आवरण, वे रस्सियाँ हमको बाँधे हुए हैं तब तक हमको अनुभव नहीं होता। नहीं होता तो हमको नहीं कहना चाहिए। बेईमानी नहीं करनी चाहिए। जो अनुभव होता है भैया, वही अनुभव कहना चाहिए। जब रामजी की मौज होगी, जब वह कन्हैया दासोऽहं का दा चुरा लेगा तो बात अलग है। जब तक उसने दा को नहीं चुराया तब तक तो दासोऽहं हूँ।

भगवान ने एक बार हनुमानजी से पूछा कि हनुमान! तुम कौन हो? अरे! **ज्ञानिनां अग्रगण्यं हनुमन्त लाल!** उन्होंने सोचा—रामजी हमारी परीक्षा ले रहे हैं? रामजी को क्या मालूम नहीं कि मैं कौन हूँ? तो यह साधारण प्रश्न नहीं है। रामजी मेरी परीक्षा ले रहे हैं? तो उन्होंने उत्तर दिया—

देह दृष्ट्या तु दासोऽहं—देह की दृष्टि से अगर पूछ रहे हैं रामजी! तो आपने राम का शरीर धारण किया मैंने हनुमान का शरीर धारण किया। देह की दृष्टि से आप दशरथ नन्दन राम! मैं अंजना नन्दन हनुमान! मैं आपका सेवक हूँ। **देह दृष्ट्यातु दासोऽहं।**

जीवदृष्ट्या त्वदंशकः—अगर आप जीवात्मा और परमात्मा की दृष्टि से देख रहे हैं, पूछ रहे हैं तो मैं जीवात्मा हूँ और आप परमात्मा हैं, पूर्ण हैं। मैं आपका अंश हूँ।

वस्तुतस्तु—और अगर आप तत्त्वतः पूछ रहे हैं तो **त्वमेवाहं**—जो तुम हो, जो आप हैं, वही मैं हूँ।

वस्तुतस्तु त्वमेवाहं इति मे निश्चिता मतिः—यह मेरी निश्चित बुद्धि है।

देह दृष्ट्या तु दासोऽहं जीव दृष्ट्या त्वदंशकः।
वस्तुतस्तु त्वमेवाहं इति मे निश्चिता मतिः॥

तो, किस स्तर पर हम बात कर रहे हैं? देह के स्तर पर, मन के स्तर पर, बुद्धि के स्तर पर, आत्मा के स्तर पर या तत्त्व के स्तर पर और यह तो तत्त्व के स्तर का अनुभव है। इस बात को याद रखिये कि अनुभव होने के पहले तक हम तत्त्व ज्ञान न होने पर अपनी भावना को स्थापित करते हैं। प्रतीति के स्थान पर प्रीति को स्थापित करते हैं। हमारा अनुभव नहीं है। लेकिन हम अनुभव करना चाहते हैं। क्या करें? तत्त्व ज्ञान, साक्षात् अपरोक्ष अनुभव न होने पर क्या करें? तो जहाँ हम पहुँचना चाहते हैं यदि शरीर से नहीं पहुँच सकते, तो मनोरथ से पहुँचते हैं। मन का रथ बनाते हैं, और पहुँच जाते हैं वहाँ पर। तुलसीदास के मनोरथ कितने अद्भुत, अद्भुत हैं।

जो हम बनना चाहते हैं, मन से उस स्थान को, उसको बार-बार स्पर्श कीजिए। हमने आपका साक्षात्कार नहीं किया और इसलिए हमको लगता है कि हम आपके सेवक हैं, आपके अंश हैं। जिस दिन आपकी कृपा होगी और जिस दिन आप हमारी बुद्धि के ऊपर पड़े हुए आवरणों को हटा देंगे, जिस दिन हमको यह अनुभव हो जायेगा कि वह मैं हूँ उस दिन बोलने में मुझको कोई संकोच, हिचक, झिझक नहीं होगी कि—वह कि आप...कि तुम...मैं ही हूँ। यह तो आपकी कृपा पर निर्भर है प्रभु। आप जितनी कृपा करें, जैसी कृपा करें। ऋषि यह कहता है। हम-आप तो नहीं कह सकते। लेकिन ऋषि। ईशावास्योपनिषद् का ऋषि कहता है कि प्रभु की कृपा से मैंने यह साक्षात् अनुभव किया कि उन्होंने अपने आवरण हिरणमय रूप को हटाकर अपना स्वरूप उद्घाटित कर दिया। रूप अलग-अलग। स्वरूप एक। और उस स्वरूप के उद्घाटन से मुझे यह प्रत्यक्ष अनुभव हुआ कि जो वह है, वही मैं हूँ। ज्ञान के माध्यम से भी जिस भूमिका पर पहुँचा जा सकता है, शरणागति के माध्यम से भी, भक्ति की चरम स्थिति के माध्यम से भी उस भूमिका पर पहुँचा जा सकता है। यह मंत्र इसका प्रमाण है।

मैं वही हूँ। वह मैं हूँ और इसलिए **सोऽहं सोऽहं** का जप लोग करते हैं। क्यों जप करते हैं? **सोऽहं** का अनुभव नहीं हुआ है। **सोऽहं** के अनुभव की जगह भावना को भर रहे हैं। प्रतीति की जगह प्रीति को भर रहे हैं। **सोऽहं** का जप करते-करते किसी दिन **सोऽहं** का अनुभव हो जाये। मनोरथ से **सोऽहं-सोऽहं** का जप करते हैं। साँस-साँस में **सोऽहं-सोऽहं** का जप करते हैं। कुछ लोग कहते हैं—हंसो, उलट गया—सोहं। जब तक हंस यानी जीवात्मा है तब तक अलग है, जब वह उलट जाता है तो सोहं हो जाता है। अरे भैया! होगा, लेकिन अपनी भूमिका पर बेईमानी नहीं करनी चाहिए। हम जिस भूमिका पर हैं उस भूमिका को ईमानदारी से स्वीकार करना चाहिए। अगली भूमिका पर शंका नहीं करनी चाहिए।

ईशावास्योपनिषद् का ऋषि कह रहा है यह अनुभव परम्परा से पुष्ट है। इस ऋषि ने बार-बार कहा है—येनस्तद् विचचक्षिरे—जिन्होंने इसका अनुभव किया है, चक्षि-साक्षात्

किया है। उनसे सुनकर उस अनुभव-पुष्ट परम्परा को वह अपने अनुभव की साखी से प्रमाणित कर रहा है। जिस अनुभव-पुष्ट परम्परा को गुरु-मुख से सुना, उसको अपने अनुभव से, साखी सें, गवाही से ऋषि प्रमाणित कर रहा है। रामनवमी की आज पुण्यतिथि है। भगवान हम पर भी कृपा करें। हमारी शरणागति भी मृदु से मध्य की ओर और मध्य से अवधि की ओर अग्रसर हो।

□□

प्रवचन क्रम—१६

प्रभु कृपा का हम सब अनुभव कर रहे हैं। मैं तो अनुभव कर ही रहा हूँ। ऐसे राजनीतिक वात्याचक्र में ईशावास्योपनिषद् के ऊपर चिन्तन-मनन-अध्ययन और प्रवचन उन्हीं की कृपा से संभव है। उनके चरणों में असंख्य प्रणाम। आज का विवेच्य मंत्र है—

वायुरनिलममृतमथेदं भस्मान्तं शरीरम्।
ॐ क्रतो स्मर कृतं स्मर क्रतो स्मर कृतं स्मर॥

इस मंत्र का विवेचन भिन्न-भिन्न विद्वानों ने भिन्न-भिन्न दृष्टियों से किया है। दो दृष्टियाँ प्रधान हैं। एक ज्ञान-प्रधान दृष्टि है और दूसरी भक्ति प्रधान दृष्टि है। तीसरी दृष्टि इन दोनों को समन्वित करने की है। इन तीनों दृष्टियों की थोड़ी-थोड़ी चर्चा मैं अपने इस प्रवचन में करने की चेष्टा करूँगा।

जगद्गुरु शंकराचार्य ने और दूसरे ज्ञान प्रधान चिन्तकों ने यह माना है कि इस मंत्र में मरणोन्मुख साधक मृत्यु के बाद अपने शरीर के रूपान्तरण का जिस रूप में पूर्वाभास करता है उसका वर्णन करने के अनंतर जो वह चाहता है उसके लिए प्रार्थना कर रहा है। मानते वे भी हैं कि यह प्रार्थना का मंत्र है, लेकिन उनकी स्थायी मान्यता यह है कि ज्ञान के द्वारा ही वास्तविक मोक्ष होता है। भक्ति के द्वारा, साधना के द्वारा इष्टदेव का साक्षात्कार होने पर भी जो अमृतत्व प्राप्त होता है; उनकी दृष्टि में वह सीमित अमृतत्व है। महाप्रलय तक जीवात्मा परम शान्ति में, सुख में सीमित अमृतत्व का अनुभव करता रहेगा लेकिन महाप्रलय के अनन्तर उसको फिर जन्म लेना पड़ेगा। ज्ञान की दृष्टि परम मोक्ष ब्रह्म ज्ञान के अनन्तर ही मानती है। ज्ञानमार्गी विवेचक यह स्वीकार कर लेते हैं कि सूर्य के माध्यम से परमात्मा की वन्दना, परमात्मा की स्तुति करने के अनन्तर साधक यह अनुभव कर लेता है कि प्रभु तुम्हारी कृपा से मैं तुम्हें साक्षात् देख रहा हूँ, उस सूर्य मंडलस्थ पुरुष के साथ वह अपने अभेद का अनुभव भी कर लेता है कि यह जो पुरुष सूर्यमंडल में है, मैं वही हूँ। इस बात को भक्ति के द्वारा साध्य मान लेने पर भी ज्ञानियों का यह कहना है कि उपासना और कर्म के द्वारा उपलब्ध अभेद की जो अनुभूति है वह चरम नहीं है और इसलिए वह अमृतत्व भी सीमित है। अब इस पर बहस नहीं करनी चाहिए। लोगों की अपनी-अपनी दृष्टि क्या है, इसे समझ लेना चाहिए। उसी क्रम में वे कहते हैं—कि मृत्यु के पूर्व वह भक्त किस प्रकार मृत्यु का सामना करता है इसका इस मंत्र में निरूपण है।

आप देखिए कि हम लोगों के जीवन में चित् और जड़ की ग्रंथि है। जो चैतन्य आत्मा है वह चित् है और यह शरीर जो है यह अचित् है। भौतिक पदार्थ है। इन दोनों का क्या होगा? शंकराचार्य के मतानुसार मृत्यु के अनन्तर वायु यानी मुमूर्षु साधक की प्राण वायु **अनिलं अमृतं** यह जो सारी सृष्टि में व्याप्त ब्रह्मांड में वायु के रूप में सूत्रात्मा परमात्मा है उसमें वायु के रूप

में साधक का लिंग शरीर प्रवेश करेगा और उस सीमित अमृतत्व का अनुभव करेगा। अब यह लिंग शरीर क्या है? सूत्रात्मा क्या है? इसको थोड़ा समझना चाहिए।

तीन शरीर माने जाते हैं। एक तो स्थूल शरीर है। अन्नमय कोष, प्राणमय कोष, मनोमय कोष, विज्ञानमय कोष, आनन्दमय कोष इन पाँच कोषों से बना हुआ यह जो हमारा स्थूल शरीर है यह तो आँखों के सामने नष्ट होता है, जला दिया जाता है और चार्वाक मानता है कि—

भस्मीभूतस्य देहस्य पुनरागमनं कुतः।

जो शरीर भस्मीभूत हो गया उसका पुनर्जन्म हो ही नहीं सकता। शरीर भस्म हो जाता है, यह आँखों के सामने प्रत्यक्ष है। शरीर भस्म हो गया तो क्या जीवन परम्परा समाप्त हो गयी? जन्म-मरण का चक्र रुक गया? वैदिक मान्यता इसको स्वीकार नहीं करती। वैदिक मान्यता यह है कि शरीर के भीतर एक लिंग शरीर है और एक कारण शरीर है। एक शरीर से दूसरे में जाने वाला जीवात्मा लिंग शरीर को वाहन बनाकर जाता है। लिंग शरीर क्या है? पाँच ज्ञानेन्द्रियाँ, पाँच कर्मेन्द्रियाँ, पाँच प्राण, मन और बुद्धि ये जो सत्रह तत्त्व हैं—इन्हीं सत्रह तत्त्वों से लिंग शरीर बनता है। यह लिंग शरीर हमारे इस जीवन के सम्पूर्ण कर्मों को वहन करता है। क्योंकि मन और बुद्धि, में हमारे सारे अनुभवों के संस्कार रहते हैं। यह लिंग शरीर अपने कर्मों के अनुरूप, अपनी वासना के अनुरूप नया शरीर धारण करता है। तो लिंग शरीर एक स्थूल शरीर को छोड़कर दूसरे शरीर में संक्रमण करता है। लिंग शरीर से भी छोटा एक शरीर है, वह है कारण शरीर।

कारण शरीर है केवल आनन्दमय कोष या अज्ञान का आवरण मात्र। जब कहते हैं मोक्ष हो गया तो लिंग शरीर ही नष्ट होता है, ऐसा नहीं है। लिंग शरीर के भीतर जो कारण शरीर है वह भी छूट जाता है। कारण शरीर का मतलब क्या है? हम जो कर्म करते हैं, उन कर्मों के पीछे जो हमारी वृत्ति है, मानसिकता है, वह अज्ञानप्रसूत है और इसी अज्ञान के आवरण को कारण शरीर कहते हैं। ब्रह्मविद्या की प्राप्ति होने पर जब यह मूल अविद्या, यह कारण शरीर, भंग होता है, तब मोक्ष की प्राप्ति होती है। जब तक कारण शरीर भंग नहीं होता, कारण शरीर के ऊपर पड़ा हुआ अज्ञान का आवरण मुक्त नहीं होता, तब तक मोक्ष नहीं होता, ऐसा ज्ञानियों का मंतव्य है। उनका कहना यह है कि हमारा जो लिंग शरीर है, व्यष्टि का लिंग शरीर वह समष्टि के तैजस के अभिमानी सूत्रात्मा या हिरण्यगर्भ में मिल जाता है। जैसे इस शरीर का एक लिंग शरीर है वैसें ही सम्पूर्ण सृष्टि का भी हिरण्यगर्भ या सूत्रात्मा के रूप में परमात्मा का समष्टिगत शरीर है। तो इस प्रार्थना मंत्र में ज्ञानियों के अनुसार साधक की यह प्रार्थना है कि सारे ब्रह्मांड में व्यास जो वायु है, उस सारे ब्रह्मांड में व्याप्त वायु में हमारी प्राण वायु, हमारा लिंग शरीर मिल जाये और यह अमृतत्व को यानी उनकी दृष्टि में सीमित अमृतत्व को प्राप्त कर ले। देखिए—लघु सीमा से वृहत् में जाना एक प्रकार का अमृतत्व पाना है। जीव के रूप में हम केवल अपने नाम रूप में आबद्ध थे। अब हम सूत्रात्मा में समष्टिगत ब्रह्म की, समष्टिगत जो सृष्टि की आत्मा है, उसमें हम मिल जायेंगे। उससे हम एकमेव हो जायेंगे तो हमको अमृतत्व की प्राप्ति होगी और इसलिए हमारा लिंग शरीर सूत्रात्मा में प्रवेश कर उस अमृतत्व का अनुभव करे।

और यह जो शरीर है, इसका तो अन्त भस्म होना ही है। शरीर भस्म शेष हो जाये। इसमें दो बातें बहुत साफ कही गयी हैं। पहली बात यह कि हमको शरीर का मोह नहीं रखना चाहिए। केवल शरीर के मोह के कारण हम शरीर को सुख पहुँचाने के लिए, शरीर के सम्बन्धियों को सुख पहुँचाने के लिए बहुत बार अन्याय, अधर्म, पाप करते हैं। उसके बारे में एक बात साफ होनी चाहिए कि यह शरीर नष्ट होने वाला है, नश्वर है। नश्वर शरीर और अविनश्वर आत्मा इन दोनों का समष्टिगत रूप हमको नाम-रूपात्मक शरीर प्राप्त हुआ है। इसमें हमारा जो वास्तविक पक्ष है वह तो चित्तत्व ही है, जो हमारा जीव-भाव है। वह जीव-भाव परमात्मा की ओर उन्मुख हो जाये, परमात्मा की ओर अग्रसर हो जाये, यह कामना करनी चाहिए। इसके लिए प्रयास करना चाहिए कि उसका वास्तविक मोक्ष हो जाये, इसके लिए ब्रह्म-ज्ञान की प्राप्ति होनी चाहिए। उस पर बल दिया गया है, साथ ही यह भी अभीष्ट है कि इस शरीर के प्रति आकर्षण कम हो, इस शरीर के प्रति मोह कम हो। इस मोह की, इस आसक्ति की निवृत्ति के लिए यह बताया गया है कि इस शरीर का परिणाम तो भस्म होना है, नष्ट होना है। सूरदास का उद्बोधक पद है—

जा दिन मन पंछी उड़ि जैहे।
ता दिन तेरे तन तरुवर के, सबै पात झरि जैहे।
तीनन में तन कृमि, विष्टा कै ह्वै राख उड़ै है॥

शरीर की तीन ही परिणतियाँ हैं। या तो इसको गाड़ दिया जाता है तो इसमें कीड़े पड़ जाते हैं। कृमि! या इसको पशु-पक्षी खा लेते हैं तो विष्ठा के रूप में निकाल देते हैं। या इसको भारतीय हिन्दू जला देते हैं तो यह राख हो जाता है। इस शरीर की परिणति इन्हीं तीनों में से एक होगी। मुसलमान या ईसाई भाई इस शरीर को गाड़ेंगे, तो इसमें कीड़े पड़ेंगे। इसको वन्य पशु-पक्षी खाएँगे तो विष्ठा के रूप में निकाल देंगे। इसको जला दिया जायेगा, तो यह राख हो जायेगा। भारतीय चिन्तन शरीर के किसी अंश को बचा रखने के पक्ष में नहीं है। शरीर के प्रति आसक्ति नहीं होनी चाहिए। शरीर नश्वर है। शरीर की सद्गति इसी में है कि उसका मेल मिट्टी में हो जाये। पाँच तत्त्वों से बना हुआ यह शरीर है। पाँचों तत्त्व अपने-अपने मूल तत्त्वों में मिल जायें। शरीर के किसी अंश को बचाकर उसकी पूजा करना—यह भारतीय दृष्टि नहीं है। हम शव के पूजक नहीं हैं, हम शिव के पूजक हैं। शिव तत्त्व जो आत्म तत्त्व है, हम उसकी पूजा करते हैं। शव जो नश्वर शरीर है, हम उसकी पूजा नहीं करते। इसलिए **भस्मान्तं शरीरम्**—शरीर के प्रति हमारी दृष्टि साफ होनी चाहिए—

ॐ क्रतो स्मर कृतं स्मर क्रतो स्मर कृतं स्मर।

इसमें सवाल यह है कि कौन याद कर रहा है? क्या याद कर रहा है? ज्ञानी और भक्त इस पर भी मतभेद रखते हैं।

ज्ञानियों की दृष्टि है कि क्रतु शब्द का यहाँ अर्थ है संकल्पवान् मन। देखिये क्रतु शब्द के कई अर्थ हैं। क्रतु शब्द का पहला और सीधा अर्थ यज्ञ है। शतक्रतु जब हम इन्द्र को कहते हैं तो उसका कारण यही है कि उसने सौ यज्ञ किए थे। इसलिए उसको इन्द्रत्व की प्राप्ति हुई। तो क्रतु का मूल अर्थ तो होता है यज्ञ। वैदिक यज्ञ जिसमें अग्नि की स्थापना होती है और सोमरस

के द्वारा आहुति दी जाती है। यह क्रतु शब्द का मूल अर्थ है। लेकिन यह भी है कि क्रतु शब्द का अर्थ वृहदारण्यक उपनिषद् में बताया गया है—

यत् क्रतुर्भवति तत् कर्म कुरुते। *(४/४/५)*

जैसा संकल्प होता है, वैसा कर्म होता है। तो क्रतु का अर्थ वहाँ संकल्प है और संकल्प के साथ जुड़ी हुई है क्रिया। जो संकल्प होता है, उसी के अनुसार कर्म होता है। यानी इस बात पर आप ध्यान दीजिए कि हमारी परम्परा में कर्म करने के पहले संकल्प करना बहुत आवश्यक माना गया है। बिना संकल्प के किया गया कर्म व्यर्थ होता है। आप लोगों ने कभी कोई पूजा-पाठ का कर्म किया है? कोई संध्या करता है? संध्या करते हुए भी संकल्प करना पड़ता है कि अमुक नाम अमुक गोत्र का मैं अमुक वर्ष अमुक दिन अमुक मास अमुक पक्ष अमुक तिथि अमुक वार को यह कर्म करने जा रहा हूँ। संकल्प का मतलब हुआ—सम्यक् कल्पना। संकल्प का मतलब हुआ किसी कार्य के बारे में सम्पूर्ण विचार कर लेने के बाद किया गया निर्णय, जिस नक्शे के अनुसार काम करना चाहिए। हम जो भी काम करेंगे, बिना सोचे-विचारे नहीं करेंगे। कौन सा काम कैसे करना चाहिए, कहाँ करना चाहिए, कब करना चाहिए, उसके क्या साधक-बाधक तत्त्व हैं—इन सारे पक्षों का विचार करके जो कर्म किया जाता है वही संकल्पयुक्त कर्म सार्थक होता है। संकल्प तो मन करता है अतः क्रतु का अर्थ संकल्प करने वाला मन भी किया गया है। ओ मेरे संकल्पात्मक मन—यह उन्होंने अर्थ लिया। ज्ञान की दृष्टि से कहा गया—**ॐ क्रतो स्मर**—क्रतो, यह सम्बोधन है। हे संकल्पयुक्त मन! तू ॐ का स्मरण कर। **ॐ इति ब्रह्म नाम**—ॐ ब्रह्म का नाम है—

ओमित्येकाक्षरंब्रह्म व्यावहरन् मामनुस्मरन्।
यः प्रयाति त्यजन्देहं स याति परमां गतिम्॥ *(गीता ८/१३)*

भगवान ने गीता में कहा है कि जो शरीर त्याग करते समय ॐ का उच्चारण करता हुआ शरीर छोड़ता है, वह परमगति को प्राप्त होता है। गीता में बार-बार इस बात को कहा गया है कि मृत्यु के समय मन में जो विचार आयेगा, जो भाव आयेगा, नया जन्म उसी के अनुरूप प्राप्त होगा—

यं यं वापि स्मरन्भावं त्यजत्यन्ते कलेवरम्।
तं तमेवैति कौन्तेय सदा तद्भावभावितः। *(गीता ८/६)*

जब जीव शरीर छोड़ता है तो शरीर त्याग के पहले उसके मन में कैसा भाव आता है? अधिकतर लोग हाय-हाय करते हुए मरते हैं, रोते हुए मरते हैं। परिवार में प्राण फँसे रहते हैं? रुपये में प्राण फँसे रहते हैं। मैंने मरते हुए बहुतों को देखा है। पर मैंने अपनी बड़ी नानी माँ को मरते हुए जैसा देखा, वैसा किसी को नहीं देखा। मेरी नानी माँ बड़ी डरपोक थीं जीवन में। लड़ाई-झगड़ा होता था तो उनकी तबीयत खराब हो जाती थी। संघ-शाखा से आने में मुझको देर होती तो उनको चिन्ता होने लगती थी। एक बार हिन्दू-मुस्लिम दंगा हो गया। १४४ धारा लग गयी। कर्फ्यू लग गया। मैं समय पर आ नहीं पाया। अटक गया। वे एकदम व्याकुल होकर बरामदे में छटपट-छटपट करने लगीं। मुझको आते देखा उन्होंने तो नीचे उतरकर मुझे पीटना शुरू कर दिया कि हाय मुए! तू मर जाता तो मैं क्या करती? तू मर जाता

तो मैं क्या करती? ऐसी थीं मेरी बड़ी नानी माँ। लेकिन बड़ी भक्त थीं। बहुत पूजा करती थीं। मैं उनका अन्त समय कभी भूल नहीं सकता। मरने के तीन दिन पहले उन्होंने सारे परिवार को बुलाया। सबको प्यार किया, आशीर्वाद दिया। जिसको जो कुछ देना था, बाँट दिया और उसके बाद कहा—खबरदार! अब मुझसे कोई परिवार की बात न करे। बहुओं को कहती थीं कि यहाँ पर आकर अगर तुम कीर्तन कर सकती हो, तो करो, नहीं तो आने की जरूरत नहीं है। और मुझको बराबर बुलाकर कहती थीं तू गीता सुना, रामायण सुना, विनय-पत्रिका के पद सुना, उनके भाव समझा। वे तीन दिनों तक सिर्फ भगवत्-स्मरण करती रहीं। उसके बाद उन्होंने अपना शरीर छोड़ दिया। ऐसी मृत्यु भगवान मुझे भी दे।

सचेत स्तर पर भगवत् स्मरण करते हुए शरीर त्याग करना हमारे संस्कार के अनुसार बहुत उत्तम मृत्यु है—

जनम-जनम मुनि जतन कराहीं। अन्त राम कहि आवत नाहीं।

हर जन्म में मनुष्य यत्न करता है कि मरते समय एक बार राम का नाम मुँह पर आ जाये, लेकिन संस्कार इतने प्रबल होते हैं कि जहाँ मन फँसा रहता है, वहीं जाता है। राम की ओर नहीं जाता। तो कहते हैं—

ॐ क्रतो स्मर—हे क्रतो! हे संकल्पयुक्त मन! ॐ स्मर।

भगवान के नाम, सर्वश्रेष्ठ नाम ॐ का स्मरण कर।

जो परम ब्रह्म का सर्वश्रेष्ठ वैदिक नाम है ॐ—उसका स्मरण कर।

ॐ क्रतो स्मर। कृतं स्मर—अपने किए हुए का स्मरण कर। भगवान के नाम का स्मरण करने के बाद अपने किए हुए का स्मरण करने का मतलब?

ज्ञानी लोग मानते हैं कि तुमको गति तो वही प्राप्त होगी जो तुम्हारे कर्म के अनुसार है और इसलिए जो तुम्हारा उत्तम कर्म है, जो तुम्हारा उत्कृष्ट कर्म है, उस कर्म का स्मरण करो। उस कर्म को स्मरण करने पर तुम्हारे मन में उल्लास होगा, तुम्हारे मन में आनन्द आयेगा। तुम सीधे प्रभु की ओर उन्मुख होकर आगे बढ़ सकोगे। कुछ लोग कहते हैं कि कृतं अर्थात् अच्छा बुरा सब कर्म। लेकिन उसमें भी अच्छा अंश है, उसका स्मरण करो। क्रतो स्मर, कृतं स्मर—यह पुनरावृत्ति श्रद्धा के लिए है। यह बात को बल देने के लिए है। हे मेरे संकल्पयुक्त मन! इस अन्तिम समय में तुम परमात्मा का स्मरण करते हुए अपने जीवन के उत्कृष्ट कर्मों का स्मरण करो और तदनुरूप उन्नत गति को प्राप्त करो। देखो! शरीर तो नाशवान है! नष्ट हो जायेगा। तुम्हारा लिंग शरीर तुम्हारे उत्तम कर्म के स्मरण के कारण उत्तम गति को प्राप्त करेगा और परमात्मा की ओर उन्मुख होगा। इसलिए उस समय तुम परमात्मा का स्मरण करते हुए अपने श्रेष्ठ कर्मों का स्मरण करो।

उनका कहना है कि क्रतु के अनुसार, संकल्प के अनुसार ही मति, गति, कृति होती है। इसलिए संकल्प-शोधन की ओर बल दिया गया है। लेकिन जो भक्त लोग हैं, वे इस बात को नहीं मानते। भक्त लोग यह कहते हैं कि भगवान की अनुभूति, भगवान का साक्षात्कार कर लेने के बाद तो मुक्ति अपने आप ही हो जायेगी। मुक्ति कोई बड़ी चीज नहीं है भाई। भक्त लोग मुक्ति नहीं माँगते भगवान से!

राता माता राम का, पीया प्रेम अघाय।

मतवाला दीदार का, माँगै मुकुति बलाय॥

मुक्ति तो मेरी बला माँगे। मुझको मुक्ति नहीं चाहिए। मैं तो प्रभु का दर्शन चाहता हूँ। मैं तो प्रभु का प्रेम चाहता हूँ। मैं तो प्रभु का साक्षात्कार चाहता हूँ। मुक्ति क्या चीज होती है? मुक्ति से प्रीति, मुक्ति से भक्ति, शतगुण अधिक महत्वपूर्ण है ऐसा भक्तों का विश्वास है और इसलिए वे कहते हैं कि जब प्रत्यक्ष भगवान का दर्शन हो गया, भगवान की कृपा से दर्शन हो गया। **कल्याणतमं**—तुम्हारे मंगलमय रूप को मैं प्रत्यक्ष देख रहा हूँ (पश्यामि)। तब फिर मुक्ति की क्या आवश्यकता।

भक्ति के, प्रेम के उद्रेक में प्रेमाद्वैत का अनुभव करने के बाद जब यह मंत्र बोल रहा है तो यह भक्त क्या कह रहा है? कह रहा है—**वायुरनिल ममृतमथेदं—भस्मान्तं शरीरम्।** शरीर तो भस्म—शेष है, मिल जायेगा मिट्टी में। वायु मिल जायेगी उस परमात्मा में। वे यह भी मानते है कि **वायुरनिलमृतं**—ये तीनों जीवात्मा का ही वर्णन है। **वायुः वाति गच्छति**—एक शरीर से दूसरे शरीर में जीवात्मा जाता है। अनिल—उसका कोई निलय नहीं है। कोई स्थायी निवास नहीं है। कोई शरीर उसका स्थायी निवास नहीं है। और वह अमृत है। तो मैं अपने उस जीवात्मा का स्मरण कर रहा हूँ। यह जो मेरा शुद्धरूप मेरा जो भक्त जीवात्मा है, वह परमात्मा की ओर उन्मुख है। वह वायु के रूप में उस ब्रह्मांड में जो सर्वत्र है उस प्रभु के साथ मिल जाये, उसे अमृतत्व की उपलब्धि हो, उस अमृतत्व पूर्ण अनुभव को स्वीकार कर लेने के बाद शरीर तो भस्म-शेष है। इस शरीर की कोई चिन्ता ही नहीं—

ॐ क्रतो स्मर कृतं स्मर। क्रतो स्मर। कृतं स्मर।

यहाँ वे क्रतु कहते हैं प्रभु को। कहते हैं गीता में भगवान ने क्या कहा है?

अहं क्रतुरहं यज्ञः

अहं **क्रतुः**। भगवान ने अपने को क्रतु कहा है। तो क्रतो यानी भगवान को संबोधित कर रहे हैं। ॐ क्रतो। हे प्रभु! हे मंगलमय प्रभु! **हे कर्त्तुं अकर्त्तुं अन्यथाकर्त्तुं** समर्थ प्रभु। ॐ प्रभु का वाचक है। स्मर—हे रामजी आप मुझको याद कीजिए। मैं उनको याद कर रहा हूँ। मैं अपने कर्म को याद कर रहा हूँ—यह नहीं। ज्ञानियों ने क्या कहा—**ॐ क्रतो स्मर**। ॐ भगवान का नाम है। हे संकल्पयुक्त मन! प्रभु का स्मरण करो। कृतं स्मर—अपने किए हुए श्रेष्ठ कर्मों का स्मरण करो। प्रभु का स्मरण करने से, अपने किए हुए श्रेष्ठ कर्मों का स्मरण करने से तुम्हारा लिंग शरीर उन्नत गति को प्राप्त होता हुआ परमात्मा की ओर उन्मुख हो जायेगा यह ज्ञानियों का अर्थ है।

रामानुजाचार्य; मध्वाचार्य, वल्लभाचार्य इसको नहीं स्वीकार करते। वे कहते हैं कि भगवान ने प्रतिज्ञा की है कि जब मेरा भक्त मुमूर्षु हो जाता है, जब मेरा भक्त काष्ठ-पाषाण की तरह गतिहीन हो जाता है और मुझे स्मरण नहीं कर पाता तो मैं उसका स्मरण करता हूँ। भगवान भक्त का स्मरण करते हैं। भगवान अपने भक्त का मंगल करने के लिए स्वयं अग्रसर होते हैं।

ॐ क्रतो स्मर। ॐ के द्वारा, क्रतु के द्वारा जिस परमात्मा का बोध होता है, उसका स्मरण करके भक्त कह रहा है—हे क्रतु! हे परमात्मा! हे प्रभु! स्मर—मुझको याद करो मेरी सुधि लो। कहते हैं न हम लोग—

तुम बिन मेरी कौन खबर ले गोवर्धन गिरिधारी

हम लोग कहते हैं कि नहीं?

कबहुँ तो दीन दयाल के, भनक परैगी कान।

कभी तो रामजी मेरी सुधि लें। क्यों मेरी सुधि लें? मैं तुमको याद करूँ यह कौन-सी बड़ी बात है। मैंने तो जीवन भर अपनी तरफ से तुमको याद करने की चेष्टा की ही है। अब जब महाप्रयाण की स्थिति है, मृत्यु के इस क्षण में भी क्या मैं तुमको याद करता रहूँ।

ॐ क्रतो स्मर—हे प्रभु! हे ॐ के द्वारा जाने ज्जाने वाले क्रतु स्वरूप! हे यज्ञ स्वरूप प्रभु! स्मर—मेरी सुधि लो। मुझको याद करो। **कृतं स्मर**—मैंने कभी भी तुम्हारा कोई नाम लिया हो, कभी तुम्हारी पूजा की हो, कभी तुम्हारे साथ जुड़ने की इच्छा आयी हो मेरे मन में तो मेरे उन कर्मों का स्मरण करके तुम मुझको अपना लो। देखो! कौन याद कर रहा है? उलट गयी कि नहीं बात? ज्ञानी कहता है कि तुम प्रभु का स्मरण करो। तुम अपने किए हुए कर्मों को स्मरण करो। कौन स्मरण करे? क्या स्मरण करे? इसी पर बहस है। ज्ञानी कहता है कि तुम यानी भक्त, यानी साधक प्रभु का स्मरण करे और अपने कर्मों का स्मरण करे।

भक्त कहता है कि अब इस क्षण में मैंने अपना सब कुछ तुम पर छोड़ दिया। अब तुम्हीं संभाल लो। तुम मुझको स्मरण करो। तुम मुझको अपना लो। तुम मुझको अपना बना लो। तुम मुझको अपने में मिला लो।

ॐ क्रतो स्मर—हे क्रतु! हे यज्ञ स्वरूप प्रभु! हे ॐ के द्वारा जाने, जाने वाले प्रभु! स्मर—इस भक्त को स्मरण करो। **कृतं स्मर**—भगवान के लिए कहते हैं न तुलसीदास कि वे—

करत सुरति सौ बार हिये की, रहत न प्रभु चित चूक किये की।

यह प्रभु का शील है। **तो रहत न प्रभु चित चूक किये की**—हमसे गलतियाँ हुई होंगी। गलतियाँ ही करता रहा हूँ। लेकिन तुम तो अपनी तरह मुझे, मेरे किये हुए का स्मरण करो। प्रभु तुम्हारा शील, तुम्हारा स्वभाव कैसा है? हमारे रामजी का स्वभाव बड़ा अद्‌भुत है। हमारे रामजी का स्वरूप तो असंग है। हमारे रामजी का स्वभाव बड़ा कोमल है। यह बड़ी विचित्र बात है। रामजी स्वरूपत: असंग हैं, स्वभावत: कोमल हैं, करुणा-वरुणालय हैं। तो राम स्वभाव को जिसने जान लिया, उसे भजन छोड़कर कुछ अच्छा नहीं लगता।

उमा राम सुभाउ जेहिं जाना, ताहि भजन तजि भाव न आना।

रामजी का स्वभाव कैसा है? रामजी, प्रभु अपने भक्तों की सार-सँभार करते हैं। उनकी याद करते हैं। उनका रक्षणावेक्षण करते हैं। हाँ, रामजी! तो कभी भी अगर हमसे कोई भी अच्छी बात बन गयी हो तो उसको याद कर लो, क्योंकि यही तुम्हारा स्वभाव है—

रहति न प्रभु चित चूक किये की—गलतियों को तो तुम याद करते नहीं। **करत सुरति सौ बार हिये की**—सौ बार। एक बार दो बार नहीं। हृदय में भी रामजी के प्रति कभी कोई अच्छी भावना आयी, तो रामजी उसको याद रखते हैं। ऐसे रामजी हैं। देखिये, बात को समझिये।

अगर कर्म का ही फल मिलने वाला है,तो जो जैसा करेगा, वैसा ही भरेगा। इसके लिए तो यमराज ही काफी हैं। रामजी की जरूरत क्या है भैया? यमराज यही तो करता है। यमराज क्या करता है? चित्रगुप्त ने खाते में जिस जीव के नाम के आगे जो जमा-खर्च लिख रखा है उसके अनुसार वह जीव को फल देता है! जो जैसा करता है, वैसा भरता है। अगर जो जैसा करता है, वैसा भरता रहेगा तो फिर रामजी की जरूरत नहीं है, यमराज काफी हैं—

कर्मप्रधान विश्व करि राखा, जो जस करिय, सो तस फल चाखा।

यह उच्च न्यायालय का नियम है। लेकिन कर्म सिद्धांत से कृपा सिद्धांत बड़ा है। कर्म-सिद्धांत के ऊपर भी कृपा-सिद्धांत है और उस कृपा-सिद्धांत के आधार पर प्रभु कर्म को अनदेखा करके भी किसी को अपनी शरण में ले सकते हैं। किसी को क्षमा कर सकते हैं, प्यार कर सकते हैं। तभी रामजी—रामजी हैं! हमारे पापों को, हमारे अपराधों को अगर रामजी क्षमा नहीं करें, अगर रामजी अपनी तरफ से हमारा भला न करें, अपनी तरफ से तो वे करुणा-वरुणालय कैसे कहे जायेंगे। यही बात तुलसी बाबा ने कही है—

नाथ गरीब निवाज हैं, मैं गही न गरीबी।
तुलसी प्रभु निज ओर ते, बनि परै सो कीबी॥

रामजी गरीब निवाज हैं, दीनबन्धु हैं। मैंने तो दीनता ग्रहण नहीं की है। हे रामजी, आपकी ओर से आपसे जो बन पड़े, सो कीजिए। मेरी कृति की ओर मत देखिये। **तुलसी प्रभु निज ओर ते, बनि परै सो कीबी**—हे रामजी, आप अपनी ओर से जो करना चाहें, वह करें। क्या नहीं कर सकते प्रभु? हे रामजी! आपसे अपनी तरफ से जो बन पड़े--वह कीजिए। मैंने क्या कर्म किए हैं, क्या नहीं किए हैं? यही अन्तिम सत्य नहीं है।

कर्म सिद्धांत मान्य है। लेकिन कृपा सिद्धांत कर्म सिद्धांत से भी ऊपर है, बड़ा है। कर्म सिद्धांत यदि उच्च न्यायालय का फैसला है, तो कृपा सिद्धांत सर्वोच्च न्यायालय का फैसला है। उस कृपा सिद्धांत के सामने कर्म-सिद्धांत कट जाता है। तो हे रामजी! आपसे अपनी ओर से जो बन पड़े, वह आप कीजिए।

ॐ क्रतो स्मर, कृतं स्मर—हे रामजी, हे यज्ञस्वरूप प्रभु! स्मर—मेरा स्मरण, मेरी सुधि करो, मेरे ऊपर कृपा दृष्टि करो। मुझे मालूम नहीं तुम किस बात पर रीझते हो? मैंने रीझने लायक कोई काम किया कि नहीं किया—यह मुझको नहीं मालूम। लेकिन अगर हृदय में भी कोई अच्छी बात कभी कहीं आ गयी हो, तो तुम उसको स्मरण करो और मुझको अपना लो। भक्त की दृष्टि में यह स्मरण करने की बात भगवान के साथ जुड़ती है। यहाँ क्रतो का मतलब है—यज्ञ स्वरूप परमात्मा।

एक तीसरी दृष्टि भी है जिसने इन दोनों दृष्टियों को मिला दिया है और उस दृष्टि में बड़ी विचित्र बात है। यह विनोबा भावे की दृष्टि है। विनोबा भावे ने और कुछ दूसरे

महात्माओं ने भी एक तरह से समन्वित प्रयास किया है इस मंत्र का अर्थ स्पष्ट करने के लिए, जो अद्‌भुत है। पहला पक्ष तो बिल्कुल साफ है कि मनुष्य के शरीर में दो तत्त्व हैं—एक चित् तत्त्व है, एक जड़ तत्त्व है। चित् तत्त्व जो है, जीवात्मा जो है, चैतन्य जो है—यह ब्रह्म की ओर उन्मुख हो। यह सर्वव्यापी अमृतत्व को प्राप्त करे। अब इसमें विनोबा भावे शंकराचार्य से थोड़ा अलग होते हैं। वे कहते हैं कि नहीं। सीमित अमृतत्व—ऐसा क्यों कहते हैं भाई?

असतो मा सद्‌गमय, तमसो मा ज्योतिर्गमय, मृत्योर्मा अमृतंगमय।

असत् की ओर नहीं, सत की ओर चलो। अन्धकार की ओर नहीं, ज्योति की ओर चलो। मृत्यु की ओर नहीं, अमृत की ओर चलो। अमृत कौन है? **मृत्योर्मा अमृतंगमय**—जो मरणरहित चैतन्य है जो मृत्युरहित चैतन्य है, वह अमृत है। **मृत्योर्मा अमृतंगमय**—मृत्यु रहित जो चैतन्य है, वह अमृतत्व है। तो जब उन्होंने कहा—**वायुरनिलममृतमथेदं** वायु माने प्राण वायु—मेरी, भक्त की, साधक की, मुमूर्षु भक्त की जो प्राण वायु है वह **अनिलं** अन का मतलब होता है हलचल करने वाला, क्रिया करने वाला और इसीलिए जब अनिल वायु को कहते हैं तो सर्वत्र हलचल वायु के ही द्वारा होती है और इसीलिए अन जो है—सब में लगा हुआ है—गमन, श्वसन, सेवन। प्राण, अपान में भी अन लगा हुआ है। यह जो सारी सृष्टि को गति देने वाला जो अनिल तत्त्व परमात्मा है, जो स्वयं निष्क्रिय रहकर सबको सक्रिय करता है, उस अमृतत्व के प्रति मेरा जीव-भाव समर्पित हो। **वायुरनिलममृतं**—मेरा जीव-भाव, मेरी वायु, मेरा प्राण उस अमृतत्व को प्राप्त करे, मृत्यु रहित चैतन्य को प्राप्त करे—यह मेरी कामना है, यह मेरी भावना है।

अथ का मतलब? एक प्रकरण समाप्त होकर नया प्रकरण जब शुरू होता है, तो अथ कहते हैं। कभी-कभी अथ का मतलब होता है—अनन्तर। कभी-कभी अथ का मतलब होता है और। अब इसमें वे बताते हैं कि हमको यह शरीर क्यों मिला है? मानव-शरीर मोक्ष की साधना के लिए मिला है—

नर तन सम नहिं कवनेउ देही, जीव चराचर जाचत जेही।

जो स्वर्ग और अपवर्ग को प्राप्त कराने में समर्थ है। बुरा काम करोगे तो नरक में जाओगे। अच्छा काम करोगे—स्वर्ग में जाओगे और प्रभु से मिल जाओगे तो अपवर्ग की प्राप्ति हो जायेगी। तो, मनुष्य का शरीर मोक्ष का साधन है।

साधन धाम मोच्छ कर द्वारा—तो, मोक्ष की प्राप्ति हो जाने के बाद फिर यह शरीर भस्म हो जायेगा। शरीर की सिद्धि तब है जब मेरी प्राण-सत्ता, मेरी प्राण-वायु परमात्मा में, अमृतत्व में समाहित हो जाये। उस अमृतत्व की प्राप्ति के बाद यह शरीर भस्म हो जाए। शरीर अपने साधन के द्वारा साध्य को प्राप्त करने के अनन्तर भस्म हो जाये। शरीर माध्यम है। मानव शरीर—एक मात्र कर्मयोनि है जिसमें हम मोक्ष की प्राप्ति कर सकते हैं और इसलिए मैं इस प्राण-वायु के द्वारा परमात्मा में, अमृतत्व में समाहित हो जाऊँ और फिर यह शरीर भस्म हो जाये। विजय प्राप्त होने के बाद विजयोत्सव के रूप में शरीर भस्म हो जाये। एक बात पर ध्यान दीजिए।

मृत्यु भक्तों के लिए भय का कारण नहीं है। मृत्यु का समय भक्तों के लिए महोत्सव होता है—

सुन्दर संशय को नहीं, महा महोत्सव येह।
आतम परमातम मिल्यो, देह खेह की खेह॥

इसमें कोई संशय नहीं है कि यह मृत्यु महा-महोत्सव है। क्यों महोत्सव है? **आतम परमातम मिल्यो**—आत्मा परमात्मा में मिल गयी। **देह खेह की खेह**—विनोबा भावे कहते हैं कि विजय के बाद विजयोत्सव, आत्मा जब अमृतत्व को प्राप्त कर चुकी तो यह जो उसका साधन है शरीर—यह भस्म हो गया। यह विजयोत्सव मनाया गया। यह जो शरीर भस्म हुआ—यह विजयोत्सव हुआ। महा-महोत्सव है। हम लोग मृत्यु को भगवान ही के रूप में लेते हैं। गीता में कहा है—

अमृतं चैव मृत्युश्च—मैं ही अमृत हूँ, मैं ही मृत्यु हूँ। भगवान ही मृत्यु के रूप में हैं—इस बात को जिसने प्रत्यक्ष कर लिया है, वह मृत्यु से कातर क्यों होगा? महोत्सव है यह। विजयोत्सव है यह।

अब देखिये तीसरी बात कह रहे हैं। शंकराचार्य और दूसरे ज्ञानियों ने कहा कि तुम भगवान का स्मरण करो ॐ के रूप में और अपने कर्म का स्मरण करो।

भक्तों ने कहा कि हे परमात्मा! तुम मुझे याद करो, तुम मेरी सुधि लो और तुम मेरे किसी भी कर्म के द्वारा अगर प्रीत हो सकते हो तो प्रीत होकर मुझको अपना लो।

ये तीसरी बात कह रहे हैं। ॐ क्रतो स्मर। क्रतो—संकल्पयुक्त मन! याद करो। किसको याद करो? भगवान ने तुम्हारे साथ जो कुछ किया है, उसको याद करो। यह क्या अद्‌भुत बात है—

ॐ क्रतो स्मर कृतं स्मर क्रतो स्मर कृतं स्मर।

हे संकल्पयुक्त मन! क्रतु का अर्थ उन्होंने संकल्पयुक्त मन करते हुए यह उद्‌धृत किया है—**यत् क्रतुर्भवति तत् कर्म कुरुते**—जैसा संकल्प होता है, वैसा मनुष्य कर्म करता है—यह वृहदारण्यक उपनिषद् में आया है। तो हे संकल्पयुक्त मन! भगवान का स्मरण करो। ॐ। ॐ माने—ॐ ब्रह्मनाम! भगवान का स्मरण करो। **कृतं स्मर**—किए हुए का स्मरण करो। किसका किया हुआ? क्या याद करो? भगवान ने तुम्हारे साथ जो कृपा की है, उसको याद करो।

एक अर्थ है कि जीव अपने कर्म को याद करे, यह ज्ञानी कहता है। भक्त कहता है कि हे प्रभु! तुम्हीं मुझको याद करो! और विनोबा भावे दोनों को मिलाते हुए कहते हैं कि भगवान का स्मरण करो और भगवान ने तुम्हारे ऊपर जो अशेष कृपा की है, असीम करुणा कर के तुमको जो शरीर दिया मानव का, तुमको सत्संग दिया, तुमको गुरु दिए, तुमको ये शास्त्र दिए, तुम्हारे साथ उन्होंने जो लीला की, उसको स्मरण करो भाई!

कृतं स्मर—किसका किया हुआ? भगवान का किया हुआ स्मरण करो। भगवान की लीला का स्मरण करो। भगवान ने तुम्हारे साथ जो करुणा की, उसका स्मरण करो।

एक बार क्रतो का अर्थ होता है संकल्पयुक्त मन। ज्ञानी भी और विनोबाजी भी इसमें एक मत हैं। और भक्त कहते हैं क्रतो का मतलब होता है यज्ञस्वरूप परमात्मा! **कृतं स्मर**—ज्ञानी कहता है कि अपने किए हुए कर्म का स्मरण करो जिससे तुम अच्छे कर्म की उल्लसित गति प्राप्त कर उन्नत दिशा में जाओ।

भक्त कहता है कि हे प्रभु! तुम्हीं मुझे स्मरण करो! मेरे किसी भी अच्छे कर्म के द्वारा तुम अगर मुझे अपना सकते हो, तो अपना लो। और विनोबा भावे कहते हैं कि तुम भगवान की कृपा का स्मरण करो, भगवान की लीला का स्मरण करो। भगवान ने तुम्हारे साथ जो कर्म किया है, उसका स्मरण करो।

अब देखिये, बात यह है कि ज्ञानी इस बात को स्वीकार करता है कि कर्त्तव्य का उत्तरदायित्व जीव को स्वयं उठाना चाहिए। भक्त बालक शिशु की तरह प्रभु पर निर्भर रहता है कि जो करे माँ करे, मैं कुछ नहीं करने वाला और विनोबा भावे ने दोनों का समन्वय करके कहीं जरूर इस बात पर बल दिया है कि हम अपने कर्त्तव्य में जुटे रहकर उसका स्मरण करते रहें। उसके स्मरण से होगा क्या? उसके स्मरण से हमारा मन उसकी ओर उन्मुख होगा और हम पवित्र बनेंगे।

हमारा संकल्प कैसे बनता है? वासना से बनता है। वासना कहाँ है?

शुभाशुभाभ्यां मार्गाभ्यां वहन्ती वासना सरित्।
पौरुषेण प्रयत्नेन योजनीया शुभे पथि॥

हमारी जो वासना की नदी है कभी अच्छे रास्ते पर, कभी बुरे रास्ते पर जाती है।

हमको कुछ पौरुष करना चाहिए। हमको प्रयत्न करना चाहिए जिससे कि वह शुभ मार्ग से युक्त हो। भगवान की लीला का स्मरण करना, यह शुभ मार्ग का स्मरण करना अपनी वासना को उसकी लीला के साथ जोड़ देना है। हम भगवान की कृपा का, भगवान की लीला का, भगवान ने जो हमारे ऊपर अनुग्रह किया है, उसका स्मरण करते हुए कृतज्ञ चित्त से उसकी लीला के साथ अपनी वासनाओं को, अपने मन को जोड़ देने पर हम सहज ही अपने मंगल का विधान कर सकेंगे और इसलिए मृत्यु के समय हमें भगवान की लीला का, भगवान की कृपा का स्मरण करना चाहिए। इस मंत्र के और भी अर्थ हो सकते हैं।

अरविन्द कहते हैं कि यह जो क्रतु है वह will (विल) है। विल फोर्स से इच्छा शक्ति को अलग करते हैं। वे कहते हैं कि सारी सृष्टि को प्रभु की इच्छा ही चलाती है। उसकी इच्छा शक्ति के साथ अपने को जोड़ो। **क्रतो**—यानी इच्छा शक्ति। मनुष्य की जो मूलभूत इच्छा शक्ति है, उसको संबोधित करते हैं कि तुम उठो और अपनी लघु सीमाओं का अतिक्रमण करते हुए सम्पूर्ण विश्व में, सम्पूर्ण सृष्टि में जो प्रभु की लीला चल रही है उस इच्छा शक्ति के साथ अपने को एक कर लो और अमृतत्व को प्राप्त कर लो।

दृष्टि-भेद से बराबर दृश्य-भेद होता है। कौन किस जगह पर खड़ा है, इसी पर निर्भर करता है कि उसको क्या दिखता है। आनन्दमयी माँ कहती थीं कि आप जहाँ पर खड़े हैं, वहाँ से ऐसा ही दिखता है। सौ तल्ले का मकान है। जो निचले तल्ले पर है उसको अलग दिखेगा और जो सौवें तल्ले पर खड़ा होकर देख रहा है, उसको अलग दीखेगा। हम अपनी

भूमिका के अनुसार ही उपलब्धि कर सकते हैं। अपनी उस भूमिका को स्वीकार कर निष्ठा के साथ, ईमानदारी के साथ हम अपनी प्रार्थना करें। यह देखिए, प्रार्थना ही चल रही है। एक बहुत ही विलक्षण बात है कि ईशावास्य उपनिषद् का उपसंहार चार प्रार्थनाओं के द्वारा होता है। दो प्रार्थनाएँ सूर्य को सम्बोधित हैं। तीसरी प्रार्थना वायु को और चौथी प्रार्थना अग्नि को सम्बोधित है। इसमें भी गूढ़ संकेत निहित है। यह जो सूर्य है यह प्रभु का तेजस रूप, यह प्रभु का ज्ञानस्वरूप है। और यह जो वायु है, वह उनका सर्वव्यापी, सब जगह ले जाने वाला उनका स्वरूप है, वह जो उनकी दिव्य इच्छा शक्ति है, उसके साथ अपने को जोड़ देने का आग्रह है और इन प्रार्थनाओं में हम किस तरह मृत्यु के समय अपनी सारी चेतना को ईश्वरोन्मुख कर दें, दिव्य कर दें, उसका रूपान्तरण कर दें और केवल शरीर से या स्थूल भोग से हटकर परम चैतन्य की ओर, परम अमृतत्व की ओर हम उन्मुख हो जायें, यह इसमें बताया गया है।

तो इस मंत्र के द्वारा भी इस बात का प्रतिपादन किया गया कि जीव अपने को असहाय मानकर हाथ-पर-हाथ रखकर रोता न बैठा रहे। उसको यह अनुभव करना चाहिए कि वह चैतन्य स्वरूप है। वह केवल सीमा में बद्ध नश्वर शरीर नहीं है। उसी चैतन्य स्वरूप के साथ वह चाहे ज्ञान के द्वारा, चाहे भक्ति के द्वारा और चाहे दोनों के समुच्चय के द्वारा जुड़कर वह अपने कल्याण की ओर उन्मुख हो।

❑❑

प्रवचन क्रम—१७

अग्ने नये सुपथा राये अस्मान् विश्वानि् देव वयुनानि विद्वान्।

युयोध्यस्मज्जुहुराणमेनो भूयिष्ठां ते नम उक्तिं विधेम॥

ॐ पूर्णमदः पूर्णमिदं पूर्णात् पूर्णमुदच्यते।

पूर्णस्य पूर्णमादाय पूर्णमेवावशिष्यते॥

ॐ शान्तिः शान्तिः शान्तिः।

कुछ लोगों को यह बात थोड़ी सी अटपटी लगती है कि अद्वैत के निरूपक, तत्त्वज्ञान के उपदेष्टा ग्रन्थ ईशावास्योपनिषद् में प्रार्थना को, भक्ति को इतना महत्वपूर्ण स्थान दिया गया है। चौदहवें मंत्र के बाद पन्द्रहवाँ, सोलहवाँ, सत्रहवाँ और यह अट्ठारहवाँ—ये चारों मंत्र प्रार्थनापरक हैं। कुछ विद्वान मानते हैं कि ये चारों मंत्र मृत्यु के समय पढ़े जाने चाहिए। मृत्यु के समय इन पर विचार होना चाहिए। लेकिन भाई! मृत्यु कब आयेगी? कोई जानता है? कब, कहाँ, किसकी मृत्यु आ जायेगी—यह कोई नहीं जानता। इसलिए मृत्यु के समय ही इनका बार-बार हम अनुशीलन करें—यह तब तक सम्भव ही नहीं होगा जब तक हम इनको जीवन भर अपने आचरण में उतारने की साधना न करते रहें—

जनम-जनम मुनि जतन कराहीं, अंत राम कहि आवत नाहीं।

मृत्यु के समय श्री राम का स्मरण, भगवान का स्मरण कैसे होगा? पंडितराज जगन्नाथ का एक अद्भुत श्लोक है। उसमें उन्होंने कहा है कि—हे कृष्ण! तुम्हारे चरणों के पिंजरे में मेरा मानस-हंस आज ही प्रविष्ट हो जाये।

कृष्ण त्वदीय पदपंकजपंजरान्ते,

अद्यैव मे विशतु मानसराजहंसः॥

प्राण-प्रयाण समये कफवातपित्तैः

कंठावरोधनविधौ स्मरणं कुतस्ते॥

जब प्राण का अवरोध होगा, प्रयाण का समय होगा, जब कफ, वात, पित्त मेरे कंठ को अवरुद्ध कर देंगे, तब तुम्हारा स्मरण कहाँ होगा? कैसे होगा इसलिए—

हे कृष्ण! तुम्हारे चरण रूपी पिंजरे में मेरा मानस राजहंस आज ही प्रविष्ट हो जाए!

जब प्राण-प्रयाण के समय कफ-वात-पित्त से हमारी वाणी ही अवरुद्ध हो जायेगी तब तुम्हारा स्मरण कैसे संभव होगा। इसलिए, मैं यह मानता हूँ कि यह उचित ही है कि मृत्यु के समय भी इन मंत्रों का पाठ हो, अनुशीलन हो किन्तु केवल मृत्यु के समय नहीं स्वस्थ जीवन के समय भी हो। इस पर भी विचार कीजिए कि यह प्रार्थना क्या केवल मृत्यु के समय की

प्रार्थना होनी चाहिए? कैसी अद्भुत प्रार्थना है—

अग्ने नये सुपथा राये।

अग्ने-अग्नि का संबोधन रूप! हे भगवान अग्नि! हे अग्निस्वरूप परमात्मा! बराबर याद रखिये कि प्रतीकोपासना में हम प्रभु के दर्शन सर्वत्र करते हैं। जिस भी रूप या वस्तु में हमारी श्रद्धा प्रभु को प्राप्त कर लेती है, वही वस्तु प्रभु का प्रतीक हो जाती है। इसी क्रम में आप देखें—**पूषन्नेकर्षे यम सूर्य**..............इस मंत्र में भगवान के प्रतीक के रूप में सूर्य को संबोधित किया गया है—

वायुरनिलममृतमथेदं............।

इस मंत्र में वायु को संबोधित किया गया। और **अग्ने नये सुपथा राये**........

इस मंत्र में प्रार्थना अग्नि को सम्बोधित कर भगवान से ही की गयी है! तो क्या सूर्य, वायु और अग्नि अलग-अलग हैं। ये तत्त्वतः अलग-अलग नहीं हैं, एक ही तत्त्व के भिन्न-भिन्न प्रतीक हैं—

एकं सद् विप्राः बहुधा वदन्ति।

सत्य तो एक ही है। उसको विद्वान अलग-अलग नामों से पुकारते हैं अपने प्रयोजन के अनुसार! जब जिस प्रकार का प्रयोजन होता है, तब उस प्रकार का संबोधन हम प्रभु को करते हैं। यह आप याद रखें। आप जब उनकी शरणागति ग्रहण करना चाहें तब उनको परब्रह्म-परमेश्वर कहें—यह ठीक नहीं है। तब आपको कहना चाहिए—अशरण-शरण। जब आप उनसे प्रार्थना करेंगे कि हमारे पापों को दूर करो तब आप यह थोड़े ही कहेंगे—**शान्तं शिवं अद्वैतम्।** आप कहेंगे कि हे पापहारी। यानी संबोधन हमारी वृत्ति, हमारी प्रार्थना के अनुरूप होना चाहिए। प्रार्थना के अनुरूप किये गए संबोधन से प्रभु प्रसन्न होते हैं। उनकी करुणा विगलित होती है। इसीलिए कभी सूर्य के प्रकाश का, कभी वायु के सर्वत्र गमन का और कभी अग्नि की शोधन प्रक्रिया का अवलंबन किया गया है ईशावास्योपनिषद् में।

अग्नि को हम कहते हैं पावक, जो पवित्र करता है। अग्नि—जो अग्रणी हो, जो हमको आगे-आगे ले जाये। अंज धातु से अग्नि शब्द बना है, इसका मतलब होता है प्रकाश, अभिव्यक्ति। प्रकाश में ही ज्ञान है और उस ज्ञान के अन्तर्गत ही सही दिशा में ले जाने का सामर्थ्य है। अज्ञानी किसी को सही दिशा में ले जा सकेगा? जो अपने विषय का, मार्ग का ज्ञाता है, वही किसी दूसरे को सही दिशा दिखा सकेगा। नहीं तो—

अन्धेनैव नीयमानाः यथान्धाः

यदि अन्धा अन्धों को रास्ता दिखायेगा तो सब कुएँ ही में पड़ेंगे। इसलिए ज्ञान स्वरूप, प्रकाश स्वरूप, अग्रणी परमात्मा को संबोधित किया गया—अग्नि शब्द के द्वारा।

अग्ने—हे प्रभु! हमारे जीवन की कलुषता को भस्म करो, हमें पवित्र करो! हे ज्ञानस्वरूप प्रभु! हे अग्रणी प्रभु! हमको सही दिशा की ओर ले चलो। हमारा मार्गदर्शन करो। **अग्ने नय सुपथा**—बिल्कुल सीधी प्रार्थना है कि हमको अच्छे रास्ते पर ले चलो। अच्छे रास्ते से ले चलो। अब देखिये—सुपथा का अर्थ विस्तार कहाँ तक होता है? अच्छे रास्ते का अभिप्राय

यहाँ क्या है? जो आचार्य यह मानते हैं कि यह मृत्यु के पूर्व की प्रार्थना है—वे आचार्य यह कहते हैं कि हमारी परम्परा में मृत्यु के अनन्तर दो मार्ग माने गये हैं। एक मार्ग है देवयान और एक मार्ग है पितृयान। जो देवयान है उसको अर्चि मार्ग कहते हैं। जो पितृ-मार्ग है उसको धूम्र-मार्ग कहते हैं। जिन्होंने श्रीमद्भगवद्गीता का आठवाँ अध्याय पढ़ा है वे इस बात को जानते होंगे। प्रभु ने गीता के आठवें अध्याय में कहा है—

अग्निर्ज्योतिरहःशुक्लः षण्मासा उत्तरायणम्।
तत्र प्रयाता गच्छन्ति ब्रह्म ब्रह्मविदो जनाः॥

वहाँ भी अग्नि शब्द है। अग्नि का जो अधिष्ठातृ देवता है, वह जीव को ज्योति को समर्पित करे, दिन है, अग्नि है, प्रकाश है, उत्तरायण है। भारतवर्ष के लिए उत्तरायण महिमा-मंडित है। सूर्य भगवान जब उत्तरायण में रहते हैं तब हमको अधिक प्रकाश मिलता है। हमको अधिक ताप मिलता है। हमको अधिक ज्योति प्राप्त होती है। अतः उत्तरायण में शरीर-त्याग करना मंगलमय माना जाता है। आप लोगों ने श्री महाभारत में पढ़ा होगा कि इच्छा मृत्यु का वरदान प्राप्त होने के कारण भीष्म ने तब तक अपने प्राण नहीं छोड़े जब तक सूर्य उत्तरायण में नहीं आ गया। यह प्रतीक है। जब हम अग्नि, ज्योति, शुक्लता, दिन, उत्तरायण के अभिमानी देवताओं के माध्यम से ब्रह्म को जानते हैं, ब्रह्म तक जाते हैं तो हमारा पुनरावर्तन नहीं होता। इसको क्रम-मुक्ति कहते हैं। जो इस देवयान से जाते हैं, वे प्रलय काल तक ब्रह्म में रहते हैं और फिर जब प्रलय के बाद पुनः सृष्टि होती है तो फिर उनका जन्म होता है। यह क्रम-मुक्ति सद्यः-मुक्ति या जीवन्-मुक्ति से अलग है। तो इसको कहते हैं अर्चिरा-मार्ग, अर्चि मार्ग, प्रकाश मार्ग, देवयान। और जो दूसरा मार्ग है—

धूमो रात्रिस्तथा कृष्णः षण्मासा दक्षिणायनम्।
तत्र चान्द्रमसं ज्योतिर्योगी प्राप्य निवर्तते॥

उसमें बिल्कुल उलटा है। धुआँ है। अँधेरा है, रात है। दक्षिणायन है। जो जीवन भर निष्काम कर्म करता हुआ कर्त्तव्य का निर्वाह करता रहा है, वह तो देवयान से जायेगा और उसकी मुक्ति होगी। उसको फिर से लौटना नहीं होगा।

जो भोग की लालसा से, सकाम भाव से कर्म करता रहा है, वह धूम्र-मार्ग से जायेगा। उसे पुनः लौटना होगा।

जो सूर्य है वह तेजस्विता का, ज्ञान का, बुद्धि का प्रतीक है। हम गायत्री मंत्र पढ़ते हैं। गायत्री मंत्र में सूर्य से प्रार्थना करते हैं कि—

हे भगवान सविता नारायण! हमारी बुद्धि को शुद्ध करो और उसको अच्छे काम में लगाओ।

तो जो बुद्धि को शुद्ध करके अच्छे काम में लगाने वाला देवता है, वह निष्कामता की ओर, पूर्णता की ओर ले जायेगा और जो आसक्ति की ओर, भोग की ओर, विलास की ओर ले आने वाला देवता है चन्द्रमा, वह हमको सकाम मार्ग की ओर ले जायेगा। सकाम मार्ग में जो हमने पुण्य पाप किये हैं उनको भोग लेने के बाद फिर हमको इस लोक में आना पड़ेगा।

तो एक अर्चि मार्ग है, प्रकाश का मार्ग है। एक धूम्र मार्ग है—अंधकार का मार्ग है। एक देवयान है, एक पितृयान है। देवयान से पुनरावर्तन नहीं होता। पितृयान से कर्मफल भोग लेने के बाद फिर जन्म लेने, पृथ्वी में आना पड़ता है। चूँकि जन्म-मरण ही सबसे बड़ा दुःख माना गया है। इसलिए प्रार्थना है **अग्ने नय सुपथा**—हे भगवान अग्निदेव! हमको अच्छे रास्ते से ले चलो। हमको देवयान से ले चलो।

ठीक है! इस अर्थ में मुझको कोई आपत्ति नहीं है, लेकिन मैं यह मानता हूँ कि यह अच्छा रास्ता क्या मृत्यु के बाद ही चाहिए, अच्छा रास्ता क्या जीवन-काल में नहीं चाहिए? जो लोग जीवन काल में गलत रास्ते पर चलेंगे, वे क्या मृत्यु के बाद अच्छे रास्ते पर चल सकते हैं? मृत्यु के बाद अच्छा रास्ता उन्हीं को सुलभ होगा जो जीवन भर अच्छे रास्ते पर चले हों। जब भगवान कहते हैं—

मामनुस्मर युद्ध्य च।

मेरा निरन्तर अनुस्मरण करते रहो और युद्ध करो, तो उनका अभिप्राय यही है कि अच्छे रास्ते पर चलने के लिए पाप से, मन के विकारों से युद्ध करते रहो। जब तुकाराम कहते हैं—

रात्रिदिन आम्हा—युद्धा चा प्रसंग
अन्तर्बाह्य जग आणि मन॥

रात-दिवस मेरे लिए युद्ध का प्रसंग है। भीतर और बाहर जगत् है और मेरा मन है। यह जो भीतर बाहर जगत है उसमें मेरा मन किधर जायेगा भाई? श्रेयसी की ओर जायेगा कि प्रेयसी की ओर जायेगा? श्रेय और प्रेय के रास्ते तो अलग-अलग होते हैं, उनमें से किधर जायेगा यह मन। यह अद्‌भुत प्रार्थना है इसी मंत्र में—

अग्ने नय सुपथा राये—

अब मैं इस प्रसंग को थोड़ा सा रोक रहा हूँ क्योंकि एक और बात इसमें से निकालनी है। रास्ते वाली बात फिर कहूँगा।

अग्ने नय सुपथा—हे अग्निदेव! हमको अच्छे रास्ते से ले चलो। क्यों ले चलो? **राये**—रयि माने धन! राये माने संपदा के लिए ले चलो।

ऋग्वेद का जो पहला मंत्र है, वह अग्नि को समर्पित है।

अग्निमीले पुरोहितं यज्ञस्य देवमृत्विजम् होतारं रत्नधातमम्।

अग्नि रत्न को धारण करती है। **अग्निना रयिमश्नवत्**—अग्नि से संपदा की प्राप्ति होती है। होती ही है। व्यावहारिक संपदा की प्राप्ति भी अग्नि से ही होती है, लेकिन यहाँ जिस धन का संकेत है—रयि के लिए, धन के लिए, संपदा के लिए वह संपदा केवल भौतिक संपदा नहीं है। जब हम कहते हैं—

त्वमेव माता च पिता त्वमेव
त्वमेव बन्धुश्च सखा त्वमेव
त्वमेव विद्या द्रविणं त्वमेव
त्वमेव सर्वं मम देव देव॥

द्रविणं—धन। ओ प्रभु! तुम्हीं मेरी माँ हो! तुम्हीं मेरे पिता हो! तुम्हीं मेरे बन्धु हो! तुम्हीं मेरे सखा हो! तुम्हीं मेरी विद्या हो! तुम्हीं मेरे एकमात्र धन हो—

परम धन राधे नाम अधार।

मेरा तो परम धन श्री राधाजी का नाम अधार है और कुछ नहीं। तो रयि शब्द के अलग-अलग विद्वानों के अलग-अलग अर्थ हैं।

शंकराचार्य महाराज कहते हैं कि राये का अर्थ हुआ रयि के लिए अर्थात् किए हुए कर्म का फल प्राप्त करने के लिए। तुम्हारी ही कृपा से कर्म फल की प्राप्ति होती है। तो हमारे कृत कर्मों का सुफल प्राप्त हो—ऐसा अनुग्रह करो। ठीक है! यह भी अर्थ हो सकता है। लेकिन केवल इतना ही अर्थ है इसका, अनेक विद्वान् यह स्वीकार नहीं करते।

भक्ति-पक्ष के आचार्य कहते हैं कि यहाँ राये जिस धन, जिस संपदा का संकेत करने वाला शब्द है, वह तो परम धन है। वह तो मेरा इष्टदेव है। वह तो मेरा प्रभु है! कुछ लोग इसको मोक्ष कहते हैं! इस बात पर ध्यान दीजिए कि यह प्रार्थना कौन कर रहा है? यह प्रार्थना वह कर रहा है जिसने ईश्वर का साक्षात्कार किया है, जिसकी प्रार्थना थी कि मैं तुम्हारे उन्मुक्त दर्शन कर सकूँ, इसलिए अपने स्वरूप से अपनी योगमाया के आवरण को हटा लो। दर्शन के अनन्तर जिसने यह अनुभव किया—**सोहं**—वही मैं हूँ। वह जब यह प्रार्थना कर रहा है तो ईश्वर-दर्शन, ईश्वर-साक्षात्कार, ईश्वर से अभेद की स्थिति प्राप्त कर लेने के बाद वह जिस धन की बात कह रहा है, वह धन केवल कर्म-फल तक सीमित नहीं हो सकता। वह धन केवल भौतिक संपदा तक सीमित नहीं हो सकता! वह धन परम धन की ओर, ज्ञानमार्गी दृष्टि के अनुसार मोक्ष-धन की ओर, भक्ति-मार्गी दृष्टि के अनुसार इष्टदेव की प्राप्ति की ओर संकेत करता है।

मुझको ले चलो, मेरे प्रभु के सन्निकट ले चलो! साक्षात्कार करने के बाद भी सन्निकटता का जो आग्रह है, वह आग्रह इस प्रार्थना से झलकता है।

राये-रयि प्राप्त कराने के लिए, परम धन की प्राप्ति कराने के लिए हे अग्नि! तुम मुझको सही रास्ते से, अच्छे रास्ते से ले चलो।

अच्छा! अग्नि से क्यों यह प्रार्थना की जा रही है? अग्नि का एक नाम है जातवेदा—जो हमारे जन्म से मृत्यु तक के सारे आचरण को जानता हो। वेद माने जानने वाला। हम जब जन्म लेते हैं तो जठराग्नि से निकलते हैं और मरने के बाद चिताग्नि पर जाते हैं तो, एकदम जन्म से लेकर मृत्यु तक अग्नि हमारे सारे व्यवहार को जानता है। इसलिए उन्हीं से प्रार्थना की जा रही है। एक संबोधन दिया अग्ने। दूसरा संबोधन दिया—देव। हे देव! जो द्योतन करता है, जो प्रकाशित करे, वह देव। और कह रहे हैं उस देव से कि तुम हमको सही रास्ते से, अच्छे रास्ते से ले चलो। क्यों भैया! तुमको कैसे भरोसा हुआ कि हम तुमको अच्छे रास्ते से, सही रास्ते से ले चलेंगे? क्योंकि तुम जातवेदा हो, क्योंकि तुम हमारे समस्त कर्मों को जानते हो, क्योंकि तुम समस्त मार्गों को भी जानते हो।

अब इसमें एक विशेष बात देखिये। अब तक का सारा कथन एकवचन में है। **सोहं—अहं**। आवाम् वयम् नहीं। और यहाँ अस्मान् हो गया? बहुवचन क्यों हो गया। यह एक

गुत्थी हुई कि नहीं? जो उपनिषद् एकवचन की चर्चा कर रहा है वह अकारण तो बहुवचन का प्रयोग नहीं कर सकता। यहाँ अस्मान् क्यों हो गया, आगे चलकर इस पर थोड़ा विचार करेंगे—

अग्ने नये सुपथा राये अस्मान्
विश्वानि देव वयुनानि विद्वान्।

हे देव! विश्वानि माने समस्त। विश्व का अर्थ आजकल हम लोग केवल ब्रह्मांड, सारा संसार (अंग्रेजी में कहें यूनिवर्स) मानते हैं, लेकिन विश्व का मतलब होता है समस्त। विद्वान माने जानने वाले। वयु शब्द वयन शब्द से आया है—जो हमने कर्म किए, कर्मों के वस्त्र बनाए हैं, कर्म को जो हमने गूँथा है, कर्मों की जो हमारी सम्पूर्ण शृंखला है, उन सब को जन्म से अब तक के हमारे समस्त कर्मों को प्रभु आप जानते हैं। हम लोग कहते हैं न कि हमारी बात कोई नहीं जानता। अरे भैया! रामजी तो जानते हैं। सब जानते हैं। यहाँ देव शब्द का प्रयोग सार्थक है क्योंकि—**एको देवः सर्व भूतेषु गूढ़ः। सर्वव्यापी सर्वभूतान्तरात्मा कर्माध्यक्षः सर्वभूताधिवासः—साक्षी चेता केवलो निर्गुणश्च।**

वह जो देव है। **एको देवः सर्वभूतेषु गूढ़ः**—वह सब प्राणियों में छिपा हुआ है। सर्वव्यापी—वह सर्वत्र व्याप्त है। सर्वभूतान्तरात्मा—सब प्राणियों की अन्तरात्मा के रूप में वही है। कर्माध्यक्षः—वही हमारे सारे कर्मों को देख रहा है नियमित कर रहा है; नियंत्रित कर रहा है। हम उससे गप नहीं मार सकते, क्योंकि वह हमारे कर्मों का अध्यक्ष है। उन्हें जानता है, देखता है। सर्वभूताधिवासः—वह सब प्राणियों में निवास करता है। साक्षी है, एकमात्र वही है। चैतन्य है। निर्गुण है। तो वह जो हमारा कर्माध्यक्ष है, वह हमारे समस्त कर्मों को जानता है। वह हमारे अच्छे कर्मों को भी जानता है। वह हमारे बुरे कर्मों को भी जानता है। अब जो हमारे अच्छे-बुरे समस्त कर्मों को जानता है, वही हमको उनका फल देगा। वह हमारे बुरे कर्मों का हमको बुरा फल न दे। वह हमको कृपापूर्वक अपनाकर हमें बुरे कर्मों के फल से अलग कर दे। बुरे कर्म हम क्यों करते हैं? बुरे कर्म हम करते हैं जब हमारे मन में कुटिलता आती है, जब हमारे मन में पाप आता है। देखिये, इसके बाद इस मंत्र में एक अत्यन्त महत्वपूर्ण बांत आती है—

युयोध्यस्मज्जुहुराणमेनो

जुहुराण का मतलब होता है कुटिल। जो सीधा नहीं है, जो टेढ़ा है, जिसमें दाँव-पेंच हैं। एनः पापों को! पाप अनिवार्य रूप से कुटिल होते हैं।

हमारे कुटिल पापों को तुम दूर कर दो। युयोधि का एक मतलब होता है दूर कर दो और युध् धातु से अगर इसे बना मानें तो इसका अर्थ हुआ नष्ट कर दो। तुम हमारे कुटिल पापों को दूर करो। तुम सब जानते हो। तुम हमारे अच्छे कर्मों को जानते हो। तुम हमारे बुरे कर्मों को जानते हो। हम अपने बुरे कर्मों का फल भोगेंगे तो देवयान से कैसे जाएँगे प्रभु? हम तुम्हारी कृपा की याचना करते हैं। हम तुमसे प्रार्थना करते हैं प्रभु कि तुम हमारी कुटिलता को, कुटिलता से उत्पन्न होने वाले पापों को नष्ट कर दो। इस सन्दर्भ में, तुलसी बाबा का एक दोहा याद आ रहा है? वह जो रास्ता है, वह कौन सा रास्ता है? कौन सा सुपथ? कौन सा कुपथ?

जो पाप के द्वारा परिचालित पथ है वह कुटिल पथ है। वह टेढ़ा है। वह कुपथ है। तुलसी बाबा ने कहा है—

सूधे मन, सूधे बचन, सूधी सब करतूति।
तुलसी सूधी सकल बिधि, रघुबर प्रेम प्रसूति॥

रामजी के प्रेम से जो उत्पन्न होने वाली व्यवस्था है, रामजी के प्रेम से उत्पन्न होने वाला जो जीवन-क्रम है, रामजी के प्रेम द्वारा परिचालित जो हमारी जीवन-पद्धति है, वह कैसी होगी?

सूधे मन—मन सूधा होना चाहिए। सीधा भी होना चाहिए, शुद्ध भी होना चाहिए।

सूधे वचन—बात सरल होनी चाहिए। सीधी होनी चाहिए। मीठी होनी चाहिए। टेढ़ी नहीं होनी चाहिए। कड़वी नहीं होनी चाहिए।

सूधी सब करतूति—रामजी के भक्तों के जो आचरण होंगे—वे कैसे होंगे? वे भी सीधे होंगे, सरल होंगे।

तुलसी सूधी सकल विधि—रघुबर प्रेम प्रसूति।

रामजी के प्रेम से परिचालित, रामजी के प्रेम से उत्पन्न जो जीवन-पद्धति है, वह सीधी है। तुलसी बाबा ने बड़े आत्म-विश्वास से कहा है कि कलियुग राम के भक्तों को ठग नहीं सकता। क्यों नहीं ठग सकता?

सत्य वचन मानस विमल कपट रहित करतूति।
तुलसी रघुबर सेवकहिं, सकै न कलियुग धूति॥

रामजी का कोई सेवक है कि नहीं—इसका प्रमाण क्या है? रामजी का कोई सेवक है इसका प्रमाण यह नहीं है कि वह रामनामी ओढ़ता है। रामजी का कोई सेवक है इसका प्रमाण यह नहीं है कि वह कई प्रकार के तिलक लगाता है। रामजी के सेवक होने का यह प्रमाण नहीं है कि वह रामजी के बड़े पद गाता है। कोई रामजी का सेवक है तुलसी के मतानुसार—इसका प्रमाण, इसका आधार यह है—

सत्य वचन—वह सच बात बोलता है, झूठ नहीं बोलता। मानस विमल—उसका हृदय शुद्ध है। निर्मल है—अपवित्र नहीं है। कपट रहित करतूति—उसकी करतूति, उसके कर्म कैसे हैं? क्या वह कपटी आचरण करता है? कपटी आचरण किसको कहते हैं? जो कहे कुछ, करे कुछ और सोचे कुछ—

मनस्यन्यत्, वचस्यन्यत् कर्मण्यन्यत् दुरात्मनाम्।
मनस्येकं वचस्येकं कर्मण्येकं महात्मनाम्॥

मन, वाणी और कर्म की एकता होनी चाहिए। जो मन में है, वह मुँह से कहा, जो मुँह से कहा, वह किया। यह है—रामजी के भक्त की पहचान।

मन में कुछ और है, कह कुछ और रहे हैं और कर कुछ और रहे हैं—यह तो राम भक्त का लक्षण नहीं है। मन में कुछ और, वाणी में कुछ और, क्रियाएँ कुछ और—यह पाप है,

यह कुटिलता है। जुहराणम् माने—कुटिल, टेढ़ा-मेढ़ा, वक्र। वह जिसके मन, वचन और कर्म में एकता है, वह सज्जन है, सत्पुरुष है। जिसके मन, वचन और कर्म में भिन्नता है, वह कुटिल है, दुरात्मा है।

हम सच्चे रास्ते पर चलें, अच्छे रास्ते पर चलें। ईशावास्य उपनिषद् का उपदेश यह है कि रास्ता भी अच्छा होना चाहिए, लक्ष्य भी अच्छा होना चाहिए। सुपथ से ही तुम परमात्मा को प्राप्त करोगे। चतुर लोग कहते हैं कि लक्ष्य अच्छा हो, रास्ता चाहे जैसा हो। ठीक है चतुरों के अनुसार व्यवहार में ऐसा होता होगा। व्यवहार की बात अलग है, परमार्थ की बात अलग है। यह परमार्थ की बात है, स्वार्थ की बात नहीं है। परमार्थ में कभी इसकी स्वीकृति नहीं दी जायेगी, कहीं नहीं दी गयी है। अच्छे रास्ते पर चलकर ही प्रभु को प्राप्त किया जा सकता है। सुपथ का मतलब है जो मन में है, वह अच्छा होना चाहिए। मानस विमल होना चाहिए। विमल मानस के साथ-साथ सत्य वचन होना चाहिए। सत्य वचन के अनुरूप ही काम करना चाहिए—

जो कछु कहिय करिय, भव-सागर तरिय, बत्स-पद जैसे।
रहनि आन विधि, कहिय आन, हरि पद सुख पाइय कैसे।।

जो कुछ कहें वही करें तो इस संसार-सागर को हम बछड़े के खुर के गड्ढे के समान अनायास पार कर सकते हैं। कितना बड़ा होता है बछड़ा? गाय नहीं, बैल नहीं, साँड़ नहीं। छोटा सा बछड़ा। उसके खुर छोटे हैं। उस छोटे खुर से बना हुआ गड्ढा कितना बड़ा होगा भाई? क्या उसको लाँघने में कोई कठिनाई हो सकती है? अगर हम जो कुछ कहते हैं, वही करें तो हम संसार के समुद्र को बछड़े के खुर के गड्ढे के समान अनायास पार कर जाएँगे। हम इस संसार-समुद्र में डूबते क्यों हैं? क्योंकि हम सुपथ पर नहीं चलते, हम कुपथ पर चलते हैं—

काम क्रोध मद लोभ सब, नाथ नरक के पंथ।
सब परिहरि रघुवीरहिं भजहु भजहिं जेहि सन्त॥

एक बहुत ही सूक्ष्म बात है। तुलसीदास ने दो रास्ते बताये। एक रास्ता क्या बताया—काम, क्रोध, मद, लोभ सब, नाथ नरक के पंथ—यह नरक का रास्ता है।

और इसको छोड़ कर भगवान को भजो, जिसको सन्त भजते हैं—यह सुपथ है। अच्छा! तुलसीदास अच्छे कवि नहीं हैं क्या, कि अच्छे कवि हैं? तुलसीदास तुक नहीं मिला सकते थे, कि मिला सकते थे। रामचरितमानस में इस दोहे को छोड़ कर कोई दूसरा दोहा नहीं है जिसमें तुक न मिला हो। इसमें पंथ का तुक सन्त से कैसे मिल रहा है? क्या तुलसीदास पंथ की तरह ग्रंथ जैसा कुछ नहीं लगा सकते थे, नहीं ला सकते थे। क्यों नहीं ला सकते थे? क्योंकि रास्ता अलग है। वे बता रहे हैं कि नरक का पंथ अलग है और सन्त का पंथ अलग है। इसलिए इसमें तुक नहीं मिलाया उन्होंने। इसको जानकर अलग कर दिया। काम, क्रोध, मद, लोभ के रास्ते से चलना नरक की ओर चलना है। और इन सबको छोड़कर राम का आश्रय लेकर सन्त के पीछे-पीछे चलना देवयान है जिससे पुनरावर्तन नहीं होता और इसलिए

उन्होंने पंथ और सन्त का तुक नहीं मिलाया। रास्ते बिल्कुल अलग हैं इसलिए उन्होंने तुक भी अलग रखे। नरक का रास्ता और रामजी का रास्ता अलग-अलग है। इनके तुक नहीं मिल सकते।

सुपथ पर सारे जीवन भर चलना है। केवल मृत्यु के बाद नहीं। मृत्यु के बाद अर्चि मार्ग से वही जा सकेगा, जो जीवन भर सुपथ पर चलेगा। जो जीवन भर सूधे मन, सूध वचन, सूधी सब करतूति करेगा।

वयुन शब्द का एक अर्थ कर्म माना गया। एक और अर्थ माना गया—प्रतिबन्ध। ऋषि कहता है मैंने कुछ अनुचित कर्म भी किए होंगे, पाप कर्म भी किए होंगे। हम लोग कोई पाप करना नहीं चाहते—

अथ केन प्रयुक्तोऽयं पापं चरति पूरुषः अनिच्छन्नपि।

कोई पाप करना नहीं चाहता। इच्छा न रहते हुए भी हम पाप करते हैं—

काम एष क्रोध एष रजोगुण समुद्भवः।

क्यों करते हैं? काम के कारण, क्रोध के कारण। दोनों के लिए एकवचन है। समुद्भवौ नहीं समुद्भवः। जो काम है वही रूप बदलकर क्रोध होता है। वही रूप बदलकर लोभ होता है। जब काम में अवरोध आता है, बाधा आती है तब वह क्रोध बन जाता है। जब काम पूर्ण होता है तो लोभ बन जाता है—

जिमि प्रतिलाभ लोभ अधिकाई।

क्रोध और लोभ काम के बदले हुए रूप हैं। इसलिए असली दुश्मन तो काम ही है। भगवान की ओर जाने का जो रास्ता है, वह सीधा है, सच्चाई का है, सरलता का है। उसमें कोई टेढ़ापन नहीं, उसमें कोई बाँकपन नहीं है। अतः प्रार्थना यह भी है कि अगर मेरे कोई प्रतिबंधक पाप-कर्म हों जो उस रास्ते पर मुझे न चलने देते हों तो तुम उनको दूर कर दो। कुटिल पापों को दूर करो। युयोधि—नष्ट कर दो।

हे रामजी! हे प्रभु! हम एक बार नहीं, दो बार नहीं, बार-बार, बार-बार आपको नमस्कार करते हैं। भक्त बार-बार नमस्कार क्यों करता है? और नमस्कार का मतलब क्या होता है?

जब मन गद्गद होता है, उल्लसित होता है, जब ऐसा लगता है कि हमारा जीवन चरितार्थ हो गया, कृतार्थ हो गया तो मन क्या केवल एक ही बार नमस्कार करके तृप्ति प्राप्त कर सकता है? छोटी सी बात है। दुनिया में कोई आपकी कोई बड़ी मनोकामना पूरी कर दे, तो आप कितनी बार उसको धन्यवाद देते हैं? यह बताइये? भगवान ने अर्जुन को दिव्य-दर्शन कराया। विराट रूप का दर्शन कराया। विराट रूप के दर्शन के बाद गद्गद हुआ अर्जुन क्या कहता है—

वायुर्यमोऽग्निर्वरुणः शशांकः प्रजापतिस्त्वं प्रपितामहश्च।
नमो नमस्तेऽस्तु सहस्रकृत्वः पुनश्च भूयोऽपि नमो नमस्ते॥ *(११/३९)*
नमः पुरस्तादथ पृष्ठतस्ते नमोऽस्तुते सर्वत एव सर्व॥ *(११/४०)*

अर्जुन क्या कह रहा है? तुम वायु हो, तुम यम हो, तुम अग्नि हो, तुम वरुण हो, तुम शशांक हो, तुम प्रपितामह प्रजापति हो। तुमको हजार-हजार नमस्कार। तुमको सामने से नमस्कार, तुमको पीछे से नमस्कार। तुम सर्व रूप हो। तुमको सब तरफ से नमस्कार। अर्जुन एक बार नमस्कार करके क्यों नहीं रुक गया? वह जो भीतर की कृतार्थता उमड़ रही है, भीतर की कृतज्ञता छलक रही है, वह कह रही है कि हे प्रभु तुम्हारी कृपा से मेरा जीवन कृतार्थ हो गया। तुम्हारी कृपा से मैंने उस परम सत्य की उपलब्धि कर ली। अब जितनी बार तुमको नमस्कार करें, वह थोड़ा है—

पुनश्च भूयोऽपि नमो नमस्ते।

फिर-फिर, फिर-फिर नमस्कार।

भूयिष्ठां ते नम उक्तिं विधेम—तुमको बार-बार, बार-बार नमस्कार। एक दो बार नहीं। भूयिष्ठां—असंख्य बार नमस्कार। यह असंख्य बार नमस्कार क्यों? इसकी भी दो व्याख्याएँ हैं। जो लोग इसे मुमूर्षु की प्रार्थना मानते हैं वे कहते हैं बेचारा और कुछ कर ही नहीं सकता। इसलिए वह नमो नमः बार-बार नमस्कार करता है। पर केवल इतनी बात नहीं है। नमः—इसमें दो बाते हैं। एक तो झुकना है, विनम्रता है। और एक है **न मम**—मेरा नहीं है। हम लोग जब यज्ञ करते हैं तब आहुति देते समय कहते हैं, **इदं अग्नये इदं न मम। इदं अग्नये स्वाहा**—यह अग्नि का है। यह मेरा नहीं है। यह अग्नि के लिए समर्पित!

न मम—न मम का रूपान्तर है नमः—यह मेरा नहीं है। यह मेरा नहीं है। सब आपका, सब आपका। मैं भी आपका। सब कुछ आपका, मेरा कुछ नहीं-न मम। और फिर नमः—विनम्र होना! झुकना! विनम्रता के साथ कहना चाहिए सब कुछ प्रभु का है! उनको सब कुछ समर्पित करते हुए बार-बार उनसे प्रार्थना करनी चाहिए कि वे अनुग्रह पूर्वक हमारे वक्र, हमारे कुटिल, हमारे दुष्टतापूर्ण विचारों को, कर्मों को, भावों को नष्ट कर दें। उन पापों को नष्ट कर दें। उनको हमसे दूर कर दें। उनके फल हमसे संसक्त न हो जायें। प्रभु हमें कृपा पूर्वक, कृपा के द्वारा शुभ मार्ग पर, सुपथ पर ले जायें।

अब इस पूरी प्रार्थना के बाद, चारों मंत्रों की प्रार्थना के बाद एक सवाल उठता है, बड़ा सवाल कि ज्ञानोत्तर भक्ति क्यों भाई? जब अद्वैत का अनुभव हो गया तो उस अद्वैत के बाद तो दो रहा ही नहीं। दो रहा नहीं तो कौन किसको नमस्कार कर रहा है? और क्यों नमस्कार कर रहा है? अद्वैत की उपलब्धि के बाद जब ऋषि कहता है—

योसावसौ पुरुषः सोऽहमस्मि।

जो आदित्य-मंडल में पुरुष है वह मैं हूँ। **सः अहं**—वह मैं हूँ। **अहं ब्रह्मास्मि**—मैं ब्रह्म हूँ। उसे अद्वैत का अनुभव हो गया, उस अद्वैत की अनुभूति के बाद फिर यह प्रार्थना क्यों? फिर उस अद्वैत की अनुभूति के बाद कौन, किसको नमस्कार कर रहा है? क्यों नमस्कार कर रहा है? क्या अद्वैत की अनुभूति के बाद भी भक्ति के लिए अवकाश है? जो कट्टर ज्ञानमार्गी हैं, शुष्क ज्ञानमार्गी हैं वे कहते हैं, नहीं हैं। ईशावास्योपनिषद् किन्तु कहता है—है, होना चाहिए। अगर किसी ज्ञानी में अद्वैत के अनुभव के बाद भक्ति नहीं है तो ईशावास्योपनिषद् के अनुसार यह स्थिति सुरक्षित नहीं है। भक्ति उसमें होनी ही चाहिए। क्यों

होनी चाहिए। अब एक बात समझिये।

द्वैत से बन्धन होता है! होता है न? हम एक से दो को तो मानेंगे नहीं, अनेक को मानेंगे। अनेक को मानेंगे तो फिर उनसे हम डरेंगे। उनसे हम लड़ेंगे। उनमें यदि कोई हमारा प्रिय नहीं रहेगा तो फिर हम उसका शोक करेंगे। जब हम अद्वैत का अनुभव करेंगे तभी हम किसी से घृणा नहीं करेंगे। तभी हम किसी का शोक नहीं करेंगे। तभी हम किसी से भय नहीं करेंगे। ईशावास्योपनिषद् में है न—

तत्र को मोहः कः शोकः एकत्वं अनुपश्यतः।

जिसने उस एकत्व का, उस अद्वैत का अनुभव कर लिया, वहाँ मोह नहीं है, वहाँ शोक नहीं है। जब एकत्व का, अद्वैत का अनुभव कर लिया, जब सोऽहं की अनुभूति हो गयी तब उस सोऽहं की अनुभूति के बाद भी प्रार्थना की जा रही है। उस सोऽहं की अद्वैत स्थिति की अनुभूति के बाद भी भक्ति की विनम्रता क्यों?

भय तो द्वैत से होता है, **द्वितीयाद्वै भयं भवति**—भय तुमको किससे होता है भाई? किसी दूसरे से! जो तुम्हारा गला काट दे सकता है, जो तुम्हारी चीज चुरा सकता है, जो तुमको कड़वा बोल सकता है, जो तुम्हारा अपमान कर दे सकता है ऐसे द्वितीय से भय होता है। जब कोई द्वितीय नहीं है तो भय नहीं होगा। किसी का मोह नहीं होगा। किसी के रहने-न-रहने से शोक नहीं होगा, प्रसन्नता नहीं होगी। अद्वैत का अनुभव होगा। अद्वैत के अनुभव से चरितार्थता होगी। फिर भी भक्ति। क्यों भक्ति? एक बढ़िया श्लोक सुना रहा हूँ—

द्वैतं मोहाय बोधात् प्राक्, प्राप्ते बोधे मनीषया।
भक्त्यर्थं कल्पितं द्वैतं, अद्वैतादपि सुन्दरम्॥

इस बात को समझिये। **द्वैतं मोहाय**—द्वैत की भावना मोह को जन्म देती है। द्वैत रहेगा तो मोह होगा, भय होगा, राग होगा, द्वेष होगा तो शोक होगा। बन्धन होगा। **द्वैतं मोहाय, बोधात् प्राक्**—ज्ञान की प्राप्ति के पहले। बोधात् माने ज्ञानात्। ज्ञान की प्राप्ति के प्राक् माने पहले। ज्ञान की प्राप्ति के पहले अगर द्वैत है तो वह द्वैत मोह का कारण है। प्राप्ते बोधे-ज्ञान की प्राप्ति हो जाने के बाद। मनीषया अपनी मनीषा से, अपनी बुद्धि से। भक्त्यर्थं कल्पितं द्वैतं भक्ति के लिए द्वैत की जो कल्पना की गयी, **अद्वैतादपि सुन्दरं**—वह तो अद्वैत से भी सुन्दर है। बोध के स्तर पर अद्वैत की उपलब्धि होनी चाहिए। ज्ञान के स्तर पर साक्षात् अनुभव से गुजरना चाहिए। **सोऽहं—अहं ब्रह्मास्मि। एकत्वं अनुपश्यतः**। यह अनुभव के स्तर की बात होनी चाहिए, तोता-रटन्त नहीं होना चाहिए। अनुभव के स्तर पर इस अनुभूति के बाद भी शरीर तो रहेगा, शरीर रहेगा तो शरीर को भूख लगेगी, प्यास लगेगी। ठंड लगेगी, गर्मी लगेगी। ज्ञानी की तरह संसार ब्रह्म रूप में दिखेगा, लेकिन ब्रह्म की तरह नाना रूपों में दिखेगा वैसी स्थिति में ज्ञानी को क्या करना चाहिए? वैसी स्थिति में ज्ञानी को मनीषा से भक्ति की स्थिति को स्वीकार करते हुए प्रभु की भक्ति करते रहना चाहिए। एक बढ़िया श्लोक और सुना देता हूँ—

सर्वेश्वरस्तु सुधिया गलितेऽपिभेदे
भावेन भक्तिसहितेन समर्चनीयः।

प्राणेश्वरश्चतुरयामिलितेऽपि चित्ते

चैलांचलव्यवहितेन निरीक्षणीयः।

श्लोक पुराना है, इसलिए इसमें पुरानी परिपाटी का ही उल्लेख है, पर बात उससे समझी जा सकती है। **सर्वेश्वरस्तु सुधिया गलितेऽपिभेदे**—जो सर्वेश्वर, सबका ईश्वर, प्रभु है उससे भेद के गलित हो जाने पर भी परमात्मा अलग, मैं अलग इस भेद के विलय के बाद भी सुधिया—बुद्धिमान के द्वारा, सुधी व्यक्ति के द्वारा **सर्वेश्वरः भावेन भक्ति सहितेन समर्चनीयः**—सर्वेश्वर भावपूर्वक भक्ति सहित सम्यक् रूप से अर्चनीय है। भेद के विलय के बाद भी शरीरधारी सुधी व्यक्ति के लिए यही उचित है कि वह सर्वेश्वर प्रभु का भक्ति के साथ समर्चन करे, अर्चना करे! अब उदाहरण देखिये—

प्राणेश्वरश्चतुरयामिलितऽपि चित्ते—प्राणेश्वर से, प्रियतम पति से हृदय मिल जाने पर भी जो चतुर पत्नी है, **चैलांचलव्यवहितेन निरीक्षणीयः** वह घूँघट की ओट से ही उसको देखे। वह आवरण से ही उसको देखे। उसमें रस ज्यादा है, स्वाद ज्यादा है—ऐसा लोग मानते हैं। कम-से-कम पुराने लोग मानते थे।

चित्त तो मिल गया। चित्त के मिल जाने के बाद भी भाव की सृष्टि के लिए द्वैत। आवरण के भीतर से देखने पर भाव का उद्रेक अधिक होता है। अतः चतुर प्रिया उसी तरह प्रियतम को देखकर उसे और अपने को अधिक आनन्द प्रदान करती है। इसी तरह उस परमात्मा का भाव के सहित अर्चन करो, उसकी उपासना करो, पूजा करो क्योंकि तुम तत्त्व के स्तर पर अभेद के बाद भी शरीरधारी हो। शरीर धारी की स्थिति में तुम आत्मा की दृष्टि से, परमात्मा से अभिन्न हो यह ठीक है, लेकिन शरीर की स्थिति में भेद मानकर चलो। इसमें तुम सुरक्षित रहोगे। एक बार फिर हनुमानजी वाले श्लोक की याद दिलाऊँ। रामजी ने पूछा भाई हनुमान! तुम कौन हो? हनुमान को लगा कोई रहस्य की बात है। प्रभु मेरी परीक्षा ले रहे हैं। तो उन्होंने कहा—**देह दृष्ट्या तो दासोऽहं**—आप देह धारण करके राम हैं। मैं देह धारण करके हनुमान हूँ। तो देह की दृष्टि से आपका दास हूँ।

जीव दृष्ट्या त्वदंशकः—आप परमात्मा हैं। मैं जीवात्मा हूँ। आप पूर्ण हैं। मैं आपका अंश हूँ। और **वस्तुवस्तु त्वमेवाहं**—पारमार्थिक दृष्टि से जो आप हैं, वही मैं हूँ। **इति मे निश्चितामतिः**—यह मेरी दृढ़ मति है।

तो, जब तक देह में आबद्ध हैं तब तक अनुभव के बाद भी, अद्वैतानुभूति के होते हुए भी हम देहधारी के रूप में उनकी भक्ति करें तो उसमें रस उमड़ेगा।

अच्छा बताइये, इस देश में शंकराचार्य से बड़ा अद्वैती कौन हुआ है? हमारे देश में सबसे बड़े अद्वैतवादी हैं शंकराचार्य। उनका एक बहुत ही अच्छा स्तोत्र है। उसको कहते हैं प्रार्थना षट्पदी। उस प्रार्थना षट्पदी का एक श्लोक सुना रहा हूँ—

सत्यपिभेदापगमे नाथतवाहं न मामकीनस्त्वम्।

सामुद्रो हि तरंगः क्वचन समुद्रो न तारंगः॥

सति अपि भेदापगमे—भेद का अपगमन हो जाने पर भी! **नाथतवाहं**—हे रामजी! मैं आपका हूँ। **न मामकीनस्त्वं**—आप मेरे हैं, ऐसा कहने की धृष्टता मैं नहीं कर सकता।

उदाहरण देते हैं। **सामुद्रोहि तरंगः**—आखिर समुद्र और तरंग में क्या अन्तर है? तरंग के भीतर बाहर, ऊपर-नीचे क्या है पानी के सिवाय? समुद्र से कैसे अलग है तरंग? समुद्र भी जल ही जल है। तरंग भी जल ही जल है। तरंग सिवाय पानी के क्या है? लेकिन जब वायु के वेग के कारण वह जल एक आकार धारण करता है तो हम यही कहते हैं कि समुद्र की तरंग है। यह तो नहीं कहते कि तरंग का समुद्र है। ऐसा नहीं कहते।

तो इसीलिए भेद का अपगमन हो जाने पर भी हम सर्वेश्वर की, प्रभु की भाव सहित अर्चना करते रहें, यही उचित है। यह भी कहा गया है—

अद्वैतं त्रिषुलोकेषु नाद्वैतं गुरुणा सह।

यह भी उसी अद्वैतवादी परम्परा में कहा गया है। **अद्वैतं त्रिषुलोकेषु**—तीनों लोकों के साथ अद्वैत की भावना करो। **नाद्वैतं गुरुणा सह**—लेकिन अपने गुरु से अद्वैत की बुद्धि मत करो। गुरु के बराबर मत बैठ जाओ। गुरु के साथ अद्वैत की भावना नहीं करो। क्यों? क्योंकि उस गुरु के कारण हमको अद्वैत तत्त्व प्राप्त हुआ है। जिस गुरु से अद्वैत की उपलब्धि हुई, जिस गुरु की कृपा से अद्वैत का अनुभव प्राप्त हुआ, तीनों लोकों के साथ अद्वैत की अनुभूति होने पर भी विधान है, **नाद्वैतं गुरुणा सह**—अपने गुरु से अद्वैत का दावा मत करो। दावा मत करो का मतलब यही है कि हो तो अद्वैत ही। केवल दावा मत करो। क्योंकि उसमें रस है। क्योंकि उसमें मर्यादा है। क्योंकि उसमें ही तुम्हारी सर्वश्रेष्ठ उपलब्धि के लिए संभावना है। संभावना कुंठित हो जाएगी अगर तुम औद्धत्य के कारण गुरु के साथ अद्वैत का दावा करोगे। अगर गुरु के साथ अद्वैत का दावा अद्वैतानुभूति के बाद नहीं कर रहे हो त्तो सर्वेश्वर के साथ क्यों करते हो? तो फिर सर्वेश्वर की भक्तिपूर्वक अर्चना करने में संकोच क्यों होना चाहिए? ठाकुर रामकृष्ण परमहंस—अद्वैत के परम साक्षात् अनुभोक्ता थे, किन्तु शरीर की दृष्टि से वे भी अपने को दास मानते थे। वे अपने को मैं नहीं बोलते थे। एई शरीर? दास दास। आत्मा से शरीर को अलग करके शरीर की भूमिका पर दास और तत्त्व की भूमिका पर अद्वैत। ऐसा अनुभव हो जाने के बाद भी भक्ति के रसास्वादन के लिए बुद्धि से कल्पित किया गया द्वैत तो अद्वैत से भी सुन्दर है।

अच्छा, हम लोगों को तो जाने दीजिए। सीता और राम, राधा और कृष्ण! इनमें द्वैत है कि अद्वैत है?

गिरा अरथ-जल बीचि सम, कहियत भिन्न-न-भिन्न।
बन्दउँ सीताराम पद जिन्हहिं परम प्रिय खिन्न॥

केवल कहने के लिए, व्यवहार में सीता और राम भिन्न हैं, लेकिन वास्तव में भिन्न नहीं हैं। गिरा अरथ—वाणी और उसका अर्थ। समुद्र और उसकी तरंग। **गिरा अरथ जल बीचि!** वीचि माने तरंग। **कहियत भिन्न-न-भिन्न।** कहने के लिए भिन्न हैं, पर वास्तव में अभिन्न हैं। भेद दिखने पर भी वस्तुतः सीता और राम में अभेद है—

यः कृष्णः सापि राधा च
या राधा कृष्ण एव सः।

एकं ज्योतिः द्विधा भिन्नं
राधामाधवरूपकम् ॥

सारा रस नष्ट हो जायेगा अगर अद्वैत का साक्षात् बिम्ब होते हुए भी द्वैत की लीला राधा-कृष्ण नहीं करेंगे। इसीलिए **द्वैतं मोहाय बोधात् प्राक्**—ज्ञान की प्राप्ति के पहले तक द्वैत मोह की सृष्टि करता है, बन्धन में डालता है। प्राप्ते बोधे मनीषया। बोध की प्राप्ति हो जाने के बाद मनीषा के द्वारा **भक्त्यर्थं कल्पितं द्वैतं**—भक्ति के लिए कल्पित किया गया द्वैत **अद्वैतादपि सुन्दरम्**—अद्वैत से भी सुन्दर है। वे जो शुष्क अद्वैतवादी हैं, उन अद्वैतवादियों को भी यह भक्ति के लिए कल्पित किया गया द्वैत रसास्वादन कराने में समर्थ है।

मुझे मालूम नहीं है—आप लोगों में से कोई एलोरा गया है कि नहीं? कोई गया है? एलोरा में जो कैलाश का मन्दिर है उसमें गये हैं आप लोग? कैलाश के मन्दिर की विशेषता जानते हैं? कैलाश का मन्दिर एक ही पहाड़ को तराश कर बनाया गया है। कल्पना कीजिए कि हमारे पुरखे कैसे थे? पूरा पहाड़—पहाड़ को तराशा। तराश कर दरवाजा बनाया। तराश कर भीतर का आँगन बनाया, भीतर का कक्ष बनाया। तराश कर मूर्ति बनायी। मूर्ति में स्वामी, सेवक सब बना दिए। एक ही पहाड़ उसी का मन्दिर, उसी की मूर्ति, उसी में स्वामी, उसी में सेवक! अद्वैत में ही द्वैत का चित्र है। अद्वैत में ही द्वैत का खेल! यह जो भक्ति की दृष्टि, ज्ञानोत्तर भक्ति की संभावना और ज्ञानोत्तर भक्ति के द्वारा रसज्ञता, रसमयता की अनुभूति वह बड़ी अद्भुत है। मेरे गुरुजी की एक कविता है—

मैं अखंड अद्वैत सच्चिदानन्द ब्रह्म हूँ।
अवचन अमन अमान अतनु चेतन अजिह्म हूँ॥

मैं अद्वैत हूँ। अखंड हूँ। सच्चिदानन्द ब्रह्म हूँ। वाणी का विषय नहीं हूँ। मेरा शरीर नहीं है। मेरा मन नहीं है। मैं टेढ़ा-मेढ़ा नहीं हूँ। मैं सीधा हूँ। यह अनुभव हुआ। लेकिन इस अनुभव के बाद वे कहते हैं—फिर भी सृष्टि है। ज्ञानी को क्या सृष्टि दिखती नहीं है? दिखती है। फिर भी वह मानता है कि यह भाव एक ही तत्त्व का प्रसार है। दृष्टिगोचर जो है उसमें पृथक्ता का भान तो होता है। गुरुजी की अगली पंक्तियाँ हैं—

मेरा मैं ही धन्य अन्य-सा चमक रहा तू
क्या प्रतीति की रीति प्रीति बन दमक रहा तू
विरह-मिलन के खेल-मेल अब चला करेंगे
निज-पट पर निज ज्योति चित्र सुख चला करेंगे।

यह जो अन्य सा तू चमक रहा है—यह भी मैं ही हूँ। मेरा ही मैं अन्य बनकर चमक रहा है। क्या प्रतीति है, रीति है कि मेरा मैं ही अन्य बनकर दमक रहा है। अब यह दोनों मैं हूँ। लेकिन एक मैं मैं हूँ। और एक मैं तू बन गया है। एक मैं मैं है। और एक मैं, वही मैं तू बन गया है।

अब इस एक ही मैं के, मैं और तू, बन जाने के कारण अब इसमें विरह-मिलन के मेल-खेल चलेंगे।

सूत से बना वस्त्र भी अपना। उस पर सूत से ही बनाये हुए चित्र भी अपने। वही-वही है। लेकिन एक ही मैं को मैं और तू बनाकर जो रसास्वादन की सत्ता है वह शुष्क अद्वैत से भी बड़ी है—ऐसी मान्यता ईशावास्योपनिषद् की है। एक बात और विचारणीय है। यहाँ ऋषि ने बहुवचन क्यों कर दिया? पूरे उपनिषद् में पहली बार यहाँ बहुवचन आया है—

अग्ने नये सुपथा राये अस्मान् विश्वानि देववयुनानि विद्वान्।

अस्मान्? यह बहुवचन क्यों? क्योंकि यह गुरु उपदेश दे रहा है शिष्यों के प्रति गुरु की करुणा उमड़ती है। गुरु स्वयं सिद्ध है। लेकिन उसके सारे शिष्य तो सिद्ध नहीं हैं। वह गुरु जो स्वयं सिद्ध है—वह अपने शिष्यों के चरित्र की शुद्धि के लिए बहुवचन का प्रयोग कर रहा है। अपने समस्त शिष्यों के साथ चरित्र की शुद्धि हो प्रभु की कृपा से। हमारे जो टेढ़े-मेढ़े पाप है—वे जायें। हम सीधे-सीधे रास्ते पर चलें। यह जो चरित्र की शुद्धि है वह सामूहिक रूप से हो, अद्वैत की अनुभूति वैयक्तिक रूप से हो। सोहं—वहाँ एकवचन है। लेकिन यहाँ गुरु अपने ही लिए नहीं कह रहा है। गुरु अपने शिष्यों के साथ मिलकर कह रहा है। गुरु अपने शिष्यों के लिए भी कह रहा है। प्रार्थना कर रहा है गुरु—प्रभु! हम सबों के जो कुटिल पाप हैं, उन्हें आप नष्ट करें। हमको सुगम रास्ते पर, सच्चे रास्ते पर, अच्छे रास्ते पर चलने की शक्ति दें, कृपा करें और इसलिए बहुवचन है।

वल्लभ संप्रदाय के लोगों ने कहा कि भक्ति में विवाह भी होता है भाई! भक्ति में तो परिवार भी होता है—सब लोग संन्यासी नहीं होते। तो वल्लभ संप्रदाय की जो टीका है उसमें कहा गया कि ऋषि अपनी पत्नी, अपने शिष्य—सबके लिए कह रहा है। केवल गुरु शिष्य की बात नहीं। पूरे परिवार की बात कह रहा है। लेकिन एक बात साफ है। चाहे गुरु-शिष्य की बात हो, चाहे भक्त और उसके परिवार की बात हो, एक बात साफ है कि उस ऊँची भूमिका पर पहुँचा हुआ सन्त भी यह अनुभव करता है कि इस ऊँची भूमिका की अनुभूति विरल है। लाखों में, करोड़ों में कोई एक ऐसा अनुभव कर सकता है। साधारण लोगों के लिए क्या होगा? और इसलिए साधारण लोगों के लिए यह प्रार्थना है। इसलिए भक्ति आवश्यक है। ज्ञानोत्तर स्थिति में भी भक्ति आवश्यक है और ज्ञान पूर्व भी भक्ति आवश्यक है। भक्ति हमारें लिए दृढ़ अवलम्ब है। भक्ति नौका नहीं है कि नौका पर चढ़कर नदी को पार कर गए और नौका छोड़ दी। भक्ति नौका नहीं है। भक्ति हमारे जीवन का अन्तरंग अनुभव है। हमारा स्वभाव है। भक्ति हमारी सत्ता है।

साधन सिद्धि राम पग नेहू—जब साधन भक्ति सिद्धि भक्ति होती है तो वह भक्ति से अभक्ति थोड़े ही हो जायेगी और इसलिए ईशावास्योपनिषद् का उपदेष्टा ऋषि अपने लिए अद्वैत की अनुभूति के बाद भी अपने समस्त शिष्यों के कल्याण की कामना से भगवान से प्रार्थना करता है कि हमको तुम सही रास्ते पर, अच्छे रास्ते पर चलाओ।

इस पर भी ध्यान दीजिए कि शान्ति पाठ उपनिषद् के आरम्भ में भी है, शान्ति पाठ उपनिषद् के अन्त में भी है। उपनिषद् के आरम्भ में शान्ति-पाठ होता है विघ्न के निवारण की कामना से। उपनिषद् के अन्त में शान्ति पाठ होता है उपलब्धि की अनुभूति की भावना से। विघ्न का निवारण पूरे उपनिषद् के अनुशीलन के मध्य से हमें आगे ले जाकर हमको

सिद्धि देता है। अब उस सिद्धि के अनुभव से यह बात कही जा रही है—

ॐ पूर्णमदः पूर्णमिदं पूर्णात् पूर्णमुदच्यते।
पूर्णस्य पूर्णमादाय पूर्णमेवावशिष्यते॥

अद्‌भुत बात है। वह पूर्ण है। यह पूर्ण है। पूर्ण से पूर्ण ही उत्पन्न होता है। पूर्ण से पूर्ण को निकाल लेने पर भी पूर्ण ही बचता है। कारण रूपी ब्रह्म पूर्ण है। कार्य रूपी जगत् पूर्ण है। क्या मतलब है इसका? क्या दो पूर्ण होते हैं? कारण रूपी ब्रह्म पूर्ण है और कार्य रूपी जगत पूर्ण है—इसका मतलब क्या हुआ? क्या हमने जगत् को ब्रह्म से निकाल लिया? क्या जगत् ब्रह्म से अलग है? ब्रह्म जगत की तरह लगता हुआ भी ब्रह्म ही है। जैसे अँधेरे में फूल की माला है। हमको लगा कि वह साँप है। फूल की माला को हमने साँप मान लिया। जब हमने फूल की माला को साँप मान लिया तो उसमें वजन बढ़ गया? उसका आकार बढ़ गया? नहीं बढ़ा न। जैसा था, वैसा ही है। खाली हमने फूल की माला को साँप मान लिया। और फिर जब हमको ज्ञान हुआ और हमने समझ लिया कि यह फूल की माला है, साँप नहीं हैं तो उसका वजन घट गया? उसका आकार घट गया? नहीं घटा। इसी तरह से ब्रह्म रूपी जो यह सृष्टि है, इस सृष्टि में हमको बहुलता भासती है, अनेकता लगती है। यह केवल हमारी भ्रान्ति है। जैसे फूल की माला को साँप समझ रहे हैं, वैसे ही हम लोग ब्रह्म को जगत समझ रहे हैं। जिस दिन यह विवेक हमको प्राप्त होगा कि यह जगत ब्रह्म ही है तो वह ब्रह्म ही रहेगा। इसका मतलब जगत ब्रह्म से अलग कोई नयी सृष्टि, कोई भिन्न सृष्टि नहीं है और इसलिए जगत की जो अनेकता है, असंख्यता जो दिखायी पड़ती है यह कैसे हुई? यह माया के कारण हुई। माया किसको कहते हैं? **मा** माने नहीं **या** माने जो। जो नहीं है उसको माया कहते हैं। एक अर्थ बता रहा हूँ। और भी बहुत से अर्थ हो सकते हैं। लेकिन इस समय जो अपने को अभीष्ट अर्थ है, वही बता रहा हूँ। जो नहीं है, वह माया।

अच्छा, यहाँ गणित के अनेक विद्यार्थी होंगे। गणित में जो भाज्य है, जिसमें भाग दिया जाता है उसमें जितनी बड़ी संख्या से भाग देंगे, भागफल उतना छोटा होगा। जितनी छोटी संख्या से भाग देंगे, भागफल उतना बड़ा होगा। और अगर शून्य से भाग देंगे तो भागफल अनन्त होगा। सीधी बात है गणित में। चार में भी शून्य से भाग देंगे तो भागफल क्या है? अनन्त है। शून्य से अगर किसी भी संख्या में भाग दिया जायेगा तो भागफल अनन्त है। अगर हम माया से ब्रह्म में भाग दे रहे हैं तो भागफल अनन्त है और वह अनन्त हमको नाना नाम रूपों में दिखायी पड़ रहा है। माया जो अपने में कुछ नहीं है, जो अपने में शून्य है वह इस ब्रह्म में भाग देगी तो उससे जो अनन्त; असंख्य नाम रूप दिखायी पड़ेंगे, वे वास्तव में हैं कुछ भी नहीं। अलग कुछ नहीं है। वे उसी ब्रह्म के असंख्य, नाना नाम रूप हैं क्योंकि भाग दे रहे हैं माया से। इसलिए माया के रूप में ये असंख्य नाम रूप दिखते हैं। जिस दिन हमको बोध हो जायेगा कि नहीं-नहीं, इस नाम रूप की असंख्यता के भीतर भी तत्त्व एक ही है उस दिन भी हमको नाम रूप असंख्य दिखते रहेंगे, लेकिन उनकी आधारभूत अद्वैतता का अनुभव होता रहेगा। जैसे दीवाली के दिन नेपाल चन्द्र हलवाई की दुकान में जाते हैं हम मिठाई खरीदने तो हमको उसमें चीनी का घोड़ा, चीनी का सिपाही, चीनी का लड़का चीनी की लड़की, चीनी की नाचने वाली,

चीनी का आदमी दिखता है। हैं क्या ये सब, सिर्फ चीनी के सिवा। उनके भीतर-बाहर सब चीनी-ही-चीनी है। महिलाएँ इतना सोना पहनती हैं। किसी को अँगूठी कहते हैं, चूड़ी कहते हैं, कंगन कहते हैं, बाजूबन्द कहते हैं। वे क्या गहने हैं? सोना ही सोना है। नाम रूप के अलावा और कुछ नहीं है। खाली नाम रूप अलग-अलग है। तत्त्व तो सोना है। इसी तरह से माया के द्वारा भाग दिये जाने पर वह ब्रह्म असंख्य नाम रूपों में अभिव्यक्त होते हुए भी ब्रह्म के अतिरिक्त और कुछ नहीं है। यह बोध जिस दिन हमको हो जायेगा उस दिन ॐ शान्तिः शान्तिः शान्तिः हमारे आधिभौतिक दुःख, आधिदैविक दुःख और आध्यात्मिक दुःख—तीनों दुःखों की शान्ति होगी, तीनों दुःख सदा के लिए दूर हो जायेंगे।

भगवान की बड़ी कृपा है कि हमने एक बहुत ही असंभव से लगते हुए काम को करीब-करीब संभव कर दिया। जैसे हनुमानजी छलाँग मार कर रामजी की कृपा से समुद्र लाँघ गए थे वैसे मैंने भी छलाँग मार दी और ईशावास्योपनिषद् का प्रवचन कर दिया सिर्फ रामजी की कृपा से। उसका तत्त्व मैं नहीं जानता। एक बढ़िया श्लोक सुनाऊँ—

अब्धिर्लंघित एव वानर भटैः किन्त्वस्य गंभीरताम्।
आपातालनिमग्नपीवरतनुर्जानाति मंथाचलः॥

हाँ-हाँ ठीक है। हनुमानजी ने छलाँग मारकर समुद्र को पार कर दिया। लेकिन क्या उसकी गंभीरता को हनुमानजी जानते थे? नहीं जानते थे। समुद्र की गंभीरता को कौन जानता है? जो पाताल तक डूबा हुआ मंदराचल है, जिसने समुद्र मंथन में मथानी का काम किया, वही मंदराचल समुद्र के आपाताल गांभीर्य को जानता है। तो विष्णुकांत तो अखंडानन्दजी सरस्वती का बल प्राप्त करके छलाँग मारकर ईशावास्योपनिषद् के पार चला गया किन्तु इसकी जो पाताल तक व्याप्त गंभीरता है उसे वह नहीं जानता। इसको मैं निष्कपट भाव से स्वीकार करता हूँ। कभी प्रभु की कृपा से, गुरुजी के अनुग्रह से उस गांभीर्य का भी अनुभव कर सकूँ, यह मेरी कामना रहेगी। लेकिन फिर भी जो आदि से अन्त तक ईशावास्य प्रवचन को वाणी-विलास के द्वारा निभा सका इसके लिए भी मैं उनको प्रणाम करता हूँ। एक बात मैं और कहूँगा। अब तक हम लोगों ने अलग-अलग मंत्रों की चर्चा की। यह बिल्कुल स्वाभाविक है कि एक मंत्र के ऊपर चित्त को, मन को, बुद्धि को केन्द्रित करने पर अन्य मंत्रों में जो कुछ कहा गया है वह उतना स्पष्ट नहीं रहता। इसलिए मुझको लगता है कि सिंहावलोकन के रूप में एक प्रवचन और करूँ जिस में आदि से अन्त तक इन अठारहों मंत्रों में तत्त्व की क्या मुख्य-मुख्य बातें कही गयी हैं उनका संक्षिप्त सा विवेचन कर दूँ। संभवतः उससे ईशावास्योपनिषद् की समग्र छवि कुछ अधिक स्पष्ट हो सकेगी।

□□

प्रवचन क्रम—१८

आज हम सब ईशावास्योपनिषद् का सिंहावलोकन करेंगे। जो कुछ हमने सुना उसको थोड़ा सा गुनेंगे। क्योंकि श्रवण के बाद मनन और मनन के बाद निदिध्यासन—वेदान्त की यह परम्परा है। हमने अलग-अलग मंत्रों की व्याख्या सुनी। इन समस्त मंत्रों का सार क्या है? कौन-कौन सी बातें विशेष रूप से ईशावास्योपनिषद् में कही गयीं हैं। इन सबको समन्वित रूप से समझने की चेष्टा आज के प्रवचन में की जायेगी। पहली बात आप यह समझिये कि हम जीवन के व्यवहार को जिस स्तर पर कर रहे हैं, जब उस स्तर पर जीते रहने से हमको संतोष नहीं होता, तब हम उच्चतर सत्य का अनुसंधान करते हैं। व्यवहार के जिन स्तरों पर हम जी रहे हैं, वे स्तर क्या हैं? हम यह अनुभव करते हैं कि अपनी अपूर्णताओं में सिमटे हुए अलग-अलग हम सब काम, क्रोध, लोभ, मोह, मद, मत्सर से प्रेरित होकर अपनी महत्त्वाकांक्षाओं के कारण चाहते हैं कि हम किसी प्रकार अर्थ-उपार्जन करें, उपभोग करें, यश प्राप्त करें, शक्तिमान बनें। ऐसा भी लगता है कि इस सारी प्रक्रिया में सफलता की ओर बढ़ने की चेष्टा में हम तीव्र प्रतिस्पर्द्धा, प्रतिद्वन्द्विता के माध्यम से गुजरते हैं। क्या यह सफलता का बिम्ब, यह सफलता का लक्ष्य वास्तविक लक्ष्य है? क्या इससे वास्तव में हमको समाधान प्राप्त होता है? क्या इससे हमारा जीवन चरितार्थ होता है? सफलता और चरितार्थता—ये दो अलग बातें हैं। हम किसी भी तरह से पैसे कमा लें, किसी भी तरह से ऊँचे-से-ऊँचे भोग प्राप्त करे लें, किसी भी तरह से अपना नाम छपवा लें, अपना स्तुति-गान करवा लें, कोई बड़ा ओहदा प्राप्त कर लें तो लोक दृष्टि से हमारा जीवन सफल माना जायेगा, किन्तु क्या यह चरितार्थता भी है? वैभव की चरमोच्च स्थितियों में भी भीतर की जो दीनता है, भीतर की जो ग्लानि है उसका मैं साक्षी होकर लौटा हूँ। भौतिक सुविधाएँ, वैज्ञानिक यांत्रिक सभ्यता के आधार पर जिन देशों में चरम सीमा में वर्तमान है, उन देशों में बहुत से लोगों को नींद नहीं आती, उन देशों में चौथाई से ज्यादा लोग मानसिक विकृतियों के द्वारा अभिशप्त होकर विविध समयों में अस्पतालों में दाखिल हुए हैं, उन देशों में परिवार तंत्र प्राय: विघटित हो गया है, उन देशों में आठवें पति की नौवीं पत्नी, सातवीं पत्नी के दसवें पति—ये बहुत स्वाभाविक बातें हैं। उन देशों में पति-पत्नी अपना हिसाब अलग रखते हैं। बच्चों का परिचय देते हुए कहते हैं कि यह इसका बच्चा है, यह मेरा बच्चा है और यह हम लोगों का बच्चा है और वे बच्चे कहाँ पलते हैं, कैसे पलते हैं? क्या उस पालन-पोषण की प्रक्रिया को समाधान कारक माना जा सकता है? ऐसे बहुत से पीड़ादायक प्रश्न उभरते हैं उन देशों में। कोई बहुत बड़ा असंतुलन वहाँ विद्यमान है—यह अनुभव किया जा सकता है। कोई बहुत बड़ा असंतुलन उन देशों में भी विद्यमान है जो देश अध्यात्म की दुहाई देते रहते हैं। उनमें करोड़ों लोग गरीबी की सीमा-रेखा के नीचे रहते हैं, उनको भोजन और वस्त्र भी ठीक से नहीं मिलता, शिक्षा नहीं मिलती,

वे सब प्रकार की सुविधाओं से वंचित हैं। दोनों क्षेत्रों में व्यापक असन्तुलन के हम साक्षी हैं।

कई बार आदमी एक क्षेत्र से घबराकर दूसरे क्षेत्र में और दूसरे क्षेत्र से घबराकर पहले क्षेत्र में आता है। जो इस क्षेत्र में रह रहे हैं उनको वह क्षेत्र बहुत प्रिय लगता है। जो उस क्षेत्र में रह रहे हैं उनको यह क्षेत्र आकर्षक प्रतीत होता है। क्या यह एकांगी जीवन दृष्टि हमें चरितार्थता की ओर ले जायेगी? जो ब्रह्म को बहुत अधिक महत्त्व देते हैं, वे जगत की उपेक्षा सी करते लगते हैं। जो त्याग के ऊपर बल देते हैं, वे भोग का निरादर करते हैं और जो भोग के ऊपर बल देते हैं, वे त्याग को उपहासास्पद सा समझते हैं। जो नैष्कर्म्य की साधना करते हैं उनको कर्म बोझ लगता है, बाँधने वाला लगता है। जो कर्म पर विश्वास करते हैं, कर्मठता पर विश्वास करते हैं उनको अनुभव होता है कि कहीं वे फँसते चले जा रहे हैं। एक सीमा के बाद उनका क्षरण शुरू होता है। जो व्यक्तिवादिता का गुणगान करते रहते हैं उनको लगता है कहीं वे कट गये हैं। जो सामाजिकता की अन्ध-स्तुति करते रहते हैं उनको लगता है कि कहीं वे कुंठित हो गये हैं। क्या व्यक्ति और समाज का कोई समन्वय नहीं हो सकता? ब्रह्म और प्रकृति, परमार्थ और व्यवहार, विद्या और अविद्या, त्याग और भोग, क्या ये परस्पर असमाधेय हैं, क्या इनमें इस सीमा तक विरोध है कि इनका समन्वय नहीं हो सकता?

ईशावास्योपनिषद् की बहुत बड़ी महिमा यह है कि इस उपनिषद् ग्रंथ में प्रतीयमान विरोधाभासों का आदर्श समन्वय प्रस्तुत किया गया है। इस उपनिषद् में परमार्थ और व्यवहार को, ब्रह्म और जगत को, त्याग और भोग को, नैष्कर्म्य और कर्म को, विद्या और अविद्या को, संभूति और असंभूति को अलग-अलग नहीं देखा गया। कहीं न कहीं इनके परस्परावलंबन पर बल दिया गया है। ये युग्म परस्पर अवलंबित होकर मनुष्य को चरितार्थता प्रदान करते हैं—एकांगी दृष्टि ईशावास्य उपनिषद् की नहीं है। पहली बात यह समझ में आनी चाहिए।

उसमें यह बताया गया है कि मनुष्य किस प्रकार से जीवन जिये? यह केवल सिद्धांत-निरूपण नहीं है। यह व्यवहार की दिशा का संकेत भी है। तत्त्व-ज्ञान को समझे बिना व्यवहार नहीं चल सकता, वह अन्धा हो जाता है। इसी तरह तत्त्व ज्ञान बिना व्यवहार के लँगड़ा है। व्यवहार के बिना तत्त्व ज्ञान का और तत्त्व ज्ञान के बिना व्यवहार का कोई महत्त्व नहीं है। अंध-पंगु न्याय के अनुरूप दोनों को एक दूसरे की आवश्यकता है। क्या है अंध-पंगु न्याय? एक अंधा था, एक लँगड़ा था। दोनों के मन में इच्छा हुई कि हम बदरीनाथ की यात्रा करें। अब भला अंधा कैसे बदरीनाथ जाए? लँगड़ा कैसे बदरीनाथ जाए? तो अंधे ने लंगड़े को अपने कंधे पर बैठा लिया। लँगड़ा रास्ता बताता रहा। अंधा चलता रहा। पंगु की दृष्टि से अंध के चरणों से यात्रा सम्पन्न हुई। इसको अंध-पंगु न्याय कहते हैं। अंधे और लँगड़े का समन्वय कहते हैं।

इसी तरह से जो परस्पर विरोधी लगने वाली बातें हैं और जिनके सम्बन्ध में विविध आचार्यों ने बहुत एकांगी भूमिका ग्रहण की है, ईशावास्योपनिषद् में उनका समन्वय किया गया है। कुछ लोग संसार का बिल्कुल त्याग करते हैं। कुछ लोग संसार के भोग में बिल्कुल लिप्त रहते हैं। कुछ लोग ब्रह्मवादी हैं। कुछ लोग जगत्‌वादी हैं। कुछ परमार्थ पर बल देते हैं। कुछ व्यवहार पर बल देते हैं। ईशावास्योपनिषद् की समन्वयात्मक दृष्टि इन परस्पर

विरोधी लगने वाले तत्त्वों का संगत, उचित समन्वय करती है। हमको वह दृष्टि प्रदान करती है जिस दृष्टि के आधार पर हम अपने जीवन को वास्तव में चरितार्थ कर सकते हैं। आनन्द की बात यह है कि बहुत कम शब्दों में इसमें मूलभूत बात कही गयी है। कुल जमा अट्ठारह मंत्र हैं और इन अट्ठारह मंत्रों में दो ही मूल मंत्र हैं। सोलह मंत्र उन मंत्रों की व्याख्या है। पहले दो मंत्रों में ईशावास्योपनिषद् का सार आ गया है और इन पहले दो मंत्रों में तत्त्व ज्ञान को, परमार्थ को कैसे व्यवहार में उतारा जाये—इसका संकेत दिया गया है। केवल तत्त्व ज्ञान पर्याप्त नहीं है। केवल व्यवहार हमको किसी दिशा में नहीं ले जा सकेगा। इन दोनों का कैसे समन्वय हो? इस पर आपका ध्यान पुनः आकृष्ट करना चाहता हूँ।

संसार में हमको क्या दिखता है? संसार में हमको दिखता है कि हम सब लोग हैं, अलग-अलग। असंख्य नाम रूप हमको दिखते हैं। इन असंख्य नाम रूपधारी प्राणियों में, मूलतः मनुष्यों में परस्पर ईर्ष्या-द्वेष है। कुछ लोग मेरे हैं। कुछ पराये हैं। जो मेरे हैं, उनके प्रति हमारा राग है। हम चाहते हैं कि वे हमारे साथ बने रहें। जो पराये लोग हैं उनके प्रति कभी-कभी हमारी उपेक्षा-बुद्धि है, कभी द्वेष है। जो प्रिय है, वह अगर साथ न रहे, उसका साथ छूट जाये तो शोक होता है। जो अप्रिय है उससे जुगुप्सा होती है, घृणा होती है, द्वन्द्व होता है और एक प्रकार की निरन्तर अशान्ति की प्रक्रिया से हमारा जीवन गुजरता रहता है। मुँह में नमक भर कर अगर कोई अमृत के समुद्र में भी डुबकी लगाये तो उसका मुँह कड़वा ही रहेगा। और मुँह में अगर अमृत हो तो विष के समुद्र में भी वह तैर कर जाता रहेगा तो उसकी मानसिकता में विकृति नहीं होगी। कोई एक ऐसी व्यवस्था, कोई एक ऐसा क्रम होना चाहिए जिससे हम सार्थक जीवन जियें और वह सार्थक जीवन जीने का रास्ता पहले दो मंत्रों में मिलता है। पहले मंत्र में बताया क्या गया है?

पहले मंत्र में बताया गया कि देखो भाई! जगत् में जो कुछ भी है छोटा-बड़ा, चर-अचर, चेतन-अचेतन—यह सबका सब ईश्वर के द्वारा आच्छादित कर देने के योग्य है। ईश्वर से ढँक देने के योग्य है। इन सबके भीतर ईश्वर है। अब यह बात ऐसी ही है जैसे कहा जाए कि घड़े को मिट्टी से ढँक दो। घड़ा तो मिट्टी ही है। घड़े, सँकोरे आदि को मिट्टी से ढँक दो यानी यह समझ लो कि घड़ा हो, सँकोरा हो, परई हो, मिट्टी के छोटे बड़े बने जितने भी बर्तन हों—ये आकार में, अपने नाम में अलग होते हुए भी मूलतः एक ही मिट्टी से बने हैं और इस एकत्व का बहुत्व में तथा बहुत्व में एकत्व का अनुसंधान हमें निरन्तर करना चाहिए। नाना नाम रूपों में बहुत्व की अनुभूति प्रतिस्पर्द्धा की ओर हमको प्रेरित करती है, राग-द्वेष की ओर हमको प्रेरित करती है और उसका परिणाम होता है शोक, मोह। बहु के साथ व्यवहार में जो सुख प्रतीत होता है, वह भी भ्रान्ति है। जैसे छोटे बच्चे अँगूठा चूसते हैं तो अँगूठा चूसते समय उनको लगता है कि वे माँ का स्तन चूस रहे हैं और माँ का स्तन चूसने से जैसे दूध मिलता है, वैसे ही अँगूठा चूसते समय भी दूध मिल रहा है पर उन्हें दूध तो मिलता नहीं। अँगूठा चूसने से केवल अपने ही मुँह की लार उनको चूसने को मिलती है और उस सुख भ्रान्ति में वे अँगूठा चूसते रहते हैं। अँगूठा चूस कर उन्हें माँ के स्तनपान की भ्रान्ति होती है। वास्तव में स्तन-पान का स्थान तो अँगूठा चूसना नहीं ले सकता। वैसे ही अलग-अलग, बहु का अनुभव

करके उसका भोग या अर्थ-संग्रह—यह हमको वास्तविक सुख की ओर नहीं ले जा सकता। इसलिए पहली बात समझने की यह है कि भिन्न-भिन्न असंख्य नाम रूपों के भीतर एक आधारभूत एकता है। वह आधारभूत एकता ईश्वर है। यह सारा का सारा जड़-जंगम-जगत अपने असंख्य बहुत्व में भी एकत्व में पर्यवसित होता है। इसलिए नाना नाम रूप वाले बहुल दृश्यमान जगत् में जो उसका आधारभूत अद्वैत तत्त्व है, उस तत्त्व को पहले ग्रहण करना चाहिए। यह पहला आदेश है और इस आदेश के साथ दो बातें जुड़ी हैं। तुम भोग करो कि त्याग करो? न एकांगी त्याग करो, न एकांगी भोग करो। त्याग के द्वारा भोग करो। त्याग में भोग और भोग में त्याग कैसे अन्तर्निहित रह सकता है इसको समझने की दृष्टि प्राप्त करो। और जो तुमको सहज रूप से प्राप्त हो, उसमें संतोष करो। गिद्ध की तरह आकाश से उड़ते हुए भी केवल सड़े मुर्दों को मत देखो। लालची मत बनो। दूसरे के धन की कामना मत करो। धन किसका है? अब ये जो तीन बातें कही गयी हैं—इन तीन बातों में जगत् की जो मूल प्रेरणा है व्यवहार ही उनका निषेध होता है। इस बात पर ध्यान दीजिये कि व्यवहार में लिप्त लोग क्यों काम करते हैं? साधारण लोग क्यों काम करते हैं। पहली स्थूल प्रेरणा है—**अर्थार्थं प्रवर्तते लोकः।**

साधारण लोगों के लिए पहली प्रेरणा है सुरक्षा की। अतः पैसा कमाने के लिए लोग काम करते हैं। पैसा कमाओ। पैसा क्यों कमाओ? क्योंकि बिना पैसे के काम ही नहीं चल सकता। जीने के लिए, सम्मान प्राप्त करने के लिए पैसा कमाना अनिवार्य है, ऐसा बहुत लोगों का मत है। ठीक है, योगक्षेम चलना चाहिए। किन्तु क्या उतने से लोगों का सन्तोष होता है। नहीं, खूब पैसा कमाना चाहते हैं, लोग न्याय से, अन्याय से किसी भी प्रकार खूब पैसा कमाने की लालसा लेकर उस पर जुटे रहते हैं। खूब पैसा क्यों कमाना चाहिए का स्पष्ट उत्तर लोग नहीं दे पाते, लेकिन उसके लिए काम करते ही रहते हैं। कुछ लोग तो पैसा पैसे के लिए कमाते हैं। उनको पैसे का नशा भी होता है और उसके लिए काम करते रहने का भी। लेकिन कुछ लोगों की मान्यता उससे ऊँची है—वे कहते हैं—

कुर्वते कर्म भोगाय।

भोग के लिए काम करो, भोग के लिए पैसा कमाओ। अरे भाई! पैसा नहीं होगा तो बढ़िया कपड़े कैसे पहनोगे? पैसा नहीं होगा तो फाइव स्टार होटल में कैसे रहोगे? पैसा नहीं होगा तो मौज मस्ती कैसे करोगे? उपभोग कैसे होगा? भोग के लिए पैसा कमाओ। उसके लिए खूब काम करो।

अच्छा जो लोग पैसे के लिए पैसा नहीं कमाते और जो अतिरिक्त भोग भी नहीं करते, वे फिर क्यों काम करते हैं? वे इसलिए काम करते हैं कि मेरा यश हो, लोग मुझको अच्छा आदमी समझें। मुझे विद्वान मानें। मुझे साहित्यकार मानें। मुझे बड़ा राजनेता मानें। मुझे दानी मानें। मुझे किसी क्षेत्र में विशिष्टता प्राप्त व्यक्ति मानें। यश होना चाहिए इसलिए लोग अपने-अपने क्षेत्र में काम करते रहते हैं।

काम करने की ये जो तीन लौकिक प्रेरणाएँ हैं, इन तीनों प्रेरणाओं को पहला मंत्र खंडित कर देता है। जब उसने कह दिया—**मा गृधः कस्यस्विद्धनम्** गिद्ध की तरह लोभी मत

बनो। दूसरों के धन का लालच मत करो। दूसरे के धन का लालच हम क्यों करते हैं? क्योंकि हम सस्ते में धनी हो जाना चाहते हैं, क्योंकि हम आलसी हैं, क्योंकि हम ईर्ष्यालु हैं। दूसरे का धन जैसे-तैसे बेईमानी करके हम हथिया लें जिससे हम मौज-मजा कर सकें, सुखी हो जायें। नहीं! केवल अर्थ के लिए कर्म मत करो। गिद्ध की तरह लालची मत बनो। धन किसी का नहीं है। अच्छा! भोग के लिए काम करें। नहीं, केवल भोग भोगने की प्रेरणा से भी काम नहीं करना चाहिए, **तेन त्यक्तेन भुंजीथाः।**

भगवान के द्वारा जो दिया हुआ है उसी से सुखी रहो, त्याग पूर्वक भोग करो। इसकी दूसरी व्याख्या है कि त्याग के द्वारा आत्मस्वरूप का पालन करो। सैद्धान्तिक स्तर पर थोड़ा मतभेद होने पर भी व्यावहारिक स्तर पर इसका अर्थ हुआ कि जो सहज रूप से कर्म करने पर प्राप्त होता है उसको प्रसाद रूप में ग्रहण कर उसका त्यागपूर्वक भोग करो। भोग तो करो लेकिन त्यागपूर्वक करो।

तो केवल भोग के लिए कर्म करने की वृत्ति लुप्त हो गयी। और अगर विविध नाम रूपों में एक ही तत्त्व है तो मेरा नाम, मेरा चित्र रोज छपे, मेरा नाम चारों तरफ से प्रसारित हो—यह जो यश प्राप्त करने के लिए कर्म करते रहने की प्रेरणा है जो मूलतः नाम और रूप को प्रधानता देने वाली बात है, वह खंडित हो गयी। नाम रूप सब मिथ्या हैं भाई। एक ही तत्त्व समस्त असंख्य-असंख्य नाम रूपों में हैं। तो प्रश्न उठता है कि अगर कर्म करने की ये तीनों स्थूल प्रेरणाएँ असंगत हैं तो कोई क्यों काम करे? लेकिन ईशावास्योपनिषद् का मत है कि काम करते ही रहना चाहिए। दूसरा मंत्र यही बताता है कि काम क्यों, किस दृष्टि से करना चाहिए। इस संसार में (इहलोक में) काम करते-करते हुए ही तुम्हें सौ वर्ष जीने की इच्छा करनी चाहिए। कैसे काम करें? **एवं** इस प्रकार काम करो। किस प्रकार काम करें? जिस प्रकार पहले मंत्र में बताया गया है, उस प्रकार काम करो जिससे काम करने की उच्चतर भूमिका का अनुभव हो। काम करते-करते हुए ही जिओ। कैसे काम करते-करते जिओ? केवल पैसे के लिए? नहीं। केवल भोग के लिए? नहीं। केवल यश के लिए? नहीं। कैसे? **एवं** इस प्रकार। किस प्रकार? बिना लोभ के, बिना अन्यायपूर्ण भोग की वासना के, बिना यश की कामना के। जब तुम अर्थ के लिए, जब तुम भोग के लिए, जब तुम नाम-रूप की महिमा के लिए काम करोगे तो काम तुमको बाँधेगा। अद्भुत उक्ति है। डंके की चोट पर ईशावास्योपनिषत्कार कहता है—

एवंत्वयि नान्यथेतोऽस्ति न कर्म लिप्यते नरे।

किसी और प्रकार से नहीं, इसी प्रकार काम करने से करने वाले मनुष्य से कर्म लिप्त नहीं होता। हमारा जो सम्पूर्ण चिन्तन है उसके अनुसार हमारा परम पुरुषार्थ मोक्ष है। किससे मोक्ष? जन्म-मरण के चक्र से मोक्ष। क्यों होता है जन्म-मरण? कर्म के बन्धन से! कर्म का फल भोगने के लिए हमको जन्म ग्रहण करना पड़ता है। जन्मांतरवाद कर्म सिद्धांत का उपफल है।

अवश्यमेव भोक्तव्यं कृतं कर्म शुभाशुभम्।

अगर हमको अपने किए हुए कर्म का अवश्यमेव फल भोग करना पड़ेगा तो इस जन्म में जिन कर्मों का फल-भोग नहीं कर सके, उन कर्मों का फल भोगने के लिए हमको दूसरा जन्म लेना पड़ेगा। और जब तक हम आसक्त चित्त से कर्म करेंगे, केवल अर्थ के लिए, केवल भोग

के लिए, केवल नाम के लिए तब तक कर्म हमें लिप्त होगा। और उन लिप्त हुए कर्मों का फल भोग करने के लिए हम बार-बार जन्मेंगे, बार-बार मरेंगे। इससे बढ़कर यंत्रणा और कोई नहीं है। इस जन्म-मरण के चक्र से मुक्ति पाने के लिए, मोक्ष पाने के लिए हमको कर्म करने की ऐसी विधा सोचनी होगी जिससे कर्म हमसे लिप्त नहीं हो। ईशावास्योपनिषत्कार तो कहता है—**न कर्म लिप्यते नरे** कर्म तो लिप्त होता ही नहीं। कर्म मनुष्य को नहीं बाँधता है। कर्म लिप्त नहीं होता तो क्या चीज लिप्त होती है? कर्म के पीछे की वासना लिप्त होती है। कर्म के पीछे फल प्राप्त करने की लालसा लिप्त होती है। कर्म करने का अहंकार लिप्त होता है। ऐसा तरीका है, जिस तरीके से हम काम करते हुए भी काम के बन्धन से मुक्त हो जायें। ऐसा तरीका है जिससे हम भोग भोगते हुए भी भोग से ऊपर उठ जायें। ऐसा तरीका है जिससे हम त्याग करते हुए भी भोग करते रहें। आखिर भोग क्या चीज है? इस बात पर ध्यान दीजिए।

आखिर यह सृष्टि क्यों हुई? सृष्टि की रचना प्रभु ने क्यों की? **स एकाकी न रमते**—वह एकाकी रमण नहीं कर सकता। उसके चित्त में आई बात—**एकोऽहं बहुस्याम**—मैं एक हूँ, बहुत हो जाऊँ। परमात्मा के अन्तस् से सहज उच्छलित आनन्द के कारण उसकी लीला के द्वारा यह सृष्टि हुई। एक से बहु होकर अपना ही आस्वादन करने की वृत्ति इस सृष्टि के मूल में है। हम कैसे भोग करें? जैसे रामजी भोग करते हैं। जैसे परमात्मा भोग करता है। जैसे परमात्मा एक से बहु होकर भी किसी को अपना किसी को पराया नहीं मानता—

सुहृदं सर्व भूतानां ज्ञात्वा मां शान्तिमृच्छति।

प्रभु की उक्ति है कि मैं समस्त प्राणियों का सुहृद हूँ! मित्र हूँ।

न मे द्वेष्योऽस्ति न प्रियः—मेरा कोई द्वेष्य नहीं है। मेरा कोई प्रिय नहीं है। यह भूमिका आनन्द के उच्छलित रूप में सृष्टि-विस्तार की है। हम जब वैयक्तिक भोग भोगते हैं—तब वह कैसा भोग होता है? वह इस आनन्द की विकृति है। आनन्द की विकृति कैसे हो जाती है? क्षुद्र अहं के कारण। ध्यान दीजिये। अहं के दो रूप हैं। अहं का एक विस्तृत रूप है। अहं का एक परम रूप है जिसमें अहं ब्रह्मास्मि का अनुभव होता है। ईशावास्य में ही बताया गया है सोऽहम्। अहं का एक सीमित रूप है, क्षुद्र रूप है। जो हमको नाम रूप में बाँधकर रखता है! इस देह में आबद्ध मैं-इसका यश होना चाहिए! इसको सुख मिलना चाहिए, इसको भोग भोगना चाहिए। औरों को चाहे भोग मिले, न मिले और सब चाहे जहन्नुम में जायें, मुझको सुख मिलना चाहिए। यह जो क्षुद्र अहं में केन्द्रित विकृत भोग की इच्छा है, लोभ लालसा है, यह आनन्द को विकृत कर देती है। इसलिए यह भोग भोग नहीं होता, बंधन हो जाता है। जब सहज उच्छलित आनन्द के रूप में,सबके साथ समरस होकर, प्रभु की तरह भाव रखकर कि कोई मेरा द्वेष्य नहीं, कोई मेरा प्रिय नहीं, एक से बहु होकर मैं अपनी लीला का आस्वादन करूँ—उस भूमिका में स्थित होकर जब हम भोग करेंगे तब हम त्याग और भोग का समन्वय करेंगे एवं किस तरह काम करो? ऐसे काम करो भैया! दूसरे का पैसा छीनने के लिए नहीं, उचित-अनुचित ढंग से भोग भोगने के लिए नहीं, केवल अपने यश के लिए नहीं, सबके साथ समरस होकर काम करो। तुम्हारे लिए इसके सिवा कोई दूसरा रास्ता नहीं है।

न कर्म लिप्यते नरे—बिना काम किए आदमी को रहना नहीं चाहिए और काम ऐसा करना चाहिए जिससे कर्मफल लिप्त न हो। यह समझिये कि परस्पर विरोधों का यहाँ कैसा समाहार हो रहा है। इस बात पर ध्यान दीजिए कि दृश्यमान जगत के वैविध्य में परस्पर विरोध नहीं है। यह परस्पर विरोध हमारी भ्रांति के कारण है। हमारी दृष्टि के दोष के कारण है। हमारे क्षुद्र अहं की विकृति के कारण है। इस क्षुद्र अहं की विकृत लालसा का अगर हम उन्मूलन कर सकें और उस समग्र आनन्द का हम सहज उपभोग कर सकें तो हम त्याग और भोग का समन्वय कर सकते हैं।

इस प्रकार एवं इसी प्रकार (और किसी प्रकार से नहीं) अगर हम काम करते हुए सौ वर्ष जिएँगे तो हमको काम बाँधेगा नहीं। न कर्म लिप्यते नरे। शास्त्र को अकर्मण्यता अभीष्ट नहीं है। अकर्मण्यता पाप है। आलस्य पाप है—

आलस्यं हि मनुष्याणां शरीरस्थो महान् रिपुः।

शरीर में रहने वाला सबसे बड़ा दुश्मन आलस्य है। **नास्त्युद्यम समं मित्रं यं कृत्वा नावसीदति**—उद्यम के समान कोई दूसरा मित्र नहीं है, जिसका अवलंबन करने से कभी किसी को कोई कष्ट नहीं होता। लेकिन कैसा उद्यम? इस उद्यम के संबंध में हमारी विकृत दृष्टि है। उसको स्पष्ट कर रहा है, स्वच्छ कर रहा है यह उपनिषत्कार और कह रहा है कि निर्मल दृष्टि से, ईश्वरीय दृष्टि से, सम दृष्टि से तुम निरन्तर कर्म करते रहो। भगवान एक क्षण के लिए भी विश्राम नहीं करता, यह चमत्कार ही है और सब काम करते हुए भी कुछ नहीं करता, यह दूसरा चमत्कार है। सब कुछ करते हुए भी कुछ नहीं करना और कुछ नहीं करते हुए सब कुछ करना—इसका भी समाहार होना चाहिए।

इस उपनिषद् के ये दो मूल मंत्र हैं। इन दो मंत्रों की दृष्टि स्वीकार नहीं करोगे तो क्या होगा? तो भैया! तुम आत्महत्या करोगे, आत्महन्ता हो जाओगे और तुम अंधतम लोक में जाओगे। आत्महन्ता किसको कहते हैं? अपने को गोली मार लेने वाला ही, आत्महत्या करने वाला नहीं है। जहर खा लेने वाला ही आत्महत्या करने वाला नहीं है। जो सोने को पीतल समझ ले, उसने सोने की हत्या कर दी कि, नहीं कर दी? हीरे को काँच समझ लिया तो हीरे की हत्या हो गयी कि नहीं? इसी तरह हमने अपने सत्, चित, आनन्द स्वरूप को, अपने ब्रह्मस्वरूप को नाम और रूप में आबद्ध, दीन-दुःखी, परवश, कातर, अभावग्रस्त मान लिया तो हमारी हत्या हो गई कि नहीं? अपने स्वरूप को न समझना ही वास्तविक आत्महत्या है। हमारा वास्तविक स्वरूप है, आत्म स्वरूप, सच्चिदानन्द अद्वय स्वरूप। याद रखें सत्, चित्, आनन्द और अद्वय तत्त्व के अतिरिक्त कोई दूसरा नहीं है। इसी सच्चिदानन्द अद्वय स्वरूप को हम अपना वास्तविक स्वरूप समझ लें तो हमारा व्यवहार कितना अद्‌भुत सुधर जायेगा। इस बात को आगे स्पष्ट किया गया है।

अपने को सच्चिदानन्द अद्वय न मानकर नाम रूप में आबद्ध सीमित, अभावग्रस्त, लालसा-परायण, काम वासना के पीछे पागल मान लेना ही आत्महत्या है और जो आत्महन्ता लोग होते हैं—वे अन्धतम लोक में जाते हैं। प्रथम दो मंत्रों को स्वीकार न करने का परिणाम तीसरे मंत्र में बताया गया है।

चौथे, पाँचवें, छठे, सातवें, आठवें—इन मंत्रों में पहले आत्म स्वरूप ब्रह्म की और फिर ब्रह्मज्ञानी की महिमा बताई गयी है। ब्रह्म और ब्रह्मज्ञानी इन दोनों की महिमा समान रूप से समझ में आनी चाहिए। अगर हमको दोनों की समान रूप से महिमा समझ में नहीं आयेगी तो हम अपने को क्यों प्रेरित करेंगे ब्रह्म ज्ञान की ओर? चौथे, पाँचवें मंत्रों में यह बताया गया है कि परमात्मा कुछ नहीं करते हुए सब कुछ करता है। परस्पर विरुद्ध धर्मों का आश्रय है। इस बात को समझिये।

परस्पर विरुद्ध धर्म—हमारे, आपके देहबद्ध सीमित रूप के लिए कठिन है असंभव है। लेकिन परमात्मा के लिए कहा गया कि वह स्थिर रहते हुए भी दौड़ते हुओं को हरा देता है। आप अपने मन से कहीं भी चले जायें, कोई भी स्थान ऐसा नहीं है जहाँ परमात्मा पहले से न हो। इस तरह वह स्थिर रहते हुए भी चलने वालों को परास्त कर देता है। वह न चलते हुए भी चलता है। वह दूर रहते हुए भी पास है। वह सबमें हैं, सबके परे है। परमात्मा का यह स्वरूप समझ लेना कि हम इसी नाम रूप में सीमित तो नहीं हैं, लेकिन इस नाम रूप में भी परमात्मा है। इसमें एक बहुत ही गहरी बात समझ में आनी चाहिए। हर व्यक्ति अलग-अलग अपने में पूर्ण है कि अपूर्ण है? दो दृष्टियाँ हैं। एक दृष्टि यह है कि हम बिन्दु हैं, सिन्धु में समा कर पूर्ण होंगे। यह भी एक दृष्टि है। लेकिन एक दृष्टि और है कि यह बिन्दु ही सिन्धु है। यह सिन्धु है जिसको हम बिन्दु मान बैठे हैं। अच्छा एक छोटा उदाहरण देखें। हालाँकि उदाहरण सब अपूर्ण होते हैं लेकिन समझाने के लिए दिए ही जाते हैं।

एक तस्वीर है। मान लीजिए पासपोर्ट साइज की है और उसी का बहुत बड़ा विस्तृत रूप भी है तो क्या वह पासपोर्ट साइज उस विस्तार (इनलार्जमेन्ट) का अंश है कि पूर्ण है अपने आप में। सोचिये जरा। जो छोटा चित्र है वह बड़े चित्र का अंश है कि वह अपने आप में पूर्ण है। जैसे वह छोटा चित्र भी अपने में पूर्ण है, वैसे ही हर व्यक्ति भी अपने उस लघु नाम रूप में भी आत्मा की दृष्टि से पूर्ण ही है। नाम रूप का बन्धन जब हम मान लेते हैं तो क्या मानते हैं? हम मानते हैं कि हमारे भीतर एक आत्मा है जो अंश है। वह इस नाम रूप के शरीर से ढँका हुआ है और इस नाम रूप के बाहर एक संसार है उस संसार में बहुत से नाम-रूप हैं और उसमें बहुत से पर्वत हैं, नदी हैं, सूर्य हैं, चाँद हैं, तारे हैं। अच्छा, यह आत्मा क्या कोई गेंद है जो थैले में भरी हुई है। शरीर का भ्रम पालव.र यह मानना कि आत्मा तो इसके भीतर ही है ठीक नहीं है, तो क्या वह बाहर नहीं है? क्या शरीर का अवरोध आत्मा को बाहर जाने से रोक सकता है? जो भीतर है, वही बाहर है। जो बाहर है, वही भीतर है।

जो बाहर है समष्टि के रूप में, वही भीतर है और जो भीतर है, वही बाहर है। यह नाम रूप का जो परदा है, यह नाम रूप की जो सीमा है, यह उसको भीतर बाँधकर नहीं रख सकती। इसको समझाने के लिए एक दूसरा उदाहरण देखिये। तुलसी बाबा का एक दोहा है—

केहि मग प्रविसति जाति केहि कहु दरपन में छाँह।
तुलसी त्यों जग जीवगति, करी जीव के नाँह॥

यह बताइये कि दर्पण में प्रतिबिम्ब किस रास्ते से प्रवेश करता है और यह बताइये कि वह प्रतिबिम्ब किस रास्ते से बाहर चला जाता है। ऐसे ही प्रत्येक शरीर में, प्रत्येक में

परमात्मा पूरा आता है। जैसे दर्पण में प्रतिबिम्ब का आभास और फिर उसका निकल जाना—दर्पण के द्वारा बाँधा नहीं जा सकता, वैसे ही हमारा यह शरीर आत्मा को भीतर ही बाँधकर नहीं रख सकता। जो भीतर है, वही बाहर है। जो बाहर है, वही भीतर है। इस बात को समझना चाहिए। और इस बात को भी समझना चाहिए कि इस नाम रूप इस शरीर, इस आकार के प्रति हमको अनावश्यक मोह है। शरीर आवश्यक है। शरीर किस रूप में आवश्यक है? शरीर साधन के रूप में आवश्यक है। शरीर को साध्य मानना आत्महन्ता होना है। साध्य नहीं है शरीर! शरीर साधन के रूप में अनिवार्य है, आवश्यक है। आत्मा जब मानव के शरीर में आती है, तभी यह कर्मयोनि प्राप्त होती है। मैंने बार-बार बताया है कि और जो सारी योनियाँ हैं वे सब भोग योनियाँ हैं। यहाँ तक कि देवी-देवताओं की योनि भी भोग-योनि है।

तो यह जो मानव-शरीर हमको प्राप्त हुआ, यह महान् साधन है। साधन के रूप में यह शरीर अत्यन्त महत्त्वपूर्ण है। लेकिन इसी शरीर को अगर साध्य बना लिया तो शरीर निकृष्ट है। तो यह बंधन का घर है। दुःख की जड़ है। इसलिए इस शरीर के भीतर रहने वाला जो आत्म तत्त्व है वह बाहर के समस्त नाम रूपों के साथ अभिन्न रूप से जुड़ा हुआ है। जो बाहर समस्त नाम रूपों में है, वही मुझमें है, और जो मुझमें है, वही सब में है। यही ब्रह्म ज्ञानी की स्थिति है—

यस्तु सर्वाणि भूतानि आत्मन्येवानुपश्यति।
सर्वभूतेषु चात्मानं ततो न विजुगुप्सते।
यस्मिन् सर्वाणि भूतानि—आत्मैवाभूद् विजानतः।
तत्र को मोहः कः शोकः एकत्वं अनुपश्यतः॥

कैसे हम दुःख-दर्द से छुटकारा पायें? कैसे किसी का वियोग हो जाये तो हमको शोक न हो? कैसे किसी के साथ रहने पर हम उससे जुगुप्सा न करें, प्रतिद्वन्द्विता न करें, प्रतिस्पर्द्धा न करें? कैसे उसके प्रति हम राग-ग्रस्त न हो जायें? इस शरीर में जो है, वही सबमें है और जो सब में है, वही मुझमें है। बल्कि यों कहिये कि मैं ही सबमें हूँ और सब मुझमें हैं। मैं सबमें हूँ और सब मुझमें हैं, यह ब्रह्म ज्ञानी की सहज अनुभूति है और इसी के पहले परस्पर विरोधी धर्मों का आश्रय-स्थल ब्रह्म को बताया गया है। न करते हुए सब कुछ करना, सब कुछ करते हुए कुछ न करना, पास रहते हुए दूर रहना और दूर रहते हुए भी पास रहना, सबमें रहते हुए भी सबके परे रहना—यह ब्रह्म का सहज धर्म है और वैसा ही अनुभव ब्रह्म ज्ञानी करता है। जो ब्रह्म ज्ञानी होगा उसको शोक नहीं होगा, उसको वियोग नहीं होगा। कोई उसकी पूर्णता को खंडित नहीं कर सकेगा। वह अपने में पूर्ण है। वियोग केवल दृश्यमान है, वास्तविक वियोग नहीं है। उसकी किसी से प्रतिस्पर्द्धा नहीं है। वह सोचता है, मैं किससे प्रतिस्पर्द्धा करूँ? सब मैं हूँ। मैं सब में हूँ। अपने से क्या प्रतिस्पर्द्धा? यह दृष्टि हमको जीने का एक ऐसा तरीका बताती है जिस तरीके में छल नहीं है, कपट नहीं है, बेईमानी नहीं है, पाखण्ड नहीं है, प्रतिस्पर्द्धा नहीं है, राग नहीं है, शोक नहीं है, द्वेष नहीं है, मोह नहीं है और जिसमें निरन्तर कर्म है। दोनों बातें हैं। यह कर्म से छूटने की बात नहीं है। यह आलसियों की बात नहीं है।

निकम्मों की बात नहीं है। पूरी शक्ति से काम करते हुए भी मैं कर्त्ता नहीं हूँ। काम प्रभु की कृपा से हो रहा है या प्रभु ही काम कर रहे हैं। मैं साधन-मात्र हूँ या गुण-गुण में बरत रहे हैं, या कार्य प्रकृति के द्वारा मेरी सन्निधि में हो रहा है। ये अद्‌भुत दृष्टियाँ हैं, जिनके कारण कर्त्तृत्व भोक्तृत्व से मुक्ति मिल जाती है। आंठवें मंत्र के अर्थ में बड़ा मतभेद है। कुछ आचार्य कहते हैं कि वह आत्म तत्त्व का, ब्रह्म तत्त्व का चित्रण है—

स पर्यगाच्छुक्रमकायमव्रणमस्नाविरं शुद्धमपापविद्धम्।

कविर्मनीषी परिभूः स्वयम्भूर्याथातथ्यतोऽर्थान् व्यदधाच्छाश्वतीभ्यः समाभ्यः॥

इसमें कई बातें हैं। इसमें सः से शुरू हुआ है। सः माने वह। वह कौन है? फिर इसमें कुछ शब्द नपुंसक लिंग हैं। कुछ पुल्लिग हैं। **शुक्रं अस्नाविरं शुद्धं अपापविद्धं**—ये सब नपुंसक लिंग हैं। **कविर्मनीषी परिभूः स्वयंभूः**—ये सब पुल्लिग हैं। कुछ आचार्य कहते हैं यहाँ परस्पर विरोधों का समन्वय कर रहा है ईशावास्योपनिषद्। इस मंत्र में ब्रह्म के दोनों रूपों का समन्वय हुआ—निर्गुण का और सगुण का। जो नपुंसक लिंग से निर्दिष्ट लक्षण हैं, वे निर्गुण ब्रह्म के हैं। जो पुल्लिग से निर्दिष्ट लक्षण हैं, वे सगुण ब्रह्म के हैं और वह तत्त्व सर्वव्यापी है, वह सब में समाया हुआ है सर्वज्ञ है। सब कुछ करने वाला और कुछ नहीं करने वाला है। तो इस दृष्टि से यह आत्म तत्त्व का निरूपण करने वाला और आत्म-तत्त्व के निरूपण में भी निर्गुण और सगुण ब्रह्म का समन्वय करने वाला मंत्र है।

लेकिन एक और भी दृष्टि है और वह इसको भी ब्रह्म ज्ञानी की स्थिति बताती है। मैंने बताया है कि पहले दो मंत्रों में संपूर्ण जीवन-दर्शन है और व्यवहार में उसको कैसे उतारा जाये अन्य मंत्रों में इसका निरूपण है। तीसरे मंत्र में जो आत्महन्ता है, आत्म स्वरूप को ठीक नहीं जानता, उसकी गति का निरूपण उससे बचने के लिए है। चौथे पाँचवें मंत्र में परस्पर विरोधी धर्मों के आश्रय ब्रह्म—उसका निरूपण किया गया है। छठे, सातवें मंत्र में ब्रह्म-ज्ञानी का वर्णन है जो सबमें अपने को और अपने में सबको अनुभव करता है केवल तोता रटन्त बात नहीं करता, इस सत्य की जो उपलब्धि करता है वह शोक, मोह और जुगुप्सा के पार चला जाता है। फिर आठवें मंत्र में ब्रह्म का वर्णन है। कुछ आचार्य कहते हैं—नहीं यह मानना ठीक नहीं है। अगर छठें, सातवें मंत्र में ब्रह्म ज्ञानी का वर्णन है तो स्वाभाविक रूप से आठवें मंत्र में भी ब्रह्म-ज्ञानी का वर्णन होना चाहिए।

विनोबा भावे और मेरे गुरु स्वामी अखण्डानन्द सरस्वती दोनों इसी बात के समर्थक हैं। यहाँ सः का मतलब हुआ छठे सातवें मंत्र में जिस ब्रह्म-ज्ञानी का वर्णन किया गया वह ब्रह्म ज्ञानी, नपुंसक लिंग के द्वारा निर्दिष्ट ब्रह्म तत्त्व को उपलब्ध करके स्वयं ब्रह्म के समस्त गुणों का आगार बन जाता है। वही ब्रह्म स्वरूप हो जाता है।

सोइ जानइ जेहि देहु जनाई, जानत तुम्हहिं, तुम्हइ होइ जाई। वही जान पाता है जिसे तुम अपना स्वरूप जना देते हो और तुमको जानते ही वह तुम हो जाता है।

उस ब्रह्मज्ञानी ने जब ब्रह्म को सर्वव्यापी, निराकार, निष्पाप के रूप में उपलब्ध कर लिया तो वह ब्रह्म की ही तरह कवि (द्रष्टा सर्वज्ञ) मनीषी (अपनी बुद्धि पर, मन पर अपने ऊपर

पूरा अधिकार रखने वाला) परिभू: (सर्वव्यापी) स्वयंभू हो जाता है। शाश्वत काल के लिए सारी सृष्टि का विधान वह ब्रह्मज्ञानी करता है और ब्रह्म ज्ञानी के द्वारा किया गया निरूपण सत्य होता है तो आठवें मंत्र में कुछ लोगों की दृष्टि में ब्रह्मज्ञानी की महिमा का और कुछ लोगों की दृष्टि में ब्रह्म की महिमा का निरूपण है।

कुछ विद्वान यह मानते हैं कि पहले मंत्र की व्याख्या चौथे, पाँचवें, छठे, सातवें, आठवें—इन मंत्रों में की गयी है। वह कौन ईश तत्त्व है जो समस्त जड़ जंगम में व्याप्त है? उस ईश तत्त्व की, उस परब्रह्म तत्त्व की व्याख्या इन मंत्रों में की गयी है और दूसरे मंत्र की व्याख्या नौ से चौदह तक—इन छह मंत्रों में की गयी है। **न कर्म लिप्यते नरे**—कर्म लिप्त नहीं होता एवं इसी प्रकार किसी दूसरे प्रकार से नहीं। कैसे कर्म करें? इसी का निरूपण इन छह मंत्रों में विद्या और अविद्या के त्रिक् में, संभूति और असंभूति के त्रिक् में किया गया है। त्रिक् माने? तीन मंत्रों का एकक, तीन मंत्रों की इकाई।

इन दोनों त्रिकों में क्रमशः विद्या और अविद्या का तथा संभूति और असंभूति का समन्वय किया गया है। काम कैसे किया जाये? इसकी व्याख्या की गयी है। अब विद्या क्या है? अविद्या क्या है? इस पर बहुत मतभेद हैं। मैं मतभेद बता चुका हूँ लेकिन फिर थोड़ा सा बताता हूँ।

विद्या अधिकांश लोगों की दृष्टि में ब्रह्मविद्या है और अविद्या वह कर्म है जो ब्रह्म ज्ञान से रहित है। मैंने बताया था कि यहाँ अ जो है वह निषेधार्थक नहीं है, विरोधी नहीं है। विद्या का प्रतिलोम अविद्या नहीं है। विद्या से भिन्न अविद्या है। जैसे मैंने बताया था भारतीय और अभारतीय। जब हम कहते हैं अभारतीय तो उसका अर्थ भारतीय विरोधी नहीं होता। शुद्ध और अशुद्ध—इसमें परस्पर विरोध है। जो शुद्ध का उल्टा है, वह अशुद्ध है। लेकिन भारतीय और अभारतीय में अभारतीय भारतीय का उल्टा नहीं है, विरोधी नहीं है। अभारतीय में जो अ उपसर्ग है, वह इस बात का द्योतक है कि वह भारतीय नहीं है।

तो अविद्या में जो अ आया है वह इस बात का द्योतक है कि वह ब्रह्मज्ञान नहीं है। तो जो ब्रह्मज्ञान नहीं है, वह क्या है? उसको कुछ लोगों ने कहा—कर्म है। इस जगत में कैसे कर्म किया जाए? तो उन्होंने बताया कि अगर हम निष्काम भाव से कर्म करते हुए ब्रह्मज्ञान के साथ उसका समन्वय करेंगे तो कर्म से मृत्यु को पार करके ज्ञान से अमृतत्व की उपलब्धि करेंगे। कुछ लोगों ने कहा कि नहीं। विद्या का मतलब हुआ—देव की उपासना, शंकराचार्य यही मानते हैं। और कर्म का मतलब हुआ—यज्ञादि के द्वारा स्वर्ग की प्राप्ति कराने वाला कर्म और इसमें भी यह कहा कि जिस अमृतत्व की बात इसमें कही गयी है—वह परम अमृतत्व नहीं है, वह सीमित है, केवल महाप्रलय तक उस अमृतत्व की प्राप्ति होगी उसके बाद फिर जन्म होगा। कुछ लोगों ने विद्या का मतलब—परमार्थ विद्या, अध्यात्म विद्या। और अविद्या का मतलब भौतिक विद्या बताया। विद्या तो भौतिक विद्या भी है जैसे अभारतीय भी मनुष्य हैं। वैसे ही अविद्या विद्या तो है, लेकिन ब्रह्म विद्या नहीं है। अगर वह ब्रह्म विद्या नहीं है तो क्या है? भौतिक विद्या है। अध्यात्म की विद्या नहीं है तो क्या है? संसार की विद्या है।

विनोबा भावे ने यह कहा कि विद्या का मतलब है जो हमारे लिए आवश्यक उपलब्ध करने योग्य ज्ञान है। और अविद्या का मतलब है—जो आवश्यक नहीं है। कोई जरूरी नहीं है कि हम सब कुछ समझें। सब कुछ जानने के चक्कर में हम किसी के पारंगत नहीं हो सकते। इसलिए जो हमारे लिए अनिवार्य है, उपयोगी है, उसकी जानकारी विद्या है और जो अनावश्यक है—उसके बारे में गैर-जानकारी या अविद्या होनी चाहिए। क्यों हम अनावश्यक बोझ अपने सिर पर लादें। तो विद्या और अविद्या—इन दोनों के अनेक अर्थ किये गये और इन अनेक अर्थों का अपना-अपना औचित्य है। हम किसी अर्थ को भी स्वीकार करें। पर हम एकांगी न हों। ईशावास्योपनिषद् एकांगिता का विरोधी है। ईशावास्योपनिषद् समग्र दृष्टि का समर्थक है। समन्वय का समर्थक है और उस समन्वय के द्वारा जीवन की चरितार्थता का निर्देशक है।

तो हम ब्रह्म विद्या और कर्म को, या ब्रह्म विद्या और लौकिक विद्या को या आवश्यक ज्ञान और अनावश्यक ज्ञान की गैर जानकारी को या हम कर्म और उपासना को समन्वित करके ही अपने जीवन को सार्थक बना सकते हैं। अगर हमने सिर्फ एक चीज को पकड़ा तो हम एकांगी हो जायेंगे और एकांगी होने की निन्दा की गयी है। कहा गया है—

अन्धंतमः प्रविशन्ति येऽविद्यां उपासते।
ततो भूय इवते तमो यंउ विद्यायां रताः॥

केवल अविद्या की उपासना करने वाले अगर अन्धतम लोक में जाते हैं तो केवल विद्या की उपासना करने वाले उससे भी गहरे अंधेरे लोक में जाते हैं। एकांगी नहीं होना चाहिए। समग्र दृष्टि, संतुलित दृष्टि से काम करना चाहिए। दूसरे मंत्र में बताया गया है कि काम करना मुख्य नहीं है। काम करने के पीछे की दृष्टि मुख्य है। गोली तो डाकू भी चलाता है और गोली देश की रक्षा के लिए सिपाही भी चलाता है। छुरा गुण्डा भी चलाता है और छुरा सर्जन भी चलाता है। यह नहीं है कि छुरा चलाना बुरा है। किस दृष्टि से तुम छुरा चला रहे हो उस पर निर्भर करता है कि तुम्हारा छुरा चलाना अच्छा है या बुरा है? क्या दृष्टि है तुम्हारी? कर्म की महिमा कर्म के पीछे की दृष्टि पर निर्भर करती है और वह एकांगी दृष्टि नहीं होनी चाहिए, वह समन्वित दृष्टि होनी चाहिए।

विद्या और अविद्या के युग्म का जो भी अर्थ आप लें उन अर्थों का परस्पर समन्वय करें। एकांगी न बनें। इसी तरह से संभूति और असंभूति को भी समन्वित दृष्टि से समझें। इस त्रिक् को विनोबा भावे ने बुद्धि शोधन की प्रक्रिया कहा है। बुद्धि भगवान का दिया हुआ एक बहुत बड़ा उपकरण है। बुद्धि अगर एकांगी होगी, अशुद्ध होगी तो हमको गड्ढे में डाल देगी। शुद्ध बुद्धि हमारे लिए कल्याण का मार्ग बनती है। अशुद्ध बुद्धि हमारे लिए बन्धन का कारण बनती है। बुद्धि-शोधन की प्रक्रिया विद्या और अविद्या के त्रिक् में बतायी गयी है।

संभूति और असंभूति—के भी अलग-अलग अर्थ किए गये हैं। शंकराचार्य और उनसे जो प्रभावित आचार्य हैं उनके अनुसार संभूति का अर्थ है कार्य ब्रह्म और असंभूति का अर्थ है कारण ब्रह्म। जो पैदा ही नहीं हुआ, जो स्वयंभू है, अजन्मा है, वह कारण ब्रह्म और जो पैदा हुआ, संभूति, वह कार्य ब्रह्म। हमें यह देखना चाहिए कि उन दोनों का कैसे समाहार किया

जाये? उन दोनों के ऊपर दृष्टि रखकर कैसे व्यवहार किया जाये। लेकिन अन्य आचार्यों ने संभूति और असंभूति के अलग-अलग अर्थ बताये हैं। विनोबा भावे ने कहा कि यह हृदय-शोधन की प्रक्रिया है। हृदय शोधन कैसे? कि अपने में गुणों का विकास हो, संभूति हो। गुणों का निरन्तर विकास होना चाहिए और दोषों की असंभूति होनी चाहिए। दोषों का विनाश होना चाहिए। अपने दोषों को पहचानों। दोषों को निर्मूल कर दो। जब दोष निर्मूल होंगे और गुण पुष्ट होंगे तो कल्याण होगा। संभूति और असंभूति के लिए विनोबा भावे ने गुणों के विकास की प्रक्रिया और दोषों के निर्मूलन की प्रक्रिया पर बल दिया और बताया कि इससे हृदय शुद्ध होगा।

कुछ विद्वान हैं—सत्यदेव शास्त्री, दीनदयाल उपाध्याय आदि जो यह मानते हैं कि संभूति का अर्थ है समाज जिसमें सब साथ-साथ विकसित होते हैं। व्यक्ति अपने को अलग रखना चाहता है, औरों से आगे बढ़ना चाहता है अतः वह असंभूति है। तो संभूति और असंभूति के समन्वय का मतलब हुआ व्यक्ति और समाज का समन्वय। प्रसादजी की पंक्तियाँ याद आ रही हैं—

अपने में सब कुछ भर कैसे, व्यक्ति विकास करेगा।
यह एकान्त स्वार्थ भीषण है, सबका नाश करेगा॥
औरों को हँसते देखो मनु, हँसो और सुख पाओ।
अपने सुख को विस्तृत कर लो, सबको सुखी बनाओ॥

नितान्त अहं मूलक वैयक्तिकता का निषेध और स्वस्थ सामाजिकता का समर्थन। लेकिन जो दमघोटू सामाजिकता है वह भी स्वीकार्य नहीं। समाज की व्यक्ति निरपेक्ष परिकल्पना केवल जल्पना है। समाज तो व्यक्तियों से बना है। व्यक्ति अगर बड़ा होगा, तब समाज बड़ा होगा। जैसे बड़े-बड़े पेड़ों से बड़ा जंगल होता है वैसे ही बड़े व्यक्तियों से बड़ा समाज बनता है। इसलिए व्यक्ति और समाज का समन्वय आवश्यक है। श्री अरविन्द घोष ने कहा कि संभूति और असंभूति का अर्थ है जन्म और अजन्म। यदि हम पैदा ही नहीं हुए होते तो हमें जीवन का रस नहीं मिलता। हमारे लिए उचित है कि पैदा होकर, इसी जन्म में हम मृत्यु को पार करें और शाश्वत को उपलब्ध करें।

तो संभूति और असंभूति—इन युग्मों के भी अलग-अलग अर्थ बताये गये हैं। मैंने कई बार यह बात कही होगी कि दृष्टि-भेद से दृश्य भेद होता है। जैसी आपकी दृष्टि है आपको सारी सृष्टि वैसी दिखती है। अपनी दृष्टि को निर्मल बनायें और जिस स्थिति पर आप हैं उसी स्थिति को स्वीकार करके अगर सच्चाई से आगे बढ़ेंगे तो उच्चतर भूमिकाएँ आपको प्राप्त होंगी। जिस भूमिका पर आज आप खड़ें हैं, वही अन्तिम भूमिका है—इस प्रकार के दंभ को मत स्वीकार कीजिये। यह आवश्यक है कि जिस स्थिति पर आप हैं, उस स्थिति में जो दृष्टि आपकी है, उस दृष्टि के अनुसार ईमानदारी से आप चेष्टा करें। अगर आप अपनी दृष्टि के प्रति निष्ठावान रहकर यथासंभव निष्काम भाव से कर्म करते जायेंगे, तो आप अवश्य उच्चतर भूमिकाओं को प्राप्त करेंगे। उन उच्चतर भूमिकाओं में आपकी दृष्टि में विस्तार आयेगा। लेकिन जो भी दृष्टि आप स्वीकार करें उसके अनुसार इन दोनों युग्मों के अलग-अलग अर्थों

को अपने जीवन में उतारने की चेष्टा करें। केवल तर्क न करें, विचार के अनुरूप आचरण भी करें अन्यथा सारी बातें अर्थहीन हो जायेंगी। कर्मरहित बुद्धि की दयनीयता पर व्यंग्य करते हुए एक कवि ने लिखा है—

हर बात औरों की कन्ने से काटी।
खाईं सच झूठ की तर्कों से पाटी॥
जीत ली दुनिया कॉफी के प्यालों पर।
शुद्ध बुद्धिजीवी की स्वस्थ परिपाटी॥

काम कुछ नहीं करेंगे। बहस, केवल बहस करते रहेंगे। बुद्धिजीवी और काम? राम-राम!

ऐसा नहीं होना चाहिए। चेष्टा यह होनी चाहिए कि जिसको हमने स्वीकार किया उस दृष्टि के अनुसार हम अपना जीवन जियें। केवल बहस नहीं। स्वीकार किए हुए सिद्धांत को जीवन में उतारने की प्रार्थना। नौ से चौदह तक इन छह मंत्रों में कर्म की उपर्युक्त व्याख्या कर वैसा कर्म करते हुए औपनिषदिक दृष्टि के अनुसार जीवन जीने की प्रेरणा दी गयी है। यह बात भी बताई गयी है कि यह इतनी कठिन साधना है कि इस कठिन साधना को हम केवल अपने बलबूते पर नहीं कर सकते हैं? अतः प्रभु से प्रार्थना करनी चाहिए इस साधना की सिद्धि के लिए।

ईशावास्योपनिषत्कार कौन हैं? किससे कह रहा है? क्यों कह रहा है? ईशावास्योपनिषद् को हम अपौरुषेय मानते हैं। यह साक्षात् वेद-संहिता का भाग है। यजुर्वेद का चालीसवाँ अध्याय है। अपौरुषेय किसको कहते हैं? जो अहं से मुक्त हो जाये, उसकी वाणी अपौरुषेय है। जो अपने क्षुद्र अहं से अपने राग-द्वेष से मुक्त हो जाये उसकी वाणी अपौरुषेय है। ईशावास्योपनिषत्कार एक ही साथ ब्रह्मज्ञानी भी है और गुरु भी है। ईशावास्य के सत्य का अनुभव कर लेने के बाद वह उसका उपदेश अपने शिष्यों को कर रहा है। और वह जानता है कि उसके सारे शिष्य उसकी तरह ब्रह्मज्ञानी नहीं हैं। ब्रह्मवेत्ता ब्रह्मज्ञानी ब्रह्म का अनुभव कर लेने के बाद एकवचन का प्रयोग करते-करते बहुवचन का प्रयोग क्यों करता है? वह बहुवचन का प्रयोग अपने शिष्यों के लिए कर रहा है। वह बहुवचन का प्रयोग समस्त साधकों की तरफ से कर रहा है। इस बात को समझने की चेष्टा करें कि संत लोग क्यों कहते हैं—

मो सम कौन कुटिल खलकामी।

क्या सचमुच सब सन्त लोग कुटिल, खल और कामी थे? नहीं, नहीं! संत समाज के प्रतिनिधि के रूप में यह बात कह रहे हैं। समाज के साधारण लोग कुटिल हैं, खल हैं, कामी हैं, अपने को उनके साथ एक करके सन्त यह कह रहे हैं जिससे समाज के लोग उनकी बात सुनें और उनकी बात सुनकर कुटिल, खल, कामी न रहें। कुटिल, खल, कामी वह सन्त नहीं है जो ऐसा कह रहा है।

इसी तरह ईशावास्योपनिषत्कार क्या प्रार्थना कर सकता है? पन्द्रह, सोलह, सत्रह, अट्ठारह—ये चारों मंत्र प्रार्थना के हैं जिसने ब्रह्म ज्ञान प्राप्त कर लिया, जिसने यह अनुभव कर लिया कि मैं सबमें हूँ, सब मुझमें हैं। वह क्यों प्रार्थना करेगा? किससे प्रार्थना करेगा? वह तो परम तत्त्व से अभिन्न हो गया—

मेरा मन सुमिरै राम कूँ मेरा मन रामहिं आहि।
अब मन रामहि ह्वै रहा सीस नवावौं काहि॥

अब मेरा मन राम हो गया। तो कौन, किसको सिर झुकाए? मैं तो स्वयं राम हो गया तो किसको सिर झुकाऊँ? ब्रह्मज्ञानी किससे प्रार्थना कर रहा है? किस बात के लिए प्रार्थना कर रहा है? प्रार्थना उस बात के लिए की जाती है जिसको हम बड़ा मानते हैं। जो हमें प्राप्त नहीं है और जिसको हम केवल अपने बलबूते पर प्राप्त नहीं कर सकते। तीनों बातों को याद रखिये। प्रार्थना किसके लिए करते हैं? प्रार्थना हम उस बात के लिए करते हैं जिसको हम अपने लिए श्रेयस्कर मानते हैं, बड़ा मानते हैं। जिसको हम अपने बलबूते पर प्राप्त नहीं कर सकते उसको प्राप्त करने के लिए किसी की कृपा की याचना करते हैं, सहायता की याचना करते हैं उससे, जिसको हम अपने से बड़ा मानते हैं। जिसको हम सर्व समर्थ मानते हैं। प्रार्थना किससे करनी चाहिए? जो खुद भिखारी हो, उससे प्रार्थना नहीं करनी चाहिए। जो खुद अपूर्ण हो, अधूरा हो, उससे प्रार्थना करके क्या होगा?

जग जाँचिये कोउ न, जाँचिये जो जिय जाँचिये जानकीजानहि रे।
जेहि जाचत जाचकता जरि जाय जो जारत जोर जहानहि रे॥

किसी से मत माँगिये। अगर माँगना ही हो तो परमात्मा से माँगिये जिससे माँगने से याचना वृत्ति ही भस्म हो जाती है। तो यह प्रार्थना ईशावास्योपनिषत्कार क्यों कर रहा है? ईशावास्योपनिषत्कार तो ब्रह्म ज्ञानी है। वह तो ब्रह्म वेत्ता है। वह तो ब्रह्म-स्वरूप है। उसको तो कुछ पाना नहीं है। उससे तो भिन्न कोई नहीं है किससे प्रार्थना? किसके लिए प्रार्थना? यहीं गुरु की करुणा अवतरित होती है। एक गुरु प्रार्थना कर रहा है शिष्यों की तरफ से। ऋषि प्रार्थना कर रहा है हमारी आपकी तरफ से। ऋषि प्रार्थना करता है सब कुछ उपलब्ध करने के बाद इसलिए कि जिन्होंने ब्रह्म ज्ञान उपलब्ध नहीं किया है, ब्रह्म का अनुभव नहीं किया है, वे उसको उपलब्ध कर सकें, उसका अनुभव कर सकें। कितनी बड़ी बात है। कितनी बड़ी कृपा है गुरु कीं। गुरु हमारी भूमिका पर उतर कर, हमारी तरह अपने को सीमित अल्प शक्तिमान बता कर गुरु हमारी तरफ से प्रार्थना कर रहा है। हमको प्रार्थना करना सिखा रहा है। हमको बता रहा है किससे प्रार्थना करनी चाहिए? हमको बता रहा है प्रार्थना करके क्या माँगना चाहिए? हमको बता रहा है प्राप्त करने के बाद भी जीवन कैसे जीना चाहिए। यह प्रार्थना ब्रह्मज्ञानी की प्रार्थना है। ब्रह्मज्ञान प्राप्त करने की, ब्रह्मज्ञान प्राप्त करने के बाद तदनुरूप जीवन जीने की प्रार्थना है। यह सीखने लायक प्रार्थना है। यह करने लायक प्रार्थना है। इस प्रार्थना को अपने जीवन में उतारने की साधना करनी चाहिए। क्या प्रार्थना है? ऋषि प्रार्थना कर रहा है—

हिरणमयेन पात्रेण सत्यस्यापिहितं मुखम्।
तत्त्वं पूषन्नपावृणु सत्यधर्माय दृष्टये॥

जो परम सत्य है, वह ढका हुआ है। किससे ढका हुआ है? वह हिरणमय पात्र से ढका हुआ है। वह अत्यन्त आकर्षक, चमकीले सुनहरे ढक्कन से ढका हुआ है। उस ढक्कन का आकर्षण इतना है कि उसी ढक्कन को हम लक्ष्य मान बैठे हैं—

रास्ता दिलचस्प इतना था कि मंजिल हो गया।

जो चीज ढकी हुई है, जो हमारा प्राप्य है उसको हम नहीं प्राप्त कर पाते और जो केवल आवरण है, उसकी चमक-दमक, उसका ऐश्वर्य, सौन्दर्य—वह हमको आकृष्ट कर लेता है, बाँध लेता है। प्रार्थना करो कि उस आवरण को प्रभु आप हटायें। प्रार्थना करो कि मैं सत्यधर्मा हूँ। मैं सत्य का दर्शन करना चाहता हूँ, निरावृत सत्य का दर्शन करना चाहता हूँ। आवरण-पर-आवरण पर आवरण है! एक आवरण नहीं है। उसमें हिरण्मय, कांचन सीधे-सीधे आया है। किन्तु क्या केवल लोभ? क्या काम नहीं है? क्या अहंकार नहीं है? कितने आवरण हैं। उन आवरणों को प्रभु तुम हटाओ। हम तुम्हारे निरावृत सत्य स्वरूप का साक्षात्कार कर सकें। अपने मन में सत्य को ही अपना धर्म मान लें।

जो परम सत्य है उसका रूप हिरण्मय पात्र से ढका हुआ है। हे प्रभु! तुम उस प्रलोभन को, उस मिथ्या उपलब्धव्य को, जो प्राप्त करने योग्य नहीं है किन्तु जिसको प्राप्त करने योग्य मानकर हम अपने जीवन को व्यर्थ कर रहे हैं, उस आवरण को हटा दो! जिससे तुम्हारे निरावृत सत्य स्वरूप का मैं दर्शन कर सकूँ। तुम्हारे इस स्वरूप का दर्शन करना मेरे बलबूते की बात नहीं है। जिसको इसमें हिरण्मय पात्र कहा है, उसी को गीता में माया कहा है—

दैवी ह्येषा गुणमयी मम माया दुरत्यया।
मामेव ये प्रपद्यन्ते मायामेतां तरन्ति ते॥ (७/१४)

माया को वे ही पार कर सकते हैं जो मेरे प्रति शरणागत होते हैं। शरणागति—देखो भैया! भगवान से तीन तरह के सम्बन्ध हो सकते हैं। मेरा सम्बन्ध बल्कि निन्यानबे दशमलव नौ आवर्त दशमलव प्रतिशत लोगों का सम्बन्ध प्रभु से ऐसा है कि उनके लिए भगवान साधन हैं और इस संसार की कोई वस्तु साध्य है। मैं करोड़पति हो जाऊँ, मैं एम०पी० हो जाऊँ, मंत्री हो जाऊँ, मुझको अच्छा पति मिल जाये, मुझको अच्छी पत्नी मिल जाये, मेरी बीमारी दूर हो जाये अर्थात् इस कोटि के लोगों के लिए इस संसार का कोई पदार्थ, कोई स्थिति, कोई व्यक्ति, कोई भोग साध्य है और रामजी साधन हैं। साध्य बड़ा होता है, साधन छोटा होता है। हम लोग रामजी को छोटा बनाकर रामजी से कोई बड़ी चीज पाना चाहते हैं। छिः छिः।

लेकिन अपने को सुधारने का यह भी एक तरीका हो सकता है। तुलसी बाबा ने कहा है कोई बात नहीं। अगर तुम्हारे मन में कामना है तो भी कोई बात नहीं। माँगो तुम रामजी से। लेकिन रामजी से ही माँगो। रामजी के अलावा और किसी से मत माँगो। रामजी तुमको देंगे और फिर धीरे-धीरे तुम्हें निष्काम भी कर देंगे। थोड़े से लोग हैं बहुत थोड़े से लोग जिनका रामजी से साधनसाध्य संबंध है। वे अपने ज्ञान से, अपने कर्म से, अपनी भक्ति से, अपने योग से रामजी को प्राप्त करना चाहते हैं। उनके साध्य रामजी हैं। पाना किसको? रामजी को! साधन है मेरा ज्ञान, मेरी भक्ति, मेरा कर्म, मेरा योग। कुछ लोग होंगे ऐसे। जरूर होंगे। मैं अस्वीकार नहीं करता। रामजी को अपने साधन से जरूर प्राप्त कर सकते होंगे। लेकिन भाई! मैं तो नहीं कर सकता। मैं तो न इतना ज्ञानी हूँ, न ऐसा निष्काम कर्मी हूँ, न इतना भक्त हूँ, न इतना योगी हूँ कि उनको प्राप्त कर सकूँ। मेरे तो साधन भी रामजी हैं और मेरे तो साध्य भी रामजी हैं। शरणागति यही है कि आपके साधन भी रामजी हो जाएँ और आपके साध्य भी

रामजी हो जाएँ। रामजी को प्राप्त करना मेरे व्यक्तिगत बलबूते की बात नहीं है। रामजी की कृपा ही मुझे रामजी को प्राप्त करा दे। यही शरणागति है।

मैं सत्यधर्मा हूँ। मैं तुम्हारे निरावृत सत्य-स्वरूप का दर्शन करना चाहता हूँ। मैं असमर्थ हूँ। कोई दूसरा साधन ऐसा नहीं है जो सत्य स्वरूप के दर्शन करा सके। तुम्हीं कृपा करके उस आवरण को हटा दो जिससे मैं तुम्हारे सत्य-स्वरूप का दर्शन कर सकूँ।

अगला मंत्र इसी शरणागति की उत्तर भूमिका है। मंत्र की अगली पंक्ति में ऋषि प्रभु को बार-बार संबोधन कर रहे हैं, तुम पोषण करने वाले हो, तुम नियमन करने वाले हो, तुम सर्व समर्थ हो, तुम अपने इस आकर्षक आवरण की ज्योतियों को समेट लो। ऋषि को लगता है कि प्रभु ने अपने आवरण को कृपा करके समेट लिया। अब वह कहता है मैं तुम्हारा दर्शन कर रहा हूँ। तुम्हारे उस आभ्यन्तर ज्योति पुरुष का अनुभव कर रहा हूँ। अरे! तुम्हारे भीतर जो ज्योति पुरुष है, वह तो मैं ही हूँ। सोऽहमस्मि।

तुम्हारे जिस कल्याणतम रूप का मैं साक्षात्कार कर रहा हूँ वह मैं ही हूँ। सुनी सुनाई बात नहीं है यह, प्रत्यक्ष अनुभव की बात है—

कहा सुनी की है नहीं, देखा देखी बात।
दूल्हा दुलहिन मिल गए फीकी पड़ी बरात॥

पश्यामि मैं देख रहा हूँ, यह घोषणा उन तमाम लोगों को चुनौती है जो नास्तिक हैं, उन तमाम लोगों की मान्यता की अस्वीकृति है—जो कहते हैं कि कुछ तत्त्व नहीं है। है, तत्त्व है! मैंने उसका साक्षात्कार किया है। **तत्ते पश्यामि!** तुम्हारे उस कल्याणतम, तुम्हारे आभ्यन्तरतम, तुम्हारे वास्तविक रूप का मैं साक्षात्कार कर रहा हूँ। अरे! वह तो मैं ही हूँ।

शरणागति के द्वारा सोऽहं की भूमिका। एक कवि ने लिखा है—

तभी सफल आराधन होता।
जब आराधक अपना रूप॥
धीरे-धीरे तजता जाता।
बन जाता आराध्य स्वरूप॥

जिसका दर्शन करने की लालसा लेकर मैं जीवन भर साधना करता रहा हूँ वह तो मैं ही हूँ। यहाँ पर समाप्त हो जाना चाहिए था इस उपनिषद् को। पर इसके बाद दो मंत्र और हैं। क्यों हैं? क्योंकि ब्रह्मज्ञान या शरणागति के द्वारा तत्त्व का साक्षात्कार करने के बाद भी यह शरीर रहता है। इसके बाद तो तुरन्त शरीर छूट नहीं जाता। यह अनुभव कर लेने के बाद भी कि इन तमाम नाना नामरूपों में एक ही तत्त्व है, भले ही दिख रहा है बहु! यह अनुभव कर लेने के बाद भी कि इस शरीर के भीतर ही वह परम तत्त्व है यह शरीर बना रहता है और इस शरीर की अपनी आवश्यकताएँ भी हैं। यह शरीर भूखा भी होता है। यह शरीर प्यासा भी होता है। इस शरीर की अपनी प्रकृति है जो इसको खींच कर इधर-उधर ले जाती है। इस शरीर की प्रकृति मुझ पर हावी न हो जाये। जब तक यह शरीर है तब तक ब्रह्मज्ञानी को भी

परमात्मा का आश्रय लेना चाहिए, प्रार्थना करते रहना चाहिए। ज्ञानोत्तर भक्ति की स्वीकृति है—

द्वैतं मोहाय बोधात् प्राक् प्राप्ते बोधे मनीषया।
भक्त्यर्थं कल्पितं द्वैतं अद्वैतादपि सुन्दरम्॥

द्वैत की स्थिति बाँधने वाली मोहकारिणी तब तक होती है जब तक ज्ञान नहीं हो जाता। द्वैतं मोहाय बोधात् प्राक्—बोध के ज्ञान के प्राक पहले द्वैत की स्वीकृति मोह के लिए, बन्धन के लिए होती है। प्राप्ते बोधे ज्ञान की प्राप्ति हो जाने पर मनीषया—अपनी मनीषा से **भक्त्यर्थं कल्पित द्वैतं**—यदि भक्ति के लिए द्वैत कल्पना की तो वह कल्पना अद्वैत से भी सुन्दर है।

वह मैं हूँ। इस अनुभव के बाद भी भक्ति के लिए द्वैत की कल्पना विहित है।

अद्वैतादपि सुन्दरं—वह तो अद्वैत से भी सुन्दर है भाई! भक्ति के लिए की गयी ज्ञानपूर्वक द्वैत की कल्पना अद्वैत से भी सुन्दर है। इसलिए वह अनुभवकर्ता यदि मृत्यु के पहले या सारा जीवन प्रभु को स्मरण करता है तो कृतार्थ हो जाता है।

वायुरनिलममृतमथेदं भस्मान्तं शरीरं।
ॐ क्रतो स्मर कृतं स्मर क्रतो स्मर कृतं स्मर॥

यह जीवन भर की जाने योग्य प्रार्थना है! केवल मृत्यु के पहले नहीं! कुछ आचार्यों ने इसको मृत्यु के पहले की जाने वाली प्रार्थना कहा है। हाँ, मृत्यु के समय भी प्रार्थना करनी चाहिए। लेकिन मृत्यु के समय प्रार्थना कब होगी भाई?

जनम-जनम मुनि जतन कराहीं, अंत राम कहि आवत नाहीं।

जन्म-जन्म की साधना के बाद भी अंतिम समय क्या रामजी की ओर ध्यान जाता है, नहीं जाता है। जीवन भर अगर यह प्रार्थना करेंगे तो शायद भगवान की कृपा से मृत्यु के समय भी यह प्रार्थना कर पायेंगे? पंडितराज जगन्नाथ का श्लोक है—

कृष्ण त्वदीय पद पंकज पंजरान्ते।
अद्यैव मे विशतु मानस राजहंसः॥

हे कृष्ण! तुम्हारे चरण-कमलों के पिंजरे में मेरा यह मन रूपी राजहंस आज ही प्रवेश कर जाए—

प्राणप्रयाणसमये कफवातपित्तैः।
कंठावरोधनविधौ स्मरणं कुतस्ते॥

प्राण-प्रयाण के समय जब कफ, वात और पित्त मेरी वाणी को अवरुद्ध कर देंगे तब मैं कहाँ तुमको याद कर पाऊँगा? इसलिए मरने के समय की बात छोड़ दीजिये। मरने के समय भी याद कीजिये। जरूर याद कीजिये। क्योंकि मरने के समय के स्मरण के अनुरूप हमको शरीर प्राप्त होता है। तदनुरूप हमारी गति होती है; लेकिन मरने के समय प्रभु को याद तभी कर सकेंगे जब जीवन भर उनको याद करते रहें।

वायु रूपी जो मेरी आत्मा है वह चराचर जगत् में सृष्टि को गति देने वाले अनिल में समा जाए। आत्मा-परमात्मा में समा जाये। शरीर तो भस्मान्त है। शरीर की तो गति भस्म होना है। शरीर के प्रति मोह छोड़ दो। ॐ अर्थात् परमात्मा का वैदिक नाम। क्रतु! क्रतु माने? संकल्पशील मन क्रतो—संबोधन है। ओ मेरे संकल्पशील मन! कृतं स्मर किये हुए को याद कर! किसके किए हुए को? इस पर मतभेद है।

कुछ आचार्य कहते हैं अपने किये हुए को। जो कुछ तुम्हारा अच्छा है, श्रेष्ठ है उसको याद करो। कुछ आचार्य कहते हैं—नहीं-नहीं। भगवान के किए हुए को याद करो। क्या थे तुम? नरक के कीड़े के समान काम-क्रोध-लोभ मोह-मद-मत्सर के दलदल में फँसे हुए थे। किसने तुम पर इतना बड़ा अनुग्रह करके ब्रह्मज्ञानी बना दिया। ब्रह्म प्राप्त करने की शक्ति दे दी। उसके अनुग्रह को, उसकी कृपा को स्मरण करो।

कृतं स्मर—किये हुए को याद करो। किसके किए हुए को? अलग-अलग दृष्टि है। हर मंत्र पर अलग-अलग दृष्टि है। लेकिन आप चाहे अपनी साधना के उत्कृष्ट पक्ष को, चाहे भगवान की करुणा को, भगवान की कृपा को, अपने प्रति किये गये भगवान के अनुग्रहों को स्मरण करें। लेकिन भावार्थ एक ही है कि उसकी ओर लगें। उसको याद करते रहें।

गीता में प्रभु ने कहा है—**मामनुस्मर, युद्धयच**—जीवन का संग्राम करते रहो और जीवन के संघर्ष में मुझको याद करते रहो। जीवन के क्षण-क्षण में, साँस-साँस में मुझको याद करो और जीवन का संघर्ष करते रहो। अन्तिम प्रार्थना है—

अग्ने नय सुपथा राये अस्मान् विश्वानि देव वयुनानि विद्वान्।
युयोध्यस्मज्जुहुराणमेनो भूयिष्ठां ते नम उक्तिं विधेम॥

हे अग्नि! अग्नि स्वरूप परमात्मा! कभी सूर्य के माध्यम से, कभी वायु के माध्यम से और इस मंत्र में अग्नि के माध्यम से परमात्मा से प्रार्थना की जा रही है। याद रहे कि प्रार्थनीय के नाम, प्रार्थना की अभिलाषा के अनुकूल होते हैं। जब हम ज्ञान चाहते हैं, तो ज्ञानी के रूप में उसको स्मरण करते हैं। जब हम अर्थ चाहते हैं तो उसको कल्पवृक्ष के रूप में याद करते हैं, प्रभु तो अर्थ देने वाले, ज्ञान देने वाले, शक्ति देने वाले सब कुछ देने वाले हैं। आप क्या चाहते हैं? जो चाहते हैं उसके अनुरूप प्रार्थना कीजिये।

तो, आप जीवन की या जीवनोत्तर महान यात्रा के समय प्रकाश चाह रहे हैं, आप एक मार्ग-दर्शक चाह रहे हैं। अग्नि अग्रणी है अग्नि—प्रकाश स्वरूप है। अत: उस मार्गदर्शक प्रभु से प्रार्थना कीजिये कि प्रभु! मुझको अच्छे रास्ते से, सरल रास्ते से, सीधे रास्ते से ले चलिये।

एनः—माने पाप। जुहुराणाम् माने कुटिल।

कुटिलता ही पाप है। सरलता, ऋजुता ही पुण्य है।

सूधे मन, सूधे वचन, सूधी सब करतूति।
तुलसी सूधी सकल बिधि रघुबर प्रेम प्रसूति॥

आर्जव, ऋजुता, सरलता—यह भगवान की ओर ले जाने वाला बड़ा गुण है। कुटिलता, क्षुदता! नारायण! ऋषि प्रभु से प्रार्थना करता है कि हमको कुटिलता, वक्रता, पापों से बचाओ।

इनको नष्ट कर दो। हमको सरल रास्ते से, सुगम रास्ते से, प्रकाश के रास्ते से ले चलो। हमारा साधन भी पवित्र हो। हमारा साध्य भी पवित्र हो। यह नहीं कि कुटिल साधन से आप उच्चतर साध्य तक जा सकते हैं। नहीं जा सकते! ठीक है! साध्य से किसी प्रकार जुड़िये! लेकिन रावण ही बनेंगे कंस ही बनेंगे? कि राधा बनेंगे कि भरत बनेंगे। क्या बनना चाहते हैं? अगर रावण, कंस बनना चाहते हैं तो भी आप मिलेंगे रामजी से, कृष्णजी से मिलेंगे। किन्तु क्यों बनें रावण? क्यों बनें कंस? कुटिलता से मुक्त होकर सरलता से सुपथ से, सही रास्ते से उचित साधन से परम साध्य की ओर हे प्रभु! आप ही मुझे ले चलिए। शरणागत की चरम भूमिका इस मंत्र में परिलक्षित होती है।

शान्ति पाठ आरम्भ में भी हैं अन्त में भी। पूर्णता से पूर्णता ही उद्‌गत होती है। पूर्ण ही रह जाता है। परम कारण ब्रह्म पूर्ण है। यह जगत कार्य ब्रह्म पूर्ण है। हम अगर फूल माला को अँधेरे में साँप समझ लें तो अंधेरे में समझे हुए साँप का वजन क्या बढ़ जाता है? नहीं बढ़ता है। अँधेरे में समझे हुए साँप का वजन न घटता है, न बढ़ता है। जैसी माला, वैसा साँप। माला को माला समझ लें। इस असंख्य नामरूप में, अपूर्णता के इस दलदल में उस पूर्णता को समझ लें, उपलब्ध कर लें। बाहर भी पूर्ण है। भीतर भी पूर्ण है। आप भी पूर्ण हैं। जगत भी पूर्ण है। इस पूर्णता की उपलब्धि से संपूर्ण अपूर्णताओं का क्षरण हो जाता है। ॐ शान्तिः शान्तिः शान्तिः।

तीनों प्रकार के ताप दूर होते हैं। आध्यात्मिक; आधिदैविक और आधिभौतिक। आध्यात्मिक ताप माने अपने भीतर जो ताप है। अध्यात्म शब्द का अर्थ समझिये। आजकल अध्यात्म शब्द का अर्थ हिन्दी में एक और अर्थ में चलने लगा है। पश्चिम के विद्वान मैटीरीयलिज्म (Materialism) के विरोध में स्पिरिचुअलिज्म (Spiritualism) को लाते हैं। इसका अनुगमन कर हिन्दी में मैटीरीयलिज्म को भौतिकतावाद और स्पिरिचुअलिज्म को आध्यात्मिकतावाद कहने लगे। वह आध्यात्मिकता जैसे किसी दूसरे जगत की बात है। नहीं! हम लोग अध्यात्म को इस रूप में नहीं मानते। हमारे यहाँ अध्यात्म शब्द का अर्थ है आत्मनि अधि। जो अपने भीतर है। अपने भीतर क्या है? अपने भीतर काम भी है, क्रोध भी है, लोभ भी है, मोह भी है, मद भी है, मत्सर भी है। अपने भीतर ज्ञान भी है, शान्ति भी है। करुणा भी है। अपने भीतर परमात्मा भी है। ये सब आध्यात्मिक हैं।

जब हमारे भीतर काम, क्रोध, लोभ, मोह जागता है तो यह आध्यात्मिक ताप है।

जब हमारे भीतर ज्ञान, करुणा, समता जागती है तो यह आध्यात्मिक सुख है और अध्यात्म का भी अध्यात्म है अपना वास्तविक स्वरूप। अपना स्वरूप अपना ब्रह्म स्वरूप है।

तो तीनों तापों की शान्ति हो। माने हमारे भीतर जो सबसे बड़े शत्रु काम, क्रोध, लोभ, मोह, मद, मत्सर और उसी के भाई-बन्धु अनेक प्रकार के मानस रोग हैं, उनकी शान्ति हो। कैसे आश्चर्य की बात है। हमारे देश में, हमारी परम्परा में बीमारियों को आध्यात्मिक ताप कहा जाता है। केवल अंग्रेजी पढ़ने से बीमारी को आध्यात्मिक ताप नहीं माना जायेगा। लेकिन जितनी बीमारियाँ हैं, जो हमारे शरीर को होती हैं, जो हमारे मन को होती हैं ये सब आध्यात्मिक ताप हैं। इनकी शान्ति हो।

आधिदैविक ताप का मतलब? बिजली गिर पड़ी सूखा पड़ गया। बाढ़ आ गई। ये सब आधिदैविक ताप हैं। इनकी शान्ति हो।

आधिभौतिक ताप माने? दूसरों के द्वारा इस जगत् में हमको जो दु:ख कष्ट दिया जाता है, वह आधिभौतिक ताप है।

आध्यात्मिक अपने भीतर का, आधिदैविक दैवी विधान के द्वारा—सूखा, बाढ़, भूकम्प, बिजली और आधिभौतिक दूसरों के द्वारा हमारा अपमान, दूसरों के द्वारा हम पर हमला—ये तीनों प्रकार के ताप शान्त हों। हम एकाग्र चित्त होकर प्रभु की साधना में, ईशावास्योपनिषद् के मर्मार्थ को समझने में प्रवृत्त हों।

आरम्भ में, शान्ति पाठ का उद्देश्य यह है कि हम एकाग्र चित्त होकर इस गंभीर सत्य के अनुशीलन में प्रवृत्त हो सकें। अन्त में शान्ति-पाठ का लक्ष्य यह है कि उस उपलब्ध सत्य को अपने जीवन का सार अंग बना सकें। प्रभु कृपा से यह मर्म, यह तत्त्व हमारे, आपके सबके जीवन में अवतरित हो।

□□